Schmidberger · Controlling für öffentliche Verwaltungen

Schriftenreihe der

Herausgegeben von:

Prof. Dr. Wolfgang Männel

Universität Erlangen-Nürnberg

In der krp-Edition werden wichtige Ergebnisse der wissenschaftlichen Forschung sowie bedeutende Weiterentwicklungen der Unternehmenspraxis auf den Gebieten der Kostenrechnung und des Controlling veröffentlicht.

Jürgen Schmidberger

Controlling für öffentliche Verwaltungen

Funktionen – Aufgabenfelder – Instrumente

Die Deutsche Bibliothek – CIP-Einheitsaufnahme

Schmidberger, Jürgen:
Controlling für öffentliche Verwaltungen: Funktionen –
Aufgabenfelder – Instrumente / Jürgen Schmidberger. –
Wiesbaden: Gabler, 1993
  (krp-Edition)
Zugl.: Erlangen, Nürnberg, Univ., Diss., 1992
ISBN 3-409-12127-7

Abonnenten der krp-Kostenrechnungspraxis. Zeitschrift für Controlling erhalten auf die in der krp-Edition veröffentlichten Bücher 10 % Rabatt.

n 2

Der Gabler Verlag ist ein Unternehmen der Verlagsgruppe Bertelsmann International.

© Betriebswirtschaftlicher Verlag Dr. Th. Gabler GmbH, Wiesbaden 1993
Lektorat: Brigitte Siegel

Das Werk einschließlich aller seiner Teile ist urheberrechtlich geschützt. Jede Verwertung außerhalb der engen Grenzen des Urheberrechtsgesetzes ist ohne Zustimmung des Verlags unzulässig und strafbar. Das gilt insbesondere für Vervielfältigungen, Übersetzungen, Mikroverfilmungen und die Einspeicherung und Verarbeitung in elektronischen Systemen.

Höchste inhaltliche und technische Qualität unserer Produkte ist unser Ziel. Bei der Produktion und Verbreitung unserer Bücher wollen wir die Umwelt schonen: Dieses Buch ist auf säurefreiem und chlorarm gebleichtem Papier gedruckt. Die Einschweißfolie besteht aus Polyäthylen und damit aus organischen Grundstoffen, die weder bei der Herstellung noch bei der Verbrennung Schadstoffe freisetzen.

Die Wiedergabe von Gebrauchsnamen, Handelsnamen, Warenbezeichnungen usw. in diesem Werk berechtigt auch ohne besondere Kennzeichnung nicht zu der Annahme, daß solche Namen im Sinne der Warenzeichen- und Markenschutz-Gesetzgebung als frei zu betrachten wären und daher von jedermann benutzt werden dürften.

Druck und Bindung: Lengericher Handelsdruckerei, Lengerich/Westfalen
Printed in Germany

ISBN 3-409-12127-7

Für meine Eltern und für Monika

Geleitwort

Die öffentliche Verwaltung stellt ein anspruchsvolles Objekt der betriebswirtschaftlichen Forschung dar: Die Verwaltungsbetriebe zeichnen sich durch eine außerordentlich vielfältige Produktions- und Leistungswirtschaft aus. Die Zielbildung geschieht in einem komplexen, mehrstufigen Prozeß. Zwischen den einzelnen Verwaltungsbetrieben sind zahlreiche Verbundbeziehungen vorhanden. - Es ließe sich eine Fülle weiterer Merkmale anführen, die das Interesse des Betriebswirtschaftlers wecken.

Schon seit längerem sieht sich die öffentliche Verwaltung mit der Forderung nach einer Erhöhung der Wirtschaftlichkeit ihrer Aufgabenerfüllung konfrontiert. Gleichzeitig besteht die Tendenz zu einer Ausweitung des Aufgabenumfangs - verwiesen sei hier nur auf den Umweltbereich. Oft stehen dem wachsenden Aufgabenspektrum keine entsprechenden Einnahmensteigerungen gegenüber. Der aktuelle Problemdruck aufgrund der politischen Entwicklung verstärkt noch den Zwang, Anstrengungen in Richtung einer effizienteren Aufgabenbewältigung zu unternehmen. Hierzu liegt eine Reihe von Anregungen vor, die in mehr oder weniger isolierter Form Verbesserungen anstoßen wollen. Als ein vergleichsweise neuer, umfassender Ansatz ist der Vorschlag anzusehen, Controlling - ein offensichtlich in der Privatwirtschaft bewährtes Konzept - auch in öffentlichen Verwaltungen einzusetzen. Allerdings bestehen hier zwingend Anpassungs- und Weiterentwicklungsbedarfe, denn die Spezifika der öffentlichen Verwaltungen lassen einen unmodifizierten Einsatz der privatwirtschaftlichen Konzepte nicht als machbar erscheinen. Auch in den privatwirtschaftlichen Dienstleistungsunternehmen, deren Struktur den öffentlichen Verwaltungen noch am nächsten kommt, befindet sich die Entwicklung spezifischer Controlling-Ansätze erst in einem frühen Stadium.

Der Autor dieser Arbeit hat das wissenschaftlich hoch interessante Thema eines "Verwaltungs-Controlling", das auch von Seiten der Verwaltungspraxis auf großes Interesse stößt, auf meine Empfehlung hin aufgegriffen. Die Intention seiner Ausarbeitung ist es nicht, ein geschlossenes Konzept eines Controlling für öffentliche Verwaltungen anzubieten. Vielmehr ist es das Anliegen der Arbeit, konsistente betriebswirtschaftliche Aussagensysteme zu entwickeln, die als wertvolle Beiträge auf dem Weg zu konkreten Controlling-Konzepten für die unterschiedlichen Verwaltungsbetriebe zu verstehen sind.

Die vorliegende Monographie präsentiert den Stand der auf öffentliche Verwaltungen bezogenen Controlling-Forschung sowie die Ansätze von bereits in Angriff genommenen Implementationen. Hierzu wurde neben einer umfassenden Literaturanalyse eine zielbewußt kompakt dargestellte empirische Befragung durchgeführt.

Umfassend sowie präzise im Detail werden die Controllingbedarfe öffentlicher Verwaltungen dargestellt. Es wird erkenntlich, welche Koordinations-, Regelungs-, Steuerungs- und Informationsversorgungsaufgaben künftig von der Verwaltungsführung auf speziell hierfür zu schaffende Controllinginstitutionen (Controller) übertragen werden können und welche Instrumentarien zur Bewältigung der aufgezeigten Aufgaben einzusetzen sind. Die Arbeit zeichnet sich durch eine gelungene Verbindung von wissenschaftlicher Argumentation und pragmatisch nützlichen Lösungen aus.

Prof. Dr. rer. pol. Wolfgang Männel

Vorwort

In den letzten Jahren werden zunehmend Überlegungen angestellt, inwieweit das betriebswirtschaftliche Konzept des Controlling auch in öffentlichen Verwaltungen eingesetzt werden kann. Knappe öffentliche Haushalte und die häufig erhobene Forderung nach einer effektiven und effizienten Erbringung von Verwaltungsleistungen bilden den Hintergrund dieser Initiativen. Angesichts signifikanter Verwaltungsspezifika liegt es aber auf der Hand, daß die für privatwirtschaftliche Unternehmen entwickelten Controlling-Konzepte hier nicht unmodifiziert zur Anwendung kommen können.

Die vorliegende Arbeit widmet sich eingehend der Thematik eines "Verwaltungs-Controlling". Den Ausgangspunkt bildet

- ein breiter systematisierender Überblick über bis zum Jahr 1991 vorliegenden *Veröffentlichungen* von Wissenschaftlern und Verwaltungspraktikern sowie
- die Darstellung der Ergebnisse einer *Befragung* solcher Verwaltungen, die sich schon in konkreter Form mit dem Einsatz von Controlling befassen.

Darauf aufbauend werden koordinative und informationswirtschaftliche *Aufgaben* als die Kernfunktionen eines zu entwickelnden Verwaltungs-Controlling beschrieben. Diese Aufgabenfelder werden in die einzelnen Phasen des Führungsprozesses eingeordnet und jeweils konkretisiert. Der Schwerpunkt der Ausführungen zum *Instrumentarium* des Verwaltungs-Controlling liegt im Bereich des controllingorientierten Rechnungswesens, als dessen Elemente eine nichtmonetäre Leistungsrechnung, eine entscheidungsorientierte Kostenrechnung und eine sachzielbezogene Indikatorenrechnung herausgearbeitet werden. Das Ressourcen-Controlling, das Beteiligungs-Controlling und das (Investitions-)Projekt-Controlling werden als erfolgversprechende *Einsatzfelder* im Verwaltungsbereich ausgeführt. Ein Überblick über Möglichkeiten der Einbindung einer Controlling-Institution in die *Aufbauorganisation* öffentlicher Verwaltungen beschließt die umfassende Arbeit.

Die vorliegende Arbeit wurde von der Wirtschafts- und Sozialwissenschaftlichen Fakultät der Friedrich-Alexander-Universität Erlangen-Nürnberg als Dissertationsschrift angenommen. Meinem akademischen Lehrer, Herrn Prof. Dr. Wolfgang Männel, gilt mein herzlicher Dank: Er hat die Bearbeitung der äußerst reizvollen Themenstellung angeregt, mir im Laufe der Ausarbeitung in zahlreichen Diskussionen wichtige Anregungen vermittelt und so die Arbeit deutlich mitgeprägt. Herrn Prof. Dr. Karl Dieter Grüske danke ich für die Übernahme des Korreferates und für die Möglichkeit, die Ergebnisse meiner Arbeit in seinem Forschungsseminar vorzustellen und zu diskutieren. Meinen ehemaligen Kollegen am Lehrstuhl für

Betriebswirtschaftslehre, insbesondere Rechnungswesen und öffentliche Betriebe, Frau Dipl.-Kfm. Cornelia Zehbold und den Herren Dipl.-Kfl. Clemens Bloß, Jochen Pampel und Rudolf Schmidt, aber auch den Herren cand. rer. pol. Peter Frey und Dirk Schleert, danke ich für die kritische Durchsicht meiner Manuskripte sowie für mannigfaltige konstruktive Anregungen. Für die sorgfältige Anfertigung der meisten Abbildungen bedanke ich mich bei Frau cand. rer. pol. Tina Rosenfeld. Meiner Lebensgefährtin, Frau Dipl.-Sozialwirt Monika Sinha, gebührt mein besonderer Dank für ihren großen Einsatz gerade in der Schlußphase der Bearbeitung und ihr Verständnis für manches Opfer, das der wissenschaftlichen Arbeit zu bringen war.

Dr. rer. pol. Jürgen Schmidberger

Inhaltsübersicht

Inhaltsverzeichnis	XIII
Abbildungsverzeichnis	XXI
Abkürzungsverzeichnis	XXIV
1. Kapitel: Grundlegung	1
2. Kapitel: Controlling-Ansätze in der auf öffentliche Verwaltungen bezogenen Literatur	34
3. Kapitel: Controlling Ansätze in der öffentlichen Verwaltung - Ergebnisse einer Befragung	91
4. Kapitel: Kernfunktionen des Controlling im Kontext der Spezifika öffentlicher Verwaltungen	111
5. Kapitel: Bedeutsame Aufgabenfelder des Verwaltungs-Controlling in den einzelnen Phasen des Führungsprozesses	162
6. Kapitel: Rechnungswesen als bedeutendes Instrument des Verwaltungs-Controlling	239
7. Kapitel: Bedeutende Objektbereiche des Verwaltungs-Controlling	317
8. Kapitel: Funktionen, Instrumente und Objektbereiche des Verwaltungs-Controlling - Zusammenfassung und Ausblick auf Möglichkeiten einer Integration in die Aufbauorganisation der Verwaltung	371
Literaturverzeichnis	397

Inhaltsverzeichnis

1. Kapitel:	**Grundlegung**	**1**
I.	Konzeptionelle Vorgehensweise der Untersuchung	1
II.	Öffentliche Verwaltungen als Erkenntnisobjekte der Untersuchung	7
	A Begriff und Wesen der öffentlichen Verwaltung	7
	B Öffentliche Verwaltungen als Gegenstand der Betriebswirtschaftslehre	12
III.	Controlling-Begriffe und -Grundauffassungen	16
	A Etymologische und historische Erklärungsversuche des Controlling	18
	B Moderne Entwicklung des Controlling	19
	C Wissenschaftliche Analysen und Systematisierungen des modernen Controlling-Phänomens	21
	D Controlling-Verständnis dieser Arbeit	29
2. Kapitel:	**Controlling-Ansätze in der auf öffentliche Verwaltungen bezogenen Literatur**	**34**
I.	Expliziter Bezug auf Controlling in öffentlichen Verwaltungen	34
	A Mehrdimensionale präskriptive Publikationen	36
	B Präskriptive, auf Einzelaspekte bezogene Publikationen	52
	C Deskriptive Publikationen zum Stand von Controlling-Implementationen in öffentlichen Verwaltungen	57
	1. Rechnungs- und Berichtswesen als Controlling-Instrument	57
	2. (Bau-)Investitionscontrolling	61
	3. Beteiligungs-Controlling	65
	4. Strategisches Controlling	66
II.	Controlling in öffentlichen Institutionen außerhalb der Kernverwaltungen	67
III.	Impliziter Bezug zu Controlling in öffentlichen Verwaltungen	71
	A Management-Konzeptionen für die öffentliche Verwaltung	72
	B Integrierte Planungs- und Budgetierungsansätze	75
	C Evaluierung und Erfolgskontrolle	76
	D EDV-gestützte Informations- und Kommunikationssysteme	79
	E Kosten- und Leistungsrechnung	81
	F Personalwirtschaftliche Instrumente	83
	G (Weitere) Management-Techniken für öffentliche Verwaltungen	85
IV.	Zwischenfazit	87

3. Kapitel: Controlling-Ansätze in der öffentlichen Verwaltung - Ergebnisse einer Befragung ... 91

I. Methodik und Vorgehensweise der Befragung ... 91
II. Bedeutsame Befragungsergebnisse ... 94
    A Zugangsweise der Verwaltungen zum Controlling ... 94
        1. Instrumentalisierung von Controlling zur Überwindung von Haushaltsengpässen ... 94
        2. Reaktion auf negative Erfahrungen mit Bauinvestitionsprojekten ... 95
        3. Persönliche Initiativen ... 96
    B Bedeutung von Verwaltungsgröße und Verwaltungstyp für den Controlling-Ansatz ... 97
    C Erwartete Vorteile, befürchtete Schwierigkeiten ... 99
    D Primäre Einsatzfelder des Verwaltungs-Controlling ... 101
        1. Informationsversorgung der Verwaltungsführung ... 101
        2. Ressourcen-Controlling ... 103
        3. Beteiligungs-Controlling ... 104
        4. Verbreitung einer "Controlling-Philosophie" ... 105
    E Anforderungen an Persönlichkeit, Ausbildung und Fachkenntnisse des Verwaltungs-Controllers ... 105
    F Organisatorische Einbindung ... 107
    G Einführungsstrategie, Widerstände ... 108
III. Zwischenfazit ... 109

4. Kapitel: Kernfunktionen des Controlling im Kontext der Spezifika öffentlicher Verwaltungen ... 111

I. Koordinationsfunktion ... 111
    A Wesen und Bedeutung der Koordination in öffentlichen Verwaltungen ... 111
    B Koordinationsaufgaben des Verwaltungs-Controlling ... 114
        1. Aufgabenfelder nach Koordinationsformen ... 115
            a) Formelle, informelle und materielle Koordination ... 115
            b) Mikro- versus Makro-Koordination sowie vertikale und horizontale Koordination ... 117
            c) Positive und negative Koordination ... 119
            d) Systembildende und systemkoppelnde Koordination ... 120
            e) Zeitliche Koordination ... 121
        2. Koordination zwischen den Rationalitätsebenen der Rechtmäßigkeit und der Wirtschaftlichkeit des Verwaltungshandelns ... 122
    C Koordinationsinstrumente des Verwaltungs-Controlling ... 128
II. Steuerungs- und Regelungsfunktion ... 131
    A Steuerung, Regelung und Anpassung als kybernetische Grundprinzipien ... 131
    B Grundformen der Steuerung und Regelung des Verwaltungshandelns ... 133

	C	An Defiziten der Steuerungs- und Regelungssysteme ansetzende Aufgabenfelder des Verwaltungs-Controlling		136
		1. Verbesserung vorhandener Steuerungs- und Regelungssysteme		136
		2. Etablierung fehlender Steuerungs- und Regelungssysteme		140
		3. Situationsadäquate Auswahl und Ausgestaltung von Regulierungssystemen		141
	D	Übernahme materieller Aufgaben in Steuerungs- und Regelungssystemen durch das Verwaltungs-Controlling		142
III.	Informationsfunktion			143
	A	Zwecke und Bedeutung controllingorientierter Informationssysteme für die Verwaltungsführung		144
	B	Defizite der derzeitigen Informationsversorgung der Verwaltungsführung		148
	C	Schaffung und Verbesserung von Führungsinformationssystemen		152
		1. Zweckneutrale Erfassung und Speicherung von Daten		152
		2. Periodische sachzielbezogene Rechenkreise		155
		3. Periodische formalzielbezogene Rechenkreise		156
		4. Instrumente zur fallweisen Informationsaufbereitung		157
		5. Systeme zur Verbesserung des Informationszugangs durch die Verwaltungsführungskräfte		159
	D	Führungsprozeßbegleitende Informationsversorgung durch das Verwaltungs-Controlling		161

5. Kapitel: Bedeutsame Aufgabenfelder des Verwaltungs-Controlling in den einzelnen Phasen des Führungsprozesses — 162

I.	Grundfragen der Planung als Aufgabenfeld des Verwaltungs-Controlling			163
	A	Wesen und Bedeutung der Planung in öffentlichen Verwaltungen		163
	B	Zum Planungsansatz des Verwaltungs-Controlling		166
	C	Grundsätzliche Aufgabenstellungen des Verwaltungs-Controlling		170
		1. Kontextabhängige Bestimmung und Anpassung des Planungsansatzes		170
		2. Formelles Planungsmanagement		171
	D	Planungstechniken als Controlling-Instrumente		174
II.	Verwaltungs-Controlling und Zielplanung			176
	A	Bedeutung, Struktur und Zustandekommen von Zielen in öffentlichen Verwaltungen		176
		1. Zur Bedeutung von Zielen für öffentliche Verwaltungen und für das Verwaltungs-Controlling		176
		2. Elemente einer Zielstruktur für öffentliche Verwaltungen		178
		3. Spezifika der Zielbildung für öffentliche Verwaltungen		182
	B	Aufgaben des Verwaltungs-Controlling im Zielplanungsprozeß öffentlicher Verwaltungen		184
		1. Erhebung und Analyse der bestehenden Zielvorgaben		184
		2. Optimierung bestehender Zielvorgaben		185
		3. Verbesserung des Verfahrens der Zielplanung		188

III. Verwaltungs-Controlling und Maßnahmenplanung ... 192
   A Bedeutung und derzeitige Stellung der Maßnahmenplanung ... 193
   B Aufgaben des Verwaltungs-Controlling in den Teilphasen der Maßnahmenplanung ... 194
      1. Problemfeststellung und -analyse ... 194
      2. Alternativengewinnung ... 199
      3. Prognose ... 200
      4. Bewertung ... 202
IV. Verwaltungs-Controlling und Budgetierung ... 206
   A Begriff und Funktionen des Budgets ... 207
   B Programmbudgetierung als Idealform einer controllinggerechten Budgetierung? ... 210
   C Hauptzielrichtungen von Controlling-Aktivitäten zur Optimierung der Budgetierung öffentlicher Verwaltungen ... 213
      1. Verdeutlichung der Vorteile einer führungsorientierten Budgetierung auch für die Legislative ... 215
      2. Erhöhung der sachlichen und zeitlichen Flexibilität des Budgets bei bestehender Budgetstruktur ... 216
      3. Schaffung von Globalhaushalten für Verwaltungsteilsysteme ... 218
      4. Bildung umfassenderer Einheiten und Titel ... 219
      5. Einführung führungsorientierter Parallelbudgets ... 220
      6. Bereichsweise Einführung von Programmbudgetierungsinseln ... 221
V. Verwaltungs-Controlling und Kontrolle ... 223
   A Begriff, Bedeutung, Formen und Träger der Kontrolle in öffentlichen Verwaltungen ... 223
   B Wirtschaftlichkeitskontrolle als Aufgabenfeld des Verwaltungs-Controlling ... 226
      1. Effizienzkontrollen ... 229
      2. Effektivitätskontrollen ... 230
   C Abgrenzung des Aufgabenfeldes des Verwaltungs-Controllers von der Finanzkontrolle der Rechnungshöfe ... 235

6. Kapitel: Rechnungswesen als bedeutendes Instrument des Verwaltungs-Controlling ... 239

I. Ressourcen- und outputorientierte Leistungsrechnung ... 240
   A Leistungswirtschaft öffentlicher Verwaltungen als Abbildungsgegenstand der Leistungsrechnung ... 241
      1. Bestimmung des untersuchungsadäquaten Leistungsbegriffs ... 241
      2. Hierarchische Struktur der Verwaltungsleistungen ... 242
      3. Dienstleistungen als vorherrschende Leistungsform öffentlicher Verwaltungen ... 244
   B Grundkonzeption einer controllingorientierten Leistungsrechnung für öffentliche Verwaltungen ... 247
      1. Zwecke und Wesensmerkmale ... 247
      2. Konzeptionelle Ausrichtung ... 248
      3. Bildung von Leistungsstellen ... 249
      4. Bildung von Leistungskategorien und Leistungsarten je Leistungsstelle ... 252
      5. Vorschlag eines Berichtaufbaus der Leistungsarten- und Leistungsstellenrechnung ... 255

	C	Erfassung und Planung der verfügbaren Personalkapazitäten und ihrer Leistungen	258
		1. Ermittlung der verfügbaren Stellenkapazität	259
		2. Erfassung und Dokumentation der Verwaltungsleistungen	259
		3. Planung der verfügbaren Stellenkapazität	263
		4. Planung der Leistungszeiten und der Leistungsmengen	264
	D	Einsatzspektrum der Leistungsrechnung als bedeutendem Instrument des Verwaltungs-Controlling	267
		1. Dokumentation erbrachter Verwaltungsleistungen	267
		2. Bereitstellung von Leistungsdaten für die optimale Steuerung der Personalkapazitäten im Rahmen des Ressourcen-Controlling	268
		3. Ermöglichung leistungsbezogener Verwaltungsvergleiche	269
		4. Verwendung der Leistungsdaten zur Unterstützung einer leistungsorientierten Kalkulation	269
		5. Verwendung der Leistungsdaten zur Unterstützung einer sachzielorientierten Indikatorenrechnung	270
II.	Kostenrechnung als formalzielbezogenes Informationsinstrument		271
	A	Zwecke einer controllingorientierten Kostenrechnung für öffentliche Verwaltungen	271
		1. Bereitstellung von Kosteninformationen für die Entgeltbemessung	271
		2. Bereitstellung von Kosteninformationen zur Fundierung weiterer Entscheidungssituationen	272
		3. Laufende Effizienzkontrolle	272
		4. Periodische Erfolgsermittlung, Bestandsbewertung	273
	B	Stand der Kostenrechnung in öffentlichen Verwaltungen	274
	C	Gestaltungsregeln für eine controllingorientierte Kostenrechnung öffentlicher Verwaltungen	277
		1. Rechnen mit relevanten Kosten als Grundsatz	277
		2. Trennung von Grundrechnung und Auswertungsrechnungen	278
		3. Differenzierte Erfassung verschiedener Kostenkategorien	278
		4. DV-Unterstützung der Kostenrechnung	280
	D	Kostenstellenbezogene Plankostenrechnung	280
	E	Kostenträgerrechnung als parallele Teil- und Vollkostenrechnung	288
	F	Deckungsbeitragsrechnung für entgeltlich abgegebene Verwaltungsleistungen	292
	G	Erweiterung des Rechnungsstoffes um monetarisierte externe Effekte	293
III.	Indikatorenrechnung als sachzielbezogenes Informationsinstrument		295
	A	Unzureichende Abbildung von Sachzielerreichungsgraden in den Rechenwerken öffentlicher Verwaltungen	295
	B	Indikatorenbegriff, Funktionen und Arten von Indikatoren	297
	C	Voraussetzungen für die Entwicklung sachzieladäquater Indikatorensysteme	300
		1. Validität und Reliabilität der Indikatoren	300
		2. Meßtheoretische Anforderungen	302
		3. Datengewinnung	303
	D	Indikative Abbildung des Sachzielsystems	304
	E	Indikative Bemessung der Sachzielerreichung	309
	F	Indikatorengrundrechnungen als Basisrechenkreise	314
	G	Anwendungsbedingungen und Grenzen der Aussagefähigkeit	315

7. Kapitel: Bedeutende Objektbereiche des Verwaltungs-Controlling 317

- I. Ressourcen-Controlling — 317
  - A Begriff und Wesen des Ressourcen-Controlling in öffentlichen Verwaltungen — 317
  - B Aufgabenfelder des Ressourcen-Controlling — 318
    1. Wirtschaftliche Dimensionierung der Personalressourcen — 318
    2. Absicherung einer gleichmäßig hohen Kapazitätsauslastung — 319
    3. Steigerung der effektiv verfügbaren Arbeitszeit — 322
    4. Optimierung der Intensität der Leistungserstellung — 322
    5. Erhöhung der Menge an Hauptleistungen — 323
    6. Optimierung der Leistungsqualität — 324
  - C Auswertung von Informationen der Leistungsrechnung zur optimalen Steuerung der Personalkapazitäten — 325
    1. Zeitliche Analyse des Leistungsspektrums — 325
    2. Analyse des Fehlzeitenumfangs — 326
    3. Analyse der Abweichungen zwischen Plan- und Ist-Zeiten — 326
    4. Analyse der Mengenabweichungen — 328
    5. Abweichungsanalyse der kapazitätsbezogenen Leistungsdifferenzen und -kennzahlen — 329
- II. Projekt-Controlling — 332
  - A Begriff und Wesen des Projekt-Controlling in öffentlichen Verwaltungen — 332
  - B Aufgabenfelder des Projekt-Controlling — 334
    1. Erstellung einer Phasenstruktur als Rahmen der Projekt-Ablauforganisation — 335
    2. Erarbeitung einer Grundsatzregelung zur Projekt-Aufbauorganisation — 338
    3. Schaffung informationstechnischer Voraussetzungen — 340
    4. Wahrnehmung einzelprojektbezogener Aufgaben — 342
  - C Instrumente des Projekt-Controlling — 343
    1. Instrumente der Projektplanung — 343
    2. Instrumente der Projektüberwachung und -steuerung — 347
- III. Beteiligungs-Controlling — 348
  - A Begriff, Wesen und Bedeutung eines Beteiligungs-Controlling für öffentliche Verwaltungen — 348
    1. Zwecke, Struktur und Bedeutung öffentlicher Beteiligungen — 348
    2. Defizitäre Steuerung und Kontrolle der öffentlichen Beteiligungen — 350
    3. Grundansatz eines Beteiligungs-Controlling zur verbesserten Beteiligungsinstrumentalisierung — 353
  - B Aufgabenfelder und Instrumente des Beteiligungs-Controlling — 355
    1. Schaffung controllinggerechter Strukturen der Beteiligungsverwaltung — 355
    2. Gewährleistung operationaler Zielvorgaben — 358
    3. Schaffung und Auswertung controllinggerechter Informationsinstrumente — 362
        - a) Wirtschaftspläne, Jahresabschlüsse, Geschäftsberichte, Prüfungsberichte — 363
        - b) Unterjährige Kennziffern- und Indikatorenberichte — 365
        - c) Beteiligungsberichte — 368

8. Kapitel: Funktionen, Instrumente und Objektbereiche des Verwaltungs-Controlling - Zusammenfassung und Ausblick auf Möglichkeiten einer Integration in die Aufbauorganisation der Verwaltung   371

    I. Zusammenfassung: Funktionen, Instrumente und Objektbereiche des Verwaltungs-Controlling   371
    II. Gestaltungsmöglichkeiten einer Integration des Verwaltungs-Controlling in die Aufbauorganisation der Verwaltung   378
    III. Bedeutende Determinanten der aufbauorganisatorischen Integration   383
         A   Zur Bedeutung von Kontextfaktoren als Bestimmungsgrößen der Controller-Organisation   383
         B   Einflüsse ausgewählter Kontextfaktoren auf die Integration des Controlling in die Aufbauorganisation der Vewaltung   384
               1. Controlling-Ansatz und -Schwerpunkte   384
               2. Entwicklungsstand des Controlling   386
               3. Verwaltungsgröße   388
               4. Verwaltungstyp   389

Abbildungsverzeichnis

Abbildung 1-1	Schematischer Überblick über die Grundstruktur der Arbeit	3
Abbildung 1-2	Systematisierungsansätze des Controlling	23
Abbildung 2-1	Systematik der Literaturanalyse	35
Abbildung 2-2	Überblick über die mehrdimensionalen präskriptiven Controlling-Ansätze der Fachliteratur Teil 1	53
	Teil 2	54
Abbildung 2-3	Übersicht über die in der Literatur dokumentierten Controlling-Aktivitäten der Kernverwaltungen (explizite Nennungen)	58
Abbildung 2-4	Integration der in der Literatur dokumentierten impliziten Ansätze für ein Verwaltungs-Controlling in die vorliegende Arbeit	87
Abbildung 3-1	Regionale Verteilung der befragten Verwaltungen	95
Abbildung 3-2	Anzahl der befragten Verwaltungen nach der Zugehörigkeit zur Ebene der Gebietskörperschaften	97
Abbildung 3-3	Größenklassen der befragten Kommunen nach Einwohnern	98
Abbildung 3-4	Erwartete Hauptvorteile und befürchtete Schwierigkeiten (Nachteile) im Falle der Einführung von Controlling	99
Abbildung 3-5	Anforderungen an einen "Verwaltungs-Controller" hinsichtlich Fachkenntnissen und Persönlichkeitsmerkmalen	106
Abbildung 4-1	Kategorien und Varianten der Wirtschaftlichkeit	124
Abbildung 4-2	Systematisierung der Aufgaben des Verwaltungs-Controlling zur Schaffung, Optimierung und Durchführung von Steuerungs- und Regelungssystemen	135
Abbildung 4-3	Schaffung von Informationskongruenz als Controlling-Aufgabe	146
Abbildung 4-4	Zwecke controllingorientierter Informationssysteme für öffentliche Verwaltungen	149
Abbildung 4-5	Grundrechnung und Auswertungsrechnungen als Bestandteile eines controllingorientierten Informationssystems	154
Abbildung 4-6	Nach Zielkategorien systematisierte Zwecke controllingorientierter Informationssysteme für öffentliche Verwaltungen	155
Abbildung 5-1	Überblick über die Aufgaben des Verwaltungs-Controlling entlang des Führungsprozesses	163
Abbildung 5-2	Vergleich des synoptischen und des inkrementalen Planungsansatzes	168
Abbildung 5-3	Verfahrenstypen der Planung im vergleichenden Überblick	173
Abbildung 5-4	Überblick über bedeutsame Planungstechniken als Controlling-Instrumente	175
Abbildung 5-5	Zielstruktur öffentlicher Verwaltungen	178
Abbildung 5-6	Exemplarische Darstellung unterschiedlicher Zielausmaße	181

Abbildung 5-7	Beispiel einer Portfolio-Analyse zur Aufgabenpriorisierung einer Landesverwaltung	197
Abbildung 5-8	Ist-Portfolio der Arbeitsgebiete einer Fachabteilung einer Landwirtschaftskammer	198
Abbildung 5-9	Grundtypen zu bewertender Entscheidungssituationen	204
Abbildung 5-10	Allgemeine Funktionen der Kontrolle	224
Abbildung 5-11	Träger der Verwaltungskontrolle bei ausgewählten Kontrollarten	226
Abbildung 5-12	Ansatzpunkte und Reichweiten von Effizienz- und Effektivitätskontrollen	228
Abbildung 5-13	Varianten der Erfolgsermittlung	232
Abbildung 6-1	Leistungsrechnung, Kostenrechnung und Indikatorenrechnung als Instrumente des Verwaltungs-Controlling - Rechnungsstoff, Hauptzwecke und Stellung der Rechenwerke zueinander	240
Abbildung 6-2	Kategorien der Leistungsarten einer öffentlichen Kernverwaltung	255
Abbildung 6-3	Vorschlag für den Berichtsaufbau einer Leistungsrechnung für öffentliche Verwaltungen	256
Abbildung 6-4	Entwicklungslinien der Kosten- und Ergebnisrechnung	276
Abbildung 6-5	Ablaufschritte der stellenbezogenen Plankostenrechnung	282
Abbildung 6-6	Schematische Vorgehensweise der Prozeßkostenrechnung	287
Abbildung 6-7	Indikative Sachzieloperationalisierung im kommunalen ÖPNV	308
Abbildung 6-8	Grundkonzept einer Outputindikatorenmatrix zur Bewertung der Sachzielerreichung einer Hochschule	312
Abbildung 6-9	Grundkonzept einer Inputindikatorenmatrix	313
Abbildung 7-1	Wichtige Kennzahlen zur Analyse kapazitätsbezogener Leistungsdifferenzen	330
Abbildung 7-2	KGSt-Vorschlag für die Phaseneinteilung des Projektablaufs bei Bauinvestitionsprojekten	336
Abbildung 7-3	Vorschlag einer Aufbauorganisation für das Controlling von Bauprojekten	340
Abbildung 7-4	Überblick über die Funktionen umfassender Projektmanagement-Software	341
Abbildung 7-5	KGSt-Vorschlag zur Kostenermittlung für kommunale Bauprojekte	346
Abbildung 7-6	Externe Kontrolle staatlicher Beteiligungsunternehmen	352
Abbildung 7-7	Beispiel für das Zielbild eines öffentlichen Beteiligungsunternehmens	361
Abbildung 7-8	Vorschlag für den Controlling-Bericht einer Stadttheater GmbH Teil a)	366
	Teil b) und c)	367
	Teil d)	368

Abbildung 8-1	Systematisierung möglicher aufbauorganisatorischer Einbindungen des Controlling	380
Abbildung 8-2	Möglichkeiten der Institutionalisierung des Controlling in Ministerialverwaltungen	390
Abbildung 8-3	Möglichkeiten der Institutionalisierung des Controlling in Kommunalverwaltungen	392
Abbildung 8-4	Vorschlag einer zweistufigen Controlling-Institutionalisierung in Kommunalverwaltungen	394
Abbildung 8-5	Vorschlag einer Institutionalisierung von Controlling in Kommunalverwaltungen als zentrale Querschnittseinheit	395

Abkürzungsverzeichnis

a.a.O.	am angegebenen Ort
Abb.	Abbildung
ADV	Automatisierte Datenverarbeitung
AG	Aktiengesellschaft
Archiv PF	Archiv für das Post- und Fernmeldewesen
Aufl.	Auflage
BAT	Bundes-Angestelltentarifvertrag (Bund, Länder, Gemeinden)
Bd.	Band
BFuP	Betriebswirtschaftliche Forschung und Praxis
BgA	Betrieb gewerblicher Art (§ 4 KStG)
BHO	Bundeshaushaltsordnung
BMF	Der Bundesminister für Finanzen
BMFT	Der Bundesminister für Forschung und Technologie
BPflV	Bundespflegesatzverordnung
BWVP	Baden-Württembergische Verwaltungspraxis
bzw.	beziehungsweise
cb	Der Controlling-Berater
CEEP	Europäische Zentrale für öffentliche Wirtschaft
CIA	Controllers Institute of America
CPM	Critical Path Method
d.h.	das heißt
DBW	Die Betriebswirtschaft
DDR	Deutsche Demokratische Republik
DÖV	Die öffentliche Verwaltung
DV	Datenverarbeitung oder Durchführungsverordnung
ebd.	ebenda
EDV	Elektronische Datenverarbeitung
EIS	Executive-Informations-System
etc.	et cetera
e.V.	eingetragener Verein
f, ff	folgende Seite(n)
FEI	Financial Executive Institute
F&E	Forschung und Entwicklung
GemHVO	Gemeindehaushaltsverordnung
GG	Grundgesetz für die Bundesrepublik Deutschland
GGO	Gemeinsame Geschäftsordnung der Bundesministerien
GID	Gesellschaft für Information und Dokumentation, Frankfurt
GmbH	Gesellschaft mit beschränkter Haftung
GMD	Gesellschaft für Mathematik und Datenverarbeitung, St. Augustin
GoB	Grundsätze ordnungsgemäßer Buchführung
GTZ	Gesellschaft für technische Zusammenarbeit
GWA	Gemeinkosten
HGB	Handelsgesetzbuch

HGrG	Gesetz über die Grundsätze des Haushaltsrechts des Bundes und der Länder (Haushaltsgrundsätzegesetz)
Hrsg.	Herausgeber
hpts.	hauptsächlich
HWB	Handwörterbuch der Betriebswirtschaft
HWÖ	Handwörterbuch der öffentlichen Betriebswirtschaft
HWO	Handwörterbuch der Organisation
HWPlan	Handwörterbuch der Planung
HWProd	Handwörterbuch der Produktionswirtschaft
HWR	Handwörterbuch des Rechnungswesens
i.d.F.	in der Fassung
i.d.R.	in der Regel
i.e.S.	im engeren Sinne
i.w.S.	im weiteren Sinne
IKS	Internes Kontrollsystem
insbes.	insbesondere
IO	Industrielle Organisation
IPEKS	Integriertes Planungs-, Entscheidungs- und Kontrollsystem
IuD	Information und Dokumentation
JfB	Journal für Betriebswirtschaft
Jg.	Jahrgang
KAG	Kommunales Abgabengesetz
KGSt	Kommunale Gemeinschaftsstelle für Verwaltungsvereinfachung, Köln
KHBV	Krankenhaus-Buchführungsverordnung
KIZ	System der kooperativen integrierten Zielbildung
KKZ	Kommunale Kassen-Zeitschrift
krp	Kostenrechnungspraxis - Zeitschrift für Controlling
LRP	Long Range Planning
LSP	Leitsätze für die Preisermittlung auf Grund von Selbstkosten (Anlage zur VOL)
KStG	Körperschaftsteuergesetz
MbO	Management by Objectives
MIR	Management International Review
MIS	Management-Informations-System
MPM	Metra-Potential-Methode
MTM	Methods-Time-Measurement
NKA	Nutzen-Kosten-Analyse
NKU	Nutzen-Kosten-Untersuchungen (nach § 6 HGrG, § 7 BHO)
Nr.	Nummer
NWA	Nutzwertanalyse
o.	ohne
o.Jg.	ohne Jahrgang
o.O.	ohne Ortsangabe
PAR	Public Administration Review
PC	Personal Computer
PERT	Programm Evaluation and Review Technique
PPBS	Planning-Programming-Budgeting-System

PPG	Projektprüfungsgruppe
RCB	Rationalisation des Choix Budgetaires
REFA	REFA-Verband für Arbeitsstudien und Betriebsorganisation e.V.
S.	Seite
Sp.	Spalte
TDM	Tausend Deutsche Mark
TUI	Technikunterstützte Informationsverarbeitung
Tz	Textziffer(n)
u.a.	und andere oder unter anderem
u.U.	unter Umständen
usw.	und so weiter
Verf.	Verfasser
vgl.	vergleiche
VKU	Verband kommunaler Unternehmen
VOB	Verdingungsordnung für Bauleistungen
VOL	Verdingungsordnung für Leistungen - ausgenommen Bauleistungen -
VOP	Verwaltungsführung * Organisation * Personal, Fachzeitschrift für die öffentliche Verwaltung
VÖV	Verband öffentlicher Verkehrsbetriebe
vs.	versus
VuF	Verwaltung und Fortbildung
VV	Verwaltungsvorschrift
WIBERA	Wirtschaftsberatung Aktiengesellschaft, Düsseldorf
z.B.	zum Beispiel
z.T.	zum Teil
ZBB	Zero Base Budgeting
ZfB	Zeitschrift für Betriebswirtschaft
ZfhF	Zeitschrift für handelswissenschaftliche Forschung
Ziff.	Ziffer
ZIR	Zeitschrift Interne Revision
ZögU	Zeitschrift für öffentliche und gemeinwirtschaftliche Unternehmen

1. KAPITEL: GRUNDLEGUNG

I. Konzeptionelle Vorgehensweise der Untersuchung

Die vorliegende Arbeit will einen Beitrag zu der Frage leisten, inwieweit und auf welche Weise **betriebswirtschaftliche Konzepte** in der **öffentlichen Verwaltung** zur Anwendung kommen können.[1] Aus dieser umfassenden Fragestellung soll hier der Aspekt untersucht werden, inwieweit das in der Privatwirtschaft mehr und mehr eingesetzte "Controlling" nicht auch vorteilhaft in der öffentlichen Verwaltung zum Einsatz kommen kann und wie ein solches Verwaltungs-Controlling aussehen könnte.

Mit Hilfe von **Arbeitshypothesen** soll diese Fragestellung konkretisiert werden.

A Der Einsatz von Controlling hat in der privaten Wirtschaft Erfolge erbracht.

Die empirische Überprüfung des Wahrheitsgehalts von These A ist nicht Gegenstand dieser Arbeit. Es wird hier unterstellt, daß sie als wahre Aussage anzusehen ist.[2]

B Wenn Controlling in der öffentlichen Verwaltung eingesetzt wird, dann läßt sich dort ebenfalls eine Erhöhung der Zielbeiträge erreichen.

Auch der Wahrheitsgehalt von These B ist letztlich nur auf empirischem Wege zu klären. Einen bescheidenen Beitrag dazu versucht die vorliegende Arbeit durch die Erhebung und Analyse erster Implementierungsansätze eines Controlling in der öffentlichen Verwaltung zu leisten. Daneben soll auch die umfassende Analyse der einschlägigen Veröffentlichungen von Wissenschaftlern und Praktikern dazu dienen, das Erfolgspotential eines Verwaltungs-Controlling zu beurteilen.

These B basiert auf den von der Betriebswirtschaftslehre und der (empirischen) Situationsforschung ermittelten **Gemeinsamkeiten** zwischen privatwirtschaftlichen Unternehmen und öffentlichen Verwaltungen.[3] Allerdings existieren zwischen beiden Organisationen auch beträchtliche **Unterschiede**, auf die das Scheitern einiger Versuche,

---

[1] Zur Übertragbarkeit betriebswirtschaftlicher Erkenntnisse auf öffentliche Verwaltungen vgl. Budäus, Dietrich: Betriebswirtschaftliche Instrumente zur Entlastung kommunaler Haushalte - Analyse der Leistungsfähigkeit ausgewählter Steuerungs- und Finanzierungsinstrumente für eine effizientere Erfüllung öffentlicher Aufgaben, Baden-Baden 1982, S. 25f und S. 53ff; Braun, Günther E.: Ziele in öffentlicher Verwaltung und privatem Betrieb - Vergleich zwischen öffentlicher Verwaltung und privatem Betrieb sowie eine Analyse der Einsatzbedingungen betriebswirtschaftlicher Planungsmethoden in der öffentlichen Verwaltung, Baden-Baden 1988, S. 75-85; Laux, Eberhard: Verwaltungsmanagement, in: Chmielewicz, Klaus/Eichhorn, Peter (Hrsg.): HWÖ, Sp. 1677-1689, hier Sp. 1683f und Reichard, Christoph: Betriebswirtschaftslehre der öffentlichen Verwaltung, 2. Auflage, Berlin und New York 1987, S. 148f.

[2] Es sei aber darauf hingewiesen, daß sich in der Literatur kaum empirische Analysen finden, die sich mit der Frage des Erfolges von Controlling-Implementationen auseinandersetzen. Dagegen existieren zahlreiche Analysen zur laufend zunehmenden Verbreitung und zum Aufgabenspektrum des Controlling (einen Überblick gibt Horváth, Péter: Controlling, 3. Auflage, München 1990, S. 56ff). Der Rückschluß von einer empirisch festgestellten hohen und weiter zunehmenden Verbreitung auf den Erfolg ist zwar plausibel, der Zusammenhang muß aber noch eingehender untersucht werden.

[3] Vgl. Braun, Günther E.: Ziele, a.a.O., S. 81f mit weiteren Literaturhinweisen. Zu einem umfassenden Vergleich von Unternehmen und "öffentlichen Verwaltungsbetrieben" vgl. Rieger, Franz Herbert: Unternehmen und öffentliche Verwaltungsbetriebe - Ein betriebswirtschaftlicher Vergleich zum Aufbau einer Betriebswirtschaftslehre der öffentlichen Verwaltung, Berlin 1983.

betriebswirtschaftliches Gedankengut auf die öffentliche Verwaltung zu übertragen, zurückzuführen ist. Vor diesem Hintergrund ergibt sich **Arbeitshypothese C**:

C Wenn Controlling in der öffentlichen Verwaltung erfolgversprechend zur Anwendung kommen soll, dann hat Controlling die Aufgabenfelder x zu bearbeiten, die Instrumente y einzusetzen und wird zweckmäßigerweise in der Form z aufbauorganisatorisch eingeordnet.

Die Ausfüllung der Variablen x - z kann **nicht durch eine simple Übertragung** der aus der Privatwirtschaft als erfolgreich bekannten Muster erfolgen. Vielmehr stellt es eine Aufgabe dieser Arbeit dar, durch die Berücksichtigung der jeweiligen Spezifika der öffentlichen Verwaltung eine **kontextuelle, situative Bezugnahme** herzustellen (kontingenztheoretischer Ansatz). Diese Anpassung wird zum einen dadurch erschwert, daß es "das Controlling" als eindeutig bestimmtes betriebswirtschaftliches Konzept nicht gibt.[4] Auf der anderen Seite handelt es sich auch bei "der öffentlichen Verwaltung" keineswegs um ein homogenes, durch wenige definitorische Ausführungen auch nur annähernd zu fassendes Untersuchungsobjekt.

Von daher muß vor einer Annäherung an ein "Verwaltungs-Controlling" zunächst eine Charakterisierung und Präzisierung des Begriffs der **öffentlichen Verwaltung** wie auch des **Controlling** erfolgen. Daran schließt sich eine Analyse der bislang zum Controlling in bzw. für öffentliche(n) Verwaltungen veröffentlichten **Literatur** an (Kapitel 2). Ausführungen zu den Ergebnissen einer vom Verfasser durchgeführten **Befragung** zum Stand und zu den Perspektiven des Controlling aus der Sicht der Verwaltungspraxis (Kapitel 3) werden die in der Literaturanalyse gewonnenen Erkenntnisse ergänzen.

Auf dieser Basis sollen Überlegungen angestellt werden, wie sich die zuvor abgeleiteten **Kernfunktionen** des Controlling in öffentlichen Verwaltungen manifestieren können (Kapitel 4). Es folgt eine Konkretisierung möglicher **Aufgaben** eines Verwaltungs-Controlling **entlang der Teilphasen des Führungsprozesses** (Kapitel 5). Das Rechnungswesen als bedeutendes **Instrument** des Verwaltungs-Controlling ist Gegenstand des 6. Kapitels, in dem die Leistungsrechnung, die Kostenrechnung und die Indikatorenrechnung als besonders geeignete Rechenkreise hervorgehoben werden. Mit dem Ressourcen-Controlling, dem Projekt-Controlling und dem Beteiligungs-Controlling werden drei erfolgsträchtige **Einsatzfelder** (Objektbereiche) eines Verwaltungs-Controlling erörtert (Kapitel 7), bevor eine knappe **Zusammenfassung** der Kapitel 4 bis 7 und ein Ausblick auf **Möglichkeiten und Determinanten einer aufbauorganisatorischen Integration** des Verwaltungs-Controlling in öffentliche Verwaltungen (Kapitel 8) die Arbeit beschließt. **Abbildung 1-1** veranschaulicht den Aufbau der vorliegenden Untersuchung.

---

4 Zusätzlich erschwerend wirkt sich aus, daß auch im Bereich der privatwirtschaftlichen Unternehmen für controlling-spezifische Kontigenzforschungen noch "ein geringer Entwicklungsstand" festzustellen ist (Hopfenbeck, Waldemar: Allgemeine Betriebswirtschafts- und Managementlehre, Landsberg 1989, S. 52).

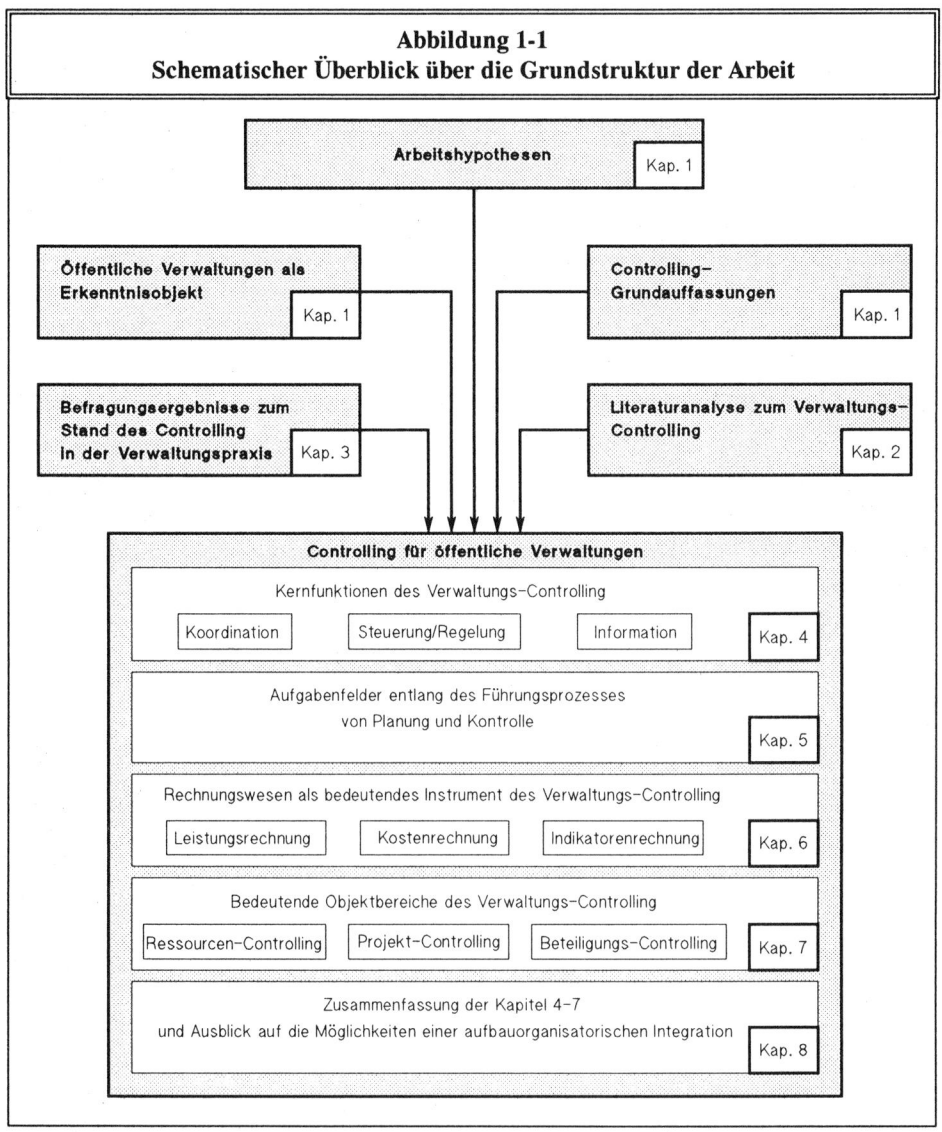

**Abbildung 1-1
Schematischer Überblick über die Grundstruktur der Arbeit**

Den Ausführungen sollen noch einige Anmerkungen zur **wissenschaftstheoretischen Einbettung** der Arbeit vorausgeschickt werden.

Den **gemeinsamen wissenschaftstheoretischen Bezugsrahmen** für die Betrachtung sowohl der öffentlichen Verwaltung wie auch des "Phänomens Controlling" soll die **Systemtheorie** abgeben. Die öffentliche Verwaltung wird dabei als komplexes soziales System angesehen, das Verwaltungs-Controlling als ein Subsystem dieses Systems.

Die Ursprünge der Systemtheorie liegen im naturwissenschaftlichen Bereich. Dort herrscht(e) eine mechanistisch-technologische Orientierung und eine Beschränkung auf die "Analyse des internen Funktionierens der Systeme"[5] vor. Definitionen wie "Unter einem System verstehen wir eine Gesamtheit von Elementen, zwischen denen Beziehungen bestehen oder hergestellt werden können"[6] belegen den zunächst statischen Charakter und die fehlende Befassung mit der Systemumwelt.

Insbesondere die Arbeiten von Parsons, Miller und Luhmann[7] haben belegt, daß es möglich ist, die Systemtheorie auf soziale (d.h. auch aus Menschen bestehende) Gebilde zu adaptieren.[8] Des weiteren hat die sozialwissenschaftliche systemtheoretische Forschung durch einige Spezifizierungen und Fortentwicklungen[9] auch die Möglichkeit eröffnet, der vielen sozialen Systemen innewohnenden Dynamik und der Vielzahl von hier existierenden Beziehungen Rechnung zu tragen. Unter Berücksichtigung dieser neueren Entwicklungen ergibt sich der folgende Versuch einer **Definition sozialer Systeme**:

Ein soziales System ist eine strukturierte Gesamtheit von Elementen, die zumindest teilweise aus Menschen bestehen.[10] Es zeichnet sich durch die charakteristischen Eigenschaften probabilistisch, künstlich, zweckorientiert, produktiv, offen und dynamisch aus.

Dabei bedeutet

- "strukturiert", daß die Systemelemente bzw. die Subsysteme nach einem bestimmten Muster angeordnet sind[11]
- "probabilistisch", daß schon von daher "keine streng detaillierte Voraussage"[12] von Handlungen oder zukünftigen Zuständen wie bei deterministischen Systemen möglich ist[13]
- "künstlich", daß das System nicht natürlicher Art ist, sondern zu einem Zweck geschaffen wurde[14]

---

5 Langrod, Georges: Der Nutzen der allgemeinen Systemtheorie in der Verwaltungswissenschaft, in: Die Verwaltung, Heft 2/1972, S. 127-140, hier S. 128f.
6 Flechtner, Hans-Joachim: Grundbegriffe der Kybernetik - Eine Einführung, Stuttgart 1966, S. 353, sowie nahezu identisch Ulrich, Hans: Die Unternehmung als produktives soziales System, 2. Auflage, Bern und Stuttgart 1970, S. 105.
7 Vgl. z.B. Parsons, Talcott: The Social System, New York 1964; Miller, J.G.: Living Systems, New York/St. Louis (McGraw Hill) 1978 sowie Luhmann, Niklas: Soziale Systeme - Grundriß einer allgemeinen Theorie, 2. Auflage, Frankfurt 1985.
8 Den ersten Anstoß zu einer Öffnung der Systembetrachtung gab wohl von Bertalanffy, indem er die einseitig technologische Orientierung zugunsten einer naturwissenschaftlich wie auch sozialwissenschaftlich geprägten Betrachtung aufgab (vgl. Bertalanffy, Ludwig von: General System Theory, in: Yearbook of the Society for General System Research, No. 1/1956, S. 1ff und Langrod, Georges: Systemtheorie in der Verwaltungswissenschaft, a.a.O., S. 128f).
9 Vgl. zur Entwicklung der Theorie sozialer Systeme Wilke, Helmut: Systemtheorie, 2. Auflage, Stuttgart, New York 1987, S. 3ff.
10 Vgl. Ulrich, Hans: Die Unternehmung als produktives soziales System, a.a.O., S. 134. Soziale Systeme weisen in aller Regel auch die Eigenschaft der Komplexität auf, d.h. "sozial" ist die hinreichende aber nicht notwendige Eigenschaft eines komplexen Systems (vgl. Ulrich, Hans/Sidler, Fredy: Ein Management-Modell für die öffentliche Hand, Bern und Stuttgart 1977, S. 18).
11 Vgl. zum Strukturbegriff in der Systemtheorie z.B. Wilke, Helmut: Systemtheorie, a.a.O., S. 3 und 108 sowie Ulrich, Hans: Die Unternehmung als produktives soziales System, a.a.O., S. 109-111.
12 Beer, S.: Kybernetik und Management, Hamburg 1962, S. 27f.
13 Vgl. Ulrich, Hans: Die Unternehmung als produktives soziales System, a.a.O., S. 117f.
14 Ein künstliches, zweckorientiertes System hat stets die Funktion, Leistungen für ein Individuum oder eine menschliche Gemeinschaft zu erbringen. Insofern impliziert das Adjektiv "künstlich" auch die Eigenschaft "produktiv". Wir folgen damit nicht Ulrich, der produktive (i.S. von output-orientierte) und konsumptive (i.S. von input-orientierte) soziale Systeme unterscheidet (vgl. ebenda, S. 134), viel-

- "offen", daß Beziehungen nicht nur zwischen Systemelementen, sondern auch zur Systemumwelt existieren[15] und
- "dynamisch", daß einerseits im Systeminneren Zustandsänderungen und Aktivitäten zwischen Elementen bzw. Subsystemen auftreten und andererseits Beziehungen (inputs und outputs) zu der Systemumwelt existieren.[16]

Sowohl die **öffentliche Verwaltung** als auch das **(Verwaltungs-)Controlling** können als spezielle **Systeme** in diesem Sinne angesehen werden.[17]

Die Verwendung des systemtheoretischen Ansatzes bietet einige **Vorteile:**[18]

- Fachspezifische und interdisziplinäre **Universalität**, d.h. es besteht ein einheitlicher, dem Erkenntnisaustausch förderlicher Forschungsansatz sowohl für verschiedene Bereiche einer Disziplin (hier etwa der Betriebswirtschaftslehre) als auch für andere, sich mit demselben Forschungsobjekt beschäftigenden Disziplinen (hier etwa der Verwaltungsrechtswissenschaft, der Verwaltungspsychologie oder der Verwaltungssoziologie).[19]
- Eng damit zusammen hängt die Tatsache, daß aufgrund des einheitlichen Forschungsansatzes eine **einheitliche Terminologie** zur Verfügung steht, die die notwendigerweise mehrdimensionale und interdisziplinäre Betrachtung der öffentlichen Verwaltung zumindest erleichtert und die Möglichkeiten zur Auswertung der Erkenntnisse verschiedener Disziplinen verbessert.[20]
- Die Systemtheorie erlaubt einerseits die **Fokussierung auf einzelne interessierende Systemaspekte** wie etwa die Information oder die Koordination; andererseits kann aber auch eine **integrative Beachtung verschiedener Einflußfaktoren** erfolgen.[21]
- Mit Hilfe der Kybernetik, der "Wissenschaft von der Struktur, den Relationen und dem Verhalten dynamischer Systeme"[22], lassen sich in Verwaltungen stattfindende **Prozesse modellhaft durchleuchten** und daran anknüpfend Optimierungsansätze

---

mehr Luhmann, der auch schon die mit der Systembildung erreichte abstrakte Reduktion von Komplexität als Leistung ansieht (vgl. Luhmann, Niklas: Theorie der Verwaltungswissenschaft - Bestandsaufnahme und Entwurf - Köln und Berlin 1966, S. 65).
15 Vgl. Ulrich, Hans: Die Unternehmung als produktives soziales System, a.a.O., S. 112f.
16 Vgl. ebenda, S. 113f und 118ff.
17 Wegen einer exemplarischen Übertragung der systemtheoretischen Terminologie auf eine öffentliche Verwaltung (die Verwaltung eines schweizerischen Kantons) vgl. Ulrich, Hans/Sidler, Fredy: Ein Management-Modell für die öffentliche Hand, Bern und Stuttgart 1977, S. 14f). Zur systemtheoretischen Betrachtung des Controlling vgl. die Ausführungen in Teil III. dieses Kapitels.
18 Wegen weiterer Vorteile vgl. Ulrich, Hans: Die Unternehmung als produktives soziales System, a.a.O., S. 135f; Langrod, Georges: Systemtheorie in der Verwaltungswissenschaft, a.a.O., S. 137ff und Ulrich, Hans/Sidler, Fredy: Ein Management-Modell für die öffentliche Hand, a.a.O., S. 19f.
19 Vgl. Wilke, Helmut: Systemtheorie, a.a.O., S. 1f.
20 Vgl. z.B. Ulrich, Hans: Die Unternehmung als produktives soziales System, a.a.O., S. 135; Ulrich, Hans/Sidler, Fredy: Ein Management-Modell für die öffentliche Hand, a.a.O., S. 19 und Langrod, Georges: Systemtheorie in der Verwaltungswissenschaft, a.a.O., S. 132.
Zumindest diesen Vorteil sehen auch Autoren, die die öffentliche Verwaltung aus verschiedenen Gründen nicht einer systemtheoretischen Betrachtung unterziehen wollen (vgl. z.B. Eichhorn, Peter/Friedrich, Peter: Verwaltungsökonomie I - Methodologie und Management, Baden-Baden 1976, S. 39 und 43f).
21 Vgl. Horváth, Péter: Controlling, a.a.O., S. 100f.
22 Flechtner, H.J.: Grundbegriffe der Kybernetik, a.a.O., S. 10. Definitionen anderer Autoren finden sich bei Ulrich, Hans: Die Unternehmung als produktives soziales System, a.a.O., S. 100f.

aufzeigen.[23] Allerdings sind die Möglichkeiten kybernetischer Analysen in sozialen Systemen beschränkt, da sie wegen ihrer Orientierung an programmierten Zuständen und Beziehungen dem zweckorientierten, aber nicht determinierten Wesen sozialer Systeme im Grunde nicht voll gerecht werden können.[24]

Mit der Verwendung systemtheoretischer Gedanken soll **keinesfalls eine simplifizierende Anwendung naturwissenschaftlich-mechanistisch orientierter System-Ansätze** erfolgen, wie sie teilweise in der Controlling-Diskussion und -Literatur vorgenommen wird.[25] Diese Betrachtungsweise kann nicht zu einem Erkenntnisgewinn führen. Ebenfalls als unfruchtbar erweist sich der Versuch, soziale Systeme vollständig in mathematischen Gleichungssystemen abbilden zu wollen.[26] Deren Verwendung kann für Teilsysteme sinnvoll sein,[27] der Versuch einer generellen Anwendung muß dagegen zum Scheitern führen,[28] da sich das in sozialen Systemen ausschlaggebende menschliche Verhalten letztlich eben nicht in mathematisch-funktionaler Form abbilden läßt.[29]

Ebensowenig schließt es die systemtheoretische Einbettung der Arbeit aus, daß zusätzlich auch die **Erkenntnisse des entscheidungsorientierten**[30] **und des verhaltensorientierten Ansatzes**[31] **der Betriebswirtschaftslehre** aufgegriffen werden können. Aufgrund der zentralen Bedeutung sowohl der Entscheidungen[32] als auch des "Systemelementes Mensch" für das hier betrachtete System der öffentlichen Verwaltung erscheint eine Berücksichtigung dieser Erkenntnisse geradezu notwendig. Dies soll im Rahmen der gegebenen Möglichkeiten in der vorliegenden Arbeit geschehen. Beim entscheidungs- und beim verhaltensorientierten Ansatz der Betriebswirtschaftslehre handelt es sich um sich **ergänzende Zugangsweisen mit unterschiedlicher Schwerpunktlegung**, die gut dazu geeignet sind, den durch die Systemtheorie gelieferten Bezugsrahmen auszufüllen.[33]

---

23 Vgl. etwa das kybernetische Modell der öffentlichen Auftragsvergabe bei Eichhorn, Peter/Friedrich, Peter: Verwaltungsökonomie I, a.a.O., S. 40-42 mit Verweis auf ein Beispiel aus dem Bereich eines städtischen Fuhrparks bei Mülhaupt, Ludwig/Gornas, Jürgen: Betriebswirtschaftliche Grundsätze in der Kameralistik, in: Kommunale Kassen-Zeitschrift, 24. Jg., 1973, S. 104-110 und 121-128, hier S. 110.
24 Vgl. Luhmann, Niklas: Zweckbegriff und Systemrationalität, Taschenbuchausgabe, Frankfurt 1973 (Ersterscheinung 1968), S. 157ff, insbesondere S. 160ff und Schreyögg, Georg: Unternehmensstrategie - Grundfragen einer Theorie strategischer Unternehmensführung, Berlin und New York 1984, S. 244.
25 Vgl. dazu die Ausführungen in Teil III. dieses Kapitels.
26 "Aussagensysteme im Rahmen des systemtheoretischen Konzepts sollen nach Möglichkeit als mathematische Modelle formuliert werden." (Fuchs, Herbert: Stichwort "Systemtheorie", in: Grochla, Erwin/Wittmann, Waldemar (Hrsg.): HWB, Band III, Sp. 3820-3832, hier Sp. 3821).
27 Zu denken ist etwa an die Lösung von Reihenfolge-Problemen oder zur isolierten Simulation der Auswirkung verschiedener Handlungsalternativen in einzelnen Subsystemen.
28 Vgl. zu den Grenzen eines Einsatzes mathematisch-kybernetischer Modelle Eichhorn, Peter / Friedrich, Peter: Verwaltungsökonomie I, a.a.O., S. 43.
29 Nach Krieg gilt: "...äußerst komplexe probabilistische Systeme sind definitionsgemäß nicht vollständig beschreibbar" (Krieg, Walter: Kybernetische Grundlagen der Unternehmensgestaltung, Bern und Stuttgart 1971, S. 35).
30 Vgl. etwa den knappen Überblick bei Wöhe, Günter: Entwicklungstendenzen der Allgemeinen Betriebswirtschaftslehre im letzten Drittel unseres Jahrhunderts - Rückblick und Ausblick, in: DBW, Jg. 50 (1990), S. 223-235, hier S. 227f.
31 Vgl. etwa den knappen Überblick bei Wöhe, ebenda, S. 228-230.
32 Die Entscheidung wird teilweise sogar schlechthin als der "Hauptinhalt von Verwaltungshandeln", das "Verwaltungshandeln als administratives Entscheidungshandeln" bezeichnet (Reichard, Christoph: Betriebswirtschaftslehre, a.a.O., S. 25).
33 Ganz in diesem Sinne nimmt etwa Heinen als Vertreter einer entscheidungsorientierten Betriebswirtschaftslehre nicht in Anspruch, damit eine "Neue Betriebswirtschaftslehre" zu propagieren: "Neu und

II. Öffentliche Verwaltungen als Erkenntnisobjekte der Untersuchung

Zweck der in diesem Abschnitt vorzunehmenden begrifflichen Differenzierungen und Präzisierungen ist die Abgrenzung des Untersuchungsgegenstandes dieser Arbeit, der öffentlichen Verwaltungen.

A Begriff und Wesen der öffentlichen Verwaltung

Die **Definition** eines so komplexen Gebildes wie der öffentlichen Verwaltung **bereitet Schwierigkeiten**. Von daher ist die Aussage eines der Mitbegründer der deutschen Verwaltungs-(rechts-)Wissenschaft zu verstehen: "Deshalb ist der Begriff Verwaltung in dieser Richtung nur verneinend zu bestimmen: als Tätigkeit des Staates, die nicht Gesetzgebung oder Justiz ist."[34]

Ein Beitrag zur positiven Abgrenzung könnte von einer Analyse der **Verwendung des Begriffes** der Verwaltung **in der wissenschaftlichen Literatur** erwartet werden.[35] Die Sichtung der einschlägigen Literatur ergibt jedoch ein **uneinheitliches und vielschichtiges Bild**.[36]

In der allgemeinen **Betriebswirtschaftslehre** herrscht beispielsweise der funktionale Verwaltungsbegriff vor.[37] Neben den primären, aus der Markt- oder Zweckaufgabe ableitbaren betrieblichen Funktionen der Beschaffung, der Produktion und des Absatzes werden die "von innen ausgelösten Verwaltungsaufgaben"[38] als sekundäre Aufgaben angesehen.[39] Eine derart (funktional) verstandene Verwaltung existiert zwangsläufig (wie in jedem Betrieb)[40] auch in der öffentlichen Verwaltung. Zu einer Abgrenzung des hier vorliegenden Untersuchungsobjektes der öffentlichen Verwaltung

---

für die Zukunft richtungsweisend ist nicht so sehr die Tatsache, daß sich die Betriebswirtschaftslehre mit Entscheidungen befaßt, sondern die Art und Weise, die Methodik, wie sie Entscheidungen untersucht." (Heinen, Edmund: Zum Wissenschaftsprogramm der entscheidungsorientierten Betriebswirtschaftslehre, in: ZfB, 39.Jg. (1969), S. 208).

34 Mayer, Otto: Deutsches Verwaltungsrecht, Band 1, 3. Auflage, Leipzig 1924, S. 7. Gornas und Beyer formulieren drastisch: "Eine befriedigende Definition der öffentlichen Verwaltung ist [allerdings] bisher nicht gelungen" (Gornas, Jürgen/Beyer, Werner: Betriebswirtschaft in der öffentlichen Verwaltung, Köln 1991, S. 2).

35 Die Verwendung des Begriffes der Verwaltung im allgemeinen Sprachgebrauch stiftet eher Unklarheit: Zumeist erfolgt eine Assoziation "mit Aktenführung oder Schreibtischtätigkeit" (Püttner, Günter: Verwaltungslehre, München 1982, S. 27).

36 Für die Zwecke der hier vorliegenden Untersuchung erscheint eine Beschränkung auf die Verwendung des Verwaltungsbegriffs in den Wirtschafts-, Rechts- und Verwaltungswissenschaften ausreichend. Zur etymologischen Herleitung des Begriffes der Verwaltung sowie dessen Verwendung in anderen Wissenschaftsdisziplinen und in der Umgangssprache vgl. Damkowski, Wulf: Die Entstehung des Verwaltungsbegriffs - Eine Wortstudie, Köln u.a. 1969, S. 13ff sowie Rieger, Franz Herbert: Unternehmen und öffentliche Verwaltungsbetriebe, a.a.O., S. 14-18 mit weiteren Literaturhinweisen.

37 Vgl. etwa Kosiol, Erich: Organisation der Unternehmung, Wiesbaden 1962, S. 58ff.

38 Braun, Günther E.: Ziele, a.a.O., S. 30.

39 Walb spricht hier von unmittelbaren und mittelbaren Aufgaben (vgl. Walb, Ernst: Kaufmännische Betriebswirtschaftslehre, in: Eckert, Christian (Hrsg.): Rothschilds Taschenbuch für Kaufleute, 2. Buch: Kaufmännische Betriebswirtschaftslehre, 60. Auflage, Leipzig 1927, S. 26f).

40 Vgl. Braun, Günther E.: Ziele, a.a.O., S. 30. Zu einem abgrenzenden Vergleich der öffentlichen Verwaltung mit der Verwaltung im Bereich privatwirtschaftlicher (und öffentlicher) Unternehmen vgl. Schnettler, Albert/Ahrens, Heinz: Verwaltung im Bereich des Unternehmens, in: Morstein Marx, Fritz (Hrsg.): Verwaltung - Eine einführende Darstellung, Berlin 1965, S. 18-33, hier S. 18ff.

kann dieser Ansatz jedoch nicht beitragen.[41] Genausowenig hilft die pauschale Vorgehensweise der **Volkswirtschaftslehre**. Sie ordnet die öffentliche Verwaltung dem öffentlichen Sektor zu und grenzt diesen vom Unternehmenssektor und den privaten Haushalten ab. Eine Differenzierung innerhalb des öffentlichen Sektors betrifft i.d.R. die Ebenen der Gebietskörperschaften und die Parafisci.[42]

Ergiebiger erscheint die differenzierende **juristische und die verwaltungswissenschaftliche Literatur**. Auf deren Erkenntnissen aufbauend bzw. sich davon absetzend befaßte sich auch die noch junge Betriebswirtschaftslehre öffentlicher Verwaltungen[43] mit dem Begriff.

Die juristische und die verwaltungswissenschaftliche Literatur verwendet den Begriff der öffentlichen Verwaltung überwiegend in zwei Varianten: Öffentliche Verwaltung in organisatorischer und in materieller Hinsicht. Der **organisatorische Begriff**[44] der öffentlichen Verwaltung wird vorwiegend in einem institutionellen Sinne verwendet. Als Verwaltung wird hiernach also die Gesamtheit der Institutionen, die "verwalten", angesehen.[45] Diese Variante des Verwaltungsbegriffes enthält allerdings den materiellen Verwaltungsbegriff als Bestandteil der Definition:[46] "Verwaltung im organisatorischen Sinne ist der Inbegriff derjenigen öffentlich-rechtlichen Organe, die Verwaltung im gegenständlichen Sinn ausüben."[47] Somit kann eine organisatorisch-institutionelle Sicht der Verwaltung erst nach einer Klärung des materiellen Begriffs befriedigend vollzogen werden.

Die Versuche in der rechts- aber auch in der verwaltungswissenschaftlichen Literatur, den Begriff der öffentlichen Verwaltung **in materieller Hinsicht** zu definieren, sind zahlreich. Wie schon erwähnt, wird die öffentliche Verwaltung dabei häufig lediglich **negativ abgegrenzt**, ein Vorgehen, das letztlich auf die Montesquieue'sche Gewaltenteilungslehre zurückzuführen ist.[48] Demnach ist als (öffentliche) Verwaltung dasjenige staatliche Agieren anzusehen, das nicht dem Bereich der Legislative oder der Judikative zuzurechnen ist. Innerhalb der zweiten Gewalt wird teilweise noch weiter in die

---

41 Vgl. auch Reichard, Christoph: Betriebswirtschaftslehre, a.a.O., S. 3.
42 Vgl. Stobbe, Alfred: Volkswirtschaftslehre I - Volkswirtschaftliches Rechnungswesen, 5. Auflage, Berlin u.a. 1980, S. 25 und 129ff.
43 Verwendet werden für diese betriebswirtschaftliche Teildisziplin - inhaltlich teilweise differierend - auch die Termini "Betriebswirtschaftslehre öffentlicher Verwaltungen und Unternehmen", "Verwaltungsbetriebslehre" oder - weniger zutreffend - "Öffentliche Betriebswirtschaftslehre". Vgl. eingehender die Ausführungen im nachfolgenden Teil B.
44 Teilweise wird hier auch von der öffentlichen Verwaltung im formellen Sinne gesprochen (vgl. z.B. Lecheler, Helmut: Verwaltungslehre, Stuttgart, München, Hannover 1988, S. 44).
45 Vgl. Braun, Günther E.: Ziele, a.a.O., S. 30 mit weiteren Literaturhinweisen.
46 Rieger bezeichnet diesen Sachverhalt unzutreffend als Tautologie (vgl. Rieger, Franz Herbert: Unternehmen und öffentliche Verwaltungsbetriebe, a.a.O., S. 19).
47 Obermeyer, Klaus: Grundzüge des Verwaltungsrechts und Verwaltungsprozeßrechts, Stuttgart u.a. 1964, S. 6; ähnlich auch Wolff, Hans J./Bachof, Otto: Verwaltungsrecht I, 9. Auflage, München 1974, S. 16.
48 Vgl. Mayer, Franz: Allgemeines Verwaltungsrecht - Eine Einführung, 3. Auflage, Stuttgart, München, Hannover 1972, S. 3 mit weiteren Literaturhinweisen. Mayntz betont, daß erst die mit der Gewaltenteilung einhergehende "interne Differenzierung des staatlichen Institutionengeflechts" die öffentliche Verwaltung als eigenen Erkenntnisgegenstand hervorbringt (Mayntz, Renate: Soziologie der öffentlichen Verwaltung, Heidelberg, Karlsruhe 1978, S. 3).

Gubernative (Regierung) und die (vollziehende) öffentliche Verwaltung im engeren Sinne geschieden.

Unter den **positiven Abgrenzungen** weisen diejenigen von Wolff/Bachof und von Eichhorn/Friedrich eine weite Verbreitung auf. Wolff/Bachof formulieren: "Öffentliche Verwaltung im materiellen Sinn ist also die mannigfaltige, konditional oder nur zweck-bestimmte, also insofern fremdbestimmte, nur teilplanende, selbstbeteiligt entscheidend ausführende und gestaltende Wahrnehmung der Angelegenheiten von Gemeinwesen und ihrer Mitglieder als solcher durch die dafür bestellten Sachwalter des Gemeinwesens."[49]

Eichhorn und Friedrich nehmen eine "**wirtschaftswissenschaftliche Kennzeichnung der öffentlichen Verwaltung**"[50] vor: "Eine öffentliche Verwaltung ist ... aus ökonomischer Sicht eine Wirtschaftseinheit, die wirtschaftliche Verfügungen über zu produzierende und abzugebende Güter im Sinne öffentlicher Ziele auf der Grundlage öffentlichen Eigentums trifft."[51] Da diese Begriffsverwendung der öffentlichen Verwaltung zentral von den Merkmalen "wirtschaftliche Verfügungen - öffentliche Ziele - öffentliches Eigentum" geprägt wird und nicht an der Gewaltenteilungslehre ansetzt, gehören hier auch Gerichte, Parlamente, Regierungen und - in der weiten Fassung - auch öffentliche und gemischtwirtschaftliche Unternehmen zur öffentlichen Verwaltung.

Um das Untersuchungsobjekt in handhabbaren Grenzen zu halten, soll **hier** eine **institutionell engere Definition** vorgenommen werden.[52] Sie beinhaltet - zum Teil in nuancierter Form - die für die vorliegende Untersuchung wesentlichen Bestandteile der vorgenannten Definitionen und umfaßt sowohl materiell-funktionelle als auch organisatorisch-institutionelle Gesichtspunkte.

Die **öffentliche Verwaltung** soll verstanden werden als ein Subsystem des Staates,

- das selbst als ein hochkomplexes, offenes, produktives, soziales System mit einer Vielzahl von Subsystemen, Elementen und Beziehungen anzusehen ist,
- das die Staatszwecke durch verschiedene Handlungen konkretisiert,
- das neben der Bindung an die Staatszwecke und die Gesetze auch dem Wirtschaftlichkeitsgebot sowie ethisch-moralischen Imperativen unterliegt,
- das in Ausführung vorgegebener politischer Entscheidungsprogramme bindende speziell-konkrete Entscheidungen, daneben aber auch andere Dienstleistungen oder (seltener) tangible Güter herstellt und/oder abgibt,

---

[49] Wolff, Hans J./Bachof, Otto: Verwaltungsrecht I, a.a.O., S. 16.
[50] Eichhorn, Peter/Friedrich, Peter: Verwaltungsökonomie I, a.a.O., S. 53 (Fettdruck des Verf.). Im Grunde handelt es sich dabei um eine betriebswirtschaftliche Kennzeichnung. Zum Verständnis des Begriffs der (öffentlichen) Verwaltung in der Volkswirtschaft vgl. ebenda, S. 55.
[51] Ebenda, S. 56 (im Original hervorgehoben).
[52] In teilweiser Anlehnung an Becker, Bernd: Öffentliche Verwaltung - Lehrbuch für Wissenschaft und Praxis, Percha 1989, insbes. S. 109ff, der selber allerdings nicht von einer Definition, sondern (zutreffender) von der Bildung eines Modells der öffentlichen Verwaltung spricht. Abweichend zu Becker wird hier der systemtheoretische Ansatz stärker betont (vgl. Abschnitt I dieses Kapitels), wodurch sich aber weniger inhaltliche als terminologische Abweichungen ergeben. Becker verwendet die Begriffe "konkrete Organisation" oder "soziale Gebilde" und nimmt keine Einschränkung auf nettoetatisierte öffentlich-rechtliche Formen vor.

- das neben diesen ausführenden Handlungen auch Leistungen der Politikvorbereitung erbringt und dabei auch zu einem eigenen Machtzentrum werden kann,
- das in unterschiedlich weitgehend verselbständigte, öffentlich-rechtliche Formen gekleidet ist.

Die einzelnen begriffskonstitutiven Aussagen sollen nachfolgend knapp erläutert werden. Im Laufe der Arbeit werden die Aussagen im einzelnen wieder aufgenommen und im Kontext des Verwaltungs-Controlling konkretisiert.

Öffentliche Verwaltung als komplexes, offenes soziales System

Wegen des systemtheoretischen Bezugsrahmen, in den die öffentliche Verwaltung (und das Controlling) gestellt wird, kann auf die Ausführungen in Teil I dieses Kapitels verwiesen werden.

Konkretisierung der Staatszwecke

Als allgemeines **Systemprogramm** der öffentlichen Verwaltung kann die **Konkretisierung der Staatszwecke** angesehen werden. Dabei ist der Staat in das **Umsystem der Gesellschaft** eingebettet; ihr hat er letztlich zu dienen. Der Prozeß der Transformation gesellschaftlicher Anliegen[53] durch das politisch-administrative System in - zumeist in der Staatsverfassung kodifizierte - Staatszwecke ist äußerst komplex. Hier soll von existenten Staatszwecken ausgegangen werden, die von der öffentlichen Verwaltung als Maximen ihres Handelns anzuerkennen sind.

Wirtschaftlichkeitsgebot und ethisch-moralische Imperative

Hier sind **unterschiedliche Rationalitätsdimensionen des Verwaltungshandelns** angesprochen. Da in der Regel eine vollständige Programmierung des Verwaltungshandelns durch Gesetze und ähnliche Vorgaben nicht möglich - und auch nicht wünschenswert - ist, muß die Verwaltung zur Erreichung eines materiell richtigen Handelns verschiedene Rationalitätsebenen **subsidiär** heranziehen.

Dabei sind die nicht deterministisch programmierten Elemente verwaltungsintern im Rahmen des Systemprogramms nach dem **Wirtschaftlichkeitsgebot** effektiv und effizient zu programmieren oder auszuführen.[54] Zusätzlich ist die öffentliche Verwaltung an **ethisch-moralische Imperative** gebunden, die als (nur teilweise kodifizierte) Staatszwecke anzusehen sind. Für die vorliegende Arbeit interessiert das im Einzelfall geltende Verhältnis der Rationalitätsdimensionen, insbesondere aber die Frage, inwieweit sich über das Verwaltungs-Controlling Effektivitäts- und Effizienzaspekte stärker im Verwaltungshandeln verankern lassen.

---

53 Vgl. zu dieser "verbindlichen Wertallokation für die Gesellschaft" Mayntz, Renate: Soziologie der öffentlichen Verwaltung, a.a.O., S. 36.
54 Da dieser Zusammenhang hier als ein zentraler Ansatzpunkt des Verwaltungs-Controlling angesehen wird, wird darauf noch eingehend zurückzukommen sein (vgl. Kapitel 4, Teil I. C 2. und Kapitel 5, Teil III. B).

Heterogenes Leistungsprogramm

Die öffentliche Verwaltung erstellt im Rahmen der gesetzlichen Vorgaben und unter Berücksichtigung verschiedener Rationalitätsebenen verschiedenste Leistungen. Im Zentrum stehen hier bindende "speziell-konkrete Entscheidungen"[55] zur Übertragung allgemeiner politischer Handlungsprogramme (z.B. Sozialgesetze) auf den Einzelfall (z.B. individueller Sozialhilfeantrag). Letztlich bedingt durch die große Spannweite der zur Konkretisierung der Staatszwecke notwendigen Maßnahmen ergibt sich ein äußerst **großes Spektrum an Verwaltungsleistungen**. Diese können überwiegend der Kategorie der **Dienstleistungen** zugerechnet werden. Es werden aber auch davon grundverschiedene Leistungen erstellt, die der Art nach teils dem produzierenden Gewerbe und teils sogar der Land- und Forstwirtschaft zuzurechnen sind.[56]

Politikvorbereitung, Verwaltung als Machtzentrum

Grundsätzlich besteht die Aufgabe der öffentlichen Verwaltung in der Konkretisierung der Staatszwecke durch die Ausfüllung politischer Entscheidungsprogramme. Diese Sicht der öffentlichen Verwaltung als eine **rein ausführende Einrichtung**, die die in legislativen Vorgängen zustandegekommenen Vorgaben zu vollziehen hat,[57] ist aber **nur idealtypisch gerechtfertigt**.

Insofern kann das normative Montesquieue'sche Modell der Gewaltenteilungslehre der empirisch erfahrbaren Realität gegenübergestellt werden. Die politische Leitung, die der Verwaltung nicht nur die Ausführung ihrer Entscheidungsprogramme überträgt, sondern auch zur Vorbereitung und Fundierung der politischen Entscheidungen auf die Verwaltung angewiesen ist, befindet sich oftmals "den im Betrieb der Verwaltung stehenden geschulten Beamten gegenüber in der Lage des "Dilettanten" gegenüber dem "Fachmann"."[58] Dazu trägt auch bei, daß der auf Lebenszeit bestellte Verwaltungsbeamte gegenüber der nur auf Zeit gewählten politischen Führungskraft eine vergleichsweise starke Position innehat.[59] So treffen normative Aussagen, die Verwaltung habe "die politischen Entscheidungen zu exekutieren"[60] die Realität des politisch-

---

55 Vgl. zur "Herstellung bindender Entscheidungen" als Charakteristikum der öffentlichen Verwaltung Becker, Bernd: Öffentliche Verwaltung, a.a.O., S. 110 und Luhmann, Niklas: Theorie der Verwaltungswissenschaft, a.a.O., S. 67ff. Allerdings rechnen diese Autoren auch die Legislative und die Judikative der öffentlichen Verwaltung zu.
56 Auf die Leistungswirtschaft öffentlicher Verwaltungen sowie auf die Merkmale von Dienstleistungen wird wegen der hohen Bedeutung für das Verwaltungs-Controlling unten ausführlich eingegangen (vgl. Teil II. B dieses Kapitels und insbesondere Kapitel 6, Teil I. A).
57 Dieser Zusammenhang wird auch als Organprinzip bezeichnet (vgl. Eichhorn, Peter: Liquiditätsplanung und Gelddisposition in öffentlichen Haushalten - Ein Betrag zum Einsatz betriebswirtschaftlicher Instrumente in der Finanzwirtschaft staatlicher und insbesondere kommunaler Verwaltung, 2. Auflage, Baden-Baden 1974, S. 19).
58 Weber, Max: Wirtschaft und Gesellschaft, Köln und Berlin 1964, S. 730. Vgl. dazu auch die Ausführungen von Mayntz zur Frage: Verwaltung auf dem Weg zur Eigenmacht? (Mayntz, Renate: Soziologie der öffentlichen Verwaltung, a.a.O., S. 60ff, insbes. S. 64-73).
59 Vgl. z.B. Sidler, Fredy: Führungskonzepte in der öffentlichen Hand - Ein Erfahrungsbericht, in: Malik, Fredmund (Hrsg.): Praxis des systemorientierten Managements, Bern und Stuttgart 1979, S. 61-73, hier S. 64.
60 Petersen, Hans-Georg: Finanzwissenschaft, Band 1: Grundlegung - Haushalt - Aufgaben und Ausgaben, Stuttgart u.a. 1988, S. 70.

administrativen Systems nicht, das klassische Prinzip der Gewaltenteilung ist (auch) hier durch die faktische Machtposition der Verwaltung durchbrochen.[61]

Organisation in öffentlich-rechtlicher, bruttoetatisierter Form

Es bestehen unterschiedliche Auffassungen darüber, in welche **Rechtsformen** die öffentliche Verwaltung gekleidet sein kann. In dieser Arbeit wird die mittelbare Tätigkeit des Staates in privatrechtlicher Form (hpts. als AG und GmbH) von der hier institutionell enger verstandenen öffentlichen Verwaltung abgegrenzt. Der in der betriebswirtschaftlichen Literatur gängigen **Unterscheidung in öffentliche Unternehmen (Nettobetriebe) und öffentliche Verwaltungen (Bruttoetatisierende Verwaltungen)**[62] folgend, werden hier außer den in Privatrechtsform geführten, formell privatisierten Unternehmen auch die nettoetatisierten Eigenbetriebe und die anderen als Sondervermögen geführten Betriebe ausgegrenzt.[63] Dies erscheint aufgrund der dort vorliegenden Spezifika, insbesondere des Zielsystems, der Leistungswirtschaft, der Führungsorganisation sowie des Personal- und Vergütungssystems, notwendig und gerechtfertigt.

Durch die Ausgrenzung dieser Teilsysteme des öffentlichen Sektors wird eine aus pragmatischer Sicht notwendige **Reduzierung des Untersuchungsobjektes** erreicht. Sie ist erforderlich, um die Aussagen zu den Einsatzmöglichkeiten, den Instrumentarien und den Gestaltungsformen von Controlling nicht völlig abstrakt halten zu müssen.[64] Gleichwohl ist der Untersuchungsgegenstand noch sehr heterogen, so daß auf eine generalisierende, teilweise doch noch recht abstrakte Betrachtung nicht verzichtet werden kann. Die überwiegend dem Bereich der Gebietskörperschaften entstammenden exemplarischen Verdeutlichungen sollen die Anschaulichkeit erhöhen.

B Öffentliche Verwaltungen als Gegenstand der Betriebswirtschaftslehre

Die vorliegende Arbeit rechnet sich der betriebswirtschaftlichen Teildisziplin **Betriebswirtschaftslehre öffentlicher Verwaltungen** zu. Demgemäß richtet sich die Analyse nicht auf die öffentliche Verwaltung als Ganzes, sondern auf die in ihr zahl-

---

61 Vgl. in diesem Sinne auch König, Herbert: Beiträge der Betriebswirtschaftslehre zur Verwaltungsinnovation, in: DBW, Heft 2/1984, S. 271-286, hier S. 273f. Vgl. dazu auch Petersen, Hans-Georg: Finanzwissenschaft, a.a.O., S. 84.
62 Vgl. z.B. Eichhorn, Peter/Friedrich, Peter: Verwaltungsökonomie I, a.a.O., S. 56f.
63 Dies betrifft neben den als Sondervermögen der Kommunen geführten Eigenbetrieben insbesondere die beiden mit eigener Wirtschafts- und Rechnungsführung ausgestatteten großen Sondervermögen des Bundes, die Deutsche Bundesbahn und die Deutsche Bundespost.
64 Vor demselben Hintergrund kann in der vorliegenden, breit angelegten Untersuchung auf spezifische Probleme der rechtsfähigen Anstalten des öffentlichen Rechts (also etwa öffentlich-rechtlichen Rundfunkanstalten) sowie der rechtsfähigen Real-, Personal- und Bundkörperschaften des öffentlichen Rechts (zu den rechtsfähigen Realkörperschaften zählen etwa die Industrie- und Handelskammern, zu den Personalkörperschaften der berufsständische Kammern und die Sozialversicherungen, zu den Bundkörperschaften z.B. die Spitzenverbände der Kammern und Sozialversicherungen) nicht näher eingegangen werden. Viele der allgemeinen Erkenntnisse dieser Arbeit lassen sich aber, z.T. unter Berücksichtigung der Eigenheiten dieser Organisationen, übertragen.

reich ausdifferenzierten Subsysteme mit Betriebscharakter.[65] Von daher sollen die obigen, auf "die öffentliche Verwaltung" bezogenen Ausführungen in **mikroökonomischer Betrachtung** ergänzt und konkretisiert werden.

Es muß an dieser Stelle kein Nachweis mehr erbracht werden, daß auch öffentliche Organisationen **Betriebscharakter** haben (können).[66] Die Betriebswirtschaftslehre öffentlicher Verwaltungen verwendet hier teilweise den Begriff des "**öffentlichen Verwaltungsbetriebes**"[67]. Darunter soll mit Reichard "eine einzelne Leistungseinheit der öffentlichen Verwaltung
- mit einem relativ einheitlichen und eigenständigen Zielsystem,
- mit hinreichender organisatorischer Selbständigkeit,
- mit entsprechender Ressourcenausstattung (Personal, Räume, Sachmittel),
- in der auf Dauer betriebliche Leistungsprozesse vollzogen werden,
angesehen werden"[68].

Somit sind die in dieser Arbeit anzustellenden Überlegungen nicht zuvorderst auf der Ebene eines "**globalen Betriebsbegriffs**"[69] angesiedelt, der die "Gesamtheit aller bruttoveranschlagten Organisationseinheiten einer Gebietskörperschaft"[70] umfaßt. Die Literatur spricht die öffentlichen Verwaltungen teilweise als divisionale Organisationen, als Verbundbetriebe[71] oder als konzernähnlich verflochtene Mehrbetriebssystem[72] an. Gerade auf die einzelnen "**Gliedbetriebe**"[73] sowie auf das Verhältnis zwischen Global- und Gliedbetrieben richtet sich das Hauptaugenmerk dieser Arbeit.[74]

---

65 Vgl. Reichard, Christoph: Managementkonzeption des Öffentlichen Verwaltungsbetriebes, Berlin 1973, S. 13. Eichhorn spricht von Einzelverwaltungen im Gegensatz zur Gesamtverwaltung (vgl. Eichhorn, Peter: Liquiditätsplanung und Gelddisposition, a.a.O., S. 19).
66 Vgl. dazu z.B. Chmielewicz, Klaus: Überlegungen zu einer Betriebswirtschaftslehre der öffentlichen Verwaltung, in: ZfB, 41. Jg. (1971), S. 583ff; Eichhorn, Peter/Friedrich, Peter: Verwaltungsökonomie I, a.a.O., S. 27f; Gornas, Jürgen: Grundzüge einer Verwaltungskostenrechnung: Die Kostenrechnung als Instrument zur Planung und Kontrolle der Wirtschaftlichkeit in der öffentlichen Verwaltung, Baden-Baden 1976, S. 19ff; Eichhorn, Peter: Die öffentliche Verwaltung als Dienstleistungsbetrieb - Motive einer betriebswirtschaftlichen Betrachtungsweise der öffentlichen Verwaltung und Konsequenzen für Methode und System der Verwaltungswissenschaft, in: Rehkopp, Alfons (Hrsg.): Dienstleistungsbetrieb öffentliche Verwaltung, Stuttgart, Berlin, Köln, Mainz 1976, S. 16ff; Budäus, Dietrich: Entlastung kommunaler Haushalte, a.a.O., S. 52ff; Reichard, Christoph: Betriebswirtschaftslehre, a.a.O., S. 15ff.
Vgl. grundlegend zu den wirtschaftssystemunabhängigen und -abhängigen Betriebsdeterminanten Gutenberg, Erich: Grundlagen der Betriebswirtschaftslehre, Band 1: Die Produktion, 22. Auflage, Berlin, Heidelberg und New York 1976, S. 457ff. Zur Einordnung der öffentlichen Haushalte nach den systembedingten Merkmalen vgl. Eichhorn, Peter: Liquiditätsplanung und Gelddisposition, a.a.O., S. 15-17.
67 Vgl. etwa Steinebach, Nikolaus: Verwaltungsbetriebslehre, 2. Auflage, Regensburg 1983, S. 14ff mit weiteren Literaturhinweisen. Zum Begriff des öffentlichen Verwaltungsbetriebes in einer ähnlichen inhaltlichen Verwendung, jedoch abweichenden Herleitung vgl. Rieger, Franz Herbert: Unternehmen und öffentliche Verwaltungsbetriebe, a.a.O., insbesondere S. 25-35.
68 Reichard, Christoph: Betriebswirtschaftslehre, a.a.O., S. 19.
69 Braun, Günther E.: Ziele, a.a.O., S. 32 (Fettdruck des Verf.).
70 Lüder, Klaus: Betriebswirtschaftslehre und öffentliche Verwaltung - Bestandsaufnahme und Entwicklungsperspektiven, in: ZfB, 52. Jg. (1982), Heft 6, S. 538-545, hier S. 540.
71 Vgl. Mülhaupt, Ludwig/Gornas, Jürgen: Betriebswirtschaftliche Grundsätze in der Kameralistik, a.a.O., S. 108ff.
72 Vgl. Chmielewicz, Klaus: Betriebswirtschaftslehre der öffentlichen Verwaltung, a.a.O., S. 583.
73 Braun, Günther E.: Ziele, a.a.O., S. 32 (Fettdruck des Verf.). Reichard spricht von "einzelnen Leistungseinheiten" oder von "Einzelbetrieben" (vgl. Reichard, Christoph: Betriebswirtschaftslehre, a.a.O., S. 18f). Häufig wird hier auch der Terminus "Einzelwirtschaft" gebraucht, vgl. Chmielewicz, Klaus: Betriebswirtschaftslehre der öffentlichen Verwaltung, a.a.O., S. 583; Gornas, Jürgen: Grund-

Für eine **einleitende knappe Typisierung des Verwaltungsbetriebes** sollen nachfolgend die Kriterien Zielsystem, Führungssystem, Leistungsstruktur sowie Eigentums- und Finanzstruktur herangezogen werden.[75] Dadurch sollen Besonderheiten gegenüber privatwirtschaftlichen Betrieben sowie die ausgeprägte Heterogenität der einzelnen Verwaltungsbetriebe deutlich werden - beides Faktoren, die für die Ausgestaltung eines Verwaltungs-Controlling von Bedeutung sind. Insbesondere in den Kapiteln 4 bis 6 wird diese erste betriebswirtschaftliche Charakterisierung im Kontext eines Controlling für die öffentliche Verwaltung vertieft werden.

Als ökonomisches Oberziel des Verwaltungsbetriebes ist die kollektive Fremdbedarfsdeckung zur gesellschaftlichen Wohlstandsmaximierung durch Daseinsvorsorge, Daseinsfürsorge und Daseinserhaltung anzusehen.[76] Im Vergleich zu privatwirtschaftlichen Betrieben kommt den aus diesem Oberziel abgeleiteten sog. **Sach- oder Leistungszielen** in öffentlichen Verwaltungen eine dominierende Stellung zu. Monetäre Erfolgsziele sind demgegenüber von nachrangiger Bedeutung. Die Zielbildungsautonomie der einzelnen Verwaltungsbetriebe ist gering. Externe Zielvorgaben und Zielauflagen überwiegen. Die Elemente des Zielsystems sind vorwiegend nur qualitativ formuliert[77]; hinsichtlich der Eindeutigkeit der Zielausmaße besteht "eine gewisse Tendenz zur Vagheit."[78]

Die **Führungsstruktur**[79] in öffentlichen Verwaltungsbetrieben ist gekennzeichnet durch bürokratische Merkmale, insbesondere das Grundprinzip hierarchischer Über- und Unterordnung bei streng festgelegten räumlichen und sachlichen Kompetenzen. Das Führungshandeln ist - bedingt durch das Recht- und Gesetzmäßigkeitsprinzip - stark legalistisch ausgeprägt. Das Führungsverhalten ist oft noch stärker autoritär als kooperativ ausgerichtet. Trotz eines hohen Maßes an formeller Entscheidungszentralisation besteht ein Mangel an integrativer Planung und koordinierter Durchführung abgestimmter Maßnahmen. Das Entgelt-, Beurteilungs-, Fortbildungs- und Aufstiegs-

---

    züge einer Verwaltungskostenrechnung: Die Kostenrechnung als Instrument zur Planung und Kontrolle der Wirtschaftlichkeit in der öffentlichen Verwaltung, Baden-Baden 1976, S. 26.

74 Dies geschieht ungeachtet der Tatsache, daß das gemeinhin als systemindifferente Merkmal des finanziellen Gleichgewichts innerhalb dieser Globalbetriebe für abgrenzbare Organisationseinheiten nicht unmittelbar angewandt werden kann, da hier das Gesamtdeckungsprinzip zur Anwendung kommt (vgl. Gutenberg, Erich: Grundlagen der Betriebswirtschaftslehre, a.a.O., S. 457ff).

75 Vgl. zu diesen Charakterisierungsmerkmalen Chmielewicz, Klaus: Betriebswirtschaftslehre der öffentlichen Verwaltung, a.a.O., S. 583ff; Steinebach, Nikolaus: Verwaltungsbetriebslehre, a.a.O., S. 14-18; Reichard, Christoph: Betriebswirtschaftslehre, a.a.O., S. 16-24; Braun, Günther E.: Ziele, a.a.O., S. 35 und 343.

76 Die entsprechende "Zweckprogrammierung" (siehe oben die allgemeinen Ausführungen zur öffentlichen Verwaltung) geschieht durch die Verfassung und die einschlägigen Rechtsvorschriften.

77 Hauschildt und Braun sprechen von "en-bloc-Zielen" (vgl. Hauschildt, Jürgen: Entscheidungsziele - Zielbildung in innovativen Entscheidungsprozessen: Theoretische Ansätze und empirische Prüfung, Tübingen 1977, S. 72 sowie 285 und Braun, Günther E.: Ziele, a.a.O., z.B. S. 184 und 223ff).

78 Ebenda, S. 226. Braun stützt seine Aussage auf empirische Erhebungen.
    Vgl. eingehend zur Zielbildung und Zielstruktur öffentlicher Verwaltungen und den sich in diesem Kontext einem Verwaltungs-Controlling stellenden Aufgaben die Ausführungen in Kapitel 5, Teil II.

79 Vgl. zu den folgenden Ausführungen Eichhorn, Peter/Friedrich, Peter: Verwaltungsökonomie I, a.a.O., S. 343ff; o.V.: Stichwort "Bürokratie", in: Eichhorn, Peter u.a. (Hrsg.): Verwaltungslexikon, Baden-Baden 1985, S. 153; Derlien, Hans-Ulrich: Stichwort "Bürokratietheorie", in: Eichhorn, Peter u.a. (Hrsg.): Verwaltungslexikon, a.a.O., S. 156-158 sowie Reichard, Christoph: Betriebswirtschaftslehre, a.a.O., S. 146f mit weiteren Literaturhinweisen.

system ist eher als mechanistisch denn als leistungs- und entwicklungsorientiert zu charakterisieren.

Der Charakter der von der öffentlichen Verwaltung erstellten und abgegebenen **Leistungen** unterlag - und unterliegt noch - einem starken Wandel. Ursprünglich hatte die öffentliche Verwaltung in einer relativ statischen Umwelt fast ausschließlich **hoheitliche Funktionen** wahrzunehmen. Die für diese Zwecke ausgebildete bürokratische Systemstruktur und die durch Adjektive wie "pflichtbewußt", "gewissenhaft", "gehorsam" und "staatstreu" zu charakterisierende Mentalität der "Staatsdiener" waren adäquat und effektiv. Insbesondere in diesem Jahrhundert wandelte sich das Leistungsspektrum der öffentlichen Verwaltungen aber ganz erheblich. Zu den Aufgaben der Hoheitsverwaltung traten in immer größerem Umfang solche der **Leistungsverwaltung** hinzu.[80] Teilweise wird neben der Hoheits- und der Leistungsverwaltung noch die **Planungsverwaltung**[81] als eigenständiger Teilbereich der Verwaltung angeführt. Damit will man der Tatsache Rechnung tragen, daß die Planungsaktivitäten einen immer höheren Anteil am Aufgabenumfang der öffentlichen Verwaltungen ausmachen. Mit diesem Wandel des Leistungsspektrums steht in engem Zusammenhang der Übergang von einem Verständnis der öffentlichen Verwaltung als einem Herrschaftsinstrument hin zum "Dienstleistungsbetrieb öffentliche Verwaltung"[82].

Von öffentlichen Verwaltungen erbrachte Leistungen stellen überwiegend **nicht marktfähige öffentliche Güter** dar, die zumeist **Dienstleistungscharakter** aufweisen.[83] Sie werden in der Regel ohne direktes Entgelt abgesetzt, so daß es nur selten möglich ist, monetäre Leistungsergebnisse, etwa in der Form von Deckungsbeiträgen, zu bestimmen. Von seiten des Verwaltungsbetriebes besteht bei Vorliegen bestimmter Sachverhalte **Leistungsverpflichtung**, in Einzelfällen existiert umgekehrt eine **Abnahmepflicht** des Leistungsempfängers.

Im Gegensatz zu öffentlichen Unternehmen befinden sich öffentliche Verwaltungsbetriebe **zwingend vollständig im Eigentum öffentlicher Träger**. Die Finanzierung erfolgt nur zu einem (teilweise sehr geringen) Teil aus Leistungsentgelten und ansonsten aus Steuergeldern. Ein wirtschaftlich begründetes Bestandsrisiko besteht nicht.

Das Rechnungswesen der öffentlichen Verwaltungen ist geprägt durch den **kameralistischen Rechnungsstil**, der es durch seine finanzwirtschaftliche und haushaltsrechtliche Orientierung[84] erlaubt, die Ausführung der von den in demokratischen Wahlen

---

[80] Vgl. zu der Verschiebung der Aufgabenstruktur Reichard, Christoph: Managementkonzeption des Öffentlichen Verwaltungsbetriebes, a.a.O., S. 16ff.
Teilweise wird anstatt von der Hoheits- auch von der Eingriffsverwaltung gesprochen. Der Leistungsverwaltung werden insbesondere Umverteilungs- und Dienstleistungsfunktionen zugerechnet (vgl. Becker, Ulrich: Hoheitsverwaltungen, in: Chmielewicz, Klaus/Eichhorn, Peter (Hrsg.): HWÖ, Sp. 595-602).

[81] Die Planungsaktivitäten der Verwaltung werden (wohl häufiger) der Leistungsverwaltung zugerechnet, vgl. Reichard, Christoph: Managementkonzeption des Öffentlichen Verwaltungsbetriebes, a.a.O., S. 18.

[82] Vgl. Rehkopp, Alfons (Hrsg.): Dienstleistungsbetrieb Öffentliche Verwaltung, Stuttgart u.a. 1976.

[83] Vgl. die eingehenden Ausführungen zur Leistungswirtschaft öffentlicher Verwaltungen in Kapitel 6, Teil I.

[84] Vgl. Mülhaupt, Ludwig: Kameralistik, in: Eichhorn, Peter u.a. (Hrsg.): Verwaltungslexikon, a.a.O., S. 484.

legitimierten Instanzen beschlossenen Haushalte zu dokumentieren und zu kontrollieren.[85] Nur in ausgewählten Verwaltungsteilen - hpts. in den kommunalen Gebührenhaushalten - sind Kostenrechnungen eingeführt.

Obwohl der Betriebscharakter öffentlicher Verwaltungen außer Frage steht und der Typus des öffentlichen Verwaltungsbetriebes hier als Untersuchungsobjekt dienen soll, wird im weiteren auf den Terminus des "öffentlichen Verwaltungsbetriebes" verzichtet und statt dessen schlicht von den **öffentlichen Verwaltungen** gesprochen. Dies insbesondere aus dem Grunde, daß der Begriff des öffentlichen Verwaltungsbetriebes sowohl bei Verwaltungspraktikern als auch bei Verwaltungswissenschaftlern eine sehr geringe Zustimmung und Verbreitung gefunden hat, man ihm teilweise sogar deutlich ablehnend gegenübersteht.

Diese Ausführungen sollen als einleitende Abgrenzung des Untersuchungsobjektes der "öffentlichen Verwaltungen" genügen. Soweit einzelne Eigenheiten für die Einsatzmöglichkeiten und Gestaltungsnotwendigkeiten des Controlling in der öffentlichen Verwaltung von Bedeutung sind, wird auf sie noch ausführlich zurückzukommen sein.

III. Controlling-Begriffe und -Grundauffassungen

Es bestehen - vorsichtig formuliert - "ganz unterschiedliche Auffassungen"[86] "und häufig auch überaus vage Vorstellungen"[87] von Controlling. Deutlicher ausgedrückt kann eine unvoreingenommene Literaturanalyse oder eine Umfrage auch den Eindruck eines **begrifflichen Chaos'** ergeben.[88]

Einige wenige Definitionen oder Aussagen mit begriffskonstitutiven Merkmalen belegen diesen Zustand.
- "Controlling ist eine Denkhaltung, die sich auf ein konkretes Instrumentarium stützt. ... Controlling ist eine Aufgabe für alle Mitarbeiter im Unternehmen. Die Angehörigen des Controlling-Bereiches unterstützen dabei mit fachlichem Know-How, Information und Motivation. Dadurch wird Controlling zur dienenden Managemenfunktion."[89]
- "Controlling läßt sich ... als *ein Konzept der Unternehmensführung durch Planung, Information, Organisation und Kontrolle* bezeichnen."[90]

---

85 Vgl. eingehend Mülhaupt, Ludwig: Theorie und Praxis des öffentlichen Rechnungswesens in der Bundesrepublik Deutschland, Baden-Baden 1987.
86 Zünd, André: Begriffsinhalte Controller - Controlling, in: Haberland, G./Preissler, P.R./Meyer, C.W. (Hrsg.): Handbuch Revision, Controlling, Consulting, München 1978, S. 16.
87 Buchner, Manfred: Controlling - ein Schlagwort? Eine kritische Analyse der betriebswirtschaftlichen Diskussion um die Controlling-Konzeption, Frankfurt und Bern 1981, S. 175.
88 "Jeder hat seine eigene Vorstellung darüber, was Controlling bedeutet oder bedeuten soll, nur jeder meint etwas anderes." (Preissler, P.R.: Controlling, München, Wien 1985, S. 10).
89 Eschenbach, Rolf.: Controlling - State of the Art, in: JfB 1988, S. 206f.
90 Bramsemann, Rainer: Controlling, 2. Auflage, Wiesbaden 1980, S. 18.

- "... obwohl ähnlich lautend, ist ... Controlling nicht etwa die Tätigkeit des Controllers, sondern eine Management-Funktion."[91]
- "Generell ist Controlling ein Planungs- und Steuerungssystem, das jedem Entscheidungsträger die erforderlichen Informationen zur Verfügung stellt, um zielorientierte Maßnahmen rechtzeitig einleiten zu können."[92]
- "Man kann das Controlling als die Unterstützung der Steuerung der Unternehmung durch Informationen bezeichnen."[93]
- "Das Controlling ist eine Komponente der Führung sozialer Systeme. Es unterstützt die Führung bei ihrer Lenkungsaufgabe."[94]
- "Controlling ist - funktional gesehen - ein Subsystem der Führung, das Planung und Kontrolle sowie Informationsversorgung systembildend und systemkoppelnd koordiniert und auf diese Weise die Adaption und Koordination des Gesamtsystems unterstützt. Controlling stellt damit eine Unterstützung der Führung dar".[95]
- "Unter "Controlling" versteht man heute ... die *Integration von Planung und Kontrolle*. Controlling umfaßt somit die wesentlichen Teile der entscheidungsrelevanten Informationswirtschaft der Unternehmung. ... Das *"Controlling" als Funktion* ist damit *alt*, nur der *"Controller" als Institution* ist *neu.*"[96]

Es liegt auf der Hand, daß der Begriff des Controlling geklärt sein muß, bevor man sich in sinnvoller Weise mit der Thematik des Verwaltungs-Controlling auseinandersetzen kann.[97]

Dazu soll zunächst untersucht werden, inwieweit **etymologische Betrachtungen** oder **historische Exkurse** weiterhelfen können. Danach wird die **neuzeitliche Entwicklung** des Controlling beleuchtet. Zudem erfolgt eine Auseinandersetzung mit Versuchen der "Controllingforschung"[98], Controlling (und dessen Notwendigkeit) **deduktiv abzuleiten** und die vielfältigen Controlling-Ansätze zu **systematisieren**. Schließlich soll vor dem so gewonnenen Hintergrund eine **Nominaldefinition von Controlling** erarbeitet werden.[99]

---

91 Baumgartner, Beat: Die Controller-Konzeption, Theoretische Darstellung und praktische Anwendung, Bern, Stuttgart 1980, S. 35.
92 Bruchhäuser, Klaus: Controlling, in: DBW, 41. Jg. (1981), S. 483
93 Hoffmann, Friedrich: Merkmale der Führungsorganisation amerikanischer Unternehmen - Auszüge aus den Ergebnissen einer Forschungsreise 1970, in: ZfO 1972, S. 97.
94 Küpper, Hans-Ulrich/Weber, Jürgen/Zünd, André: Zum Verständnis und Selbstverständnis des Controlling - Thesen zur Konsensbildung, in: ZfB, 60. Jg. (1990), Heft 3, S. 281-293, hier S. 282.
95 Horváth, Péter: Controlling, a.a.O., S. 146.
96 Seicht, Gerhard: Controlling und Wirtschaftlichkeitsrechnung, in: krp, Heft 2/1984, S. 60.
97 Preissler formuliert: "Erkennen, was Controlling bedeutet, ist eine unerläßliche Randbedingung vor der Einführung von Controlling!" (Preissler, P.R.: Checklist: Controlling einsetzen und gewinnbringend durchführen, München 1977, S. 14).
98 Schmidt, Andreas: Das Controlling als Instrument zur Koordination der Unternehmungsführung, Frankfurt, Bern, New York 1986, S. 1 und 5. (Schmidt verwendet eine Reihe derartiger Wortschöpfungen wie z.B. Controllingsachverhalte und Controllingtheorie (S. 2), Controllingtechnologie, Controllingphilosophie und Controllingvorstellungen (S. 3), Controllinglehre (S. 4), Controllingwissenschaft (S. 5)).
99 Eine Nominaldefinition ist (lediglich) "eine Festsetzung oder Konvention über die Verwendung eines bestimmten Ausdrucks" (Opp, Karl-Dieter: Methodologie der Sozialwissenschaften - Einführung in Probleme ihrer Theoriebildung, 2. Auflage, Reinbek 1976, S. 190). Dagegen leistet eine Realdefinition "die Beschreibung des "Wesens" oder der "Natur" von irgendwelchen Tatbeständen" (ebenda, S. 201).

A Etymologische und historische Erklärungsversuche des Controlling

Häufig wird versucht, sich dem Phänomen "Controlling" zunächst über etymologische Betrachtungen oder historische Exkurse zu nähern.

So wird die **Wortentstehung** bis auf die lateinischen Begriffe "contra" und "rotulus" zurückgeführt, woraus dann im Französischen die "contre-role" (Gegenrolle: Zweite, für Kontrollzwecke geführte Aufzeichnung über Geld- und Güterbewegungen) und im Englischen der "countre-roullour" oder später der "countrollour" (Berufsbezeichnung für denjenigen, der die "Gegenrolle" führt) entstanden sei. Schon im 15. Jahrhundert gab es am englischen Königshof einen "Countroller of Accounts", der die Geld- und Güterbewegungen aufzuzeichnen hatte. Im 16. Jahrhundert taucht der Begriff "comptroller" erstmalig auf, der überwiegend auf eine Fehlinterpretation[100] bei der Übernahme vom Französischen ins Englische zurückgeführt wird. Der amerikanische Kontinentalkongreß beschloß 1778 die Einrichtung des Amtes eines "Comptrollers" zur Überwachung der Ausgeglichenheit des Staatsbudgets. Ab 1863 gab es den "Controller of the Currency" als Chef der amerikanischen Bankenaufsicht und ab 1921 den "Comptroller General" als Leiter der obersten Rechnungshofes. Inzwischen hat sich die Schreibweise "Controller" allgemein durchgesetzt.[101]

Für den Bereich der **privatwirtschaftlichen Unternehmen** wird als erste Controller-Stelle die 1880 eingerichtete Position des "Comptrollers" bei der amerikanischen Transportgesellschaft Atchison, Topeka & Santa Fe Railway System genannt.[102] Es folgten weitere (private) Transportunternehmen. Das Aufgabenspektrum lag vorwiegend im Bereich der Finanzwirtschaft, teilweise auch schon im Bereich des Rechnungswesens. Die erste Controller-Stelle in einem Industrieunternehmen wurde 1892 durch die General Electric Company geschaffen.[103] Es wird gemutmaßt, daß die Ursachen für die nur geringe Verbreitung des Controlling vor dem Ersten Weltkrieg in seiner damals noch einseitigen, engen finanzwirtschaftlichen Ausrichtung zu suchen sind.[104]

Zwar läßt sich aufgrund der historischen und etymologischen Rückgriffe feststellen, daß die **historischen Wurzeln** eines institutionalisierten Controlling **im staatlichen Bereich** zu lokalisieren sind und daß in funktionaler Hinsicht die **Rechnungslegung**, die **Finanzwirtschaft** sowie vom Tätigkeitsbild gesehen **Kontroll- bzw. Überwachungsauf-**

---

[100] Jackson spricht von einem "etymological error" (Jackson, J. Hugh: The Growth of the Controllership Function, in: Bradshaw, Thornton F./Hull, Charles C. (Hrsg.): Controllership in Modern Management, Chicago 1950, S. 11-27, hier S. 22).

[101] Vgl. zur Wortentstehung und -entwicklung ebenda, S. 18-23; Matschke, M.J./Kolf, J.: Historische Entwicklung, Begriff und organisatorische Probleme des Controlling, in: DB, Heft 13/1980, S. 601-607, hier: S. 601-603; Bramsemann, Rainer: Handbuch Controlling, Methoden und Techniken, München, Wien 1987, S. 23 und 42; Weber, Jürgen: Einführung in das Controlling, Stuttgart 1988, S. 1f; Horváth, Péter: Controlling, a.a.O., S. 28-30 und Weber, Jürgen: Ursprünge, Begriff und Ausprägungen des Controlling, in: Mayer, Elmar/Weber, Jürgen (Hrsg.): Handbuch Controlling, Stuttgart 1990, S. 3-32, hier S. 5f.

[102] Vgl. Jackson, J. Hugh: The Comptroller: His Functions and Organization, 2nd Printing, Cambridge, Mass. 1949, S. 8.

[103] Vgl. Jackson, J. Hugh: The Growth of the Controllership Function, a.a.O., S. 16f.

[104] Vgl. Weber, Jürgen: Ursprünge, Begriff und Ausprägungen des Controlling, a.a.O., S. 3f.

gaben im Vordergrund standen.[105] Ansonsten kann die Vorgehensweise aber wenig zu einer Klärung von Bedeutung und konkretem Inhalt des aktuellen Controlling-Begriffes beitragen.[106] Lohnender erscheint eine Analyse der modernen Entwicklung nach dem 1. Weltkrieg.

B Moderne Entwicklung des Controlling

Die "neuzeitliche" Entwicklung des Controlling begann in den zwanziger Jahren dieses Jahrhunderts in den Vereinigten Staaten von Amerika.[107] Sie ist in einem engen Zusammenhang mit gesamt- und einzelwirtschaftlichen Veränderungen zu sehen:[108]

Aufgrund von **Wachstums- und auch Konzentrationsprozessen** bildeten sich zahlreiche Großunternehmen. Die Unternehmensführungen waren dadurch vor **neuartige Kommunikations- und Koordinationsprobleme** gestellt, die die hergebrachten organisatorischen und instrumentellen Lösungsmechanismen häufig überforderten. Parallel dazu führten **neue**, zunehmend automatisierte **Fertigungsverfahren** zu einem höheren Kapitalbedarf, zunehmender Fixkostenintensität und damit geringerer unternehmerischer Flexibilität. Volks- und weltwirtschaftliche **Krisen** brachten zusätzliche, **höhere Anforderungen an die Steuerungs- und Anpassungsinstrumentarien** der Unternehmensführungen mit sich.

Vor dem Hintergrund dieser Strukturänderungen ist eine sehr **rasche und weitreichende Verbreitung** des Controlling insbesondere in Industrieunternehmen bei gleichzeitiger **Verlagerung des Aufgabenspektrums** zu konstatieren. Während zunächst vergangenheitsorientierte Aufzeichnungs- und Überwachungstätigkeiten im Vordergrund gestanden hatten, so rückten nun auf die Zukunft gerichtete, planerische und (plan-)koordinative Aufgaben in das Zentrum des Aufgabenfeldes. Nachdem eine Erhebung für das Jahr 1900 nur in 8 von 175 amerikanischen Großunternehmen eine Controller-Stelle ergeben hatte,[109] berichtet eine Publikation für 1950 schon von 143 Controller-Stellen in 195 untersuchten Unternehmen.[110]

Das 1931 gegründete "Controllers Institute of America" (CIA) (1962 in "Financial Executive Institute" (FEI) umbenannt) nahm über die Beschreibung von Tätigkeitsbereichen von Controllern auch eine **Präzisierung des Controlling-Begriffes** vor. Auch

---

105 Vgl. ebenda, S. 5.
106 Besonders untauglich sind die etymologischen Analysen für die häufig diskutierte Abgrenzung der Begriffe "Controlling" und "Kontrolle", da für beide die identische Abstammung vorliegt (zur etymologischen Herleitung des Begriffs der Kontrolle vgl. Stern, Klaus: Die staatsrechtliche Stellung des Bundesrechnungshofes und seine Bedeutung im System der Finanzkontrolle, in: Zavelberg, Heinz Günter (Hrsg.): Die Kontrolle der Staatsfinanzen - Geschichte und Gegenwart, Berlin 1989, S. 11-42, hier S. 31).
107 Vgl. etwa Peemöller, Volker H.: Controlling: Grundlagen und Einsatzgebiete, Herne / Berlin 1990, S. 40.
108 Vgl. Serfling, Klaus: Controlling, Stuttgart u.a. 1983, S. 12ff; Weber, Jürgen: Ursprünge, Begriff und Ausprägungen des Controlling, a.a.O., S. 4 und Horváth, Péter: Controlling, a.a.O., S. 3ff, insbes. S. 3-5.
109 Vgl. Ahearn, C.M.: Die Controller-Tätigkeit in amerikanischen Aktiengesellschaften, in: Die Wirtschaftsprüfung, Nr. 1/1954, S. 8-11, hier S. 8.
110 Vgl. Jackson, J. Hugh: The Growth of the Controllership Function, a.a.O., S. 15f und S. 24-27.

im deutschsprachigen Raum viel zitiert ist die durch das FEI vorgenommene Abgrenzung des Controllership vom Treasureship. Bei letzterem handelt es sich um die institutionalisierte Realisierung vorwiegend finanzwirtschaftlich geprägter Aufgabenstellungen.[111] Als Aufgabenfelder des Controllership werden dagegen explizit die Bereiche der

- Planung,
- Berichterstattung und Interpretation,
- Bewertung und Beratung,
- Steuerangelegenheiten,
- Berichterstattung an staatliche Stellen,
- Sicherung des Unternehmensvermögens und
- Vornahme volkswirtschaftlicher Untersuchungen genannt.[112]

Die Aufzählung wirkt zwar "etwas bruchstückhaft, da ein ordnendes Kriterium nicht vorangestellt wird."[113] Ganz deutlich wird aber, daß der Begriff des **Controllership** auf die **Tätigkeitsfelder des Controllers** abstellt. Demgegenüber wird im Amerikanischen unter **Controlling** die **Wahrnehmung der Führungsfunktion** "to control" (etwa im Sinne der Beherrschung, Lenkung, Steuerung, Regelung von Prozessen) verstanden. Man differenziert dort also zwischen "controlling" als substantivierter Form des Verbs "to control" und "controllership" als Aufgabenumfang bzw. -wahrnehmung einer Controller-Instanz. Auf diese - nicht in den deutschen Sprachgebrauch eingegangene[114] - Differenzierung wird noch zurückzukommen sein.

Wohl auch bedingt durch die politische Situation und die damit verbundene Isolation war Controlling für die **deutsche Wirtschaft und auch Wissenschaft** bis zum Ende des 2. Weltkrieges kein Gegenstand des Interesses. Erste Auseinandersetzungen mit Controlling in den fünfziger und sechziger Jahren erbrachten unterschiedliche Einschätzungen.[115] In den sechziger Jahren war Controlling in Deutschland noch überwiegend eine Domäne von Tochtergesellschaften amerikanischer Unternehmen, während in den siebziger Jahren geradezu ein "Controlling-Boom" anbrach, der bis in die heutige Zeit anhält. Schon 1974 verfügten nach Henzler rund 90% der deutschen Großunternehmen über ein institutionalisiertes Controlling.[116] Seither verbreitet sich Controlling auch im Mittelstand und in anfänglich weniger beteiligten Branchen wie

---

111 Vgl. etwa Heigl, Anton: Controlling - Interne Revision, Stuttgart und New York 1978, S. 16f.
112 Vgl. z.B. Aghte, K.: Controller, in: Grochla, E. (Hrsg.): HWO, Sp. 351-362, hier insbes. 353f.
113 Horváth, Péter: Controlling, a.a.O., S. 35.
114 Vgl. Weber, Jürgen: Einführung in das Controlling, Stuttgart, a.a.O., S. 6. Auch verschiedene differenzierende Übersetzungsversuche brachten kein zufriedenstellendes Ergebnis, vgl. dazu z.B. Peemöller, Volker H.: Controlling, a.a.O., S. 45: "Festzuhalten ist, daß es für die Begriffe Controlling/Controller keine inhaltliche Entsprechung im deutschen Sprachraum gibt."
115 Vgl. etwa die negative Einschätzung von Goossens, F.: Der "Controller" - Chef des Unternehmens ohne Gesamtverantwortung, in: Mensch und Arbeit Nr. 3/1959, S. 75f. Positiv dagegen die Bewertung von Deyhle, Albrecht: Der Controller in europäischer Sicht, in: Industrielle Organisation, 37 (1968), S. 73-84.
116 Vgl. Henzler, Herbert: Der Januskopf muß weg!, in: Wirtschaftswoche, Nr. 38/1974, S. 60-63, hier S. 63.

etwa dem Dienstleistungsbereich und steht seit den achziger Jahren eben auch für den Bereich der öffentlichen Verwaltungen in Rede.

Wie in den USA der zwanziger Jahre wird auch die - zeitversetzte und teilweise abweichende - Entwicklung des Controlling in der Bundesrepublik Deutschland[117] vor dem Hintergrund **einzel- und gesamtwirtschaftlicher Veränderungen** erklärt. Der Boom der Nachkriegszeit hatte vielfach zu einem starken **Unternehmenswachstum** geführt, das in den so entstandenen Großunternehmen einen **hohen Kommunikations- und Koordinationsbedarf** hervorrief. Das Unternehmenswachstum machte eine zunehmende Organisationsdifferenzierung notwendig und löste damit eine "**Divisionalisierungswelle**", d.h. eine Aufteilung in dezentrale, selbständig abrechnungsfähige Einheiten aus, die ihrerseits wieder einen zentralen **Steuerungsbedarf** verursachten.[118] Als Reaktion darauf wurden verstärkt anspruchsvolle **Planungssysteme** entwickelt und etabliert. Die Vorstellung einer totalen Planbarkeit sämtlicher Unternehmensaktivitäten erwies sich aber als unrealistisch. Volkswirtschaftliche **Stagnationserscheinungen** durch eine allmähliche Sättigung vormals rasch wachsender Märkte und eine gleichzeitig zunehmende Dynamik im Unternehmensumfeld, aber auch im Inneren (kürzere Produktlebenszyklen, höhere produktionstechnische Innovationsrate usw.) zwangen ab dem Ende der sechziger Jahre zur Entwicklung **effizienterer Führungsinstrumentarien und -strukturen**.

Auf derartige Entwicklungen reagierten mehr und mehr Unternehmen mit der **Einführung von Controlling**. Es sollte etwa die Aufgabe übernehmen, den in wachsenden Unternehmen notwendigerweise (und oft gewollt) auftretenden **Planungs- und Organisationslücken** zu begegnen, indem unter Verzicht auf eine ins Detail gehende Feinplanung eine **Koordination über ein Budgetierungsverfahren** eingeführt wurde. Weiterhin wurde dem Controlling häufig die Aufgabe übertragen, auftretende Informationsbedarfe oder -defizite der Unternehmensführung durch die **Etablierung und Auswertung effizienter Informationssysteme** zu befriedigen oder zu beseitigen.

C Wissenschaftliche Analysen und Systematisierungen des modernen Controlling-Phänomens

Nominal- versus Realdefinition des Controlling

Die skizzierte Entwicklungsgeschichte des Controlling hat deutlich werden lassen, daß es sich um einen **aus der Praxis heraus entwickelten Ansatz** handelt, mit dem auf die geschilderten Gegebenheiten bzw. Prozesse reagiert wurde. Es liegt nahe, daß auf diese Weise **keine einheitliche Konzeption und Struktur** zustandekommen konnte. Da

---

[117] In der ehemaligen DDR wurde das Thema "Controlling" ideologisch eingefärbt wahrgenommen. Controlling war danach als ein Reaktionsversuch auf die Krisenerscheinungen des spätkapitalistischen Systems anzusehen (vgl. Schäfer, Jürgen: Marxistisch-leninistische Analyse und Kritik der Stellung und Funktion des "Controllers" in kapitalistischen Industrieunternehmen, Diss., Leipzig 1982).

[118] Vgl. Bramsemann, Rainer: Handbuch Controlling, a.a.O., S. 25.

die in den Unternehmen zu bewältigenden Zustände und Prozesse teilweise stark voneinander abweichen, muß "das Controlling", das dafür als Lösungsansatz gewählt wird, in einer vergleichenden Betrachtung als heterogen erscheinen.

Von akademischer Seite wird diese Vielfalt beklagt und teilweise mit einem **"Theoriedefizit"** erklärt. Daran ansetzend wurde versucht, controlling-spezifische Problemstellungen und konzeptionelle Ansätze zu erarbeiten, die letztlich dazu dienen sollten, auf **deduktivem Wege** Controlling als eine eigenständige Teildisziplin der Betriebswirtschaftslehre abzuleiten[119] und eine **Realdefinition** von Controlling vorzunehmen. Doch vermögen diese Versuche nicht zu überzeugen.[120]

Weder kann aus bestimmten betriebsinternen oder -externen Zuständen oder Entwicklungen die Notwendigkeit von Controlling deduktiv abgeleitet werden, noch läßt sich ein eindeutig abgegrenztes, originäres Aufgabenfeld des Controlling stringent - etwa im Sinne eines mathematischen Beweises - nachweisen.[121] Vielmehr werden situativ geprägte, von daher notwendigerweise **heterogene Lösungsansätze** für Problemlagen, wie sie oben geschildert wurden, **als Controlling bezeichnet**. Diese Erkenntnis führt für die hier vorliegende Arbeit zu dem Schluß, daß die notwendige **Begriffsklärung** eben **nur auf explikativem Wege**[122] **als Nominaldefinition** erfolgen kann. Dabei ist zu berücksichtigen, was die Praxis als Controlling ansieht (empirisch-induktiver Ansatz), aber auch, was die Betriebswirtschaftslehre inzwischen auf dieser Basis an systematisierender und konzeptioneller Arbeit geleistet hat. Dagegen soll hier nicht versucht werden, eine Realdefinition des Controlling hervorzubringen.

Systematisierungsansätze

Ein Teil der inzwischen äußerst zahlreichen Publikationen zum "Phänomen Controlling" ist ausschließlich oder zuvorderst der Systematisierung empirisch festgestellter Controlling-Implementationen oder in der Literatur beschriebener Controlling-Ansätze, -Definitionen und -Konzeptionen gewidmet. Je nach Untersuchungsansatz

---

119 Vgl. Küpper, Hans-Ulrich: Koordination und Interdependenz als Bausteine einer konzeptionellen und theoretischen Fundierung des Controlling, in: Lücke, Wolfgang (Hrsg.): Betriebswirtschaftliche Steuerungs- und Kontrollprobleme, Wiesbaden 1987, S. 163-183, hier insbes. S. 164-172.

120 Küpper (ebenda) destilliert etwa zunächst aus verschiedenen, in der Literatur dokumentierten konzeptionellen Ansätzen die Controlling-Funktionen "Ziel- (oder Gewinn-) Orientierung", "Koordination", "Unterstützung der Unternehmensführung", "Anpassung", "Innovation", "Spezialisierung" und "Sicherung rationaler Entscheidungen" heraus. Er verwirft dann nacheinander sämtliche Funktionen mit Ausnahme der Koordination als controlling-unspezifisch und damit ungeeignet, eine eigene Problemstellung zu begründen. Dabei bleibt aber die Frage offen, warum ausgerechnet und allein die Koordination, die von jeher als eine originäre Führungsaufgabe genannt wird, das funktionale Fundament einer neuen betriebswirtschaftlichen Teildisziplin abgeben soll. (Zur Koordination als originäre Führungsfunktion vgl. etwa Bleicher, Knut/Meyer, Erik: Führung in der Unternehmung - Formen und Modelle, Reinbek bei Hamburg 1976, S. 48-51 und Steinmann, Horst/Schreyögg, Georg: Management - Grundlagen der Unternehmensführung, Wiesbaden 1990, S. 8 (hier gilt die Koordination als Meta-Managementfunktion)).

121 Daß sich die skizzierte Entwicklung des Controlling nicht als die zwangsläufige Antwort auf eine durch die oben geschilderten Gegebenheiten (Wachstum, Konzentration, Dynamik...) zu kennzeichnende Situation erklären läßt, zeigt schon allein die Tatsache, daß auch mit anderen Lösungsansätzen auf derartige Problemlagen reagiert werden kann und auch erfolgreich reagiert wurde. Zu alternativen Lösungsansätzen vgl. Horváth, Péter: Controlling, a.a.O., S. 5ff, insbes. S. 6-9.

122 Vgl. in diesem Sinne auch Schmidt, Andreas: Das Controlling als Instrument zur Koordination, a.a.O., S. 44). Zur Vorgehensweise der Explikation vgl. Opp, Karl-Dieter: Methodologie der Sozialwissenschaften, a.a.O., S. 246-254. Vgl. daneben auch die oben (Einleitung Teil III.) genannte Literatur zur Unterscheidung von Nominal- und Realdefinitionen.

und -zweck resultieren unterschiedliche Systematisierungen. Einige der häufiger herangezogenen **Systematisierungskriterien**[123] und deren mögliche Ausprägungen sind der **Abbildung 1-2** zu entnehmen. Mit Hilfe dieser Kriterien und Ausprägungen soll das Controlling-Phänomen im Hinblick auf den Untersuchungszweck strukturiert und konkretisiert werden.

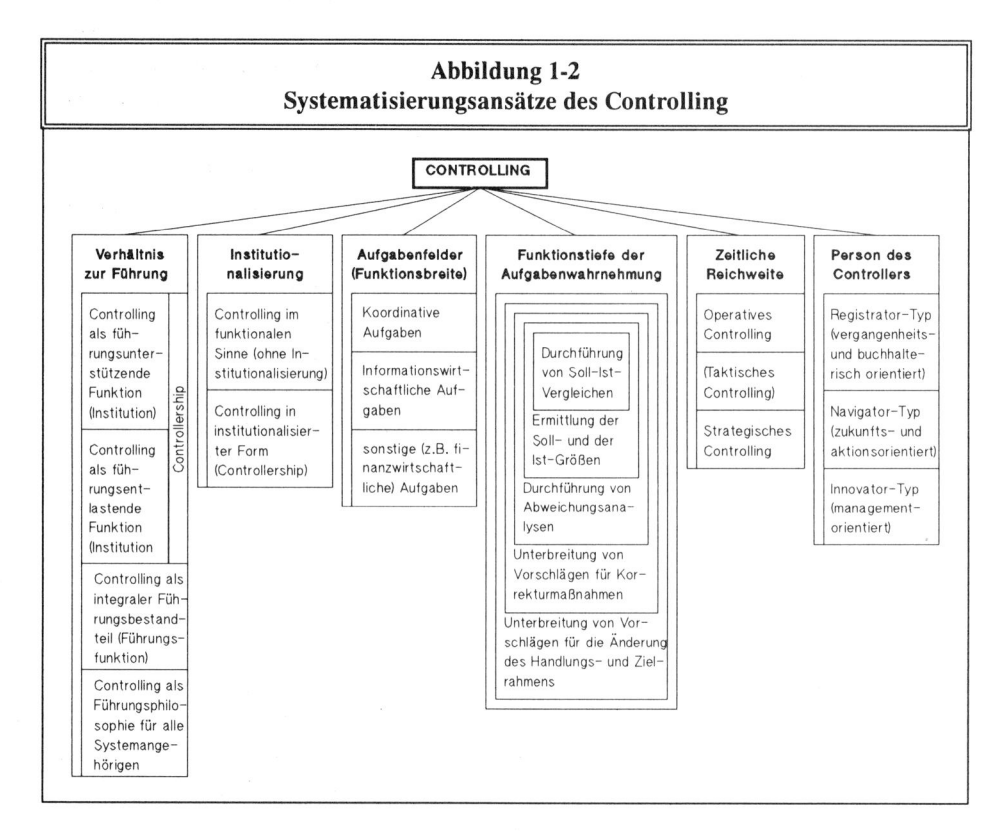

Abbildung 1-2
Systematisierungsansätze des Controlling

Verhältnis zur Führung	Institutionalisierung	Aufgabenfelder (Funktionsbreite)	Funktionstiefe der Aufgabenwahrnehmung	Zeitliche Reichweite	Person des Controllers
Controlling als führungsunterstützende Funktion (Institution)	Controlling im funktionalen Sinne (ohne Institutionalisierung)	Koordinative Aufgaben	Durchführung von Soll-Ist-Vergleichen	Operatives Controlling	Registrator-Typ (vergangenheits- und buchhalterisch orientiert)
Controlling als führungsentlastende Funktion (Institution)	Controlling in institutionalisierter Form (Controllership)	Informationswirtschaftliche Aufgaben	Ermittlung der Soll- und der Ist-Größen	(Taktisches Controlling)	Navigator-Typ (zukunfts- und aktionsorientiert)
Controlling als integraler Führungsbestandteil (Führungsfunktion)		sonstige (z.B. finanzwirtschaftliche) Aufgaben	Durchführung von Abweichungsanalysen	Strategisches Controlling	Innovator-Typ (managementorientiert)
Controlling als Führungsphilosophie für alle Systemangehörigen			Unterbreitung von Vorschlägen für Korrekturmaßnahmen		
			Unterbreitung von Vorschlägen für die Änderung des Handlungs- und Zielrahmens		

Kriterium: Verhältnis von Controlling und Führung

Die Differenzierung nach dem Kriterium des **Verhältnisses von Controlling und Führung/Management**[124] ist von besonderer Bedeutung, da es einen tiefgreifenden Unterschied macht, ob Controlling als eine **Führungsfunktion** angesehen wird - und damit von den Führungskräften selbst wahrzunehmen ist - oder ob Controlling als eine **führungsunterstützende oder entlastende Funktion** gilt - und damit von einem institutionalisierten Controller ausgeübt wird. Daneben kann Controlling auch als **Denkhaltung** ("Controlling-Philosophie") angesehen werden, die im Idealfall sowohl das Handeln der Führungskräfte als auch das Agieren der nachgeordneten Systemmitglieder bestimmt.

---
123 Die aufgeführten Kriterien und Ausprägungen weisen zahlreiche Querbeziehungen auf. Sie können nicht als überschneidungsfrei angesehen werden.
124 Vgl. dazu Schmidt, Rudolf: Controlling-Grundauffassungen, in: krp, Heft 2/1991, S. 108f, hier S. 108.

In Anlehnung an die angloamerikanische Managementliteratur wird Controlling teilweise auch im Deutschen als eine **originäre Führungsfunktion** und damit als **integraler Bestandteil des Management** in einem funktionalen Sinne verstanden, so etwa im Falle einer analytischen Aufgliederung des "Management" in die Elemente oder Teilprozesse "Planning - Organizing - Staffing - Directing - Controlling".[125] Diese Interpretationen knüpfen an das englische Verb "to control" an, das zweifellos eine recht weite Bedeutung hat. Es kann mit lenken, steuern, regeln, leiten, aber auch mit kontrollieren übersetzt werden. Dementsprechend breit und vielfältig sind die Bedeutungsinhalte der entsprechenden Substantive "controlling" oder auch "control". Sofern von Controlling als integralem Führungsbestandteil ausgegangen wird, stellt sich allerdings die Frage, worin denn eine Neuerung gegenüber auch in der deutschen Führungslehre bekannten Führungsfunktionen bestehe.

Wie oben ausgeführt, bezeichnet man im Anglo-Amerikanischen diejenigen Funktionen, die einem Controller zur **Führungsunterstützung und -entlastung** zugeordnet werden, als **controllership**. Diese Unterscheidung konnte sich im deutschen Sprachraum nicht durchsetzen: Überwiegend - aber eben nicht durchgängig - **ist das "deutsche" Controlling in der Bedeutung des controllership zu verstehen.**[126] Nur unter Beachtung dieser Differenzierung sind Aussagen wie "...obwohl ähnlich lautend, ist ... Controlling nicht etwa die Tätigkeit des Controllers, sondern eine Management-Funktion"[127] oder "Der Controller macht selbst kein "Control" bzw. "Controlling", er unterstützt vielmehr die Führung hierbei"[128] richtig einzuordnen.

In zahlreichen Publikationen wird betont, **Controlling reiche weit über die herkömmliche Kontrolle hinaus**. Dieses Argument wird jedoch oft derart strapaziert, daß faktisch ein Großteil der Unternehmensführung unter Controlling subsumiert wird, wenn z.B. die "Zielplanung, Maßnahmenplanung, Kontrolle und Steuerungsmaßnahmen"[129] als Controlling bezeichnet werden. Es besteht die Gefahr, Controlling so "ad absurdum" zu führen.[130] Auch um dem aus dem Wege zu gehen und eine Abgrenzung zwischen Führung und Controlling zu leisten, beschränken sich viele Autoren darauf, Controlling (im Sinne von controllership) eine **führungsunterstützende Funktion** zuzusprechen. Als Aufgabenstellung des Controllers wird dabei häufig die Bereitstellung führungsrelevanter Informationen, der Aufbau dafür nötiger Informationssysteme und darüber hinaus auch die Vorhaltung (weiterer) betriebswirtschaftlicher Instrumentarien genannt.

---

125 So z.B. bei Koontz, Harold/Weihrich, Heinz: Management, 9. Auflage, New York u.a. 1988. Andere Autoren nehmen eine noch weitergehende Untergliederung vor, andererseits findet sich teilweise eine Bündelung bis hin zur Beschränkung auf die Bestandteile "Planning" und "Controlling" (vgl. z.B. Horngren, Charles T.: Accounting for Management Control, 3. Auflage, London 1975, S. 6f).
126 So z.B. ausdrücklich Horváth, Péter: Controlling, a.a.O., S. 28.
127 Baumgartner, B.: Die Controller-Konzeption, a.a.O., S. 35.
128 Horváth, Péter: Controlling, a.a.O., S. 27 (diese These leitet Horváth aus von ihm ausgewählten Praxisbeispielen ab). Ähnlich auch Peemöller, Volker H.: Controlling, a.a.O., S. 45.
129 Ihring, Hans Christoph: Einführung in das Controlling für Mittelstandsunternehmen, Wien 1986, S. 6.
130 Vgl. Weber, Jürgen: Ursprünge, Begriff und Ausprägungen des Controlling, a.a.O., S. 14.

Im Einzelfall fällt es nicht leicht, führungsunterstützende Aufgaben des Controllers und eigentliche Management-Aufgaben überschneidungsfrei voneinander abzugrenzen. Eine diesbezügliche Vermischung findet z.B. statt, wenn dem Controlling eine **führungsentlastende Funktion** zugesprochen wird,[131] da eine Entlastung in der Regel eine zumindest teilweise Übernahme von Führungsaufgaben bedeutet. Auch die entscheidungsvorbereitende Tätigkeit (eines Controllers) kann so weitreichend sein, daß die formelle Entscheidung (der Führungskraft) weitestgehend präjudiziert wird.[132]

Neben diesen beiden Varianten (Controlling als Führungsbestandteil; Controlling als führungsunterstützende und -entlastende Funktion) wird auch die Auffassung vertreten, **Controlling** sei **als Denkhaltung** oder als **Philosophie** zu betrachten.[133] Dabei werden die beiden vorgenannten Varianten als zu eng angesehen. Controlling wird hier vielmehr als Anliegen jeden Mitgliedes einer wirtschaftenden Einheit aufgefaßt. Häufig in Anlehnung an "biokybernetische" Modelle wird ein ganzheitliches "Wirkungsnetzdenken" propagiert.[134] Überwiegend handelt es sich bei den Quellen um Praktikerveröffentlichungen oder auf Praktiker abgestellte Veröffentlichungen. Häufig finden sich aus dem Bereich der Seefahrt stammende Metaphern, so etwa wenn von dem Controller als Navigationsoffizier,[135] als Lotse[136] oder als Steuermann[137] die Rede ist. Die hier einzuordnenden Begriffsfassungen "schießen aber zum einen nicht selten konzeptionell und/oder verbal über das Ziel hinaus und sind zum anderen häufig sehr oberflächlich" und "im Detail plakativ und" lassen zudem "insbesondere eine Abgrenzung zur Führungsfunktion insgesamt vermissen."[138]

Kriterium: Institutionalisierung

In der Literatur wird auf breitem Raum die Frage diskutiert, ob Controlling einer **Institutionalisierung** bedarf oder ob Controlling in einem funktionalen Sinne auch von bestehenden Einheiten (Stäben oder auch Linieninstanzen) wahrgenommen werden kann.[139] Teilweise wird argumentiert, daß Controlling überhaupt erst durch die Etablierung einer auch so bezeichneten Controlling-Institution entstehe. Denn die von der Controlling-Einheit wahrzunehmenden Aufgaben (von der Durchführung von Soll-Ist-Vergleichen bis hin zur Wahrnehmung strategischer Aufgaben) seien im Grunde

---
131 Vgl. z.B. Weber, Jürgen: Einführung in das Controlling, a.a.O., S. 25.
132 Vgl. Weber, Jürgen: Ursprünge, Begriff und Ausprägungen des Controlling, a.a.O., S. 14.
133 Vgl. dazu z.B. Buchner, Manfred: Controlling, a.a.O., S. 68-74 und 162f mit weiteren Literaturhinweisen.
134 Vgl. Mayer, Elmar: Überwindung der Kontrolle durch das Controlling-Führungskonzept, in: Weber, Jürgen/Tylkowski, Otto (Hrsg.): Controlling - Eine Chance für öffentliche Unternehmen und Verwaltungen, Stuttgart 1988, S. 21-34, hier insbes. S. 22-24 und 33f.
135 So z.B. Haberland, Günther: Der Controller - Seine Aufgaben und Stellung in den USA, in: DB, Jg. 1970, S. 2181-2185, hier S. 2182.
136 So häufig Deyhle (vgl. z.B. Deyhle, Albrecht: Controller-Funktion und Interne Revision, in: ZIR, Heft 2/1975, S. 73-84, hier S. 74).
137 So z.B. Spiller, Kurt: Interne Revision und Controlling, in: ZIR, Heft 2/1975, S. 65-72, hier S. 69.
138 Weber, Jürgen: Ursprünge, Begriff und Ausprägungen des Controlling, a.a.O., S. 16f.
139 Das Kriterium "funktionaler versus institutionaler Ansatz" wird teilweise als das Unterscheidungskriterium für die in der Literatur dokumentierten Controlling-Ansätze angesehen (vgl. z.B. ebenda, S. 12-20).

altbekannt, das Neue an Controlling könne allenfalls die Zusammenfassung in einer Institution sein.[140]

Die Frage der Institutionalisierung hängt damit sehr eng mit der eben skizzierten Unterscheidung von Controlling als einer Führungsfunktion, Controlling i.S.v. controllership (institutionalisierte Führungsunterstützung) sowie Controlling als Denkhaltung zusammen. Im ersten Fall wird Controlling durch die Führungskräfte wahrgenommen, so daß sich die Frage der Institutionalisierung genausowenig stellt wie im dritten Fall, bei dem sich Controlling als Denkhaltung primär in den Köpfen aller Mitarbeiter abspielen soll. Nur die zweite Version (Controllership-Ansatz) erfordert notwendigerweise eine Institutionalisierung.

Kriterium: Wahrzunehmende Aufgabenfelder (Funktionsbreite)

Unter den Aufgabenfeldern des Controlling wird in zunehmendem Maße die **Koordinationsfunktion** in den Vordergrund gestellt und teilweise sogar als **das** Aufgabenfeld des Controlling schlechthin beschrieben.[141] Diese Entwicklung stützt sich zum einen auf empirisch-induktiv gewonnene Erkenntnisse, sie ist aber andererseits auch auf die erwähnten Versuche zurückzuführen, originäre Controlling-Funktionen abzuleiten. Ausgehend von der These, die Koordinationsaufgabe sei bislang in der Unternehmensführung nicht hinreichend verankert gewesen, wird gefolgert, daß gerade hier ein eigenständiges (originäres) Aufgabenfeld des Controlling vorläge.[142] Die daraus im einzelnen abgeleiteten Controlling-Aufgaben sind mehrschichtig und unterschiedlich weitreichend. Überwiegend werden dem Controlling nur koordinative Aufgaben innerhalb des Führungssystems (sog. sekundäre Koordinationsaufgaben) zugeschrieben.[143]

Eng mit der Wahrnehmung koordinativer Funktionen in Verbindung steht die Aufgabe, **ökonomische Steuerungs- und Regelungssysteme** zu etablieren und zu betreiben.[144] In erster Linie geht es dabei um Planungs- und Kontrollrechnungen, die es

---

[140] Vgl. tendenziell etwa Buchner, Manfred: Controlling, a.a.O., S. 159-161; Heigl, Anton: Controlling - Interne Revision, a.a.O., S. 23 oder Seicht, Gerhard: Controlling und Wirtschaftlichkeitsrechnung, a.a.O., S. 60. Zu dem hier immanenten Vorwurf des Controlling als "altem Wein in neuen Schläuchen" wird entgegnet: "Der *funktionsübergreifende, integrative Charakter des Controlling*, sein *Planungsbezug* und die Akzentuierung des *Controlling als informationsversorgendes System zur Unterstützung der Unternehmensleitung* machen deutlich, daß es sich beim Controllinggedanken keinesfalls "um alten Wein in neuen Schläuchen" handelt." (Serfling, Klaus: Controlling, a.a.O., S. 17).

[141] Vgl. dazu z.B. Schmidt, Andreas: Das Controlling als Instrument zur Koordination, a.a.O. und Horváth, Péter: Controlling, a.a.O.

[142] Vgl. z.B. Küpper, Hans-Ulrich: Fundierung des Controlling, a.a.O., S. 163-183 und die Ausführungen zur Koordination als Kernfunktion des Controlling in Teil E dieses Kapitel und insbesondere in Kapitel 5 dieser Arbeit.

[143] So etwa ganz dezidert A. Schmidt, der "Controlling kurz als zielerreichungsorientierte Führungskoordination in Betrieben bezeichnet" (Schmidt, Andreas: Das Controlling als Instrument zur Koordination, a.a.O., S. 44). Horváth urteilt: "Innerhalb des Führungssystems sind Koordinationsvorgänge notwendig, um die einzelnen Subsysteme der Führung miteinander zu verbinden. Die Koordinationsaufgabe des Controlling bezieht sich auf diese **sekundäre Koordination** innerhalb der Führung, die die primäre Koordination (zwischen Führungs- und Ausführungssystem, d.Verf.) erst ermöglicht." (Horváth, Péter: Controlling, a.a.O., S. 127).

[144] Vgl. etwa vgl. Heigl, Anton: Controlling - Interne Revision, a.a.O., S. 19 und Männel, Wolfgang: Anlagencontrolling, in: ZfB Ergänzungsheft 3/91 "Controlling Selbstverständnis - Instrumente - Perspektiven", S. 193-216, hier insbes. S. 199.

erlauben, Soll-Ist-Abweichungen festzustellen, zu analysieren und Maßnahmen zu einer verbesserten Zielausrichtung zu treffen.

Innerhalb der Aufgabenfelder, die dem Controlling zugewiesen werden, ist ein weiterer Schwerpunkt im Bereich **informationswirtschaftlicher Aktivitäten** festzustellen. Während hier zunächst enge Beziehungen zum (internen) Rechnungswesen betont wurden, gewinnen in jüngerer Zeit zunehmend breitere informationssystemorientierte Ansätze[145] an Bedeutung.[146] Im Kern geht es dabei um die "Beschaffung, Aufbereitung und Prüfung von Informationen für deren Anwendung zur Steuerung der Betriebswirtschaft"[147].

Deutlich seltener werden zusätzliche Aufgabenfelder des Controlling, etwa im engeren finanzwirtschaftlichen oder im steuerlichen Bereich, genannt.

Kriterium: Funktionstiefe der Aufgabenwahrnehmung

Nach der abstrakten **Reichweite der** vom Controlling wahrzunehmenden **Aufgaben (Funktionstiefe)** kann unterschieden werden, ob Controlling lediglich die zur Ermöglichung von Soll-Ist-Vergleichen nötige Datensammlung und deren Aufbereitung oder auch die Durchführung von Soll-Ist-Vergleichen oder zusätzlich auch die sich anschließenden Abweichungsanalysen beinhalten soll. Noch weitere Begriffsfassungen sehen auch die Unterbreitung von (operativen) Vorschlägen für Korrekturmaßnahmen als Controlling-Aufgabe an. In einer noch darüber hinausgehenden Version wäre es auch Sache des Controlling, Vorschläge für eine Variation des Handlungs- oder gar des Zielrahmens zu unterbreiten. Hier fiele lediglich das Treffen der dann schon sehr weitgehend vorbereiteten Entscheidung der Unternehmensführung zu.[148]

Kriterium: Zeitliche Reichweite der Controlling-Aktivitäten

Controlling war ursprünglich vorwiegend kurzfristig ausgerichtet und hatte die Aufgabe, die Wirtschaftlichkeit des betrieblichen Geschehens zu verbessern und zur Erreichung der operativen Ziele beizutragen (**operatives Controlling**).[149] In auffallender Analogie zur Diskussion von operativer und strategischer Planung[150] wurde seit Mitte

---

145 Link spricht z.B. von der "im Kern informationswirtschaftlichen Dimension" des Controlling. Vgl. Link, Jörg: Die methodologischen, informationswirtschaftlichen und führungspolitischen Aspekte des Controlling, in: ZfB, 52. Jg. (1982), Heft 3, S. 261-280, hier S. 261. Müller konstatiert die "generelle Tendenz, das Controlling als eine zentrale Einrichtung der betrieblichen Informationswirtschaft zu verstehen und zu konzipieren." (Müller, Wolfgang: Die Koordination von Informationsbedarf und Informationsbeschaffung als zentrale Aufgabe des Controlling, in: ZfbF, Heft 10/1974, S. 683-693, hier S. 683.)
146 Teilweise wird über die Differenzierung (enger) rechnungswesenorientierter Ansätze und (weiterer) informationssystemorientierter Ansätze noch die Kategorie der (umfassenden) managementsystemorientierten Ansätze gebildet (vgl. zu einer derartigen Systematisierung Schmidt, Andreas: Das Controlling als Instrument zur Koordination, a.a.O., S. 4-17 und etwas differenzierter Buchner, Manfred: Controlling, a.a.O., S. 36-79).
147 Heigl, Anton: Controlling - Interne Revision, a.a.O., S. 2.
148 Vgl. Weber, Jürgen: Einführung in das Controlling, a.a.O., S. 10f.
149 Vgl. etwa Horváth: "Der klassische Controller ist operativ orientiert" (Horváth, Péter: Controlling, a.a.O., S. 237).
150 Vgl. Peemöller, Volker H.: Controlling, a.a.O., S. 100.

der siebziger Jahre die Frage nach einem strategischen Controlling aufgeworfen.[151] Heute wird gemeinhin Sinn und Notwendigkeit eines strategischen Controlling bejaht. Das **strategische Controlling** soll dabei "die Wahrnehmung der Controllingaufgaben zur Unterstützung der strategischen Führung der Unternehmung", insbesondere "die Koordination von stategischer Planung und Kontrolle mit der strategischen Informationsversorgung"[152] übernehmen.[153]

Beim operativen und strategischen Controlling handelt es sich damit nicht um gegensätzliche Ausprägungen des Controlling. Vielmehr baut das längerfristig ausgerichtete strategische Controlling auf dem operativen Controlling auf.[154] Seltener wird neben dem operativen und dem strategischen Controlling auch noch ein taktisches Controlling unterschieden.[155]

Kriterium: Persönlichkeitsmerkmale des Controllers

Teilweise wird die **Person des Controllers** ins Zentrum der Betrachtung gerückt und eine Einteilung von Controller-Typen vorgenommen. So wird etwa der historisch-buchhalterisch orientierte Controller vom zukunfts- und aktionsorientierten Controller und dieser wiederum vom managementsystemorientierten Controller[156] unterschieden. Eher präskriptiv werden Controller-Typen nach dem Kriterium der Umweltdynamik systematisiert: In einer stabilen Umwelt soll der Controller als Registrator, in einem dynamischerem Umfeld als Navigator und in einer extrem dynamischen Umwelt als Innovator agieren.[157]

Genauso wie die Differenzierung nach der Funktionsbreite und -tiefe der Aufgabenwahrnehmung können auch die skizzierten Controller-Typologien in einen Zusammenhang mit der Entwicklung des Controlling gebracht werden: Die Tendenz geht weg von einer engen, vergangenheits- und rechnungswesenorientierten Sicht hin zu einer weiteren, zukunftsgerichteten, in jüngerer Zeit auch strategische Aspekte berücksichtigenden Ausrichtung.

Weitere Kriterien

Als weiteres Systematisierungskriterium wird angeführt, auf welche **betrieblichen Funktionen** sich Controlling in erster Linie beziehen soll.[158] Dies führt zur Unterscheidung von Beschaffungs-, Produktions-, Marketing-, Finanz-, Personal- und Anlagen-Controlling. Nach **Branchen, Wirtschaftszweigen oder -sektoren** können z.B. Dienst-

---

151 Vgl. etwa Mann, Rudolf: Vom operativen zum strategischen Controlling - Die Anpassung des Controlling an eine sich schneller verändernde Umwelt, in: CM Heft 1/1978, S. 1-4.
152 Horváth, Péter: Controlling, a.a.O., S. 239.
153 Vgl. dazu auch die Ausführungen von Hahn zur Rolle des strategischen Controlling innerhalb der strategischen Unternehmensführung (Hahn, Dietger: Strategische Führung und strategisches Controlling, in: ZfB Ergänzungsheft 3/91 "Controlling Selbstverständnis - Instrumente - Perspektiven", S. 121-146.
154 Vgl. Serfling, Klaus: Controlling, a.a.O., S. 31.
155 Vgl. etwa Bramsemann, Rainer: Handbuch Controlling, a.a.O., S. 54.
156 Vgl. Henzler, Herbert: Der Januskopf muß weg!, a.a.O., S. 60-63.
157 Vgl. Zünd, André: Der Controller-Bereich (Controllership), in: Probst, G.J.B./Schmitz-Dräger, R. (Hrsg.): Controlling und Unternehmensführung, Bern, Stuttgart 1985, S. 28-40, hier S. 32f.

leistungs-, Handels-, Versicherungs-, Industrie- oder eben auch Verwaltungs-Controlling unterschieden werden. Eine Differenzierung nach **weiteren Objektkriterien** ergibt etwa das Beteiligungs-, Sparten- oder Projekt-Controlling.[159]

D Controlling-Verständnis dieser Arbeit

Die obigen Ausführungen belegen, daß nicht von "dem Controlling" als eindeutig definiertem Terminus technicus ausgegangen werden kann. Im Rahmen dieser Arbeit ist es nicht möglich und auch nicht zweckmäßig, das gesamte "Phänomen Controlling" mit all seinen Facetten im Kontext öffentlicher Verwaltungen zu analysieren. Andererseits ist aber eine zu enge Begriffsfassung, die die Entwicklung eines erst im Entstehen befindlichen Verwaltungs-Controlling durch terminologisch-definitorische Rigorismen behindern könnte, dieser Arbeit auch nicht dienlich. Innerhalb des so abgesteckten Rahmens soll nachfolgend das Controlling-Verständnis für die weiteren Ausführungen dargelegt werden.

Zunächst müssen aus der breiten Palette bestehender Controlling-Ansätze diejenigen **ausgegrenzt** werden, die eine Bezugnahme auf die öffentliche Verwaltung von vorneherein ausschließen,[160] weil sie **den Spezifika öffentlicher Verwaltungen nicht gerecht werden**. Controlling-Ansätze etwa, die überwiegend oder ausschließlich gewinnzielorientiert sind,[161] sind im Bereich der öffentlichen Verwaltung ungeeignet, da hier dem Zielelement "Gewinnerzielung" eine sehr untergeordnete Bedeutung zukommt. Handlungsbestimmend für das Verwaltungs-Controlling muß das **umfassend verstandene Wirtschaftlichkeitsprinzip** sein, das den Effizienz- und den Effektivitätsaspekt beinhaltet und damit sowohl Formal- als auch Sachziele umschließt.

Des weiteren fällt eine für die hier anzustellende Untersuchung störende Beschränkung einiger Autoren auf den Forschungsgegenstand des erwerbswirtschaftlichen "**Unternehmens**" auf.[162] Soweit sich die Aussagen aber auf das Untersuchungsobjekt des Betriebes beziehen oder sich dahingehend verallgemeinern lassen, kann eine analoge Anwendung auf öffentliche Verwaltungen erfolgen.

Der Ansatz, **Controlling als Denkhaltung** aufzufassen, die - gleichsam von allen Systemangehörigen verinnerlicht - zur Verbesserung der Zielerreichung beitragen soll, erscheint auf den ersten Blick gerade im Zusammenhang mit öffentlichen Verwal-

---

158 Vgl. etwa Bramsemann, Rainer: Handbuch Controlling, a.a.O., S. 53.
159 Vgl. etwa ebenda.
160 Im Umkehrschluß könnte formuliert werden: Wenn eine solcherart spezifische bzw. restriktive Controlling-Auffassung vertreten wird, ist kein Platz für ein Verwaltungs-Controlling.
161 So z.B. Mann, Rudolf: Die Praxis des Controlling, München, o.J., S. 11 und 175; Siegwart, Hans: Controlling-Konzepte und Controller-Funktionen in der Schweiz, in: Mayer, E./v. Landsberg, G./Thiede, W. (Hrsg.): Controlling-Konzepte im internationalen Vergleich, Freiburg 1986, S. 105-131, hier S. 109. Vgl. dazu auch Buchner, Manfred: Controlling, a.a.O., S. 49.
162 Vgl. z.B. Matschke, M.J./Kolf, J.: Controlling, a.a.O., S. 602; Serfling, Klaus: Controlling, a.a.O., S. 11ff; Ziegenbein, K.: Controlling, Ludwigshafen 1984; Deyhle, Albrecht: Kommentar der 12 Thesen im Beitrag Küpper/Weber/Zünd zum "Verständnis und Selbstverständnis des Controlling", in: ZfB Ergänzungsheft 3/91 "Controlling Selbstverständnis - Instrumente - Perspektiven", S. 1-8; Schröder, Ernst F.: Modernes Unternehmens-Controlling, 4. Auflage, Ludwigshafen 1989, insbes. S. 17.

tungen plausibel und erfolgversprechend. Angesichts der Tatsache, daß der öffentlichen Verwaltung (genauer: deren Mitarbeitern) nicht selten Vorwürfe gemacht werden, die die Mentalität, die Einstellung der Mitarbeiter betreffen ("Beamtenmentalität", "bürokratische Einstellung"), könnte dieser Ansatz der Verbreitung einer "Controlling-Philosophie" besonders attraktiv erscheinen.

Eine Analyse der in der Literatur vorhandenen diesbezüglichen Beiträge bringt jedoch wenig Substanzielles zutage.[163] Zudem bewegt man sich mit den Überlegungen zum Controlling als Denkhaltung stark in das Feld der sozialpsychologischen Forschung hinein. Es bedürfte hier spezifischer und wissenschaftlich fundierter Analysen, um haltbare Ergebnisse hervorzubringen. Eine oberflächliche Anleihe in benachbarten Disziplinen erscheint nicht erfolgversprechend.

Aus diesen Gründen sollen diejenigen Ansätze, die **Controlling als eine Denkhaltung** (Philosophie) ansehen, im Hinblick auf das Untersuchungsobjekt, die öffentlichen Verwaltungen, hier als solche **nicht weiter verfolgt** werden.[164]

Soweit **Controlling als eine originäre Führungsfunktion** aufgefaßt wird, so steht außer Frage, daß nach diesem funktionalen Controlling-Verständnis in den öffentlichen Verwaltungen schon zahlreiche Controlling-Elemente vorhanden sind. Dies wird in der Analyse der auf öffentliche Verwaltungen bezogenen Literatur deutlich werden, da dort nicht nur Quellen mit explizitem Bezug auf Controlling, sondern auch solche mit implizitem Bezug zu typischen Controlling-Funktionen und auch -Instrumenten erörtert werden. Auch im Rahmen der Untersuchung der Kernfunktionen des Controlling im Lichte der Spezifika öffentlicher Verwaltungen (Kapitel 4) wird zum Ausdruck kommen, daß sich (so verstandene) Controlling-Elemente schon in öffentlichen Verwaltungen finden.

Als die **Kernfunktionen des Controlling** werden mit Männel[165] im Rahmen dieser Arbeit angesehen die

- Sicherung einer mehrdimensionalen Koordination der betrieblichen Subsysteme und Aktivitäten,

---

[163] Buchner kommt etwa zu dem Ergebnis, daß sich die "Quellen der teilweise recht mystisch anmutenden Aura" (Buchner, Manfred: Controlling, a.a.O., S. 69) der Controlling-Denkhaltung (-Philosophie) auf drei im Grunde recht "unphilosophische" Bereiche zurückführen lassen: eine kybernetische Sicht der Unternehmen, die Versorgung des Management mit "richtigen" Informationen sowie das Streben nach Gewinnsteigerungen zur Existenzsicherung (vgl. ebenda, S. 68-74).
Vgl. daneben auch die kritischen Anmerkungen im vorigen Abschnitt.

[164] Wohl aber werden darin enthaltene konkrete Elemente aufgegriffen werden. In Kapitel 4 werden etwa koordinative Aufgaben eines Verwaltungs-Controlling auch im Bereich der Abstimmung/Vermittlung zwischen den (vermeintlich konkurrierenden) Rationalitätsebenen der Rechtmäßigkeit und der Wirtschaftlichkeit analysiert. Dabei geht es letztlich um eine stärkere Verankerung des ökonomischen Denkens in Zweck-Mittel-Relationen im Denken der Verwaltungsmitarbeiter. Hier könnte von einer "Controlling-Einstellung" gesprochen werden, die freilich auch andere Namen tragen könnte - etwa "Denken in Alternativen" oder schlicht "ökonomisches Denken".

[165] Vgl. etwa Männel, Wolfgang: Anlagencontrolling, in: ZfB Ergänzungsheft 3/91 "Controlling Selbstverständnis - Instrumente - Perspektiven", S. 193-216, hier insbes. S. 199 oder Männel, Wolfgang/ Warnick, Bernd: Entscheidungsorientiertes Rechnungswesen, in: Mayer, Elmar/Weber, Jürgen (Hrsg.): Handbuch Controlling, Stuttgart 1990, S. 395-418, hier S. 407-412.

- Schaffung, Optimierung und/oder Auswertung betriebswirtschaftlicher[166] Steuerungs- und Regelungssysteme,
- Gewinnung, Aufbereitung und Bereitstellung führungsrelevanter Informationen.[167]

Nach der unvermeidlich noch recht abstrakten Konfrontation dieser breit angelegten Kernfunktionen des Controlling mit den Spezifika öffentlicher Verwaltungen in Kapitel 4 werden in den Kapiteln 5 - 7 bedeutende Aufgabenfelder, Instrumente und Objektbereiche eines Controlling für öffentliche Verwaltungen behandelt. Diesen Darlegungen - wie auch dem Ausblick auf die Möglichkeiten einer Einbindung des Controlling in die Aufbauorganisation der Verwaltungen in Kapitel 8 - wird ein Controlling-Verständnis zugrundeliegen, das in Anlehnung an die Controllership-Konzeption

Controlling ansieht als ein Subsystem der Führung komplexer sozialer Systeme, das durch die Wahrnehmung von Aufgaben im Rahmen der genannten Kernfunktionen eine unterstützende und entlastende Serviceleistung für die Führung erbringt und damit letztlich einen Beitrag zur verbesserten Zielerreichung des Gesamtsystems leistet.

Eine **an den einzelnen "begriffskonstitutiven Aussagen" ansetzende (verwaltungsbezogene) erste Erklärung** soll diese Begriffsverwendung begründen und erläutern.

Wie schon oben zur Abgrenzung des Untersuchungsgegenstandes der öffentlichen Verwaltung wird als theoretisches Rahmenkonzept eine **systemtheoretische Einbettung** gewählt. Durch die Qualifizierung von Controlling als ein "Subsystem der Führung von komplexen sozialen Systemen" ist gewährleistet, daß grundsätzlich sowohl eine Bezugnahme auf öffentliche Verwaltungen als auch auf privatwirtschaftliche Unternehmen erfolgen kann.

Dem Controlling kommt im **Verhältnis zur (System-)Führung** "eine unterstützende und entlastende" Funktion zu. Es wird insoweit[168] also nicht denjenigen Auffassungen gefolgt, die in Anlehnung an die angloamerikanische Managementliteratur Controlling als eine originäre (und damit nicht delegierbare) Führungsfunktion ansehen. Es wird zu untersuchen sein, inwieweit eine Controller-Institution einzurichten ist und inwieweit Controlling-Funktionen auch von bestehenden Einheiten wahrgenommen werden können.

Die Beschreibung der **Servicefunktion** des Controlling als **"unterstützend und entlastend"** zeigt an, daß dem Controlling im Einzelfall neben der unterstützenden (Hilfs-)Funktion - bei strenger Betrachtung - auch schon in den Bereich der Führung

---

[166] Nach Heigl ist Controlling lediglich mit Regelkreisbeziehungen im technischen Sektor nicht befaßt (vgl. Heigl, Anton: Controlling - Interne Revision, a.a.O., S. 19).
[167] Diese Kernfunktionen des Controlling sind nicht als trennscharf nebeneinander stehend anzusehen. Es liegt auf der Hand, daß vielfältige Beziehungen bestehen, auf die ausführlich zurückzukommen sein wird.
[168] Für die Zwecke der in den Kapiteln 5-7 zu erörternden Aufgaben und Instrumenten des Verwaltungs-Controlling. Die breitere funktionale Fassung von Controlling als ein Bestandteil der Management-Funktion wird dagegen in den Kapiteln 2-4 (Literaturanalyse, empirische Erhebung, Erörterung der Kernfunktionen) noch *mit*berücksichtigt werden.

hineinreichende Aufgaben zufallen können. Zwar ist das Fällen und Verantworten von Entscheidungen als originäre Führungsaufgabe anzusehen; angesichts der Vielzahl und Vielgestaltigkeit der in sozialen Systemen zu treffenden Entscheidungen wird aber eine Unterstützung und insbesondere eine Entlastung der Führung zwangsläufig mit der Präjudizierung oder gar der autonomen Übernahme zumindest von Teilentscheidungen verbunden sein. So kann es etwa im Falle der Vorbereitung einer Investitionsentscheidung durch die Auswahl und Aufarbeitung geeigneter Investitionsalternativen schon zu einer, die abschließende Entscheidung schon weitgehend prägenden Bewertung und Vorauswahl kommen, die eine Entlastung im Sinne der Übernahme einer Vor- bzw. Teilentscheidung durch das Controlling bedeutet.

Die verwendete Begriffsfassung betont ausdrücklich den **koordinativen Aspekt** des Controlling. Zwar stellt auch die Koordination unbestritten eine originäre Führungsaufgabe dar. Angesichts der hohen und weiter steigenden Bedeutung der (mehrdimensional aufzufassenden) Koordination[169] für die Gesamtzielerreichung sozialer Systeme werden die hier anstehenden Controlling-Aufgaben aber zurecht zunehmend in das Zentrum der Betrachtung gerückt. Die Koordinationsfunktion wird teils schon als "zentraler Baustein für eine einheitliche Controlling-Konzeption"[170] herausgestellt. Gerade angesichts der Komplexität öffentlicher Verwaltungen als Teil des politisch-administrativen Systems mit den daraus erwachsenden vielfältigen Koordinationsaufgaben erscheint diese Zugangsweise als gerechtfertigt.

Die im Zuge systemorientierter und kybernetischer Analysen als eine Kernfunktion des Controlling anzusehende **"Schaffung, Pflege und/oder Auswertung von Steuerungs- und Regelungssystemen"** könnte bei einer sehr weiten Auslegung des Koordinationsbegriffes noch unter diesen subsumiert werden. Es erscheint aber gerade unter Beachtung der empirisch festgestellten Aufgabenfelder des Controlling und auch angesichts der hohen Bedeutung der Steuerungs- und Regelungssysteme für öffentliche Verwaltungen angebracht, hier eine differenzierte Abhandlung vorzunehmen. So sind in einer kybernetischen Analyse die Planungssysteme als bedeutende Steuerungssysteme anzusehen und auf Bezüge zum Verwaltungs-Controlling zu untersuchen. Regelungssysteme weisen gegenüber den Steuerungssystemen ein Kontrollelement auf, über das beim Auftreten von Soll-Ist-Abweichungen eine Korrektur in Form des Regelungsprozesses erfolgen kann.

Des weiteren wird hier die Bedeutung der **"Gewinnung, Aufbereitung und Bereitstellung von führungsrelevanten Informationen"** als Kernfunktion des Controlling herausgestellt. Damit ist insbesondere die Frage nach dem Medium, durch das die Führung unterstützt werden soll, angesprochen. Es geht hier zentral um die Problematik des Ausgleichs von Informationsbedarf, Informationsnachfrage und Informationsangebot als Voraussetzung einer optimalen informatorischen Fundierung zu

---

[169] Vgl. eingehend zum Begriff der Koordination die Ausführungen in Kapitel 4, Teil I. An dieser Stelle sei lediglich festgehalten, daß der Begriff der Koordination hier in einem weiten Sinne aufgefaßt wird.
[170] Küpper, Hans-Ulrich: Fundierung des Controlling, a.a.O., S. 170.

fällender Führungsentscheidungen. Dazu sind geeignete Informationsversorgungssysteme zu schaffen.

Es ist allgemein anerkannt, daß es **keine spezifischen Instrumente** gibt, die allein dem Controlling zuzurechnen wären. Vielmehr gilt, "daß das Controlling sich selbstverständlich sämtlicher, innerhalb der Betriebswirtschaftslehre (und benachbarter Disziplinen, d.Verf.) entwickelter *Methoden, Verfahren und Techniken* bedienen kann und muß."[171] Von daher kann eine Diskussion von Controlling-Instrumenten für die öffentliche Verwaltung nur bedeuten, daß eine Auswahl zur Erfüllung der Controlling-Aufgaben besonders geeigneter Instrumente vorgestellt wird. Dabei wird es sich nicht um bisher völlig unbekannte, häufig aber um nicht ausreichend auf die Verwaltungsspezifika angepaßte oder um bislang in der Verwaltungspraxis in ungenügendem Umfang eingesetzte Verfahren handeln.

Auch die Frage nach den **Funktionsträgern** kann nicht pauschal beantwortet werden. Zunächst ist zu klären, ob überhaupt eine Instanz zur Wahrnehmung der Controlling-Aufgaben geschaffen werden muß. Dabei sind verschiedene Einflußgrößen, wie z.B. die Systemgröße, -komplexität, Dynamik des Umsystems und weitere, den Aufgabenumfang und die Dringlichkeit ihrer Erfüllung bestimmende Faktoren zu berücksichtigen. Für den Fall der Sinnhaftigkeit oder der Notwendigkeit der Etablierung einer Controlling-Instanz ("Controller") ist im Einzelfall zu entscheiden, wie deren Einbindung in die Aufbauorganisation des Systems zweckadäquat zu erfolgen hat.

Die Formulierung eines Controlling-**Konzeptes** ist nur "in bezug auf einen spezifischen internen und externen Kontext"[172] möglich. Es bedarf neben finaler Aussagen auch konkreter Bestimmungen zum Aufgabenfeld (funktionaler Aspekt), zu den anzuwendenden Instrumenten (instrumenteller Aspekt) und zur aufbauorganisatorischen Ausgestaltung (institutioneller Aspekt) des Controlling. Von daher kann es **das** Controlling-Konzept für die öffentliche Verwaltung nicht geben. Dafür ist schon allein das Feld der öffentlichen Verwaltungen zu weit und zu heterogen. Das Anliegen dieser Arbeit kann daher auch nur darin bestehen, bereits vorhandene Konzepte und Konzeptelemente aufzuzeigen (Kapitel 2 und 3) sowie im weiteren mögliche wesentliche Aufgabenfelder, zweckadäquate Instrumente, Möglichkeiten der aufbauorganisatorischen Eingliederung eines Verwaltungs-Controlling zu diskutieren. Erst die konkrete situationsspezifische Adaption dieser Elemente - etwa auf den authentischen Fall der kommunalen Verwaltung einer Stadt mit 50.000 Einwohnern - ergäbe ein Controlling-Konzept.

---

[171] Becker, Wolfgang: Funktionsprinzipien des Controlling, in: ZfB, 60. Jg. (1990), Heft 3, S. 195-318, hier S. 314. Heigl spricht von einer "großen Fülle denkbarer Instrumente" (Heigl, Anton: Controlling - Interne Revision, a.a.O., S. 59).
[172] Horváth, Péter: Controlling, a.a.O., S. 144.

2. KAPITEL: CONTROLLING-ANSÄTZE IN DER AUF ÖFFENTLICHE VERWALTUNGEN BEZOGENEN LITERATUR

Für eine eingehende Befassung mit den Einsatzmöglichkeiten und Gestaltungserfordernissen von Controlling in öffentlichen Verwaltungen ist es notwendig, sowohl die schon vorhandenen theoretischen Arbeiten als auch die in der Fachliteratur dokumentierten Erfahrungen der Praxis in einer **systematisierenden Analyse** aufzunehmen.

Dabei erweist es sich nicht als ausreichend, ausschließlich die Publikationen heranzuziehen, die sich **explizit** mit Controlling in öffentlichen Verwaltungen auseinandersetzen. Vielmehr müssen auch diejenigen Arbeiten beachtet werden, die sich - unter einer anderen Überschrift - mit denselben Grundanliegen oder mit funktionalen oder instrumentellen Aspekten befassen, die heute im Rahmen der Controlling-Diskussion wieder aufleben. Nur über die Einbeziehung dieser **implizit** mit Verwaltungs-Controlling in Beziehung zu bringenden Arbeiten können die Erkenntnisse aus früheren Vorhaben zur Verwaltungsinnovation gewinnbringend im Hinblick auf das Verwaltungs-Controlling verwertet werden. Dabei können positive, nutzbringende Erkenntnisse durchaus auch aus gescheiterten Vorhaben gezogen werden.

Es zeigt sich, daß bislang noch **keine Monographie** vorliegt, die dem Verwaltungs-Controlling in umfassender Weise gewidmet ist. Die inzwischen doch recht zahlreich vorliegenden **Fachaufsätze** und die in Monographien enthaltenen Ausführungen zu **Einzelaspekten** sollen danach unterschieden werden, ob sie sich explizit mit dem Verwaltungs-Controlling befassen (Teil I dieses Kapitels) oder ob lediglich implizite Bezüge vorhanden sind (Teil III). Dazwischen werden in Teil II (explizite) Controlling-Ansätze aus dem öffentlichen Bereich außerhalb der Kernverwaltungen behandelt, soweit sie von Relevanz für ein Verwaltungs-Controlling sind. Teil IV bringt eine Würdigung der Erkenntnisse aus der Literaturanalyse.[1]

Abbildung 2-1 veranschaulicht die Systematik der Literaturanalyse.

I. Expliziter Bezug auf Controlling in öffentlichen Verwaltungen

Die hier aufzuführenden Publikationen thematisieren - unter Nennung des Begriffs "Controlling" - ausdrücklich Fragestellungen, die sich im Rahmen einer konzeptionellen Anpassung von Controlling auf die Gegebenheiten der öffentlichen Verwaltung, im Zusammenhang mit Controlling-Funktionen und -Instrumenten oder im Zuge der Etablierung von Controlling-Systemen in öffentlichen Verwaltungen stellen. Diese **explizit dem Verwaltungs-Controlling gewidmeten Publikationen** lassen sich grund-

---

[1] Die Literaturanalyse kann keinen Anspruch auf Vollständigkeit erheben. Dies gilt insbesondere für die Quellen mit impliziter Beziehbarkeit auf ein Verwaltungs-Controlling, da hier bei nicht allzu restriktiver Interpretation eine schier unübersehbare Literatur aufzunehmen wäre. Für die Literatur mit explizitem Bezug zum Verwaltungs-Controlling wurde versucht, so weit als möglich alle Veröffentlichungen mit eigenständigem Charakter und innovativem Gehalt, die bis zum Herbst 1991 erschienen sind, zu berücksichtigen.

sätzlich danach unterscheiden, ob sie dominant **präskriptiv**[2] ausgerichtet sind oder - als Berichte über bereits erfolgte (Teil-)Implementationen - in erster Linie **deskriptiven Charakter**[3] aufweisen.

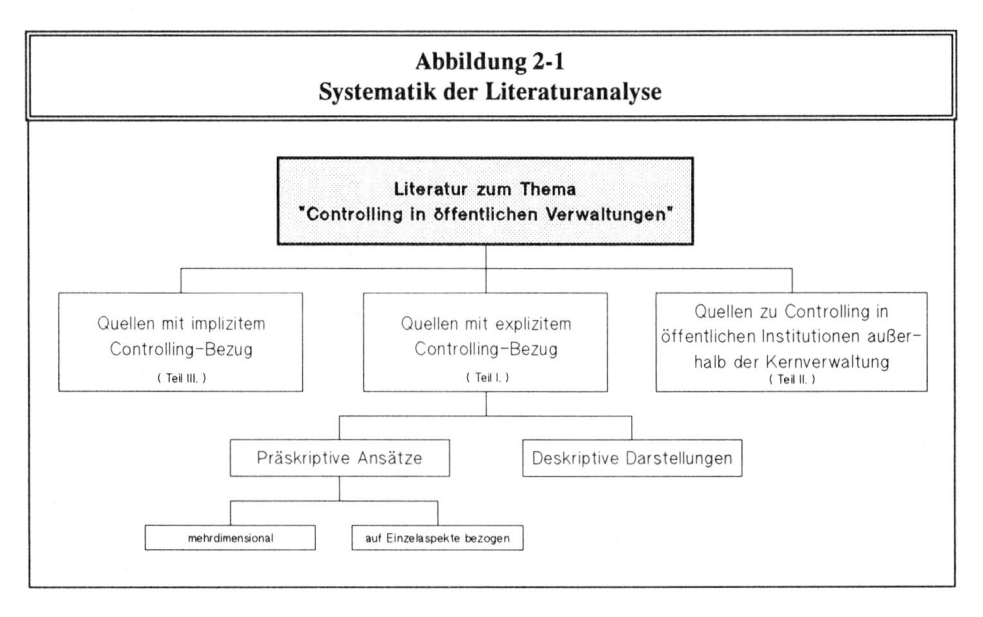

Abbildung 2-1
Systematik der Literaturanalyse

```
                Literatur zum Thema
         "Controlling in öffentlichen Verwaltungen"
          ┌─────────────┬─────────────────┐
          │             │                 │
  Quellen mit       Quellen mit      Quellen zu Controlling in
  implizitem        explizitem       öffentlichen Institutionen außer-
  Controlling-Bezug Controlling-Bezug halb der Kernverwaltung
     (Teil III.)      (Teil I.)           (Teil II.)
                   ┌──────┴──────┐
             Präskriptive    Deskriptive
             Ansätze         Darstellungen
          ┌──────┴──────┐
    mehrdimensional  auf Einzelaspekte bezogen
```

Die Gruppe der **präskriptiven Publikationen** wird hier weiter unterschieden in einerseits **mehrdimensionale Ansätze**,[4] in denen funktionale, instrumentelle und organisatorische Vorstellungen geäußert werden. Andererseits werden Beiträge untersucht, die **Einzelaspekte** thematisieren, wie etwa einzelne Controlling-Instrumente oder den Einsatz von Controlling in einzelnen funktionalen Bereichen der Verwaltung.

Unter den als **deskriptiv** zu kennzeichnenden Arbeiten überwiegen die **Berichte von Praktikern**, die über in der Implementierung befindliche Controlling-Vorhaben berichten. Hier dienen die jeweils gewählten Controlling-Schwerpunkte als Kriterium für die Einordnung der Veröffentlichungen.

---

2 Als "**präskriptiv**" wird eine Aussage zum Sein-Sollen eines Phänomens verstanden. Insofern enthalten präskriptive Aussagen Gestaltungsaussagen. (Streng genommen geht es damit um praktisch-präskriptive Aussagen, die von den bekennend- oder ethisch-präskriptiven Aussagen unterschieden werden können. Vgl. zu dieser Unterscheidung Oechsler, Walter, A.: Zweckbestimmung und Ressourceneinsatz öffentlicher Betriebe, Baden-Baden 1982, S. 73ff und 91ff). Die Adjektive präskriptiv und normativ werden hier als synonym angesehen.

3 **Deskriptive** (beschreibende) Aussagen sind raum-zeitlich begrenzte (und damit singuläre) Existenzsätze (vgl. Opp, Karl-Dieter: Methodologie der Sozialwissenschaften - Einführung in Probleme ihrer Theoriebildung, 2. Auflage, Reinbek 1976, S. 69).

4 "Mehrdimensional" soll hier in dem Sinne verwendet werden, daß sich die Ausführungen nicht lediglich auf einen funktionalen, instrumentellen oder organisatorischen Aspekt beziehen, sondern eben Aussagen zu mehreren Gesichtspunkten getroffen werden. Dabei handelt es sich auch bei diesen mehrdimensionalen Beiträgen nicht um geschlossene Konzeptionen eines Verwaltungs-Controlling.

A Mehrdimensionale präskriptive Publikationen

Die mehrdimensionalen Arbeiten werden nachfolgend jeweils unter dem **Namen des Autors** dargestellt. Die Abfolge der Autoren bestimmt sich nach der zeitlichen Reihenfolge ihrer Befassung mit dem Verwaltungs-Controlling. Durch diese **chronologische Reihung** lassen sich die Entwicklungslinien veranschaulichen. Da die analysierten Veröffentlichungen sehr heterogen sind und sich nicht jeder Autor zu allen Untersuchungsaspekten erschöpfend geäußert hat, müssen auch die folgenden Ausführungen uneinheitlich erscheinen. Für jeden Verfasser wird so weit als möglich versucht, seine Aussagen in der Reihenfolge
- institutioneller Bezug (etwa öffentliche Verwaltung allgemein oder Spezifizierung auf Kommunalverwaltungen),
- Controlling-Grundverständnis,
- Aufgabenfelder des Verwaltungs-Controlling,
- empfohlenes Instrumentarium,
- aufbauorganisatorische Vorstellungen und präferierte Einführungsstrategien

darzustellen. Eine **Übersicht** (Abbildung 2-2) wird die verbalen Darstellungen zusammenfassen.

Controlling in öffentlichen Verwaltungen nach Zünd

Die **erste deutschsprachige Publikation**, die die öffentliche Verwaltung als mögliches Einsatzfeld von Controlling thematisiert, stammt von Zünd.[5]

Zünd charakterisiert sowohl die privatwirtschaftlichen Unternehmen als auch die öffentliche Verwaltung als zweckorientierte, offene soziale Systeme und geht von daher von einer "sinngemäßen Übertragbarkeit" des "Controlling-Modells" auf die öffentliche Verwaltung aus.[6]

Als **Hauptaufgabe** des Verwaltungs-Controlling wird die Entwicklung eines entscheidungsorientierten Informationssystems benannt, das die Verwaltungsführung in die Lage versetzen soll, aktiv zu steuern, anstatt nur auf eingetretene Entwicklungen zu reagieren. Dazu sei durch das Verwaltungs-Controlling die "*Koordination von Informationsbedarf und Informationsbeschaffung*" zu bewältigen. Dabei sieht Zünd weniger die periodischen Routineberichte als vielmehr die Gewinnung, Gewichtung und Selektion von Informationen für spezifische Entscheidungssituationen als Betätigungsfeld des Controllers an. Weiterhin stellt Zünd die bessere Verbindung von Finanz- und Zielplanung, die Entwicklung von Frühwarnsystemen sowie von neuen "Formen gesellschafts- und zielorientierter Berichterstattung" als Aufgaben des Verwaltungs-Controllers dar.[7]

---

5 Vgl. Zünd, André: Das Controlling als Hilfsmittel zur Steuerung in Unternehmen und Verwaltung, in: Verwaltungspraxis, Nr. 8/1977, S. 22-26.
6 Vgl. ebenda, S. 23f.
7 Vgl. zu den Aufgaben des Verwaltungs-Controllers bei Zünd ebenda, S. 24.

Die Frage nach der **organisatorischen Einordnung** des Verwaltungs-Controllers kann nach Zünd nur in Abhängigkeit von den Spezifika der einzelnen Verwaltung beantwortet werden. Er äußert sich konkret zu einer möglichen Einordnung in eine ministerielle Verwaltung und befürwortet hier die Etablierung eigener Stabsstellen der Regierung neben den schon bestehenden Assistenzen wie etwa den Staatskanzleien. Damit soll der stärker innovative Charakter des Verwaltungs-Controlling besser zur Geltung kommen.[8]

Nach der hier referierten, anstoßgebenden Arbeit befaßte sich Zünd nicht mehr eingehender mit dem Verwaltungs-Controlling. Er wandte sich stärker anderen Institutionen - im Non-Profit-Bereich insbesondere den Verbänden - zu.[9]

Controlling in öffentlichen Verwaltungen nach H. König

Herbert König referierte 1981 erstmals seine Gedanken zu einem Controlling in der öffentlichen Verwaltung.[10] In knapper und teilweise exemplarisch konkretisierter Form griff er diese Überlegungen zwei Jahre später nochmals auf.[11] Aus jüngerer Zeit stammt ein Beitrag, der sich insbesondere dem Verhältnis von Führung und Controlling in der öffentlichen Verwaltung widmet.[12]

König bezieht seine Ausführungen in institutioneller Hinsicht insbesondere auf die **ministerielle Bundesverwaltung**. Dessen ungeachtet sind aus seiner Sicht die "Pioniere einer Integration von Führung und Controlling" in der öffentlichen Verwaltung "eher die Kommunen als der Staat"[13].

König sieht den Ursprung des Controlling im **Rechnungswesen**. Für eine Übertragung auf die öffentliche Verwaltung sei zu berücksichtigen, daß hier dem Budget schon von jeher eine dominante Rolle zukomme, wogegen der Bereich der privatwirtschaftlichen Unternehmen bislang "durch eine gewisse Zurückhaltung auf dem Gebiet der Budgetierung gekennzeichnet"[14] sei.

Wie schon in früheren Publikationen[15] geht es König auch in seinen controllingbezogenen Arbeiten zentral um die Verbindung von Zweck-/Problemebene, Programm-

---

8 Vgl. ebenda, S. 24f.
9 Vgl. Zünd, André: Controlling in nicht-erwerbswirtschaftlich orientierten Organisationen, insbesondere Verbänden, in: Verbandsmanagement, Nr. 3/1983, S. 14-21.
10 Vgl. den 1981 anläßlich einer Gastvorlesung an der Universität/Gesamthochschule Essen gehaltenen Vortrag, veröffentlicht als König, Herbert: Von der Finanzkontrolle zum Controlling in der öffentlichen Verwaltung, in: Pfohl, Hans-Christian/Braun, Günther E. (Hrsg.): Beiträge zur Controllingpraxis Nr. 4, Essen 1982, S. 77-92.
11 Vgl. König, Herbert: Von der Finanzkontrolle zum Controlling in der öffentlichen Verwaltung?, in: Verwaltungspraxis, Nr. 6/1983, S. 21-24.
12 Vgl. König, Herbert: Führung und Controlling in der öffentlichen Verwaltung, in: VOP, Nr. 4/1990, S. 244-246.
13 König, Herbert: Führung und Controlling in der öffentlichen Verwaltung, a.a.O., S. 245.
14 König, Herbert: Von der Finanzkontrolle zum Controlling, a.a.O., S. 79.
15 Vgl. etwa Kritische Analyse des Managements finanzieller, personeller und materieller Ressourcen in der öffentlichen Verwaltung; Länderbericht für die Bundesrepublik Deutschland zu Thema 1 des XVII. Internationalen Kongresses für Verwaltungswissenschaften, Berichterstatter: Herbert König, in: Deutsche Sektion des Internationalen Instituts für Verwaltungswissenschaften (Hrsg.): Verwaltungswissenschaftliche Informationen, Sonderheft Nr. 3, o.O. 1977.

ebene und Ressourcenebene des Verwaltungshandelns.[16] Nur über ein Inbeziehungsetzen aller drei Ebenen sei die entscheidende Frage nach der Wirksamkeit des Verwaltungshandelns zu beantworten. Diese umfassende Erfolgskontrolle könne von der bisher praktizierten "primär methodisch-formalen"[17] Finanzkontrolle durch staatliche Rechnungshöfe oder gar kommunale Vorprüfungsstellen/Kontrollämter nicht geleistet werden. Von daher stellt König die Überlegung an, ob nicht ein **Controller** diese **integrative Figur** oder das Controlling diese "überhöhte Planungsorganisation"[18] sein könnte, bei der sich die Zuständigkeit für Aufgabenprogrammierung, Budget und Organisation bündelt.

Neben dieser Hauptaufgabe sieht König auch in der **Stimulation des Kostendenkens** in der öffentlichen Verwaltung, der Implementierung einer "**Resultatsverantwortung** in abgrenzbaren Bereichen" und in der Einführung moderner **Führungskonzepte** Aufgaben für das Verwaltungs-Controlling.[19] In neuerer Zeit schlägt König dazu im Rahmen einer "Integration von Führung und Controlling"[20] die "Wirkungsrelevanzmethode" als Steuerungsinstrument in Staat und Kommunen vor.[21]

Vorwiegend für die staatliche Ministerialverwaltung analysiert er die Möglichkeiten einer Betrauung schon vorhandener Einheiten mit Controlling-Aufgaben. Er skizziert dabei ein zweistufiges Konzept, das einerseits an einzelnen Programmen und andererseits auf der Ebene des ressortbezogenen Gesamtprogrammes ansetzt. Für das einzelprogrammbezogene Controlling komme am ehesten der Programmreferent in Frage. Ihm müßten dann aber verstärkt budgetäre und organisatorische Kompetenzen übertragen werden. Ein für das Gesamtprogramm zuständiger Controller müßte zumindest auf der Ebene eines Unterabteilungsleiters etabliert werden.[22] Das **dezentrale Einzelprogramm-Controlling** wäre so in **Linienfunktion** wahrzunehmen, während für das **zentrale, ressortbezogene Programm-Controlling** auch eine "**Stabsstelle** unter hochrangiger Leitung" zu erwägen wäre.[23] König hält es nicht für erfolgversprechend, schon in einer Anfangsphase die Etablierung von Controlling in der Regierungszentrale (etwa im Bundeskanzleramt) anzustreben.[24]

Das gescheiterte Vorhaben, nach den Vorschlägen eines externen Beratungsunternehmens[25] ein Controlling-System im Bundesministerium für Verteidigung zu etablieren, erklärt König hauptsächlich durch ein mangelndes "Sicheinfühlen der Innovatoren

---

16 Vgl. König, Herbert: Von der Finanzkontrolle zum Controlling, a.a.O., S. 82f.
17 König, Herbert: Von der Finanzkontrolle zum Controlling in der öffentlichen Verwaltung?, a.a.O., S. 22.
18 Ebenda.
19 Vgl. König, Herbert: Von der Finanzkontrolle zum Controlling, a.a.O., S. 88f (Fettdruck des Verf.).
20 König, Herbert: Führung und Controlling in der öffentlichen Verwaltung, a.a.O., S. 246.
21 Dabei sollen die Verfahren der Leistungswert-, der Entscheidungsprozeß- und der Aufgabenstrukturanalyse zur Anwendung kommen (vgl. ebenda).
22 Vgl. König, Herbert: Von der Finanzkontrolle zum Controlling, a.a.o., S. 85-88.
23 Vgl. ebenda, S. 89 (Fettdruck des Verf.).
24 Vgl. ebenda, S. 89-91.
25 Vgl. Mc Kinsey (Hrsg.): Verbesserung der Kostentransparenz und Wirtschaftlichkeit der Bundeswehr durch ein leistungsfähiges Controlling, unveröffentlichtes Gutachten, Bonn 1982.

in gegebene und neu zu schaffende Strukturen"[26] sowie eine wenig ausgeprägte Kooperations- und Selbstbescheidungsstrategie des Innovators.[27]

Königs Vorschläge zu einem Verwaltungs-Controlling - insbesondere soweit sie auf eine Verbindung von Problem-, Programm- und Ressourcenebene über die "integrative Figur eines Controllers" abzielen - sind sehr umfassend und weitreichend. Der Autor sieht die Etablierung eines so angelegten Verwaltungs-Controlling als ein Vorhaben an, das wohl erst im Anschluß an die Einführung einer politischen Programmsteuerung erfolgen könne.[28]

Controlling in Kommunalverwaltungen nach Reinermann

Reinermann beschränkt seine Überlegungen[29] institutionell auf **mittlere und kleinere Kommunalverwaltungen**, wozu er die Verwaltungen von Kommunen mit bis zu 50.000 Einwohnern rechnet. Für diese Verwaltungen erörtert er die Frage, "ob und unter welchen Voraussetzungen Controlling" sinnvoll eingesetzt werden kann.[30]

Reinermanns **Controlling-Begriff** ist stark **informationswirtschaftlich orientiert**. Controlling beinhaltet danach "die Gesamtheit aller Funktionen, welche die Verbesserung der Informationsversorgung von Führungsinstanzen, hier der Verwaltungsführung, zum Gegenstand haben."[31]

Als zwei grundlegende Bereiche der Führung wird einerseits die Bewältigung von Umweltkomplexität (Außenbeziehung, "die richtigen Dinge tun") und andererseits die Bewältigung der Eigenkomplexität (Innenbeziehung, "die Dinge richtig tun") herausgestellt. Beide Führungsbereiche müßten von Controlling informatorisch unterstützt werden.

Reinermann greift in diesem Zusammenhang die in den siebziger Jahren zunächst euphorisch geführte Diskussion um DV-gestützte **Management Informationssysteme** (MIS) auf und warnt davor, als Reaktion auf die geringen Realisierungserfolge in dieser ersten Phase "das Kind mit dem Bade auszuschütten". Dies sei gerade angesichts der mittlerweile günstigeren hard- und software-technischen aber auch der organisatorischen Voraussetzungen nicht angebracht. Hoffnungen setzt Reinermann hier auf die "zunehmend diskutierte Organisationsfigur des Controllers".[32]

Aus verschiedenen Bedarfen an Führungsinformationen leitet Reinermann mögliche **Aufgabenfelder** für ein Verwaltungs-Controlling ab. Er nennt insbesondere die Felder

---

26 König, Herbert: Von der Finanzkontrolle zum Controlling in der öffentlichen Verwaltung?, a.a.O., S. 24.
27 Vgl. ebenda.
28 Vgl. König, Herbert: Von der Finanzkontrolle zum Controlling, a.a.O., S. 91.
29 Vgl. Reinermann, Heinrich: Controlling in mittleren und kleineren Kommunalverwaltungen, in: DBW, Nr. 1/1984, S. 85-97. Der Aufsatz basiert auf einem Vortrag des Autors vor der Wissenschaftlichen Kommission "Öffentliche Unternehmen und Verwaltungen" im Jahre 1983.
30 Dagegen wird "keine geschlossene Abhandlung über Controlling" und auch keine detaillierte Implementierungsanleitung angestrebt (vgl. Reinermann, Heinrich: Controlling, a.a.O., S. 86).
31 Vgl. ebenda, S. 85.
32 Ebenda, S. 87f.

Personalbemessung, Bürgerinformation, Projektmanagement und Rechnungswesen (insbes. Anlagenrechnung und Kostenrechnung). Weiterhin geht er auch der Frage nach, welchen Nutzen eine DV-gestützte Grundrechnung ("Dateiensystem") aus den Bereichen Aufgabengliederungsplan, Stellenbeschreibungen und -bewertungen, Mengengerüste, relevante Rechtsvorschriften, Arbeitsabläufe und sachliche Kapazitäten (Geräte, Räume usw.) bringen könnte.[33] Als "Controllingdilemma" bezeichnet es Reinermann, daß es wohl nicht gelingen werde, jede von der Verwaltungsführung "in einer praktischen Situation benötigte Information" auf Abruf vorzuhalten.[34]

Zur Frage der **Implementierung** von Controlling in der Kommunalverwaltung empfiehlt Reinermann die Strategie des lernenden Systems ("Strategie des Überzeugens durch Tatsachen und Prototypen") und verwirft Strategien des "großen Wurfs". Ohne viel Aufhebens sollten die "mit der Wahrnehmung von EDV-Funktionen Betrauten" einfach damit beginnen, Controllinginformationen aufzubereiten und anzubieten. Dadurch werde die Akzeptanz erhöht, die Nutzung (oder auch die konstruktiv-konkrete Kritik) könne - im Kleinen - sofort beginnen.[35]

Der **Verwaltungs-Controller** ist für Reinermann der **Informationsbeauftragte**, bei dem die Verantwortung für "die Organisation (einschließlich Formularwesen und Geräte) und für die gesamte Informationstechnik"[36] zu bündeln sei. Der Controller solle für die Abstimmung und Ergänzung der Datenbestände, die Beratung der Verwaltungsmitarbeiter in Fragen der Informationsbeschaffung und -verarbeitung sowie die Vorhaltung von Methoden zur Auswertung von Datensammlungen zuständig sein. Dieser Informationsbeauftragte wäre beim Bürgermeister anzusiedeln. Reinermann hält die Qualifikation eines Absolventen einer Verwaltungsfachhochschule für notwendig und ausreichend.[37]

Controlling in der Kommunalverwaltungen nach dem Arbeitskreis "Controlling in der Kommunalverwaltung" der Schmalenbach-Gesellschaft

Angeregt durch Erwin Grochla und Erich Potthoff wurde in der Schmalenbach-Gesellschaft/Deutsche Gesellschaft für Betriebswirtschaft ein Arbeitskreis "Controlling in der Kommunalverwaltung"[38] gebildet. In dreijähriger Arbeit wurde von 1985-1987 eine Stellungnahme erarbeitet, die sich insbesondere mit möglichen Aufgabenfeldern des Controlling in der Kommunalverwaltung sowie mit der Akzeptanz, der Strategie zur

---

33 Vgl. ebenda, S. 90-93.
34 Vgl. ebenda, S. 93.
35 Vgl. ebenda, S. 93-95.
36 Ebenda, S. 96.
37 Vgl. ebenda, S. 95-96. Diese Einschätzung überrascht angesichts der umfangreichen und anspruchsvollen Aufgabenfelder und mag allenfalls durch die Bezugnahme auf kleinere und mittlere Kommunen und deren budgetäre Restriktionen zu erklären sein.
38 Arbeitskreisleiter: Peter Eichhorn und Gerd Wixforth; Mitglieder: Bernd Adamaschek, Hansjürgen Bals, Dietrich Budäus, Hermann Flieger, Wolfgang Männel, Rudolf Mann, Georg Türnau.

Einführung sowie der Einordnung in die kommunale Aufbauorganisation auseinandersetzt.[39]

"Aus methodischen und inhaltlichen Gründen"[40] beschränkte sich der Arbeitskreis auf die **Kommunalverwaltung im engeren Sinne**, d.h. Bundes- und Landesverwaltungen blieben genauso unberücksichtigt wie Fragen zum Controlling in kommunalen Nettobetrieben.

Der Arbeitskreis versteht **Controlling** als ein **zukunftsbezogenes Führungsunterstützungssystem, das die Entscheidungsfindung der Führung komplexer Systeme durch Informationsversorgung und Informationsauswertung unterstützt.**[41] Er führt aus, daß Controlling im Falle geringer Dynamik, überschaubarer Strukturen, geringer Aufgabenkomplexität und niedrigen Koordinationsbedarfs von der Führung selbst ausgeführt werden könne, daß aber angesichts des seltenen Auftretens einer solchen Konstellation in der Regel die Verselbständigung und Institutionalisierung des Controlling durch die Bestellung eines Controllers notwendig werde.[42]

Betont wird die **Unterstützungsfunktion des Controlling**. Dem "Primärkreislauf" des Führungsprozesses aus Planung, Realisation und Kontrolle solle ein sekundärer "Controlling-Kreislauf" zur Seite gestellt werden, der "Rückkopplungsinformationen mit dem Ziel, die Qualität der Entscheidungen in jeder Phase abzusichern und zu verbessern"[43], zur Verfügung zu stellen habe. Es werden Kernfragen des Controlling in den einzelnen Phasen des Führungsprozesses formuliert, aus denen sich ein recht **breites Aufgabenfeld** des Controlling in der Kommunalverwaltung ableiten läßt. Es erstreckt sich von der verständlichen Darstellung von Zusammenhängen, über die Durchführung von Soll-Ist-Vergleichen, die Initiierung eines sparsamen Ressourcen-Einsatzes, die Sicherung der Koordination, das Aufzeigen alternativer Lösungen[44] bis hin zu organisatorischen Maßnahmen und strategischen Überlegungen. Angesichts der Spezifika der Ziel- und Strategiebildung in der Kommunalverwaltung werden die Hauptaufgaben des Verwaltungs-Controlling allerdings im operativen Bereich gesehen.[45]

Anknüpfend an die Tatsache, daß **Controlling-Ansätze** (in einem funktionalen Sinne) **in den Kommunen schon praktiziert** werden, zeigt der Arbeitskreis exemplarisch auf, wo "Ansätze für Controlling-Prozesse nachweisbar bzw. Grundlagen zur Entwicklung von Controlling-Prozessen vorhanden sind."[46] Es werden etwa verschiedene Planwerke angeführt (Haushaltspläne, Entwicklungspläne usw.), die die Grundlage für einen Soll-

---

39 Vgl. Schmalenbach-Gesellschaft/Deutsche Gesellschaft für Betriebswirtschaft, Arbeitskreis "Controlling in der Kommunalverwaltung": Controlling in der Kommunalverwaltung - Ein Instrument zur Verbesserung der Verwaltungsführung bei der Entscheidungsfindung, in: Mann, Rudolf/Mayer, Elmar (Hrsg.): Der Controlling-Berater, Loseblattsammlung, Nachlieferung 5/1987, Gruppe 10, S. 219-258.
40 Vgl. Schmalenbach-Gesellschaft: Controlling in der Kommunalverwaltung, a.a.O., S. 222.
41 Vgl. ebenda, S. 224.
42 Vgl. ebenda, S. 224f.
43 Ebenda, S. 228.
44 Vgl. zu diesen Aufgaben ebenda, S. 226.
45 Vgl. ebenda, S. 230-232.

Ist-Vergleich und daran anknüpfende steuernde Maßnahmen bilden können. Weiterhin werden Beispiele aus den Bereichen Personalbemessung, Grundstücks- und Gebäudebewirtschaftung, Investitionsberatung, Kosten- und Leistungsrechnung, der Beteiligungsverwaltung sowie der Aufgabenkritik angeführt.[47]

Der Arbeitskreis beschäftigt sich auch mit der Interessenlage verschiedener Akteure, die von einer Einführung von Controlling in der Kommunalverwaltung tangiert würden. So werden **Akzeptanzprobleme** von Seiten des Gemeinderats, der Verwaltungsführung und der Verwaltungsmitarbeiter thematisiert und Argumentationshilfen für den Fall vorhandener Abwehrhaltungen aufgezeigt.[48]

Als **Einführungsstrategie** wird die Vorgehensweise der kleinen Schritte empfohlen. Anknüpfend an bestehende Ansätze (hauptsächlich im Bereich der Überwachung der Ressourcennutzung und der Kosten- und Leistungsrechnung) sollten zunächst Controlling-Inseln geschaffen und dann systematisch ausgebaut werden.[49]

Eine allgemein zu empfehlende Form der **Einbindung des Controlling in den Verwaltungsaufbau** kann es nach dem Arbeitskreis nicht geben. Als wichtigste Determinante für die aufbauorganisatorische Einbindung wird die Gemeindegröße angesehen. Für Gemeinden mit weniger als 30.000 Einwohnern wird von einer Institutionalisierung des Controlling abgeraten. In einer zweiten Größenklasse (30.000 - 100.000 Einwohner) empfiehlt der Arbeitskreis entweder die Bildung eines Controlling-Stabes oder die Wahrnehmung der Controlling-Aufgaben durch schon bestehende Querschnittsämter, wobei das Hauptamt und die Kämmerei favorisiert werden. In Großstädten mit mehr als 100.000 Einwohnern sollte zumindest zunächst von einer zentralen Controllingstelle abgesehen und die Etablierung eines dezentralen Bereichs-Controlling, etwa in größeren Ämtern, Einrichtungen oder Dezernaten angestrebt werden. Dabei könnte die Form einer Arbeitsgruppe, eines Beauftragten oder eines Stabes gewählt werden.[50]

Controlling in öffentlichen Verwaltungen nach Budäus

Budäus fand seinen Zugang zum Themengebiet "Controlling im öffentlichen Bereich" über die Fragestellung, inwieweit Controlling zur Operationalisierung der Instrumentalfunktion öffentlicher Unternehmen dienlich sein könne.[51] Ausgehend von dieser engen Befassung entstanden in den folgenden Jahren zahlreiche thematisch breitere Aufsätze,[52] die sich schwergewichtig mit dem **funktionalen Aspekt** des Controlling in

---

46 Vgl. ebenda, S. 234.
47 Vgl. ebenda, S. 235-243.
48 Vgl. ebenda, S. 243-246.
49 Vgl. ebenda, S. 246-249.
50 Vgl. ebenda, S. 250-253.
51 Der Vortrag wurde anläßlich der Tagung der Wissenschaftlichen Kommission "Öffentliche Unternehmen und Verwaltungen" im Jahre 1983 gehalten. Vgl. die überarbeitete und erweiterte Fassung: Budäus, Dietrich: Controlling als Ansatz zur Operationalisierung der Instrumentalfunktion öffentlicher Unternehmen, in: ZögU, Heft 2/1984, S. 143-162.
52 Vgl. Budäus, Dietrich: Baukastensystem und stufenweise Einführung - Controlling-Einstieg in der öffentlichen Verwaltung, in: Mann, R./Mayer, E. (Hrsg.): Der Controlling-Berater, Loseblattsammlung, Nachlieferung 5/1984, Gruppe 10, S. 75-88; Budäus, Dietrich: Controlling in der öffentlichen

der öffentlichen Verwaltung auseinandersetzen. Instrumentelle Fragen stehen eher im Hintergrund.

Budäus konstatiert eine zunehmende "Komplexität der Steuerung von Organisationen und deren Bewältigung durch wachsende Arbeitsteilung im Managementprozeß"[53]. Dadurch wachse der Bedarf an **Integration und Koordination**. Diesem steigenden Bedarf könne durch Controlling "systematisch und institutionell berücksichtigt"[54] werden. Dabei beziehe sich Controlling auf alle Phasen des Managementprozesses. "Controlling ist somit als **funktionsübergreifende Metafunktion des Managementprozesses zu begreifen**."[55] Nach Budäus steuert Controlling diesen Prozeß durch **Informationsbereitstellung, -verdichtung und -koordination**.[56] Engere Controlling-Ansätze wie etwa rechnungswesenorientierte oder (ausschließlich) an einzelnen Sachfunktionen orientierte Ansätze lehnt Budäus ab.[57]

Er unterscheidet das operative und das strategische Controlling als zwei Controlling-Arten. Während das **operative Controlling** den Planungs- und Realisierungsprozeß begleiten, Abweichungen feststellen, gegebenenfalls Korrekturmaßnahmen einleiten und auch eine Rückkopplung an die Planung bewerkstelligen soll, geht es beim **strategischen Controlling** "um die Erfassung und Analyse der systemrelevanten Umweltentwicklungen und damit verbunden um die Ermittlung wesentlicher Prämissen strategischer Handlungsalternativen."[58]

Als zentrale Größe für die Leistungsfähigkeit von Controlling im öffentlichen Bereich wird der **Handlungsspielraum des Verwaltungsmanagement** herausgestellt. Der Handlungsspielraum wiederum ist entscheidend geprägt von den verschiedenen **Steuerungsarten**, die zur Transformation der politisch legitimierten Vorgaben in das

---

Verwaltung - Ein konzeptioneller Ansatz effizienten Verwaltungshandelns? in: Ballwieser, Wolfgang/Berger, Karl-Heinz: Information und Wirtschaftlichkeit, Wiesbaden 1985, S. 569-596; Budäus, Dietrich: Controlling als Instrument eines effizienten Managements öffentlicher Verwaltungen, in: krp, Heft 1/1986, S. 13-18; Budäus, Dietrich: Controlling in der Kommunalverwaltung - Konzeptionen, Grundlagen und praktische Entwicklungstendenzen, in: Eichhorn, Peter (Hrsg.): Doppik und Kameralistik, Baden-Baden 1987, S. 231-244; Budäus, Dietrich: Betriebswirtschaftslehre - Controlling - öffentliche Verwaltung, Tendenzen einer empirisch relevanten Annäherung, in: Koch, Rainer (Hrsg.): Verwaltungsforschung in Perspektive, Baden-Baden 1987, S. 105-120; Budäus, Dietrich: Konzeptionelle Grundlagen und strukturelle Bedingungen für die organisatorische Institutionalisierung des Controlling im öffentlichen Bereich, in: Weber, Jürgen/Tylkowski, Otto: Controlling - Eine Chance für öffentliche Unternehmen und Verwaltungen, Stuttgart 1988, S. 101-117; Budäus, Dietrich: Controlling in öffentlichen Verwaltungen: Funktionen, Leistungsfähigkeit und Entwicklungsperspektiven, in: Mayer, Elmar/Weber, Jürgen (Hrsg.): Handbuch Controlling, Stuttgart 1990, S. 609-619. Daneben findet sich eine Passage zum Controlling auch in Budäus, Dietrich/Oechsler, Walter A.: Die Steuerung von Verwaltungseinheiten, in: Lüder, Klaus (Hrsg.): Betriebswirtschaftliche Organisationstheorie und öffentliche Verwaltung, Speyer 1985, S. 165-200, hier insbes. S. 189-193. Dietrich Budäus wirkte auch mit im Arbeitskreis "Controlling in der öffentlichen Verwaltung" der Schmalenbach-Gesellschaft/Deutsche Gesellschaft für Betriebswirtschaftslehre.
53 Budäus, Dietrich: Controlling in der öffentlichen Verwaltung, a.a.O., S. 571.
54 Ebenda.
55 Budäus, Dietrich: Controlling in der Kommunalverwaltung, a.a.O., S. 234. Neuerdings schwächt Budäus die Aussage etwas ab, wenn er etwa äußert, daß Controlling nur insofern als Metafunktion anzusehen sei, "da es die Wahrnehmung der Führungsfunktionen durchaus steuern und verbessern soll." (Budäus, Dietrich: Controlling in öffentlichen Verwaltungen, a.a.O., S. 615).
56 Vgl. z.B. Budäus, Dietrich: Controlling als Instrument eines effizienten Managements öffentlicher Verwaltungen, a.a.O., S. 13.
57 Vgl. Budäus, Dietrich: Betriebswirtschaftslehre - Controlling - öffentliche Verwaltung, a.a.O., S. 111ff.
58 Budäus, Dietrich: Controlling in der Kommunalverwaltung, a.a.O., S. 235.

Verwaltungshandeln zur Anwendung kommen.[59] Er unterscheidet dabei die konditionale, die finale und die reflexive (organisatorische) Steuerung und analysiert die jeweiligen Einflüsse auf die möglichen Funktionen und einzusetzenden Instrumente des Controlling in der öffentlichen Verwaltung. Seine wichtigsten Erkenntnisse sind:

Die **konditionale Steuerung** eignet sich für ein Verwaltungshandeln, das innerhalb stabiler, weitgehend statischer Umweltbereiche agiert. Hier kann - etwa über Rechtsvorschriften - das Verwaltungshandeln in Abhängigkeit vom Eintreten bestimmter Umweltzustände ("wenn ... dann ...") vorbestimmt werden. Die Verwaltung hat hier regelmäßig höchstens den Spielraum, auf welche Weise (mit welchem Ressourceneinsatz) sie den geforderten Zustand herbeiführt. Demzufolge sieht Budäus die Schwerpunkte des Controlling in konditional gesteuerten Feldern in einem Kosten-Controlling. Er erwähnt aber auch das Erfordernis, eine "Verknüpfung von Input- und Outputgrößen"[60] zu erreichen um letztlich die Entscheidungsträger in "ergebnisorientierte Begründungszwänge für getroffene Ressourcenentscheidungen"[61] zu bringen.

Im Rahmen der **finalen Steuerung**, bei der in dynamischen Umweltsegmenten "durch eine systematische Planung das Verwaltungshandeln auf vorgegebene Zwecke hin rationalisiert werden"[62] soll, hat das Verwaltungsmanagement größere Handlungsspielräume - und damit das Verwaltungs-Controlling ein breiteres potentielles Betätigungsfeld. Im Kern geht es dabei darum, die Realisierung von rechtlich nur vage formulierten Zwecken über eine Planung von Maßnahmen und Mitteln zu erreichen. Controlling hat hierbei die "Bereitstellung zusätzlicher Informationsbeschaffungs- und Informationsverarbeitungskapazität"[63] zu leisten. Darüber hinaus könne Controlling nur dann voll wirksam werden, wenn ihm "bei der Operationalisierung der Zwecksetzung eine Art Schnittstelle zwischen politischem Willen und verwaltungsmäßiger Umsetzung zugestanden wird."[64]

Unter **reflexiver oder organisatorischer Steuerung** versteht Budäus zunächst eine indirekte Steuerung über die Schaffung organisatorischer oder prozeduraler Rahmenbedingungen.[65] In den späteren Publikationen bezieht er sich dabei nur noch auf die im Rahmen der organisatorischen Verselbständigung auftretenden Erfordernisse der

---

59 Während Budäus zunächst allgemein von rechtlichen Regeln, der Sozialisierung und dem Wertesystem der Handlungsträger sowie der ökonomischen Konditionierung als Determinanten des Verwaltungshandelns spricht (vgl. Budäus, Dietrich/Oechsler, Walter A.: Die Steuerung von Verwaltungseinheiten, a.a.O., S. 170) geht er in seinen späteren Publikationen nur noch auf die "(ökonomische) Steuerung von Verwaltungshandeln in Abhängigkeit der durch Recht abgegrenzten oder abzugrenzenden Gestaltungsspielräume" ein (ebenda, S. 172).
60 Budäus, Dietrich: Controlling in der Kommunalverwaltung, a.a.O., S. 240.
61 Ebenda.
62 Budäus, Dietrich: Institutionalisierung des Controlling im öffentlichen Bereich, a.a.O., S. 109.
63 Budäus, Dietrich: Betriebswirtschaftslehre - Controlling - öffentliche Verwaltung, a.a.O., S. 118.
64 Ebenda, S. 120.
65 Vgl. Budäus, Dietrich/Oechsler, Walter A.: Die Steuerung von Verwaltungseinheiten, a.a.O., S. 175. Budäus und Oechsler bauen hier auf den Arbeiten von Steinmann, H./Schreyögg, G.: Strategische Kontrolle - empirische Ergebnisse und theoretische Konzeption, Diskussionsbeiträge des Lehrstuhls für Allgemeine Betriebswirtschaftslehre und Unternehmensführung der Universität Erlangen-Nürnberg, Heft 25, Nürnberg 1984 und Gerum, E./Steinmann, H.: Unternehmensordnung und tarifvertragliche Mitbestimmung, Berlin 1984, auf.

Koordination und Integration. Für Controlling sieht er hier "die Funktion, die dezentralisierten Einheiten in einen Gesamtzusammenhang zu integrieren."[66] Konkret soll Controlling den Prozeß der Zielplanung und Zieloperationalisierung gestalten und bildet damit die "Nahtstelle zwischen politisch-administrativem System und dezentralisierten Aufgabenträgern"[67]

Die von Budäus genannten **Controlling-Instrumente** lassen sich überwiegend dem operativen Bereich zurechnen: Genannt werden insbesondere die Leistungs- und die Kostenrechnung, (die stärker miteinander verbunden werden müßten) sowie auch die Vermögens- und Schuldenrechnung (hauptsächlich zur Gewinnung der kalkulatorischen Kostenarten).[68]

In **institutioneller Hinsicht** spricht Budäus in den analysierten Publikationen überwiegend offen vom "öffentlichen Bereich" oder "der öffentlichen Verwaltung".[69] Implizit beziehen sich seine Ausführungen aber doch überwiegend auf den Bereich der **Kommunalverwaltungen** und deren Eigengesellschaften. Dies kommt ganz deutlich zum Ausdruck, wenn Budäus sich zur **organisatorischen Institutionalisierung** des Controlling innerhalb der Verwaltung äußert. In diesem Zusammenhang behandelt er nämlich nur die Alternativen Rechnungsprüfungsamt, Kämmerei und Hauptamt, also typische Subsysteme (organisatorische Einheiten) der Kommunalverwaltung. Nach knappen Abwägungen spricht sich Budäus dafür aus, entweder dem Dezernenten für die allgemeine Verwaltung oder dem Leiter des Hauptamtes in **Personalunion** die Aufgaben des Controllers zu übertragen[70] oder eine "organisatorische Institutionalisierung auf oberer Leitungsebene" als **Stab** herbeizuführen. Eine hierarchisch niedrigere Einordnung (etwa in das Haushalts- oder Rechnungswesen) wäre "schon fast der erste Schritt, dieses Konzept scheitern zu lassen."[71]

Unter der Überschrift "Entwicklungstendenzen" setzt sich Budäus mehr am Rande mit möglichen **Ansätzen für die Etablierung von Controlling** in der öffentlichen Verwaltung auseinander. Er spicht sich für **pragmatische Partiallösungen** aus. Dabei stünde der Ausbau des Informationssystems (Kosten- und Leistungsrechnung, Kennziffernsysteme, Ermittlung von Folgekosten) zunächst im Vordergrund.[72]

Budäus' Ausführungen zum Controlling in öffentlichen Verwaltungen sind geprägt von einer einzelwirtschaftlichen Betrachtungsweise, die innerhalb der gegebenen organisa-

---

66 Budäus, Dietrich: Betriebswirtschaftslehre - Controlling - öffentliche Verwaltung, a.a.O., S. 119.
67 Budäus, Dietrich: Controlling in öffentlichen Verwaltungen, a.a.O., S. 588.
  Hier schließt sich der Kreis zu Budäus' erster Controlling-Publikation, in der er sich ausschließlich mit der Durchsetzung öffentlicher Zwecke bei Aufgabendelegation an verselbständigte Organisationseinheiten befaßt hatte (vgl. Budäus, Dietrich: Controlling als Ansatz zur Operationalisierung der Instrumentalfunktion, a.a.O., S. 143-162).
68 Als diesbezügliche Controlling-Aufgabe nennt Budäus die "Schaffung von Transparenz über Vermögen und Schulden" (Budäus, Dietrich: Controlling in öffentlichen Verwaltungen, a.a.O., S. 618).
69 Eine Ausnahme bildet der Aufsatz Budäus, Dietrich: Controlling in der Kommunalverwaltung - Konzeptionen, Grundlagen und praktische Entwicklungstendenzen, in: Eichhorn, Peter (Hrsg.): Doppik und Kameralistik, Baden-Baden 1987, S. 231-244.
70 Vgl. ebenda, S. 244 oder Budäus, Dietrich: Institutionalisierung des Controlling im öffentlichen Bereich, a.a.O., S. 114f.
71 Budäus, Dietrich: Controlling in öffentlichen Verwaltungen, a.a.O., S. 618.
72 Vgl. Budäus, Dietrich: Controlling in der Kommunalverwaltung, a.a.O., S. 243f.

tionsstrukturellen Rahmenbedingungen[73] eine Verbesserung des Verwaltungsmanagement in erster Linie durch eine optimierte Informationsversorgung anstrebt. Mittelbar soll dies auch zu einer verbesserten Koordination des Führungssystems führen. Neu von ihm in die Diskussion eingebracht ist dabei die Ableitung unterschiedlicher Controlling-Bedarfe in Abhängigkeit von dem jeweils zum Einsatz kommenden Steuerungstyp - eine Betrachtung, die sich gerade für die Auswahl von für den Controlling-Einsatz erfolgversprechender Verwaltungsteilbereiche als wertvoll erweist.

Controlling in öffentlichen Institutionen nach J. Weber

Webers Publikationen zum Controlling im öffentlichen Bereich lassen sich **drei Phasen** zuordnen: Zum einen die frühen Veröffentlichungen aus dem Jahre 1983[74], dann die Ausführungen der Jahre 1987 bis 1990[75] und zum dritten die neueren Arbeiten.[76] Hier sollen nur die beiden letzten Phasen berücksichtigt werden.[77]

In **institutioneller Hinsicht** nimmt Weber keine Eingrenzung auf öffentliche Verwaltungen oder öffentliche Unternehmen vor. Sämtliche Aufsätze beziehen sich allgemein

---

73 "Controlling setzt bereits effiziente Organisationsstrukturen voraus und kann diese nur im Ausnahmefall selbst herbeiführen." (Budäus, Dietrich: Controlling in öffentlichen Verwaltungen, a.a.O., S. 619).

74 Vgl. Weber, Jürgen: Controlling in öffentlichen Betrieben und Verwaltungen, in: Loseblattwerk Controlling, 4. Ergänzungslieferung (November 1983), Teil 15, Kapitel 3 und etwas ausführlicher und stärker literarisch fundiert, über weite Passagen aber wortgleich Weber, Jürgen: Ausgewählte Aspekte des Controlling in öffentlichen Institutionen, in: ZögU, Nr. 4/1983, S. 438-461.

75 Vgl. Weber, Jürgen: Besonderheiten des Controlling in öffentlichen Institutionen, in: Männel, Wolfgang (Hrsg.): Controlling-Konzepte für Industrieunternehmen, Dienstleistungsbetriebe und öffentliche Verwaltungen, Nürnberg 1987, S. 118-127; Weber, Jürgen: Controlling in öffentlichen Unternehmen und Verwaltungen, in: controller magazin, Nr. 6/1987, S. 265-270; Weber, Jürgen: Controlling in öffentlichen Unternehmen und Verwaltungen - Chancen und Restriktionen, in: Weber, Jürgen/Tylkowski, Otto (Hrsg.): Controlling - Eine Chance für öffentliche Unternehmen und Verwaltungen, Stuttgart 1988, S. 35-48; Weber, Jürgen: Controlling in öffentlichen Institutionen - Trugbild oder Chance zur Erhöhung der Leistungsfähigkeit öffentlicher Unternehmen und Verwaltungen? in: Der Controlling-Berater, Loseblattsammlung, Ergänzungslieferung 2/1988, Gruppe 10, S. 259-301; Weber, Jürgen: 1. Kongreß für Controlling in öffentlichen Institutionen, in: controller magazin, Nr. 4/1988, S. 221-223; Weber, Jürgen: Controlling - Möglichkeiten und Grenzen der Übertragbarkeit eines erwerbswirtschaftlichen Führungsinstruments auf öffentliche Institutionen, in: DBW, Nr. 2/1988, S. 171-194; Weber, Jürgen: Einführung in das Controlling, Stuttgart 1988, hier insbes. Kapitel F (Besonderheiten des Controlling in öffentlichen Institutionen), S. 229-258; Weber, Jürgen: Controlling-Konzepte für öffentliche Verwaltungen und Unternehmen, in: Männel, Wolfgang (Hrsg.): Controlling-Konzepte, Schwerpunkte und Aufgabenfelder des Controlling, Nürnberg 1988, S. 49-86; Weber, Jürgen: Einführung von Controlling in öffentlichen Institutionen als Problem der Organisationsentwicklung, in: Weber, Jürgen/Tylkowski, Otto (Hrsg.): Controlling in öffentlichen Institutionen, Konzepte, Instrumente, Entwicklungen, Stuttgart 1989, hier S. 279-293; Weber, Jürgen: Überblick über die spezifischen Rahmenbedingungen des Controlling in öffentlichen Institutionen, in: Mayer, Elmar/Weber, Jürgen (Hrsg.): Handbuch Controlling, Stuttgart 1990, S. 581-608.

76 Mit Bezug zum öffentlichen Bereich: Weber, Jürgen: Controlling als Koordinationsfunktion innerhalb der Verwaltungs- bzw. Unternehmensführung - Ein Beitrag zur Lösung des Definitionsproblems des Begriffs Controlling, in: Weber, Jürgen/Tylkowski, Otto (Hrsg.): Perspektiven der Controlling-Entwicklung in öffentlichen Institutionen, Stuttgart 1991, S. 15-54. Daneben mit derselben Argumentationsrichtung: Weber, Jürgen: Ursprünge, Begriff und Ausprägungen des Controlling, in: Mayer, Elmar/Weber, Jürgen (Hrsg.): Handbuch Controlling, Stuttgart 1990, S. 3-32, insbes. S. 22ff.
Zwar kann es als gewagt erscheinen, aufgrund einer einzelnen (verwaltungsbezogenen) Publikation von einer neuen Phase zu sprechen. Angesichts der gegenüber den älteren Veröffentlichungen aber doch gravierenden Abweichungen, was die Realisierbarkeit eines Controlling in öffentlichen Institutionen und insbesondere in öffentlichen Verwaltungen anbelangt, erscheint dies jedoch als gerechtfertigt.

77 Verglichen mit der zweiten Phase sind die Ausführungen der ersten Phase noch recht undifferenziert. Thematisiert wird hauptsächlich das Erfordernis eines controllinggerechten Rechnungswesens für öffentliche Institutionen, das gerade angesichts der hier herrschenden Sachzieldominanz sowohl die Sachzielerreichung als auch die Formalzielerreichung abbildende Rechnungskreise zu enthalten habe.

auf "die öffentlichen Institutionen"[78]. Spezifische Probleme einzelner Institutionen geht er in einer exemplarischen Vorgehensweise an.

Im Vergleich zu anderen Autoren zeichnet sich Webers Auseinandersetzung mit der Thematik des Controlling im öffentlichen Bereich zeichnet sich durch eine relativ **starke Gewichtung des strategischen Aspekts** aus.

Das strategische Controlling müsse "*Antriebsmotor, Moderator und Registrator einer strategischen Planung*" sein und als "*Transmissionsriemen zur Umsetzung der strategischen Planung in operative Handlungen* dienen."[79] Zwar erkennt Weber, daß diese Funktionsbereiche dem "Verständnis öffentlicher Institutionen als Ausführungsorganen demokratisch legitimierter Entscheidungsgremien grundsätzlich konträr"[80] sind. Er modifiziert die Grundannahme der Führungsunterstützung durch Controlling aber insofern, daß Controlling nicht auf den Bereich der ökonomischen Unterstützung einer einzelnen Verwaltungs- oder Unternehmensführung beschränkt bleiben dürfe. Vielmehr müsse Controlling die "enge Einbindung in den Gesamtzusammenhang des öffentlichen Handelns beachten."[81] Weber deutet an, daß ein solchermaßen verstandenes Controlling "hohe Widerstände erwarten"[82] müsse und weist selbst auf Probleme hin, die entstehen, wenn der Controller Aufgaben übertragen bekommt, die den Zuständigkeitsbereich der ihn beschäftigenden Institution übersteigen.[83] Jedoch könne ein "*unterschiedliche Hierarchiestufen der öffentlichen Hand bewußt integrierendes Controlling ... hier Abhilfe schaffen.*"[84]

Als besonders geeignetes **Instrument des strategischen Controlling** für die Beurteilung einzelner Teilbereiche öffentlicher Institutionen beschreibt Weber eine angepaßte Form der (Markt-Produkt-)Portfolio-Analyse, die er exemplarisch für die Aufgabenplanung einer Landesregierung erläutert.[85] Für die ganzheitliche strategische Positionierung einer öffentlichen Institution mit (Substitutions-)Konkurrenzbeziehungen zu erwerbswirtschaftlichen Unternehmen werden die SOFT-Analyse und insbesondere die Stärken-Schwächen-Analyse empfohlen.[86] Für die Gewinnung von Basiswissen zur Beurteilung der strategischen Position einer ganzen öffentlichen Institution eignen sich

---

78 Weber verwendet am häufigsten den Begriff der "öffentlichen Institution", daneben aber auch "öffentliche Betriebe und Verwaltungen", "öffentliche Unternehmen und Verwaltungen" sowie "öffentlicher Sektor".
79 Weber, Jürgen: Controlling in öffentlichen Institutionen, a.a.O., S. 271f und (wortgleich) Weber, Jürgen: Überblick über die spezifischen Rahmenbedingungen des Controlling in öffentlichen Institutionen, a.a.O., S. 589.
80 Weber, Jürgen: Controlling in öffentlichen Institutionen, a.a.O., S. 272.
81 Ebenda.
82 Weber, Jürgen: Überblick über die spezifischen Rahmenbedingungen des Controlling in öffentlichen Institutionen, a.a.O., S. 590.
83 Vgl. dazu die oben zum strategischen Controlling gemachten Anmerkungen.
84 Weber, Jürgen: Controlling in öffentlichen Institutionen, a.a.O., S. 298. Allerdings beantwortet Weber nicht die Frage, was dies für Konsequenzen für die disziplinarische und die fachliche Unterstellung des Controllers haben müßte und wie dies beispielsweise im Falle der Beteiligung einer Bundes- und einer Länderverwaltung aussehen könnte.
85 Vgl. z.B. Weber, Jürgen: Chancen und Restriktionen, a.a.O., S. 39f oder Weber, Jürgen: Controlling in öffentlichen Institutionen, a.a.O., S. 277-281 oder Weber, Jürgen: Einführung in das Controlling, a.a.O., S. 240f.

nach Weber besonders das Konzept der Erfahrungskurve und (eingeschränkt) auch das Produktlebenszykluskonzept.[87]

Die **Aufgaben des operativen Controlling** in öffentlichen Institutionen sieht Weber als überwiegend deckungsgleich mit denen in erwerbswirtschaftlichen Unternehmen an. Er nennt "die kurzfristige Steuerung der Betriebswirtschaft im Rahmen weitgehend festliegender Aufgabenbereiche, Ziele und Handlungsfelder durch die Bereitstellung und Erläuterung von erfolgszielbezogenen Informationen und Methoden, das Aufdecken von Schwachstellen ..., die Hilfestellung bei der Beseitigung erkannter Schwachstellen und weitere Serviceleistungen"[88].

Unter den **Instrumenten des operativen Controlling**[89] unterscheidet Weber nach solchen

- für die "informatorische Unterstützung von Entscheidungen" (Einzelkosten- und Erlösrechnung für den Formalzielbereich, Indikatorenrechnungen sowie spezifische Wirtschaftlichkeitsrechnungen für den Sachzielbereich),
- für die laufende Überwachung des Betriebsgeschehens (Grenzplankostenrechnung, Indikatoren-Soll-Ist-Vergleich) und
- für die operative Steuerung (Budgetierung, wobei dem Controller auch eine Optimierung durch "wesentliche Änderungen im Budgetierungsprozeß"[90] bis hin zu organisatorischen Anpassungen zukomme).

Auch nach Weber gibt es für die Einrichtung von Controller-Stellen in öffentlichen Unternehmen und Verwaltungen **kein einheitliches Organisationskonzept**.[91] Während er in kleineren Kommunalverwaltungen eine Übertragung der Controlling-Aufgaben auf schon bestehende Stellen (genannt wird der Beauftragte für den Haushalt und der Informationsbeauftragte) für möglich hält, so empfiehlt er angesichts des großen Aufgabenspektrums ansonsten eine eigenständige Institutionalisierung des Controlling. Dabei komme eine Stabslösung nur in der Anfangsphase in Betracht, auf die Dauer solle der Controller "neben seiner stabsähnlichen Beratungsfunktion Linienkompetenz z.B. für die EDV als wesentliches Instrument der Informationsversorgung"[92] erhalten.

---

86 Vgl. z.B. Weber, Jürgen: Übertragbarkeit eines erwerbswirtschaftlichen Führungsinstruments auf öffentliche Institutionen, a.a.O., S. 181f oder Weber, Jürgen: Einführung in das Controlling, a.a.O., S. 238-240.
87 Vgl. z.B. Weber, Jürgen: Übertragbarkeit eines erwerbswirtschaftlichen Führungsinstruments auf öffentliche Institutionen, a.a.O., S. 179-181 oder Weber, Jürgen: Einführung in das Controlling, a.a.O., S. 236-238.
88 Weber, Jürgen: Übertragbarkeit eines erwerbswirtschaftlichen Führungsinstruments auf öffentliche Institutionen, a.a.O., S. 184 (im Original kursiv).
89 Vgl. z.B. Weber, Jürgen: Chancen und Restriktionen, a.a.O., S. 41-45 oder Weber, Jürgen: Übertragbarkeit eines erwerbswirtschaftlichen Führungsinstruments auf öffentliche Institutionen, a.a.O., S. 184-188.
90 Ebenda, S. 187 und Weber, Jürgen: Einführung in das Controlling, a.a.O., S. 250 und Weber, Jürgen: Chancen und Restriktionen, a.a.O., S. 45.
91 Vgl. Weber, Jürgen: Übertragbarkeit eines erwerbswirtschaftlichen Führungsinstruments auf öffentliche Institutionen, a.a.O., S. 189.
92 Ebenda, S. 190 und Weber, Jürgen: Controlling in öffentlichen Institutionen, a.a.O., S. 297.

In einem ausgebauten Stadium seien neben einer Controlling-Zentrale mehrere dezentrale Bereichs-Controller vorstellbar.[93]

Webers neueste, **dritte Phase** der Auseinandersetzung mit der Thematik "Controlling in öffentlichen Institutionen" ist im Zusammenhang mit einer Weiterentwicklung bzw. Präzisierung seines Controlling-Grundverständnisses zu sehen.[94]

Die Ausführungen lassen sich auf die Aussage fokussieren, daß Controlling im öffentlichen Bereich nur dann eingeführt werden kann, wenn das bisher vorherrschende **bürokratische Führungsparadigma aufgegeben** wird. Denn im Gegensatz zu früheren Ausführungen sieht Weber nun ein "dezentrales, planungs- und kontrolldeterminiertes Führungsparadigma" als **notwendige Voraussetzung** für Controlling an. Controlling beschreibt er allgemein als "eine Komponente der Führung sozialer Systeme", das "die Führung bei ihrer Lenkungsaufgabe durch eine Koordination des Führungsgesamtsystems"[95] unterstützt.[96] Im Vergleich zu früheren Publikationen rückt die Bedeutung der Informationsfunktion des Controlling weit in den Hintergrund[97] und wird von den **koordinativen Aufgabenfeldern** deutlich dominiert.

Controlling in der Kommunalverwaltung nach Banner

Vor dem Hintergrund des notwendigen Wandels von einer durch "bürokratischen Zentralismus" und "organisierter Unverantwortlichkeit" gekennzeichneten Behörde zu einem modernen Dienstleistungsunternehmen entwickelt Banner[98] ein "**neues Steuerungsmodell**" für die Kommunen. Ein **wesentliches institutionelles Element** dieses Modells stellt **Controlling** dar.

Banner sieht die **Kommunalverwaltung als Konzern** an, der sich zukünftig aus zwei Ebenen zusammensetzen sollte: Aus der **Steuerungsebene** mit den Funktionen Finanzen, Personal, Organisation und Information und aus der **Fachebene**, auf der die Einzelverwaltungen "zu selbständigen, betriebsähnlichen Diensten umgeformt" werden sollen mit Managementspielräumen für den jeweiligen Direktor. In jedem Dienst soll eine "kleine Controlling-Einheit" gebildet werden, die die "Stabs- und Linienaufgaben: Organisation und Personalwirtschaft; Information und Automatisierung; Haushaltsplanung und Mittelbewirtschaftung; Vor- und Nachkalkulation der Leistungen; Vorgangsüberwachung und Berichterstattung; Kosten- und Leistungsrechnung; Entwicklung von Standards für Leistungen und Kosten (Kennzahlen); betriebswirt-

---

[93] Ebenda.
[94] Vgl. hpts. Weber, Jürgen: Controlling als Koordinationsfunktion, a.a.O., S. 15-54.
[95] Ebenda, S. 50f.
[96] Als "Facetten" dieser zentralen Koordinationsaufgabe sieht er - in Anlehnung an Horváth - die systembildende und die systemkoppelnde Koordination an. Weiterhin differenziert er die funktionale Koordination (Integration verschiedener dezentraler Teilpläne über das Instrumentarium der Budgetierung und Anpassung der Planung an Umweltveränderungen mittels verschiedener Soll-Ist-Vergleiche) und die personale Koordination (zieladäquate Einbindung der Führungskräfte in den Koordinationsprozeß mittels individual- und organisationspsychologischer Instrumentarien).
[97] Vgl. Weber, Jürgen: Controlling als Koordinationsfunktion, a.a.O., S. 42f.
[98] Vgl. Banner, Gerhard: Von der Behörde zum Dienstleistungsunternehmen - Die Kommunen brauchen ein neues Steuerungsmodell, in: VOP, Nr. 1/1991, S. 6-11.

schaftliche Abweichungsanalyse"[99] wahrnimmt. Der stellvertretende Direktor der "Konzernzentrale" (Steuerungsebene) "übt die Controller-Funktion für die Gesamtverwaltung aus (Konzerncontroller)."[100] Er leitet die wöchentlich stattfindenden Controllerbesprechungen, deren Aufgabe es ist, eine instrumentelle und funktionelle Abstimmung der einzelnen Dienste zu erreichen. Banner rekurriert ausdrücklich auf "ältere und neuere Teilkonzepte zur Modernisierung der öffentlichen Verwaltung"[101] wie etwa PPBS, MbO, Stadtentwicklungsplanung und Evaluierung.

Banner sieht sein Steuerungskonzept ausdrücklich auch als einen Beitrag dazu an, dem "Ausverkauf der Selbstverwaltung durch Verselbständigungen"[102] Einhalt zu gebieten. Für die schon bestehenden **Beteiligungen** verlangt er eine **qualifizierte Steuerung** auf der Grundlage klarer Zielvorgaben sowie die **Überwachung** der Aufgabenerfüllung und des Finanzgebarens. Diese Aufgaben stellen nach Banner Controlling-Funktionen dar.[103]

Banners Gedanken eines "alternativen Steuerungsmodells" für Kommunalverwaltungen mit Controlling als einem Kernbestandteil sind noch vage und eher von visionärem Charakter.[104] Das **Modell** eignet sich aber gut als ein **gedanklicher Rahmen**, der freilich noch mit konkretem Inhalt ausgefüllt werden muß, damit sich das vorhandene Problemlösungspotential entfalten kann.

Controlling im kommunalen Bereich nach Braun

Braun befaßt sich mit möglichen Schwerpunkten, dem aktuellen Stand und "zukunftsträchtigen Entwicklungslinien" des Controlling im **kommunalen Bereich**, den er in einen Kernbereich und einen peripheren Bereich differenziert.[105] Zum **Kernbereich** rechnet er die Kommunalverwaltung im engeren Sinne einschließlich der bruttoetatisierten Regiebetriebe. Dem **peripheren Bereich** gehören nettoetatisierte Einheiten an, neben den Eigenbetrieben also die rechtsfähigen Einheiten des öffentlichen und privaten Rechts.[106] Die Überlegungen zum Controlling in Kommunen werden für diese beiden Teilbereiche getrennt angestellt. Zusätzlich und übergreifend nimmt Braun noch das "Beteiligungscontrolling" auf. Die nachfolgende Darstellung des

---

99 Ebenda, S. 9.
100 Ebenda.
101 Vgl. ebenda, S. 10.
102 Ebenda, S. 7.
103 Im einzelnen führt er hier die von der KGSt erarbeiteten Maßnahmen und Instrumente an bzw. verweist auf diese (vgl. Banner, Gerhard: Controlling für kommunale Unternehmen aus der Sicht des kommunalen Trägers, in: Braun, Günther E./Bozem, Karlheinz (Hrsg.): Controlling im kommunalen Bereich, München 1990, S. 278-285).
104 Er selbst bezeichnet sie als "skizzierte ... Grundgedanken" (Banner, Gerhard: Von der Behörde zum Dienstleistungsunternehmen, a.a.O., S. 10).
105 Vgl. Braun, Günther E.: Schwerpunkte, Stand und Entwicklungslinien des kommunalen Controlling, in: Weber, Jürgen/Tylkowski, Otto (Hrsg.): Perspektiven der Controlling-Entwicklung, a.a.O., S. 55-80.
106 Vgl. Braun, Günther E.: Ansatzpunkte für Controlling im kommunalen Bereich (zusammen mit Bozem, Karlheinz), in: Braun, Günther E./Bozem, Karlheinz (Hrsg.): Controlling im kommunalen Bereich, München 1990, S. 8-27, hier S. 12.

Braun'schen Ansatzes bezieht sich in erster Linie auf das Controlling im Kernbereich der Kommunalverwaltung sowie auf das Beteiligungscontrolling.

Braun entwickelt seine präskriptiven Aussagen zum Verwaltungs-Controlling nicht nur auf deduktivem Wege, er basiert seine Vorschläge vielmehr auch auf **empirische Erkenntnisse**, die er für den Bereich der kommunalen Unternehmen selbst erhoben hat.[107] Für den Kernbereich der Verwaltung und das Beteiligungscontrolling bezieht er Beschreibungen von Praktikern zum Entwicklungsstand des Verwaltungs-Controlling mit ein.[108]

Er bezeichnet Controlling einerseits als betriebswirtschaftliches **Führungsinstrument**,[109] andererseits aber auch als einen umfassenden Denkansatz, der sich "als **Führungsphilosophie** für Institutionen im kommunalen Bereich"[110] eigne. Eine umfassende **Controllingkonzeption** muß nach Braun Aussagen zu den Aufgaben und Objekten, den Instrumenten, der Organisation des Controlling sowie den Menschen im Controlling-System enthalten.[111]

Die daran anknüpfenden Ausführungen zu den einzelnen Elementen sind weitgehend allgemein gehalten und lassen Verwaltungsbezüge nur in exemplarischer Form einfließen. Brauns präskriptive Aussagen sind überwiegend unter der Überschrift "Entwicklungstendenzen" zu finden: Nach Braun dient Controlling allgemein der Führungsunterstützung in allen Teilfunktionen durch die Bereitstellung umfasser Führungsinformationen,[112] die dazu gesammelt, aufbereitet und benutzeradäquat präsentiert werden müssen.[113] Gefordert wird ein **leistungszielorientiertes** und ein **finanzzielorientiertes Controlling**. Ersteres habe die Entwicklung operationaler Leistungsziele der Verwaltungsteileinheiten "als ein besonderes Anliegen"; letzteres soll vorhandene "Controlling-Bausteine"[114] auf bisher noch nicht hinreichend bearbeitete Teilbereiche ausdehnen (breite Ermittlung von Kostendeckungsgraden) und die Erstellung von Kostenbudgets zur Steuerung des Kostenverhaltens forcieren.[115]

Das **Beteiligungscontrolling** wird als eine Anwendungsvariante des MbO angesehen, das die "Festlegung von Oberzielen durch die Beteiligungsverwaltung hinsichtlich:

---

107 Braun führte 1988 zusammen mit dem VKU eine Untersuchung "Führungsorganisation kommunaler Unternehmen" durch, die auch den Stand eines ggf. vorhandenen Controlling eruierte. Vgl. zu diesbezüglichen Ergebnissen Braun, Günther E.: Einsatz des Controlling in kommunalen Versorgungsunternehmen, in: VOP, Nr. 3/1990, S. 185-187.
108 Vgl. den von Braun mit herausgegebenen Sammelband Braun, Günther E./Bozem, Karlheinz (Hrsg.): Controlling im kommunalen Bereich, München 1990.
109 Vgl. Braun, Günther E.: Schwerpunkte, Stand und Entwicklungslinien des kommunalen Controlling, a.a.O., S. 57.
110 Braun, Günther E.: Ansatzpunkte für Controlling im kommunalen Bereich, a.a.O., S. 9 (Fettdruck des Verf.).
111 Vgl. ebenda, S. 18f.
112 Vgl. ebenda, S. 8f und Braun, Günther E.: Schwerpunkte, Stand und Entwicklungslinien des kommunalen Controlling, a.a.O., S. 57.
113 Vgl. ebenda, S. 71.
114 Braun erwähnt den Haushaltsplan, die teilweise vorhandene Erweiterte Kameralistik und die daraus entwickelten Kostenrechnungen (vgl. Braun, Günther E.: Schwerpunkte, Stand und Entwicklungslinien des kommunalen Controlling, a.a.O., S. 73f).
115 Vgl. ebenda, S. 74.

- Betriebsgegenstand
- Leistungsprogramm
- finanziellen Zielen"[116] zum Ziel hat. Controlling-Gegenstände sind hier lediglich auf der Zielebene angesiedelt: Es soll nur eine Ergebniskontrolle der Zielerreichungsgrade der Oberziele vorgenommen werden. Verfügungen auf der Mittelebene obliegen allein dem Beteiligungsunternehmen.[117]

Die **Einführung** sollte schrittweise unter Benutzung vorhandener "Keimzellen" erfolgen. Wegen "der Schwierigkeiten, ein strategisches Controlling konfliktfrei aufzubauen, ist unter pragmatischen Vorzeichen zuerst die Entwicklung eines operativen Controlling anzustreben."[118]

Abbildung 2-2 gibt einen zusammenfassenden Überblick über die dargestellten mehrdimensionalen Ansätze eines Verwaltungs-Controlling.

B Präskriptive, auf Einzelaspekte bezogene Publikationen

Neben den präskriptiven Arbeiten von Autoren, die sich mit mehreren Dimensionen der Thematik Controlling in öffentlichen Verwaltungen befassen, existieren solche, die lediglich Aussagen zu einzelnen Aspekten enthalten. Dabei sind in erster Linie **drei Themenkreise** zu nennen, die in der Controlling-Literatur bearbeitet werden:

- Die Entwicklung von Controlling-Systemen für in öffentlicher Trägerschaft gehaltene Beteiligungen,
- die Etablierung eines Investitions-Controlling und
- die Weiterentwicklung des (internen) Rechnungswesens als einem bedeutenden Controlling-Instrument.

Die Ausführungen dazu können an dieser Stelle knapp gehalten werden, da die Ansätze in anderem Zusammenhang wieder aufgenommen und eingehender behandelt werden.

(Bau-)Investitions-Controlling

Zum Bereich des **(Bau-)Investitions-Controlling** ist zuvorderst die Arbeit der KGSt zu nennen.[119] Ansetzend an der Ursachenanalyse von verschiedentlich aufgetretenen Mängeln in der Abwicklung größerer kommunaler Bauinvestitionsvorhaben[120], die sich in Budget- und Terminüberziehungen niedergeschlagen hatten, wird eine ganzheitliche

---

116 Ebenda, S. 61.
117 Vgl. ebenda, S. 61f.
118 Ebenda, S. 75.
119 Vgl. KGSt: Bauinvestitionscontrolling zur Vermeidung von Baukostenüberschreitungen und unwirtschaftlichem Bauen, Teil 1: Entscheidungsorganisation und begleitende Wirtschaftlichkeitsprüfung, Bericht Nr. 12/1985, Köln 1985.
Vgl. neben der hier nur knappen Darstellung des Ansatzes auch die Ausführungen in Kapitel 7, Teil II., wo einige Gedanken des KGSt-Berichtes aufgenommen sind.
120 "Sieben Todsünden kommunaler Bauplanung", vgl. KGSt: Bauinvestitionscontrolling, a.a.O., S. 6f.

Abbildung 2-2: Überblick über die mehrdimensionalen präskriptiven Controlling-Ansätze der Fachliteratur (Teil 1)

Merkmal / Autor	Institutioneller Bezug	Aufgabenfelder	Instrumente	Organisatorische Einbindung	Einführungsstrategie
Zünd, André	Öffentliche Verwaltung (hpts. Ministerialverwaltung)	- Entwicklung eines entscheidungsorientierten Informationssystems daneben: · Entwicklung von Frühwarnsystemen · gesellschaftsbezogenes Berichtswesen · Koordination von Finanz- und Zielplanung	Rechnungswesen im weitesten Sinne	- Verwaltungstypabhängig - Tendenziell Stabsstelle auf Regierungsebene	–
König, Herbert	Überwiegend ministerielle Bundesverwaltung (neuerdings verstärkt Kommunalverwaltung)	- Verbindung von Aufgabenprogrammierung, Budgetierung und Organisation daneben: · Stimulation des Kostendenkens · Schaffung von Resultatsverantwortung · Einführung moderner Führungskonzepte	"Wirkungsrelevanzmethode"	- dezentrales Einzelprogramm-Controlling in der Linie - Zentral-Controlling als Stabsstelle der politischen Leitung oder mindestens als (Unter-) Abteilungsleiter	- Controlling-Etablierung erst nach Einführung einer politischen Programmsteuerung sinnvoll - Zunächst zweistufiges Controlling in den Ministerien - Zusätzliche Etablierung eines Controlling in der Regierungszentrale als Abschluß
Reinermann, Herbert	Mittlere und kleinere Kommunalverwaltungen	Verantwortung für Organisation und Informationstechnik - Konkrete Betätigungsfelder: Personalbemessung, Bürgerinformation, Projektmanagement und Rechnungswesen	DV-gestützte Managementinformationssysteme	- "Ansiedlung beim Bürgermeister" - Controller als Informationsbeauftragter	"Strategie des lernenden Systems" ("Überzeugung durch Tatsachen und Prototypen")
Schmalenbach-Gesellschaft	Kommunalverwaltung	Allgemein: Führungsunterstützung Speziell: - Durchführung von Soll-Ist-Vergleichen - Initierung eines sparsamen Ressourceneinsatzes - Koordination und Organisation	- Sämtliche "Planwerke" - Kosten-, Leistungsrechnung usw. - Personalbemessung	- Institutionalisierung erst ab 30.000 Einwohner - Bis 100.000 Einwohner Controlling-Stab oder Wahrnehmung durch Kämmerei oder Hauptamt - Ab 100.000 Einwohner zunächst dezentrales Bereichscontrolling, dann zweistufig (zentrale und dezentrale Elemente)	Strategie der kleinen Schritte aufbauend auf vorhandenen Ansätzen
Budäus, Dietrich	Öffentliche Verwaltungen (hpts. Kommunalverwaltungen)	- Informationsbereitstellung, -verdichtung und -koordination - Kosten-Controlling in konditional gesteuerten Verwaltungsbereichen - Koordination zwischen Politik und Verwaltung in final gesteuerten Verwaltungsbereichen - Sicherung der Instrumentalfunktion bei organisatorisch verselbständigten Einheiten	- Bestands- und Vermögensrechnung - Kosten- und Leistungsrechnung - Kennziffernsysteme - Folgekostenberechnung - etc.	Personalunion mit dem Dezernenten für die allgemeine Verwaltung oder dem Leiter des Hauptamtes	Schrittweises Vorgehen über "pragmatische Partiallösungen"

Abbildung 2-2: Überblick über die mehrdimensionalen präskriptiven Controlling-Ansätze der Fachliteratur (Teil 2)

Merkmal / Autor	Institutioneller Bezug	Aufgabenfelder	Instrumente	Organisatorische Einbindung	Einführungsstrategie
Weber, Jürgen (bis 1989)	Öffentliche Institutionen	Strategische Aufgaben: - Initiierung, Moderation und Dokumentation der strategischen Planung - Transmission in operative Handlungen - Einbindung in den Gesamtzusammenhang des öffentlichen Handelns Operative Aufgaben: - kurzfristige Steuerung - erfolgszielbezogene Bereitstellung von Informationen und Methoden - Schwachstellenanalyse	Strategische Controlling-Instrumente - Portfolio-Analyse - SOFT-Analyse - Stärken-Schwächen-Analyse - Erfahrungskurvenkonzept - Produktlebenszykluskonzept Operative Controlling-Instrumente - Indikatorenrechnung - Kosten- und Erlösrechnung - Budgetierung	- Institutionalisierung ab einer "bestimmten Größe" - nur anfänglich als Stabsstelle - Controlling-Zentrale und mehrere Bereichscontroller im Ausbaustadium	Controlling-Einführung als Organisationsentwicklung
(ab 1990)		Neuerdings als bedeutendstes Aufgabenfeld herausgestellt: Koordination des Führungsgesamtsystems - systemkoppelnde und systembildende Koordination - funktionale Koordination (Integration von Teilplänen, Anpassung an Umweltveränderungen) - personale Koordination durch die Einbindung der Führungskräfte	Budgetierung, Soll-Ist-Vergleich individual- und organisationspsychologische Instrumente	–	Tiefgreifende Organisationsentwicklung mit Einführung eines dezentralen planungs- und kontrollorientierten Führungsparadigmas als unabdingbare Voraussetzung für Controlling
Banner, Gerhard	Kommunalverwaltung (die als "Konzern" angesehen wird)	- Fachebene: Organisation und Personalwirtschaft, Information und Automatisierung, Haushaltsplanung und Mittelbewirtschaftung, Vorgangsüberwachung, Berichtswesen, Kosten- und Leistungsrechnung, Kennzahlenentwicklung, Abweichungsanalyse - Zentralcontroller: - instrumentelle und funktionelle Abstimmung der Fachdienste; - Qualifizierte Steuerung der Beteiligungen		- dezentrale Controller in den Facheinheiten, - Zentralcontroller in der Steuerungsebene (Stellvertreter des Verwaltungschefs)	Controlling-Einführung im Zuge der Umgestaltung der Kommunalverwaltung in Fachebenen und Steuerungsebene
Braun, Günther E.	"Kommunaler Bereich" aus Kernverwaltung und peripherem Teilbereich (Nettobetriebe)	- Generalaufgabe: Führungsunterstützung durch Informationsbereitstellung (leistungs- und finanzzielbezogen) - Beteiligungssteuerung durch Zielvorgabe	- Zielvorgaben - Prozeß-, Ergebnis- und Verhaltenskontrollen - Indikatorenrechnung - Kostenrechnung (einschließlich -budgetierung)	(keine präskriptiven Aussagen)	Inkrementale Einführungsstrategie, schrittweises Vorgehen

Konzeption der Projektorganisation entwickelt.[121] Sie bezieht sich auf sämtliche Projektphasen, legt aber besonderen Wert auf eine sorgfältige, koordinierte Projektplanung. Die KGSt empfiehlt "dringend", von Anfang an parallel zu den Fachplanungen Kostenplanungen durchzuführen, diese konsequent fortzuschreiben und laufend stärker zu detaillieren.[122] Als Entscheidungsgremium in den einzelnen Phasen wird eine "Investitionskonferenz" aus Verwaltungschef, Finanzdezernent, Baudezernent und Nutzerdezernent vorgeschlagen. Keine eindeutige Festlegung erfolgt hinsichtlich der federführenden Projektführung. Hier solle fall- und phasenbezogen das am stärksten betroffene Amt die Federführung übernehmen.[123]

Beteiligungs-Controlling

Auch hier sind an erster Stelle die Arbeiten der KGSt[124] anzuführen.[125] Der Grundgedanke der von der KGSt vorgeschlagenen Vorgehensweise eines Beteiligungs-Controlling besteht darin, daß anstelle der verwaltungsintern üblichen Feinsteuerung über den Haushalt, den Stellenplan, Dienstanweisungen usw. eine **Grobsteuerung** der organisatorisch ausgelagerten Einheiten erfolgen soll. Über möglichst langfristig gültige Leistungs- und Finanzzielvorgaben soll für die Beteiligungen ein Handlungsrahmen geschaffen werden, in dem sie die Vorteile der Verselbständigung zur optimalen Erreichung der Vorgaben nutzen können.[126] Insbesondere bei zahlreichen und großen Beteiligungen mit dynamischer Entwicklung soll innerhalb der Verwaltung der Trägerkörperschaft eine "spezialisierte Organisationseinheit, die ... im wesentlichen Controlling-Funktionen wahrnimmt" geschaffen werden,[127] deren **Aufgaben** vorwiegend darin gesehen werden[128]

- die Beteiligungspolitik mitzubestimmen (etwa durch die Ausformulierung der Beteiligungsziele),
- bei der Aufstellung von Leistungsprogrammen und Finanzvorgaben mitzuwirken,
- die Wirtschaftspläne zu überprüfen,
- den Geschäftsverlauf zu überwachen,
- Haushaltsangelegenheiten der Beteiligung zu bearbeiten,

---

121 Vgl. ebenda, S. 13.
122 Vgl. eingehender ebenda, S. 20-25.
123 Vgl. ebenda, S. 17-19.
124 Vgl. KGSt: Kommunale Beteiligungen I: Steuerung und Kontrolle der Beteiligungen, Bericht Nr. 8/1985, Köln 1985; KGSt: Kommunale Beteiligungen II: Organisation der Beteiligungsverwaltung, Bericht Nr. 9/1985, Köln 1985; KGSt: Kommunale Beteiligungen III: Verselbständigung kommunaler Einrichtungen? (Entscheidungshilfen), Bericht Nr. 7/1986, Köln 1986; KGSt: Kommunale Beteiligungen IV: Verselbständigung kommunaler Einrichtungen? (Arbeitshilfen), Bericht Nr. 8/1986, Köln 1986; KGSt: Kommunale Beteiligungen V: Prüfung der Beteiligungen, Bericht Nr. 15/1988, Köln 1988.
125 Zwar sind die umfangreiche Materialien nicht ausdrücklich mit "Controlling" betitelt. Aber es finden sich manche Passagen, in denen explizit auf Controlling Bezug genommen wird. So erfolgt eine synonyme Verwendung der Begriffe "Beteiligungsverwaltung" und "Beteiligungs-Controlling" (vgl. KGSt: Kommunale Beteiligungen V, a.a.O., S. 44). Der Begriff "Beteiligungs-Controlling" wird zudem in einem institutionellen Sinne für die Organisationseinheit verwendet, die die Verwaltungsführung in den Aufgaben der Beteiligungsverwaltung unterstützen soll (vgl. KGSt: Kommunale Beteiligungen II, a.a.O., S. 3 und 5).
126 Vgl. KGSt: Kommunale Beteiligungen I, a.a.O., S. 3 und 7ff.
127 KGSt: Kommunale Beteiligungen II, a.a.O., S. 3.
128 Vgl. ebenda, S. 7-10.

- die Einhaltung gesellschaftsrechtlicher, vertraglicher bzw. satzungsmäßiger Verpflichtungen zu überwachen sowie
- Beteiligungsunternehmen wie auch die Vertreter der Kommune in den Organen der Beteiligung zu beraten.

Neben diesen auf einzelne Beteiligungen bezogenen Aufgaben werden auch übergreifende und koordinierende "allgemeine Angelegenheiten der Beteiligungsverwaltung"[129] genannt.

Internes Rechnungswesen als Controlling-Instrument

Um das **(interne) Rechnungswesen** öffentlicher Verwaltungen zu einem wirkungsvollen Controlling-Instrument zu entwickeln, werden verschiedene Vorschläge unterbreitet, die im Grunde alle darauf abzielen, Systeme zu schaffen, die auf effizientem Wege zeitnahe Informationen zur Entscheidungsfundierung[130] und Wirtschaftlichkeitskontrolle liefern können. Im einzelnen geht es etwa um

- eine Verbesserung der Datenübergabe aus der pagatorischen Kameralistik und anderen vorgelagerten Rechenkreisen an die Kostenrechnung,[131]
- den Einsatz bzw. die Anpassung von Standardsoftware aus dem privatwirtschaftlichen Bereich in öffentlichen Verwaltungen,[132]
- eine konzeptionelle Anpassung der Leistungs- und Kostenrechnung (Abkehr von der reinen Istkostenrechnung auf Vollkostenbasis) als Voraussetzung für die Erfüllung der Controlling-Zwecke,[133]
- die Etablierung einer kostenstellenbezogenen Plankostenrechnung zur verbesserten Wirtschaftlichkeitsüberwachung der Leistungserstellung,[134]
- den Vorschlag, von Kalkulationsverfahren, die sich willkürlicher Schlüsselungssätze bedienen, abzukommen zugunsten der Verwendung differenzierter Verrechnungssätze, die die zur Leistungserstellung nötigen Teilprozesse berücksichtigen[135]

und um

- den Aufbau eines kennzahlengestützten Berichtswesens.[136]

---

129 Ebenda, S. 3 und 11(f).
130 Vgl. etwa KGSt: Neue Perspektiven für die Organisation der Kostenrechnung, Bericht Nr. 1/1989, Teil I.11 des Gutachtens "Kostenrechnung in der Kommunalverwaltung", Köln 1989, S. 7f. Der Controller habe "Führungsentscheidungen durch laufende, möglichst vollständige Bereitstellung steuerungsrelevanter Informationen zu unterstützen."
131 Vgl. Tylkowski, Otto: Verknüpfung von Kameralistik und Kostenrechnung mit privatwirtschaftlicher Standard-Software, in: Weber, Jürgen/Tylkowski, Otto (Hrsg.): Controlling - Eine Chance für öffentliche Unternehmen und Verwaltungen, Stuttgart 1988, S. 187-223, hier insbes. S. 217ff.
132 Vgl. ebenda, S. 192ff; Steinberg, Thomas/Radlof, Dirk: Kosten- und Leistungsrechnung beim Hamburger Strom- und Hafenbau, in: Weber, Jürgen/Tylkowski, Otto (Hrsg.): Controlling in öffentlichen Institutionen: Konzepte - Instrumente - Entwicklungen, Stuttgart 1989, S. 203-230 sowie Kagermann, Henning: Mittelbedarfsplanung und Mittelbedarfskontrolle in einem integrierten Software-System, in: Weber, Jürgen/Tylkowski, Otto (Hrsg.): Controlling in öffentlichen Institutionen, Stuttgart 1989, S. 59-76.
133 Vgl. Männel, Wolfgang: Internes Rechnungswesen öffentlicher Verwaltungen und Unternehmen als zentrales Controlling-Instrument, in: krp, Heft 6/1990, S. 361-367, hier S. 363f.
134 Vgl. ebenda, S. 365.
135 Vgl. ebenda, S. 366.
136 "Controlling schafft also ein leistungsfähiges Berichtswesen und arbeitet in erheblichen Umfang mit Kennzahlen." Dazu sollte eine "intensive Auswertung und erforderlichenfalls Umgestaltung der Kostenrechnung mit dem Ziel, steuerungsrelevante Informationen möglichst in Form von Kennzahlen

Sonstige

Außer den Publikationen zu den drei genannten Themenbereichen finden sich in der präskriptiv ausgerichteten, auf öffentliche Verwaltungen bezogenen Literatur noch vereinzelt Bearbeitungen einzelner Controlling-Aspekte, wie etwa

- erste **Ansätze eines Beschaffungs-Controlling** für öffentliche Verwaltungen,[137] die allerdings über allgemeine Vorschläge (Zentralisierung des Einkaufs, effizientere Gestaltung der Rechnungsprüfung) kaum hinausgehen;
- die **Bedeutung von Politik und Bürokratie** für die Einführung von Controlling in öffentlichen Verwaltungen. Hier wird festgestellt, daß sich nur im Falle einer "konzertierten Aktion von Politik und Verwaltungsführung"[138] eine Realisierung des grundsätzlich vorhandenen Erfolgspotentials erwarten ließe.

C Deskriptive Publikationen zum Stand von Controlling-Implementationen in öffentlichen Verwaltungen

Die hier zu berücksichtigenden Veröffentlichungen sind Darstellungen von in der Verwaltungspraxis bereits realisierten oder in der Implementation befindlichen Controlling-Projekten. Es handelt sich überwiegend um Berichte aus dem Bereich der Kommunalverwaltungen. Die in den Veröffentlichungen enthaltenen Ausführungen lassen sich grob einteilen in die Bereiche Rechnungs- und Berichtswesen, (Bau-)Investitions-Controlling, Beteiligungs-Controlling und Strategisches Controlling (hpts. als Leistungsprogrammplanung und Aufgabenkritik). Eine Zuordnung der Controlling-Aktivitäten zu den jeweiligen Verwaltungen zeigt **Abbildung 2-3**.

1. Rechnungs- und Berichtswesen als Controlling-Instrument

Von den Teilgebieten des Rechnungswesens wird die **Leistungs- und Kostenrechnung** als das **zentrale Controlling-Instrument** angesehen.[139] Wenn im Zusammenhang mit Controlling-Implementationen von einem **Berichtswesen** als Aufgabenfeld des Controlling die Rede ist, so handelt es sich fast ausschließlich um Berichte auf der

---

zu liefern" vorgenommen werden (KGSt: Neue Perspektiven für die Organisation der Kostenrechnung, a.a.O., S. 8).

137 Vgl. Steincke, Heinz: Zentraler Einkauf in der öffentlichen Verwaltung - Ein Controlling-Bereich 1. Ranges! -, in: Mann, R./Mayer, E. (Hrsg.): Der Controlling-Berater, Loseblattsammlung, Nachlieferung 1/1985, Gruppe 10, S. 99-109.

138 Rexrodt, Günter: Controlling in öffentlichen Verwaltungen im Spannungsfeld zwischen privatwirtschaftlicher Erfahrung, politischen Einflüssen und bürokratischer Tradition, in: Weber, Jürgen/Tylkowski, Otto (Hrsg.): Perspektiven der Controlling-Entwicklung in öffentlichen Institutionen, Stuttgart 1991, S. 1-14, hier S. 13.

139 "Die Kosten- und Leistungsrechnung stellt das klassische Instrument des Controlling dar..." (Stephan, Günter: Aspekte eines Controlling in der Stadt Köln, in: Braun, Günther E./Bozem, Karlheinz (Hrsg.): Controlling im kommunalen Bereich, München 1990, S. 62-78, hier S. 63); "Vorraussetzung und Herzstück eines erfolgreichen Controlling ist eine entscheidungsorientierte Kostenrechnung." (Tiedemann, Bernd: Controlling als Instrument zur Steuerung von Großunternehmen im öffentlichen Bereich, in: Budäus, Dietrich (Hrsg.): Controlling-Konzepte aus Sicht der Praxis, Diskussionsbeiträge zur Führung privater und öffentlicher Organisationen Nr. 4, Hamburg 1987, S. 31-45, hier S. 43) sowie - als präskriptive Publikation - Männel, Wolfgang: Internes Rechnungswesen öffentlicher Verwaltungen und Unternehmen als zentrales Controlling-Instrument, a.a.O., S. 361-367.

Abbildung 2-3
Übersicht über die in der Literatur dokumentierten Controlling-Aktivitäten der Kernverwaltungen (explizite Nennungen)

Merkmal / Verwaltung	Zeitpunkt der Initiierung/Beginn der Implementierung	(Bau-) Investitions-Controlling	Kosten- und Leistungsrechnung	Beteiligungs-Controlling	Weitere	Organisatorische Einbindung
Senatsverwaltung Hamburg	1984 / 1986	X		X	(X)	Linienorganisation (zentrale Beteiligungsverwaltung im Finanzressort, fachliche Steuerung durch die Facheinheiten)
Kommunalverwaltung Hannover	1974 / 1976	X				Hochrangig besetzte "Projektprüfungsgruppe" unter Federführung der Stadtkämmerei
Kommunalverwaltung Karlsruhe	1979 / 1981	X				Stabsstelle des Bürgermeisteramtes
Kommunalverwaltung Köln	Sukzessive Entwicklung ab Mitte der achziger Jahre	X	X			Linienorganisation (Betriebswirtschaftliche Gruppe im Hauptamt, Kostenrechner "vor Ort")
Kommunalverwaltung München	1984	X				Linienorganisation (Baureferat)
Kommunalverwaltung Osnabrück	1983		X	X	X (Rats- und Verwaltungsangelegenheiten, Stadtentwicklung)	"Controlling-Amt" (Zentralamt) beim Oberstadtdirektor
Kommunalverwaltung Saarbrücken	1986	X	X			Stabsabteilung des Oberbürgermeisters

Grundlage von Kosten- und Leistungsdaten. Die Befassung mit der Kosten- und Leistungsrechnung und (überwiegend) daraus abgeleiteten Berichten als Gegenstand des Verwaltungs-Controlling ist Bestandteil der Controlling-Projekte in Osnabrück, Köln, Saarbrücken und Hamburg.

Es hängt vom Stand und vom Verbreitungsgrad der bisher durchgeführten Rechnungen sowie auch von den Ansprüchen an die zu liefernden Informationen ab, ob die Kostenrechnung bereits als Instrument des Controlling eingesetzt werden kann. Die Publikationen zeigen eine **Ausgangssituation** auf, die dadurch charakterisiert ist, daß

Kosten- und Leistungsrechnungen fast ausschließlich für solche Verwaltungsteilbereiche der Kommunen durchgeführt werden, die dazu verpflichtet sind, Entgeltkalkulationen kostenrechnerisch zu fundieren. Dementsprechend wird der Hauptzweck der Kostenrechnung auch in der Entgeltkalkulation gesehen. Den Vorschriften genügen jährliche Vollkostenrechnungen auf Istkostenbasis.[140]

Daran ansetzend und durchaus in Einklang mit den präskriptiven Arbeiten wird es als **Controlling-Aufgabe** angesehen, Kostenrechnungen für Verwaltungsteilbereiche außerhalb der klassischen kostenrechnenden Einheiten zu etablieren. Allerdings sind z.T. nur fallweise Rechnungen für einzelne Entscheidungssituationen vorgesehen.[141]

Mit der Ausdehnung auf Teilverwaltungen, die nicht zur Entgeltkalkulation verpflichtet sind, geht eine Verlagerung des Aufgabenschwerpunktes einher. Es sind Bestrebungen dokumentiert, den Hauptzweck in Richtung **Wirtschaftlichkeitssteuerung** zur verlegen.[142] Dazu werden

- auch unterjährige Abschlüsse ermöglicht,[143]
- die Ist-Abrechnungen durch Plan-Rechnungen ergänzt und[144]
- die instrumentelle Unterstützung durch die Datenverarbeitung verbessert.[145]

In **Osnabrück** werden die (allerdings nur jährlich) von den Organisationseinheiten mit Betriebscharakter zu erstellenden "Auswertungsberichte zur Kostenrechnung" von einer Controlling-Einheit zusammengeführt und periodisch zu einem "Kostenrechnungs-Report" aufgearbeitet.[146] Die jährlichen "Auswertungsberichte zur Kostenrechnung" bilden zusammen mit dem alle zwei Monate vom Hochbauamt zu erstellenden "Bericht zum Stand der laufenden Bauarbeiten" und den durch die Bauämter auf Veranlassung der Fachämter unregelmäßig erstellten "Kosten-

---

140 Vgl. etwa die Zustandsbeschreibung bei Deimling, Lothar: Controlling in der Landeshauptstadt Saarbrücken, in: Braun, Günther E./Bozem, Karlheinz (Hrsg.): Controlling im kommunalen Bereich, München 1990, S. 44-61, hier S. 54. Vgl. dazu eingehender auch die Ausführungen in Kapitel 6, Teil II.

141 Vgl. z.B. die Kölner Beispiele aus den Bereichen der Sozialverwaltung und der Überwachung des ruhenden Verkehrs bei Stephan oder - bei Tiedemann/Scheunert - für Hamburg, wo kein flächendeckendes periodisches Kosten- und Leistungs-Berichtswesen angestrebt wird. Vielmehr werden "betriebswirtschaftlich fundierte ... anlaßbezogene Untersuchungen" als Grundlage für entsprechende Berichte für ausreichend gehalten (vgl. Stephan, Günter: Aspekte eines Controlling in der Stadt Köln, a.a.O., S. 66-68; Tiedemann, Bernd/Scheunert, Klaus: Ein Controlling-Konzept für die öffentliche Verwaltung am Beispiel Hamburgs, in: Goller, Jost/Maack, Heinrich/Müller-Hedrich, Bernd (Hrsg.): Verwaltungsmanagement, Loseblattsammlung, Stuttgart 1989ff, Teil B, Kapitel 2.1, S. 1-16, hier S. 9f).

142 Vgl. Deimling, Lothar: Controlling in der Landeshauptstadt Saarbrücken, a.a.O., S. 54; implizit auch Hoffmann, Siegfried: Zentrales und dezentrales Controlling in der Stadt Osnabrück, in: Braun, Günther E./Bozem, Karlheinz (Hrsg.): Controlling im kommunalen Bereich, München 1990, S. 30-43, hier S. 35ff; Stephan, Günter: Aspekte eines Controlling in der Stadt Köln, a.a.O., S. 63ff und Tiedemann, Bernd/Scheunert, Klaus: Controlling-Konzept, a.a.O., S. 1-16.

143 Vgl. Deimling, Lothar: Controlling in der Landeshauptstadt Saarbrücken, a.a.O., S. 54.

144 Überlegungen dazu sind für Köln und Saarbrücken dokumentiert (vgl. Stephan, Günter: Aspekte eines Controlling in der Stadt Köln, a.a.O., S. 65 und Deimling, Lothar: Controlling in der Landeshauptstadt Saarbrücken, a.a.O., S. 55).

145 Dies benennen explizit als Gegenstand ihrer Controlling-Aktivitäten Stephan und Deimling für die Stadtverwaltungen in Köln und Saarbrücken (vgl. Stephan, Günter: Aspekte eines Controlling in der Stadt Köln, a.a.O., S. 70; Deimling, Lothar: Controlling in der Landeshauptstadt Saarbrücken, a.a.O., S. 54f). In keinem der hier besprochenen Controlling-Konzepte ist die Nutzung von Standardsoftware aus dem erwerbswirtschaftlichen Bereich vorgesehen. Im Gegensatz dazu führt Hamburg für das Strom- und Hafenamt ein in diese Richtung gehendes und schon weit gediehenes Pilotprojekt durch (vgl. etwa Steinberg, Thomas/Radlof, Dirk: Kosten- und Leistungsrechnung beim Hamburger Strom- und Hafenbau, a.a.O., S. 203-230).

146 Vgl. z.B. Stadt Osnabrück, Zentralamt: Kostenrechnungs-Report '86/'87, Osnabrück 1989.

ermittlungen" die Kernbestandteile des auf die Verwaltungsspitze zugeschnittenen **Berichtswesens**.[147]

In ähnlicher Weise wird in **Saarbrücken** verfahren, wo im Rahmen der dortigen Controlling-Aktivitäten für die Einrichtungen mit Betriebscharakter auf der Grundlage von Kosten- und Leistungsdaten ein Kennzahlensystem entwickelt wird. Hauptzweck ist hier allerdings nicht die Information der Führungsspitze, sondern die Nutzung durch die Fachämter zur verbesserten Wirtschaftlichkeitssteuerung.[148]

Das von der betriebswirtschaftlichen Gruppe des Hauptamtes bearbeitete zentrale Kostenberichtswesen in **Köln** wendet sich vorwiegend an die Öffentlichkeit und die politischen Gremien. Es enthält neben allgemeinen Angaben zum Entwicklungsstand der Kostenrechnung einen tabellarischen Überblick über Kosten-, Erlös- und Ergebnisdaten der kostenrechnenden Einrichtungen, detaillierte Einzeldarstellungen der Abrechnungsbereiche und eine Darstellung kostenrechnerischer Aktivitäten außerhalb der kostenrechnenden Einrichtungen.[149]

In **Hamburg**, wo sich die Controlling-Aktivitäten der Verwaltung bisher - abgesehen vom Bereich des Beteiligungscontrolling - auf (Brutto-)Regiebetriebe (hpts. Stadtreinigung, Stadtentwässerung, Strom- und Hafenbau) konzentrieren, stellt der Aufbau eines kennzahlenbasierten "**Controlling-Berichtswesens**" für Führungskräfte einen zentralen Baustein dar. Dabei soll eine reine ex post-Dokumentation vermieden werden zugunsten der Vermittlung entscheidungsorientierter Informationen. Diese soll entsprechend der Hierarchiestufe des Berichtsempfängers aggregiert sein.[150] Im Rahmen einer **Informationsbedarfsanalyse** soll dieses Aggregationsniveau unter Berücksichtigung der Aufgaben- und Verantwortungsstruktur der Informationsempfänger sowie typischer Entscheidungssituationen festgelegt werden. Zur Verbesserung der Umsetzbarkeit werden in Verwaltungsteilbereichen derzeit **Standardsoftware-Pakete** eingeführt.[151]

Die **organisatorische Einordnung** der mit dem Rechnungs- und Berichtswesen betrauten Controlling-Instanzen entspricht sich zwar insofern grundsätzlich, als daß jeweils **zentrale und dezentrale Elemente** beteiligt sind. Sowohl in Saarbrücken als auch in Köln und Osnabrück ist eine zentrale Stelle federführend für übergreifende Aufgaben wie die konzeptionelle Weiterentwicklung, die Neueinführung von Kostenrechnungen, für Sonderfragen sowie die DV-technische Unterstützung der Fachämter zuständig. Letztere führen aber nach wie vor die Kostenrechnung vor Ort durch. Die Einordnung dieser zentralen Stellen ist jedoch je nach dem gewählten Controlling-Modell sehr unterschiedlich: In Saarbrücken ressortiert die Stabsstelle Controlling beim Oberbür-

---
147 Vgl. Hoffmann, Siegfried: Zentrales und dezentrales Controlling in der Stadt Osnabrück, in: Braun, Günther E./Bozem, Karlheinz (Hrsg.): Controlling im kommunalen Bereich, München 1990, S. 30-43, hier S. 37.
148 Vgl. Deimling, Lothar: Controlling in der Landeshauptstadt Saarbrücken, a.a.O., S. 55-58.
149 Vgl. Stephan, Günter: Aspekte eines Controlling in der Stadt Köln, a.a.O., S. 65f.
150 Vgl. Tiedemann, Bernd/Scheunert, Klaus: Controlling-Konzept, a.a.O., S. 7-9.

germeister. Daneben sind Arbeitsgruppen zwischen der Stabsstelle Controlling und den Fachämtern eingerichtet.[152] In Köln existiert eine zentrale Stelle im Hauptamt.[153] In Osnabrück wird die Abteilung für Projektsteuerung und Betriebswirtschaft des "Controlling-Amtes" als "Zentralstelle für Kostenrechnung" angesehen.[154]

Vorsichtig beurteilt wird von den Verwaltungspraktikern die konzeptionelle Weiterentwicklung des kostenrechnerischen Instrumentariums durch das Verwaltungs-Controlling (insbesondere in Richtung Teilkostenrechnungen), solange nicht die Gewähr dafür gegeben sei, daß bei den Amts- und Betriebsleitungen vor Ort "die Antenne für eine kostenrechnerisch-zahlengesteuerte Betriebsführung oder auch nur die Bereitschaft, Erkenntnisse aus dem Material zu ziehen und umzusetzen"[155] gegeben ist. Insofern wird überlegt, einen entscheidungsorientierten "Sachbearbeiter für Betriebswirtschaft" anstatt des bisher stark abrechnungsbezogenen "Sachbearbeiters für Kostenrechnung" aufzubauen.[156]

2. (Bau-)Investitionscontrolling

Unter den Veröffentlichungen, die über in öffentlichen Verwaltungen laufende Controlling-Projekte berichten, dominiert quantitativ das Einsatzgebiet des (Bau-)Investitions-Controlling. In der Regel haben erhebliche Baukostenüberschreitungen[157] und Terminverzögerungen den Anstoß zur Befassung mit Controlling-Konzepten gegeben.[158] Die Beschreibungen eingeführter bzw. im Ausbaustadium befindlicher

---

151 Vgl. für den Bereich des Regiebetriebs "Strom- und Hafenbau" etwa Steinberg, Thomas/Radlof, Dirk: Kosten- und Leistungsrechnung beim Hamburger Strom- und Hafenbau, a.a.O., S. 203-230. Vgl. allgemein Tiedemann, Bernd/Scheunert, Klaus: Controlling-Konzept, a.a.O., S. 9.
152 Vgl. Deimling, Lothar: Controlling in der Landeshauptstadt Saarbrücken, a.a.O., S. 55.
153 Ihre Bezeichnung lautet jedoch nicht Controlling o.ä. sondern "Betriebswirtschaftliche Angelegenheiten". Sie ist mit drei Betriebswirten und einem Verwaltungsbeamten besetzt (vgl. Stephan, Günter: Aspekte eines Controlling in der Stadt Köln, a.a.O., S. 64).
154 Vgl. Hoffmann, Siegfried: Zentrales und dezentrales Controlling in der Stadt Osnabrück, a.a.O., S. 33-35. Das Controlling-Amt ("Zentralamt 12") ist als Stabsabteilung des Oberstadtdirektors organisiert. Deren Abteilung 12-3 war bei Gründung des Zentralamtes durch den neuen Oberstadtdirektor und vormaligen Stadtkämmerer aus der Kämmerei ausgegliedert und dem neuen Zentralamt zugeordnet worden.
155 Hoffmann, Siegfried: Zentrales und dezentrales Controlling in der Stadt Osnabrück, a.a.O., S. 42.
156 Vgl. ebenda. Hoffmann nimmt bezug auf KGSt: Neue Perspektiven für die Organisation der Kostenrechnung, a.a.O., S. 27ff.
157 Vgl. etwa die von Fuhlrott genannten Beispiele von Baukostenüberschreitungen aus Hannover, die von den absoluten Beträgen zwar "nur" im 7stelligen Bereich liegen, deren prozentuale Überschreitungen des Planansatzes aber mit z.T. über 500% doch beeindrucken (vgl. Fuhlrott, Otto: Die Projektprüfungsgruppe in Hannover: Konzeption und Ablauf des Bauinvestitionscontrolling, in: Braun, Günther E./Bozem, Karlheinz (Hrsg.): Controlling im kommunalen Bereich, München 1990, S. 162-172, hier S. 163). Weitere Beispiele sind aus den Medien unter Stichworten wie Klinikum Aachen, Bundestagsneubau, ICC-Berlin usw. sowie zahlreichen "Fällen" von nur lokaler oder regionaler Bedeutung bekannt.
158 Inwieweit zu dieser Entwicklung die oben genannten präskriptiven Publikationen (hier zuvorderst der KGSt-Bericht Nr. 12/1985 "Bauinvestitionscontrolling...") beigetragen haben, läßt sich nicht völlig klären. Fest steht aber, daß in vier der hier zu besprechenden Ansätze schon einige Jahre vor der Veröffentlichung des Berichtes Erfahrungen mit einem Bauinvestitions-Controlling gesammelt wurden - die auch überwiegend in den Bericht eingeflossen sind. Festzustellen ist auch, daß die "Vorläufer" häufig zunächst nicht mit dem Begriff "Controlling" bezeichnet worden waren.

Konzepte des Bauinvestitions-Controlling beziehen sich auf die Städte Hannover[159], Karlsruhe[160], München,[161] Saarbrücken[162] und Osnabrück[163].

Der in **Hannover** praktizierte Ansatz reicht bis ins Jahr 1975 zurück. Damals wurde das Konzept eines Bauinvestitionscontrolling durch die Stadtkämmerei, das Hochbauamt und das Hauptamt gemeinschaftlich erarbeitet. Im Zentrum steht die **"Projektprüfungsgruppe"** (PPG). Der PPG gehören als Entscheidungsmitglieder der Oberstadtdirektor, der Personal- und Organisationsdezernent und der Finanzdezernent an. Als beratende Mitglieder fungieren jeweils ein Mitarbeiter des Hauptamtes, der Kämmerei und des bauausführenden Amtes. Die PPG ist organisatorisch bei der Kämmerei angesiedelt. Sie tagt in der Regel vierzehntägig. Der PPG werden die Projekte von dem Fachamt, dem Hochbauamt, der Stadtkämmerei sowie ggf. vom Hauptamt und dem Planungsamt (stets in dieser Reihenfolge) straff vorgetragen. Bilaterale Diskussionen müssen im Vorfeld stattfinden. Zur Vorlage kommen nur Projekte mit einem Volumen von mindestens 500 TDM.

Das Verfahren[164] wurde in einer **Allgemeinen Dienstanweisung** kodifiziert. Es sieht **vier Phasen** vor: Phase I ("Voruntersuchung") schließt mit der Entscheidung über die Projektgrundlagen ab. In Phase II werden Raum- und Funktionsprogramme, Kostenpläne (getrennt nach Bauwerk, Einrichtung, Folgekosten) erarbeitet. In Phase III werden die Vorentwurfsunterlagen mit detaillierten Kostenberechnungen und Kennziffernkatalogen vorgestellt und geprüft. Erst auf dieser Basis kann ein Projekt in den Haushaltsplan aufgenommen werden. Eine Phase IV wird notwendig im Falle von Programmänderungen und Kostenüberschreitungen. In jedem Fall muß aber über jedes Projekt jeweils in den Phasen I, II und III durch die PPG entschieden werden.

Das Konzept hat sich in den Augen der Anwender bewährt.[165] Die Realisierung erfolgte überwiegend personalneutral, da die Vorlagen durch die Querschnitts- bzw.

---

159 Fuhlrott, Otto: Konzeption und Ablauf des Bauinvestitionscontrolling, a.a.O., S. 162-172. Darüber hinaus findet sich eine kurze Beschreibung des "Controlling-Konzept in Hannover" in KGSt: Bauinvestitionscontrolling, a.a.O., S. 37f sowie Anlage 2.
160 Vgl. Bohner, Helmut/Dragmanli, Lars-Erhan: Sparsamkeit und Wirtschaftlichkeit bei kommunalen Investitionsvorhaben durch verwaltungsinternes Controlling, in: VOP Nr. 2/1985, S. 68-71; Dragmanli, Lars Erhan: Investitionskontrolle der Stadt Karlsruhe, in: Weber, Jürgen/Tylkowski, Otto (Hrsg.): Controlling in öffentlichen Institutionen: Konzepte - Instrumente - Entwicklungen, Stuttgart 1989, S. 123-156 sowie Sack, Erwin/Rembold, Gerhard: Bauinvestitionscontrolling in Karlsruhe: Systematik und Praxis, in: Braun, Günther E./Bozem, Karlheinz (Hrsg.): Controlling im kommunalen Bereich, München 1990, S. 150-161. Darüber hinaus findet sich eine kurze Beschreibung des "Controlling-Konzept in Karlsruhe" in KGSt: Bauinvestitionscontrolling, a.a.O., S. 41f und Anlage 3.
161 Eine eingehende publizierte Darstellung des Münchner Konzeptes ist nicht bekannt. Dagegen findet sich eine kurze Beschreibung in: KGSt: Bauinvestitionscontrolling, a.a.O., S. 38-40. Das in den Münchener Hochbaurichtlinien niedergelegte Konzept fand bei der Abfassung des zitierten KGSt-Berichts eine starke Berücksichtigung.
162 Vgl. Deimling, Lothar: Controlling in der Landeshauptstadt Saarbrücken, a.a.O., S. 46-49.
163 Vgl. Hoffmann, Siegfried: Zentrales und dezentrales Controlling in der Stadt Osnabrück, a.a.O., S. 33-35.
164 Vgl. Fuhlrott, Otto: Konzeption und Ablauf des Bauinvestitionscontrolling, a.a.O., S. 167f.
165 Insbesondere in der Anfangszeit, als Alternativplanungen ohne die Controlling-Maßnahmen vorlagen, konnten die Erfolge quantifiziert werden (vgl. Fuhlrott, Otto: Konzeption und Ablauf des Bauinvestitionscontrolling, a.a.O., S. 169-172).

Fachämter erarbeitet werden und auf eine starke Abteilung Investitionskontrolle in der Kämmerei zurückgegriffen werden konnte.[166]

Karlsruhe richtete bereits 1981 eine "**Kostenkontrollstelle**" ein, die als Stabsstelle des Bürgermeisteramtes gemeinschaftlich dem Baudezernenten und dem Kämmerer zugeordnet ist. Die (zunächst) zwei Mitarbeiter (ein Architekt, ein Verwaltungsbeamter des nichttechnischen höheren Dienstes) entstammten der Stadtverwaltung.[167]

Für die Arbeit der Stabsstelle wurde ein Ablaufschema entworfen, das von dem Vorschlag eines Bauprojekts (i.d.R. auf Anregung aus dem politischen Raum) angestoßen wird und dann die Hauptphasen Grundlagenermittlung, Grobplanung, Detaillierte Vorplanung, Genehmigungs- und Ausführungsplanung, Begleitende Objekt- und Kostenüberwachung bis hin zur Rechnungsprüfung umfaßt.[168] Die größten Einsparungspotentiale werden dabei mit etwa 40% in der Phase der Grundlagenermittlung (Notwendigkeit, Standort, funktionale und räumliche Bedarfsermittlung...) gesehen.[169] Auf eine formelle Dienstanweisung zur Regelung des Verhältnisses der Kostenkontrollstelle zu den Fachämtern wurde in Karlsruhe verzichtet. "Die Stelle wirkt und nimmt Einfluß vor allem durch ihre Autorität, die sie durch den Fachverstand und informelle Unterstützung von seiten der Dezernentenebene erworben hat."[170] Angesicht der **hohen Bedeutung politischer Einflüsse** auf größere Bauvorhaben wurde der Gemeinderat bzw. dessen Ausschüsse in verschiedenen Verfahrensstufen in den Prozeß des Bauinvestitionscontrolling eingebunden.[171]

Der Karlsruher Ansatz wird allgemein als erfolgreich angesehen.[172] Der Erfolg des Bauinvestitionscontrolling ist hier stark von der Kompetenz und Erfahrung der Mitarbeiter der Kostenkontrollstelle abhängig. Anders als in Hannover wurde die Vorgehensweise wenig formalisiert.

Der **München**er Ansatz des Bauinvestitions-Controlling fand weitgehend Eingang in den schon oben skizzierten KGSt-Bericht,[173] so daß hier eine knappe Charakterisierung der Besonderheiten genügt. Eine hohe Bedeutung wird in München der Abstimmung der Bauplanungen mit der **mittelfristigen Finanzplanung** beigemessen. Es werden drei Investitionslisten geführt. Projekte der Liste 1 gelten nach § 24 KommHV als finanziell gesichert und werden in die mittelfristigen Finanzplanung aufgenommen.

---
166 Es wurde lediglich eine Protokoll- und Schreibkraft eingestellt (vgl. Fuhlrott, Otto: Konzeption und Ablauf des Bauinvestitionscontrolling, a.a.O., S. 165).
167 Vgl. Sack, Erwin/Rembold, Gerhard: Bauinvestitionscontrolling, a.a.O., S. 152. Inzwischen wurde das Personal um Mitarbeiter des gehobenen bzw. des mittleren Dienstes erweitert (vgl. Dragmanli, Lars Erhan: Investitionskontrolle der Stadt Karlsruhe, a.a.O., S. 127).
168 Vgl. im einzelnen die Abbildung des Ablaufdiagramms in Sack, Erwin/Rembold, Gerhard: Bauinvestitionscontrolling, a.a.O., S. 154f und die exemplarische Übersicht über die Lebensphasen eines technischen Bauvorhabens und der jeweiligen Zuständigkeiten bei Dragmanli, Lars Erhan: Investitionskontrolle der Stadt Karlsruhe, a.a.O., S. 131-135.
169 Vgl. Sack, Erwin/Rembold, Gerhard: Bauinvestitionscontrolling, a.a.O, S. 157.
170 KGSt: Bauinvestitionscontrolling, a.a.O., S. 41.
171 Vgl. Sack, Erwin/Rembold, Gerhard: Bauinvestitionscontrolling, a.a.O., S. 151.
172 Vgl. z.B. ebenda, S. 160f oder KGSt: Bauinvestitionscontrolling, a.a.O., S. 41. Negative Äußerungen von Seiten der Fachämter beziehen sich in erster Linie auf zeitliche Verzögerungen durch die Notwendigkeit einer Diskussion von Änderungsvorschlägen mit der Kostenkontrollstelle (vgl. Sack, Erwin/Rembold, Gerhard: Bauinvestitionscontrolling, a.a.O., S. 160).
173 Vgl. die Ausführungen oben im Abschnitt zu präskriptiven Publikationen zu Einzelaspekten.

Liste 2 enthält Projekte niedrigerer Priorität, die als "Reserveplanung" weiterentwickelt werden. Die Planung von Projekten der Liste 3 werden abgebrochen. Die organisatorisch im Baureferat angesiedelte **Stabsstelle Bauinvestitionscontrolling** mit inzwischen drei Mitarbeitern ist ab Phase 2 (also nach der Bedarfsfeststellung durch das Nutzerreferat) eingeschaltet und ab Phase 3 (Vorplanung) federführend. Es werden alle Hochbauprojekte ab einem Volumen von 500 TDM bearbeitet.[174] Als Münchener Besonderheit anzuführen ist die sog. **60%-Submissionsregel**, nach der vor der Ausführungsgenehmigung durch den Stadtrat mindestens 60% des Auftragsvolumens vergeben sein muß, was die Kostensicherheit des Projektes stark erhöht.[175]

In **Saarbrücken** wurde das von der KGSt vorgeschlagene Phasenschema übernommen. Eine "Arbeitsgruppe Investitionsplanung" unter Beteiligung der dem Oberbürgermeister zugeordneten Stabsstelle Controlling entwirft aus den beantragten Investitionsmaßnahmen Prioritätslisten, die von der Dezernentenkonferenz beraten und vom Oberbürgermeister entschieden werden. Am Ende jeder Phase werden die betroffenen Dezernate und der Oberbürgermeister über den Stand der laufenden Projekte informiert.[176]

Besonderen Wert legt man in den einzelnen Phasen auf eine möglichst zutreffende Kostenermittlung. Ein DV-gestütztes Verfahren, Kostendaten auf der Basis von Grob- und Funktionselementen bereits realisierter Vergleichsobjekte vorzuhalten, befindet sich im Aufbau. Es soll Bestandteil eines Systems der Kostensteuerung sein, das auf dem permanenten Abgleich von Plankosten (Basis: Kostenermittlung), Sollkosten (Basis: Submissionsergebnis) und Istkosten beruht.[177]

Osnabrück[178] hat in seinem dem Oberstadtdirektor unterstellten Zentralamt ("Controlling-Amt")[179] eine Abteilung für Projektsteuerung und Betriebswirtschaft eingerichtet, die auch im Bereich des Bauinvestitions-Controlling eingesetzt ist. Sie nimmt dabei folgende **Aufgaben** wahr:

- Geschäftsführung der Projektkonferenz, die unter der Leitung des Oberstadtdirektors tagt,
- projektbegleitende Durchführungskontrolle hinsichtlich Terminen, Kosten und Mittelbewilligungen (ggf. Information des Rates über festgestellte Besonderheiten),
- nachgehende Erfahrungsauswertung, ggf. Rückkopplung zu erneuten Entscheidungsprozessen.

---

174 Vgl. KGSt: Bauinvestitionscontrolling, a.a.O., S. 38-40 ergänzt durch eigene Befragungsergebnisse.
175 Vgl. ebenda, S. 26f. Die Vergabe muß insofern unter dem Vorbehalt der Stadtratsgenehmigung erfolgen.
176 Vgl. Deimling, Lothar: Controlling in der Landeshauptstadt Saarbrücken, a.a.O., S. 46f.
177 Vgl. ebenda, S. 48.
178 Vgl. Hoffmann, Siegfried: Zentrales und dezentrales Controlling in der Stadt Osnabrück, a.a.O., S. 34 und 37.
179 Ebenda, S. 43.

Neben den dargestellten Ausführungen zum Bauinvestitions-Controlling finden sich nur noch wenige weitere **Controlling-Ansätzen für sonstige investive Maßnahmen**.[180] Teilweise wird unter der Rubrik "Investitions-Controlling" auch lediglich die Anwendung von Investitionsrechenverfahren (etwa der Kostenvergleichsrechnung oder der Kapitalwertmethode) beschrieben.[181]

3. Beteiligungs-Controlling

Lediglich für die Senatsverwaltung **Hamburg** ist eine Publikation bekannt, die sich explizit mit Fragen des Beteiligungs-Controlling für öffentliche Unternehmen befaßt.

Hamburg entwickelte ein "Konzept zur Verbesserung der Unternehmenssteuerung", nachdem sich in einigen Beteiligungsunternehmen besorgniserregende Entwicklungen gezeigt hatten,[182] sich die Unternehmen häufig "nicht (mehr) als Unternehmen der Stadt mit einer öffentlichen Zielsetzung"[183] begriffen und sich die Gewinn- oder Verlustabführung der Beteiligungsunternehmen wegen der angespannten Finanzlage der Stadt bedeutsamer wurden.

Innerhalb dieses Konzepts bildet Controlling ein "wesentliches Element" neben der Vorgabe von Zielbildern, der Erarbeitung von Unternehmenskonzepten und mittelfristigen Erfolgsvorschauen.[184] Dieser enge - auf den 1. Beteiligungsbericht des Senats[185] zurückgehende - Sprachgebrauch, der Controlling stark in die Nähe von Kontrolle rückt, erscheint wenig zweckmäßig. Zudem widerspricht er dem parallel propagierten "Controlling-Konzept, das auf der Grundlage der Zielbilder, der Unternehmenskonzepte und der mittelfristigen Erfolgsvorschauen dazu dienen soll, den Planungs- und Entscheidungsprozeß in den Unternehmen zu beeinflussen und der Verwaltung systematisch zusammengefaßte und zeitnahe Informationen zu liefern"[186]. Daraus geht hervor, daß das **Beteiligungs-Controlling** das **übergreifende Steuerungskonzept** ist, das seinerseits auf Instrumente wie die Vorgabe von Zielbildern zurückgreift.

Nach früheren Varianten einer zentralen Beteiligungsverwaltung durch eine Einheit im Finanzressort erfolgt nun unter dem Stichwort "Funktionsmodell" die fachpolitische Steuerung durch diejenige Facheinheit, der der Unternehmungsgegenstand des Beteiligungsunternehmens zuzurechnen ist. Daneben existiert im Finanzressort eine zen-

---
180 Vgl. Deimling, Lothar: Controlling in der Landeshauptstadt Saarbrücken, a.a.O., S. 49-53. Im Grunde geht es hierbei mehr um Fragen aus dem Instandhaltungsbereich, deren Bearbeitung sich erst in zweiter Linie auf den Investitionsbereich auswirken, indem sie "mittelfristig die Beschaffungspolitik der Stadt ändern" werden (ebenda, S. 52).
181 Vgl. Stephan, Günter: Aspekte eines Controlling in der Stadt Köln, a.a.O., S. 68 und 77f.
182 Vgl. etwa Dieckmann, Rudolf: Steuerung der öffentlichen Unternehmen der Freien und Hansestadt Hamburg durch die Stadt, in: Braun, Günther E./Bozem, Karlheinz (Hrsg.): Controlling im kommunalen Bereich, München 1990, S. 286-304, hier S. 292f.
183 Ebenda, S. 292.
184 Vgl. ebenda, S. 293-297.
185 Vgl. Bürgerschaft der Freien und Hansestadt Hamburg (Hrsg.): 1. Beteiligungsbericht 1986, Bürgerschaftsdrucksache 13/967, Hamburg 1988.
186 Dieckmann, Rudolf: Steuerung der öffentlichen Unternehmen, a.a.O., S. 297.

trale Beteiligungsverwaltung, die Querschnittsaufgaben, wie gesellschafts-, steuer-, arbeits- und versorgungsrechtliche Grundsatzfragen wahrnimmt und die Gesamtverantwortung für die finanziellen Effekte aus den Beteiligungen für den Haushalt der Stadt trägt.[187]

Als weiteres institutionelles Element des Hamburger Beteiligungs-Controlling bildet der Ausschuß für Vermögen und öffentliche Unternehmen das Bindeglied zwischen der Bürgerschaft und den Beteiligungsunternehmen. Das Aufgabenspektrum des Ausschusses für Vermögen und öffentliche Unternehmen erstreckt sich auf "die Beratung

- des Beteiligungsberichtes,
- der Geschäftsberichte der Unternehmen,
- der Vorlagen des Senats über Angelegenheiten von besonderer Bedeutung der unmittelbaren Beteiligungen ... und
- (von) Tariferhöhungen"[188].

Eine Berichterstattung über sämtliche auf die Beteiligungen bezogenen Controlling-Instrumente und -Aktivitäten enthält der **Beteiligungsbericht**, der auf Verlangen der Bürgerschaft und des Rechnungshofs erstmals in 1988 für das Jahr 1986 erstellt wurde. Er wendet sich an Parlament, Rechnungshof und die Öffentlichkeit, zeigt die jedem Beteiligungsunternehmen gestellten (öffentlichen) Aufgaben und versucht, Aussagen zum Aufgabenerfüllungsgrad zu treffen.[189]

4. Strategisches Controlling

Während für die öffentlichen Unternehmen schon einige Beiträge zu einem strategischen Controlling publiziert sind, wurden derartige Konzepte für den Bereich der öffentlichen (Kern-)Verwaltung bisher kaum bekannt.

Ansätze bestehen dort, wo die zum Teil noch vorhandenen Strukturen der in den siebziger Jahren vielerorts geschaffenen **Stadtentwicklungsplanung** in ein Controlling-Konzept integriert werden. Dies ist in Osnabrück der Fall, wo innerhalb des schon erwähnten Zentralamtes ("Controlling-Amt"[190]) eine der drei Abteilungen mit strategischen Aufgaben befaßt ist.

In einer Verfügung zur Einrichtung des Zentralamtes wird die gegenüber den überholten und weitgehend gescheiterten Konzepten der synoptischen Stadtentwicklungsplanung geänderte Aufgabenstellung der Abt. 12-1 klargestellt. Demnach soll die Abteilung "nicht mehr ein geschlossenes, umfangreiches gesamtstädtisches Stadtentwicklungsprogramm und keine reine Bedarfs- und Expansionsplanung" betreiben. Vielmehr soll die Abteilung "das Verwaltungshandeln auf die knapper werdende Finanz- und Personalausstattung der Verwaltung umorientieren, die Aufgabenkritik und sinnvolles

---
187 Vgl. ebenda, S. 297-299.
188 Ebenda, S. 301f.
189 Vgl. Bürgerschaft der Freien und Hansestadt Hamburg (Hrsg.): 1. Beteiligungsbericht 1986, a.a.O.
190 Hoffmann, Siegfried: Zentrales und dezentrales Controlling in der Stadt Osnabrück, a.a.O., S. 43.

Sparen fördern, veränderte Rahmenbedingungen feststellen und daraus ggf. konkrete Schlußfolgerungen für Verwaltungs- und Ratsentscheidungen ableiten."[191]

In dieselbe Richtung zielt auch der von Hein für **Berlin** geschilderte und dort unter die Controlling-Maßnahmen subsumierte Ansatz,[192] das **Leistungsprogramm** um obsolete Aufgaben zu bereinigen. Er baut stark auf das Verfahren der **Aufgabenkritik**[193] als einer auf die Verwaltung bezogene Variante der Wertanalyse auf.

II. Controlling in öffentlichen Institutionen außerhalb der Kernverwaltungen

Gegenüber dem Stand des Controlling in öffentlichen Verwaltungen sind die Controlling-Konzeptionen in den öffentlichen Unternehmen und den Sondervermögen der Gebietskörperschaften weiter fortgeschritten und auch schon häufiger und in vielfältigerer Form etabliert. Hier interessiert in erster Linie, inwieweit sich **Erkenntnisse für ein Verwaltungs-Controlling** ergeben können. Dies wird umso eher der Fall sein, je vergleichbarer die Ziel-, Organisations- und Leistungsstrukturen sowie die Leistungserstellungsprozesse sind.

Von daher entsprechen öffentliche Kapitalgesellschaften - insbesondere soweit sie am Markt unter Konkurrenz agieren - häufig eher erwerbswirtschaftlichen Unternehmen in privatem Eigentum als öffentlichen Verwaltungen. Die dort gebräuchlichen Controlling-Systeme erscheinen wegen ihrer starken Ausrichtung auf monetäre Erfolgsziele für einen Einsatz im Rahmen eines Verwaltungs-Controlling nicht unmittelbar geeignet. Dagegen liegen gerade in verwaltungsnäheren Institutionen wie in weiten Teilbereichen der Sondervermögen des Bundes Bedingungen vor, die auch in der öffentlichen Kernverwaltung anzutreffen sind. Dies betrifft etwa die Leistungserstellungsprozesse mit den sich daraus ergebenden Kostenstrukturen und die hohe Bedeutung von Sachzielen bei geringer Zielautonomie. Von daher bietet es sich an, dort entwickelte und teilweise schon im Einsatz befindliche Systeme und insbesondere Controlling-Instrumente zu beachten und gegebenenfalls für das Verwaltungs-Controlling zu nutzen.

Im Bereich der **Controlling-Instrumente** zählt dazu etwa die Einführung eines Systems der Leistungs- und Kostenrechnung bei der **Deutschen Bundespost**.[194] Dort sind Strukturen zu bewältigen, wie sie in sehr ähnlicher Form auch in weiten Bereichen der

---
191 Auszug aus der Verfügung zur Einrichtung des Zentralamtes vom 13.6.1983, teilweise abgedruckt in: Hoffmann, Siegfried: Zentrales und dezentrales Controlling in der Stadt Osnabrück, a.a.O., S. 33. Vgl. auch die konkrete Aufgabenverteilung innerhalb des Amtes, ebenda, S. 34.
192 Vgl. Hein, Andreas: Aufgabenkritik als Methode des politischen Controlling, in: Weber, Jürgen/Tylkowski, Otto (Hrsg.): Controlling - Eine Chance für öffentliche Unternehmen und Verwaltungen, Stuttgart 1988, S. 119-138.
193 Vgl. KGSt: Aufgabenkritik, Bericht Nr. 21/1974, Köln 1974.
194 Vikas, Kurt: Controlling im Dienstleistungsbereich mit Grenzplankostenrechnung, Wiesbaden 1988 und Strohbach, Winfried: Die Einführung einer dezentralen Leistungs- und Kostenrechnung (DELKOS) bei den Unternehmen der Deutschen Bundespost, in: Weber, Jürgen/Tylkowski, Otto (Hrsg.): Konzepte und Instrumente von Controlling-Systemen in öffentlichen Institutionen, Stuttgart 1990, S. 103-129.

Kernverwaltungen anzutreffen sind. Die hier angewandte Vorgangskalkulation[195] enthält Elemente einer Prozeßkostenrechnung, die zur Aufhellung der von herkömmlich angewandten Kostenrechnungssystemen relativ undifferenziert behandelten Gemeinkostenblöcke beitragen kann.

Obwohl Controlling-Ansätze für **Krankenhäuser**[196] stark durch die dort vorzufindenden spezifischen Bedingungen geprägt sind, können in Teilbereichen durchaus Rückschlüsse für öffentliche (Kern-)Verwaltungen gezogen werden. Zu denken ist hier insbesondere an Teile der (dort durch die Krankenhausbuchführungsverordnung[197] vorgeschriebenen) Leistungs- und Kostenrechnung. Während hier früher lediglich recht schematische Rechenwerke gefertigt wurden, ergab sich durch die Novellierung des Entgeltrechts 1986[198] eine Intensivierung der Bemühungen der Krankenhäuser um ein controlling-orientiertes Rechnungswesen, das sich auch für Zwecke der betriebsinternen Steuerung und der Beurteilung der Wirtschaftlichkeit und Leistungsfähigkeit eignet. Der Weg geht dabei "vom Kosten- und Leistungsnachweis zur patientenbezogenen Kosten- und Leistungsrechnung"[199]. Gerade die Schwierigkeiten und Erfolge der Etablierung einer flächendeckenden Leistungsrechnung als Basis für Kostenrechnung und Budgetierung[200] erscheinen im Hinblick auf ein Verwaltungs-Controlling sehr wertvoll. Auch Überlegungen zur Einführung eines an Budgets gekoppelten Anreizsystems[201] können herangezogen werden, zumal hier wie dort das restriktive öffentliche Dienstrecht zu beachten ist.

---

195 Vgl. dazu Vikas, Kurt: Controlling im Dienstleistungsbereich, a.a.O., S. 60ff.
196 Vgl. Sieben, Günter (Hrsg.): Controlling - Ein Instrument zur Steuerung von Leistungen und Kosten im Krankenhaus, Köln 1987; Gührs, Eckard: Controlling im Krankenhauswesen - Zustand, Maßnahmen, Notwendigkeiten und Ziele, in: Weber, Jürgen/Tylkowski, Otto (Hrsg.): Controlling in öffentlichen Institutionen: Konzepte - Instrumente - Entwicklungen, Stuttgart 1989, S. 231-250; Kracht, Peter/Weigel, Wolfgang: Entscheidungshilfen und Lösungen für die Einrichtung einer Controlling-Funktion im Krankenhaus, in: Krankenhaus Umschau, Nr. 5/1989, S. 366-371; Kreuder, Klaus-Peter/Deniz, Kuranel: Controlling im Krankenhaus, in: Krankenhaus Umschau, Nr. 2/1990, S. 89-94; Röhrig, Richard: Krankenhaus-Controlling, in: Weber, Jürgen/Tylkowski, Otto (Hrsg.): Perspektiven der Controlling-Entwicklung in öffentlichen Institutionen, Stuttgart 1991, S. 131-156 sowie die in den nachfolgenden Fußnoten angeführte Literatur.
197 Vgl. § 8 Krankenhausbuchführungsverordnung (KHBV) und auch die entsprechenden Detaillierungen der Bundespflegesatzverordnung (BPflV).
198 Ein effizientes internes Rechnungswesen ist jetzt nicht zuletzt deshalb notwendig, um eine interne Durchsetzung des mit den Krankenkassen ex ante ausgehandelten Budgets zu sichern (vgl. zur sog. internen Budgetierung Sieben, Günter (Hrsg.): Interne Budgetierung im Krankenhaus, Köln 1988).
199 So der Untertitel einer Schrift von Tauch, der sich seit 1980 mit der Einführung eines Controlling-Systems, dessen Kernstück eine Leistungs- und Kostenrechnung bildet, im Städtischen Krankenhaus Gütersloh befaßt (vgl. Tauch, Jürgen G.: Kosten- und Leistungsrechnung im Krankenhaus - Vom Kosten- und Leistungsnachweis zur patientenbezogenen Kosten- und Leistungsrechnung, Gütersloh 1987).
200 Vgl. als Soll-Konzept Röhrig, Richard: Die Entwicklung eines Controllingsystems für ein Krankenhaus, Darmstadt 1983, S. 151-187 (Kosten- und Leistungsrechnung) und S. 188-217 (zur Budgetierung, dies allerdings noch vor den gesetzlichen Neuerungen); Tauch, Jürgen G.: Kosten- und Leistungsrechnung im Krankenhaus, a.a.O., S. 47-79; Gruenagel, Hans-Helmut: Leistungsplanung und Kostenbudgets aus der Sicht der Krankenhausärzte, in: Sieben, Günter (Hrsg.): Interne Budgetierung im Krankenhaus, Köln 1988, S. 53-69; Deters, Matthias: Controlling im Krankenhaus, Vortragsmanuskript, Nürnberg 1990, insbes. S. 4-6.
201 Vgl. Philippi, Michael: Motivations- und Anreizmechanismen im Rahmen der internen Budgetierung im Krankenhaus, in: Sieben, Günter (Hrsg.): Interne Budgetierung im Krankenhaus, Köln 1988, S. 105-111; Tauch, Jürgen G.: Entwicklung und Realisierung des Gütersloher Controlling-Modells - Anwendungserfahrungen einer Krankenhausverwaltung, in: Weber, Jürgen/Tylkowski, Otto (Hrsg.): Controlling in öffentlichen Institutionen: Konzepte - Instrumente - Entwicklungen, Stuttgart 1989, S. 251-264, hier S. 262f; Deters, Matthias: Controlling im Krankenhaus, a.a.O., S. 12f.

Die Controlling-Ansätze im Bereich der **Rundfunkanstalten** und der **Theater** sind dadurch geprägt, daß eine erfolgsorientierte Leistungsprogrammplanung und Steuerung des Betriebsgeschehens in diesen Institutionen durch die Dominanz äußerst schwer abzubildender, häufig unpräziser und wenig operationaler Sachziele erschwert wird. Die hier unternommenen - wegen der vergleichbaren Problemstellung auch für die Kernverwaltungen relevanten - Anstrengungen sind hauptsächlich auf die Zieloperationalisierung und die Entwicklung von Indikatorensystemen ausgerichtet.[202] Sowohl aus der Vorgehensweise deren Erarbeitung als auch aus der Struktur der Ergebnisse ergeben sich Erkenntnisse für ein Verwaltungs-Controlling.

Auch aus dem Entwurf eines controlling-orientierten Informations-, Berichts- und Koordinationssystems für eine Schweizer **Universität**[203] können Erkenntnisse für ein Verwaltungs-Controlling gezogen werden. Dies betrifft besonders die Informations- und Koordinationsfunktion des Controlling.[204]

Die **Bundeswehr** hat zur Überwachung und Steuerung langfristiger Investitionsprojekte im Rüstungsbereich ein Verfahren der "Vorhabenüberwachung" etabliert. Dabei "zielt das Controlling der Vorhabenüberwachung auf die entscheidungsorientierte Unterstützung der Führungsebenen zur ständigen Beurteilung des Standes und dem Aufzeigen von alternativen Handlungsmaßnahmen bei einzelnen Vorhaben".[205] Wenngleich im Bereich der Rüstungsgüterbeschaffung einige Spezifika vorliegen, die von den Gegebenheiten in den Kernverwaltungen abweichen, so liegen doch sicherlich auch

---

202 Vgl. für öffentliche Theater Ossadnik, Wolfgang: Theatermanagement mittels Controlling, in: ZögU, Heft 2/1987, S. 145-157, hier S. 146f, 149f und 151 und Beutling, Lutz: Controlling für öffentliche Theater - Grundmodell und Teilsysteme, in: Braun, Günther E./Bozem, Karlheinz (Hrsg.): Controlling im kommunalen Bereich, München 1990, S. 118-132, insbes. 124-126. Für den Rundfunkbereich vgl. Sieben, Günter/Schneider, Willi: Überlegungen zu einem Controlling-Konzept für Rundfunkanstalten, in: BFuP, 34. Jg. (1982), Heft 3, S. 236-251 sowie den Prototyp einer rundfunkspezifischen Erfolgsrechnung mit quantitativen und qualitativen Elementen bei Schmutz, Hans-Ulrich/Eichsteller, Harald: Überlegungen zur einer Controlling-Konzeption im Fernsehen der deutschen und der rätoromanischen Schweiz (DRS), in: Weber, Jürgen/Tylkowski, Otto (Hrsg.): Controlling in öffentlichen Institutionen - Instrumente - Entwicklungen, Stuttgart 1989, S. 185-201, hier insbes. S. 193-199; Gläser, Martin: Controlling im öffentlich-rechtlichen Rundfunk - Ein Wolf im Schafspelz?, in: Weber, Jürgen/Tylkowski, Otto (Hrsg.): Konzepte und Instrumente von Controlling-Systemen in öffentlichen Institutionen, Stuttgart 1990, S. 317-342, hier insbes. 325 und 332-334. Zum Status Quo des Controlling im Rundfunkbereich vgl. Seidel, Norbert: Controlling in öffentlich-rechtlichen Rundfunkanstalten - Ein Beitrag zum Themenbereich Managementsysteme in öffentlichen Unternehmen, in: Die Wirtschaftsprüfung, Heft 2/1992, S. 33-43.
203 Vgl. Kemmler, Walter: Controlling für Hochschulen - dargestellt am Beispiel der Universität Zürich, Bern und Stuttgart 1990.
204 Allerdings sind die Ausführungen einerseits recht allgemein gehalten und reichen kaum über die allgemeine Controlling-Literatur hinaus, andererseits aber sind sie sehr stark auf die Spezifika einer schweizerischen Hochschule abgestellt. So findet sich in dem Werk von 425 Seiten neben einem 115seitigen einleitenden Teil die 140seitige Beschreibung der Universität Zürich und auf weiteren 130 Seiten eine überwiegend deskriptive Darstellung des Informations-, Berichts- und Koordinationssystems einschließlich instrumenteller und institutioneller Aspekte.
205 Timmermann, Manfred: Vorhabenüberwachung, Vortragsmanuskript zum Kolloquium "Management und Controlling der öffentlichen Verwaltung", an der Universität, Stuttgart, Bonn 1988, S. 1). Vgl. auch Bundesministerium der Verteidigung: Dienstanweisung "Einrichtung der Vorhabenüberwachung", Bonn 1989 mit Details zur Zielsetzung, den Aufgaben und der organisatorischen Implementierung der Vorhabenüberwachung.
Die Vorhabenüberwachung ist im wesentlichen die einzige (in Abwandlung) realisierte Maßnahme des von McKinsey 1982 im Rahmen des Gutachtens "Verbesserung der Kostentransparenz und Wirtschaftlichkeit der Bundeswehr durch ein leistungsfähiges Controlling" vorgeschlagenen Maßnahmenpaketes. Vgl. dazu auch König, Herbert: Von der Finanzkontrolle zum Controlling in der öffentlichen Verwaltung?, a.a.O., S. 21-24, hier S. 23f und Ball, R.: Planung und Kontrolle in der Bundeswehr - Möglichkeiten und Grenzen des Controlling, in: Blum, Jürgen/Horváth, Péter (Hrsg.): Planung und Kontrolle in der öffentlichen Verwaltung und in öffentlichen Unternehmen, Stuttgart 1983, S. 157-190.

einige Parallelen zum Management großer Investitionsvorhaben im Bereich der Kernverwaltungen vor, so daß bewährte Elemente der bei der Bundeswehr eingesetzten Vorhabenüberwachung in ein Projekt- und Investitions-Controlling als Teilbereich des Verwaltungs-Controlling einfließen könnten.

In eine ähnliche Richtung zielen auch Maßnahmen des Projekt-Controlling für die Vorhaben im Rahmen des "Projekts HGV" (Hochgeschwindigkeitsverkehr) der **Deutschen Bundesbahn**[206], so daß es sich gerade angesichts der Erfolge (Unterschreitung der Planansätze für Baukosten bei Neu- und Ausbaustrecken) lohnt, die angewandten Verfahren, einschließlich der Fremdvergabe von Projektmanagement-Leistungen auf eine Anwendbarkeit in öffentlichen Verwaltungen zu untersuchen.

Ansonsten lassen sich aus den Controlling-Konzepten der **Verkehrs- und Versorgungsunternehmen**[207] vergleichsweise wenige Erkenntnisse für den Aufbau des Verwaltungs-Controlling gewinnen, da die Spezifika dieser Unternehmen von der Struktur öffentlicher Verwaltungen doch stark abweichen.[208] Dies gilt insbesondere für privatrechtlich organisierte Unternehmen und verstärkt sich noch durch eine Beteiligung privater Kapitalgeber.

Für Maßnahmen im Rahmen der Aufgabenprogrammplanung und -bereinigung (einschließlich Aufgabenkritik) können Ansätze und erste Ergebnisse eines strategischen, auf die Analyse und Selektion des Aufgabenbestandes ausgerichteten Controlling in **Kammern** und **Verbänden** des Non-Profit-Bereichs[209] herangezogen werden.

Soweit in den hier nur kurz skizzierten Arbeiten Elemente enthalten sind, die sich für ein Controlling in öffentlichen (Kern-)Verwaltungen verwerten lassen, erfolgt eine Berücksichtigung in den Kapiteln 5 bis 8 dieser Arbeit.

---

206 Vgl. Pällmann, Wilhelm/Münchschwander, Peter: Controlling von Neubau-Großprojekten am Beispiel der Deutschen Bundesbahn, in: Weber, Jürgen/Tylkowski, Otto (Hrsg.): Konzepte und Instrumente von Controlling-Systemen in öffentlichen Institutionen, Stuttgart 1990, S. 157-176 und Rackelmann, Günter: Projekt-Controlling für die Bundesbahn-Neubaustrecke Hannover-Würzburg, unveröffentl. Vortragsmanuskript, Nürnberg 1990.

207 Vgl. etwa Braun, Günther E.: Einsatz des Controlling in kommunalen Versorgungsunternehmen, a.a.O., S. 185-187 sowie das Kapitel VII "Controlling in kommunalen Versorgungs- und Verkehrsunternehmen" in Braun, Günther E./Bozem, Karlheinz (Hrsg.): Controlling im kommunalen Bereich, München 1990, S. 174-275, mit sieben exemplarischen Darstellungen aus der Praxis.

208 Soweit aber qualitative, sachzielbezogene Elemente - wie sie etwa aus Nutzerbefragungen und darauf aufbauenden Analysen gewonnen werden - können direkte Bezüge für ein Verwaltungs-Controlling hergestellt werden.

209 Vgl. allgemein Schauer, Reinbert: Controlling - Eine Herausforderung für Kammern und Verbände? in: Weber, Jürgen/Tylkowski, Otto (Hrsg.): Konzepte und Instrumente von Controlling-Systemen in öffentlichen Institutionen, Stuttgart 1990, S. 45-69. Zu einem Projekt zur Einführung von Controlling in einem Diakonischen Werk vgl. Rischke, Michael/Reiss, Christoph: Controlling-Konzept für ein Wohlfahrtsunternehmen, in: Weber, Jürgen/Tylkowski, Otto (Hrsg.): Controlling in öffentlichen Institutionen: Konzepte - Instrumente - Entwicklungen, Stuttgart 1989, S. 101-124 und Reiss, Christoph/Weber, Jürgen: Strategisches Controlling in der Freien Wohlfahrtspflege - Konzepte, Instrumente, Beispiele, in: Weber, Jürgen/Tylkowski, Otto (Hrsg.): Konzepte und Instrumente von Controlling-Systemen in öffentlichen Institutionen, Stuttgart 1990, S. 213-242. Zu einem vielversprechenden Projekt im Bereich der (Landwirtschafts-)Kammern vgl. Petersen, Volker: Landwirtschaftskammer Schleswig-Holstein - Von der öffentlichen Institution zum modernen Dienstleistungsunternehmen, in: Weber, Jürgen/Tylkowski, Otto (Hrsg.): Konzepte und Instrumente von Controlling-Systemen in öffentlichen Institutionen, Stuttgart 1990, S. 71-80 und Petersen, Volker: Landwirtschaftskammer Schleswig-Holstein, a.a.O., S. 177-200.

III. Impliziter Bezug zu Controlling in öffentlichen Verwaltungen

Die Befassung mit Verwaltungs-Controlling läßt sich als ein Versuch begreifen, die öffentlichen Verwaltungen besser an die Erfordernisse der modernen Industrie- und Dienstleistungsgesellschaft anzupassen, um so letztlich zu einer verbesserten Leistungserfüllung zu gelangen. Ähnlich motivierte Versuche der **Verwaltungsinnovation**[210] gab es in der Vergangenheit - insbesondere seit Beginn der sechziger Jahre - immer wieder. Der hier auf einem breiten Controlling-Grundverständnis basierende Ansatz des Verwaltungs-Controlling hat damit einige "**Vorgänger**", die ebenfalls Veränderungen in die beschriebene Richtung erreichen wollten. Eine Analyse dieser innovatorischen Ansätze zeigt, daß zumindest für einzelne Elemente enge Bezüge zum Verwaltungs-Controlling bestehen. Zudem wird in der Controlling-Diskussion verschiedentlich betont, daß Controlling an sich nichts völlig Neues darstelle, daß vielmehr Controlling-Funktionen schon von jeher in privatwirtschaftlichen Unternehmen wie auch in öffentlichen Verwaltungen und Unternehmen wahrgenommen werden[211] - allerdings in mehr oder weniger ausgeprägter, systematischer und institutionalisierter Form.

Im folgenden sollen solche konzeptionelle Vorarbeiten und teilweise auch schon implementierte Elemente aufgezeigt werden, die bei Zugrundelegung eines weiten Controlling-Verständnisses innerhalb der Diskussion um ein Verwaltungs-Controlling eine konstruktive Berücksichtigung finden müssen. Dabei kann es weder um eine vollständige Auflistung noch um eine eingehende Analyse und Bewertung gehen. Die **Auswahl** aus der breiten Palette der hierzu in Frage kommenden Literatur kann nur den Versuch darstellen, auf besonders relevante Aspekte hinzuweisen.[212]

Die gewählte **Systematisierung** der Arbeiten mit impliziten Controlling-Bezügen soll die funktionalen und instrumentellen Quellen aufzeigen, aus denen sich das Verwal-

---

210 Zum Begriff der Verwaltungsinnovation vgl. Brinckmann, Hans/Kuhlmann, Stefan: Computerbürokratie - Ergebnisse von 30 Jahren öffentlicher Verwaltung mit Informationstechnik, Opladen 1990, S. 31f mit weiteren Literaturhinweisen.
211 Vgl. z.B. Budäus, Dietrich: Controlling in der öffentlichen Verwaltung, a.a.O., S. 571.
212 Wegen der hier im Vordergrund stehenden betriebswirtschaftlichen Betrachtungsweise werden "Makro-Reformansätze" wie die Gebiets- und Funktionalreformen genausowenig aufgegriffen wie die verschiedenen Initiativen zur Verwaltungsvereinfachung auf dem Wege der Rechtsvereinfachung. Weiterhin bleiben auch die Beiträge unberücksichtigt, die sich allgemein mit der Organisationsentwicklung (Organisationsänderung) befassen. Diese Forschungsergebnisse sind aber aufzunehmen, wenn eine umfassende, über punktuelle Insellösungen hinausgehende Einführung von Verwaltungs-Controlling und insbesondere Fragen der Einführungsstrategie thematisiert werden sollen.
Vgl. zu den "**Makro-Reformansätzen**" König, Herbert: Verwaltungsreformen, in: Chmielewicz, Klaus/Eichhorn, Peter (Hrsg.): HWÖ, Sp. 1738-1744, hier insbes. Sp. 1739-1741. Zur **Rechtsvereinfachung** als Mittel der Verwaltungsvereinfachung vgl. etwa die Arbeit der "Unabhängigen Kommission für Rechts- und Verwaltungsvereinfachung des Bundes", dokumentiert z.B. in: Bundesministerium des Innern (Hrsg.): Unabhängigen Kommission für Rechts- und Verwaltungsvereinfachung des Bundes 1983-1987 - Eine Zwischenbilanz, Bonn 1987; die Ergebnisse der sog. Ellwein-Kommission (vgl. Ellwein, Thomas: Gesetzes- und Verwaltungsvereinfachung in Nordrhein-Westfalen: Bericht und Vorschläge der Kommission, Köln 1983) oder der sog. Burger-Kommission (vgl. Hauptausschuß des Landtages Nordrhein-Westfalen (Berichterstatter Burger): Effizienzsteigerung der Landesverwaltung - Beschlußempfehlung und Bericht, Drucksache 10/2787, Düsseldorf 1988). Zur **Organisationsentwicklung** in öffentlichen Verwaltungen vgl. Koch, Rainer: Management von Organisationsänderungen in der öffentlichen Verwaltung, Berlin 1982 sowie den Sammelband (mit Gesamtbetrachtungen und internationalen Fallbeispielen) Verwaltungsreform durch Organisationsentwicklung (hrsgeg. v. Friedrich Glasl, Bern und Stuttgart 1983), jeweils mit weiteren Literaturhinweisen.

tungs-Controlling speist. Dabei ist eine völlig trennscharfe Unterteilung der umfangreichen Literatur nicht zu leisten. So können die nachfolgend unter den Abschnitten B bis G skizzierten Ansätze und Instrumente als Elemente der - dann umfassend verstandenen - Management-Konzeptionen für die öffentliche Verwaltung (Abschnitt A) angesehen werden. Zur Reduzierung der Komplexität erfolgt hier eine getrennte Darstellung. Die Reihenfolge wurde tendenziell "vom Großen zum Kleinen", also von ganzheitlichen Management-Konzeptionen hin zu einzelnen Instrumenten ausgerichtet.

A Management-Konzeptionen für die öffentliche Verwaltung

Die Argumente, die heute für die Einführung eines **Verwaltungs-Controlling** angeführt werden, ähneln sehr stark denjenigen, die zu Beginn der siebziger Jahre für die Notwendigkeit der Einführung von **Management-Konzeptionen**[213] in öffentlichen Verwaltungen ins Felde geführt wurden. Hier wie da wird auf einer allgemeinen Ebene das Bemühen um eine **Steigerung der Leistungsfähigkeit der öffentlichen Verwaltung** angeführt. Und auch schon damals wurde der **Strukturwandel** von der überwiegend hoheitliche Aufgaben wahrnehmenden Vollzugsverwaltung hin zu einer mehr und mehr der Daseinsfürsorge verpflichteten Leistungsverwaltung benannt - ein Strukturwandel, dem der überkommene autoritäre Führungsstil nicht gefolgt sei, so daß ein Änderungsbedarf im Bereich der Führungskonzeption diagnostiziert bestehe.[214]

Auch Aspekte wie das starke **quantitative Wachstum** der öffentlichen Verwaltungen "in Dimensionen von Großbetrieben, in denen Einzelressorts ein Eigenleben führen und Koordination mit herkömmlichen Mitteln kaum noch möglich ist"[215] oder die "steigende Komplexität staatlichen Handelns"[216] tauchen - teilweise fast wörtlich - in

---

213 Teilweise wird nur von Führungskonzeptionen gesprochen, die wiederum als Teil einer (umfassenderen) Management-Konzeption angesehen werden (so z.B. Reinermann, Heinrich/Reichmann, Gerhard: Verwaltung und Führungskonzepte, Berlin 1978, S. 38f und 169). Gerade angesichts Uneinheitlichkeit der Begriffsverwendungen sowie auch der Komplexität von Konzepten wie dem des MbO erscheint es aber als angebracht, hier den Begriff der Managementkonzeption zu verwenden. Eine vollständige Charakterisierung muß Aussagen zum Managementträger, zur -struktur, zur -funktion und zu den Managementtechniken enthalten (vgl. Reichard, Christoph: Betriebswirtschaftslehre der öffentlichen Verwaltung, 2. Auflage, Berlin und New York 1987, S. 133 und 150). Zur Unterscheidung von Management-Konzeption und Management-Modell vgl. König, Herbert: Managementkonzeptionen für Regierung und Verwaltung, Verwaltungsarchiv, Nr. 4/1976, S. 335-368, hier S. 335.
214 Vgl. z.B. Höhn, Reinhard: Moderne Führungsprinzipien in der Kommunalverwaltung, Bad Harzburg 1972, S. 1-17 sowie Reichard, Christoph: Managementkonzeption des Öffentlichen Verwaltungsbetriebes, Berlin 1973, S. 15ff. Auffallende Bezüge bestehen zur aktuellen Argumentation Webers, wonach die Abkehr von dem bürokratischen Führungsparadigma eine Voraussetzung für den sinnvollen Einsatz von Controlling in öffentlichen Verwaltungen sei, andererseits aber Controlling "seine Begründung in der Notwendigkeit eines dezentralen, planungs- und kontrolldeterminierten Führungsparadigma" finde (Weber, Jürgen: Controlling als Koordinationsfunktion, a.a.O., S. 51 und 54).
215 Reichard, Christoph: Managementkonzeption des Öffentlichen Verwaltungsbetriebes, a.a.O., S. 17
216 Ebenda, S. 18.

den aktuellen Hinführungen auf das Erfordernis von Controlling in der öffentlichen Verwaltung wieder auf.[217]

Und noch ein weiteres Analogon ist zu erkennen: Sowohl hier (Managementkonzeptionen) als auch dort (Controlling) soll(t)en **zunächst in der Privatwirtschaft angewandten Konzepte** mit einer gewissen zeitlichen Verzögerung und gegebenenfalls in modifizierter Form in den öffentlichen Verwaltungen zur Anwendung kommen. Gerade an diesem Punkt entzündeten und entzünden sich auch heute kontroverse Diskussionen: Während die einen die unterschiedlichen Rahmenbedingungen durch Anpassungen der Managementkonzeptionen bzw. Controllingkonzeptionen für überwindbar halten, sehen die anderen die abweichende Kontextsituation als unüberbrückbare Ursache für die Unmöglichkeit einer Anwendung dieser Konzeptionen in öffentlichen Verwaltungen an. Die mehr oder minder erfolglosen Bemühungen um die Einführung von Managementkonzeptionen werden von Verwaltungspraktikern nicht selten als Grund für ihre Skepsis gegenüber einem Verwaltungs-Controlling angeführt.

Ein Blick auf die beiden am stärksten für einen Einsatz in öffentlichen Verwaltungen diskutierten Management-Konzeptionen soll weitere Berührungspunkte mit der heute geführten Controlling-Diskussion verdeutlichen. Es handelt sich dabei um das Harzburger Modell und das Management by Objectives (MbO).[218]

Das **Harzburger Modell** eines "Konzeptes der Menschenführung und Betriebsorganisation" war von Reinhard Höhn Ende der fünfziger Jahre entwickelt worden[219] und wurde ab Ende der sechziger Jahre von ihm zunehmend auch für einen Einsatz in der öffentlichen Verwaltung empfohlen.[220]

Die **Reaktionen** waren zwiespältig: Während einige Verwaltungen das Modell aufgriffen und an die Implementierung gingen[221] wurde auch heftige Kritik auf verschiedenen Ebenen geübt.[222] Diese Kritik aufnehmend entwickelte die KGSt auf der

---

217 Vgl. z.B. Zünd, André: Das Controlling als Hilfsmittel zur Steuerung in Unternehmen und Verwaltung, a.a.O., hier S. 23f oder Budäus, Dietrich: Controlling in der öffentlichen Verwaltung, a.a.O., S. 569f.
218 Auf weitere Konzepte wie das des "Ziel- und Ergebnisorientierten Verwaltungshandelns" (ZEV) der Bundesakademie für öffentliche Verwaltung oder das von der St. Galler Schule entwickelten systemtheoretisch ausgerichteten "Management-Modells für die öffentliche Hand" kann hier nicht eingegangen werden. Vgl. dazu Mattern, Karl-Heinz: Ziel- und ergebnisorientiertes Verwaltungshandeln, in: VuF 1977, S. 3-10 und Sidler, Fredy: Management-Modell für Regierung und Verwaltung, Zürich 1974 sowie Ulrich, Hans/Sidler, Fredy: Ein Management-Modell für die öffentliche Hand, Bern und Stuttgart 1977.
219 Vgl. Höhn, Reinhard (Hrsg.): Der Wandel im Führungsstil der Wirtschaft, Festschrift zum zehnjährigen Bestehen der Akademie der Führungskräfte der Wirtschaft, Bad Harzburg 1966.
220 Vgl. Höhn, Reinhard: Verwaltung heute - Autoritäre Führung oder modernes Management, Bad Harzburg 1970 oder Höhn, Reinhard: Moderne Führungsprinzipien, a.a.O. Vgl. auch den ausführlichen Literaturüberblick zum Harzburger Modell bei Eichhorn, Peter/Friedrich, Peter: Verwaltungsökonomie I, Methodologie und Management, Baden-Baden 1976, S. 362f.
221 Vgl. die Hinweise bei Höhn, Reinhard: Moderne Führungsprinzipien in der Kommunalverwaltung, a.a.O., S. 26-33.
222 So wurde kritisiert, das Harzburger Modell
  - lasse "als "Führungsfassade" relevante Mitarbeitermotive unbefriedigt"
  - sei "einseitig, unvollständig und von autoritärem Ideologiegehalt",
  - sei "infolge bürokratischer Regelorientierung nicht sonderlich effizient"
  - sei ungeeignet, die komplexen Zielbildungs- und Entscheidungsprozesse im politisch-administrativen Bereich zu berücksichtigen.

Grundlage des Harzburger Modells eher pragmatische, an den Gegebenheiten der Kommunalverwaltung orientierte Führungsregeln.[223] Vermieden werden sollte insbesondere die "Schaffung eines starren Systems mit komplizierten organisatorischen Regelungen"[224]. Eine in diese Richtung zielende Kritik an einem Verwaltungs-Controlling ist nicht bekannt und auch kaum zu erwarten. Eher im Gegenteil wird zuweilen ein Mangel an konkreten Vorgaben beklagt.

Die **Einsetzbarkeit** des Konzeptes des **Management by Objectives**[225] in der öffentlichen Verwaltung wurde seit den beginnenden siebziger Jahren diskutiert und etwas später auch in der Praxis versucht. Nach einigen fast euphorischen Meinungen[226] wurde schon bald in Frage gestellt, ob überhaupt die Anwendungsvoraussetzungen für MbO in der öffentlichen Verwaltung gegeben seien. Insbesondere wurde thematisiert, inwieweit die mit MbO verbundenen individuellen Zielfestlegungen, die der Anknüpfungspunkt für Leistungskontrollen und Maßnahmen der Personalentwicklung bilden sollten, im Rahmen der existierenden Aufgabenstellungen, der haushalts- und dienstrechtlichen Vorschriften sowie der unzureichenden instrumentellen Voraussetzungen zu realisieren sind.[227]

Eine direkte Übertragung einer Managementkonzeption auf die öffentliche Verwaltung wird heute nicht mehr empfohlen. Auch anfänglich entschiedene Befürworter äußern sich nunmehr zurückhaltend.[228] Elemente der Managementkonzeptionen finden sich in einigen **Führungsleitlinien oder -richtlinien** oder in überarbeiteten **Geschäftsordnungen**. Sie haben allerdings häufig eher den Charakter allgemein gehalte-

---

(Vgl. Reichard, Christoph: Betriebswirtschaftslehre, a.a.O., S. 154 sowie Böhret, Carl/Junkers, Marie Therese: Führungskonzepte für die öffentliche Verwaltung, Stuttgart u.a. 1976, S. 88-95, jeweils mit weiteren Literaturverweisen).

223 Vgl. KGSt: Funktionelle Organisation; Delegation von Entscheidungsbefugnissen, Bericht Nr. 3/1971. Höhn zu dem KGSt-Modell: "Tatsächlich übernimmt die KGSt teils wörtlich, teils in abgewandelter Form Begriffe und Vorstellungen des Harzburger Modells und macht hier terminologische Anleihen." Er bemängelt aber, daß das Prinzip der Delegation von Entscheidungsbefugnissen "durch eine Vielzahl von Ausnahmen durchlöchert und in Frage gestellt" werde. Die von der KGSt am Harzburger Modell kritisierte "schädliche Starre des Systems" und ihre verfassungsrechtlichen Bedenken läßt er nicht gelten (vgl. Höhn, Reinhard: Moderne Führungsprinzipien in der Kommunalverwaltung, a.a.O., S. VII-XI sowie 95-167).

224 KGSt: Funktionelle Organisation; a.a.O., S. 15. Die KGSt legte im Laufe der Jahre in verschiedenen Berichten weitere Empfehlungen zu Managementfunktionen, -strukturen und -techniken, dagegen aber kein geschlossenes Managementkonzept vor (vgl. die Übersicht über die einschlägigen KGSt-Berichte bei Reichard, Christoph: Betriebswirtschaftslehre, a.a.O., S. 155).

225 Vgl. die Literaturübersicht bei Eichhorn, Peter/Friedrich, Peter: Verwaltungsökonomie I, a.a.O., S. 372.

226 Vgl. z.B. Wild, Jürgen: MbO als Führungsmodell für die öffentliche Verwaltung, in: Die Verwaltung, Nr. 3/1973, S. 283-316, hier hpts. S. 309.

227 Im Ergebnis zeigten eingehende Analysen, daß
- MbO sich für einige eher innovative, jedoch nicht mit großem Zeitdruck abzuarbeitende Aufgabenfelder eignet, wenn sich ein Zusammenhang zwischen Ergebnissen und Tätigkeit des Mitarbeiters herstellen läßt,
- die Geschäftsordnungen einem Einsatz von MbO nicht entgegenstehen,
- das Haushaltsrecht weniger als tradierte Formen der Haushaltswirtschaft MbO behindern,
- das öffentliche Dienstrecht nahezu keine Möglichkeiten bietet, die Bezahlung und Beförderung von Mitarbeitern am Grad der Zielerreichung auszurichten, wie MbO es vorsieht, so daß von der motivationalen Seite nur intrinsische Motivationseffekte wirksam werden könnten.
Vgl. im einzelnen Böhret, Carl/Junkers, Marie Therese: Führungskonzepte für die öffentliche Verwaltung, a.a.O., insbes. S. 98-105 und Reinermann, Heinrich/Reichmann, Gerhard: Verwaltung und Führungskonzepte, a.a.O., S. 55-158 und 172-178.

228 "Insgesamt zeigt sich ..., daß umfassende "marktgängige" Konzepte, die spezifische Managementprobleme im Verwaltungsbetrieb lösen können, nicht vorhanden sind." (Reichard, Christoph: Betriebswirtschaftslehre, a.a.O., S. 156.)

ner Interaktionsregeln, insbesondere für das Verhältnis zwischen Vorgesetzten und Untergebenen. Am häufigsten wurde die Idee der kooperativen Führung verankert.[229]

Gerade zwischen der Konzeption des MbO und denjenigen Controlling-Ansätze, die Controlling als Führungs(-sub-)system oder Denkhaltung ansehen bestehen gewisse Parallelen. Dies betrifft zunächst das verwaltungsinnovatorische **Grundanliegen**; darüber hinaus enthalten beide Ansätze aber auch sich - je nach der Ausprägung - mehr oder weniger **entsprechende Elemente** wie Zielbildungs-/Planungs- und Kontrollsysteme. Als konzeptionell-formale Einbettung wird häufig der systemtheoretische oder der kybernetische Ansatz gewählt.

Als größte **Abweichung** zum Ansatz des Verwaltungs-Controlling kann die weitgehend fehlende Einbeziehung quantitativer Führungstechniken, die idR. fehlende Aufgaben- und Verfahrensanalyse und -synthese, sowie die vergleichsweise geringe Bedeutung der informatorischen und koordinativen Dimension auf Seiten der Managementkonzeptionen angesehen werden.[230]

B   Integrierte Planungs- und Budgetierungsansätze

Nahezu sämtliche Arbeiten zum Controlling sehen im Bereich der Planung und Budgetierung zentrale Controlling-Aufgaben angesiedelt. Auch empirische Studien zum Aufgabenspektrum von Controllern in der Praxis[231] belegen, daß die Haupteinsatzfelder neben dem Rechnungswesen im Planungs- und Budgetierungsbereich liegen.

Das Feld der Planung und Budgetierung war schon einmal Ansatzpunkt und Gegenstand intensiver Bemühungen zur Verwaltungsinnovation. Im Rahmen der Anstrengungen um eine Anpassung der öffentlichen Verwaltung an die sich wandelnden gesellschaftlichen Bedingungen widmete man sich in den sechziger Jahren intensiv der **Aufgabenplanung**.[232] Angeregt durch eine in den Politik- und den Wirtschaftswissenschaften aufkommende Planungseuphorie, die in den USA ihren Ursprung hatte, wurden zu Beginn der siebziger Jahre auch in der Bundesrepublik Deutschland **komplexe Planungsmodelle** für die öffentliche Verwaltung diskutiert, die eine **integrierte Gesamtplanung** unter Einbeziehung von zumindest **Aufgaben- und Finanzplanung** anstrebten. Letztlich bezweckt wurde eine zentrale Steuerung der gesellschaftlichen Entwicklung durch den Versuch, "die Zweck-Mittel-Rationalität ökonomischer Entscheidungsmodelle auf die komplexen Organisationsstrukturen und Entscheidungsprozesse der Aufgaben-, Finanz- und Budgetplanung und -kontrolle aller Verwaltungs-, Bewilligungs- und Kontrollinstanzen"[233] zu übertragen. Den **Prototyp** eines

---
229 Vgl. ebenda, S. 151.
230 Vgl. zu diesen Defiziten der Managementkonzeptionen Eichhorn, Peter/Friedrich, Peter: Verwaltungsökonomie I, a.a.O., S. 375f.
231 Vgl. die Übersicht bei Horváth, Péter: Controlling, 3. Auflage, München 1990, S. 36ff und 56ff.
232 Vgl. Reinermann, Heinrich/Reichmann, Gerhard: Verwaltung und Führungskonzepte, a.a.O., S. 169.
233 Engelhardt, Gunther: Programmbudgetierung als Antwort auf die Haushaltskrise, in: Mäding, Heinrich (Hrsg.): Haushaltsplanung - Haushaltsvollzug - Haushaltskontrolle, Baden-Baden 1987, S. 132-167, hier S. 133f.

solchen Planungssystems stellt das in den USA in den sechziger Jahren entwickelte Planning Programming Budgeting System (**PPBS**)[234] dar.[235]

Die **Implementierungsversuche** sowohl in den USA (1965-1971) als auch in Europa wurden als überwiegend **erfolglos** abgebrochen. Die Gründe dafür werden nicht einheitlich beurteilt. Während teilweise die grundsätzliche Eignung für die öffentliche Verwaltung bestritten wird, verweisen andere Quellen auf "technische" Fehler und Unzulänglichkeiten im Rahmen der Einführungsphase.[236]

Gerade angesichts der Tatsache, daß Controlling teilweise als ein der Programmbudgetierung nachfolgender und Elemente daraus aufgreifender Innovationsansatz diskutiert wird,[237] wird es notwendig sein zu untersuchen, inwieweit die Gründe für das Scheitern der ambitionierten integrierten Planungs- und Budgetierungsansätze Auswirkungen für ein Verwaltungs-Controlling haben, das den Grundgedanken der Programmbudgetierung aufzunehmen versucht.[238]

C Evaluierung und Erfolgskontrolle

Controlling soll - wie oben dargelegt - letztlich zu einem verbesserten Zielerreichungsgrad sozialer Systeme führen.

Im Vergleich zu erwerbswirtschaftlichen Unternehmen fällt es öffentlichen Verwaltungen ungleich schwerer, einer Aktivität oder auch einer organisatorischen Einheit einen bestimmten **Zielbeitrag zuzuordnen**. Die Gründe dafür sind mehrschichtig und können an dieser Stelle nur angedeutet werden. Es existieren

- objektive Gründe (etwa die Sachzieldominanz, Immaterialität der zu erbringenden Leistungen) und
- subjektive Gründe (fehlendes Interesse und fehlender Zwang der Akteure zur Festlegung operationaler Ziele).

Vor diesem Hintergrund befaßten sich auch in der Vergangenheit schon eine Reihe von Arbeiten mit der Entwicklung oder Durchführung **spezifischer Erfolgskontrollen**

---

234 Vgl. stellvertretend für die umfangreiche Literatur ausführlich Reinermann, Heinrich: Programmbudgets in Regierung und Verwaltung, Baden-Baden 1975 und in knapper Form Engelhardt, Gunther: Programmbudgetierung, in: Chmielewicz, Klaus/Eichhorn, Peter (Hrsg.): HWÖ, Sp. 1320-1327 (jeweils mit weiteren Literaturhinweisen). Vgl. auch die Ausführungen in Kapitel 5, Teile I. und IV.
235 Die für den kommunalen Bereich entwickelten Konzepte der Stadtentwicklungsplanung waren auch als PPB-Systeme geplant. Sie wurden allerdings nur selten bis zum Stadium einer integrierten Aufgaben- und Finanzplanung (vgl. dazu z.B. Hesse, Joachim Jens: Organisation kommunaler Entwicklungsplanung - Anspruch, Inhalt und Reichweite von Reorganisationsvorstellungen für das kommunale politisch-administrative System, Stuttgart u.a. 1976).
236 Vgl. Schulz, Hans-Rudolf: Integrierte Planungs- und Budgetierungssysteme in der öffentlichen Verwaltung - Einführungsprobleme dargestellt am Beispiel des Polizeidepartement Baselstadt, Frankfurt und München u.a. 1976, S. 93-109.
237 Vgl. Engelhardt, Gunther: Programmbudgetierung als Antwort auf die Haushaltskrise, a.a.O., hier S. 141; Donhauser, H.: Ablauforganisation des Controlling, in: Haberland, G./Preissler, P.R./Meyer, C.W. (Hrsg.): Handbuch Revision, Controlling, Consulting, München 1979, Abschnitt 4, S. 19f; Henzler, Herbert: Der Januskopf muß weg!, in: Wirtschaftswoche Nr. 38/1974, S. 60-63, hier S. 63. und Banner, Gerhard: Von der Behörde zum Dienstleistungsunternehmen, a.a.O., S. 10.
238 Vgl. insbesondere die Ausführungen in den Teilen I. und IV. von Kapitel 5.

bzw. allgemein mit der **Evaluation**[239] von Aktivitäten der öffentlichen Verwaltungen.[240] Die Erfahrungen der Evaluierungsforschung[241] können gewinnbringend für die Entwicklung und die Etablierung entsprechender Instrumentarien des Verwaltungs-Controlling genutzt werden.[242]

Erfolgskontrollen waren zum Teil auch als integrale **Bestandteile der** oben geschilderten **umfassenden Planungssysteme** vorgesehen gewesen. Dort war etwa aufgrund von Nutzen-Kosten-Analysen oder Kosten-Wirksamkeits-Analysen versucht worden, ex ante "die Konsequenzen unterschiedlicher Entscheidungen in unterschiedlichen Politikbereichen zu erfassen, zu quantifizieren und damit "objektiv" vergleichbar zu machen"[243]. Diese sehr **anspruchsvollen Vorhaben scheiterten überwiegend** genauso wie die komplexen synoptischen Planungssysteme, als deren Teil sie konzipiert waren.[244] Auch ex post sind Evaluationen auf einer derart komplexen Ebene äußerst problembehaftet, was besonders in den schon erwähnten Unzulänglichkeiten der Zielfixierung sowie der Unmöglichkeit einer vollständigen Einbeziehung aller eintretenden (auch der nicht intendierten) Wirkungen begründet ist.[245]

Als erfolgreicher erwiesen sich Vorhaben, die auf einer niedrigeren Ebene, **an einzelnen Projekten und nicht an komplexen Programmen** ansetzen. In diese Richtung weisen auch Erkenntnisse aus dem **Ausland**, insbesondere aus den USA, aus Kanada,

---

239 Unter Evaluation (oder Evaluierung) wird i.d.R. die Untersuchung sämtlicher (intendierten und nicht intendierten, internen und externen, positiven und negativen) Effekte von Aktivitäten öffentlicher Verwaltungen verstanden. Wird ex post der Grad der Zielerreichung einer Maßnahme ermittelt (durch einen Soll-Ist-Vergleich), so wird häufig von einer Erfolgskontrolle i.e.S. gesprochen (vgl. Derlien, Hans-Ulrich: Stichwort "Evaluation", in: Eichhorn, Peter u.a. (Hrsg.): Verwaltungslexikon, Baden-Baden 1985, S. 302f und Hellstern, Gerd-Michael/Wollmann, Hellmut: Evaluierung und Erfolgskontrolle auf der kommunalen Ebene - Ein Überblick, in Hellstern, Gerd-Michael/Wollmann, Hellmut (Hrsg.): Evaluierung und Erfolgskontrolle in Kommunalpolitik und -verwaltung, S. 10-57, hier S. 13).

240 Eichhorn formuliert pointiert: "Ungezählt sind die Bemühungen der Systemtheoretiker, Wohlfahrtsökonomen, Programmbudgetierer und Evaluationsforscher bis hin zu den Verfechtern des Property-Rights- oder des Zero-Base-Budget-Ansatzes, den Erfolg staatlicher (einschließlich kommunaler Aktivitäten) zu erfassen." (Eichhorn, Peter: Erfolgskontrolle bei der Verausgabung öffentlicher Mittel, in: Eichhorn, Peter/Kortzfleisch, Gert von (Hrsg.): Erfolgskontrolle bei der Verausgabung öffentlicher Mittel, Baden-Baden 1986, S. 13-17, hier S. 14f).

241 Vgl. etwa die Arbeiten des Arbeitskreises Evaluierungsforschung am Zentralinstitut für Sozialwissenschaftliche Forschung der FU Berlin (z.B. den Sammelband Hellstern, Gerd-Michael/Wollmann, Hellmut (Hrsg.): Evaluierung und Erfolgskontrolle, a.a.O. sowie Hellstern, Gerd-Michael/Wollmann, Hellmut (Hrsg.): Handbuch zur Evaluierungsforschung, Opladen 1984). Vgl. weiterhin Volz, Jürgen: Erfolgskontrolle kommunaler Planung - Eine Untersuchung über Möglichkeiten und Grenzen der Erfolgskontrolle kommunaler Planungen, Köln u.a. 1980; Goldbach, Arnim: Die Kontrolle des Erfolges öffentlicher Einzelwirtschaften, Frankfurt u.a. 1985 sowie die Beiträge in Eichhorn, Peter/Kortzfleisch, Gert von (Hrsg.): Erfolgskontrolle bei der Verausgabung öffentlicher Mittel, Baden-Baden 1986.

242 Insbesondere in den Teilen III. und V. von Kapitel 5 dieser Arbeit werden die Erkenntnisse der Evaluationsforschung aufgenommen. In instrumenteller Hinsicht bieten die in Kapitel 6 beschriebenen Rechenkreise Möglichkeiten für sach- und formalzielbezogene Erfolgskontrollen.

243 König, Klaus: Zur Evaluation staatlicher Programme, in: Eichhorn, Peter/Kortzfleisch, Gert von (Hrsg.): Erfolgskontrolle bei der Verausgabung öffentlicher Mittel, Baden-Baden 1986, S. 19-34, hier S. 22.

244 K. König führt dazu aus: "Evaluationen können ... allenfalls unterstützend beitragen, um politische Prozesse intelligenter zu machen, nicht jedoch deren systematische Bedingungen aus den Angeln zu heben." (König, Klaus: Zur Evaluation staatlicher Programme, a.a.O., S. 23.) Zu weiteren Gründen des Scheiterns vgl. Kapitel 6, Teile I. und IV. König erwähnt als einen neueren Versuch, die Evaluation unter Berücksichtigung politisch-administrativer Zusammenhänge zu erreichen, die "Prüffragen für Rechtsvorschriften des Bundes", abgedruckt in: Bundesministerium des Innern (Hrsg.): Rechts- und Verwaltungsvereinfachung, a.a.O., S. 100-103.

245 Vgl. König, Klaus: Zur Evaluation staatlicher Programme, a.a.O., S. 28f.

Großbritannien und auch aus Frankreich, wo die Evaluierungstechniken weiter entwickelt sind und auch schon häufiger angewandt werden als in Deutschland.[246]

Evaluierungen sind nach § 6 Abs. 2 HGrG und § 7 Abs. 2 BHO seit 1970 "für geeignete Maßnahmen von erheblicher Bedeutung"[247] **gesetzlich vorgeschrieben**. In einigen Landeshaushaltsordnungen und teilweise auch auf kommunaler Ebene existieren entsprechende Vorschriften. Der Gesetzgeber hat hier den Terminus der "**Nutzen-Kosten-Untersuchungen**" (NKU) als Oberbegriff für verschiedene komplexe Verfahren der Wirtschaftlichkeitsrechnung eingeführt. Es existieren zahlreiche Veröffentlichungen zu diesem Instrumentarium.[248] Dies darf aber nicht darüber hinwegtäuschen, daß die **Anwendung noch nicht sehr weit verbreitet ist**[249] und teilweise wohl auch zur Legitimation vorgefaßter Entscheidungen mißbraucht wird.

Auch die Arbeiten der **Rechnungshöfe**, soweit sie über eine bloße Recht- und Ordnungsmäßigkeitsprüfung hinausgehen, können zu den Evaluierungsmaßnahmen i.w.S. gerechnet werden.[250] Allerdings entspricht es erklärtermaßen nicht dem Selbstverständnis des Bundesrechnungshofes, verstärkt oder gar flächendeckend NKU durchzuführen. Vielmehr seien die NKU als ex-ante-Evaluation im Rahmen der Entscheidungsvorbereitung, als begleitende Erfolgskontrolle während der Durchführung von Maßnahmen und auch als ex-post-Erfolgskontrollen von der Exekutive selbst anzustellen.[251]

---

246 Vgl. Buschor, Ernst: Erfahrungen aus Gestaltungs- und Einführungsprojekten in Österreich und der Schweiz, in: Weber, Jürgen/Tylkowski, Otto (Hrsg.): Perspektiven der Controlling-Entwicklung in öffentlichen Institutionen, Stuttgart 1991, S. 215-248, hier S. 232ff.

247 Vgl. die "Erläuterungen zur Durchführung von Nutzen-Kosten-Untersuchungen" (Rundschreiben des Bundesfinanzministers vom 21. Mai 1973, MinBlFin1973, S. 293ff) und die kritischen Verbesserungsvorschläge von Eekhoff, Johann: Ansatzpunkte für die Beurteilung öffentlicher Maßnahmen - Erfolgskontrolle von Strukturprogrammen, in: Eichhorn, Peter/Kortzfleisch, Gert von (Hrsg.): Erfolgskontrolle bei der Verausgabung öffentlicher Mittel, Baden-Baden 1986, S. 59-80, hier S. 63ff.

248 Vgl. z.B. Piduch, Erwin Adolf: Bundeshaushaltsrecht, Kommentar, Loseblattsammlung, Stuttgart u.a. 1969ff; Helm, Claus: Nutzen-Kosten-Untersuchungen im staatlichen Entscheidungsprozeß, in: Hellstern, Gerd-Michael/Wollmann, Hellmut (Hrsg.): Handbuch zur Evaluierungsforschung, Opladen 1984, S. 366-380 und Hanusch, Horst: Nutzen-Kosten-Analyse, München 1987.

249 Die Anzahl der Anwendungen wurde bis Mitte der achziger Jahre bundesweit auf weniger als 1000 geschätzt. Dazu und zu den Gründen der seltenen Anwendung vgl. Ganter, Ralph L.: Stichwort "Nutzen-Kosten-Untersuchungen", in: Eichhorn, Peter u.a. (Hrsg.): Verwaltungslexikon, Baden-Baden 1985, S. 650-652, insbes. S. 652. Vgl. zum ungenügenden Einsatz von NKU auch Enquete-Kommission zur Verwaltungsreform des Abgeordnetenhauses von Berlin: 2. Bericht (Schlußbericht), Berlin 1984, in Auszügen abgedruckt in: Weber, Jürgen/Tylkowski, Otto (Hrsg.): Controlling in öffentlichen Institutionen, Stuttgart 1989, S. 1-34, hier S. 21. Zur Anwendung von NKU in Ministerialverwaltung des Bundes vgl. Bundesministerium der Finanzen: Liste der Nutzen-Kosten-Untersuchungen der Bundesministerien, Stand Juli 1979, Bonn o.J.

250 Dafür finden sich jeweils einige Beispiele in den jährlichen "Bemerkungen" des Bundesrechnungshofes. Vgl. weiterhin Peppmeier, Erwin: Die Rolle des Bundesrechnungshofes und des Bundesbeauftragten für Wirtschaftlichkeit in der Verwaltung bei der Entwicklung von Controlling in öffentlichen Institutionen, in: Weber, Jürgen/Tylkowski, Otto (Hrsg.): Perspektiven der Controlling-Entwicklung in öffentlichen Institutionen, Stuttgart 1991, S. 81-100, insbes. S. 90ff. Grundsätzlich zur Durchführung von Erfolgskontrollen durch den Bundesrechnungshof vgl. Zavelberg, Heinz Günter: Staatliche Rechnungsprüfung und Erfolgskontrolle - Möglichkeiten und Grenzen, in: Eichhorn, Peter/Kortzfleisch, Gert von (Hrsg.): Erfolgskontrolle bei der Verausgabung öffentlicher Mittel, Baden-Baden 1986, S. 103-119.

251 Vgl. zur Kritik an der Beschränkung des Rechnungshofes auf die Prüfung vorliegender ex ante - Evaluierungen (Nutzen-Kosten-Untersuchungen) und den weitgehenden Verzicht darauf, derartige Analysen selbst durchzuführen Eekhoff, Johann: Beurteilung öffentlicher Maßnahmen, a.a.O., insbes. S. 75ff. Vgl. zur Position des Rechnungshofes Zavelberg, Heinz Günter: Staatliche Rechnungsprüfung und Erfolgskontrolle, a.a.O., S. 103-119, hier S. 108f.

D EDV-gestützte Informations- und Kommunikationssysteme[252]

Die Sicherstellung einer zieladäquaten Informationsversorgung der Führung wurde oben als eine Kernfunktion des Controlling herausgearbeitet. Die Erfüllung dieser Aufgabe ist ohne den Einsatz leistungsfähiger Datenverarbeitungstechnik nicht denkbar. Dies gilt selbstverständlich auch für öffentliche Verwaltungen.

Eine besondere Bedeutung wird der Informationsverarbeitung in öffentlichen Verwaltungen dadurch verliehen, daß die **Leistungserstellung** hier in den seltensten Fällen durch physische Produktionsprozesse sondern vielmehr durch **Prozesse der Informationsverarbeitung** erfolgt. Von daher ist die Fertigungstechnik hier weitgehend mit der Informationstechnik identisch.[253]

Hinzu kommen weitere Faktoren, die den verstärkten Einsatz von DV-gestützten Informations- und Kommunikationssystemen unabdingbar machen. Zu nennen sind

- die quantitativ und auch qualitativ gestiegenen Anforderungen an die öffentliche Verwaltung,
- das Erfordernis einer stärker problem- und bürgerorientierten, flexibel auf Umweltveränderungen reagierenden Leistungserbringung,
- die Notwendigkeit einer zugleich wirtschaftlichen und auch den Bedürfnissen der Mitarbeiter Rechnung tragenden Arbeitsorganisation.[254]

Bislang kommt die Datenverarbeitungstechnik in öffentlichen Verwaltungen vorwiegend zur **Entlastung von Routinetätigkeiten** in Bereichen mit **Massen-Datenverarbeitung**[255] sowie im Rahmen der **Textverarbeitung** zum Einsatz.[256] Der Anteil der automatisierten an den automatisierungsfähigen Verwaltungsaufgaben wird Ende der achziger Jahre im kommunalen Bereich erst auf 20-40% geschätzt.[257] Der zunehmende Einsatz DV-gestützter Informations- und Kommunikationssysteme in den Bereichen der **planenden und sachbearbeitenden Verwaltung** führt zu weitreichenden Auswirkungen auf

---

252 Ein **Kommunikationssystem** stellt ein System "zur Übertragung bzw. zum Austausch von Informationen zwischen Menschen oder technischen Systemen zwecks Sicherstellung eines erforderlichen Informationsflusses" dar (o.V.: Stichwort "Kommunikationssystem", in: Eichhorn, Peter u.a. (Hrsg.): Verwaltungslexikon, Baden-Baden 1985, S. 518f). Dagegen umfaßt ein **Informationssystem** in einem weiteren Sinne "den formalisierten, aber nicht notwendigerweise technisierten Teil eines Kommunikationssystems" (o.V.: Stichwort "Informationssystem", in: Eichhorn, Peter u.a. (Hrsg.): Verwaltungslexikon, Baden-Baden 1985, S. 445f).
253 Vgl. Reichard, Christoph: Betriebswirtschaftslehre, a.a.O., S. 142.
254 Vgl. Goeth, Franz: Informationsmanagement als Führungs- und Organisationsaufgabe, in: Goller, Jost/Maack, Heinrich/Müller-Hedrich, Bernd (Hrsg.): Verwaltungsmanagement, Loseblattsammlung, Stuttgart 1989ff, Teil E, Kapitel 1.2, S. 2-6.
255 Dies verdeutlicht indikativ die aufgabenspezifische Verteilung der Rechnerzeiten aller kommunalen Rechenzentren: Finanzwesen einschließlich Haushalts- und Kassenwesen: 38%, Einwohnerverwaltung: 11% oder Personalverwaltung: 8% (vgl. KGSt: Kommunale Datenverarbeitungszentralen im Vergleich: 1978-1982, Köln 1983). Auf Länderebene machten 1983 die Innenverwaltung (Personalwesen, Statistik, Polizei u.a.) und die Finanzverwaltung (Steuern, Haushalts-, Kassen- und Rechnungswesen u.a.) ca. 80% der Computeranwendungen aus (vgl. Mayntz, Renate/Endler, Klaus/Feick, Jürgen u.a.: Informations- und Kommunikationstechnologien in der öffentlichen Verwaltung, 4 Bände, St. Augustin 1983-1984, zitiert nach Reinermann, Heinrich: Stichwort "Informatik", in: Chmielewicz, Klaus/Eichhorn, Peter (Hrsg.): HWÖ, Sp. 614-625, hier Sp. 624).
256 Vgl. Reichard, Christoph: Betriebswirtschaftslehre, a.a.O., S. 142.
257 Vgl. Christmann, Alfred: Kommunales Informationsmanagement - Ein Weg aus dem Dilemma? Teil 1, in: online - övd, Nr. 10/1988, S. 68-77 (Teil 1), Nr. 11/1988, S. 72-77 (Teil 2) und Nr. 12/1988, S. 48-51 (Teil 3), hier S. 74.

den Aufgabenvollzug sowie auch zu Rückwirkungen auf die Aufgabenstellungen selbst.[258]

Bezüge zwischen DV-gestützte Informations- und Kommunikationssysteme und Controlling bestehen in vielerlei Hinsicht, denn diese Systeme können sowohl als **Controlling-Instrumente** als auch - unter dem Aspekt der Systembildung - als **Aufgabenfeld des Controlling** angesehen werden.[259]

Insofern existiert eine enorme **Fülle an Literatur**, die in diesem weiten Sinne einen **impliziten Controlling-Bezug** aufweist. Insbesondere werden mögliche Einsatzfelder,[260] spezielle Anforderungen an die Hardware,[261] organisatorische Fragen,[262] Fragen des Datenschutzes[263] und der Datensicherung[264] sowie der Einführungsstrategie[265] unter Berücksichtigung verhaltenswissenschaftlicher Aspekte[266] thematisiert. Zahlreiche Anwenderberichte illustrieren die Tatsache, daß die EDV inzwischen unter Kürzeln wie IuK (für Informations- und Kommunikationstechnik), IT (Informationstechnik) oder TuI (Technikunterstützte Informationsverarbeitung)[267] in nahezu sämtlichen Aufgabenfeldern der öffentlichen Verwaltungen präsent ist.[268] [269]

---

258 Vgl. Reinermann, Heinrich: Stichwort "Entwicklungslinien der Informationstechnik", in: Eichhorn, Peter u.a. (Hrsg.): Verwaltungslexikon, Baden-Baden 1985, S. 283-289, hier S. 283.
259 "Der Computer ist einerseits Instrument des Controlling, andererseits ist er ein neues Arbeitsfeld für den Controller." (Horváth, Péter: Controlling, a.a.O., S. 627).
260 Vgl. z.B. König, Herbert: Informationstechnik als neue Chance für die Verwaltungsführung, in: Reinermann, Heinrich u.a. (Hrsg.): Neue Informationstechniken - neue Verwaltungsstrukturen?, Heidelberg 1988, S. 159-182, hier S. 162-172.
261 Vgl. z.B. Kassner, Uwe: Informationstechnische Infrastruktur in Kommunalverwaltungen, in: online - övd, Nr. 6/1989, S. 54-58 (Teil 1) und Nr. 7/1989, S. 54-55 (Teil 2).
262 Vgl. z.B. Bartlomiej, Jürgen: Informationstechnik contra Verwaltungsstrukturen, in: online - övd, Nr. 6/1989, S. 64-70 (Teil 1) und Nr. 7/1989, S. 62-65 (Teil 2).
263 Vgl. z.B. Reinermann, Heinrich: Stichwort "Datenschutz (Grundlagen und Rechtslage)", in: Eichhorn, Peter u.a. (Hrsg.): Verwaltungslexikon, Baden-Baden 1985, S. 207-212 und Riegel, Reinhard: Einfluß von Informationsverarbeitung und Datenschutz auf die öffentliche Verwaltung, in: VOP Nr. 3/1989, S. 156-165.
264 Vgl. z.B. Mögel, Rolf: Datensicherung, in: Goller, Jost/Maack, Heinrich/Müller-Hedrich, Bernd (Hrsg.): Verwaltungsmanagement, Loseblattsammlung, Stuttgart 1989ff, Teil E, Kapitel 2.1.
265 Vgl. z.B. Goeth, Franz: Die Einführung der Informationstechnik als Organisationsprozeß, in: Goller, Jost/Maack, Heinrich/Müller-Hedrich, Bernd (Hrsg.): Verwaltungsmanagement, Loseblattsammlung, Stuttgart 1989ff, Teil E, Kapitel 1.1.
266 Vgl. z.B. Schäfer, Wolfgang: Vernetzte Verwaltung - Neue Anforderungen der computergestützten Entscheidungsfindung, Darmstadt 1989, insbes. S. 133-170.
267 Auf diesen Begriff hat sich die KGSt festgelegt (vgl. KGSt: Technikunterstützte Informationsverarbeitung: Eine Herausforderung für den Verwaltungschef, Bericht Nr. 17/1985, Köln 1985, S. 15.
268 Hinzu kommen einige (Sekundär-)Publikationen zur Thematik "Datenverarbeitung und öffentliche Verwaltung" (vgl. insbesondere Brinckmann, Hans/Kuhlmann, Stefan: Computerbürokratie - Ergebnisse von 30 Jahren öffentlicher Verwaltung mit Informationstechnik, Opladen 1990 (der Anhang enthält eine "Bibliographie zur Automatisierung und Informatisierung in der öffentlichen Verwaltung der Bundesrepublik Deutschland" (ebenda, S. 187-223)).
269 Um der öffentlichen Verwaltung qualifizierte Beratung und Unterstützung auf dem Gebiete der elektronischen Datenverarbeitung zu sichern, wurden verschiedentlich spezielle Institutionen gegründet, deren Arbeiten für das Verwaltungs-Controlling genutzt werden können. Insbesondere ist zu denken an die Gesellschaft für Mathematik und Datenverarbeitung mbH (GMD) mit Hauptsitz in Sankt Augustin bei Bonn, die 1400 Mitarbeiter beschäftigt (1991) und Forschung, Entwicklung und Transfer auf dem Gebiet der Informationstechnik und der Fachinformation betreibt und vom Bund und Nordrhein-Westfalen getragen wird und an die Gesellschaft für Information und Dokumentation mbH (GID) in Frankfurt als zentrale, im Rahmen des IuD-Programms 1974 gegründete Einrichtung von Bund und Ländern mit Forschungs- und Infrastrukturaufgaben im Bereich der Fachinformation, der Dokumentation und der Kommunikation (vgl. die von der GID herausgegebenen Beiträge und Berichte (Reihe A: nationaler Bereich, Reihe B: internationaler Bereich), IDD Verlag, Frankfurt 1983ff).
Hingewiesen sei auch auf den Kooperationsausschuß ADV Bund/Länder/Kommunaler Bereich (KoopA ADV) mit jährlichem "Erfahrungsaustausch" und fortgeschriebenen "Leitsätzen Technik-

Eine Sichtung der einschlägigen Literatur ergibt, daß DV-Systeme, die im engeren Sinne als controllingorientiert zu bezeichnen wären, noch nicht sehr ausführlich beschrieben wurden. Nach einigen sehr weitreichenden Überlegungen zu Management-Informations-Systemen für öffentliche Verwaltungen in den siebziger Jahren, die jedoch nicht umgesetzt werden konnten, hat man sich im weiteren Verlauf der Entwicklung stärker auf den oben erwähnten Einsatz von DV-Systemen zur Automatisierung von Routinetätigkeiten und zur Handhabung von Massendaten gewidmet. Im Vergleich mit privatwirtschaftlichen Unternehmen besteht sicherlich **im Bereich der führungsunterstützenden und entscheidungorientierten Systeme** ein **Nachholbedarf**. Weiterhin zeigen gerade die Anwenderberichte noch einen sehr hohen Anteil an individuellen Programmierungen auf. Hier stellt sich die Frage nach Möglichkeiten eines verstärkten Einsatzes von Standardsoftware.

E Kosten- und Leistungsrechnung

"Kernbestandteil der traditionellen Instrumente des Controlling ist das interne Rechnungswesen"[270]. Die Kosten- und Leistungsrechnung stellt wiederum den zentralen Bereich des internen Rechnungswesens dar.[271] [272]

Die verwaltungsbezogenen Publikationen zur Kosten- und Leistungsrechnung lassen sich grundlegend danach unterscheiden, ob sie zuvorderst perspektivische oder konzeptionelle Aussagen enthalten (Gruppe 1) oder aber in erster Linie der Lehre oder der praktischen Anwendung gewidmet sind (Gruppe 2).[273]

Die Veröffentlichungen dieser zweiten Gruppe sind sehr stark am Status quo der Kostenrechnung in öffentlichen Verwaltungen orientiert. Da der Status quo[274] im wesentlichen bestimmt ist durch traditionelle Konzepte der **Vollkostenrechnung auf Istkostenbasis**[275] und zweckmonistisch auf die gesetzlich vorgeschriebene Fundierung

---

unterstützte Informationsverarbeitung". Auf kommunaler Ebene sind die Arbeiten der KGSt zu beachten, die in einigen Berichten und Gutachten mit dem Themenbereich der Technikunterstützten Informationsverarbeitung auseinandergesetzt hat (vgl. dazu den Überblick in Anlage 2 zum KGSt: Technikunterstützte Informationsverarbeitung, a.a.O., S. 37-39).

270 Küpper, Hans-Ulrich/Weber, Jürgen/Zünd, André: Zum Verständnis und Selbstverständnis des Controlling - Thesen zur Konsensbildung, in: ZfB, 60. Jg. (1990), Heft 3, S. 281-293, hier S. 288.

271 Zu weiteren Teilbereichen des internen Rechnungswesens öffentlicher Verwaltungen vgl. Eichhorn, Peter: Öffentliche Verwaltung, Rechnungswesen der, in: Kosiol, Erich/ Chmielewicz, Klaus/Schweitzer, Marcell (Hrsg.): HWR, Sp. 1223-1236, hier Sp. 1227-1232. Zu grundsätzlichen Abgrenzungsschwierigkeiten zwischen dem externen und dem internen Rechnungswesen öffentlicher Verwaltungen vgl. Männel, Wolfgang: Besonderheiten der internen Rechnungslegung öffentlicher Verwaltungen und Unternehmen, in: ZfB, 58. Jg. (1988), Heft 8, S. 839-857, hier S. 839-841.

272 Diese hohe Bedeutung für die Themenstellung ist auch der Grund dafür, daß die auf öffentliche Verwaltungen bezogenen Arbeiten zur Kosten- und Leistungsrechnung hier zwar in der gebotenen Kürze - aber doch gesondert - berücksichtigt werden, obwohl Kosten- und Leistungsrechnungen der Sache nach den (Führungs-)Informationssystemen (Teil D, oben) zugerechnet werden können.

273 Vgl. zu dieser Einteilung Schauer, Reinbert: Kosten- und Leistungsrechnung für öffentliche Verwaltungen - Ein Überblick über die Literatur eines Jahrzehnts, in: DBW, Nr. 4/1988, S. 509-524.

274 Vgl. eingehender zum Status quo der Kostenrechnung in öffentlichen Verwaltungen Kapitel 6, Teil II. B.

275 Vgl. die Übersicht bei Schauer, Reinbert: Kosten- und Leistungsrechnung, a.a.O., S. 522.

der **Entgeltbemessung** in Gebührenhaushalten ausgerichtet ist,[276] leuchtet unmittelbar ein, daß hier wenige Erkenntnisse für eine controllingorientierte Rechnung zu gewinnen sind. Allenfalls lassen sich Ansatzpunkte für eine Weiterentwicklung ableiten.

Dagegen enthalten die Publikationen der ersten Gruppe Vorschläge zur **Überwindung der bestehenden Unzulänglichkeiten**, wie sie ähnlich auch in den einschlägigen Arbeiten mit explizitem Controlling-Bezug zu finden sind. So werden Vorschläge entwickelt, die darauf abzielen,

- Kosten- und Leistungsrechnungen auch in denjenigen Verwaltungsbereichen zu etablieren, für die keine Entgeltkalkulation vorgeschrieben ist,[277]
- eine konzeptionelle Weiterentwicklung in Richtung Teilkosten- und Plankostenrechnung anzuregen und[278]
- die Zwecke der Wirtschaftlichkeitssteuerung und der über Entgeltentscheidungen hinausgehenden Entscheidungsfundierung stärker in den Vordergrund zu rücken.[279]

Weiterhin finden sich Bearbeitungen zu einzelnen Aspekten einer Optimierung der Verwaltungskostenrechnung. Zu nennen sind etwa Vorschläge zur **Verbesserung der DV-Unterstützung** der Kosten- und Leistungsrechnung und zum Einsatz von Standardsoftware[280] sowie Analysen zur **Bewertung** der kalkulatorischen Kosten angesichts der spezifischen Rechenzwecke in öffentlichen Verwaltungen.[281]

---

276 Vgl. dazu etwa ebenda, S. 520 und Besier, Klaus: Kostenrechnung für kommunale Einrichtungen, in: Männel, Wolfgang (Hrsg.): Handbuch Kostenrechnung, Wiesbaden 1992, S. 1171-1180, hier insbes. S. 1171f.

277 Vgl. hpts. Gornas, Jürgen: Grundzüge einer Verwaltungskostenrechnung - Die Kostenrechnung als Instrument zur Planung und Kontrolle der Wirtschaftlichkeit in der öffentlichen Verwaltung, Baden-Baden 1976 und Eichhorn, Peter: Verwaltungshandeln und Verwaltungskosten - Möglichkeiten zur Verbesserung der Wirtschaftlichkeit in der Verwaltung, Baden-Baden 1979. Vgl. auch die Dokumentation eines Projektes zur Einführung einer Kosten- und Leistungsrechnung in der österreichischen Bundesverwaltung bei Richter, Lieselotte: Kosteninformationssystem - ein notwendiges Instrumentarium des modernen Verwaltungsmanagements, in: Weber, Jürgen/Tylkowski, Otto (Hrsg.): Controlling - Eine Chance für öffentliche Unternehmen und Verwaltungen, Stuttgart 1988, S. 161-186.

278 Vgl. etwa Gornas, Jürgen: Grundzüge einer Verwaltungskostenrechnung, a.a.O.; Weber, Jürgen: Zielorientiertes Rechnungswesen öffentlicher Betriebe - dargestellt am Beispiel von Studentenwerken, Baden-Baden 1983; Vikas, Kurt: Controlling im Dienstleistungsbereich, a.a.O. (zwar bezieht sich diese Arbeit in erster Linie auf den Bereich der Deutschen Bundespost, jedoch können durchaus auch Schlüsse für die Kernverwaltung gezogen werden, dazu unten mehr) und Gornas, Jürgen: Kostenrechnung für die öffentliche Verwaltung, in: Männel, Wolfgang (Hrsg.): Handbuch Kostenrechnung, Wiesbaden 1992, S. 1143-1159, hier insbes. S. 1149ff.

279 Obwohl die Arbeiten der KGSt grundsätzlich der zweiten Gruppe zuzurechnen sind (dominante Zielsetzung der konkreten Umsetzung/Anwendbarkeit), lassen sich hier zunehmend Tendenzen einer "stärkeren Ausrichtung der Kostenrechnung auch an dem Informationsbedarf von Führungskräften" erkennen (vgl. den Bericht Nr. 1/1989 "Neue Perspektiven für die Organisation der Kostenrechnung", Teil I.11 des Gutachtens "Kostenrechnung in der Kommunalverwaltung", Köln 1989).

280 Vgl. dazu DOGRO-Partner Unternehmensberatung: Die integrierte Software-Lösung - Branchenlösung für Bundes- und Landesbehörden, Verwaltungen, Kommunen und alle öffentlich-rechtlichen Haushalte, Remshalden 1989. Für die Betriebsabrechnung kommunaler kostenrechnender Einrichtungen dominieren bisher Insellösungen auf PC.

281 Vgl. etwa KGSt: Kostenrechnung in der Kommunalverwaltung, Gutachten, Teil 1.3, Köln 1981; Budäus, Dietrich: Entlastung kommunaler Haushalte, a.a.O., S. 133-179; Budäus, Dietrich: Kostenrechnung in öffentlichen Unternehmen - Bedingungen und Probleme der Kostenerfassung und Kostenbewertung, in: Männel, Wolfgang (Hrsg.): Handbuch Kostenrechnung, Wiesbaden 1992, S. 1160-1170; Männel, Wolfgang: Rechnungslegung öffentlicher Verwaltungen und Unternehmen, a.a.O., S. 845-847.

F Personalwirtschaftliche Instrumente

Die **Mitarbeiter** der öffentlichen Verwaltungen stellen deren **wichtigste Ressource** dar.[282] Das Personalwesen der öffentlichen Verwaltungen wird weitgehend bestimmt vom sogenannten **Dienstrecht**. Dies spiegelt sich auch in der Fachliteratur wider: Es existieren vergleichsweise **wenig Publikationen**, die sich originär mit ökonomischen Fragestellungen der Personalwirtschaft in öffentlichen Verwaltungen befassen. Dagegen dominieren Veröffentlichungen mit einer rechtlichen Zugangsweise.[283]

Seit den sechziger Jahren mehrten sich die **Forderungen nach** grundlegenden **Reformen** des öffentlichen Dienstes, da sich das Personalwesen nicht im notwendigen Umfang den sich wandelnden gesellschaftlichen und politischen Anforderungen an die öffentlichen Verwaltungen angepaßt hatte. Angesichts der weitgehenden rechtlichen Determinierung des Personalwesens wurde versucht, über eine **Dienstrechtsreform** zu einem optimierten Einsatz der Personalressourcen zu gelangen und so die Leistungsfähigkeit der öffentlichen Verwaltungen insgesamt zu erhöhen.

Aus diesem Gedanken heraus setzte die Bundesregierung auf Ersuchen des Bundestags 1970 eine unabhängige "Studienkommission für die Reform des öffentlichen Dienstrechts" ein, deren umfangreiche Arbeitsergebnisse 1973 veröffentlicht wurden.[284] Die von der Kommission vorgelegten **Reformvorschläge**[285] wurden wegen grundsätzlicher (politischer) Meinungsverschiedenheiten über die Struktur des öffentlichen Dienstes **nur in geringen Ansätzen umgesetzt**. Gleichwohl lassen sich aus dem dritten Komplex des Gutachtens zu den Instrumenten einer Personalsteuerung durchaus Erkenntnisse für ein Personal-Controlling in öffentlichen Verwaltungen ziehen, die auch verwertbar sind, wenn die "großen Schnitte" im öffentlichen Dienstrecht (die Vorschläge reichten letztlich bis hin zu einer Abschaffung des Berufsbeamtentums) nicht vollzogen werden.[286]

Nach dem Scheitern des grundlegenden Reformvorhabens wurden einige weniger weitreichende Innovations- oder Modernisierungsvorhaben angestrengt, die teilweise

---

[282] Vgl. Hauschildt, Christoph: Die Modernisierung des öffentlichen Dienstes im internationalen Vergleich, in: Verwaltungs-Archiv, Nr. 1/1991, S. 81-109, hier S. 81.

[283] Vgl. Oechsler, Walter A.: Personalwirtschaft öffentlicher Verwaltungen, in: Chmielewicz, Klaus/Eichhorn, Peter (Hrsg.): HWÖ, Sp. 1263-1274, hier Sp. 1273.

[284] Vgl. Studienkommission für die Reform des öffentlichen Dienstes: Bericht der Kommission (einschließlich 11 Ergänzungsbände), Baden-Baden 1973.

[285] Die Reformvorschläge lassen sich drei Komplexen zuordnen: Den "Regelungsverfahren", der Reform des Laufbahngruppensystems sowie den Instrumenten der Personalsteuerung. Für das Verwaltungs-Controlling sind zuvorderst die Ausführungen des letzteren Komplexes relevant. Die beiden ersten Komplexe (vgl. dazu etwa Derlien, Hans-Ulrich: Stichwort "Dienstrechtsreform", in: Eichhorn, Peter u.a. (Hrsg.): Verwaltungslexikon, Baden-Baden 1985, S. 247f) kamen über das Diskussionsstadium kaum hinaus und sollen für die hier anzustellenden betriebswirtschaftlichen Überlegungen mit de lege lata-Charakter unberücksichtigt bleiben. Auch das "Aktionsprogramm zur Dienstrechtsreform" der Bundesregierung von 1976 (vgl. Bundesminister des Innern (Hrsg.): Aktionsprogramm zur Dienstrechtsreform, Bonn 1976) griff überwiegend nur Anregungen aus dem dritten instrumentellen Teil des Kommissionsberichtes auf.

[286] Solche umfassende Reformen, wie etwa zur Aufhebung der (möglicherweise überlebten) Teilung des öffentlichen Dienstes in einerseits Beamte und andererseits Angestellte und Arbeiter können von einem Verwaltungs-Controlling allenfalls angestoßen bzw. angemahnt werden, sie können aber nicht Aufgabe des Verwaltungs-Controlling sein.

zu erfolgreichen Ergebnissen geführt haben.[287] Ein bedeutender, wenngleich zumindest anfänglich in seiner Reichweite überschätzter Ansatz zur Optimierung des Personalwesens stellt(e) der Versuch dar, über eine flächendeckende **analytische Dienstpostenbewertung** eine funktionsbezogene und funktionsgerechte Besetzung der Stellen zu erreichen. Dazu sollten für sämtliche Verwaltungsteilbereiche Arbeitsplatzanalysen durchgeführt werden, um daraus Anforderungsprofile zu entwickeln, die eine adäquate Stellenbesetzung ermöglichen sollten.[288] Aus den Ergebnissen der Tätigkeitsanalysen sollte auch die Wertigkeit einer Stelle und die Einordnung in das Entgeltgefüge abgeleitet werden können.[289] Hieran knüpften sich auch Überlegungen, eine **leistungsgerechte Entgeltung** der Stelleninhaber einzuführen, also die individuelle Leistung als Basis für das Entgelt und darüber hinaus auch für Beförderungen und andere Sanktionen heranzuziehen.[290] Derlei weitreichende Forderungen nach einer Einführung des Leistungsprinzips in der öffentlichen Verwaltung[291] scheiterten jedoch an "grundlegenden konstituierenden Prinzipien der öffentlichen Verwaltung"[292]. Als Nebenprodukt der Dienstpostenbewertung fallen immerhin Informationen an, die "für eine rationelle Gliederung der Aufbauorganisation und für eine sachgerechte Personalverteilung"[293] verwendet werden können.

Trotz aller Reformanstrengungen wird zum derzeitigen Zustand geäußert, daß "es in der heutigen Verwaltung nichts [gebe], was den Namen Personalpolitik ... verdiente"[294]. Das Personalwesen wird als überwiegend mechanistisch-instrumentell, lediglich verwaltend und reagierend anstatt gestaltend und agierend diagnostiziert,[295] so daß sich ein mannigfaltiger Controlling-Bedarf ergibt. Vor diesem Hintergrund sind im Bereich des (verwaltungs-)betrieblichen Personalwesens Fachbeiträge

---

287 Vgl. Hauschildt, Christoph: Die Modernisierung des öffentlichen Dienstes, a.a.O., S. 93f und S. 104-108 sowie Walther, Harald: Konzepte der Führungskräfteentwicklung in der öffentlichen Verwaltung, in: Verwaltungs-Archiv, Nr. 1/1991, S. 54-80.
288 Vgl. dazu die teilweise sehr kritischen Beiträge in Siedentopf, Heinrich (Hrsg.): Bewertungssysteme für den öffentlichen Dienst, Baden-Baden 1978.
289 Vgl. für ein Modell zur einheitlichen Dienstpostenbewertung Rühl, Günter: Zur Verbindung von Arbeitsbewertung und Dienstpostenbewertung, in: Siedentopf, Heinrich (Hrsg.): Bewertungssysteme für den öffentlichen Dienst, Baden-Baden 1978, S. 112-139, hier insbes. S. 127-134.
290 Vgl. Studienkommission für die Reform des öffentlichen Dienstes: Bericht, a.a.O., S. 294f sowie (ebenda, Anlagenband 10) Arbeitskreis zur Bewertung von Eignung und Leistung: Bericht zur Einführung von Systemen zur Leistungsbewertung und Verwendungsbeurteilung im öffentlichen Dienst, S. 243ff. Wegen eines konkreten Vorschlags zur Durchführung einer persönlichen Leistungsbeurteilung mit Folgen für Besoldung und Beförderung vgl. Rühl, Günter: Arbeitsbewertung und Dienstpostenbewertung, a.a.O., insbes. S. 135-139.
291 Vgl. kritisch Lempert, Wolfgang: Das Leistungsprinzip in der Industriegesellschaft - Anspruch und Wirklichkeit, Möglichkeiten und Grenzen, in: Siedentopf, Heinrich (Hrsg.): Bewertungssysteme für den öffentlichen Dienst, Baden-Baden 1978, S. 51-68.
292 Kind, Hero/Koch, Rainer/Schimanke, Dieter: Bewertungssysteme für den öffentlichen Dienst - Kommentar zur Diskussion, in: Siedentopf, Heinrich (Hrsg.): Bewertungssysteme für den öffentlichen Dienst, Baden-Baden 1978, S. 159-179, hier S. 169. Zu nennen ist hauptsächlich die Kollision mit dem für die Beamten geltenden Alimentationsprinzip.
293 Kind, Hero/Koch, Rainer/Schimanke, Dieter: Bewertungssysteme für den öffentlichen Dienst, a.a.O., S. 159.
294 Banner, Gerhard: Personal- und Organisationspolitik - Was geschieht ohne Dienstrechtsreform? in: Wagener, Frido (Hrsg.): Zukunftsaspekte der Verwaltung, Berlin 1980, S. 111-139, hier S. 111.
295 Vgl. ebenda.

- zur Personalplanung (Personalbedarfsermittlung, -bemessung, Anforderungsbewertung),[296]
- zur Personalbedarfsdeckung (Personalbeschaffung),[297]
- zum Personaleinsatz (insbes. Personalzuordnung zu Stellen, Personaldisposition),[298] sowie
- zur Personalentwicklung[299] (insbes. Beurteilungssysteme,[300] Fort- und Weiterbildungsmaßnahmen,[301] Anreizsysteme[302]) und
- zur Personalverwaltung (insbes. Stellenbewirtschaftung, Personalkostenrechnung, Anwesenheitszeitplanung und -überwachung)[303]

aufzunehmen, da sich von diesen Ansätzen die Basis für ein Personal-Controlling in der öffentlichen Verwaltung legen läßt.

G (Weitere) Management-Techniken für öffentliche Verwaltungen

"Das Controlling setzt ein umfangreiches Instrumentarium ein."[304] Es umfaßt "fachlich Informations-, Planungs-, Kontroll-, Organisations- und Personalführungsinstrumente."[305] "Spezifische, also allein dem Controlling zuzurechnende Instrumente sind ... wohl kaum anzugeben."[306]

Von daher erweitert sich die Literatur zur öffentlichen Verwaltung mit impliziten Bezügen zu Controlling um diejenigen Publikationen, die sich mit diesen **Management-**

---

296 Vgl. Lindner, Klaus: Quantitative Aspekte des Personalbedarfs, in: Becker, Ulrich/Thieme, Werner (Hrsg.): Handbuch der Verwaltung, Heft 5.5, Köln u.a. 1976; Reichard, Christoph: Personalplanung in der öffentlichen Verwaltung, in: Goller, Jost/Maack, Heinrich/Müller-Hedrich, Bernd (Hrsg.): Verwaltungsmanagement, Loseblattsammlung, Stuttgart 1989ff, Teil C, Kapitel 2.1.
297 Vgl. Siepmann, Heinrich: Bedarfsdeckung, in: Becker, Ulrich/Thieme, Werner (Hrsg.): Handbuch der Verwaltung, Heft 5.5, Köln u.a. 1974.
298 Vgl. Reichard, Christoph: Betriebswirtschaftslehre, a.a.O, S. 263-266 mit weiteren Literaturhinweisen.
299 Vgl. ebenda, S. 266-280 mit weiteren Literaturhinweisen.
300 Vgl. Klaus, Hans: Leistungsbeurteilung bei Beamten, in: Goller, Jost/Maack, Heinrich/Müller-Hedrich, Bernd (Hrsg.): Verwaltungsmanagement, Loseblattsammlung, Stuttgart 1989ff, Teil C, Kapitel 7.2.
301 Vgl. Damman, Klaus/Faltin, Günter/Hopf, Christa: Weiterbildung für den öffentlichen Dienst, Göttingen 1976; Walther, Harald: Führungskräfteentwicklung in der öffentlichen Verwaltung, a.a.O., S. 54-80.
302 Vgl. etwa als jüngeres Beispiel die Arbeit der Projektgruppe "Anreizsystem" im Innenministerium Baden-Württemberg, daraus insbes. das Projekt "Entwicklung eines Systems zur Verbesserung der Leistungsmotivation in der Landesverwaltung Baden-Württemberg" bei Horváth, Peter: Die Methode der Kritischen Tätigkeitselemente als Führungsinstrument für die öffentliche Verwaltung - Bericht über ein Praxisprojekt, in: Weber, Jürgen/Tylkowski, Otto (Hrsg.): Controlling - Eine Chance für öffentliche Unternehmen und Verwaltungen, Stuttgart 1988, S. 139-159.
303 Vgl. Reichard, Christoph: Betriebswirtschaftslehre, a.a.O., S. 227f sowie im einzelnen S. 236-282 mit weiteren Literaturangaben.
304 Küpper, Hans-Ulrich/Weber, Jürgen/Zünd, André: Zum Verständnis und Selbstverständnis des Controlling, a.a.O., S. 288.
305 Ebenda.
306 Becker, Wolfgang: Funktionsprinzipien des Controlling, in: ZfB 60. Jg. (1990), Heft 3, S. 295-317, hier S. 314. Buschor weist darauf hin, Controlling in öffentlichen Verwaltungen müsse auf eine noch breitere Palette an Instrumenten zurückgreifen als das "erwerbswirtschaftliche Controlling" (vgl. Buschor, Ernst: Erfahrungen aus Gestaltungs- und Einführungsprojekten, a.a.O., S. 243).

Techniken[307] auseinandersetzen. Häufig handelt es sich dabei um die Diskussion der Einsetzbarkeit von ursprünglich für privatwirtschaftliche Unternehmen entwickelten Instrumenten in öffentlichen Verwaltungen.[308]

Insbesondere wurden neben den schon oben genannten Techniken

- (weitere) strategische und operative **Planungstechniken**, einschließlich von **Techniken zur Durchführung** entscheidungsorientierter **Alternativenvergleiche** und **Wirtschaftlichkeitsrechnungen**,[309]
- stärker sachzielbezogene Verfahren zur Ergänzung der in erster Linie formalzielorientierten pagatorischen Rechnungen und der Kostenrechnung zur laufenden Überwachung und Steuerung des Verwaltungsgeschehens wie **Indikatorenrechnungen**[310] einschließlich eines periodischen Berichtswesens, sowie
- auf die besonderen Gegebenheiten in öffentlichen Verwaltungen abstellende **Techniken des Projektmanagement**[311]

mit ihren spezifischen Anwendungserfordernissen in öffentlichen Verwaltungen thematisiert, die im Rahmen des Verwaltungs-Controlling zum Einsatz kommen können.

Abbildung 2-4 zeigt zusammenfassend auf, an welcher Stelle der nachfolgenden Ausführungen die in der Literatur vorhandenen impliziten Ansätze für eine Verwaltungs-Controlling einfließen werden.

---

307 Management-Techniken (teilweise auch Management-Instrumente oder Führungsinstrumente oder -methoden i.w.S. genannt) sind allgemein als Techniken zur Erfüllung zielbezogener Gestaltungsaufgaben anzusehen (vgl. Bea, Xaver/Dichtl, Erwin/Schweitzer, Marcell (Hrsg.): Allgemeine Betriebs-wirtschaftslehre, Band 2 (Führung), 4. Auflage, Stuttgart und New York 1989, S. 4).
308 Zur Übertragbarkeit betriebswirtschaftlicher Erkenntnisse auf öffentliche Verwaltungen vgl. die in Kapitel 1, Fußnote 1 Braun genannte Literatur.
309 Vgl. etwa Bundesakademie für öffentliche Verwaltung im Bundesministerium des Innern (Hrsg.): Planungsmethoden in Verwaltung und Wirtschaft, Bonn 1981 ("Planungsmethoden" ist hier in einem sehr weiten Sinne aufzufassen) und Eichhorn, Peter/Friedrich, Peter: Verwaltungsökonomie I, a.a.O., S. 300ff. Im aufgabenanalytisch-strategischen Bereich wurde das Verfahren "Aufgabenkritik" entwickelt, das - insbes. soweit es dessen Komponente "Zweckkritik" - betrifft Elemente der Wertanalyse und des ZBB enthält (vgl. KGSt: Aufgabenkritik, 1974, a.a.O.; KGSt: Verfahren zur Aufgabenkritik, Bericht Nr. 25/1976, Köln 1976 und KGSt: Aufgabenkritik, Bericht Nr. 9/1989, Köln 1989; vgl. in diesem Zusammenhang auch KGSt: Wertanalyse nach DIN 69 910 - Hinweise zur Anwendung in der Kommunalverwaltung, Bericht Nr. 12/1986, Köln 1986). Im weiteren Sinne ist hier auch einzuordnen Seidel-Kwem, Brunhilde: Strategische Planung in öffentlichen Verwaltungen, Berlin 1983.
310 Vgl. z.B. Weber, Jürgen: Zielorientiertes Rechnungswesen öffentlicher Betriebe, a.a.O., S. 96ff; Werner, Rudolf: Soziale Indikatoren und politische Planung, Reinbek 1975.
311 So etwa Der Bundesminister für Forschung und Technologie (Hrsg.): Kommunales Projektmanagemet - Ein Handbuch zur Planung und Durchführung von Projekten, Bonn 1977; Reschke, Hasso: Projektmanagement für die öffentliche Verwaltung, in: Goller, Jost/Maack, Heinrich/Müller-Hedrich, Bernd (Hrsg.): Verwaltungsmanagement, Loseblattsammlung, Stuttgart 1989ff, Teil B, Kapitel 3.1, S. 1-20 oder - bezogen auf die Projektsteuerung im Bauinvestitionsbereich der Landesverwaltung - Knäpper, Peter: Organisationsanleitung zur Terminsteuerung von Bauvorhaben, in: VOP Nr. 2/1990, S. 114ff (Teil 1) und VOP Nr. 3/1990, S. 204ff (Teil 2).

Abbildung 2-4
Integration der in der Literatur dokumentierten impliziten Ansätze für ein Verwaltungs-Controlling in die vorliegende Arbeit

In der Literatur dokumentierte implizite Controlling-Ansätze \ Abschnitte der vorliegenden Arbeit	Kapitel 4 Kernfunktionen			Kapitel 5 Aufgaben entlang des Führungsprozesses					Kapitel 6 Instrumente			Kapitel 7 Objektbereiche		
	Koordination	Steuerung/Regelung	Information	Grundsatzfragen	Zielplanung	Maßnahmenplanung	Budgetierung	Kontrolle	Leistungsrechnung	Kostenrechnung	Indikatorenrechnung	Ressourcen-Controlling	Projekt-Controlling	Beteiligungs-Controlling
Management-Konzeptionen	X	X												
Integrierte Planungs- und Budgetierungssysteme	X	X		X	X	X	X							
Evaluierung und Erfolgskontrolle								X	X	X	X	X	X	X
DV-gestützte Informations- und Kommunikationssysteme	X	X	X											
Kosten- und Leistungsrechnung				X					X	X		X	X	
Personalwirtschaftliche Instrumente										X		X		
Weitere verwaltungsbezogene Management-Techniken				X	X	X						X		X

IV. Zwischenfazit

Expliziter und impliziter Controlling-Bezug der Literaturquellen

Neben Arbeiten, die sich explizit mit Controlling für öffentliche Verwaltungen befassen, wurden auch solche Publikationen berücksichtigt, die nur implizit mit Controlling-Funktionen oder -Instrumenten in Verbindung zu bringen sind.

Unter den Arbeiten mit **explizitem** Controlling-Bezug - es handelt sich ausnahmslos um Einzelbeiträge, eine Monographie liegt noch nicht vor - läßt sich **eine präskriptiv und eine deskriptiv ausgerichtete** Gruppe ausmachen. Ein Vergleich dieser beiden

Gruppen ergibt, daß die Controlling-Entwürfe der **präskriptiven Schriften deutlich umfassender und weitreichender** sind als die bereits implementierten Teilsysteme. Neben der institutionell viel breiteren Befassung sind auch die Aussagen zu den Aufgabenfeldern und zu den einzusetzenden Instrumenten sehr viel weitergehend. Wenngleich dies angesichts der noch nicht lange laufenden Implementierungen, die sich in den deskriptiven Arbeiten widerspiegeln, grundsätzlich zu erwarten war, fällt doch auf, daß einige präskriptive Publikationen eine grundlegende Umgestaltung der öffentlichen Verwaltungen unter dem Stichwort des Controlling anstreben, während aus sämtlichen deskriptiven Arbeiten vergleichsweise deutlich bescheidenere, überwiegend instrumentell ausgerichtete Ansätze hervorgehen.[312]

Präskriptive Arbeiten mit explizitem Controlling-Bezug

Die **präskriptiv ausgerichteten Arbeiten** stammen fast durchweg **von Hochschullehrern**.[313] Die "Herkunft" (akademische Ausrichtung, bevorzugte Forschungs- und Lehrgebiete) der Autoren und die jeweils vertretene Grundauffassung von Controlling beeinflussen merklich die empfohlenen Einsatzfelder und Instrumentarien des Verwaltungs-Controlling. Unabhängig von den im Detail uneinheitlichen Ausführungen wird aber **übereinstimmend** festgehalten, daß sich **Controlling grundsätzlich auch für einen Einsatz in öffentlichen Verwaltungen eigne**.[314] In keinem Falle kann aber von einem detaillierten Entwurf eines geschlossenen Controlling-Systems gesprochen werden.[315]

Deskriptive Arbeiten mit explizitem Controlling-Bezug

Die Analyse **deskriptiver Publikationen** ergibt, daß insbesondere aus dem kommunalen Bereich schon einige Darstellungen von Controlling-Projekten vorliegen. Sie betreffen hauptsächlich Verwaltungsteilbereiche mit betriebsähnlichem Charakter oder beziehen sich auf einzelne (überwiegend Bau-)Investitionsprojekte. An **Contolling-Instrumenten** kommt in erster Linie die Kostenrechnung zum Einsatz, es folgen Techniken des Projektmanagement und eher strategisch ausgerichtete Verfahren wie etwa die Aufgabenkritik. Die **organisatorische Implementierung** gestaltet sich uneinheitlich: Es existieren sowohl Stabs- als auch Linienlösungen, zentrale und dezen-

---

312 Unter den präskriptiven Arbeiten sind solche, die sich von einem Verwaltungs-Controlling weitreichende, teilweise grundlegende Veränderungen der öffentlichen Verwaltungen erwarten (König, Weber, Banner) von eher pragmatischen Ansätzen, die auf der Basis bestehender Rahmenbedingungen Veränderungen hauptsächlich durch ein verbessertes Führungsinstrumentarium bzw. durch eine Führungsunterstützung -entlastung erreichen wollen (Reinermann, Braun, Budäus, Weber (bis 1989), Schmalenbach-Gesellschaft) zu unterscheiden.
313 Ausnahmen bilden in erster Linie die umfassende Arbeit des Arbeitskreises "Controlling in der Kommunalverwaltung" der Schmalenbach-Gesellschaft/Deutsche Gesellschaft für Betriebswirtschaft, an der als Arbeitskreismitglieder jedoch auch wiederum Hochschullehrer beteiligt waren, die Gutachten der KGSt zu Einzelfragen des Verwaltungs-Controlling sowie die Äußerungen des Vorstandsmitglieds der KGSt, Gerhard Banner.
314 Deutlich skeptischer dagegen die juristisch geprägte Literatur, vgl. etwa Becker, Bernd: Öffentliche Verwaltung, Percha 1989, S. 676 und Thieme, Werner: Verwaltungslehre, 4. Auflage, Köln, Berlin, Bonn, München 1984, S. 336f.
315 Dies kann angesichts der Tatsache, daß auch von den Autoren, die sich eingehender mit dem Thema befaßt haben, erst (z.T. allerdings zahlreiche) Einzelbeiträge in Aufsatzform vorliegen, auch nicht verwundern. Bei einzelnen Autoren sind im Laufe einer schon über zehnjährigen Veröffentlichungstätigkeit Entwicklungen festzustellen, so daß sich auch von daher kein "rundes" Bild ergeben kann.

trale Varianten sowie Kombinationen daraus, eigene "Controlling-Ämter" und Etablierungen in bestehenden (hpts. Querschnitts-)Einrichtungen.

Arbeiten mit implizitem Controlling-Bezug

Die als Kernfunktionen des Controlling herausgearbeiteten Aufgabenbereiche der mehrdimensionalen Koordination, der Führungsinformation sowie der Schaffung und Durchführung von Systemen der Steuerung, Regelung und Anpassung sind schon lange, bevor man sich explizit mit Controlling befaßte, in den öffentlichen Verwaltungen als handlungsbedürftig erkannt und in der Fachliteratur auf breitem Raum behandelt worden.

Die Analyse der auf die öffentliche Verwaltung bezogenen wirtschafts- und verwaltungswissenschaftlichen Literatur ohne expliziten Controlling-Bezug zeigt auf, daß Verwaltungs-Controlling in einer Reihe mit einigen vorangegangenen **verwaltungsinnovatorischen Ansätzen** zu sehen ist. Den "Vorgängern", deren gemeinsames Anliegen es war, die öffentlichen Verwaltungen an die sich wandelnden Erfordernisse der Gesellschaft anzupassen und die Effektivität und Effizienz der Verwaltungsleistungen zu erhöhen, waren unterschiedliche Erfolge beschieden. Für die Diskussion um ein Verwaltungs-Controlling lassen sich sowohl aus erfolgreichen als auch aus gescheiterten Vorhaben Erkenntnisse ziehen, die für das konzeptionelle Design des Verwaltungs-Controlling und die Vorgehensweise im Rahmen einer Controlling-Implementierung zu verwenden sind. So kann beispielsweise festgestellt werden, daß sich tendenziell die weniger weitreichenden, konkreteren Projekte eher realisieren ließen als Vorhaben mit umwälzendem, ganzheitlichem Anspruch. Weiterhin zeigt sich die hohe Bedeutung einer auf die Verwaltungsspezifika ausgerichteten Implementationsstrategie für den Erfolg oder das Scheitern innovatorischer Maßnahmen.

Darüber hinaus wird deutlich, daß in den Verwaltungen **bereits einige Strukturen und Instrumente vorhanden** sind, die in ein System des Verwaltungs-Controlling integriert werden können. Versucht man, den Entwicklungsstand und damit die Einsetzbarkeit dieser potentiellen Elemente eines Controlling-Systems zu überblicken, so ergibt sich folgendes grobe Bild:

Der konzeptionelle Entwicklungsstand des **Planungsinstrumentariums** läßt sich aufgrund der intensiven Befassung insbesondere der Wissenschaft in den sechziger und siebziger Jahren als fortgeschritten bezeichnen. Allerdings entspricht die Anwendung des Instrumentariums in der Verwaltungspraxis keineswegs der theoretisch weit gediehenen Ausarbeitung. Die ganz überwiegend inkrementalen Planungssysteme konnten sich gegenüber den in der Theorie präferierten ganzheitlich-synoptischen Planungsansätzen durchsetzen. Dies gilt insbesondere für den Bereich der "Vorjahres-Plus"-Finanzplanungen, die keinen hinreichenden Bezug zu Problem- bzw. Politikfeldern oder Handlungsprogrammen aufweisen.

Die vorhandenen **Kontrollinstrumente** lassen sich überwiegend der Rechts- und Finanzkontrolle zurechnen. Verfahren einer umfassenden Erfolgskontrolle/Evaluation sind angesichts des schwierigen Terrains (Sachzieldominanz, erschwerte Leistungserfassung, -messung, -bewertung) und des weitgehend fehlenden Interesses von Politik und Verwaltung an einer detaillierten Bestimmung der Sachzielerreichung wenig entwickelt und nur selten im praktischen Einsatz.

Über **Informations- und Kommunikationstechniken** als Instrumente des Verwaltungs-Controlling kann bisher nur in Einzelfällen verfügt werden. Der Einsatz der elektronischen Datenverarbeitung erfolgte in der Vergangenheit überwiegend erst zur Entlastung von Routinetätigkeiten im Massengeschäft und ist noch wenig auf die Fundierung von Führungsentscheidungen ausgerichtet.

3. KAPITEL: CONTROLLING-ANSÄTZE IN DER ÖFFENTLICHEN VERWALTUNG - ERGEBNISSE EINER BEFRAGUNG

Um einen Überblick über den tatsächlichen **Entwicklungsstand** des Verwaltungs-Controlling zu gewinnen und die Einschätzung der Verwaltungspraktiker zu den **Entwicklungsperspektiven** zu erfassen, führte der Verfasser im Zeitraum von Ende Juli bis Mitte Oktober 1989 eine **Befragung** durch.[1] Zielrichtung war neben der Erhebung der funktionalen, instrumentellen und aufbauorganisatorischen Auslegung der vereinzelt schon eingerichteten Controlling-Institutionen auch die Ermittlung von in der Planungs- oder der beginnenden Realisierungsphase befindlichen Etablierungen sowie von schon vorhandenen Strukturen, die in ein Controlling-System integriert werden können. Besonderes Augenmerk wurde auch auf die sich ergebenden **Schwierigkeiten** und **Widerstände** gerichtet. Die Ergebnisse der Befragung sind als eine Ergänzung der Erkenntnisse des Literaturstudiums und der theoretisch-deduktiven Überlegungen zur Anwendbarkeit von Controlling in öffentlichen Verwaltungen zu sehen.

I. Methodik und Vorgehensweise der Befragung

Als **Erhebungstechnik** wurde das **strukturierte, standardisierte Interview** gewählt.[2] Durch die Standardisierung konnte die Auswertung erleichtert werden, die Vergleichbarkeit der Antworten ließ sich verbessern. Zudem war so ein hoher Grad an relativer Vollständigkeit zu erreichen.

Der anfänglich zu umfangreiche **Fragebogen** wurde nach Expertengesprächen und Pretests auf neun Seiten verkürzt und in Teilbereichen modifiziert. Der Fragebogen gliederte sich in **drei Teile**:

- Charakterisierung der befragten Verwaltung,
- Allgemeine Beurteilung von Controlling in öffentlichen Verwaltungen,
- Controlling-Aktivitäten in der jeweils befragten Verwaltung.

Angesichts des in öffentlichen Verwaltungen bekanntermaßen geringen Verbreitungsgrades von Controlling erschien es wenig sinnvoll, Verwaltungen nach dem Zufallsprinzip zu kontaktieren. **Die zu befragenden Verwaltungen wurden** vielmehr **gezielt ausgewählt**. Kriterium war hierbei, ob eine Verwaltung schon Controlling-Ansätze etabliert hat, zumindest aber relativ konkrete Überlegungen anstellt, Controlling in irgendeiner Form einzuführen. Als Informationsforum diente der Kongreß für

---

1 Vgl. dazu auch Schmidberger, Jürgen: Controlling in der öffentlichen Verwaltung - Ergebnisse einer Befragung, in: krp, Heft 2/1990, S. 115-121 und derselbe: Stand und Entwicklungsperspektiven von Controlling in der öffentlichen Verwaltung - Ergebnisse einer Befragung, in: Goller, Jost/Maack, Heinrich/Müller-Hedrich, Bernd (Hrsg.): Verwaltungsmanagement - Handbuch für öffentliche Verwaltungen und öffentliche Betriebe, Loseblattsammlung, Ergänzungslieferung November 1990, Stuttgart 1990, Teil B 2.4, S. 1-18.
2 Vgl. zum Wesen und den Anwendungsbedingungen des strukturierten, standardisierten Interviews Friedrichs, Jürgen: Methoden empirischer Sozialforschung, 10. Auflage, Opladen 1982, S. 189 und Hartfiel, Günter/Hilmann, Karl-Heinz: Wörterbuch der Soziologie, 3. Auflage, Stuttgart 1982, S. 354.

Controlling in öffentlichen Institutionen, der im April 1989 in Berlin stattfand. Weitere Informationsquellen waren die Kommunale Gemeinschaftsstelle für Verwaltungsvereinfachung für den Bereich der Kommunalverwaltungen sowie die (zumindest damals noch) raren deskriptiven Publikationen von Verwaltungspraktikern zu der Thematik.[3] Im Laufe der Interviews ergaben sich noch einige zusätzliche Hinweise auf Verwaltungen, die sich ebenfalls in konkreter Form mit Fragen eines Verwaltungs-Controlling befaßten.

Aufgrund des selektiven Vorgehens haben die gewonnenen Erkenntnisse keinen repräsentativen Charakter. Gleichwohl ergeben sich durchaus **Auswertungsergebnisse mit allgemeinem Erkenntniswert**, da die untersuchten Verwaltungen doch eine gewisse Breite und Heterogenität aufweisen und sich trotz der relativ kleinen **Stichprobe von 23 Verwaltungen** schon verwaltungstypische Besonderheiten abzeichnen. Zudem dürfte es sich bei den befragten Verwaltungen um eine Art Avantgarde handeln, von deren Erfahrungen und Beurteilungen eine positive oder negative Ausstrahlung auf andere Verwaltungen zu erwarten ist. Die Darstellung der Ergebnisse der Befragung müssen relativ allgemein gehalten bleiben, da den Befragten Vertraulichkeit zugesichert wurde.[4] Die gewonnenen Informationen sind sehr vielschichtig und können hier nicht in allen Facetten wiedergegeben werden.

Die Ausarbeitung des Fragebogens war von dem Gedanken geleitet, daß es einer unvoreingenommenen Erhebung der in öffentlichen Verwaltungen vorhandenen Überlegungen und Ansätzen nicht zuträglich wäre, wenn den Interviews eine bestimmte, restriktiv enge Controlling-Auffassung zugrunde gelegt würde. Vor diesem Hintergrund wurden zum einen die controlling-spezifischen Fragen so **neutral** formuliert, daß nicht von daher schon bestimmte Controlling-Grundauffassungen ausgeschlossen und andere in den Vordergrund gerückt wurden. Die Beantwortung der Fragen - insbesondere auch die (offene) Frage nach der persönlichen Vorstellung des Gesprächspartners von Controlling - sollte so weit als möglich **unbeeinflußt** von den Vorstellungen des Interviewers erfolgen.[5]

Wollte man den Stand von Controlling in öffentlichen Verwaltungen ausschließlich durch Fragen nach ausdrücklich so bezeichneten **Controlling-Institutionen** erheben, so ergäbe sich vor dem Hintergrund eines weiten Controlling-Verständnisses ein **unvollständiges Bild**.[6] Deshalb konnte im funktionalen und instrumentellen Bereich auch nicht nur nach den Funktionen und Instrumenten gefragt werden, die von ausdrücklich

---

3   In neuerer Zeit (nach Abschluß der Befragung) erschienen: Braun, Günther E./Bozem, Karlheinz (Hrsg.): Controlling im kommunalen Bereich, München 1990. Enthalten sind 20 Beiträge zu Controlling-Ansätzen in kommunalen Unternehmen (einschließlich Krankenhäusern) und auch in der Kommunalverwaltung im hier so verstandenen engeren Sinne. Eine Würdigung der für die vorliegende Arbeit relevanten Beiträge findet sich in Kapitel 2, Teil I. C (Deskriptive Publikationen mit explizitem Bezug zum Controlling).
4   Für die befragten Kommunalverwaltungen von Karlsruhe, Osnabrück und Saarbrücken kann auf die inzwischen publizierten und in Kapitel 2, Teil I. C dargestellten Veröffentlichungen verwiesen werden.
5   Deshalb wurde nicht nur der Fragebogen in dieser Hinsicht bewußt neutral gehalten, vielmehr wurden auch Fragen der Interview-Partner nach dem Controlling-Verständnis des Interviewers erst nach der Abarbeitung des Fragebogens beantwortet.
6   In diesem Sinne z.B. auch Matschke, M.J./ Kolf, J.: Historische Entwicklung, Begriff und organisatorische Probleme des Controlling, in: DB, Heft 13/1980, S. 601-607, hier S. 607.

als "Controlling" oder als "Controller" bezeichneten Stellen wahrgenommen werden. Dies komplizierte die Formulierung treffsicherer Fragen. In der vorliegenden Untersuchung wurden diese Schwierigkeiten dadurch gelöst, daß weiter ausgreifende, teilweise auch indirekte Fragen gestellt wurden. So wurde etwa auch danach gefragt, ob nach Ansicht der Gesprächspartner Controlling-Aktivitäten vorhanden sind, die nicht als solche bezeichnet werden.[7] Zudem wurde im Rahmen der Charakterisierung der Verwaltung auch in neutraler Form nach der Anwendung von Instrumentarien und Techniken gefragt, die sich in einer **funktionalen Betrachtung**[8] dem Controlling zurechnen lassen. Derartige Verfahren und Tätigkeiten, die nicht von ausdrücklich als Controller bezeichneten Verwaltungsmitarbeitern vorgenommen werden, finden sich in jeder öffentlichen Verwaltung. Zu denken ist hier etwa an koordinierende Maßnahmen von Querschnittseinheiten, an den Auf- bzw. den Ausbau der Kostenrechnung für kommunale Einrichtungen oder auch an die Durchführung einer Aufgabenkritik. Zumindest als schon vorhandene Ansätze für ein u.U. zu schaffendes Controlling-System mußten auch diese Aktivitäten mit erhoben werden.

Die erste **Kontaktaufnahme** mit den Personen, die sich innerhalb der Verwaltungen mit Controlling befassen, erfolgte telefonisch. Der Fragebogen wurde zumindest einige Tage vor dem Gesprächstermin zugesandt. Das Ausfüllen des Bogens erfolgte mit einer Ausnahme während des Interviews durch den Verfasser. Die Interviews dauerten im Schnitt knapp zwei Stunden (Spannweite 50 Minuten bis 5 1/2 Stunden).

Hervorzuheben ist die **sehr große Bereitschaft zur Teilnahme an der Befragung**. Ablehnende Antworten auf die Bitte um Teilnahme an der Befragung wurden ausschließlich mit zu vagen eigenen Vorhaben zur Einrichtung eines Verwaltungs-Controlling begründet. In der gegenüber der Befragung sehr aufgeschlossenen Haltung dokumentiert sich ein reges Interesse an der Thematik wie auch das Bedürfnis, über die eigenen Aktivitäten oder auch nur die angestellten Überlegungen diskutieren zu können und sich über den Stand der Dinge in anderen Verwaltungen zu informieren. Dieser Bedarf wurde zumindest im Befragungszeitraum weder durch die einschlägigen Publikationen, noch durch Verbandsaktivitäten oder Kongreßveranstaltungen befriedigend abgedeckt. Teilweise sind mit der Einrichtung von Controlling befaßte Verwaltungsmitarbeiter nicht über die entsprechenden Aktivitäten vergleichbarer Verwaltungen in unmittelbarer Nachbarschaft informiert. Teilweise laufen gar Aktivitäten zur Einführung von Controlling in zwei Ministerien einer Landesregierung parallel ab, ohne gegenseitige Kenntnis oder einen Austausch von Erfahrungen.

---

7 Zur Wahrnehmung der Controllingfunktion in (privatwirtschaftlichen) Großunternehmen in "getarnter" Form vgl. Horváth, Péter: Controlling, 3. Auflage, München 1990, S. 70.
8 Vgl. zur Unterscheidung von funktionalen und institutionalen Controlling-Begriffen Weber, Jürgen: Einführung in das Controlling, Stuttgart 1988, S. 8ff.

II. Bedeutsame Befragungsergebnisse

A Zugangsweise der Verwaltungen zum Controlling

Oben wurde gezeigt, daß Controlling im privatwirtschaftlichen Bereich zunächst bei Töchtern amerikanischer Unternehmen (wohl in der Regel auf Geheiß der Mütter) eingeführt wurde. Den öffentlichen Verwaltungen fehlt ein derartiger **Anstoß**. Von daher stellt sich die Frage, wie es dazu kommt, daß doch eine ganze Reihe von Verwaltungen Überlegungen anstellen, die um die Thematik "Etablierung von Controlling" kreisen und aus welcher **Motivation** heraus derartige Gedanken angestellt werden.

Die Befragung hat deutlich werden lassen, daß die Wege, auf denen öffentliche Verwaltungen Zugang zur Thematik "Controlling" bekommen, sehr unterschiedlich sind. Es lassen sich - grob - **drei Gruppen von Zugangsweisen** erkennen, die freilich im Einzelfall nicht immer streng voneinander getrennt werden können.

1. Instrumentalisierung von Controlling zur Überwindung von Haushaltsengpässen

In einigen Verwaltungen wurden erste Überlegungen in Richtung Controlling als **Reaktion auf akute Haushaltsengpässe** angestellt. Im Zuge vielfältiger Überlegungen, mit welchen Mitteln wachsenden Haushaltsdefiziten beizukommen seien, stießen Verwaltungsmitarbeiter, in selteneren Fällen auch Mitglieder politischer Gremien (z.B. Haushaltskonsolidierungsausschuß) auf das vielversprechende "Phänomen Controlling", das sich anscheinend auch in der Privatwirtschaft gut bewährt hatte. Es wurden einzelne Mitarbeiter bestimmt, die sich diesbezüglich kundig zu machen hatten.

In diesem Zusammenhang ist auf die **regionale Verteilung der befragten Verwaltungen** einzugehen (vgl. dazu **Abbildung 3-1**). Verwaltungen aus wirtschaftsschwachen oder durch strukturelle Anpassungen benachteiligten Regionen beschäftigen sich tendenziell eher mit Überlegungen zur Einführung von Controlling als Verwaltungen ohne oder mit geringen wirtschaftlichen Problemen.[9]

Wenn Controlling zuvorderst als ein Mittel zur Überwindung akuter finanzieller Engpässe angesehen wird, besteht die Gefahr, daß der im Zuge der Etablierung von Controlling-Konzeptionen notwendige "lange Atem" fehlt und daß im Falle von möglicherweise ausbleibenden kurzfristig rechenbaren Erfolgen die Controlling-Aktivitäten eingestellt werden. Allerdings ist zu berücksichtigen, daß die abrupte Einführung einer geschlossenen und umfassenden Controlling-Konzeption weder von den befragten Verwaltungen angestrebt noch in der präskriptiven Literatur empfohlen wird. Von daher kann es durchaus positive Effekte zeitigen, den Zustand einer akuten Haushalts-

---

[9] Ein Interviewpartner aus einer Kommunalverwaltung in Baden-Württemberg meinte ausdrücklich, daß Controlling in seiner Verwaltung wohl stärker forciert würde, wenn die finanzielle Situation weniger positiv wäre.

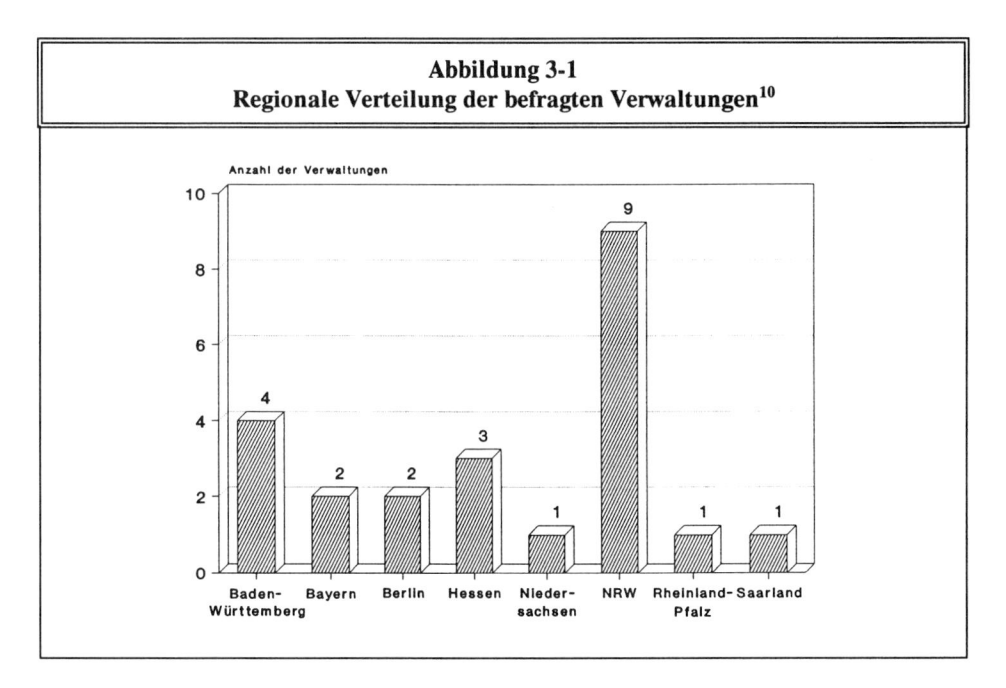

Abbildung 3-1
Regionale Verteilung der befragten Verwaltungen[10]

Anzahl der Verwaltungen

Bundesland	Anzahl
Baden-Württemberg	4
Bayern	2
Berlin	2
Hessen	3
Niedersachsen	1
NRW	9
Rheinland-Pfalz	1
Saarland	1

mittelknappheit zum Anlaß zu nehmen, schwerpunktmäßig besonders problematische und damit auch entsprechend erfolgsträchtige Verwaltungsbereiche für die Schaffung von Controlling-Inseln vorzusehen, die dann in mittelfristiger Perspektive in ein Controlling-System eingebunden werden können.

Gegenüber den beiden nachfolgend zu beschreibenden "Zugangsweisen" erbrachte die Befassung mit Controlling aus Anlaß einer allgemeinen Haushaltsmittelknappheit die am wenigsten weit gediehenen Ergebnisse.

2. Reaktion auf negative Erfahrungen mit Bauinvestitionsprojekten

Auffallend häufig ist schon in den ersten Überlegungen zur Implementierung von Controlling zumindest ein Element enthalten, das als Bauprojekt-Controlling charakterisiert werden kann. In einzelnen Verwaltungen ist mit diesem Controlling-Teilbereich auch schon die erklärte Endstufe des Verwaltungs-Controlling erreicht, d.h. eine Erweiterung auf andere Verwaltungsteilbereiche ist nicht geplant.

Die Ursache für die häufige Ausrichtung der Controlling-Aktivitäten auf den Bereich der Bauinvestitionen liegt in den hier zahlreich zu Tage getretenen und von einer negativen Außenwirkung begleiteten **Defiziten hinsichtlich des termin- und** insbesondere **des kostenbezogenen Projektmanagements**. Förderlich hat sich im kommunalen Bereich sicherlich auch ausgewirkt, daß die KGSt hier einen ausführlichen und explizit

---
[10] Die Bundesländer Schleswig-Holstein, Hamburg und Bremen waren nicht in die Befragung einbezogen. In Niedersachsen wurde nur eine Kommunalverwaltung im südlichen Landesteil besucht. Im Zeitraum der Befragung stellte sich die Frage einer Einbeziehung der nunmehrigen neuen Bundesländer noch nicht.

mit "Bauinvestitionscontrolling..." betitelten Bericht vorgelegt hat.[11] Zudem kam in den Interviews auch zum Ausdruck, daß punktuelle Veränderungen, noch dazu in Bereichen, die offensichtlich problembehaftet sind, eher durchzusetzen sind als die Einführung umfassender innovativer Maßnahmen wie die Einführung eines über Einzelbereiche hinausgehenden Controlling-Konzeptes.

3. Persönliche Initiativen

In nahezu allen Interviews wurde deutlich, daß **persönliche Initiativen** zumindest mit **ausschlaggebend für die Befassung mit Controlling** waren. Dies überrascht angesichts fehlender rechtlicher Vorgaben oder auch Verbandsverlautbarungen nicht.

Mehrheitlich geht der Anstoß von engagierten **Führungskräften aus der Verwaltung** aus. Dabei wurde in einzelnen Gesprächen auch das Motiv erkenntlich, in der Gestalt eines Controllers eine effiziente Führungsunterstützung zu erhalten. Im Gegensatz zu den klassischen Assistenzeinheiten wird eine stärker betriebswirtschaftlich geprägte Ausrichtung erwartet.

Teilweise forcieren aber auch **Mitarbeiter aus einzelnen Verwaltungsteilbereichen** (hier überwiegend aus den Querschnittseinheiten Finanzen oder Organisation) die Befassung mit Controlling. Um in diesen Fällen Aussichten auf eine erfolgreiche Entwicklung zu haben, hat es sich gezeigt, daß es stets notwendig ist, die oberste Führungsebene von dem Vorhaben zu überzeugen. Controlling aus der **Sachbearbeiter-** oder auch der **Amtsleiterebene** ohne die Rückendeckung von der Verwaltungsspitze einzuführen, erscheint wenig erfolgversprechend - wenn nicht gar unmöglich.

Überraschend häufig kommt die Initiative zur Befassung mit Controlling auch aus dem politischen Raum. Dabei handelt es sich stets um **Politiker** in verantwortlichen Positionen. Eine Initiative aus Parlament/Rat oder Ausschüssen ist nicht bekannt. In einem Fall wurde Controlling als Reaktion auf konkrete Kritik einer Aufsichtsbehörde installiert.

Die Zugangsweise "Persönliche Initiative" ist **unabhängig von der wirtschaftlichen Situation** der Verwaltung anzutreffen. In Verwaltungen ohne akute Finanznöte besteht die Motivation der Controlling-Protagonisten hauptsächlich in einer Erhöhung der Effektivität und der Effizienz des Verwaltungshandelns und letztlich in einer angestrebten höheren Zufriedenheit der Bürger. Auch das Streben nach Reputation und damit im Falle von Politikern oder Wahlbeamten auch die Erhöhung der Wiederwahlchancen durch das Befassen mit fortschrittlichen Führungskonzepten mag im einen oder anderen Fall mit eine Rolle spielen; eine valide Absicherung dieser These fällt aber auf der Grundlage der geführten Interviews schwer.

---

11 Vgl. KGSt: Bauinvestitionscontrolling zur Vermeidung von Baukostenüberschreitungen und unwirtschaftlichem Bauen, Teil 1: Entscheidungsorganisation und begleitende Wirtschaftlichkeitsprüfung, Bericht Nr. 12/1985, Köln 1985. Vgl. dazu auch die Ausführungen in Kapitel 2, Teil I. C (deskriptive Publikationen mit explizitem Bezug zum Controlling) und in Kapitel 7, Teil II. (Projekt-Controlling).

B Bedeutung von Verwaltungsgröße und Verwaltungstyp für den Controlling-Ansatz

Kommunalverwaltungen finden sich häufiger unter den befragten Verwaltungen als staatliche Verwaltungen (vgl. Abbildung 3-2). Die gleichwohl relativ hohe Anzahl der in die Befragung aufgenommenen **Landesverwaltungen** darf aber nicht darüber hinwegtäuschen, daß der Entwicklungsstand hier gegenüber den konzeptionellen Ansätzen und dem Stadium der Realisierung im kommunalen Bereich noch niedrig ist.

Gerade in stark differenzierten **Landesverwaltungen** böte sich ein breites Arbeitsfeld insbesondere für **die koordinierende Funktion des Controlling**. Aber die starke Betonung des Ressortprinzips läßt es als sehr schwer erscheinen, daß Controlling - etwa aus einer Querschnittseinheit wie dem Finanzministerium heraus oder als Stabsstelle des Ministerpräsidenten - ressortübergreifend wirksam zum Einsatz kommt. Dies wird als ein Hauptgrund dafür angegeben, daß in diese Richtung zielende Überlegungen - soweit bekannt - weder auf Bundes- noch auf Landesebene angestellt werden.[12] Die seltenen Ansätze, die auf eine mehrdimensionale Etablierung von Controlling in diesem Bereich abzielen, sind in den Innen- und Finanzministerien zu finden.[13]

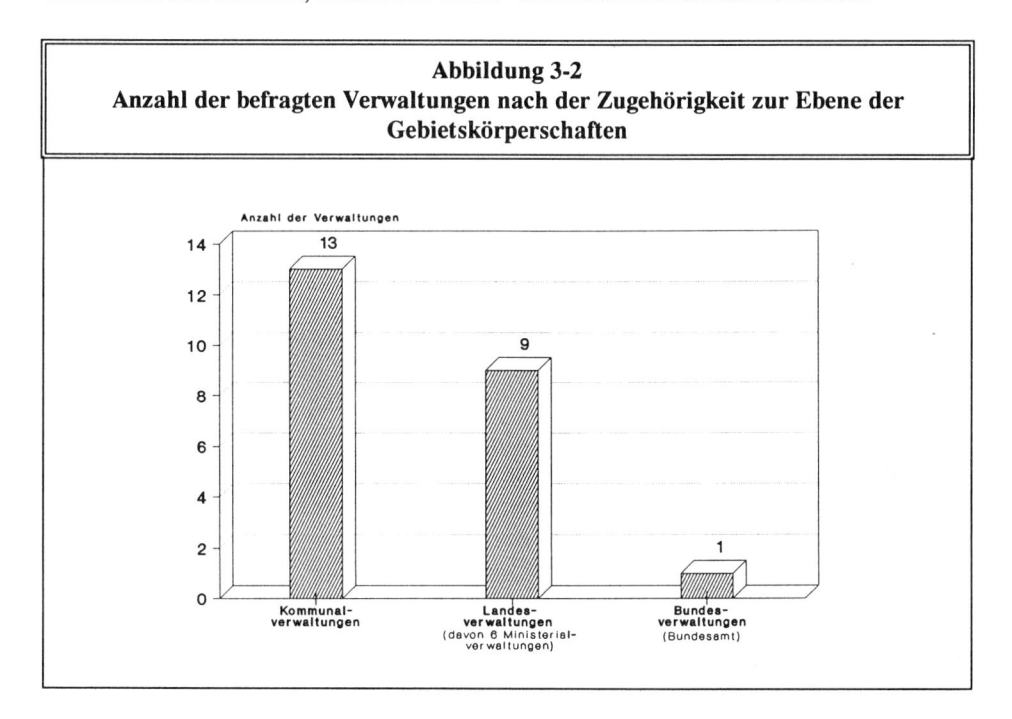

**Abbildung 3-2
Anzahl der befragten Verwaltungen nach der Zugehörigkeit zur Ebene der Gebietskörperschaften**

---

[12] In Baden-Württemberg wurde die vom Aufgabenspektrum dem Controlling zumindest nahekommende Stabsstelle Verwaltungsstruktur, Information und Kommunikation aus dem Staatsministerium in das Innenministerium umressortiert.

[13] Daneben konnte der Verfasser in einem Fachministerium einer Landesregierung ein (in der Stellenbeschreibung auch so genanntes) Projekt-Controlling feststellen. Die Stelle wurde zum Befragungszeitpunkt allerdings erst gerade ausgeschrieben.

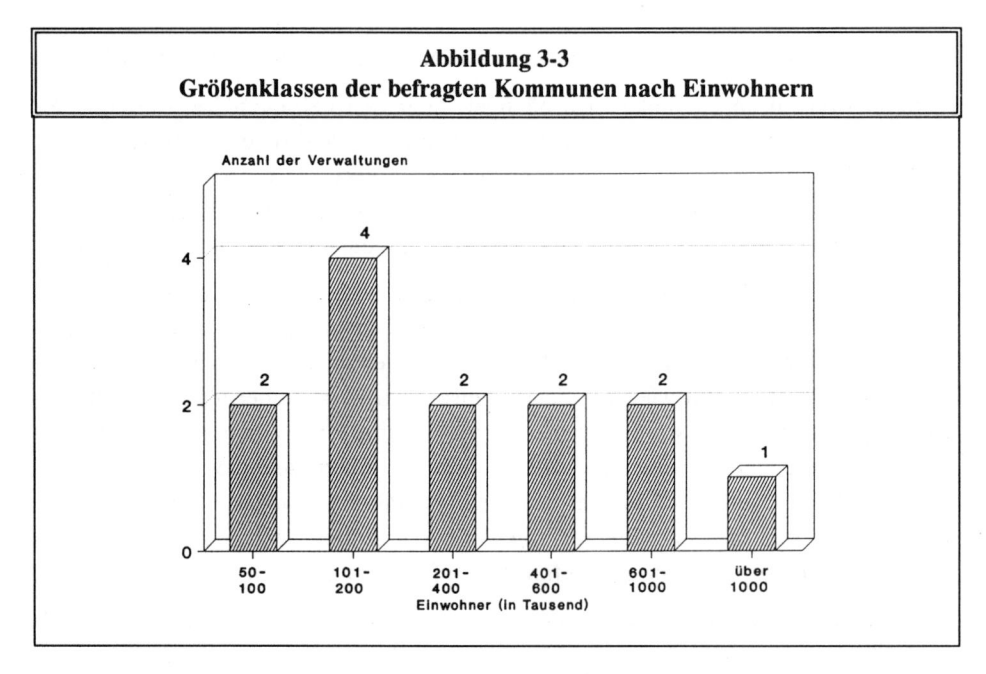

Abbildung 3-3
Größenklassen der befragten Kommunen nach Einwohnern

Zwar gehen die **Controlling-Aktivitäten in den Kommunen** auch ganz überwiegend von **Querschnittseinrichtungen** (Finanzreferat/Kämmerei, Hauptamt, Organisationsamt, Personalamt) aus, jedoch fällt es hier zum einen wegen der geringeren Autonomie der einzelnen Organisationseinheiten und zum anderen auch wegen den überschaubaren Strukturen leichter, Controlling ressortübergreifend - etwa auf einzelne Ressourcen (Finanzen, Personal, Anlagen, Information) bezogen - zentral anzugehen.

Die Frage, inwieweit die **Größe einer Verwaltung** (in der Befragung gemessen über die Einwohnerzahl,[14] das Haushaltsvolumen und die Zahl der Mitarbeiter) den Stand und die Intensität der Controlling-Aktivitäten beeinflußt, ist aufgrund der Befragungsergebnisse nicht eindeutig zu beantworten. Zwar **steigt** zweifellos **das Aufgabenpotential des Controlling** mit zunehmender Komplexität des Verwaltungsgeschehens und Breite des Leistungsangebots **in Großverwaltungen**, andererseits wächst aber auch die Schwierigkeit, diesen komplexen Strukturen eine Controlling-Konzeption anzupassen. Damit verstärkt sich hier die Scheu, sich auf der übergeordneten Ebene überhaupt mit Controlling zu befassen.

In **kleineren Verwaltungen** werden weniger die komplexen Strukturen als vielmehr **budgetäre Restriktionen** als ein Hindernis für die Etablierung von Controlling in den Vordergrund gerückt. Es wird teilweise bezweifelt, ob Controlling sich etwa in der Verwaltung einer mittleren Gemeinde rechnet, ob also durch die Einführung von Controlling ein "Netto-Nutzen" erzielt werden kann. In diesem Zusammenhang werden hier auch Überlegungen angestellt, inwieweit Controlling in einem funktionalen Sinne von bereits bestehenden Stellen (z.B. Haushaltsbeauftragte, Organisationsamt) wahr-

---

14 Vgl. dazu die Abbildung 3-3.

genommen werden kann, da das Tätigkeitsspektrum einiger Stellen ohnehin schon Controlling-Elemente beinhalte.

In sehr großen Verwaltungen sind bisher keine umfassenden Konzeptionen für ein Verwaltungs-Controlling bekannt. Die am **umfassendsten konzipierten Controlling-Ansätze**, die auch schon in der Umsetzung am weitesten gediehen sind, finden sich **in Kommunalverwaltungen der mittleren Größenklassen**.

C Erwartete Vorteile, befürchtete Schwierigkeiten

Unabhängig von konkreten Erfahrungen der Gesprächspartner mit der Einführung von Controlling[15] wurde allgemein nach den **erwarteten Hauptvorteilen** für den Fall der Einführung von Verwaltungs-Controlling und nach **befürchteten Schwierigkeiten bzw. Nachteilen** durch die Etablierung von Controlling in öffentlichen Verwaltungen gefragt.[16]

Über die Antworten informiert die **Abbildung 3-4**. Die Antwortskala reichte von 1 (unwichtig) bis 6 (höchst bedeutsam).

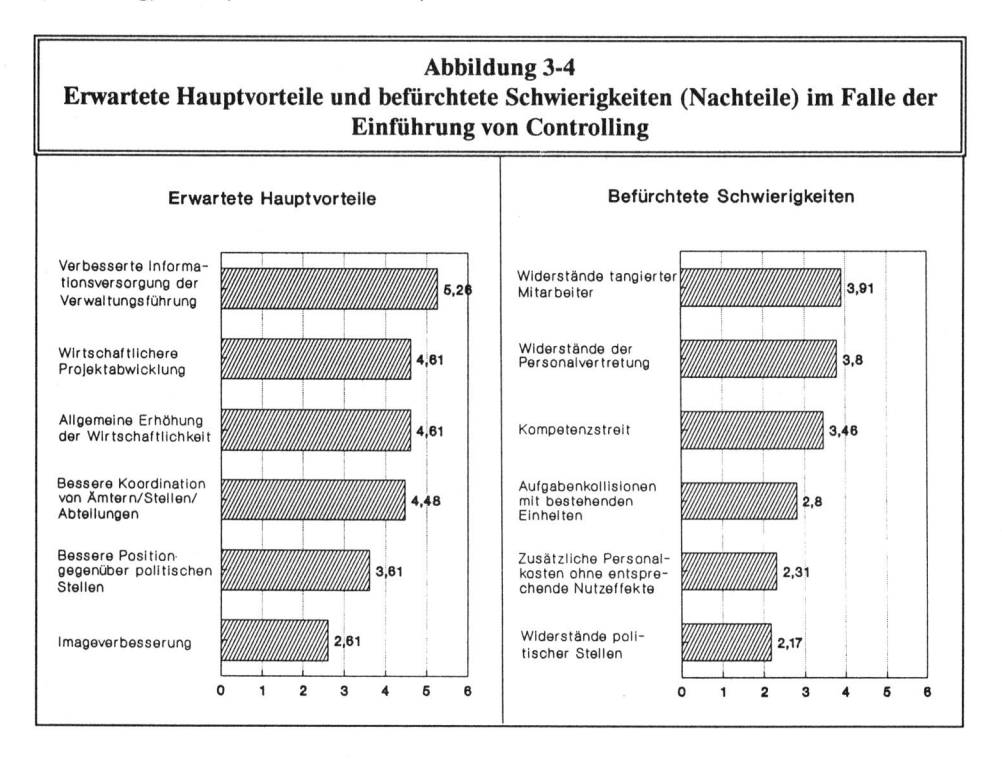

Abbildung 3-4
Erwartete Hauptvorteile und befürchtete Schwierigkeiten (Nachteile) im Falle der Einführung von Controlling

Erwartete Hauptvorteile:
- Verbesserte Informationsversorgung der Verwaltungsführung: 5,26
- Wirtschaftlichere Projektabwicklung: 4,61
- Allgemeine Erhöhung der Wirtschaftlichkeit: 4,61
- Bessere Koordination von Ämtern/Stellen/Abteilungen: 4,48
- Bessere Position gegenüber politischen Stellen: 3,61
- Imageverbesserung: 2,61

Befürchtete Schwierigkeiten:
- Widerstände tangierter Mitarbeiter: 3,91
- Widerstände der Personalvertretung: 3,8
- Kompetenzstreit: 3,46
- Aufgabenkollisionen mit bestehenden Einheiten: 2,8
- Zusätzliche Personalkosten ohne entsprechende Nutzeffekte: 2,31
- Widerstände politischer Stellen: 2,17

---

15 Siehe dazu unten, Teil G.
16 Die Antworten lassen erkennen, daß die Interviewten nur selten völlig von den Erfahrungen und Gegebenheiten "ihrer" Verwaltung abstrahierten.

Allgemein fällt zunächst auf, daß die **erwarteten Vorteile deutlich gewichtiger eingeschätzt** werden als die Schwierigkeiten, mit denen im Falle der Einführung von Controlling gegebenenfalls zu rechnen ist. Dies mag auch daran liegen, daß gezielt "Controlling-Protagonisten" befragt wurden. Eine repräsentative Befragung einer Zufallsauswahl von Verwaltungen hätte hier sicher andere Ergebnisse erbracht.

Im einzelnen bringen die Ergebnisse klar zum Ausdruck, daß von dem Verwaltungs-Controlling zuvorderst eine verbesserte **Versorgung der Verwaltungsführung mit entscheidungsrelevanter Information** erwartet wird. Weiterhin wird davon ausgegangen, daß die Controlling-Etablierung zu einer Erhöhung der Wirtschaftlichkeit, insbesondere auch in der Projektabwicklung, führt.

Am unteren Ende der Bewertungsskala liegt unter den erwarteten Vorteilen das Merkmal "**Imageverbesserung**". Hier zeigt sich, daß die Befragten Controlling in erster Linie mit Blick auf erwartete "Innenwirkungen" etablieren wollen. Eine Verbesserung des Image der Verwaltung in der Öffentlichkeit - etwa nach dem Motto: "Wir praktizieren moderne Management-Methoden!" - wird in aller Regel nicht bzw. nur am Rande bezweckt. Dementsprechend wird auch von einer publizistischen Begleitung der Einführung von Controlling abgesehen. Im Gegenteil: Wohl auch, weil man keine Schwierigkeiten und Widerstände provozieren will, wird eine allzu offensive Informationspolitik eher für schädlich gehalten. Auf die Problematik eines derartigen Vorgehens wird unten noch eingegangen.

Außer den vorgegebenen und in der obigen Tabelle enthaltenen Antworten wurden noch die folgenden erwarteten bedeutenden **Vorteile** genannt (in der Reihenfolge der Häufigkeit der Nennungen): Erhöhung der Transparenz von Verwaltungsstrukturen, Entscheidungen und Zielerreichungsgrad, Schaffung von Verantwortlichkeiten, Detaillierung politischer Ziele, verbesserte Steuerung durch Dezentralisierung, betriebswirtschaftliche Beratung, Zwang zur Selbstinformation, verbesserte Entscheidungsvorbereitung, Förderung des Denkens in Gesamtzusammenhängen, Reduzierung negativer "bürokratischer Erscheinungen", Schaffung von Leistungsindikatoren, verbesserte Personalbewirtschaftung.

Unter den **Schwierigkeiten bzw. Nachteilen**, mit denen im Zuge der Controlling-Etablierung in den Verwaltungen gerechnet wird, rangieren die Widerstände tangierter Mitarbeiter und deren Personalvertretung an oberster Stelle, gefolgt von befürchteten Kompetenzstreitigkeiten. Dagegen wird die Gefahr zusätzlich anfallender Personalkosten ohne entsprechende Nutzeneffekte allgemein als gering eingeschätzt. Noch weniger wird mit Widerstand aus dem politischen Bereich gerechnet, hier überwiegt die Ansicht, daß sich die politischen Stellen eher desinteressiert als widerspenstig zeigen wird.

Zusätzlich zu den in der Übersicht genannten Schwierigkeiten bzw. Nachteilen, die im Zuge einer Einführung von Controlling in der öffentlichen Verwaltung auftreten können, wurden angeführt: Schaffung eines Machtvorsprungs für die Stelle, der das

Controlling unterstellt wird, Konflikte durch das Ressortprinzip sowie erhöhter Zeitaufwand durch zusätzlich notwendige koordinative Tätigkeiten.

D Primäre Einsatzfelder des Verwaltungs-Controlling

Die Ansicht, daß die Einführung von Controlling nicht in einem Zuge, sondern in einem abgestuften Prozeß vollzogen werden sollte, wird von allen befragten Verwaltungen geteilt. Von daher werden **Überlegungen** angestellt, **in welchen Verwaltungsteilbereichen erfolgversprechend mit Controlling begonnen werden kann**. Daß diese Überlegungen sehr stark von der fachlichen Ausrichtung der "Controlling-Aktivisten" beeinflußt sind, liegt auf der Hand. Ein Verwaltungsmanager, der im Bereich der Personalverwaltung tätig ist, geht im Rahmen seiner Controlling-Aktivitäten zunächst von diesem Bereich aus und wendet sich nicht etwa zuvorderst der Verbesserung des Kostenrechnungssystems der kostenrechnenden Einrichtungen zu. Insofern sind die oben geschilderten Zugangsweisen zum Controlling hier von entscheidender Bedeutung.

Nachfolgend sollen die **bedeutsameren Ansatzpunkte** der Controlling-Initiativen in öffentlichen Verwaltungen aufgezeigt werden. Dabei handelt es sich nicht um sich jeweils ausschließende Varianten. So sind teilweise auch schon in der Startphase durchaus mehrere parallele Aktivitätsfelder anzutreffen. Zudem sind die aufgeführten Einsatzfelder nicht als völlig unabhängig voneinander anzusehen. So dienen Maßnahmen des Beteiligungs-Controlling, die hier als separates Einsatzfeld aufgeführt werden, auch der Informationsversorgung der Verwaltungsführung.

1. Informationsversorgung der Verwaltungsführung

Die **Versorgung der Verwaltungsführung mit entscheidungsrelevanter Information** wird fast durchweg als zumindest **eine der vordringlichen Aufgaben von Controlling** angesehen. Von daher ist es nur folgerichtig, die Etablierung bzw. Verbesserung entsprechender Informationssysteme häufig (13 Nennungen bei 23 befragten Verwaltungen) ausdrücklich als Ansatzpunkt von Controlling-Aktivitäten zu wählen.[17]

Die Anstrengungen, die in diesem Bereich unternommen bzw. angestrebt werden, sind keineswegs homogen. An erster Stelle der Controlling-Aktivitäten **im Bereich der Kommunen** steht die Verbesserung der **Kostenrechnung** in bestehenden kostenrechnenden Einrichtungen und die Ausdehnung auf bislang nicht kostenrechnerisch bearbeitete Verwaltungsteilbereiche. In 6 der 13 befragten Kommunalverwaltungen beziehen sich die Controlling-Aktivitäten zumindest auch (und teilweise ausschließlich) auf

---

[17] Im Grunde können die meisten der aufgeführten Aktionsfelder der Controlling-Ansätze zumindest indirekt auch mit informatorischen Aspekten in Verbindung gebracht werden. Bei den in diesem Abschnitt aufgeführten Aktivitäten steht jedoch der Informationsversorgungsaspekt im Vordergrund der Anstrengungen.

diese Aufgabenfelder. Bundes- und Landesverwaltungen entwickeln hier dagegen kaum Initiativen zur Einführung oder Verbesserung von Kostenrechnungen.

Die Gründe für diese hohe Bedeutung kostenrechnerischer Aktivitäten im Rahmen der Controlling-Vorhaben in Kommunalverwaltungen sind plausibel. Die Kostenrechnung ist als Controlling-Instrument aus der Privatwirtschaft bekannt und läßt sich in unternehmensähnlichen Bereichen vergleichsweise einfach anwenden. Zudem sind innerhalb der kommunalen Kostenrechnenden Einrichtungen schon Systeme vorhanden, auf die aufgebaut werden kann. Auch das hier vorhandene betriebswirtschaftlich orientierte Denken der Mitarbeiter wirkt sich förderlich aus. Aufgrund dieser günstigen Konstellation erscheinen Zwischenziele systembildender Controlling-Aktivitäten, wie z.B. der Ausbau einer bestehenden Istkostenrechnung zu einer flexiblen Plankostenrechnung als relativ frühzeitig erreichbar.

Es wurde erkannt, daß ein **controlling-orientiertes Rechnungswesen** in erster Linie darauf abzielen muß, Wirtschaftlichkeitsüberwachungen zu ermöglichen und Entscheidungen, wie etwa über die Eigenerstellung oder die Fremdvergabe von Leistungen mit relevanten Informationen zu fundieren. Im Gegensatz zum Rechenzweck der Entgeltkalkulation sind diese Zwecke nicht auf die Kostenrechnenden Einrichtungen beschränkt. Einige Verwaltungen versuchen daher, durch die Herstellung von Kostenverantwortlichkeiten, durch die Einführung von Vergleichsrechnungen (Betriebs- und Zeitvergleiche) und von Verrechnungspreisen für verwaltungsinterne Leistungsströme sowie durch entscheidungsbezogene Sonderrechnungen eine Basis für eine Erhöhung der Effizienz von der Kostenseite her zu schaffen.

Einige Kommunen unternehmen im Rahmen ihrer Controlling-Aktivitäten Anstrengungen, eine nicht monetär quantifizierte **Leistungsrechnung** - im Sinne einer Aufzeichnung der von den vorhandenen Potentialen erstellten Leistungen - zu entwickeln. Dabei steht das Ziel einer differenzierten Leistungsdokumentation im Vordergrund.

Neben diesen Vorhaben der Kosten- und Leistungsrechnung finden sich Bemühungen, das **Berichtswesen** zu straffen und zieladäquater auszurichten. Die hier bisher dominierenden umfangreichen schriftlich-verbalen Berichte soll durch die verstärkte Verwendung von Kennzahlen und Indikatoren und eine bessere DV-Unterstützung (Nutzung von Textverarbeitungs- und Graphikprogrammen) verbessert werden.

Umstritten ist die Frage, inwieweit die Etablierung oder die Optimierung von **Datenverarbeitungssystemen** in den Aufgabenbereich des Controlling fällt. Teilweise wird befürwortet, ein diesbezügliches Projekt-Controlling auf Zeit einzuführen. Überwiegend sehen die Befragten jedoch die Informations- und Kommunikationstechnologie nicht als originäres Betätigungsfeld eines Verwaltungs-Controllers an. Die Datenverarbeitung wird vorwiegend als Controlling-Instrument betrachtet. Die Etablierung und Betreuung des Instrumentes soll aber weiterhin von den einschlägigen Stellen (etwa im Organisationsdezernat oder durch Rechenzentren) erfolgen.

2. Ressourcen-Controlling

Sechs der befragten Verwaltungen wählen einen ressourcenbezogenen Ansatzpunkt für ihre Controlling-Aktivitäten. Dabei handelt es sich zum einen um Ansätze, die sich auf die Beschaffung **sachlicher Ressourcen** beziehen. Zum anderen finden sich auch auf die **personellen** und die **finanziellen Ressourcen** abzielenden Vorhaben.

Am häufigsten und auch schon am weitesten gediehen sind dabei die Maßnahmen, die zur Entwicklung eines **Investitions-Controlling** unternommen werden. Die Vorhaben beziehen sich in der Regel auf großvolumige Baumaßnahmen.[18]

Hauptansatzpunkt des (Bau-)Investitions-Controlling war zunächst schwergewichtig die **Durchführung detaillierter Kontrollen** durch sachverständige Verwaltungsmitarbeiter.[19] Da die Wirtschaftlichkeit eines (Bau-)Investitionsprojektes entscheidend schon in der Planungsphase bestimmt wird, erfolgte eine **Weiterentwicklung** durch die Einführung einer systematischen **Projektplanung und -steuerung**, die sowohl die Kosten- als auch die Zeitdimension einbezieht. Insofern konnte weitgehend auf Techniken des Projektmanagement zurückgegriffen werden, wie sie grundsätzlich schon aus der Privatwirtschaft bekannt waren. Allerdings müssen angesichts verwaltungsspezifischer Gegebenheiten teilweise beträchtliche Modifikationen vorgenommen werden. Hier sei nur etwa an die Besonderheiten aufgrund der Vorgaben der Verdingungsordnung für Bauleistungen (VOB) und an die zumindest für größere Investitionsmaßnahmen bestehende Notwendigkeit kooperativer Maßnahmen zwischen der Verwaltung und den politischen Instanzen erinnert.

Bei den in diesem Feld schon eingeführten Controlling-Konzepten ließ sich nach Auskunft der Interview-Partner ein **großes Erfolgspotential** realisieren, das sich zunächst auch recht exakt beziffern ließ, da "Ohne- und mit-Controlling-Planungsrechnungen" verglichen werden konnten.

Der in der Regel dominierende Anteil der **Personalausgaben** am gesamten Haushalt ließe es erwarten, Controlling-Maßnahmen vordringlich hier anzusetzen, zumal auf vorhandene und zuweilen gut ausgebaute Instrumentarien (Personalbedarfsplanung, Stellenbeschreibung, Dienstpostenbewertung usw.) aufgebaut werden kann. Demgegenüber konnte nur in einer Verwaltung ein personalbezogener Controlling-Ansatz festgestellt werden. Zielrichtung ist es dabei, den Personalhaushalt transparenter zu machen und die Personalbewirtschaftung auf flexiblere Gestaltungsmöglichkeiten hin zu untersuchen. Allerdings ist hier noch keine trennscharfe Aufgabenteilung zwischen dem Personal-Controller und den Facheinheiten vorgenommen worden, die bisher schon ähnliche Aufgaben mit wahrgenommen haben. Es werden hier Aufgabenkollisionen und Kompetenzstreitigkeiten mit bestehenden Facheinheiten befürchtet. In diesem Felde ist wohl auch der Grund für die Zurückhaltung der Verwaltungen

---
18 Vgl. dazu auch die Ausführungen in Kapitel 2, Teil I. C (Deskriptive Publikationen mit explizitem Bezug zum Controlling).
19 Aus dieser Zeit stammt auch noch die Bezeichnung "Kostenkontrollstelle" für die Stabsstelle einer befragten Kommunalverwaltung, die inzwischen weit mehr als bloße Kontrollen durchführt.

hinsichtlich der Etablierung eines Personal-Controlling zu suchen. Da die Personalarbeit durch die Organisationsämter bzw. die Zentralabteilungen bereits recht intensiv betrieben wird, wird hier nur ein geringer Handlungsbedarf vermutet.

Die raren **finanzwirtschaftlichen Ansätze**[20] eines Verwaltungs-Controlling weisen verschiedene Angriffspunkte auf. Zum einen wird versucht, über den Einsatz verbesserter DV-technischer Instrumentarien den herkömmlichen Haushaltsvollzug transparenter und die finanzwirtschaftlichen Informationen aktueller verfügbar zu machen, um gegebenenfalls unterjährig steuernd eingreifen zu können. Andererseits gibt es in einer Kommune auch Überlegungen, einer aufgaben- oder programmbezogenen Budgetierung näher zu kommen, indem die Finanzmittel projektbezogen und unter stärkerer Betonung der Delegation von Kompetenzen zur Mittelverwendung und diesbezüglicher Verantwortung geplant werden. Diese Überlegungen bewegen sich aber im Rahmen der bestehenden Haushaltsordnungen. Eine grundlegende Reform des Haushaltswesens über ein Verwaltungs-Controlling und damit aus dem Verwaltungsinneren heraus anzugehen wird nicht in Erwägung gezogen.

3. Beteiligungs-Controlling

Oben wurde klargestellt, daß die Befragung auf Verwaltungen im engeren Sinne beschränkt war, also nicht etwa auch die Beteiligungsunternehmen als solche einbezogen hat. Gleichwohl wird das Verwaltungs-Controlling als ein vielversprechendes Instrument zur **Unterstützung der Verwaltungsführung** bei der Aufgabe der **Steuerung und Überwachung der Beteiligungsunternehmen** angesehen.

In den Verwaltungen wird erkannt, daß die Beteiligungsunternehmen teilweise einen Grad an Autonomie entwickeln, der der Durchsetzung der Instrumentalfunktion abträglich sein kann. Die hier anstehenden Aufgaben der Zieloperationalisierung und der Zieldetaillierung, der Überwachung der Zielerreichung, der Abstimmung der Beteiligungsziele mit den anderen Verwaltungszielen sowie der Überwachung des Finanzgebarens wurden viermal (durchweg von Kommunen) explizit als Controlling-Aufgabe genannt. Die Aufgabenwahrnehmung wurde aber bisher erst von einer Verwaltung institutionell einer Controlling-Stelle übertragen; in den restlichen Fällen werden Aufgaben, die ausdrücklich als Beteiligungs-Controlling angesehen werden, von der Kämmerei oder auch von spezialisierten Einrichtungen (z.B. Amt für Beteiligungen) wahrgenommen.

---

20 Mit Ausnahme einer Landesverwaltung beziehen sich die Controlling-Aktivitäten nicht auf das Haushalts- oder das Kassenwesen. In einer Kommune werden zumindest in diese Richtung zielende Erwägungen angestellt, die aber zum Zeitpunkt der Befragung noch nicht in ein konkretes Stadium eingemündet waren.

4. Verbreitung einer "Controlling-Philosophie"

Nach ihrer Controlling-Konzeption gefragt, enthielt die Antwort der Interview-Partner oftmals Aussagen wie "Wirtschaftlichkeitsvorstellungen in die Verwaltung bringen", "wirtschaftliche Denkweise fördern", "Funktion des Controlling, ständiger Unruheherd in der Verwaltung zu sein", "Problembewußtsein schärfen" oder "Controlling-Philosophie in den Köpfen der Verwaltungsmitarbeiter verankern".

Hier kommt zum Ausdruck, daß Controlling von annähernd der Hälfte der Befragten auch die Aufgabe beigemessen wird, der "Behördenmentalität" entgegenzuwirken und negative bürokratische Mechanismen zu lokalisieren und abzustellen, indem etwa auch Verwaltungsmitarbeiter aus Facheinheiten, in denen bisher wirtschaftliche Kategorien eher als irrelevant und kontraproduktiv angesehen wurden, zum **Denken in ökonomischen Kategorien** motiviert werden.

Eine Verwaltung sieht vor diesem Hintergrund ein konkretes Aufgabenfeld für ihren Verwaltungs-Controller darin, die Verwaltungsmitarbeiter dahingehend zu schulen und zu motivieren, daß sie stärker in Alternativen und wo immer möglich in Input-Output-Relationen denken. Dazu werden durch den Controller sowohl Gruppen- als auch Einzelgespräche geführt.

E Anforderungen an Persönlichkeit, Ausbildung und Fachkenntnisse des Verwaltungs-Controllers

Die Beantwortung der Frage, welche **Fachkenntnisse** von einem "Verwaltungs-Controller" erwartet werden, zeigt ganz deutlich, daß **betriebswirtschaftliche Kenntnisse** gegenüber Rechtskenntnissen als bedeutsamer eingeschätzt werden. Diese Meinung wird überwiegend auch von den befragten Juristen geteilt.

Die Anforderungen hinsichtlich der von einem Controller im Verwaltungsbereich zu erfüllenden **Persönlichkeitsmerkmale** sind im Durchschnitt deutlich höher als die erwarteten Fachkenntnisse. Überragende Bedeutung wird dabei der **Kommunikationsfähigkeit** beigemessen. In dieselbe Richtung weisen auch die hohen Bewertungen der sprachlichen und schriftlichen Ausdrucksfähigkeit. Ebenfalls als sehr bedeutsam für einen Verwaltungs-Controller wird das analytische Denkvermögen bewertet - dicht gefolgt von erwarteten kreativen Fähigkeiten. Die niedrige Bewertung der Führungsfähigkeit erklärt sich dadurch, daß häufig eine organisatorischen Ausgestaltung der Controlling-Stelle als Stab präferiert wird, von dem keine unmittelbaren Führungsaufgaben zu bewältigen seien.

Die nachfolgende **Abbildung 3-5** zeigt die Ergebnisse im einzelnen. Die Antwortskala reichte von 1 (unwichtig) bis 6 (höchst bedeutsam).

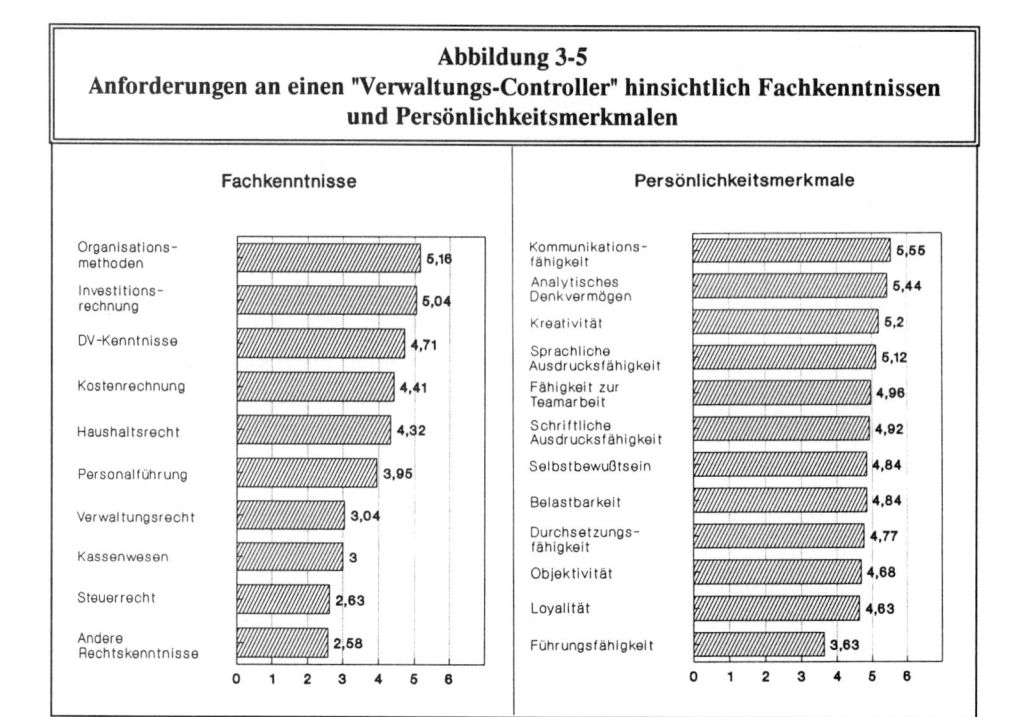

Abbildung 3-5
Anforderungen an einen "Verwaltungs-Controller" hinsichtlich Fachkenntnissen und Persönlichkeitsmerkmalen

Fachkenntnisse	Wert	Persönlichkeitsmerkmale	Wert
Organisationsmethoden	5,16	Kommunikationsfähigkeit	5,55
Investitionsrechnung	5,04	Analytisches Denkvermögen	5,44
DV-Kenntnisse	4,71	Kreativität	5,2
Kostenrechnung	4,41	Sprachliche Ausdrucksfähigkeit	5,12
Haushaltsrecht	4,32	Fähigkeit zur Teamarbeit	4,96
Personalführung	3,95	Schriftliche Ausdrucksfähigkeit	4,92
Verwaltungsrecht	3,04	Selbstbewußtsein	4,84
Kassenwesen	3	Belastbarkeit	4,84
Steuerrecht	2,63	Durchsetzungsfähigkeit	4,77
Andere Rechtskenntnisse	2,58	Objektivität	4,68
		Loyalität	4,63
		Führungsfähigkeit	3,63

Außer den vorgegebenen und in der Abbildung enthaltenen Antworten wurden psychologische Fachkenntnisse von drei Gesprächspartnern als wichtig eingestuft. Daneben werden je nach Ausrichtung des Controlling-Ansatzes noch Spezialkenntnisse verlangt, wie etwa Kenntnisse im Bauingenieurwesen oder in Architektur für einen im Bauinvestitionsbereich tätigen Controller. Die vorgegebene Liste der Persönlichkeitsmerkmale wurde noch weiter um die Merkmale "Offenheit", "Fähigkeit zur Selbstkritik", "Machtinstinkt" und "Verantwortungsbewußtsein" ergänzt. Als besonders wichtig stellten Gesprächspartner mehrmals heraus, daß ein Controller gerade in der öffentlichen Verwaltung keinesfalls arrogant und überheblich auftreten dürfe.[21]

Die Frage nach der **geforderten Ausbildung** und dem beruflichen Werdegang wurde sehr uneinheitlich beantwortet. Während teilweise ganz dezidiert davor gewarnt wurde, Mitarbeiter aus der Verwaltung zu Controllern zu bestellen ("Betriebsblindheit", mangelndes innovatives Potential...) und bislang verwaltungsextern - etwa in der Industrie - tätigen, akademisch vorgebildeten Controllern deutlich der Vorzug gegeben wurde, äußerten einige der Interviewten die Ansicht, daß nur ein Verwaltungsinterner für die Position des Verwaltungs-Controllers in Frage komme, da die Kenntnis verwaltungsspezifischer Merkmale und Mechanismen ausschlaggebend für den Erfolg eines Controlling-Projektes wären. Einige Male wurde auch angeführt,

---

[21] In diesem Zusammenhang wurden teilweise negative Erfahrungen mit externen Unternehmensberatern angeführt.

daß der absolvierte Ausbildungsgang gegenüber den geforderten Persönlichkeitsmerkmalen völlig nachrangig sei.

Als **idealtypischer Verwaltungs-Controller** kristallisierte sich aus den Antworten der betriebswirtschaftlich ausgebildete Akademiker heraus, der schon einige Zeit Erfahrungen in der öffentlichen Verwaltung gesammelt hat. Besteht die Möglichkeit, eine mehrere Stellen umfassende Controlling-Abteilung zu schaffen, so erscheint es vorteilhaft, sowohl Mitarbeiter mit Verwaltungserfahrung als auch bislang Verwaltungsexterne als Controller einzusetzen.

Die Ausbildung der schon aktiven, explizit als Controller bezeichneten oder nach ihrem Selbstverständnis als Verwaltungs-Controller anzusehenden Befragten unterscheidet sich in erster Linie nach dem jeweils verfolgten Controlling-Ansatz. Während im Bereich des (Bau-)Investitions-Controlling Architekten stark vertreten sind, dominieren in den anderen Bereichen Diplom-Kaufleute und -Betriebswirte gegenüber Verwaltungsmitarbeitern. Nur in einem Fall hat ein Jurist die Stelle eines Controllers inne. Ebenfalls nur einmal wurde ein bisher in der Industrie tätiger Diplom-Kaufmann als Controller eingestellt - ansonsten überwogen ganz eindeutig Kräfte mit Verwaltungserfahrung.

F Organisatorische Einbindung

Gefragt wurde hier sowohl nach der tatsächlich vorhandenen oder der geplanten Form der Institutionalisierung einer Controlling-Stelle als auch allgemein nach einer als erfolgversprechend erscheinenden Einbindung von Controlling in die Aufbauorganisation der Verwaltung.

Überwiegend wollten die Befragten die Controlling-Instanz im **Idealfall** der Verwaltungsführung (Oberbürgermeister/Oberstadtdirektor, Minister/Staatssekretär) als Stabstelle zugeordnet wissen (16 Nennungen bei 23 befragten Verwaltungen). Ein voll ausgebautes Controlling soll nach der Mehrheit der Befragten über eine sehr hoch eingeordnete Controlling-Zentrale und (zugleich) dezentrale funktionale bzw. divisionale Controlling-Stellen verfügen (13 Nennungen). Eine ausschließliche Etablierung von Controlling in der Linie präferieren drei der Befragten. Eine ausschließlich zentrale Lösung befürworten sechs, die ausschließlich dezentrale Version vier der Interviewten.[22]

Von diesem Idealbild weicht die **Realität** aber beträchtlich ab: Von den sieben befragten Verwaltungen mit schon etabliertem Controlling haben nur zwei eine der Verwaltungsspitze zugeordnete Stabslösung gewählt. Drei Controlling-Stellen sind zwar als Stab eingerichtet, aber hierarchisch niedrigeren Instanzen zugeordnet. Zwei mal wurde Controlling in der Linie (allerdings in Querschnittseinrichtungen) etabliert.

---

22 Mehrfachnennungen waren hier - solange nicht widersprüchlich - zugelassen.

Insbesondere die schon bestellten Controller wiesen auf die Bedeutung einer hinreichend hohen formalen Einordnung in die Verwaltungshierarchie hin. Ein Verwaltungs-Controller aus dem gehobenen Dienst hätte in aller Regel keine Chance, als gleichrangiger Gesprächspartner von Amtsleitern oder Ministerialräten ernst genommen zu werden.

G Einführungsstrategie, Widerstände

Alle Befragten waren sich bewußt, daß die Einführung eines umfassenden Controlling-Konzeptes - sofern überhaupt angestrebt - nicht von heute auf morgen und auch nicht in einem Schritt zu schaffen ist. Dementsprechend wird die Vorgehensweise, **zunächst überschaubare Controlling-Vorhaben** einzurichten und sie sukzessive auszubauen gegenüber der detaillierten Ausarbeitung einer vollständigen Konzeption mit erst darauf folgender Implementation bevorzugt.

Wenn die **langfristigen Perspektiven** eines Verwaltungs-Controlling ganz dezidiert als **positiv** bezeichnet werden, so kann dies - ähnlich wie die oben widergegebene Antwort auf die Frage nach den Vor- und Nachteilen eines Verwaltungs-Controlling - damit begründet werden, daß eben keine Repräsentativbefragung vorliegt, sondern daß gezielt "Controlling-Protagonisten" befragt wurden.

Zwei Drittel der Befragten benennen als **Quelle konkreter Widerstände** gegen Controlling verwaltungsinterne Personen(-gruppen). Dabei handelt es sich vor allem um Führungskräfte solcher Verwaltungseinheiten, die über die Einführung von Controlling Autonomieeinbußen zu erleiden glauben, sei es durch vermutete intensivere Kontrollen oder durch befürchtete Einschnitte in den angestammten Aufgabenbestand. In offiziellen Stellungnahmen wird von den Opponenten jedoch stets mit "unnötigen zusätzlichen Arbeiten" und nicht mit einer befürchteten erhöhten Transparenz, mit vermuteten verstärkten Leistungskontrollen und mit dem Wunsch nach Besitzstandswahrung argumentiert.

Häufig wird als Ursache für zu erwartende Widerstände angeführt, daß **Controlling** gerade von der Fachverwaltung außerhalb der Querschnittseinheiten ganz ausgeprägt **mit Kontrolle** in Verbindung gebracht und teilweise sogar gleichgesetzt werde. Die dadurch hervorgerufene Ablehnung wollen einige Protagonisten dadurch vermeiden, daß sie im Zuge einer geplanten Einführung auf den Terminus "Controlling" völlig verzichten.

Die **Rolle der politischen Führungsinstanzen** wird sehr unterschiedlich geschildert. Teilweise treten Politiker, insbesondere (Ober-)Bürgermeister, z.T. auch Minister, als die treibenden Kräfte einer Controlling-Einführung auf. In der Mehrzahl der Fälle äußerten die Befragten aber die Erfahrung eines ausgeprägten **Desinteresses** politischer Instanzen. Als Argument gegen die Einstellung eines Controllers wurde vereinzelt angeführt, daß sich die maßgeblich Entscheidenden im Einzelfall eben doch nach (tages-)politischen Kriterien und nicht nach ökonomisch-rationalen Maßstäben verhielten, was folglich Controlling-Aktivitäten auf dieser Ebene als sinnlos erscheinen ließen. Durch die Nichtbeachtung und -verwertung der Controlling-Ergebnisse entstünden demnach bei Schaffung einer Controlling-Stelle zusätzliche Personalkosten ohne entsprechende Nutzeneffekte.

III. Zwischenfazit

Controlling wird in den Augen der - sicherlich nicht unvoreingenommenen und selektiv ausgewählten - Befragten in den öffentlichen Verwaltungen **benötigt** und wird sich auch hier **auf längere Sicht etablieren**. Nur drei der 23 befragten Verwaltungen schätzen die Aussichten, daß sich Controlling auch in der öffentlichen Verwaltung durchsetzen kann als gering bzw. als nicht gegeben ein. Andererseits sind die Interviewpartner weit entfernt von einer euphorischen Einstellung und weisen fast ausnahmslos auf den benötigten "langen Atem" hin, der erforderlich ist, um zu einer erfolgreichen, umfassenden Controlling-Etablierung zu kommen.

Die **Zugangsweise** zu dem betriebswirtschaftlichen Konzept des Controlling erfolgt häufig über persönliche Initiativen aus den einzelnen Verwaltungen heraus. Ein zwischen den Verwaltungen abgestimmtes Vorgehen ist nicht vorhanden.

Von den in Kapitel 1 angeführten und im nächsten Kapitel eingehend zu analysierenden **Kernfunktionen** des Controlling widmet sich die Verwaltungspraxis am eingehendsten und explizit Verbesserung der **Informationsversorgung** der Verwaltungsführung. Hierzu gehören Vorhaben zur Optimierung des periodischen Berichtswesens und zu einer Verbesserung der informatorischen Führungsunterstützung im Einzelfall. Weiterhin zu nennen sind Anstrengungen zur Verbesserung bestehender Kostenrechnungen und zur Neueinführung in bislang nicht erfaßten Verwaltungsteilbereichen. Auch Maßnahmen des Ressourcen-Controlling, die Informationen über die Beschaffung und den effizienten Einsatz der Potentialfaktoren liefern sollen, sind hier einzuordnen.

Koordinative Aufgaben werden selten ausdrücklich als Controlling-Aufgabe genannt. Angeführt wurden hier nur Aufgaben im Bereich der Koordination verschiedener Hierarchieebenen. Implizit werden allerdings einige koordinative Tätigkeiten zum Aufgabenfeld des Verwaltungs-Controlling gerechnet, so etwa die Koordination verschiedener beteiligter Dienststellen im Rahmen des Bauinvestitions-Controlling oder die Koordination von Zielen, Mitteln und Maßnahmen zwischen der Trägerkörperschaft und den Beteiligungsunternehmen im Rahmen des Beteiligungs-Controlling.

Der Gedanke der Etablierung oder Optimierung von **Steuerungs- und Regelungssystemen** kommt - ebenfalls nur implizit - in den Bemühungen zum Ausdruck, effiziente Planungs- und Kontrollsysteme im Bereich der Projektsteuerung (Großinvestitionsobjekte) einzuführen. Weitere Ansätze, den Regelkreisgedanken umzusetzen, sind festzustellen, wenn Plankostenrechnungen eingeführt werden sollen oder wenn im Rahmen des Beteiligungs-Controlling spezifische Planungs- und Überwachungssysteme entwickelt werden.

Als **Instrumente** kommen zuvorderst Verfahren des Projektmanagement sowie die Instrumentarien des internen Rechnungswesens, hier hauptsächlich die Kostenrechnung, zum Einsatz. Verfahren, die darauf abzielen, qualitative, intangible Aspekte und externe Effekte abzubilden, werden dagegen kaum erwähnt.

Die Befragung ergab als **Idealbild eines Verwaltungs-Controllers** einen betriebswirtschaftlich ausgebildeten Akademiker mit Verwaltungserfahrung und hohen kommunikativen Fähigkeiten. Als **Organisationsmodell** wird auf längere Sicht mehrheitlich die Kombination einer hoch eingeordneten Controlling-Zentrale als Stab der Verwaltungsführung mit mehreren dezentralen Bereichs-Controllern angesehen. Die **Einführung** soll schrittweise erfolgen.

Betont wird die Notwendigkeit des Rückhalts von Seiten der Verwaltungsspitze für eine erfolgversprechende Entwicklung des Verwaltungs-Controlling. Zudem hält man einen ausreichend langen Zeithorizont für den sukzessiven Auf- und Ausbau erforderlich.

4. KAPITEL: KERNFUNKTIONEN DES CONTROLLING IM KONTEXT DER SPEZIFIKA ÖFFENTLICHER VERWALTUNGEN

Im folgenden sollen die in Kapitel 1 hergeleiteten **Kernfunktionen** des Controlling **auf die Spezifika der öffentlichen Verwaltungen bezogen** werden. Auch die Erkenntnisse der Literaturanalyse und der Befragung werden dabei einfließen.

Wie schon oben angedeutet, sind die Kernfunktionen nicht als völlig getrennt nebeneinander stehende Aufgabenfelder anzusehen. Vielmehr handelt es sich dabei um drei sich teilweise überlappende unterschiedliche Schnitte durch das gesamte Funktionenspektrum des Controlling. Zwischen den hier getrennt darzustellenden Kernfunktionen bestehen **zahlreiche Beziehungen**.

So stellt die Informationsversorgung der Verwaltungsführung genauso wie die Unterstützung ihrer Koordinierungsanstrengungen eine eigene Controlling-Kernfunktion dar. Gleichzeitig laufen aber koordinative Prozesse häufig auf der Basis von Informationsströmen ab, so daß hier die Informationssysteme eine dienende Funktion gegenüber der Koordinationsfunktion einnehmen. Informationen können gleichsam als Medium von Koordinationsvorgängen angesehen werden. Andererseits müssen Informationssysteme ihrerseits wiederum in verschiedener Hinsicht abgestimmt werden, so daß sie auch Objekte koordinativer Maßnahmen sind. Steuerungs- und Regelungsprozesse können bei entsprechend weiter Begriffsfassung auch als spezielle Koordinationsformen angesehen werden. Ihre Wirksamkeit ist voll und ganz von einem hinreichenden Informationsfluß abhängig: Ein Regelungssystem läßt sich als spezielles Informationsverarbeitungssystem charakterisieren, was nur wieder den engen wechselseitigen Bezug der einzelnen Kernfunktionen belegt.

I. Koordinationsfunktion

A Wesen und Bedeutung der Koordination in öffentlichen Verwaltungen

Begriff der Koordination

"Der Begriff "Koordination" gehört in der Betriebswirtschaftslehre zu den schillerndsten".[1] Ohne an dieser Stelle auf die Etymologie des Begriffes[2] oder verschiedene Begriffsinhalte in Umgangssprache und Wissenschaft[3] eingehen zu können, soll hier eine funktionale und eine organisatorisch-institutionelle Grundbedeutung des Begrif-

---

1 Horváth, Péter: Controlling, 3. Auflage, München 1990, S. 114.
2 Hier nur so viel: Koordination (bzw. in dieser Arbeit synonym: Koordinierung) leitet sich ab aus dem lateinischen "cum" und "ordinare" und bedeutet "verschiedene Wesen oder Gegenstände in ihrem Verhältnis zueinander in eine bestimmte Ordnung bringen" (Delion, André G.: Die Rolle und Effektivität der interministeriellen Ausschüsse für Koordination und Regierungspolitik - Länderbericht Frankreich, in: Siedentopf, Heinrich (Hrsg.): Regierungspolitik und Koordination - Vorträge und Diskussionsbeiträge der Internationalen Arbeitstagung 1974 der Hochschule für Verwaltungswissenschaften Speyer, Berlin 1976, S. 411-431, hier S. 411).
3 Vgl. dazu etwa die Erörterung von Koordinationsproblemen in verschiedenen sozialwissenschaftlichen Disziplinen bei Rückwardt, Bernd: Koordination des Verwaltungshandelns, Berlin 1978, S. 17-38.

fes in der **Betriebswirtschaftslehre**[4] unterschieden werden. In **funktionaler Hinsicht** wird unter Koordination jegliche Abstimmung von Führungs- und Ausführungshandlungen im Hinblick auf das Gesamtziel eines Systems (den Systemzweck) verstanden.[5] In **organisatorisch-institutioneller Hinsicht** ist Koordination als "das verbindende Gestaltungsmittel der integrativen Strukturierung"[6] von sozialen Systemen anzusehen.[7] Letztlich geht es darum, **verschiedene Teilsysteme (Elemente) so abzustimmen, daß eine Wirkungseinheit resultiert.**

Ursachen des Koordinationsbedarfs in sozialen Systemen

Als die eigentliche Funktion sozialer Systeme wurde oben die dauerhafte Reduktion von Komplexität herausgestellt. Um eine hohe Außenkomplexität reduzieren zu können, wird in aller Regel eine Spezialisierung innerhalb des Systems notwendig. Es müssen in einem Vorgang der Systemdifferenzierung Subsysteme ausgebildet werden. Diese (**Binnen-)Differenzierung**, die in der Regel eine funktionale Arbeitsteilung, oft auch eine institutionelle Spezialisierung bedeutet, ist eine der Hauptursachen für die Notwendigkeit koordinativer Prozesse. Sobald **Interdependenzen** zwischen dem Agieren zweier oder mehrerer Subsysteme bestehen, wird in irgendeiner Form eine **Abstimmung erforderlich**.

Des weiteren ist zu berücksichtigen, daß mit der Differenzierung sozialer Systeme eine formelle oder informelle **Dezentralisierung von Entscheidungen** einhergeht. Es müssen Koordinationsmechanismen vorhanden sein, die im Sinne eines gesamtrationalen Verhaltens gewährleisten, daß möglichst jegliches Entscheiden und Handeln auf das System(-gesamt-)ziel ausgerichtet ist. Ansonsten könnte die Verfolgung individueller Ziele in einem arbeitsteiligen, dezentralisierten System die Gesamtzielerreichung beeinträchtigen.[8] Auf koordinative Handlungen kann also nur in einem völlig

---

4 Vgl. zu dieser Dualität des Koordinationsbegriffs Langrod, Georges: Diskussionsbeitrag zum Thema I: Der Regierungschef und sein Apparat in der Regierungskoordination und in der Prioritätensetzung, in: Siedentopf, Heinrich (Hrsg.): Regierungspolitik und Koordination - Vorträge und Diskussionsbeiträge der Internationalen Arbeitstagung 1974 der Hochschule für Verwaltungswissenschaften Speyer, Berlin 1976, S. 139-148, hier S. 140.
Vgl. dazu auch den Überblick über verschiedene betriebswirtschaftliche Forschungsansätze zur Koordination bei Schmidt, Andreas: Das Controlling als Instrument zur Koordination der Unternehmensführung, Frankfurt, Berlin, New York 1986, S. 30-35.
5 Vgl. ähnlich ebenda, S. 34 mit weiteren Literaturhinweisen.
6 Kosiol, Erich: Organisation der Unternehmung, Wiesbaden 1962, S. 76. (Kosiol bezieht seine Aussage auf Unternehmen, eine erweiternde Bezugnahme auf soziale Systeme im allgemeinen erscheint aber unproblematisch).
7 Damit ist eine relativ weite Abgrenzung des Begriffsinhaltes vorgenommen, die es auch erlaubt, die teilweise separat behandelte "Integration" unter den Begriff der Koordination zu subsumieren (vgl. zum Verhältnis von Koordination und Integration z.B. Bleicher, Knut/Meyer, Erik: Führung in der Unternehmung - Formen und Modelle, Reinbek 1976, S. 49-51; Schweitzer, Marcell: Planung und Kontrolle, in: Bea, Franz Xaver/Dichtl, Erwin/Schweitzer, Marcell (Hrsg.): Allgemeine Betriebswirtschaftslehre, Band 2: Führung, 4. Auflage, Stuttgart und New York 1989, S. 9-72, hier S. 56; Bleicher, Knut: Organisation, in: Bea, Franz Xaver/Dichtl, Erwin/Schweitzer, Marcell (Hrsg.): Allgemeine Betriebswirtschaftslehre, Band 2: Führung, 4. Auflage, Stuttgart und New York 1989, S. 73-152, hier S. 86; Horváth, Péter: Controlling, a.a.O., S. 124).
8 Vgl. kritisch zu dem hinter diesen Grundgedanken der klassischen Organisationslehre steckenden Ideal eines sozialen Systems als "Wirkungseinheit" Niklas Luhmann: Zweckbegriff und Systemrationalität, Frankfurt 1973, S. 75ff.

determinierten System verzichtet werden[9], da für dessen Subsysteme bzw. Elemente keine autonomen Handlungsspielräume bestehen, ihr Verhalten also programmiert ist.

Wegen des Vorliegens zahlreicher **temporaler Interdependenzen** - das heutige Handeln wird vom Agieren in der Vergangenheit beeinflußt bzw. vom heutigen Handeln gehen Einflüsse auf die Zukunft aus - ergibt sich in dynamischer Betrachtung auch ein **Koordinationsbedarf in zeitlicher Hinsicht**. Aus der Tatsache, daß die **Führung sozialer Systeme** einerseits institutionell differenziert ist und andererseits **als Prozeß** abläuft, der analytisch in verschiedene Phasen zerfällt, resultiert ein Koordinationsbedarf sowohl in zeitlicher als auch in "sach-logischer" Hinsicht.[10]

Steigender Koordinationsbedarf in und zwischen öffentlichen Verwaltungen

Für die **öffentlichen Verwaltungen** treffen die allgemein für soziale Systeme dargestellten Ursachen für Koordinationsbedarfe in besonderer und steigender Weise zu. Es sind zwei wesentliche Gründe anzuführen:[11]

Zum einen wurden die der öffentlichen Verwaltung übertragenen Aufgaben immer zahlreicher und umfangreicher (**quantitative Ausweitung**). Dieses Aufgabenvolumen war nur durch eine verstärkte Arbeitsteilung zu bewältigen. Als Folge ergab sich ein erhöhter Koordinationsbedarf.

Zum anderen ging ein steigender Koordinationsbedarf auch mit der **qualitativen Veränderung** der Verwaltungstätigkeit durch die Entwicklung vom hoheitlichen Verwaltungstypus hin zur Verwaltung im planenden Leistungsstaat einher. Während das Verwaltungshandeln früher in einem hohen Maße durch "Wenn-dann-Vorgaben" eindeutig determiniert war ("konditionale Programmierung"), so bestehen in der modernen Verwaltung vielerlei offene Vorgaben nach dem "Zweck-Mittel-Schema". Diese **Finalprogramme** - auf die Unterscheidung von Final- und Konditionalprogrammen wird noch zurückzukommen sein - sind **zunehmend erforderlich**, um den komplexen Sachverhalten gerecht zu werden, die von der Verwaltung heute zu bearbeiten sind - ihr Einsatz **erhöht** aber unweigerlich **den Koordinationsbedarf**.[12] In dieselbe Richtung

---

9 Allerdings kann der Vorgang des Determinierens (der Programmierung) als eine ex ante-(Positiv-) Koordination angesehen werden. Vgl. dazu unten die Ausführungen zu den Koordinationsformen.
10 Vgl. Schmidt, Andreas: Das Controlling als Instrument zur Koordination, a.a.O., S. 28.
11 Vgl. König, Klaus: Die Rolle zentraler oder ressorteigener Einheiten für Planung im Bereich der Politikentscheidung und Prioritätensetzung, in: Siedentopf, Heinrich (Hrsg.): Regierungspolitik und Koordination - Vorträge und Diskussionsbeiträge der Internationalen Arbeitstagung 1974 der Hochschule für Verwaltungswissenschaften Speyer, Berlin 1976, S. 227-257, hier S. 229f.
Selbstverständlich existieren für ein derartig vielschichtiges Phänomen noch andere, teilweise abweichende Herleitungen des steigenden Koordinationsbedarfs im politisch-administrativen System, vgl. etwa die Faktoren bei Schatz, Heribert: Diskussionsbeitrag zum Thema I: Der Regierungschef und sein Apparat in der Regierungskoordination und in der Prioritätensetzung, in: Siedentopf, Heinrich (Hrsg.): Regierungspolitik und Koordination - Vorträge und Diskussionsbeiträge der Internationalen Arbeitstagung 1974 der Hochschule für Verwaltungswissenschaften Speyer, Berlin 1976, S. 185-189, hier S. 185-187. Vgl. allgemein zu den Bestimmungsfaktoren des Koordinationsbedarfes in öffentlichen Verwaltungen Rückwardt, Bernd: Koordination des Verwaltungshandelns, a.a.O., S. 54-63 mit weiteren Literaturhinweisen.
12 Während früher von der Verwaltung etwa typischerweise das Vorliegen einer Anspruchsgrundlage (etwa für Studienbeihilfen) zu prüfen war, so sind jetzt z.B. (zusätzlich) auch "Situationstypiken für die Errichtung von Universitäten" zu konzipieren (vgl. König, Klaus: Die Rolle zentraler oder ressorteigener Einheiten, a.a.O., S. 227-257, hier S. 229f).

wirkt sich aus, daß die öffentlichen Verwaltungen zunehmend Aufgaben der **Politikvorbereitung** zu erfüllen haben.

Es kann festgehalten werden, daß einerseits als Folge der hohen und noch weiter zunehmenden Komplexität des politisch-administrativen Umsystems, andererseits aber auch wegen Art und Umfang der zu bewältigenden Aufgaben eine **hochgradige mehrdimensionale Binnendifferenzierung der öffentlichen Verwaltung**[13] vorgenommen wurde, die zahlreiche und vielfältige Interdependenzen mit sich brachte. Die grundsätzliche Notwendigkeit - nicht unbedingt das Ausmaß - der Differenzierung des Verwaltungssystems zur Bewältigung der anfallenden "öffentlichen" Aufgaben stehen außer Zweifel.[14] Genauso unstrittig ist aber auch das korrespondierende **Erfordernis vielfältiger Mechanismen und Instanzen zur Koordination** der zahlreichen Subsysteme innerhalb der öffentlichen Verwaltung.[15] Die Tatsache, daß dieser große Koordinationsbedarf bislang noch nicht hinlänglich gedeckt ist und die eingesetzten Verfahren oft nicht mit dem optimalen Wirkungsgrad arbeiten,[16] bietet dem Verwaltungs-Controlling ein anspruchsvolles Aufgabenfeld.

B   Koordinationsaufgaben des Verwaltungs-Controlling

Im folgenden sollen Koordinationsaufgaben des Verwaltungs-Controlling analysiert werden. Dazu werden zunächst die grundsätzlich für öffentliche Verwaltungen vorhandenen Koordinationsformen daraufhin untersucht, inwieweit sie sich für eine Anwendung im Rahmen des Controlling eignen. Anschließend sollen - auf einer übergeordneten (Meta-)Ebene - Abstimmungsvorgänge zwischen der hier umfassend verstandenen Wirtschaftlichkeit und der Rechtmäßigkeit als koordinatives Aufgabenfeld des Verwaltungs-Controlling herausgearbeitet werden. Es wird damit um die Koordination zwischen zwei grundlegenden Handlungsmaximen der öffentlichen Verwaltung gehen.[17]

---

13 Schon auf höchster Ebene - im Grundgesetz - finden sich Anweisungen zur funktionellen und strukturellen Differenzierung, wie z.B. das Bundesstaatsprinzip und das Verfassungsprinzip der kommunalen Selbstverwaltung. Vgl. dazu etwa Becker, Bernd: Öffentliche Verwaltung, Percha 1989, S. 365. Teilweise wird eine schon grundgesetzlich angelegte "Überdifferenzierung" konstatiert und als eine Reaktion "auf die Situation des Zusammenbruchs nach 1945" und deren Ursachen angesehen (vgl. Schatz, Heribert: Der Regierungschef und sein Apparat, a.a.O., S. 187).
14 Zu allgemeinen Vorteilen der Systemdifferenzierung vgl. z.B. Haberfellner, R.: Die Unternehmung als dynamisches System - Der Prozeßcharakter der Unternehmensaktivitäten, 2. Auflage, Zürich 1975, S.110ff und in bezug auf die öffentliche Verwaltung Becker, Bernd: Öffentliche Verwaltung, a.a.O., S. 265ff.
15 Rückwardt schätzt das Ausmaß an Koordinierungserfordernissen in öffentlichen Verwaltungen sowohl quantitativ als auch qualitativ höher ein als in erwerbswirtschaftlich agierenden Privatunternehmen (vgl. Rückwardt, Bernd: Koordination des Verwaltungshandelns, a.a.O., S. 37).
16 Zu Koordinationsdefiziten in öffentlichen Verwaltungen vgl. ebenda, insbes. S. 191ff; Kübler, Hartmut: Organisation und Führung in Behörden, Bd. 1, Organisatorische Grundlagen, 3. Auflage, Stuttgart 1978, insbes. S. 85ff sowie in differenziert und ausführlich in Siedentopf, Heinrich (Hrsg.): Regierungspolitik und Koordination - Vorträge und Diskussionsbeiträge der Internationalen Arbeitstagung 1974 der Hochschule für Verwaltungswissenschaften Speyer, Berlin 1976.
17 Wegen koordinativer Wirkungen von Informationen und von kybernetischen Regelkreissystemen wird auf die unten folgenden (Teil II und III dieses Kapitels) Ausführungen hingewiesen.

1. Aufgabenfelder nach Koordinationsformen

Von den zahlreichen Ansätzen zur Systematisierung verschiedener Koordinationsformen[18] sollen hier die für die Wahrnehmung koordinativer Aufgaben durch das Verwaltungs-Controlling relevanten aufgegriffen werden.

a) Formelle, informelle und materielle Koordination

Der Terminus der **formellen Koordination** wird in zweifacher Hinsicht gebraucht: Einmal als **Gegenbegriff zur informellen Koordination**, zum anderen im **Gegensatz zur materiellen Koordination**. Im ersten Fall ist das Kriterium der Regelhaftigkeit, der Organisiertheit von Abstimmungsvorgängen nach einem festgelegten Verfahren angesprochen. Eine informelle Koordination findet statt, wenn ohne formell niedergelegte Regularien - häufig über persönliche Beziehungen auf dem "kleinen Dienstweg" - Abstimmungen zustandekommen.[19] Im zweiten Fall geht es darum, ob der Koordinator selbst inhaltlich abstimmend tätig wird (materielle Koordination) oder ob er lediglich den Rahmen vorgibt und Koordinationsprozesse anregt oder begleitet (formelle Koordination).

Gerade an der **Planung**, deren Stellenwert als einem zentralen Koordinationsinstrument unbestritten ist, läßt sich der Charakter der koordinativen Aufgaben des Controlling anschaulich aufzeigen. Wenn geäußert wird, daß die "Beteiligung des Controllers an der Planung in erster Linie Koordination bedeutet"[20], so ist das keineswegs in dem Sinne zu verstehen, daß Controlling die Übernahme materieller Planungsaktivitäten bedeutete. Vielmehr hat **Controlling** zuvorderst die Aufgabe der **Meta-Planung** zu bewältigen, d.h. die Schaffung und Pflege eines effizienten **Planungssystems**, konkret etwa durch die Erstellung von Planungsrichtlinien und -prämissen, die Festlegung der terminlichen Abfolge der Planungsstufen sowie die Ausrichtung der

---

[18] Vgl. etwa Kirsch, W.: Die Koordination von Entscheidungen in Organisationen, in: ZfbF, 23. Jg. (1971), S. 61-82, hier insbes. S. 61f; Rückwardt, Bernd: Koordination des Verwaltungshandelns, a.a.O., S. 38-49 und Schmidt, Andreas: Das Controlling als Instrument zur Koordination, a.a.O., S. 35ff. Die Begriffe Koordinationsart und Koordinationsform sollen hier synonym verwendet werden.
Auf die grundlegende Unterscheidung der Systematisierungsansätze nach dem Kriterium der empirischen Basis in rein deduktiv-aufgabenlogische Ansätze (exponierter ursprünglicher Vertreter: Kosiol (etwa in Kosiol, E.: Einführung in die Betriebswirtschaftslehre, Wiesbaden 1968, insbes. S. 76ff)) und empirisch basierte Ansätze (etwa in Kieser, Alfred/Kubicek, Herbert: Organisationsstruktur und individuelles Verhalten als Einflußfaktoren der Gestaltung von Management-Informationssystemen, in: ZfB, 44. Jg. (1974), S. 449-474, hier insbes. S. 453ff) sei hier nur hingewiesen (vgl. dazu Frese, E.: Koordination, in: Grochla, Erwin/Wittmann, Waldemar (Hrsg.): HWB, Sp. 2263-2273, hier: Sp. 2263f).

[19] Vgl. Rückwardt, Bernd: Koordination des Verwaltungshandelns, a.a.O., S. 42f mit weiteren Literaturhinweisen und Becker, Bernd: Öffentliche Verwaltung, a.a.O., S. 370. Lepper beschreibt anschaulich, wie sich zwischen den Mitgliedern interministerieller Ausschüsse (also eines formellen und institutionalisierten Koordinationsgremiums) "intensive interpersonelle Beziehungen" entwickeln, die über die Ressortgrenzen hinweg "exklusive" und häufig benutzte Informationswege ermöglichen, die "auch vertrauliche Informationen" tragen (vgl. Lepper, Manfred: Die Rolle und Effektivität der interministeriellen Ausschüsse für Koordination und Regierungspolitik - Länderbericht: Bundesrepublik Deutschland, in: Siedentopf, Heinrich (Hrsg.): Regierungspolitik und Koordination - Vorträge und Diskussionsbeiträge der Internationalen Arbeitstagung 1974 der Hochschule für Verwaltungswissenschaften Speyer, Berlin 1976, S. 433-449, hier S. 442f).

[20] Horváth, Péter: Controlling, a.a.O., S. 159.

Einzelpläne auf die übergeordneten Zielsetzungen.[21] Damit handelt es sich um Aufgaben der formellen Koordination des Planungsprozesses.[22]

Aufgaben der **materiellen Koordination** können für einen Verwaltungs-Controller nur eine untergeordnete Rolle spielen: In aller Regel müssen etwa Fachplanungen (als eine Form der zentralen materiellen Koordination) auch nach der Etablierung eines Verwaltungs-Controlling weiterhin durch die Facheinheiten durchgeführt werden. Gerade in politikvorbereitenden Einheiten (Erarbeitung von Gesetzesvorlagen durch ein ministerielles Referat) oder in Stellen, in denen die Planung die eigentliche Verwaltungsleistung ausmacht (Erstellung von Bebauungsplänen, Bauleitplanung usw.), wäre es abwegig, diesen originären Leistungserstellungsprozeß dem Controlling zu übertragen. Ebenso erscheint die vollständige, auch materielle Übernahme des Haushaltserstellungsprozesses (der Haushaltsplanung) durch das Verwaltungs-Controlling wenig sinnvoll, wie unten noch ausführlich erläutert werden wird.[23]

Während die Aufgaben des **Verwaltungs-Controlling** also schwergewichtig im Bereich der **formellen Koordination** einschließlich der **Metaplanung** und weniger im Bereich der materiellen Koordination zu lokalisieren sind, fällt seine Einordnung in das Feld zwischen **formeller und informeller Koordination** schwerer.

Eine Erhebung des "koordinativen Status quo" ergibt für die meisten öffentlichen Verwaltungen ein von der Struktur der Koordinationsformen privater Wirtschaftseinheiten abweichendes Bild. Tendenziell ist ein **höherer Formalisierungsgrad** zu verzeichnen. Die häufig für den Bereich der öffentlichen Verwaltung beschriebene "hohe Regelungsdichte"[24] ist ein Beleg dafür. Dieser Befund darf aber nicht ohne nähere Analyse negativ beurteilt werden. Denn anders als ein privatwirtschaftliches Unternehmen ist jede öffentliche Verwaltung im Gesamtzusammenhang des staatlichen politisch-administrativen Systems zu sehen. Da die Aufgabe der öffentlichen Verwaltung letztlich darin besteht, den in vielfältigen (politisch determinierten) Vorgaben dokumentierten "öffentlichen Auftrag" zu verwirklichen, ist es nur natürlich, daß das Verwaltungshandeln durch vielerlei, auf demokratische Beschlüsse zurückführbare, formalisierte und/oder institutionalisierte Regelwerke dominiert wird. Sie sind als Norm auch die Voraussetzung für eine Kontrolle des Verwaltungshandelns auf die Einhaltung der Vorgaben Recht- und Gesetzmäßigkeit durch die vorgesehenen Instanzen.

Was nun die koordinative Arbeit des Controllers anbelangt, so wird bis zu einem gewissen Grad eine "Formalisierung der formellen Koordinationstätigkeit" des

---

21 Ferner, W.: Unternehmensplaner und Controller, in: Fuchs, J./Schwantag, K. (Hrsg.): AGPLAN-Handbuch der Unternehmensplanung, Nr. 1115, Berlin 1972 (zit. nach Horváth, Péter: Controlling, a.a.O., S. 160).
22 Auf spezifische Aufgaben des Verwaltungs-Controlling, die im Rahmen der verschiedenen Planungsprozesse zu erbringen sind, wird im nächsten Kapitel noch ausführlich eingegangen werden.
23 Allerdings soll die Wahrnehmung koordinativer Aufgaben durch den Verwaltungs-Controller durchaus materielle Folgen zeitigen. Beispielsweise ist hier an die Querabstimmung der Teilpläne verschiedener Verwaltungseinheiten zu denken.

Controllers vorteilhaft sein, zumal wenn ähnlich strukturierte Koordinationsbedarfe häufiger auftreten. Andererseits darf der Controller in einem bürokratisch strukturierten System wie der öffentlichen Verwaltung eben nicht nur mit bürokratischen Mitteln, wie etwa der Formulierung von Verfahrensregelungen in Dienstanweisungen oder Geschäftsordnungen, agieren. Gerade die hohe Regelungsdichte wird ja als eine Ursache für den Controlling-Bedarf in den öffentlichen Verwaltungen angesehen.[25] Informelles Vorgehen eröffnet hier häufig effizientere Wege der Abstimmung und ist in Sonder- und Einzelfällen, die von den formellen Koordinationsmechanismen nicht vorgesehen sind, oft sogar die einzige Möglichkeit, etwa, wenn unvorhergesehene Sachverhalte abzustimmen sind, für die es keine formelle Verfahrensregelung gibt.

In diesem Zusammenhang sei an die **Anforderungen** erinnert, die **an die Persönlichkeit des Controllers** gestellt werden. Auch in der im Rahmen dieser Arbeit durchgeführten Befragung stellten sich Merkmale als höchst bedeutsam heraus, die den Ideal-Controller als "**kommunikativen Typ**" charakterisieren. Dies ist nicht zuletzt vor dem hier angesprochenen Hintergrund zu sehen, daß eben nicht nur formelle Verfahren zur Anwendung gebracht werden sollen, sondern auch die Fähigkeit verlangt ist, in besonderen Situationen eine Abstimmung ohne formelle Vorgaben zustande zu bringen. Die vielfach angeführte **Moderatorenrolle** des Controllers bedeutet im Grunde, daß er koordinative Aufgaben in Bereichen wahrzunehmen hat, die nicht über formelle Verfahrensregelungen zu bewältigen sind, sondern über persönliche Abstimmungshandlungen erfolgen müssen.

b) Mikro- versus Makro-Koordination sowie vertikale und horizontale Koordination

Die **interne** (oder **Mikro-**) **Koordination** betrifft Abstimmungsvorgänge innerhalb eines Verwaltungsbetriebes. Zu nennen sind etwa koordinative Vorgänge zwischen den bis zu 40 beteiligten Dienststellen einer kommunalen Großstadtverwaltung im Falle des Entscheides über ein großes Bauprojekt. Bei der **externen Koordination (Makrokoordination)** geht es dagegen um die Koordination zwischen verschiedenen Verwaltungsbetrieben (wie etwa im Falle der sogenannten Gemeinschaftsaufgaben zwischen dem Bund und den Ländern nach Art. 91a und 91b GG) und - in einer weiten Betrachtung - auch um koordinative Vorgänge zwischen Verwaltungsbetrieben und dem Umsystem (wie etwa durch die "Konzertierte Aktion" der siebziger Jahre).[26]

Unter der **vertikalen Koordination** ist zunächst die Koordinierung entlang der Dezentralisations- bzw. Dekonzentrationspfade,[27] also vordergründig im Verhältnis Bund - Länder, Land - Kreise, Kreis - Gemeinden, zu verstehen. Die **horizontale Koordination** betrifft dagegen die "arbeits- und strukturteilige Funktionsausübung zwischen

---
24 Vgl. Weber, Jürgen: Controlling-Konzepte für öffentliche Verwaltungen und Unternehmen, in: Männel, Wolfgang (Hrsg.): Konzepte, Schwerpunkte und Aufgabenfelder des Controlling, Nürnberg 1988, S. 49-86, hier: S. 58f.
25 Vgl. ebenda.
26 Vgl. Rückwardt, Bernd: Koordination des Verwaltungshandelns, a.a.O., S. 45.

horizontal dezentralisierten und dekonzentrierten Verwaltungsträgern und Behörden".[28] Neben diesen Formen der **externen** horizontalen und vertikalen Koordination kann auch die **interne** Koordination als vertikale (z.B. Dezernent - Amtsleiter - Sachbearbeiter) und/oder als horizontale (Dezernent Bauverwaltung - Dezernent Finanzverwaltung) Variante erforderlich sein.

Die **Makrokoordination** des Gesamtsystems der öffentlichen Verwaltung kann **nicht die Aufgabe des Verwaltungs-Controlling** sein. Das hier vornehmlich als betriebswirtschaftliches Subsystem von Verwaltungsführungen verstandene Controlling ist hierzu sowohl vom konzeptionellen Ansatz als auch vom Instrumentarium nicht in der Lage. Der Schwerpunkt des Koordinationsaspekts des Controlling liegt dagegen im Bereich der **Mikrokoordination** (verwaltungsbetriebliche Binnenkoordination) innerhalb eines abgegrenzten Verwaltungsbetriebes.[29] In horizontaler Hinsicht ist dabei als eine Hauptaufgabe die Koordination der Führungssysteme verschiedener Politik- bzw. Aufgabenfelder zu benennen. In der Praxis wird sich dies hauptsächlich über eine **Koordination der verschiedenen Planwerke** (diverse Fachpläne und Haushaltspläne) vollziehen. In vertikaler Hinsicht steht die Koordination der verschiedenen verwaltungsbetrieblichen Führungsebenen im Vordergrund, wobei sich die Aufgaben des Verwaltungs-Controllers überwiegend auf Maßnahmen der formellen Koordination beschränken werden.

Als ein bedeutendes Aufgabenfeld des Verwaltungs-Controlling ist die **Koordination bei institutionell ausgelagerten Aufgabenbereichen (Beteiligungs-Controlling)** anzusehen.[30] Teilweise sehr unliebsame Erfahrungen haben gezeigt, daß nicht ohne weiteres davon ausgegangen werden kann, daß sich Unternehmen schon allein wegen einer bestehenden öffentlichen Kapitalmehrheit der öffentlichen Aufgabenerfüllung verpflichtet fühlen.[31] Von daher müssen geeignete Koordinationsmechanismen vorhanden sein, die die **Durchsetzung des öffentlichen Interesses** sichern. Wie auch erste Ansätze in der Verwaltungspraxis zeigen, verspricht hier ein Beteiligungs-Controlling als Teilbereich des Verwaltungs-Controlling einen wichtigen Beitrag leisten zu können. Insbesondere wegen der von öffentlichen Beteiligungen in erster Linie zu erfüllenden Sach-

---

27 Vgl. dazu Becker, Bernd: Öffentliche Verwaltung, a.a.O., S. 193ff (Dezentralisation) und S. 212ff (Dekonzentration).
28 Vgl. ebenda, S. 365ff.
29 In diesem Sinne unterscheiden auch Eichhorn und Friedrich eine "volkswirtschaftliche Variante" der Koordination als "Abstimmung von Wirtschaftsplänen zwischen den Verwaltungen", mit der sie sich im Rahmen ihrer verwaltungsökonomischen Betrachtungen nicht weiter befassen und einer "betriebswirtschaftlichen Variante der Koordination (sog. interne Koordinierung)", die "die Abstimmung zwischen Entscheidungen, Produktionsfaktoren oder Betriebsbereichen bis hin zur Leistungs- und Finanzsphäre" betrifft (Eichhorn, Peter/Friedrich, Peter: Verwaltungsökonomie I - Methodologie und Management der öffentlichen Verwaltung, Baden-Baden 1976, S. 127).
Auch Püttner befaßt sich im Rahmen seiner Verwaltungslehre nur mit dem Koordinationsbedarf innerhalb (größerer) Verwaltungseinheiten (Ministerien, Stadtverwaltungen), nicht jedoch mit der Ebene horizontal und vertikal voneinander unabhängiger Verwaltungseinheiten und auch nicht mit dem Koordinationsbedarf auf der Ebene der politischen Führung (Volksvertretungen/Regierungen) (vgl. Püttner, Günter: Verwaltungslehre, München 1982, S. 116f).
30 Dabei handelt es sich nur bei einer formalrechtlichen Betrachtung um Aufgaben der externen Koordination, da die Aufgabenwahrnehmung in privatrechtlicher Form im Grunde auch nur eine formelle Privatisierung darstellt.

ziele können dabei die aus der Privatwirtschaft bekannten, primär erfolgszielorientierten Verfahren und Instrumente nicht unmodifiziert verwandt werden. Der Bedeutung entsprechend wird das Beteiligungs-Controlling unten (Kapitel 7, Teil III) separat und ausführlich behandelt werden.

c) Positive und negative Koordination

Während man die positive Koordination ursprünglich als "die Vereinigung von Zielen" und die negative Koordination als "das Ausräumen von Gegensätzen" charakterisierte,[32] wurde diese Differenzierung später stärker im Sinne einer vorgängigen (positiven) bzw. nachträglichen (negativen) Koordination gebraucht.[33] Bedingt durch die starke Arbeitsteilung in der öffentlichen Verwaltung ist der Fall häufig, daß eine spezialisierte Teileinheit einen Vorgang zunächst isoliert bearbeitet und erst nach der Bearbeitung anderen tangierten Einheiten Gelegenheit zu einer Mitwirkung gibt. Diesem Fall einer **negativen Koordination** haftet der Nachteil an, daß tatsächlich verflochtene Problemlagen jeweils fragmentarisch unter einem durch die Arbeitsteilung verengten Blickwinkel angegangen werden.[34] Eine Abstimmung erfolgt erst nachträglich, so daß die Gefahr besteht, daß sich Tätigkeiten im Nachhinein als unnötig oder gar unsinnig herausstellen können.

Im Falle der **positiven Koordination**, wie sie etwa in gemeinsamen Ausschüssen, Arbeitskreisen, Dienstbesprechungen usw. versucht wird, können diese Probleme vermieden werden. Andererseits dürfen auch negative Momente nicht übersehen werden: Weil die positive Koordination i.d.R. eine partielle und temporäre **Aufhebung der** grundsätzlich notwendigen und vorherrschenden **Arbeitsteilung** bedeutet, sind mit ihr verschiedene **Nachteile** verbunden, wie etwa

- Aufwendigkeit (Parallelorganisation zur Dauerorganisation),
- Schwierigkeiten der direkten Kommunikation zwischen Experten verschiedener Disziplinen oder Ressorts,
- erhöhtes Konfliktrisiko wegen der unmittelbaren Konfrontation der beteiligten Einheiten,
- unerwünschte gruppendynamische Prozesse (z.B. Profilierungsversuche einzelner).

Unter Berücksichtigung der verschiedenen Aspekte ist es nicht möglich, pauschal die eine oder die andere Form zu präferieren.[35] Hier ist es die Aufgabe des Verwaltungs-Controlling, im **Einzelfall** Instrumentarien vorzuhalten und anzuwenden, mit denen

---

31 Becker spricht von einer "Potenzierung von Koordinationsproblemen", zu der die "Bewegung der Privatisierung" beiträgt (vgl. Becker, Bernd: Öffentliche Verwaltung, a.a.O., S. 382). Vgl. näher Kapitel 7, Teil III.
32 Nach Rückwardt geht diese Unterscheidung zurück auf L.S. Amery (vgl. Amery, L.S.: Thoughts on the Constitution, Oxford Paperbacks, 1964, S. 185) (zit. nach Rückwardt, Bernd: Koordination des Verwaltungshandelns, a.a.O., S. 39).
33 Vgl. Rückwardt, Bernd: Koordination des Verwaltungshandelns, a.a.O., S. 39.
34 Vgl. Scharpf, Fritz W.: Probleme der politischen Aufgabenplanung, in: Becker, Ulrich/Thieme, Werner (Hrsg.): Handbuch der Verwaltung, Heft 2.3, Köln u.a. 1974, S. 18f.
35 Vgl. Rückwardt, Bernd: Koordination des Verwaltungshandelns, a.a.O., S. 40.

sich ermitteln läßt, welche Form den größeren Nutzen stiftet. In bedeutenderen Fällen erscheint etwa die **Anwendung komplexer Wirtschaftlichkeitsrechnungen** wie der Kosten-Nutzen-Analyse oder der Nutzwertanalyse angezeigt, bevor aufwendige Anstrengungen zur einer positiven Koordination, z.B. durch die Etablierung größerer Koordinationsgremien, unternommen werden.

Unter restriktiven Annahmen läßt sich eine positive Koordination auf dem Wege einer **totalen zentralen Planung** realisieren.[36] Ein perfekter, allumfassender Plan kann zweifellos alle Koordinierungsprobleme lösen und verhindern, daß ein Koordinationsbedarf - zu einem Zeitpunkt nach der Planverabschiedung - überhaupt aufkommt. Allerdings konzentrieren sich hier sämtliche Koordinationserfordernisse auf den Vorgang der Planerstellung.

Der in der Literatur[37] bisweilen genannte, weitreichende Vorschlag, einer Controlling-Institution die **integrative Zuständigkeit für Programme, Finanzen und (Aufbau-) Organisation** der Verwaltung zu übertragen, ist in diesen Zusammenhang einzuordnen. Er knüpft an die bekannten PPBS-Ansätze an, deren Anliegen ja zentral auch in der Verbesserung der **koordinativen Leistung des Budgets** bestand. Die Überlegung, in überschaubarem Rahmen die vom Grundgedanken fruchtbaren Ideen der Programmbudgetierung - bis hin zu den sich ergebenden aufbauorganisatorischen Konsequenzen - unter einem Controller als "Projektleiter" und unter breiter Berücksichtigung der in der Vergangenheit gemachten Erfahrungen wieder aufleben zu lassen, erscheint reizvoll. Dieser Gedanke wird im nächsten Kapitel (hpts. Teil I und IV) diskutiert werden. An dieser Stelle sei aber schon auf die Unmöglichkeit einer ausschließlichen, zentralistisch-synoptischen Totalplanung unter den Bedingungen der komplexen Verwaltungsrealität hingewiesen.[38]

d) Systembildende und systemkoppelnde Koordination

Die von Horváth[39] auf den Controlling-Kontext angepaßte Unterscheidung in systembildende und systemkoppelnde Koordination kann auch dazu herangezogen werden, das koordinative Aufgabenfeld des Verwaltungs-Controlling zu strukturieren.

Unter der **systembildenden Koordination** ist "die Bildung aufeinander abgestimmter formaler Systeme"[40] zu verstehen. Dabei kann es sich um Gebilde- und auch Prozeß-

---

36 Vgl. dazu auch ebenda.
37 Vgl. z.B. König, Herbert: Von der Finanzkontrolle zum Controlling in der öffentlichen Verwaltung?, in: Verwaltungspraxis, Nr. 6/1983, S. 21-24, hier S. 22.
38 Vgl. dazu die entsprechenden Ausführungen im nächsten Kapitel 5, Teil I zur grundsätzlichen Position des Verwaltungs-Controlling zum inkrementalen bzw. dem synoptischen Planungsparadigma.
39 Vgl. Horváth, Péter: Controlling, a.a.O., insbes. S. 124ff. Horváth baut diesbezüglich auf Tuominen und Uphus auf (vgl. Tuominen, R.: Die Koordination in den Unternehmungen, in: Kloidt, H. (Hrsg.): Betriebswirtschaftliche Forschung in internationaler Sicht, Berlin 1969, S. 207-223, hier S. 208ff und Uphus, P.: Möglichkeiten zur Koordination von Teilplanungen des Untenehmens unter besonderer Berücksichtigung kybernetischer Aspekte, Diss., Aachen 1972, S. 41).
40 Horváth, Péter: Controlling, a.a.O., S. 124.

strukturen handeln, die eine "präsituative"[41] Anpassung an zukünftige Gegebenheiten ermöglichen sollen. Es handelt sich demnach um Varianten der formellen Koordination. Horváth nennt hier als konkrete Controlling-Aufgaben die Schaffung und Pflege eines Planungs- und Kontrollsystems, eines Systems zur Informationsversorgung sowie die Schaffung koordinierender Institutionen und Regelungen.[42] Diese systembildenden Aspekte werden unten allgemein im Rahmen der Erörterung von Controlling-Aufgaben zur Schaffung von Steuerungs- und Regelungssystemen und von Informationssystemen behandelt. Auch bei den in den darauffolgenden Kapiteln anzusprechenden Aufgaben der Schaffung bzw. Weiterentwicklung von Systemen der Leistungs-, der Kosten- und der Indikatorenrechnung handelt es sich in diesem Sinne um systembildende Koordinationsaufgaben.

Die **systemkoppelnden Koordinationsaufgaben** des Controlling werden notwendig, weil in einem komplexen dynamischen sozialen System eine ausschließliche Koordination über präsituativ geschaffene Gebilde- und Prozeßstrukturen nicht gelingen kann. Dies wäre nur in einem vollständig programmierbaren System möglich. Da die öffentliche Verwaltung davon aber weit entfernt ist, müssen für den Fall präsituativ nicht berücksichtigter bzw. nicht berücksichtigbarer Störungen Problemlösungen geschaffen werden, die im Rahmen der gegebenen Systemstrukturen "durch abstimmende und zielausrichtende Tätigkeiten"[43] wirksam werden.[44] Die systemkoppelnde Koordination wird demnach auf informellem Wege, also ohne ex ante festgelegte Koordinationsschemata erfolgen.

e) Zeitliche Koordination

Die Notwendigkeit einer zeitlichen Koordination wird durch unvermeidliche **zeitliche Interdependenzen** der verschiedensten Art hervorgerufen.

Durch die Bildung überschaubarer Teilperioden (man denke an Legislaturperioden oder Haushaltsjahre) läßt sich zwar zunächst die zeitliche Komplexität des Verwaltungshandelns verringern. Durch die künstliche Zerteilung des an sich kontinuierlich ablaufenden verwaltungsbetrieblichen Geschehens ergibt sich aber wiederum das Erfordernis, die so geschaffenen Teilperioden miteinander abzustimmen. Dazu setzt der Verwaltungs-Controller zweckmäßigerweise an Modellen an. Insofern kann etwa der Haushalt idealisierend als ein Modell für das Verwaltungshandeln einer Haushaltsperiode angesehen werden: Er enthält eine Struktur der Verwaltung (je nach Haushaltskonzept dominiert die Aufbaustruktur oder die Programmstruktur) sowie die Ressourcen, die den einzelnen Strukturelementen zur Verfügung stehen und ihr Agie-

---

41 Terminologisch abweichend sehen Bleicher und Meyer das präsituative Aufbauen von Strukturen zur antizipativen Absorption künftiger Ereignisse als **Integration** an. Die Integration stellen sie als originäre Führungsaufgabe neben die (enger als hier verstandene) Koordination (vgl. Bleicher, Knut/Meyer, Erik: Führung in der Unternehmung, a.a.O., insbes. S. 50).
42 Vgl. Horváth, Péter: Controlling, a.a.O., S. 125.
43 Bleicher, Knut/Meyer, Erik: Führung in der Unternehmung, a.a.O., S. 51.
44 Vgl. Horváth, Péter: Controlling, a.a.O., S. 125f.

ren limitieren. Die zeitliche Koordination erfolgt dann konkret durch eine **Abstimmung der Haushalte bzw. der Haushaltspläne der verschiedenen Perioden**. Da interdependente Planungen verschiedener Reichweiten existieren, etwa strategischer und operativer Art, muß auch hier eine zeitliche Abstimmung erfolgen. Im kommunalen Bereich ist dabei die Abstimmung der Mittelfristigen Finanzplanung und der jährlichen Haushaltsplanungen zu nennen.

2. Koordination zwischen den Rationalitätsebenen der Rechtmäßigkeit und der Wirtschaftlichkeit des Verwaltungshandelns

Auf einer abstrakten Ebene, jedoch mit sehr konkretem Hintergrund und weitreichenden Implikationen stellt die Bewältigung von **Abstimmungserfordernissen zwischen zwei vermeintlich gegensätzlichen Rationalitätsebenen**, der **Rechtmäßigkeit** einerseits und der **Wirtschaftlichkeit** andererseits,[45] eine bedeutende koordinative Aufgabe des Verwaltungs-Controlling dar. Im Vergleich zu den zuvor diskutierten koordinativen Aufgaben liegt hier eine **Metaaufgabe** vor: Die Wirtschaftlichkeit kann als **das** handlungsleitende Motiv des Verwaltungs-Controlling gelten.

Angesichts der **zentralen Bedeutung des Wirtschaftlichkeitsprinzips für das Verwaltungs-Controlling** sollen einige differenzierende Ausführungen das Wesen des Wirtschaftlichkeitsprinzips und sein Verhältnis zum Rechtmäßigkeitsprinzip als der zweiten fundamentalen Rationaliätsebene des Verwaltungshandelns verdeutlichen.

Begriff der Wirtschaftlichkeit

Der Begriff der **Wirtschaftlichkeit** kann im Zusammenhang mit dem Verwaltungs-Controlling nur in einem weiten Sinne verwendet werden.[46] Er beinhaltet als **Oberbegriff** einerseits die **Effizienz** i.e.S. (Relation von Input und Output) und andererseits die **Effektivität** (Relation von Soll-Output und Ist-Output, wobei output hier in einem umfassenden, auch externe Effekte beinhaltenden Sinne verstanden werden muß).[47]

---

45 Vgl. zu den Ebenen der "Rechtmäßigkeit" und der "Wirtschaftlichkeit" und zu deren Verhältnis zueinander Krebs, Walter: Rechtmäßigkeit und Wirtschaftlichkeit als Kontrollmaßstäbe des Rechnungshofs, in: Arnim, Hans Herbert von (Hrsg.): Finanzkontrolle im Wandel, Berlin 1989, S. 65-81 mit weiteren Literaturhinweisen.

46 Er ist damit gleichbedeutend mit dem Begriff der Effizienz i.w.S. und der - umfassend verstandenen - Rationalität (vgl. Arnim, Hans Herbert von: Wirtschaftlichkeit als Rechtsprinzip, Berlin 1988, S. 47-49, der nachweist, daß es nicht möglich ist, "zwischen ökonomischen und nicht-ökonomischen Zielen und Werten zu unterscheiden und das Wirtschaftlichkeitsprinzip auf die Optimierung ökonomischer Ziele und Werte zu begrenzen" (ebenda, S. 49)).

47 Vgl. ähnlich: "Im gegenwärtigen Sprachgebrauch wird der Begriff Effektivität überwiegend für die über rein betriebswirtschaftliche Betrachtungen hinausgehende Analyse der Erreichung von Programmzielen verschiedenster Art verwendet..., so daß man zwischen der Prozeßeffizienz i.S. betriebswirtschaftlicher Wirtschaftlichkeit einerseits und der hierdurch bewirkten Effektivität in der Zielerreichung andererseits zu unterscheiden hat" (Reding, Kurt: Effizienz, in: Chmielewicz, Klaus/Eichhorn, Peter (Hrsg.): HWÖ, Sp. 277-282, hier Sp. 277f).
In seiner Habilitationsschrift entwickelt Reding die Kategorien Effizienz 1 und Effizienz 2. "Erstere umfasst dabei vorwiegend z.B. bereits in der Entwicklung des Konzepts der Produktivität angelegte Kriterien, die sich etwa in sog. "workload measures", d.h. in physischen und/oder in monetären Größen abbilden lassen. Dagegen ist das Konzept der Effizienz 2 wesentlich weiter angelegt. Als wesentliche effizienzdeterminierende Faktoren gehen nämlich in dieses Konzept die Outputqualität, Zielerreichungsaussagen und subjektive Bewertungen des Outputs ein." (Reding, Kurt: Die Effizienz staatlicher Aktivitäten - Probleme ihrer Messung und Kontrolle, Baden-Baden 1981, S. 223). Die in dieser Arbeit

Nur wenn **sowohl effizientes als auch effektives Handeln** vorliegt, kann von einer **wirtschaftlichen Aufgabenerfüllung** die Rede sein!

Effektives Handeln ("die richtigen Dinge tun") bedeutet, einen hohen Zielbeitrag zu erreichen: Im Idealfall sind Soll und Ist identisch. Allerdings ist im Rahmen einer ausschließlichen Effektivitätsbetrachtung noch keine Aussage darüber getroffen, ob dieser Zielerreichungsgrad nicht auch hätte mit einem geringeren Input geleistet werden können.[48] Bei **effizientem Handeln** ("die Dinge richtig tun") liegt ein günstiges Verhältnis zwischen input und output vor. Inwieweit aber der output letztlich dazu beiträgt, gesetzte Ziele zu erfüllen, bleibt dabei noch offen.

Der Versuch, die Wirtschaftlichkeit - und damit das Aktivitätsfeld des Verwaltungs-Controllers - auf eng verstandene "rein ökonomische" Größen - etwa Kosten oder Erlöse - zu beschränken, kann nicht zu sinnvollen Ergebnissen führen. Es kann nicht gelingen, solche (zu) eng verstandenen ökonomischen Kategorien zu verselbständigen und isoliert zu optimieren, ohne auf die dem Verwaltungshandeln zugrundeliegenden Sachziele und damit die intendierten Wirkungen zu rekurrieren. Eine Reduzierung des Verwaltungs-Controlling auf derartig enge ökonomische Kategorien könnte etwa dazu führen, daß Anstrengungen unternommen werden, eine Leistung **kostenminimal** zu erstellen, also eine **effiziente** Leistungserstellung zu erreichen, die sich aber bei umfassender Betrachtung als **ineffektiv** - weil **wirkungslos** - erwiese.

Abbildung 4-1 verdeutlicht die hier verwandten Kategorien und Varianten der Wirtschaftlichkeit.

Wirtschaftlichkeitsprinzip

Zurecht wird betont, daß das **Wirtschaftlichkeitsprinzip** ein **rein formales Prinzip** darstelle und zu seiner konkreten Anwendbarkeit zusätzlicher materieller Vorgaben bedürfe. Erst wenn bekannt ist, welches Ziel verfolgt wird und welche Handlungsfolgen also als Kosten oder input und welche als Nutzen oder output angesehen werden sollen, greift das Wirtschaftlichkeitsprinzip. Es ermöglicht dann Aussagen darüber, in welches **Verhältnis** diese Größen zu bringen sind.[49] Ohne konkreten Bezug auf Sachzielvorgaben handelt es sich beim Wirtschaftlichkeitsprinzip dagegen um eine Leerformel.[50]

---

vorgenommene Unterscheidung in Effizienz i.e.S. und Effektivität zielt in dieselbe Richtung, mußte aber im Vergleich zu Redings Effizienz 1 und 2 in der oben beschriebenen Weise präzisiert werden. Grüske differenziert die Effizienz (i.w.S.) in 7 Effizienzstufen (vgl. Grüske, Karl-Dieter: Personale Verteilung und Effizienz der Umverteilung - Analyse und Synthese, Göttingen 1986, insbes. S. 198ff).

48 Eichhorn nimmt eine ähnliche Abgrenzung vor und führt exemplarisch aus, "daß zwar das Verwaltungshandeln effektiv sein kann, indem man eine erstrebten Zustand (z.B. eine Steigerung der Aufklärungsquote bei Schwerverbrechen um 10 Prozent) erreicht hat. Es sind aber unter Umständen für diesen gesellschaftlich vorteilhaften Zweck derart hohe gesellschaftliche Nachteile etwa in Form eines gewaltigen Mitteleinsatzes sowie polizeistaatlicher Maßnahmen in Kauf zu nehmen, daß das effektive Verwaltungshandeln höchst ineffizient ausfällt." (Eichhorn, Peter: Verwaltungshandeln und Verwaltungskosten, Möglichkeiten zur Verbesserung der Wirtschaftlichkeit in der Verwaltung, Baden-Baden 1979, S. 23).

49 Vgl. Krebs, Walter: Rechtmäßigkeit und Wirtschaftlichkeit, a.a.O., S. 71f.

50 Vgl. Weber, Jürgen: Zielorientiertes Rechnungswesen öffentlicher Betriebe - dargestellt am Beispiel von Studentenwerken, Baden-Baden 1983, S. 45 mit weiteren Literaturhinweisen.

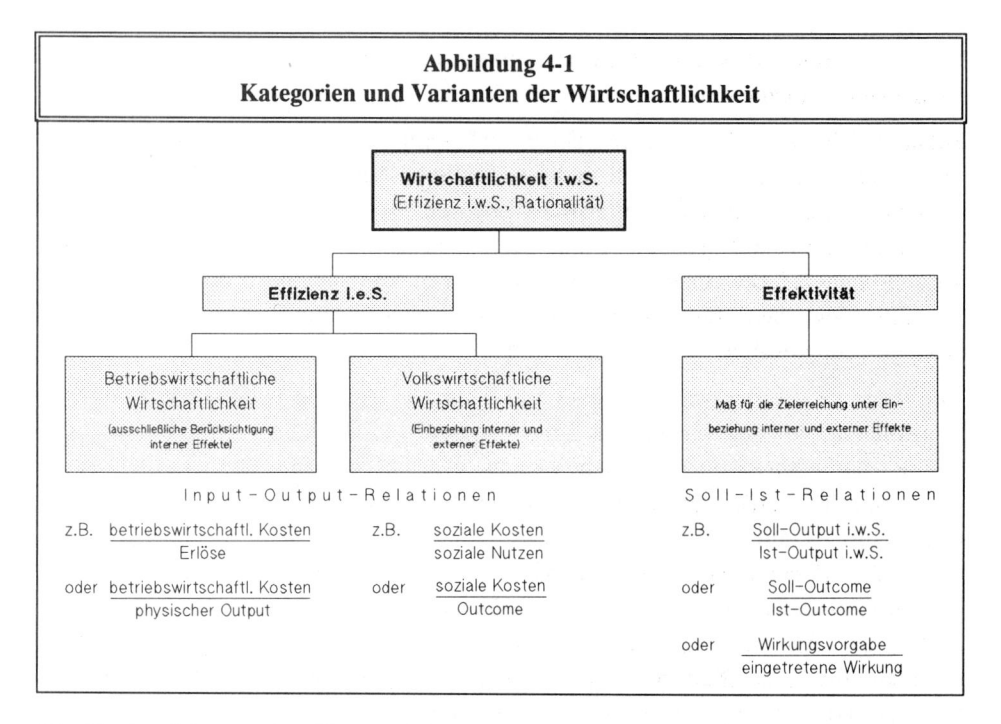

Abbildung 4-1
Kategorien und Varianten der Wirtschaftlichkeit

```
                    Wirtschaftlichkeit i.w.S.
                   (Effizienz i.w.S., Rationalität)
                              |
              ┌───────────────┴───────────────┐
         Effizienz i.e.S.                 Effektivität
              |                                |
    ┌─────────┴─────────┐                      |
Betriebswirtschaftliche  Volkswirtschaftliche   Maß für die Zielerreichung unter Ein-
Wirtschaftlichkeit       Wirtschaftlichkeit     beziehung interner und externer Effekte
(ausschließliche         (Einbeziehung interner
Berücksichtigung         und externer Effekte)
interner Effekte)
```

Input-Output-Relationen   Soll-Ist-Relationen

z.B. betriebswirtschaftl. Kosten   z.B. soziale Kosten   z.B. Soll-Output i.w.S.
      ─────────────────────────   ───────────────   ──────────────────
      Erlöse   soziale Nutzen   Ist-Output i.w.S.

oder betriebswirtschaftl. Kosten   oder soziale Kosten   oder Soll-Outcome
      ─────────────────────────   ──────────────   ─────────────
      physischer Output   Outcome   Ist-Outcome

                                                                    oder Wirkungsvorgabe
                                                                          ──────────────────
                                                                          eingetretene Wirkung

Die Konkretisierung des Wirtschaftlichkeitsprinzips erfolgt gemeinhin über die beiden Ausprägungen des **Minimalprinzips** und des **Maximalprinzips**, wobei im einen Fall der Zweck (der angestrebte Nutzen) und im anderen Fall die Mittel (die aufwendbaren Kosten) bekannt und quantifiziert sein müssen. Die Nr. 1 der Vorläufigen Verwaltungsvorschriften (VV) zu § 7 BHO enthält - als einzige rechtliche Präzisierung des Wirtschaftlichkeitsprinzips -[51] die Formulierung:

"Nach dem Grundsatz der Wirtschaftlichkeit ist bei allen Maßnahmen des Bundes einschließlich solcher organisatorischer oder verfahrensmäßiger Art die günstigste Relation zwischen dem verfolgten Zweck und den einzusetzenden Mitteln anzustreben. Die günstigste Zweck-Mittel-Relation besteht darin, daß entweder
- ein bestimmtes Ergebnis mit möglichst geringem Einsatz von Mitteln oder
- mit einem bestimmten Einsatz von Mitteln das bestmögliche Ergebnis
erzielt wird."[52]

---

[51] Alle anderen Vorschriften bleiben vager und schreiben lediglich ein "wirtschaftliches" und häufig überflüssigerweise zusätzlich ein "sparsames" Verwaltungshandeln vor. Es wird in diesem Zusammenhang zuweilen beklagt, daß das Wirtschaftlichkeitskriterium nicht hinreichend operational sei und daß eine gesetzliche inhaltliche Ausfüllung des Wirtschaftlichkeitsgebotes nicht erfolgt sei (vgl. dazu Kitterer, Wolfgang: Die Finanzkontrolle aus der Sicht der Haushalts- und Finanzplanung, in: Zavelberg, Heinz Günter (Hrsg.): Die Kontrolle der Staatsfinanzen - Geschichte und Gegenwart, Berlin 1989, S. 221-239, hier S. 238f).

[52] Über diese "klassische Konkretisierung" hinaus muß aber auch an den realistischen Fall gedacht werden, daß Nutzen und Kosten zugleich zu variieren sind. In solchen Entscheidungssituationen muß erwogen werden, eine Maßnahme einzuschränken, also weniger Nutzen mit weniger Kosten zu realisieren, oder auch eine Maßnahme auszudehnen und dabei mehr Nutzen mit mehr Kosten zu erzielen. In diesen Fällen fordert das Wirtschaftlichkeitsprinzip, "daß die *Differenz* zwischen Nutzen und Kosten maximiert wird oder, wenn der Differenzansatz mangels gleicher Dimension nicht anwendbar ist, daß der *Quotient* aus Nutzen und Kosten maximiert wird" (Arnim, Hans Herbert von: Wirtschaftlichkeit als Kontrollmaßstab des Rechnungshofs - Zugleich ein Beitrag zur Frage der demokratischen Legiti-

Bedeutung des Rechtmäßigkeitsprinzips

Das **Rechtmäßigkeitsprinzip**[53] stellt unbestritten eine der **tragenden Säulen des Verwaltungshandelns** dar: Nach Art. 20 Abs. 3 GG ist die vollziehende Gewalt an Gesetz und Recht gebunden.[54] Jede Tätigkeit der öffentlichen Verwaltung muß in jeder Hinsicht dem geltenden Recht entsprechen.[55] Zurecht bestehen umfassende Möglichkeiten zur gerichtlichen Überprüfung des Verwaltungshandelns.[56] Daß in der Praxis oft aber weniger "der Charakter der Rechtsvorschriften als Mittel zur Erfüllung staatlicher Aufgaben" erkannt wird, die Erfüllung der rechtlichen Vorgaben vielmehr schon "als Ziel der Verwaltungstätigkeit"[57] angesehen wird und "die Befolgung von Regeln zum Selbstzweck wird"[58], bringt **negative Konsequenzen** mit sich:[59]

- Die Entscheidungsfreudigkeit der Verwaltungsmitarbeiter sinkt genauso wie die Bereitschaft, Verantwortung zu übernehmen.
- Das Verwaltungshandeln wird verzögert, verkompliziert und letztlich auch verteuert.[60]
- Es entsteht der Eindruck einer unflexiblen, teilweise eher dem Buchstaben als dem Geist der Vorschriften folgenden Verwaltung. Die Bürgernähe leidet.

Zum derzeitigen Verhältnis von Rechtmäßigkeitsprinzip und Wirtschaftlichkeitsprinzip

Vergegenwärtigt man sich Umfang und Stellenwert des ökonomischen Denkens in der öffentlichen Verwaltung, so muß man im allgemeinen feststellen, daß doch weit überwiegend ein **Denken in Kategorien der Rechtmäßigkeit dem ökonomischen Denken vorgeht**. Brede fragt in diesem Zusammenhang rhetorisch: "Wäre es nicht an der Zeit, angesichts des ewigen Rationalisierungsdrucks darüber nachzudenken, wie das rechtliche und das ökonomische Denken in der Administration auf eine Stufe gestellt werden könnten?"[61] Püttner führt zum Stellenwert des Wirtschaftlichkeitsprinzips für die öffentliche Verwaltung aus, daß "die Praxis vielfach so" verfahre, daß "der Spielraum für Wirtschaftlichkeit in der Verwaltung auf ein Minimum" zusammenschrumpfe

---

mation der Rechnungshöfe, in: Arnim, Hans Herbert von (Hrsg.): Finanzkontrolle im Wandel, Berlin 1989, S. 259-278, hier S. 262 mit weiteren Literaturhinweisen zu den gemachten Ausführungen).
53 Vgl. Wolff, Hans J./Bachof, Otto: Verwaltungsrecht I, 9. Auflage, München 1974, S. 166ff und insbesondere S. 174ff.
54 Dieser allgemeine Gesetzesvorbehalt wird weiter konkretisiert in den speziellen grundrechtlichen Gesetzesvorbehalten.
55 Rechtmäßigkeit des Handelns bedeutet dabei im einzelnen, daß die örtlich, sachlich und instanziell zuständige Behörde den vorgesehenen Verfahrensweg einhaltend ohne inhaltliche oder formelle Mängel tätig werden muß (vgl. o.V.: Stichworte "Rechtmäßigkeit", S. 768 und "Rechtmäßigkeit von Verwaltungsakten", S. 768f, in: Eichhorn, Peter u.a. (Hrsg.): Verwaltungslexikon, Baden-Baden 1985).
56 Zur gerichtlichen Kontrolle des Verwaltungshandelns vgl. z.B. Püttner, Günter: Verwaltungslehre, a.a.O., S. 365ff. Thieme spricht in diesem Zusammenhang von einer "enormen erzieherischen Wirkung auf die Verwaltung" und einer erheblichen Beeinflussung des Verwaltungsstils (vgl. Thieme, Werner: Verwaltungslehre, 4. Auflage, Köln u.a. 1984, S. 345).
57 Lecheler, Helmut: Verwaltungslehre, Stuttgart u.a. 1988, S. 105.
58 Ebenda.
59 Vgl. Thieme, Werner: Verwaltungslehre, a.a.O., S. 345f.
60 Es wird diskutiert, inwieweit sich die Mentalität der Verwaltungsmitarbeiter dahingehend verändert, daß die Erfüllung des Rechtmäßigkeitspostulats als dominanter Leistungsmaßstab angesehen wird und ein kreatives Denken, ein Denken in Alternativen so nicht zustandekommt.
61 Brede, Helmut: o.T., in: VOP, Heft 5/1990, S. 296.

oder sich "auf Probleme der Gebäudebewirtschaftung und des Apparate-Einsatzes", also auf eine "sekundäre Handlungsstufe" beschränke. "Wenn man die Dinge genauer betrachtet, braucht jedoch der Grundsatz der Wirtschaftlichkeit nicht auf die sekundäre Handlungsstufe beschränkt zu bleiben, er kann und soll vielmehr auch ein Grundsatz der Bestimmung und Festlegung des primären Verwaltungshandelns sein. Freilich ist er bei der Bestimmung des Verwaltungshandelns nicht alleiniges Prinzip und nicht oberstes Prinzip, sondern ein Grundsatz unter mehreren, der gegen andere Postulate (Rechtsstaatsprinzip, Sozialstaatsprinzip usw.) abgewogen werden und unter Umständen zurücktreten muß."[62] Gerade hier liegt die Frage nahe, inwieweit Controlling, dessen Aufgabe ("Metaaufgabe") auch darin gesehen wird, eine Art ökonomischer Begleiter des Unternehmensgeschehens zu sein,[63] eine vermittelnde Rolle übernehmen kann oder doch wenigstens dem Denken in wirtschaftlichen Kategorien zu einer größeren Beachtung verhelfen kann.

Rechtswidrigkeit unwirtschaftlichen Handelns

Eine Mißachtung des Wirtschaftlichkeitsprinzips, das aus dem vermeintlichen Gegensatz von dominierender Rechtmäßigkeit und nachrangiger Wirtschaftlichkeit resultiert, seinerseits gegen Rechtsvorschriften verstößt: Der Grundsatz der **Wirtschaftlichkeit**[64] ist verschiedentlich **gesetzlich kodifiziert**, beispielsweise als Haushaltsgrundsatz.[65] Dabei handelt es sich nicht nur um einen "unverbindlichen Appell politischer oder moralischer Natur. Es handelt sich ... um eine rechtlich verbindliche Norm."[66] "Unwirtschaftliches Handeln muß folglich als rechts- bzw. gesetzwidriges Handeln angesehen werden"[67].

Die Verpflichtung zu wirtschaftlichem und sparsamem Verwaltungshandeln wird jedoch gleichwohl zumeist als sehr unverbindlich angesehen - häufig wird sie als **Leerformel** charakterisiert.[68] Mit einer Nichtbeachtung sind nur selten Sanktionen negativer Art verbunden. Vor diesem Hintergrund ist eine Aufwertung durch die personelle

---

62 Püttner, Günter: Verwaltungslehre, a.a.O., S. 237.
63 Teilweise ist vom "ökonomischen Gewissen" die Rede. Damit im Zusammenhang stehen Vorhaben, eine Controlling-Denkhaltung zu verbreiten, die sich letztlich im Verhalten jedes Organisationsmitgliedes widerspiegeln solle (vgl. z.B. Eschenbach, Rolf: Controlling - State of the Art, in: JfB 1988, S. 206f). A. Schmidt weist auf den engen Bezug des Controlling "zum Ergiebigkeitsprinzip als dem Identitätsprinzip der Betriebswirtschaftslehre" hin. "Die Tätigkeiten des Controlling sind als konsequent ergiebigkeitsorientiert zu bezeichnen", da sie "wesentlich zur Optimierung der Gesamtzielerreichung" beizutragen bestimmt sind (vgl. Schmidt, Andreas: Das Controlling als Instrument zur Koordination, a.a.O., S. 287).
64 Die Sparsamkeit ist dabei als ein Unterfall der Wirtschaftlichkeit anzusehen (Minimierung des Mitteleinsatzes) und bräuchte hier nicht separat genannt zu werden. Generell ist sparsames Handeln nur dort sinnvoll, wo eine Verwaltungsaufgabe exakt vorgegeben ist. Ohne die Vorgabe eines Handlungsoutput kann sparsames Verhalten unwirtschaftlich sein (vgl. z.B. Püttner, Günter: Verwaltungslehre, a.a.O., S. 236f).
65 Vgl. z.B. für den Bund § 6 Abs. 1 HGrG; §§ 7 Abs. 1, 34 BHO. Für weitere Kodifizierungen des Gebotes der Wirtschaftlichkeit und Sparsamkeit vgl. Eichhorn, Peter: Verwaltungshandeln und Verwaltungskosten, a.a.O., S. 11.
66 Arnim, Hans Herbert von: Wirtschaftlichkeit als Kontrollmaßstab des Rechnungshofs, a.a.O., S. 260.
67 Walther, Klaus: Inhalt und Bedeutung der Grundsätze der Wirtschaftlichkeit und Sparsamkeit in der öffentlichen Verwaltung, in: Bayerisches Verwaltungsblatt, Heft 8/1990, S. 231-238, hier S. 238.
68 Vgl. Eichhorn, Peter: Verwaltungshandeln und Verwaltungskosten, a.a.O., S. 11-13.

Präsenz eines dem Wirtschaftlichkeitsprinzip verpflichteten Verwaltungs-Controllers zweifellos von Vorteil.

Aufgaben des Verwaltungs-Controlling im Spannungsfeld von Rechtmäßigkeit und Wirtschaftlichkeit

Zwar ist von Arnim grundsätzlich Recht zu geben, wenn er von einem "Vorrang des Rechts i.e.S. vor dem Wirtschaftlichkeitsprinzip"[69] spricht. Dies bedeutet jedoch keinesfalls, daß der Verwaltungsmitarbeiter nur im Falle rechtsfreier Räume auf das Wirtschaftlichkeitsprinzip zurückgreifen könnte. Im Spannungsfeld zwischen den Rationalitätsebenen der Rechtmäßigkeit und der Wirtschaftlichkeit stehen **innerhalb des rechtlichen Rahmens Freiräume**[70] zur Verfügung, die **aufzuzeigen** und gegebenenfalls auch **zu mehren** eine Aufgabe des Verwaltungs-Controlling darstellt. Auch zur konkreten **Ausfüllung dieser Freiräume im Sinne des Wirtschaftlichkeitsprinzips** hat der Verwaltungs-Controller beizutragen, indem er die notwendigen Informationen und die Instrumentarien vorhält.

In methodischer Hinsicht bedeutet dies, dem der **Ökonomie** ureigensten **Denken in zu optimierenden Zweck-Mittel-Relationen**[71] zu seiner angemessenen Bedeutung zu verhelfen.[72] Der klassische methodische Ansatz der Rechtswissenschaften, die Subsumtion,[73] muß dagegen in seiner relativen Bedeutung zurücktreten. Dies ist schon deshalb erforderlich, da angesichts der sich wandelnden Struktur der rechtlichen Vorgaben (zunehmend finale anstatt konditionaler Vorgaben) die Anwendung der bislang noch dominierenden, auf konditionale Vorgaben ausgerichteten Subsumtionstechnik immer weniger greift.

Wegen der unzureichenden Berücksichtigung des Wirtschaftlichkeitsprinzips in der Verwaltungspraxis wurde für die Bundesverwaltung der **Bundesbeauftragte für Wirtschaftlichkeit in der Verwaltung** etabliert. Er könnte von seinem Anspruch her als Träger der hier thematisierten Controlling-Funktion in Frage kommen. Allein schon die Tatsache, daß stets der jeweilige Präsident des Bundesrechnungshofes zu diesem

---

69 Arnim, Hans Herbert von: Wirtschaftlichkeit als Rechtsprinzip, a.a.O., S. 92.
70 Gerade die mehrfach angesprochene zunehmende Verbreitung finaler Vorgaben bewirkt ein starkes Anwachsen dieser Freiräume. Weiterhin bewirken mangelhafte rechtliche Vorgaben - ungewollte - Spielräume für die Verwaltung. Kitterer formuliert: "angesichts der ... mangelhaften Haushalts- und Finanzplanung, der fragwürdigen Qualität der Gesetzgebung - man denke nur an das Steuerrecht - ... erscheint die einseitige Betonung der Verrechtlichung ... fragwürdig, in ihrer Ausschließlichkeit sogar schädlich." (Kitterer, Wolfgang: Die Finanzkontrolle, a.a.O., S. 239).
71 Luhmann spricht gar davon, daß "man in juristischen Argumentationszusammenhängen bei der Verwendung der Begriffe Zweck und Mittel oft eine erstaunliche Naivität vorfindet ... Immer wieder trifft man auf Äußerungen wie die, daß die Mittel in einem angemessenen Verhältnis zum Zweck stehen sollen, auf Entscheidungsregeln also, die ihre Undurchdachtheit auf der Stirn tragen" (Luhmann, Niklas: Zweckbegriff und Systemrationalität, a.a.O., S. 88).
72 Als Unterstützung von legislativer Seite könnte erwogen werden, den Gedanken Eichhorns (vgl. Eichhorn, Peter: Verwaltungshandeln und Verwaltungskosten, a.a.O., S. 87ff) zur Schaffung eines Wirtschaftlichkeitsgrundsätzegesetzes aufzugreifen, um den diesbezüglichen Handlungen des Verwaltungs-Controllers eine im Vergleich zu den bestehenden rechtlichen Regelungen eine konkretere Rechtsgrundlage zu geben.
73 Vgl. zur Subsumtion aus dem klassischen methodischen Ansatz der Rechtswissenschaften von Arnim: "Wenn die Realität unter die im Gesetz begrifflich umschriebenen Tatbestandsmerkmale subsumiert werden kann, dann tritt die im Gesetz vorgesehene Rechtsfolge ohne weiteres, also insbesondere ohne Rücksicht auf die Folgen, ein." (Arnim, Hans Herbert von: Wirtschaftlichkeit als Kontrollmaßstab des Rechnungshofs, a.a.O., S. 264).

Beauftragten bestellt wird, macht jedoch klar, daß deutliche Unterschiede zu der hier angeregten Forcierung des Wirtschaftlichkeitsgedankens durch einen Verwaltungs-Controller bestehen. Der **Verwaltungs-Controller** ist als Angehöriger des Verwaltungsbetriebes ein "**Interner**" und so sachlich und zeitlich viel näher am Geschehen. Er kennt die Personen und die (auch informellen) Strukturen und hat nicht die insofern hinderliche Distanz eines prozeßunabhängigen Kontrolleurs. Von daher wird eine **kontinuierliche Begleitung** des Verwaltungsgeschehens möglich, die zu einer permanenten Stärkung der ökonomischen Rationalität führen genutzt werden kann.

C Koordinationsinstrumente des Verwaltungs-Controlling

Bereits oben wurde gezeigt, daß das Controlling zur Erfüllung seiner Funktionen auf das gesamte Spektrum des bereitstehenden Instrumentariums zurückgreift. Von daher stehen zur Bewältigung der Koordinationsfunktion grundsätzlich sämtliche Koordinationsinstrumente zur Verfügung.[74] Das bestehende **Potential an koordinativen Instrumenten** ist dementsprechend sehr **vielfältig**. Hier soll nur ein straffer Überblick über die im Hinblick auf die Eignung und Bedeutung für ein Verwaltungs-Controlling bedeutsamsten gegeben werden.

Institutionelle Koordinationsinstrumente

Für Koordinierungszwecke können **spezialisierte Einheiten** auf Dauer institutionalisiert werden.[75] In mikrostruktureller Hinsicht (für Zwecke der internen Koordination)

---

[74] Zu verschiedenen Systematisierungsansätzen für Koordinationsinstrumente vgl. etwa Kieser, Alfred/Kubicek, Herbert: Organisationsstruktur und individuelles Verhalten, a.a.O., insbes. S. 454f; Rückwardt, Bernd: Koordination des Verwaltungshandelns, a.a.O., S. 71-153 oder Becker, Bernd: Öffentliche Verwaltung, a.a.O., S. 370f.
Wenn von "Koordinationsinstrumenten" gesprochen wird, so muß gesehen werden, daß im Grunde annähernd allen betriebswirtschaftlichen Instrumenten - wie auch vielen Verfahren und Techniken der angrenzenden Sozialwissenschaften - auch koordinative Wirkungen zugeschrieben werden können. Eine derart weite Begriffsfassung findet sich etwa bei Rückwardt, der unter anderen auch Verfahren der Kreativitätssteigerung, Sozialindikatoren oder - uneingeschränkt - Verfahren der Informationsgewinnung, -verarbeitung und -auswertung als Koordinationsinstrumente versteht (vgl. Rückwardt, Bernd: Koordination des Verwaltungshandelns, a.a.O., S. 71-153). Das Abgrenzungskriterium muß unserer Meinung nach sein, ob durch den Einsatz eines Instrumentes "lediglich nebenbei" auch koordinative Effekte resultieren oder ob die Erzielung dieser Effekte im Vordergrund des Einsatzes steht.

[75] Da das Hauptaufgabenfeld des Verwaltungs-Controlling aber nicht im Bereich der aufbauorganisatorischen Ausgestaltung der öffentlichen Verwaltungen zu sehen ist, sei hier auf die fundamentalen institutionellen Koordinationsinstrumente nur hingewiesen. Gerade die **bürokratische Aufbauorganisation** beinhaltet mit ihren formalisierten Verfahren, den festgelegten räumlichen und sachlichen Kompetenzen innerhalb hierarchischer Strukturen einige koordinative Elemente. "Das Prinzip der hierarchischen Organisation" stimmt die in verschiedenrangigen Stellen wahrgenommenen Aufgaben ab, "indem die hierarchisch von oben nach unten laufende, ranggestützte Kommunikation, der Befehl, die Unbestimmtheit des allgemeinen Systemzwecks in konkrete Handlungsanweisungen ausprägt" (Luhmann, Niklas: Zweckbegriff und Systemrationalität, a.a.O., S. 76). Hingewiesen sei auch auf den Fall der vertikalen internen Koordination durch hierarchische Ad-hoc-Entscheidungen (Entscheid durch den Vorgesetzten). Die **Zentralisation** bewirkt (bei allen Nachteilen) eine Einheitlichkeit des Verwaltungshandelns und bringt die Möglichkeit eines schnellen Durchgriffs entlang des Instanzen- oder Dienstweges mit sich. Zur Hierarchie und Zentralisation als Instrument der Koordination vgl. Rückwardt, Bernd: Koordination des Verwaltungshandelns, a.a.O., S. 75-83. Zur hierarchischen zwischenbehördlichen Überwachung, die starke zentralistisch-vertikale Koordinationsmomente beinhaltet, vgl. Wolff, Hans J./Bachof, Otto: Verwaltungsrecht III, 4. Auflage, München 1978, S. 43-45.
Zur Verbesserung der horizontalen (insbes. internen) Koordination wird eine Rückbildung der z.T. als überzogen und dadurch als kontraproduktiv empfundenen Arbeitsteilung vorgeschlagen. Dies bedeutet die **Bildung größerer Einheiten**, beispielsweise durch eine Zusammenfassung mehrerer Referate

sind hier Stäbe oder Assistenzen,[76] aber auch Ausschüsse,[77] Konferenzen,[78] Kommissionen und Arbeitskreise[79] zu nennen. Die letzteren dienen auch in makrostruktureller Hinsicht zur (externen) Koordination verschiedener Verwaltungsträger.[80] Für Controlling-Projekte sowohl auf Mikro- wie auch auf Makroebene lassen sich bei zeitlicher Befristung auch die verschiedenen Varianten des Projektmanagements[81] sowie der Arbeits- und Projektgruppen als institutionalisiertes Koordinationsinstrument einsetzen.[82] Der koordinative Effekt kommt bei den Koordinationsgremien durch die zeitweilige oder problemspezifische Aufhebung der grundsätzlich weiterbestehenden Arbeitsteilung zustande.[83]

Sollen derartige Koordinationsgremien als koordinative Controlling-Instrumente eingesetzt werden, so ist angesichts der Defizite der schon bestehenden Einrichtungen[84] dafür Sorge zu tragen, daß[85]

- eindeutige Errichtungskriterien bestehen,
- eine genaue Festlegung des Auftrages und der Befugnisse vorliegt,
- eine Festlegung der Anzahl der Mitglieder vorgenommen wird,
- interne Organisationserfordernisse (Vorsitz etc.) geklärt werden,

---

einer Ministerialverwaltung zu einer als Team geführten Einheit (vgl. dazu Becker, Bernd: Öffentliche Verwaltung, a.a.O., S. 669).

76 Vgl. ebenda, S. 609f. Zur besonderen koordinativen Rolle der Staatskanzleien vgl. die Beiträge in König, Klaus (Hrsg.): Koordination und integrierte Planung in den Staatskanzleien - Vorträge und Diskussionsbeiträge der verwaltungswissenschaftlichen Arbeitstagung 1975 der Hochschule für Verwaltungswissenschaft Speyer, Berlin 1976.

77 Ausschüsse sind über einen längeren Zeitraum hinweg periodisch zusammentretende Gremien auf mitgliedschaftlicher Basis, die zumindest auch Koordinationsaufgaben wahrnehmen (vgl. zu Formen, Eigenarten, Vor- und Nachteilen Rückwardt, Bernd: Koordination des Verwaltungshandelns, a.a.O., S. 100-102 sowie die Beiträge zum Thema IV: Die Rolle und die Effektivität der interministeriellen Ausschüsse für Koordination und Regierungspolitik, in: Siedentopf, Heinrich (Hrsg.): Regierungspolitik und Koordination - Vorträge und Diskussionsbeiträge der Internationalen Arbeitstagung 1974 der Hochschule für Verwaltungswissenschaften Speyer, Berlin 1976, S. 397-485).

78 Konferenzen sind im Gegensatz zu Ausschüssen keine ständigen Einrichtungen. Sie haben Teilnehmer (anstatt der Mitglieder) (vgl. zu Formen, Eigenarten, Vor- und Nachteilen Rückwardt, Bernd: Koordination des Verwaltungshandelns, a.a.O., S. 102f).

79 Vgl. zu Kommissionen (z.B. Unabhängige Kommission für Rechts- und Verwaltungsvereinfachung) und Arbeitskreisen (z.B. Arbeitskreis Steuerschätzung) Becker, Bernd: Öffentliche Verwaltung, a.a.O., S. 677f.

80 Auch die sog. Querschnittseinheiten, wie etwa die "Z-Abteilungen", "Z-Referate", Haushaltsreferate mit Beauftragten für den Haushalt oder die kommunalen Hauptämter oder Finanzreferate, haben zu einem großen Anteil koordinative Aufgaben wahrzunehmen. In funktionaler Hinsicht kann dabei häufig von einer Wahrnehmung von Controlling-Aufgaben gesprochen werden. Inwieweit diese Einheiten auch als Controlling-Institution anzusehen sind oder dahingehend umgebildet werden können wird in Kapitel 8 diskutiert.

81 Dieses Instrument wird angewandt, um komplexe und oft einmalige Vorhaben, die von der gegebenen Organisationsstruktur nur unzureichend bewältigt werden können, umfassend zu bearbeiten. Das Projektmanagement umfaßt tätigkeitsbezogene Elemente (Planung, Steuerung, Kontrolle...) und den institutionellen Aspekt (Träger projektbezogener Aufgaben). Auf die Bedeutung des Projektmanagement im Rahmen eines Verwaltungs-Controlling wird unten (Kapitel 7) noch eingegangen werden.

82 Dabei werden Arbeitsgruppen eingerichtet, wenn eine ständige Aufgabe durch eine bestehende Einheit nicht hinreichend oder umfassend bearbeitet werden kann, die Institutionalisierung einer speziellen Einheit aber nicht gerechtfertigt ist. Projektgruppen sind besonders organisierte Arbeitsgruppen zur kooperativen Bewältigung zeitlich oder sachlich begrenzter Aufgaben (vgl. Rückwardt, Bernd: Koordination des Verwaltungshandelns, a.a.O., S. 118). Die sog. konzertierte Aktion bezweckte Abstimmungen zwischen öffentlicher Verwaltung und Verwaltungsexternen (z.B. Sozialpartner) auf freiwilliger Basis insbesondere durch gegenseitige Information (vgl. Moppmann, Erich (Hrsg.): Konzertierte Aktion - Kritische Beiträge zu einem Experiment, Frankfurt 1971).

83 Becker, Bernd: Öffentliche Verwaltung, a.a.O., S. 674.

84 Vgl. Lepper, Manfred: Die Rolle und Effektivität der interministeriellen Ausschüsse, a.a.O., S. 447f.

85 Vgl. ebenda, S. 448f.

- Basisregelungen für die interne Gremienarbeit vorliegen
- ein Mindestmaß an Ermächtigung bzw. Vollmacht der Mitglieder besteht,
- die Stellung zu anderen Gremien (etwa Berichtspflichten oder Weisungsrechte) geklärt ist, oder bei schon bestehenden Gremien eine Überprüfung dieser Merkmale vornimmt.

Inwieweit es dabei Sinn macht, **generelle verfahrensmäßige Regeln** festzuschreiben (etwa in der Form einer Dienstanweisung zur Errichtung koordinativer Gremien) oder jeweils im Einzelfall eine Anpassung an die gegebene Situation vorzunehmen, kann nicht pauschal entschieden werden. Es liegt angesichts der in der Vergangenheit festgestellten Mängel aber nahe, einen gegenüber dem Ist-Zustand[86] höheren Formalisierungsgrad zu wählen, es aber freilich nicht mit der Formulierung von Regelwerken bewenden zu lassen, sondern auch deren Beachtung zu überwachen.

Ablauforganisatorische Verfahren

Aus dem Bereich der Ablauforganisation sind in erster Linie die verschiedenen, in der Regel auf Dauer angelegten **Verfahrensregelungen zur Mitwirkung** als koordinative Instrumente des Verwaltungs-Controlling nennen. Dazu gehören die

- Mitentscheidung (durch Einverständniserklärung, Mitzeichnung, Erklärung der Zustimmung bzw. des Einvernehmens, der Genehmigung oder der Bestätigung),
- Mitberatung (ohne Bindungswirkung) (durch Stellungnahme, ins Benehmen setzen, Anhörung, Beratung) sowie der
- Mitteilung ("zur Kenntnis geben").

Verfahren der Mitwirkung dienen häufig dazu, bei einzelfallbezogener **Federführung** einer "hauptbeteiligten" Einheit die notwendige Beteiligung tangierter Einheiten zu bewirken und zu regeln.[87]

DV-gestützte Verfahren

In zunehmendem Maße stehen **DV-technische Koordinations-(hilfs-)Instrumente** zur Verfügung.[88] So können "analytische Koordinationsinstrumente"[89] verstärkt oder überhaupt erst durch die DV-Unterstützung zum Einsatz kommen, etwa Lösungsalgorithmen des Operations Research[90] wie Netzplantechniken oder Warteschlangenmodelle. Auch durch PC-Netzwerke lassen sich koordinative Wirkungen erzielen. Weiterhin erleichtern zentral geführte Datenbanken, auf die die dezentral agierenden Facheinheiten simultan und gemeinsam zugreifen können, ein abgestimmtes Verwaltungshandeln.

---

86 Vgl. zum Formalisierungsgrad der Ausschußarbeit auf Bundesebene ebenda, insbes. S. 437f.
87 Vgl. Rückwardt, Bernd: Koordination des Verwaltungshandelns, a.a.O., S. 87 und Becker, Bernd: Öffentliche Verwaltung, a.a.O., S. 665.
88 Vgl. Reichard, Christoph: Betriebswirtschaftslehre der öffentlichen Verwaltung, 2. Auflage, Berlin und New York 1987, S. 143.
89 Vgl. zu diesem Begriff Rückwardt, Bernd: Koordination des Verwaltungshandelns, a.a.O., S. 90ff.
90 Vgl. dazu Dathe, Hans Martin: Operations Research in der öffentlichen Verwaltung, in: Becker, Ulrich/Thieme, Werner (Hrsg.): Handbuch der Verwaltung, Heft 4.4, Köln u.a. 1974.

Auf der anderen Seite entstehen im Zusammenhang mit der Einrichtung und Nutzung DV-gestützter Informations- und Kommunikationssysteme (zusätzliche) mehrdimensionale Koordinationsaufgaben. Die Einführung eines integrierten DV-basierten Informations- und Kommunikationssystems überfordert "die herkömmlichen Organisationsstellen"[91], so daß eine Zusammenarbeit verschiedener Einheiten erfolgen muß, die wiederum zu koordinieren ist.[92]

Programme, Pläne und Budgets

Auf **Pläne und Programme** als Koordinationsinstrumente im allgemeinen und die **Haushaltsplanung bzw. Budgetierung** im speziellen sei an dieser Stelle nur hingewiesen, da auf diese zweifellos höchst bedeutsamen Instrumente unten (hpts. im Zusammenhang mit der Erörterung von Controlling-Aufgaben in der Planungs- und Budgetierungsphase, Kapitel 5) noch ausführlich eingegangen wird.

II. Steuerungs- und Regelungsfunktion

Im ersten Kapitel wurde dargelegt, daß bei systemtheoretischer Betrachtung die öffentliche Verwaltung als komplexes soziales System und daß Controlling als Subsystem der Führung sozialer Systeme angesehen werden kann. Die Etablierung bzw. die Optimierung von ökonomischen Steuerungs- und Regelungssystemen wurde als Kernfunktion des Controlling expliziert.[93]

Im folgenden soll nun diese Kernfunktion vor dem Hintergrund der Verwaltungsspezifika ausgeführt werden.

A Steuerung, Regelung und Anpassung als kybernetische Grundprinzipien

Die "Kybernetik ist die allgemeine, formale Wissenschaft von der Struktur, den Relationen und dem Verhalten dynamischer Systeme"[94] anzusehen. Als ein wesentlicher Teilbereich der Kybernetik gilt die **Regelungstheorie**, die die Prinzipien der Regelung,

---

91 Beeckmann, Hartmuth: Gestaltungspotentiale durch die Informationstechnik, in: online - övd Nr. 2/1989, S. 58-63.
92 Vgl. KGSt: AKD-Bericht Technikunterstützte Informationsverarbeitung - Entwicklungsplan TUIV, Bericht Nr. 4/1988, Köln 1988, S. 8ff.
93 In der Literatur wird zum Teil ein außerordenlich enger Bezug zwischen Controlling und der Kybernetik hergestellt: "... kann als Grundlage des Controlling die Kyberneik sowohl als praktische Verständnishilfe, wie auch als Hilfe bei der Systematisierung und beim Systementwurf überhaupt angesehen werden" (Haidekker, A.: Die kybernetische System-, Informations- und Regelungstheorie als Grundlage des Controlling, in: Haberland, G. (Hrsg.): Handbuch des Controlling und Finanzmanagement, München 1975, S. 125-146, hier S. 127). Wickenhäuser deutet den Controller-Bereich als "eine erste Institutionalisierung des Regelkreisprinzips" in Unternehmen (Wickenhäuser, Fritz: EDV - Instrument des Controllers, Diss. München 1970, S. 206).
94 Flechtner, Hans-Joachim: Grundbegriffe der Kybernetik - Eine Einführung, 3. Auflage, Stuttgart 1968, S. 10.

der Steuerung und der Anpassung verwendet.[95] Diese drei Prinzipien sollen vor einer Bezugnahme auf öffentliche Verwaltungen allgemein definiert werden als:

"Steuerung: das Ziel wird dem System von außen gesetzt, Richtung und Art des Verhaltens werden von außen dirigiert.

Regelung: das Ziel, der Sollwert, wird von außen gesetzt, das System verändert selbst sein Verhalten so, daß dieser Sollwert erreicht wird.

Anpassung: das System verändert sein Verhalten so, daß sich ein Gleichgewichtszustand zwischen System und Umwelt einspielt - dieser selbst entwickelte Sollwert wird jetzt der künftigen Regelung zugrunde gelegt."[96]

Das **Prinzip der Steuerung** sieht vor, daß ein Steuer-System dem zu steuernden System für jede mögliche Eingangsgröße[97] die Reaktionsweise vorgibt, die die Aufrechterhaltung der Gleichgewichtslage des Systems bewirkt.[98] Die Idee der Steuerung ist in ihrer Reinform nur für völlig deterministische Systeme (z.B. Maschinen) realisierbar.

Während das Prinzip der Steuerung nur an den Eingangsgrößen des zu steuernden Systems ansetzt, greift das **Prinzip der Regelung** an der Wirkung der Eingangsgröße auf das System an. Regelung bedeutet also, daß der Systemzustand jeweils nach dem Einwirken der Eingangsgrößen gemessen wird und daß bei Abweichungen des Istwertes vom Sollwert in einem Prozeß der Rückkopplung Korrekturanweisungen ausgelöst werden. Das bekannteste Beispiel für einen Regelungsprozeß dürfte die Regulierung der Raumtemperatur über einen Thermostat sein.[99] Der "Regler" Thermostat mißt ausschließlich die "Regelstrecke" Raumtemperatur und erhöht beispielsweise im Falle der Unterschreitung des Sollwertes die Warmwasserzufuhr im Heizkörper so lange, bis der gemessene Istwert mit dem Sollwert der Temperatur wieder übereinstimmt.

Die Regelung weist gegenüber der Steuerung den Nachteil auf, daß ihre Maßnahmen erst bei schon eingetretenen Abweichungen vom Sollwert greifen (reaktives Verhalten). Der Steuerungsmechanismus verhindert dagegen das Auftreten dieser Abweichungen von vorneherein. Allerdings sind die Anwendungsvoraussetzungen der Steuerung ungleich schwieriger zu realisieren, denn dafür muß ein Zustand der "vollkommenen Information über das System mit deterministischen Ursache-Wirkungs-Zusammenhängen ... sowie Kenntnis aller Störgrößen und Störungen"[100]

---

95 Vgl. Baetge, Jörg: Betriebswirtschaftliche Systemtheorie, Opladen 1974, S. 23 und 34 sowie Ulrich, Hans: Die Unternehmung als produktives soziales System, 2. Auflage, Bern und Stuttgart 1970, S. 120ff.
96 Flechtner, Hans-Joachim: Grundbegriffe der Kybernetik, a.a.O., S. 44.
97 Baetge (vgl. Baetge, Jörg: Betriebswirtschaftliche Systemtheorie, a.a.O., S. 24) weist darauf hin, daß für "ökonomische Regelungsmodelle ... der Begriff Störgröße zumeist ungeeignet" ist, da hier die Systeminputs "in aller Regel durchaus erwünscht sind". Deshalb schlägt er den Begriff der Eingangsgröße als geeigneter vor, meint dann aber "um einen Dissenz zwischen Regelungstheorie und unseren Ausführungen zu vermeiden" doch den Begriff der Störgröße.
98 Vgl. Baetge, Jörg: Betriebswirtschaftliche Systemtheorie, a.a.O., S. 24.
99 Wegen konkreter ökonomischer Steuerungs- und Regelungssysteme vgl. etwa ebenda, S. 30 (Regelung), S. 46ff, S. 171ff und S. 192ff (kombinierte Systeme aus Steuerkette und Regelkreis), S. 85ff (vermaschte Regelkreise).
100 Baetge, Jörg: Betriebswirtschaftliche Systemtheorie, a.a.O., S. 27.

gegeben sein. Um die Raumtemperatur über eine Steuerung konstant halten zu können, müßte eine Vielzahl von Informationen vorliegen. So müßten insbesondere sämtliche Wärmeverluste des Raumes ex ante bekannt sein, um allein über die Eingangsgrößen des "Systems Raum" seine "Steuerstrecke Temperatur" steuern zu können. Es leuchtet ein, daß diese Bedingungen gerade in sozialen Systemen nicht zu erfüllen sind.

Das **Prinzip der Anpassung** bedeutet, daß aus allgemeinen Führungsgrößen, die von einem Führungssystem vorgegebenen werden, systemintern spezifische Sollwerte entwickelt werden. Im Falle von Umsystemveränderungen können die Sollwerte so angepaßt werden, daß die allgemeinen Führungsgrößen - teilweise auch als Systemzwecke bezeichnet - wieder erreicht werden. Das Prinzip der Anpassung beinhaltet also die Möglichkeit, bei geänderten Umsystembedingungen nicht nur die konkreten Maßnahmen zur Zielerreichung, sondern auch die Sollwerte in einem bestimmten Rahmen anzupassen.[101] Die Determinanten Komplexität, Verhaltensdifferenziertheit und Änderungsgeschwindigkeit von System und Umsystem bestimmen die vielfältigen möglichen Anpassungsformen.[102] Anpassungssysteme verfügen also über systeminterne Freiheitsgrade zur Sollwert-Bestimmung. Abgesehen davon greifen die Anpassungssysteme auf die beiden Grundmuster der Steuerung und der Regelung zurück. Von daher wird das Prinzip der Anpassung häufig nicht separat, sondern im Zusammenhang mit der Steuerung und der Regelung behandelt. Dem soll im weiteren gefolgt werden.

Der Begriff der Regelung wird teilweise als Oberbegriff für Steuerung, Regelung (i.e.S.) und Anpassung verwendet. Um Mißverständnisse zu vermeiden, wird er hier in zweifelhaften Fällen durch den Begriff der **Regulierung** ersetzt. Regulierungssysteme (Regelungssysteme i.w.S.) sind damit künstliche Systeme, die der Steuerung, Regelung oder Anpassung anderer Systeme - hier vorwiegend der Systeme der öffentlichen Verwaltung - dienen. Der hier als regelungstheoretisches Prinzip verwendete Begriff der Steuerung wird in der Betriebswirtschaftslehre häufig auch als eine Phase des Führungsprozesses (etwa Planung - Steuerung - Kontrolle) gebraucht und bedeutet dann "die detaillierte Festlegung und die Veranlassung der Durchführung des Entscheidungsergebnisses."[103] Beide Begriffsverwendungen sind auseinanderzuhalten.

B Grundformen der Steuerung und Regelung des Verwaltungshandelns

Die Analyse und die Gestaltung von Steuerungs- und Regelungsvorgängen stellt seit jeher ein bedeutendes Betätigungsfeld der Wirtschaftswissenschaften dar - man denke nur an die schon seit dem 18. Jahrhundert entwickelten Kreislaufmodelle.[104] Allerdings

---
101 Vgl. ebenda, S. 35.
102 Vgl. Ulrich, Hans: Die Unternehmung als produktives soziales System, a.a.O., S. 125.
103 Hahn, Dietger: Planungs- und Kontrollrechnung - PuK, 3. Auflage, Wiesbaden 1985, S. 31.
104 Vgl. die bei Baetge genannten Quellen von Quesnay bis Keynes (vgl. Baetge, Jörg: Betriebswirtschaftliche Systemtheorie, a.a.O., S. 13).

konnte zunächst eine ausdrückliche Bezugnahme auf kybernetische Erkenntnisse nicht erfolgen, "weil es die Kybernetik als wissenschaftliche Disziplin noch nicht gab."[105] Erst seit dem Ende der sechziger Jahre erfolgte eine intensive Auseinandersetzung der Volks- und Betriebswirtschaftslehre mit der Kybernetik.[106] Die nachfolgenden Ausführungen zeigen, daß **auch in öffentlichen Verwaltungen Steuerungs- und Regelungssysteme** angelegt sind.

Im kybernetischen Sinne stellen die bereits genannten Konditionalprogramme den Versuch dar, ein **umfassendes Steuerungssystem** für die öffentliche Verwaltung zu schaffen. Die **konditionale Programmierung**[107] paßte zu der ursprünglichen Sichtweise **der öffentlichen Verwaltung als lediglich ausführendem Organ**. Daher waren Konditionalprogramme die zunächst nahezu ausschließlich angewandte Form zur Transmission des Willens der Führungsinstanzen in das Verwaltungshandeln.[108] Das Verwaltungssystem mußte "nur" erkennen, um welchen Sachverhalt/Tatbestand (Eingangsgröße) es sich handelt, die entsprechende Handlung (Steuerstrecke) war ihr dann eindeutig vorgegeben. Man konnte hier von einem **legislativ programmierten Verwaltungshandeln** sprechen.

Auf die **Nachteile** einer solchen reinen Steuerung wurde schon hingewiesen. Ein reines Steuerungssystem konnte allenfalls so lange in der Lage sein, ein effizientes Verwaltungshandeln zu gewährleisten, wie es sich um überschaubare, rein hoheitlich-obrigkeitliche Strukturen und Prozesse handelte. Für eine Verwaltung, die mehr und mehr als "planende Leistungsverwaltung" zu charakterisieren ist, sind **reine Konditionalprogramme unzureichend.**[109] Daher werden sie zunehmend durch **finale Programme** ergänzt oder gar ersetzt,[110] für die die Vorgabe von Zweck-Mittel-Schemata charakteristisch ist.[111] Da die Finalprogramme regelmäßig um Kontrollelemente ergänzt werden, sind sie im kybernetischen Sinne den **Regelungssystemen** zuzurechnen.

---

105 Ebenda, S. 14.
106 Lange vergleicht diesen Zustand der Ökonomie mit dem eines Helden Molières, Monsieur Jourdain, der zu seiner großen Überraschung in fortgeschrittenem Alter von seinem Lehrer erfährt, daß er sein ganzes Leben lang prosa gesprochen habe (vgl. Lange, Oskar: Einführung in die ökonomische Kybernetik, Tübingen 1970, S. 1; zit. nach Baetge, Jörg: Betriebswirtschaftliche Systemtheorie, a.a.O., S. 12).
107 Zum Vorgang der Programmierung und zur Abgrenzung zur Planung vgl. Hentze, Joachim/Brose, Peter: Unternehmensplanung, Bern und Stuttgart 1985, S. 25-27.
108 König spricht vom "offenen Konditionalprogramm der klassischen Gesetzgebung" (König, Klaus: Die Rolle zentraler oder ressorteigener Einheiten, a.a.O., S. 229). Zu einer allgemeinen Kennzeichnung von Konditionalprogrammen und einer Unterscheidung von Zweckprogrammen (finalen Programmen) vgl. Luhmann, Niklas: Zweckbegriff und Systemrationalität, a.a.O., S. 101ff.
109 Nach Wilke läuft "regulative Politik durch herkömmliches Recht nicht nur in vielen Bereichen schlicht leer", sondern vergrößert in bestimmten Bereichen sogar die Regulierungsprobleme (vgl. Wilke, Helmut: Systemtheorie, 2. Auflage, Stuttgart und New York 1987, S. 165f).
110 Auf die Erhöhung des Koordinationsbedarfs durch den vermehrten Einsatz der finalen Programmierung wurde bereits oben hingewiesen. Dazu auch Delion, André G.: Die Rolle und Effektivität der interministeriellen Ausschüsse, a.a.O., S. 411-431, hier S. 413. Lange verwendet die Termini "Strikte Steuerung durch Gebote und Verbote" (herkömmliche Steuerung) und "Steuerung durch offene Zielvorgaben" (vgl. Lange, Klaus: Staatliche Steuerung durch offene Zielvorgabe im Lichte der Verfassung, in: Verwaltungs-Archiv, Heft 1/1991, S. 1-24).
111 Vgl. König, Klaus: Die Rolle zentraler oder ressorteigener Einheiten, a.a.O., S. 230. Zum Vorgang der Zweckprogrammierung als Einordnung des "Zweck-Mittel-Schemas in die Systemtheorie" vgl. allgemein Luhmann, Niklas: Zweckbegriff und Systemrationalität, a.a.O., S. 257ff.

Typisch dafür sind verschiedene **Planwerke,**[112] über die das Verwaltungshandeln gesteuert werden soll. Insbesondere ist hier **der** Plan der öffentlichen Verwaltungen, der **Haushaltsplan** zu nennen. Er stellt idealtypisch eine Aufzählung der in der Haushaltsperiode intendierten Zwecke und der dafür vorgesehenen (Finanz-)Mittel dar. **Kontrollelemente** - im staatlichen Bereich etwa die Finanzkontrolle durch die Rechnungshöfe - sollen die Regelkreise schließen und damit die Möglichkeit eröffnen, **rückkoppelnde Korrekturmaßnahmen** durchzuführen. Derartige Planungs-Überwachungs-Systeme[113] tragen umso stärker den **Charakter von Anpassungssystemen**, je weniger ihre Strenge und Detailliertheit und je stärker - aus der Sicht des ausführenden Systems - ihre Flexibilität ausgeprägt ist.

Für das **Verwaltungs-Controlling** ergibt sich neben der **Aufgabe**, effiziente und situationsadäquate Regulierungssysteme zu schaffen (vgl. im Anschluß, Teil C) auch die Aufgabe, selbst im Rahmen von Regulierungssystemen mitzuwirken (z.B. Vornahme des Soll-Ist-Vergleichs mit Einleitung von abweichungsreduzierenden Gegenmaßnahmen; vgl. Teil D). **Abbildung 4-2** gibt einen ersten Überblick über die hier vorliegenden Aufgaben des Verwaltungs-Controlling.

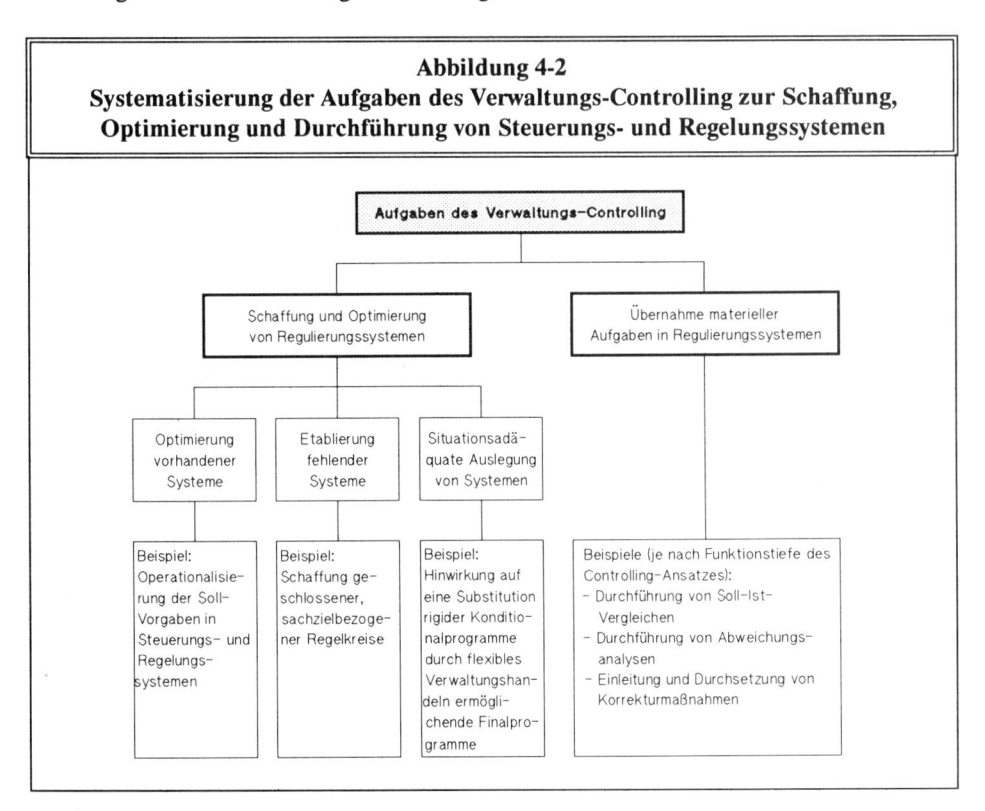

Abbildung 4-2
Systematisierung der Aufgaben des Verwaltungs-Controlling zur Schaffung, Optimierung und Durchführung von Steuerungs- und Regelungssystemen

```
                    Aufgaben des Verwaltungs-Controlling
                              |
            ┌─────────────────┴─────────────────┐
   Schaffung und Optimierung          Übernahme materieller
   von Regulierungssystemen           Aufgaben in Regulierungssystemen
            |
   ┌────────┼────────┐
Optimierung  Etablierung  Situationsadä-
vorhandener  fehlender    quate Auslegung
Systeme      Systeme      von Systemen
```

| Beispiel: Operationalisierung der Soll-Vorgaben in Steuerungs- und Regelungssystemen | Beispiel: Schaffung geschlossener, sachzielbezogener Regelkreise | Beispiel: Hinwirkung auf eine Substitution rigider Konditionalprogramme durch flexibles Verwaltungshandeln ermöglichende Finalprogramme | Beispiele (je nach Funktionstiefe des Controlling-Ansatzes): - Durchführung von Soll-Ist-Vergleichen - Durchführung von Abweichungsanalysen - Einleitung und Durchsetzung von Korrekturmaßnahmen |

---

112 Luhmann kritisiert, daß sich die einschlägige Literatur zu der von ihm so bezeichneten Zweckprogrammierung "zumeist unter dem abgenutzten Begriff der "Planung" " finde (Luhmann, Niklas: Zweckbegriff und Systemrationalität, a.a.O., S. 257).
113 Vgl. Baetge, Jörg: Betriebswirtschaftliche Systemtheorie, a.a.O., S. 16.

C An Defiziten der Steuerungs- und Regelungssysteme ansetzende Aufgabenfelder des Verwaltungs-Controlling

Die Wirksamkeit der in öffentlichen Verwaltungen angelegten Steuerungs- und Regelungssysteme leidet oft unter einer unpräzisen Formulierung der Sollwerte, so daß eine dahingehende Ausrichtung des ausführenden Verwaltungssystems stark erschwert wird. Auf der anderen Seite wird angesichts der schwierigen Erfaß- und Meßbarkeit mitunter ganz darauf verzichtet, den Sollvorgaben Istwerte gegenüberzustellen. Zudem ist das Überwachungs- bzw. Kontrollelement in Regelungssystemen oft nicht dazu in der Lage, das "Ist" hinlänglich zeitnah zu erfassen. Man denke dabei etwa an die Zeiträume zwischen Haushaltsplanaufstellung, -ausführung und -abschluß. Es leuchtet ein, daß auf einer derart unzureichenden Grundlage die Einleitung von rückkoppelnden Gegenmaßnahmen schwerfallen muß.

An den bestehenden Mängeln anknüpfend sollen im folgenden **Aufgabenfelder des Verwaltungs-Controlling konkretisiert** werden. Die Zielsetzung kann dabei grundsätzlich darin bestehen,

- vorhandene Steuerungs- oder Regelungssysteme zu verbessern (Teil C 1.),
- fehlende Regulierungssysteme einzuführen (Teil C 2.) und/oder
- auf eine situationsadäquate Auswahl des geeigneten Regulierungssystems hinzuwirken (Teil C 3.).

1. Verbesserung vorhandener Steuerungs- und Regelungssysteme

Optimierung der Sollwert-Vorgaben

Die Spezifika des politisch-administrativen Systems bringen es mit sich, daß es für Führungsinstanzen und -personen (in der kybernetischen Terminologie: Sollwertgeber) rational sein kann, **Sollwerte nur in sehr vager Form** vorzugeben. Häufig sind die Vorgaben durch die politischen Instanzen derart allgemein, daß vor einer Realisierung erst eine verwaltungsinterne Konkretisierung erfolgen muß. Ohne qualitativ hinreichende Sollwerte können die Regulierungssysteme ihre Wirksamkeit aber nicht oder nur ungenügend entfalten. Schließlich beruht die Wirksamkeit der Steuerungssysteme gänzlich auf der Qualität der Sollvorgaben. Und auch Regelungssysteme bedürfen hinreichend exakter Sollwerte, da ihnen nur so entsprechende Istwerte gegenübergestellt und im Abweichungsfall geeignete **Gegensteuerungsmaßnahmen** eingeleitet werden können.[114]

Die **Gründe für die vagen Sollwertvorgaben** sind vielfältig. Sie werden im einzelnen unten (Kapitel 5, Teil Zielplanung) näher analysiert. Dort wird auch ausgeführt, inwieweit das Verwaltungs-Controlling im einzelnen zu einer Präzisierung und Opera-

---

[114] Auch im positiven Fall einer Übereinstimmung von Vorgabe und Ist können sich die damit verbundenen Wirkungen (Motivation der Mitarbeiter, positiver Leistungsnachweis gegenüber Führung und Öffentlichkeit) nur entfalten, wenn eindeutige, konkrete Vorgaben existieren.

tionalisierung der Vorgaben beitragen kann. Für den Fall, daß dies verwaltungsintern nicht zu leisten ist, muß auch eine Rückverweisung an die sollwertgebenden politischen Instanzen als Aktionsform in Betracht kommen.

Um die Gefahren unzulänglicher Steuerungswirkungen wegen einer **ungenügenden Berücksichtigung zukünftiger Entwicklungen** zu reduzieren, muß das Verwaltungs-Controlling dazu beitragen, die Unsicherheit der Zukunft durch die **Anwendung effizienter Prognosemethoden**[115] zu verringern. Baetge weist darauf hin, daß Steuerungen vom Typ der herkömmlichen Planungsmodelle nur unzureichend der Tatsache Rechnung tragen, "daß alle Prognosen mehr oder weniger ungewiß sind." Deshalb fordert er, daß man "bereits im Modell die Abweichung des Ist von der Prognose explizit als Möglichkeit vorsieht und die Konsequenzen deduziert."[116] Dies bedeutet nichts anderes, als "wegen der Unsicherheit von Annahmen über zukünftige Ereignisse ... Prognoserechnungen zu **Simulationsrechnungen** auszubauen."[117]

In dieselbe Richtung zielt W. Becker, wenn er vorschlägt, das Controlling müsse die bisher vorhandenen Systeme der einfachen Steuerung zu **komplexen Steuerungssystemen** weiterentwickeln. Letztere sollen durch "eine frühzeitige Antizipation von potentiellen Abweichungen"[118] bewirken, daß Abweichungen vermieden werden, indem "man die Störung abwehrt, noch bevor sie den Realisationsprozeß beeinflußt."[119] Die Beschaffung der dazu notwendigen "antizipativen Steuerungsinformationen" sowie deren Einbeziehung in den Führungsprozeß werden als grundlegende Funktionen des Controlling angesehen.[120] Eine Ergänzung der komplexen Steuerungssysteme um Regelungselemente erscheint gleichwohl zuallermeist notwendig.[121] Unter Beachtung der von Krüger[122] entwickelten Dimensionen und Wirkungsmechanismen von Aktionssystemen können als Aufgaben des Verwaltungs-Controlling die fortlaufende Beobachtung

- sämtlicher Determinanten einer Aktion (Aktionsart, -objekt, -mittel, -träger, -ort und -zeit),
- des jeweils aktuellen Entwicklungszustands der durch die betrachtete Aktion determinierten Input-Output-Relation und

---

115 Vgl. im einzelnen die Ausführungen in Kapitel 5, Teil III.
116 Baetge, Jörg: Betriebswirtschaftliche Systemtheorie, a.a.O., S. 16. Allerdings weist Baetge (ebenda) auch darauf hin, daß die "Einbeziehung aller möglichen Abweichungen der Istgrößen von den prognostizierten Größen" erst "mit Hilfe von Planungs-Überwachungs-Modellen, die auf dem regelungstheoretischen Ansatz basieren" gelingen kann. Auch die besten Prognosen ersparten nicht ein Regelungssystem, das unabhängig von Eingangsgrößen Soll-Ist-Vergleiche vornimmt und gegebenenfalls regulierende Rückkopplungsmaßnahmen initiiert.
117 Männel, Wolfgang: Grundlegende Texte zur Kosten-, Leistungs-, Erlös- und Ergebnisrechnung, in: Männel, Wolfgang (Hrsg.): Kongreß Kostenrechnung '89, Lauf a.d.P. 1989, S. 1-39, hier S. 6. Vgl. dazu auch derselbe: Kosten-, Leistungs-, Erlös- und Ergebnisrechnung, 5. Auflage, Lauf a.d.P. 1989, S. 30.
118 Becker, Wolfgang: Funktionsprinzipien des Controlling, in: ZfB 60. Jg. (1990), Heft 3, S. 295-318, hier S. 307 (im Original kursiv).
119 Siegwart, Hans/Menzl, I.: Kontrolle als Führungsaufgabe, Bern und Stuttgart 1978, S. 61.
120 Vgl. Becker, Wolfgang: Funktionsprinzipien des Controlling, a.a.O., S. 306f.
121 Dies sieht auch Becker so, wenn er eine "mit der Regelung gekoppelte - komplexe Steuerung" empfiehlt (ebenda, S. 307).
122 Vgl. Krüger, Wilfried: Organisation der Unternehmung, Stuttgart 1984, S. 13-22.

- der Störgrößen der Umsysteme des Aktionssystems (andere verwaltungsinterne Aktionssysteme, Führungssystem, verwaltungsexterne Umsysteme)

genannt werden.[123] Die durch diese Beobachtungen gewonnenen Informationen können zur **Verbesserung der Steuerungskapazität** herangezogen werden.

Mit der Aufgabe, Steuerungssysteme dadurch zu verbessern, daß in der Zukunft liegende, verwaltungsinterne und -externe Entwicklungen prognostiziert und antizipiert werden sollen, weitet sich das Aufgabenfeld des Verwaltungs-Controlling hinsichtlich Zeithorizont und Objektbereich sehr stark aus. Damit ist auf der einen Seite der Aspekt der Flexibilisierung von Steuerungssystemen angesprochen, was in der Praxis insbesondere auf eine Flexibilisierung von Planungssystemen abzielen muß.[124] Es sind damit aber auch Aspekte einer stärkeren Umsystemorientierung (einschließlich der Aufnahme von Marketing-Gedanken)[125] sowie eines strategischen Verwaltungs-Controlling[126] angesprochen.

Verbesserung der Kontrollelemente von Regelungssystemen

In einem nicht streng determinierten System sind Planungssysteme ohne Kontrollelemente (reine Steuerungssysteme) unzureichend. Für die öffentlichen Verwaltungen ist zu konstatieren, daß einigen politisch-legislativen Planungsprozessen keine adäquaten verwaltungsinternen Kontrollen gegenüberstehen. Damit ist in öffentlichen Verwaltungen "weithin ... die Kontrolle der planenden Vorgänge innerbetrieblich nicht gesichert"[127]. In diesen Fällen ist es die Aufgabe des Verwaltungs-Controlling, darauf hinzuwirken, daß die vorhandenen Planungssysteme um wirksame Kontrollelemente ergänzt werden und so als **geschlossene Regelungssystemen** funktionieren können.

Aufgrund der hohen Bedeutung der Sachziele besteht allerdings in öffentlichen Verwaltungen die Schwierigkeit, daß die **Sollwerte** - selbst bei vorhandenem guten Willen der Sollwertgeber - **häufig nicht präzise formuliert werden können**. Infolgedessen fällt es im Rahmen der Kontrolle auch schwer, den Sollwerten entsprechende, möglichst

---

123 Vgl. Becker, Wolfgang: Funktionsprinzipien des Controlling, a.a.O., S. 307.
124 Nach Baetge ist der "regelungstheoretische Ansatz ... ein flexibles Planungsverfahren, weil hier nicht unmittelbar konkrete Handlungsalternativen bzw. Handlungsanweisungen ermittelt, sondern Regler (= Entscheidungsoperatoren) gesucht werden, die bei sehr vielen in der Realität auftretenden Störungen ein nahezu optimales Verhalten des betrachteten Gesamtsystems gewährleisten." (Baetge, Jörg: Betriebswirtschaftliche Systemtheorie, a.a.O., S. 17). Vgl. allgemein zur flexiblen Planung Dinkelbach, Werner: Flexible Planung, in: Szyperski, Norbert (Hrsg.): HWPlan, Sp. 507-512 und die Ausführungen im nächsten Kapitel.
125 Vgl. dazu die vielfältigen Ansatzpunkte der Beiträge in Braun, Günter E./Töpfer, Armin (Hrsg.): Marketing im kommunalen Bereich, München 1989 und Braun, Günter E./Töpfer, Armin (Hrsg.): Marketing im staatlichen Bereich, München 1989.
126 Vgl. etwa allgemein Pfohl, Hans-Christian/Zettelmeyer, Bernd: Strategisches Controlling? in: ZfB, 57. Jg. (1987), Heft 2, S. 145-175; Horváth, Péter: Controlling, a.a.O., S. 237-253; mit Bezug zur öffentlichen Verwaltung Weber, Jürgen: Controlling in öffentlichen Institutionen - Trugbild oder Chance zur Erhöhung der Leistungsfähigkeit öffentlicher Verwaltungen? in: Der Controlling-Berater, Loseblattsammlung, Ergänzungslieferung 2/1988, Gruppe 10, S. 268-280. Zur strategischen Planung in öffentlichen Verwaltungen vgl. Seidel-Kwem, Brunhilde: Strategische Planung in öffentlichen Verwaltungen, Berlin 1983.
127 Laux, Eberhard: Öffentliche Verwaltung, betriebswirtschaftliche Aspekte, in: Grochla, Erwin/Wittmann, Waldemar (Hrsg.): HWB, Band I/2, Sp. 2806-2816, hier Sp. 2813.

strukturgleiche Istwerte[128] gegenüber zu stellen. Weil man die Sachzielerreichung als das eigentliche "Ist" nur selten unmittelbar feststellen kann, mißt man die Ausschöpfung einzelner Haushaltstitel und -kapitel, in der Hoffnung, daraus Rückschlüsse auf das Verhältnis von Sollwert (Sachzielvorgabe) und Istwert (Sachzielerreichung) ziehen zu können. Die Aussagekraft dieser reinen Input-Betrachtung ist jedoch äußerst beschränkt. Die **Regelungskomponente** ist damit allenfalls **rudimentär ausgeprägt**.

Eine **stärkere Evaluierungsorientierung** anstelle der bislang vorherrschenden formellen und finanzzielbezogenen Kontrollen tut hier not. Dazu ist es zunächst notwendig, den **Output** der Verwaltungen zu erfassen. Ein Verfahrensansatz wird unten (Kapitel 6, Teil I) mit dem Vorschlag einer **Leistungsrechnung** aufgezeigt. Da die Sachzielvorgaben sich häufig jedoch nicht auf den Output, sondern auf den **Outcome**, also nicht auf Leistungen, sondern auf Leistungswirkungen, die beim Bürger oder der Allgemeinheit anfallen,[129] beziehen, diese Wirkungen aber **nicht unmittelbar meßbar** sind, müssen auch **Verfahren der Erfolgskontrolle über Indikatoren**, wie sie ebenfalls unten (Kapitel 6, Teil III) beschrieben werden, zum Einsatz kommen.

Beschleunigung der Rückkopplung

Die Wirksamkeit von Regelungssystemen ist in einem hohen Maße abhängig von einem **schnellen Informationsfluß**. Die Zeitspanne, die zwischen der Sollwertvorgabe, der Istwertfeststellung und der Abweichungsanalyse verstreicht, ist bei vielen verwaltungsspezifischen Regelkreisen so lang, daß an eine gegensteuernde Einflußnahme in laufende Prozesse nicht mehr zu denken ist. Exemplarisch genannt sei hier etwa der Haushaltsplanungs- und -kontrollprozeß. Hier erwiese es sich als sehr nutzbringend, wenn es dem Verwaltungs-Controlling gelänge, den Regelkreis in zeitlicher Hinsicht enger zu ziehen und damit die **Feedbackvorgänge zu beschleunigen**.[130]

Unterstützung der Verwaltungsführung beim Treffen von Anpassungs- und Korrekturentscheidungen

Der verstärkte Einsatz von Regulierungssystemen, die im Vergleich zu den strikten Konditionalprogrammen deutlich höhere Freiheitsgrade aufweisen, führt dazu, daß zur Ausfüllung der Spielräume vielfältige Anpassungs- und Korrekturentscheidungen zu treffen sind. Um hier zu einem hohen Wirkungsgrad zu gelangen, hat das Verwaltungs-Controlling die Aufgabe, als betriebswirtschaftlicher Begleiter, Informations- und Methodenanbieter der Verwaltungsführung zu fungieren. Hier "liegt die Funktion des Controlling darin, zusätzliche Informationsbeschaffungs-, Informationsverarbeitungs- und Prognosekapazität bereitzustellen"[131]. Dazu gehört auch, die verschiedenen **Tech-**

---

[128] Vgl. zur Unterscheidung von strukturgleichen und strukturabweichenden Informationen Franken, Rolf/Frese, Erich: Kontrolle und Planung, in: Szyperski, Norbert (Hrsg.): HWPlan, Sp. 888-898, hier Sp. 894.
[129] Vgl. Blümle, Ernst-Bernd: Rechnungswesen in Non-Profit-Organisationen, in: krp, Heft 3/1991, S. 149-151, hier S. 151.
[130] Vgl. zum Zusammenhang von Schnelligkeit von Feedbackvorgängen und Stabilität des zu regelnden Systems Ulrich, Hans: Die Unternehmung als produktives soziales System, a.a.O., S. 123f.
[131] Budäus, Dietrich: Konzeptionelle Grundlagen und strukturelle Bedingungen für die organisatorische Institutionalisierung des Controlling im öffentlichen Bereich, in: Weber, Jürgen/Tylkowski, Otto (Hrsg.): Controlling - Eine Chance für öffentliche Unternehmen und Verwaltungen, Stuttgart 1988, S.

niken der Entscheidungsvorbereitung, wie Kostenvergleichsrechnungen, Kapitalwertrechnungen, Nutzen-Kosten-Analysen, Nutzwertanalysen usw. vorzuhalten, anzuwenden oder deren Anwendung durch die Facheinheiten zu unterstützen.

2. Etablierung fehlender Steuerungs- und Regelungssysteme

Die Schaffung von Regulierungssystemen, insbesondere in der Form von Planungs- und Kontrollsystemen, gilt als eine ganz herausragende Aufgabe des Controlling.[132] Analysiert man die in den öffentlichen Verwaltungen bestehenden Systeme nach den von ihnen "bedienten" Zielkategorien, so ist trotz der hier im allgemeinen geltenden **Sachzieldominanz** festzustellen, daß die vorhandenen **Regulierungssysteme** überwiegend **an Formalzielkategorien anknüpfen.**[133] Die Steuer- und Regelgrößen der realisierten Regulierungssysteme - etwa der Haushaltsplanung und -rechnung mit Haushaltsabschluß oder der Liquiditätsplanung und -rechnung - sind in einem pagatorischen Sinne monetär quantifiziert und damit formalzielbezogen. **Weitgehend fehlend** (oder nur rudimentär existent) sind jedoch **Systeme der Leistungsrechnung und Indikatorensysteme**, die zu einem **sachzielbezogenen Regulierungssystem** ausgebaut werden könnten.

Die **Schaffung solcher sachzielbezogener Regulierungssysteme** stellt eine spezifische und äußerst bedeutende Aufgabe des Verwaltungs-Controlling dar. Sie wird unten aufgegriffen werden, indem die Etablierung von Systemen der Leistungs- und Indikatorenrechnung thematisiert wird.

Auch effizienzorientierte **formalzielbezogene Regelkreissysteme** sind nicht in ausreichendem Maße vorhanden. So sind die vereinzelt vorhandenen Kostenrechnungen nahezu ausschließlich als Ist-Kostenrechnungen etabliert. Damit bieten sie nicht die Möglichkeit, Soll-Ist-Abweichungen festzustellen und auf der Grundlage durchgeführter Abweichungsanalysen regulierend einzugreifen. Hier stellt es die Aufgabe des Verwaltungs-Controlling dar, die überwiegend nur für die Entgeltkalkulation ausgelegten Systeme zu Plankostenrechnungssystemen weiterzuentwickeln und die letzteren auch in noch nicht erfaßten Verwaltungsteilbereichen einzuführen.

Neben der Schaffung sachzielbezogener Regulierungssysteme ist in öffentlichen Verwaltungen im Bereich **projektbezogener Verwaltungstätigkeit** ein Mangel an effizien-

---

101-117, hier S. 112. Dagegen äußert Budäus vorsichtig, daß das Controlling nicht "die aus dem hohen Maß an Arbeitsteilung und selektiver Wahrnehmung sich ergebenden strukturellen Koordinations- und Integrationsprobleme allein bewältigen" könne (Budäus, Dietrich: Controlling als Instrument eines effizienten Managements öffentlicher Verwaltungen, in: krp, Heft 1/1986, S. 13-18, hier S. 16).

132 Vgl. Haidekker, A.: Die kybernetische System-, Informations- und Regelungstheorie, a.a.O., S. 134ff; Becker, Wolfgang: Funktionsprinzipien des Controlling, a.a.O., S. 306f.
Buchner meint gar überspitzt, daß "sich, in weiterem Sinne interpretiert, mehr oder weniger alle in der Literatur empfohlenen Controlling-Maßnahmen als Beiträge zur Entwicklung eines Systems von Soll-Ist-Vergleichen verstehen" ließen (Buchner, Manfred: Controlling - ein Schlagwort? Eine kritische Analyse der betriebswirtschaftlichen Diskussion um die Controlling-Konzeption, Frankfurt und Bern 1981, S. 70).

133 Dies gilt besonders für Regelungssysteme, weniger für Steuerungssysteme wie die verschiedenen sachzielbezogenen Fachplanungen. Für letztere wurde schon oben festgestellt, daß den sachzielbezogenen Planungen oftmals keine adäquaten Kontrollelemente zur Seite stehen.

ten Regulierungssystemen zu konstatieren, obwohl sich die Projektorganisation für den Einsatz kybernetischer Prinzipien im Rahmen eines Projekt-Controlling geradezu anbietet.[134] Dies wird auch durch die in der Literaturanalyse und der empirischen Befragung ermittelten Erkenntnisse belegt. Den hier bestehenden Bedarf abzudecken ist die Aufgabe des Projekt-Controlling, das in Kapitel 7 noch ausführlich zu besprechen sein wird.

Dagegen kann die Etablierung von Kontrollsystemen, die formelle **Recht- und Gesetzmäßigkeitskontrollen** zum Gegenstand haben, also auch die auf die Überwachung der Vorgaben des (formellen) Haushaltsgesetzes[135] abzielenden Finanzkontrollen, **nicht zu den Aufgaben des Verwaltungs-Controlling** zählen. Die Zuständigkeit dafür liegt bei den dafür vorgesehenen Instanzen, also etwa für die Finanzkontrolle bei den Rechnungshöfen (im staatlichen Bereich) und den Rechnungsausschüssen bzw. den Rechnungsprüfungsämtern (im kommunalen Bereich).[136]

3. Situationsadäquate Auswahl und Ausgestaltung von Regulierungssystemen

Oben wurde gezeigt, daß das Verwaltungshandeln in konditional gesteuerten Bereichen vergleichsweise geringe Möglichkeiten bietet, Controlling-Ansätze zur Geltung zu bringen. Daraus kann gefolgert werden, daß es eine Controlling-Aufgabe darstellt, **finale gegenüber konditionalen Programmen zu forcieren**, da hier ein flexibleres Eingehen auf im Vorhinein nicht programmierbare Situationen, eine stärkere Berücksichtigung wirtschaftlicher Überlegungen und zudem auch eine bessere Einbeziehung - und damit Motivation - der Verwaltungsmitarbeiter möglich ist.[137]

Diese Aussage muß jedoch differenziert werden. Zweifellos sind die konditionale und die finale Steuerung nicht beliebig austauschbar, sondern sich ergänzende Regulierungsformen mit spezifischen Stärken und Schwächen. Die **konditionale Steuerung** eignet sich besonders für homogene, eindeutig beschreibbare Sachverhalte. Ihre korrekte Anwendung, "als Algorithmen fixiert,"[138] gewährleistet gerade wegen der geringen Flexibilität eine weitgehende Einhaltung des Grundrechts der Gleichheit und stellt auch die Gesetzmäßigkeit des Verwaltungshandelns sicher. Dagegen wird sie

---

134 Vgl. allgemein zur Ausgestaltung und Anwendung eines Projekt-Planungs- und Kontrollsystems Hahn, Dietger: Planungs- und Kontrollrechnung, a.a.O., S. 360-381.
135 Auch die Finanzkontrollen sind insofern zu den Rechtmäßigkeitskontrollen zu zählen (vgl. Püttner, Günter: Verwaltungslehre, a.a.O., S. 348).
136 Vgl. zu den verwaltungsinternen Recht- und Gesetzmäßigkeitskontrollen und deren Trägern Wolff, Hans J./Bachof, Otto: Verwaltungsrecht III, a.a.O., S. 397ff. Allerdings ist zu sehen, daß die Haushaltsbeauftragten/Beauftragten für den Haushalt typische Controlling-Funktionen wahrnehmen, wenn sie für eine effiziente Wirtschaftsführung der jeweiligen Teilverwaltung eintreten; weniger dagegen, solange sie lediglich "für die Einhaltung der Vorschriften des Haushaltsrechts und der Grenzen der Ausgabetitel" (Püttner, Günter: Verwaltungslehre, a.a.O., S. 352) sorgen.
Zu einer Zusammenarbeit von Finanzkontrolle und Verwaltungs-Controllern vgl. die Ausführungen in Kapitel 5, Teil V.
137 Grundvoraussetzung für die Beeinflußbarkeit ist, daß die Verwaltung an der Hervorbringung ihrer eigenen Vorgaben maßgeblich beteiligt ist. Oben wurde gezeigt, daß davon in aller Regel auszugehen ist. Zwar ist von einer "legislativen Programmierung exekutivischer Handlungsvorgänge" als dem Regelfall auszugehen, es gibt jedoch auch genügend Beispiele einer mehr oder weniger weitreichenden "exekutivischen Programmierung legislativer Handlungsvorgänge" (Becker, Bernd: Öffentliche Verwaltung, a.a.O., S. 436ff).

dem Steuerungsbedarf vieler der zunehmend komplexer werdenden Arbeitsfelder der öffentlichen Verwaltungen "sachlich nicht hinreichend gerecht,"[139] Die **finalen Steuerungsformen** gewähren Spielräume, die es der Verwaltung erlauben, flexibel und unter Optimierung der Zweck-Mittel-Relationen zu handeln. Sie rufen aber auch unintendierte Effekte hervor: So ist die Möglichkeit und auch die Versuchung der Einflußnahme auf das Verwaltungshandeln durch Dritte ungleich höher als im Falle konditionaler Programmierung[140] - freilich besteht auch wiederum die Möglichkeit, partizipativen Anliegen (Stichwort Bürgerbeteiligung) stärker Rechnung zu tragen.[141] Zudem besteht hier die Gefahr, daß Verwaltungsinterne die Spielräume für Partikularinteressen ausnutzen. Deshalb werden aufwendige Kontrollmechanismen erforderlich, die gewährleisten sollen, daß die offene Zweckprogrammierung sinngemäß und wirtschaftlich ausgeführt wird.[142]

Angesichts der verteilten Vor- und Nachteile besteht im Bereich der öffentlichen Verwaltung die **Notwendigkeit eines "Steuerungsverbundes"**[143] aus finalen und konditionalen Elementen. Soweit für die Verwaltung die Möglichkeit einer Einflußnahme auf die einzusetzende Steuerungsform besteht, ist es die **Aufgabe des Verwaltungs-Controllers**, auf eine aus ökonomischer Sicht **situationsadäquate (kontingente) Auswahl und Ausgestaltung der Regulierungssysteme** hinzuwirken. Über die Anwendung komplexer Verfahren der Wirtschaftlichkeitsanalyse müssen im Einzelfall die ökonomischen Konsequenzen der jeweils in Frage kommenden Regulierungssysteme aufgezeigt werden.

D Übernahme materieller Aufgaben in Steuerungs- und Regelungssystemen durch das Verwaltungs-Controlling

Neben den bisher erörterten Aufgaben des Verwaltungs-Controlling zur Optimierung vorhandener oder zur Etablierung fehlender Steuerungs- und Regelungssysteme, stellt sich auch die Frage, inwieweit der **Verwaltungs-Controller selbst materielle Aufgaben** in derartigen Systemen **wahrzunehmen hat**.

Diese Frage läßt sich durch eine Analyse der dazu in der **Literatur** vorzufindenden Ausführungen **nicht eindeutig klären**. Auch die in der **Praxis** von Controllern wahrgenommenen Aufgaben vermitteln kein einheitliches Bild. Es zeichnet sich jedoch ab, daß "Soll-Ist-Vergleiche mit anschließender Abweichungsanalyse und der Unterbrei-

---

138 Luhmann, Niklas: Zweckbegriff und Systemrationalität, a.a.O., S. 102.
139 Lange, Klaus: Staatliche Steuerung durch offene Zielvorgabe, a.a.O., S. 2. Lange führt noch weitere Defizite der von ihm so genannten "herkömmlichen strikten Steuerung" durch Gebote und Verbote an. Als Felder, die durch Konditionalprogramme nur unzureichend zu regeln sind, nennt er etwa die "Logik der Selbststeuerung über Märkte regulierten Wirtschaftssystems," die "pädagogischen Anforderungen ... in der Schule oder" die "Nöte Hilfsbedürftiger im Sozialwesen."
140 Vgl. zu den unterschiedlichen Einflußmöglichkeiten im Rahmen der beiden angesprochenen Steuerungsformen Luhmann, Niklas: Zweckbegriff und Systemrationalität, a.a.O., S. 102-104.
141 Vgl. Lange, Klaus: Staatliche Steuerung durch offene Zielvorgabe, a.a.O., S. 3.
142 Zu verfassungsrechtlichen Bedenken gegen die finale Programmierung vgl. ebenda, S. 12ff.
143 Ebenda, S. 12 (Fettdruck des Verf.).

tung von Korrekturvorschlägen übereinstimmend zu den Serviceleistungen" des Controllers gezählt werden, "nicht mehr jedoch die Korrekturentscheidung. Diese ist regelmäßig den Führungsverantwortlichen vorbehalten."[144]

Als eine Art **Maximalaufspannung** der vom Verwaltungs-Controller im Rahmen von Regulierungssystemen zu übernehmenden materiellen Aufgaben können die folgenden Tätigkeiten angesehen werden:

- Unterstützung bei der Festlegung und Vorgabe von Sollwerten durch die Ableitung, Operationalisierung und Quantifizierung von Teilzielen,
- Erarbeitung von Prognosen zur Steuerungsoptimierung,
- Erfassung von Istwerten,
- Durchführung von Soll-Ist-Vergleichen,
- Durchführung von Abweichungsanalysen,
- Aufbereitung und Weitergabe von Analyseergebnissen an Führungsstellen,
- Einleitung von Gegenmaßnahmen im Abweichungsfall (bis hin zu strategischen, den Ziel- und Maßnahmenrahmen verändernden Aktivitäten).

Eine Konkretisierung dieser Aufgaben erfolgt im folgenden Kapitel, in dem die Aufgaben des Verwaltungs-Controllers in den einzelnen Phasen des Führungsprozesses von Planung und Kontrolle thematisiert werden. Letztlich handelt es sich bei der Frage, inwieweit materielle Aufgaben an einen Verwaltungs-Controller übertragen werden sollen, um eine **Zweckmäßigkeitsfrage**, die im Einzelfall zu entscheiden ist. Dabei kommt es zuvorderst auf die Gewährleistung einer effizienten Aufgabenerfüllung an (funktionaler Aspekt) und erst zuletzt auf die Frage der Wahrnehmung durch eine Controlling-Instanz oder etwa durch die Fachverwaltung.

III. Informationsfunktion

"Die **Informationsversorgung der Führung** ist von Anfang an die **Kernaufgabe des Controllers** gewesen."[145] Diese Ansicht Horváths kann dem Grundsatz nach als herrschende Meinung angesehen werden. Allerdings haben sich die hierbei dem Controlling im einzelnen als Aufgabenfelder zugeschriebenen Sachverhalte stark gewandelt. Während anfänglich das Hauptaufgabengebiet im Bereich des vergangenheitsorientierten und finanzwirtschaftlich ausgerichteten Rechungswesens lag, setzte bald eine Schwerpunktverlagerung hin zu führungsorientierten Informationssystemen (Kostenrechnung, Budgetierung) ein. Diese Entwicklung setzt sich derzeit fort, indem zusätzlich Informationen aus dem betrieblichen Umfeld und Informationen mit stärkerer Zukunftsorientierung einbezogen werden (Entwicklung eines strategischen Controlling).[146]

---

144 Schmidt, Rudolf: Controlling-Grundauffassungen, in: krp, Heft 2/1991, S. 108f, hier S. 109.
145 Horváth, Péter: Controlling, a.a.O., S. 345 (Fettdruck des Verf.).
146 Vgl. ausführlicher ebenda, S. 345f.

Heute kann sowohl die **Bildung und Pflege von Informationsversorgungssystemen** als auch das konkrete **führungsunterstützende Einbringen der in diesen Systemen kreierten Informationen** in alle Führungsprozeßphasen als Aufgabenfeld des Controlling angesehen werden.[147] Eine Verbesserung gegenüber dem Status quo läßt sich durch eine **Objektivierung, Intensivierung und Professionalisierung der Informationswirtschaft** in den Händen des Verwaltungs-Controllers erreichen. Bevor darauf näher eingegangen werden kann, müssen die Zwecke und die Bedeutung eines controllingorientierten Informationssystems für die Verwaltungsführung näher erläutert werden. Dies soll insbesondere vor dem Hintergrund der Defizite der heute vorhandenen Informationsversorgungssysteme geschehen.

A Zwecke und Bedeutung controllingorientierter Informationssysteme für die Verwaltungsführung

Unter dem Begriff der Information soll allgemein **zweckorientiertes Wissen** verstanden werden.[148] Daten werden zu Informationen, wenn sie für eine Person/Gruppe relevante, also auf einen bestimmten Zweck bezogene, Nachrichten beinhalten (Subjektivität von Informationen).

Im Zusammenhang mit den informationsbezogenen Aufgaben des Verwaltungs-Controlling soll es im folgenden in erster Linie um solche Informationen gehen, die - im Gegensatz zu Ausführungsinformationen - "zur Lösung von Führungsaufgaben benötigt werden"[149]. Solche **Führungsinformationen** sind

- zumeist verdichtete Informationen,
- zumeist verknüpfte Informationen (etwa durch das Inbeziehungsetzen verschiedener Informationsarten),
- von Führungspersonen als relevant erkannte und akzeptierte Informationen.[150]

Die **Ausübung der Führungsfunktion** besteht im Grunde im **Fällen von Entscheidungen**.[151] Der Entscheidungsprozeß kann dabei als ein Vorgang angesehen werden, durch den die **Umsetzung von Informationen in Aktionen initiiert** wird.[152] Da Entscheidungs-

---

147 Vgl. ebenda, S. 345.
148 Das Phänomen der Information ist von der Wissenschaft eingehend und mit unterschiedlicher Zugangsweise bearbeitet worden. Dementsprechend existieren in der Literatur zahlreiche, allerdings oft nur leicht variierte Definitionen des Begriffes. Vgl. etwa aus der wirtschafts- und verwaltungswissenschaftlichen Literatur Berthel, Jürgen: Informationen und Vorgänge ihrer Bearbeitung in der Unternehmung, Berlin 1967, S. 28-29; Wittmann, Waldemar: Unternehmung und unvollkommene Information, Köln und Opladen 1969, S. 14; Müller, Wolfgang: Die Koordination von Informationsbedarf und Informationsbeschaffung als zentrale Aufgabe des Controlling, in: ZfbF, 26. Jg. (1974), Heft 10, S. 683-693, hier S. 657; Mag, Wolfgang: Entscheidung und Information, München 1977, S. 5; o.V.: Stichwort "Information", in: Eichhorn, Peter u.a. (Hrsg.): Verwaltungslexikon, Baden-Baden 1985, S. 444; Becker, Bernd: Öffentliche Verwaltung, a.a.O., S. 754; Erichson, Bernd/Hammann, Peter: Grundlagen der Informationsbeschaffung und -aufbereitung, in Bea, Xaver/Dichtl, Erwin/Schweitzer, Marcell (Hrsg.): Allgemeine Betriebswirtschaftslehre, Band 2, 4. Auflage, Stuttgart und New York 1989, S. 153-188, hier S. 154.
149 Horváth, Péter: Controlling, a.a.O., S. 350.
150 Vgl. Koreimann, D.S.: Methoden der Informationsbedarfsanalyse, Berlin und New York 1976, S. 53.
151 Vgl. Hahn, Dietger: Planungs- und Kontrollrechnung, a.a.O., S. 23-26.
152 Vgl. Richter, Hermann J.: Theoretische Grundlagen des Controlling - Strukturkriterien für die Entwicklung von Controlling-Konzeptionen, in: Reichmann, Thomas (Hrsg.): Schriften zum Controlling,

probleme Informationsprobleme darstellen,[153] spielt die "Beschaffung, Aufbereitung und Interpretation von Informationen ... eine zentrale Rolle im Rahmen der Unternehmensführung."[154] Die Führung dabei zu unterstützen ist wiederum eine Kernfunktion des Controlling.[155]

In der öffentlichen Verwaltung kommt der Information eine besonders hohe Bedeutung zu. **Informationen** sind hier nicht nur - wie in anderen Wirtschaftsbereichen auch - als **Produktionsfaktor**[156] anzusehen, zusätzlich kommt ihnen in den öffentlichen Verwaltungen aber auch die Rolle als **Zwischen- oder Endprodukt** zu.[157] In diesem Abschnitt soll besonders die Rolle von Informationen als notwendige Voraussetzung für das Fällen von Führungsentscheidungen näher betrachtet werden.[158] Informationen können in diesem Zusammenhang als (Führungs-)Instrument und gleichzeitig auch als Medium angesehen werden, das der Koordination und "Integration der Führungsinstrumente Planung, Kontrolle und Organisation sowie für die Verkettung des Führungssystems mit dem Ausführungssystem"[159] dient.

Schaffung von Informationssystemen zur Anpassung von Informationsnachfrage und -angebot an den Informationsbedarf

Zur Bereitstellung der Führungsinformationen sind geeignete **Informationssysteme** zu schaffen. Ein Informationssystem hat allgemein die Aufgabe der Erfassung, Speicherung, Verarbeitung und Verteilung von Informationen im Rahmen einer Struktur von formalisierten Informationsbeziehungen.[160] Ein Führungsinformationssystem ist dabei speziell auf die Belange der Führungskräfte auszurichten. Letztliches Ziel ist es dabei, zur rechtzeitigen und vollständigen Information der Führungskräfte und damit zu einer optimalen informatorischen Fundierung von Führungsentscheidungen beizutragen.

Der Zustand einer optimalen Informationsversorgung läßt sich mit dem bekannten Bild des **informationswirtschaftlichen Gleichgewichts aus Bedarf, Nachfrage und**

Band 4, Frankfurt am Main u.a., 1987, S. 116. Luhmann dagegen versteht die Entscheidung als einen empirisch-kommunikativen Prozeß, als die "Mitteilung des Ergebnisses einer Informationsverarbeitung" (Luhmann, Niklas: Theorie der Verwaltungswissenschaft - Bestandsaufnahme und Entwurf, Köln und Berlin 1966, S. 69).

153 Vgl. Mag, Wolfgang: Entscheidung und Information, a.a.O., S. 1 und 4.
154 Erichson, Bernd/Hammann, Peter: Grundlagen der Informationsbeschaffung und -aufbereitung, a.a.O., S. 153.
155 Vgl. Link, Jörg: Die methodologischen, informationswirtschaftlichen und führungspolitischen Aspekte des Controlling, in ZfB, 52. Jg. (1982), Heft 3, S. 261-280, hier S. 262.
156 Vgl. Becker, Bernd: Öffentliche Verwaltung, a.a.O., S. 124-126; Erichson, Bernd/Hammann, Peter: Grundlagen der Informationsbeschaffung und -aufbereitung, a.a.O., S. 153.
157 Vgl. Becker, Bernd: Öffentliche Verwaltung, a.a.O., S. 755 sowie die Ausführungen in Kapitel 6, Teil I. A.
158 Das Verwaltungs-Controlling (und die vorliegende Arbeit in Kapitel 6) befaßt sich auch mit Informationen in ihrer Eigenschaft als Zwischen- oder Endprodukte (so z.B. im Rahmen des Vorschlags einer Leistungsrechnung (Information als Leistung), der Kostenrechnung (Information als Kostenträger), der sachzielbezogenen Indikatorenrechnung (Information als Beitrag zur Sachzielerreichung, der indikativ bewertet werden muß)).
159 Vgl. Bea, Xaver/Dichtl, Erwin/Schweitzer, Marcell (Hrsg.): Allgemeine Betriebswirtschaftslehre, Band 2, 4. Auflage, Stuttgart und New York 1989, S. 4.
160 Vgl. o.V.: Stichwort "Informationssystem" in: Eichhorn, Peter u.a. (Hrsg.): Verwaltungslexikon, Baden-Baden 1985, S. 445.

Angebot veranschaulichen (Abbildung 4-3[161]). In diesem Bild gesprochen ist es die Aufgabe des Verwaltungs-Controlling, dafür zu sorgen, daß sich das effektive Angebot und die tatsächliche Nachfrage nach Informationen mit dem objektiven Bedarf an informationswirtschaftlichen Leistungen deckt.[162]

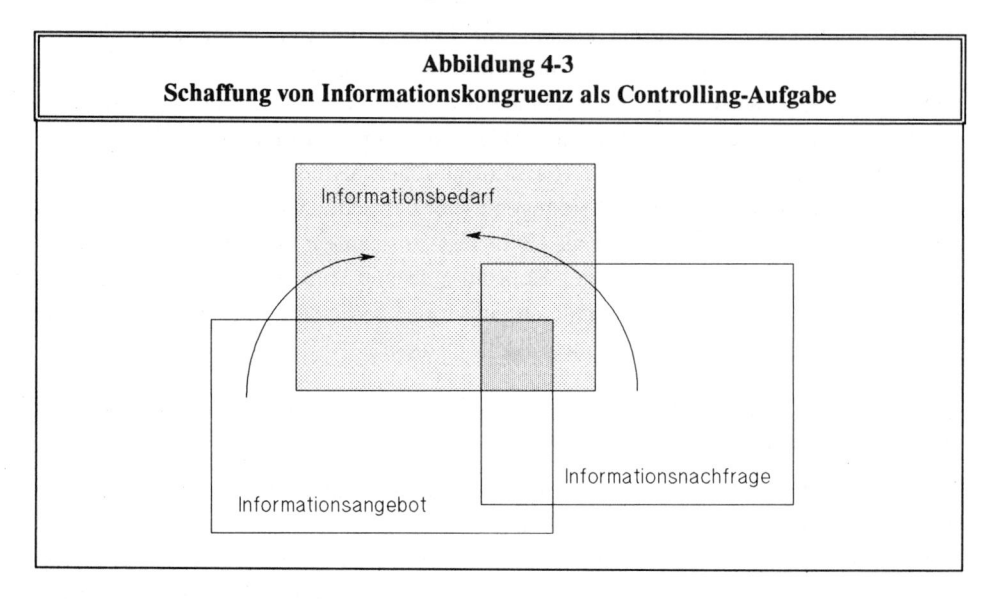

**Abbildung 4-3
Schaffung von Informationskongruenz als Controlling-Aufgabe**

Bestimmung des Informationsbedarfs

Einen ersten Beitrag hat das Controlling hier bei der **Bestimmung des Informationsbedarfes** zu leisten. Als Informationsbedarf ist die Gesamtheit der im Hinblick auf die optimale Lösung eines bestimmten Entscheidungsproblems erforderlichen Informationen anzusehen. Dieser objektive Bedarf ist als "hypothetische Größe"[163] zu charakterisieren, deren Bestimmung nur annähernd gelingen kann.

Es stellt eine äußerst wichtige Aufgabe des Verwaltungs-Controlling dar, diesen Informationsbedarf zu konkretisieren, da sich an ihm die weiteren informationswirtschaftlichen Aktivitäten orientieren. Dabei kann es wohlgemerkt **nicht** darum gehen, die **maximale** Informationsgrundlage für eine Entscheidungssituation zu bestimmen, also einen Zustand der vollkommenen Informationen anzustreben. Vielmehr ist stets die **Kosten-Nutzen-Relation** in Betracht zu ziehen. Da Informationen als knappe Güter ihren Preis haben, ist die Erlangung einer zusätzlichen Informationseinheit nur solange anzustreben, wie der durch sie gestiftete Grenznutzen die Grenzkosten übersteigt. In

---

161 Vgl. ähnlich Becker, Wolfgang: Funktionsprinzipien des Controlling, a.a.O., S. 310; Link, Jörg: Aspekte des Controlling, a.a.O., S. 265; Schmidt, Ralf-Bodo: Wirtschaftslehre der Unternehmung, Band 2: Zielerreichung, Stuttgart 1975, S. 29 und Horváth, Péter: Controlling, a.a.O., S. 369.
162 Vgl. zu dem so verstandenen informationswirtschaftlichen Gleichgewicht z.B. Link, Jörg: Aspekte des Controlling, a.a.O., S. 265; Horváth, Péter: Controlling, a.a.O., S. 369; Becker, Wolfgang: Funktionen und Aufgaben des Controlling, in: krp, Heft 6/1988, S. 273-275, hier: S. 273f; Becker, Wolfgang: Funktionsprinzipien des Controlling, a.a.O., S. 309-311.
163 Schmidt, Ralf-Bodo: Wirtschaftslehre, a.a.O., S. 27.

dieser Situation wäre bei wirtschaftlicher und nicht rein technischer Betrachtung das **Informationsoptimum** erreicht.[164]

Als **Einflußfaktoren** für die Bestimmung des objektiven Informationsbedarfs muß zum einen die Bedeutung des Entscheidungsobjektes und zum anderen die Komplexität der Entscheidungssituation berücksichtigt werden. Tendenziell steigt der Informationsbedarf mit zunehmender Bedeutung des Entscheidungsobjektes und mit der Höhe der Komplexität einer Entscheidungssituation.[165]

Die Betriebswirtschaftslehre hat einige Verfahrensvorschläge für die Bestimmung des Informationsbedarfs erarbeitet,[166] auf die hier verwiesen werden kann.

Informationsnachfrage

Von dem objektiven Informationsbedarf weicht die tatsächliche **Informationsnachfrage** der Verwaltungsführungskraft in der Regel ab.[167] Die Aufgabe des Verwaltungs-Controlling ist es hier, die Informationsnachfrage möglichst weit an den objektiven Informationsbedarf anzunähern. Dabei hat der Controller im Sinne eines **Informations-Marketing** den Entscheidenden zu einer zusätzlichen Informations-Nachfrage zu bewegen,[168] solange der Eindruck einer suboptimal geringen Informationsaufnahme besteht. Andererseits kann es auch erforderlich sein, Anforderungen an zusätzlicher Information nicht zu befriedigen, sofern deren Grenznutzen negativ zu werden beginnt.

Informationsangebot

Zur Deckung des Informationsbedarfs stehen vielfältige Quellen zur Verfügung. Es kommen beispielsweise in Frage:

- Gesetze, Satzungen, Rechtsverordnungen, Richtlinien,
- Haushaltspläne, Wirtschaftspläne und weitere Planwerke (z.B. Personalentwicklungsplan),
- Statistiken (z.B. über die Entwicklung der Wohnbevölkerung einer Gebietskörperschaft),
- Informationsdatenbanken,

---

164 Zum technischen und zum wirtschaftlichen Aspekt der Informationsbeschaffung vgl. Mag, Wolfgang: Entscheidung und Information, a.a.O., S. 1f. Zur Ermittlung des Informationsoptimums vgl. ebenda, insbes. S. 136ff. Die Anwendung dieses utilitaristischen Modells in der Verwaltungspraxis fällt indes aufgrund der schier unüberwindlichen Probleme der ex ante-Bestimmung des Nutzens oder gar des Grenznutzens von Informationen schwer.
165 Vgl. näher Schmidt, Ralf-Bodo: Wirtschaftslehre, a.a.O., S. 27f und Erichson, Bernd/Hammann, Peter: Grundlagen der Informationsbeschaffung und -aufbereitung, a.a.O., S. 158-162.
166 Vgl. etwa Garbe, Helmut: Informationsbedarf, in: Grochla, Erwin/Wittmann, Waldemar (Hrsg.): HWB, Band 2, Sp. 1873-1882, hier Sp. 1878ff; Szyperski, Norbert: Informationsbedarf, in: Grochla, Erwin (Hrsg.): HWO, Sp. 904-913, hier Sp. 910ff. Zur Ermittlung des Informationsbedarfs als Controlling-Aufgabe vgl. Horváth, Péter: Controlling, a.a.O., S. 367ff.
167 Zu den Determinanten der individuellen Informationsnachfrage (insbes. die intellektuelle Kapazität und die Risikobereitschaft) vgl. Schmidt, Ralf-Bodo: Wirtschaftslehre, a.a.O., S. 28.
168 Vgl. Schmidt, Andreas: Das Controlling als Instrument zur Koordination, a.a.O., S. 93.

- Prognosen (z.B. der Steuerschätzkommission),
- Kostenrechnungen (z.B. für einen kommunalen Gebührenhaushalt,)
- Jahresabschlüsse (z.B. von Beteiligungsgesellschaften),
- Indikatorenrechnungen,
- Nutzerbefragungen.

Unter diesen Quellen sind diejenigen in der Minderzahl, die controllingorientierte Informationsangebote bereitstellen, anhand derer die Effektivität und die Effizienz der Leistungserstellung beurteilt werden könnte. Dementsprechend besteht ein Hauptaufgabenfeld des Verwaltungs-Controlling darin, Informationssysteme zu schaffen und entscheidungsorientierte Führungsinformationen anzubieten, die nicht nur Recht- und Ordnungsmäßigkeitsgesichtspunkte, sondern auch Aspekte der Wirtschaftlichkeit in zu fällende Entscheidungen einbringen. Die Informationen sind in einer Form anzubieten, die die Akzeptanz der Führungskräfte sicherstellt. Mit diesen Aufgaben des Verwaltungs-Controlling werden wir uns im weiteren befassen.

Für den geschilderten "Generalzweck" der Schaffung einer "Informationskongruenz"[169] aus Bedarf, Nachfrage und Angebot sind verschiedene Informationssysteme zu bilden. Die Zwecke der zu schaffenden controllingorientierten Informationssysteme für öffentliche Verwaltungen zeigt **Abbildung 4-4** im Überblick.

B Defizite der derzeitigen Informationsversorgung der Verwaltungsführung

Die anzustrebende **informationswirtschaftliche Kongruenz** ist in der Verwaltungspraxis häufig **nicht realisiert**. Die wichtigsten Ursachen sollen kurz skizziert werden. Sie zeigen Ansatzpunkte für ein Tätigwerden des Verwaltungs-Controlling im Bereich der Informationswirtschaft auf.

Mangel an sachzielbezogenen Informationen

Angesichts der hohen Bedeutung der Sachziele für öffentliche Verwaltungen besteht ein **Mangel an sachzielbezogenen Informationen**. Wegen der oftmals nur vagen Formulierung von Sachzielen und der problematischen Meßbarkeit von Sachzielerreichungsgraden wird das Verwaltungshandeln häufig über **formalzielbezogene Informationen** geplant und kontrolliert. Diese formalzielbezogenen Informationen sind dazu noch häufig ausschließlich den **pagatorischen Auszahlungen und Einzahlungen** zuzurechnen, so daß für weite Teile der öffentlichen Verwaltung kein periodengerechter Leistungsbezug besteht, den erst eine Leistungs- und Kostenrechnung erkennen ließe.

---

169 Becker, Wolfgang: Funktionsprinzipien des Controlling, a.a.O., S. 310.

Abbildung 4-4
Zwecke controllingorientierter Informationssysteme für öffentliche Verwaltungen

Situationsbezogene Unterstützung von Entscheidungen der Leistungserstellungs-, Leistungsabgabe- und Ressourcenbereitstellungspolitik	**Leistungserstellungspolitik** • Wahl zwischen Eigenerstellung und Fremdbezug (Privatisierungsentscheidungen) • Verfahrenswahl • Kapazitätsauslastung • Reihenfolgen- und Losgrößenplanung • Vorhaltung der leistungserstellungsbezogenen Vorgaben **Leistungsabgabepolitik** • Ermittlung von Kosteninformationen für Entscheidungen über Preise / Tarife / Gebühren • Ermittlung der Kosten unentgeltlich abzugebenden Leistungen • Ermittlung von Informationen über Bedarfs- / Nachfragestrukturen • Vorhaltung von Informationen über leistungsabgabebezogene Vorgaben (z.B. Zielgruppen, Preisdifferenzierungen) **Ressourcenbereitstellungspolitik** • Wahl zwischen Kauf und Leasing • Investitions- / Desinvestitionsentscheidungen • Vorhaltung von Informationen über bereitstellungsbezogene Vorgaben (z.B. VOL / VOB mit LSP, öffentliches Dienstrecht)
Laufende Effizienz- und Effektivitäts-Überwachung des Verwaltungshandelns	**Standardisierte Wirtschaftlichkeitskontrolle** • Überwachung der Leistungsarten- und Kostenartenstruktur • Überwachung von Leistungszeiten und -mengen • Stellenbezogene Soll-Ist-Vergleiche der Leistungen und (Gemein-)Kosten • Leistungserstellungskosten-Soll-Ist-Vergleiche **Kostenmanagement und Kostenpolitik** • Aufdecken von Kostentreibern • Kostensenkung / Kostenflexibilisierung **Evaluation** • Informationen über die Wirksamkeit von Maßnahmen • Bestimmung von Nutzen-Kosten-Relationen • Indikative Bestimmung von Leistungsqualitäten

In Anlehnung an Männel, Wolfgang/Warnick, Bernd: Entscheidungsorientiertes Rechnungswesen, in: Mayer, Elmar/Weber, Jürgen (Hrsg.): Handbuch Controlling, Stuttgart 1990, S. 395-418, hier S. 403.

Informatorische Überlastung durch weitgehende Entscheidungszentralisierung

Eine wichtige Determinante des Informationsbedarfs eines Entscheiders bildet der **Grad der Zentralisation** der Entscheidungskompetenz.[170] Eine starke Zentralisation - wie sie für öffentliche Verwaltungen charakteristisch ist - führt letztlich dazu, daß die Entscheidungsinstanz weniger Information als für eine optimale Entscheidungsfindung notwendig (weniger als den objektiv erforderlichen Informationsbedarf) verarbeiten

---

170 Vgl. Schmidt, Ralf-Bodo: Wirtschaftslehre, a.a.O., S. 29.

kann.[171] Im Falle einer Dezentralisation wäre die Informationsaufnahme- und verarbeitungskapazität insgesamt größer, so daß die Entscheidungen auf einer breiteren Informationsbasis und damit eher auf der Grundlage des objektiven Informationsbedarfs getroffen werden könnten.

Ausgeprägtes Sicherheitsbedürfnis der Entscheider

Zweifellos fällt es nicht leicht, in einer Entscheidungssituation den optimalen Informationsbedarf zu bestimmen. Tendenziell ist aber in der öffentlichen Verwaltung häufig und nicht ohne Grund eine Mentalität festzustellen, sich möglichst weitgehend abzusichern, bevor eine Entscheidung gefällt wird. Thieme spricht von der steten Unsicherheit der Beamten, "ob ein Gegenstand irgendwo geregelt ist."[172] Diese Unsicherheit, die verstärkt wird durch die gerichtliche Nachprüfbarkeit des Verwaltungshandelns, ist eine Ursache für das ausgeprägte "Bedürfnis nach Bestimmtheit und Sicherheit der Informationen".[173] Es ist von daher anzunehmen, daß zumindest die Informationsnachfrage nach rechtlich geprägter Information eher über als unter dem Informationsoptimum liegen wird.[174]

Unzureichende Aufbereitung und Präsentation der Informationen

Empirische Untersuchungen haben ergeben, daß Führungskräfte mehrheitlich bestimmte **Formen von Informationen bevorzugen:**[175]

- Schnell verfügbare, dafür u.U. nicht völlig abgesicherte Informationen sind wichtiger als exakte, dafür aber spät zur Verfügung stehende Informationen.
- Konkret auf Entscheidungssituationen bezogene Informationen ("auslösende Informationen"[176]) werden im Vergleich zu allgemeinen Informationsverdichtungen bevorzugt.
- Mündlich vermittelte Informationen sind gegenüber schriftlich ausgearbeiteten Informationen von höherer Akzeptanz.
- Graphisch aufbereitete Informationen können leichter aufgenommen werden als reine Zahlentabellen oder verbal ausformulierte Texte.

Ein Vergleich mit dem Informationsangebot, das Führungskräften in öffentlichen Verwaltungen zur Verfügung steht, zeigt **Diskrepanzen**. So harmonieren die **Präsentationsformen und Darbietungstechniken**, die das Berichtswesen in öffentlichen Verwal-

---

171 Es kann auch von einer "Überlastung der Informationsverarbeitungs- und Entscheidungskapazitäten der Inhaber gehobener Positionen" gesprochen werden (o.V.: Stichwort "Dezentralisation" in: Eichhorn, Peter u.a. (Hrsg.): Verwaltungslexikon, Baden-Baden 1985, S. 241).
172 Thieme, Werner: Verwaltungslehre, a.a.O., S. 502.
173 Schmidt, Ralf-Bodo: Wirtschaftslehre, a.a.O., S. 28.
174 Reichard weist darauf hin, daß die Informations- und damit die Entscheidungskosten in diesen Fällen im Verhältnis zum erzielten Nutzen zu hoch sind, die Kosten die Nutzen sogar bisweilen übersteigen (vgl. Reichard, Christoph: Betriebswirtschaftslehre, a.a.O., S. 33 i.V.m. S. 26). Weiterhin spricht Reichard (vgl. Reichard, Christoph: Betriebswirtschaftslehre, a.a.O., S. 146) von einer Übersteuerung im Felde operativer Entscheidungen und eine Untersteuerung im strategischen Bereich.
175 Vgl. Horváth, Péter: Controlling, a.a.O., S. 351.
176 Ebenda.

tungen prägen, nicht mit den gewünschten Informationsformen. Es überwiegen **konventionelle, rein schriftlich-verbale Ausarbeitungen.**[177]

Unzureichende Informationsaktualität

Auch die geforderte **Informationsaktualität** ist häufig nicht in ausreichendem Maße gegeben. Das hängt bei den periodisch erstellten Standardinfomationen hauptsächlich mit den oft **zu langen Informationszyklus** zusammen. Der dominante **(haushalts-) jährliche Zeitraum** ist als Informationszyklus zu lang, um Entscheidungsträger aktuell informieren zu können.[178] Zudem wird auch in einzelfallorientierten Informationsbereitstellungen noch unzureichend darauf geachtet, daß für eine Vielzahl von Entscheidungssituationen nicht im Detail exakte Informationen benötigt werden, daß vielmehr **schnelle, nur annähernd exakte Informationen** (sog. "quick-and-dirty-Informationen") den Entscheidern oft einen größeren Nutzen stiften. Die **mangelnde Flexibilität** der vorhandenen Informationssysteme führt zur **Ausbildung informaler Informationswege**, die Ausdruck einer ungenügenden Anpassung der (formellen) Informationssysteme an den Bearf der Führungskräfte sind.[179]

Unzureichende DV-Unterstützung der Informationswirtschaft

Eng mit der mangelnden Aktualität der Informationen zusammen hängt die Tatsache, daß die **DV-Unterstützung** der Informationsverarbeitung und -bereitstellung in öffentlichen Verwaltungen im Vergleich zu den privatwirtschaftlichen Unternehmen (auch denen des Dienstleistungssektors) noch deutlich zurückbleibt.[180] Der DV-Einsatz galt bislang überwiegend der Verwaltungsautomation und weniger der Informationsversorgung und der Entscheidungsunterstützung der Verwaltungsführung.[181] Brinckmann/Kuhlmann weisen darüberhinaus darauf hin, daß bislang mehr Mittel für die Unterstützung "bürokratisch-hoheitlicher" Verwaltungstätigkeiten als für die Bereiche der Leistungsverwaltung zur Verfügung gestellt wurden.[182] Diese Zusammenhänge zeigen auf, daß gerade in den Bereichen der Planungs- und Entscheidungsunterstützung **große Potentiale für den verstärkten Einsatz DV-gestützter Informationssysteme** in öffentlichen Verwaltungen vorhanden sind.

---

177 Verwaltungsmitarbeiter sprechen von "seitenlangen Prosatexten", in denen die relevanten Informationen versteckt würden.
178 Außerdem fände die dargebotene Information bei kürzeren Informationszyklen wegen des Neuheitscharakters eine stärkere Beachtung (vgl. Horváth, Péter: Controlling, a.a.O., S. 371).
179 Vgl. ebenda, S. 354.
180 Vgl. dazu die oben im 2. Kapitel gemachten Ausführungen.
181 Vgl. Brinckmann, Hans/Kuhlmann, Stefan: Computerbürokratie - Ergebnisse von 30 Jahren öffentlicher Verwaltung mit Informationstechnik, Opladen 1990, S. 175f.
182 Während im Felde der bürokratisch-hoheitlichen Betätigung für den DV-Einsatz die erforderliche "Anpassung von Gesetzen und Institutionen durchsetzbar war, scheiterten weiterreichende Konzepte überall dort, wo technische Systeme die traditionellen Strukturen hätten durchbrechen sollen: Planungssysteme auf der Ebene der Länder, Systeme für Querschnittsaufgaben wie Raumordnung oder Umwelt u.a. erwiesen sich als "nicht machbar"." (Brinckmann, Hans/Kuhlmann, Stefan: Computerbürokratie, a.a.O., S. 156).

C Schaffung und Verbesserung von Führungsinformationssystemen

1. Zweckneutrale Erfassung und Speicherung von Daten

Die Basis für die im folgenden anzusprechenden Informationssysteme bildet eine umfassende zweckneutrale bzw. zweckpluralistische Datensammlung. Eine solche **Grundrechnung**[183] ist als ein universell auswertbarer, zukunftsorientierter Datenspeicher zu verstehen, in den "alle für die Auswertung bedeutsamen Tatbestände - einschließlich von Außenbeziehungen, vordisponierten, schwebenden, geplanten und erwarteten Vorgänge und Gegebenheiten - als Bezugsobjekte oder sonstige Klassifikationsmerkmale aufzunehmen sind."[184] Die Grundrechnung ermöglicht die Aufbereitung der Daten für verschiedene Auswertungszwecke, die im einzelnen im Zeitpunkt der Anlage noch nicht bekannt sein müssen. Allerdings erleichtert sich die Datenauswertung, wenn "die vieldimensionalen Auswertungserfordernisse von Planungs- und Kontrollkalkülen bereits in der gemeinsamen Datenbasis berücksichtigt werden."[185] Die Daten sollten in disaggregierter Form ohne Vorverdichtungen vorgehalten werden.[186] Es empfiehlt sich, mehrere homogene **Teilgrundrechnungen als relationale Datenbanken** anzulegen, die eine universelle Auswertung zulassen, "weil die Zugriffspfade nicht physisch implementiert werden. Die Datenstrukturen sind unabhängig von bestehenden Anwendungsprogrammen änderbar bzw. erweiterungsfähig, so daß eine laufende Anpassung der Grundrechnung an neue Fragestellungen"[187] möglich ist. Für die Selektion der im Einzelfall relevanten Indikatoren muß jeweils "eine Datenbankabfrage generiert werden, die eine Deskriptorengarnitur und Bedingungen festlegt, deren Erfüllung zur Ermittlung fallspezifisch relevanter Daten führt."[188] Die Teilgrund-

---

183 Der Begriff der Grundrechnung geht - bezogen auf die Kosten- und Leistungsrechnung - auf Schmalenbach zurück. "Die Grundrechnung muß die Kosten und Leistungen in einer Detaillierung liefern, daß sich die nötigen Sonderrechnungen mühelos anschließen lassen. Es dürfen nicht Kostenarten zusammengezogen werden, die man zum Zwecke der Sonderrechnung im einzelnen haben muß." (Schmalenbach, Eugen: Kostenrechnung und Preispolitik, 8. Auflage, Köln und Opladen 1963, S. 270). Vgl. auch Schmalenbach, Eugen: Pretiale Wirtschaftslenkung, Band 2: Pretiale Lenkung des Betriebes, Bremen-Horn 1948, S. 66. Der Gedanke der Grundrechnung wurde insbesondere von P. Riebel aufgegriffen und weiterentwickelt (vgl. etwa Riebel, Paul: Zum Konzept einer zweckneutralen Grundrechnung, in: ZfbF, 31. Jg. (1979), S. 785-798). Mit Bezug auf eine Anwendung im öffentlichen Bereich vgl. Weber, Jürgen: Zielorientiertes Rechnungswesen öffentlicher Betriebe, a.a.O., insbes. S. 145ff.

184 Riebel, Paul: Einzelerlös-, Einzelkosten- und Deckungsbeitragsrechnung als Kern einer ganzheitlichen Führungsrechnung, in: Männel, Wolfgang (Hrsg.): Handbuch Kostenrechnung, Wiesbaden 1992, S. 247-299, hier S. 268.

185 Warnick, Bernd: Dezentrale Datenverarbeitung für Kostenrechnung und Controlling, Wiesbaden 1991, S. 25.

186 Vgl. Sinzig, Werner: Datenbankorientiertes Rechnungswesen - Grundzüge einer EDV-gestützten Realisierung der Einzelkosten- und Deckungsbeitragsrechnung, Berlin u.a. 1983, S. 43ff.

187 Warnick, Bernd: Dezentrale Datenverarbeitung, a.a.O., S. 37 (im Original teilweise hervorgehoben).

188 Ebenda, S. 36f (im Original teilweise hervorgehoben).

rechnungen sollten trotz paralleler Führung **Schnittstellen** für kombinierte Auswertungen aufweisen.[189]

Dabei kann das Verwaltungs-Controlling auf **Ansätze der Verwaltungspraxis** zurückgreifen. So gibt es bereits Anstrengungen, das bereits vorhandene statistische Datenmaterial (z.B. aus dem Einwohnermeldewesen oder dem Liegenschaftswesen), die im Zuge der zunehmenden Technikunterstützung des Leistungsvollzugs anfallenden Datenbestände sowie Daten aus anderen Quellen (etwa aus Befragungen, Einzelanalysen, Routinestatistiken externer Herkunft) zu einem integrierten Führungsinformationssystem zusammenzuführen.[190]

Abbildung 4-5 veranschaulicht das Konzept von **Grundrechnungen und informationszweckspezifischen Auswertungsrechnungen**. Es wird dabei deutlich, daß - anders als im privatwirtschaftlichen Bereich - eine "Grundrechnung der Kosten und Erlöse" im Bereich der öffentlichen Verwaltungen nur einen kleinen Ausschnitt der relevanten Informationen darstellen kann, da die Kategorien **monetärer Informationen** hier nur eine **eingeschränkte Aussagekraft** hinsichtlich der Erfolge des Verwaltungshandelns aufweisen. So weit als möglich sind darüber hinaus auch legislative und verwaltungsinterne Vorgaben, wie etwa die Bestimmungen der VOL/VOB, die die Beschaffung von Lieferungen und Leistungen durch die öffentlichen Verwaltungen maßgeblich beeinflussen, mit einzubeziehen.

Aus **Abbildung 4-6** geht die Unterscheidung von sach- und formalzielbezogenen Informationssystemen hervor. Diese Differenzierung wird nachfolgend vertieft werden.

---

[189] Ein solche, sukzessive zu erstellende, modulare Grundrechnung, könnte z.B. auf kommunaler Ebene aus den Bereichen Haushaltsdatei, Mittelfristige Finanz- und Investitionsplanungsdatei, Personaldatei, Anlagendatei (als überwiegend verwaltungsintern gespeiste Dateien, die zu einer Grundrechnung der Kosten aufzubereiten wäre) und Wohnbevölkerungsdatei, Gemarkungsflächendatei, Gebäude- und Baugenehmigungsdatei, Krankenhausdatei, Fremdenverkehrsdatei, Straßenverkehrsunfalldatei, Erwerbstätigen- und Arbeitsstättendatei, Wahlergebnisdatei, Kultur-, Bildungsstätten und Schülerdatei, Handwerks- und Gewerbedatei bestehen. In ähnlicher Weise waren die Module des Hessischen Planungsinformations- und Analyse-Systems (HEPAS) konzipiert, jedoch dort als Teil eines umfassenderen staatlich-kommunalen Verbundsystems. Aufgrund eines "unentschiedenen Machtkampfes" zwischen den beteiligten Gebietskörperschaften, insbesondere zwischen Land und Kommunen, wird HEPAS heute trotz anspruchsvoller Konzepte und aufwendiger Implementierungsarbeiten als "Ruine" bezeichnet. (Vgl. Brinckmann, Hans/Kuhlmann, Stefan: Computerbürokratie, a.a.O., S. 92-97). Von daher erscheint es angeraten, im Rahmen des Verwaltungs-Controlling keine derartigen "großen Lösungen" anzustreben, sondern eine einzelbetriebliche Vorgehensweise zu bevorzugen, obwohl damit die Verbundeffekte einer umfassenden Entwicklung nicht zu erzielen sind.

[190] So etwa das Konzept STATIS (Statistisches Informationssystem) (vgl. Christmann, Alfred: Kommunales Informationsmanagement - Ein Weg aus dem Dilemma? in: online - övd, Nr. 10/1988, S. 68-77 (Teil 1), Nr. 11/1988, S. 72-77 (Teil 2) und Nr. 12/1988, S. 48-51 (Teil 3)). Zurecht wird darauf hingewiesen, daß ohnehin die "Menge an formal strukturierten Informationen, die nach vorgegebenen Regeln in Einzelverwaltungen vorzuhalten sind, ansteigen wird, weil der Gesetzgeber immer neue Meldepflichten, Register, Kataster, Verzeichnisse schafft." (Brinckmann, Hans/Kuhlmann, Stefan: Computerbürokratie, a.a.O., S. 176).

**Abbildung 4-5
Grundrechnung und Auswertungsrechnungen als Bestandteile eines
controllingorientierten Informationssystems**

Grundrechnung

Dezentrale Erfassung und Speicherung von Basisdaten (rechnungszweckplural mit Klassifikationsmerkmalen und -objekten)

Leistungs-rechnung	Haushalts- und Kassenwesen, Anlagenrechnung und weitere Buchungs- und Abrechnungssysteme	Legislative und verwaltungsinterne Vorgaben	Nutzer-/Leistungsempfängerbezogene Informationen	...
Grundrechnung der Leistungen	Pagatorische Grundrechnung	Grundrechnung der Kosten und Erlöse	zusätzliche sachzielbezogene Grundrechnungen	

Rechnungszweckspezifische Standardberichte und Sonderauswertungen

Informationsfilterung durch Verdichtung und Selektion

Informationsaufbereitung mit Methoden und Modellen

Informationsdarstellung durch Zahlen, Texte und Graphiken

Situationsspezifische Datenselektion — Abnehmendes Informationspotential standardisierter Berichte und gespeicherter Daten über reale Sachverhalte zukunftsbezogener Entscheidungen — Situationsspezifische Prognosen

Planungs- und Entscheidungsprozesse der Verwaltungsführung

Zielplanung	Problemanalyse und Alternativensuche	Alternativenbeurteilung und -vergleich	Alternativenauswahl	Planvorgabe

In Anlehnung an Männel, Wolfgang: Modernisierung von Kostenrechnungskonzepten für die zukunftsorientierte Unternehmensführung, in: Männel, Wolfgang (Hrsg.): Kongreß Kostenrechnung '89, Lauf a.d.Pegnitz 1989, S. 40-67, hier S. 54.

Abbildung 4-6
Nach Zielkategorien systematisierte Zwecke controllingorientierter Informationssysteme für öffentliche Verwaltungen

Sachzielbezogene Informationssysteme	Formalzielbezogene Informationssysteme			
	Finanzierungsbezogene Informationssysteme		Erfolgsbezogene Informationssysteme	
Bereitstellung von Informationen über Art, Umfang, Qualität, Preis und weitere Merkmale angebotener und nachgefragter Verwaltungsleistungen (output) in Plan und Ist sowie von Informationen über die geplante und eingetretene Zielerreichung (outcome)	Bereitstellung von Informationen zur Planung und Überwachung des finanziellen Gleichgewichts	Bereitstellung von Informationen zur Vermögens- und Substanzentwicklung	Bereitstellung von Informationen über leistungsvolumenabhängige und leistungsvolumenunabhängige Entgelte	Bereitstellung von Informationen über leistungsvolumenabhängige und leistungsvolumenunabhängige Kosten
			Ausweis von Kostendeckungsgraden verschiedener Bezugsobjekte	

In Anlehnung an Männel, Wolfgang: Besonderheiten der internen Rechnungslegung öffentlicher Verwaltungen und Unternehmen, in: ZfB, 58. Jg. (1988), Heft 8, S. 839-857, hier S. 843.

2. Periodische sachzielbezogene Rechenkreise

Auf die hohe Bedeutung der Sachziele für öffentliche Verwaltungen wurde mehrfach hingewiesen. Ebenso wurde aufgezeigt, daß ein Mangel an operationalen Sachzielvorgaben wie auch an sachzielbezogenen Erfolgskontrollen besteht. Um diesem Mangel abzuhelfen, ist es eine **vordringliche Aufgabe des Verwaltungs-Controlling**, Informationsversorgungssysteme auszubauen oder neu einzuführen, die **sowohl Informationen zu den Sachzielvorgaben als auch zum Sachzielerreichungsgrad bereitstellen**.

Sofern die Zielvorgaben als **Leistungsziele** im engeren Sinne anzusehen sind - sie geben etwa die Erstellung einer bestimmten Leistungsart in einem begrenzten Zeitraum durch eine Verwaltungsteileinheit vor - können Systeme zur Anwendung kommen, die strukturgleiche Informationen liefern. Ein derartiges System soll unten als **Leistungsrechnung** skizziert werden. Sie soll im Grunde "lediglich" den Output der Verwaltung erfassen und sie der geplanten Leistung gegenüberstellen. Eine monetäre Bewertung ist dabei nicht notwendig: Die Leistungsrechnung bezieht sich auf die Dimensionen "Leistungsart", "Leistungsstelle" (Kapazität) und "Leistungszeit". Bedingt durch die Komplexität und die schwierige Quantifizierbarkeit der überwiegend immateriellen Verwaltungsleistungen fällt die Etablierung einer handhabbaren Leistungsrechnung in öffentlichen Verwaltungen keineswegs so leicht, wie es auf den ersten Blick erscheint. Die spezifischen Fragen einer verwaltungsbezogenen Leistungsrechnung werden unten (Kapitel 6, Teil I) eingehend aufgegriffen.

Häufig beziehen sich die legislativen Sachzielvorgaben jedoch nicht auf den Output, sondern auf den **Outcome**, also nicht primär auf die zu erstellenden Leistungen, sondern auf Leistungswirkungen, die beim Bürger oder der Allgemeinheit anfallen.[191] Da diese Wirkungen aber **nicht unmittelbar meßbar** sind, müssen in aller Regel zusätzlich strukturabweichende, **indikative Informationen** herangezogen werden, um Aussagen über die Zielerreichung (Wirkung) einer erbrachten Verwaltungsleistung treffen zu können. **Indikatoren** sollen dabei als direkt meßbare Größen (etwa: Anzahl oder Gesamtsumme der ausgestellten Bußgelder für Falschparker) auf ein nicht direkt meßbares Pänomen (Ordnung des ruhenden Verkehrs) schließen lassen.[192] Der hohen Bedeutung entsprechend wird auch die Indikatorenrechnung als Instrument des Verwaltungs-Controlling zur Bewertung der Sachzielerreichung öffentlicher Verwaltungen unten (Kapitel 6, Teil III) noch eingehend thematisiert werden.

3. Periodische formalzielbezogene Rechenkreise

Kosten-, Erlös- und monetäre Ergebnisrechnungen

Differenzierte Kosten-, Erlös- und (monetäre) Ergebnisrechnungen haben in der Privatwirtschaft eine herausragende Bedeutung unter den Controlling-Instrumenten. Wegen der hohen Bedeutung sachzielbezogener Vorgaben können Aussagen der Kosten- und Erlösrechnung in öffentlichen Verwaltungen aber nicht den Stellenwert haben wie in der privaten Wirtschaft.[193]

Daraus darf allerdings keinesfalls der Schluß abgeleitet werden, Kosten- und Erlösinformationen seien für die Verwaltungssteuerung irrelevant. Auf einer allgemeinen Ebene ist festzuhalten: Je knapper die zur Verfügung stehenden Ressourcen sind, desto härter gestalten sich die Konflikte bei der Zuteilung der Ressourcen auf einzelne Zwecke. Dies führt im "Prozeß der Ressourcensteuerung zu einer steigenden Nachfrage nach quantifizierbaren Maßgrößen und Bewertungskriterien zur Handhabung derartiger Konflikte. Hier gewinnt ... die Erfassung und Bewertung der Inputgrößen an Bedeutung."[194] Um als Entscheidungsgrundlage dienen zu können, dürfen solche Informationen über Inputgrößen aber nicht der Kategorie "Auszahlung" angehören. Vielmehr muß eine Transformation in Kosten erfolgen, da nur über die dabei vorzunehmende sachliche und zeitliche Abgrenzung ein unmittelbarer Bezug zwischen Ressourcenverbrauch und Leistungsentstehung zustande kommt. Die Bedeutung monetärer Erlösrechnungen erhöht sich mit der zunehmend erhobenen Forderung nach einer Einführung leistungsbezogener Entgelte (Gebühren, Beiträge).

---

191 Vgl. Blümle, Ernst-Bernd: Rechnungswesen in Non-Profit-Organisationen, a.a.O., S. 151.
192 Vgl. Küchler, Manfred: Stichwort "Indikator", in: Endruweit, Günther/Trommsdorf, Gisela (Hrsg.): Wörterbuch der Soziologie, Band 2, Stuttgart 1989, S. 284f, hier S. 284.
193 Vgl. etwa Gornas, Jürgen: Kostenrechnung für die öffentliche Verwaltung, in: Männel, Wolfgang (Hrsg.): Handbuch Kostenrechnung, Wiesbaden 1991, S. 1143-1159, hier S. 1143f.
194 Budäus, Dietrich: Betriebswirtschaftliche Instrumente zur Entlastung kommunaler Haushalte - Analyse der Leistungsfähigkeit ausgewählter Steuerungs- und Finanzierungsinstrumente für eine effizientere Erfüllung öffentlicher Aufgaben, Baden-Baden 1982, S. 26.

Der momentane Zustand der Kostenrechnung in den öffentlichen Verwaltungen läßt eine Nutzung als Controlling-Instrument nicht zu. Dies liegt insbesondere in der **zweckmonistischen Ausrichtung** der vorhandenen Kostenrechnungen auf die Gebührenkalkulation. Damit zusammen hängt der **geringe Verbreitungsgrad**: Kostenrechnungen sind fast nur dort eingeführt, wo gesetzlich eine Gebührenkalkulation verlangt ist. Auch der **konzeptionelle Entwicklungsstand** als Vollkostenrechnung auf Istkostenbasis läßt eine controllingorientierte Verwendung nicht zu. In Kapitel 6, Teil III werden die Defizite der vorhandenen Kostenrechnungen aufgegriffen und daran anknüpfend die Grundrisse einer controllingorientierten Kostenrechnung für öffentliche Verwaltungen erläutert.

Einzahlungs-/Auszahlungsrechnungen (Haushalts-, Kassen- und Liquiditätsrechnung)

Finanzwirtschaftliche Aufgaben im Bereich der **Haushalts- und der Kassen- und der Liquiditätsrechnung** sind nicht als primäre Aufgabenfelder des Verwaltungs-Controlling anzusehen. Demgegenüber gehört das Haushaltswesen, soweit es als **Budgetierung** (Vorgaberechnung) im Sinne einer Umsetzung von Plänen in Teilbudgets, deren Abstimmung (Koordinierung) und Vorgabe an die einzelnen Organisationseinheiten aufgefaßt wird, zu den ganz bedeutenden Aufgabenfeldern des Verwaltungs-Controlling und wird als solches unten noch eingehend diskutiert werden.

Vereinzelt wird die Umstellung des öffentlichen Rechnungswesens von der Kameralistik auf doppische Verfahren der Finanzbuchhaltung als Aufgabenfeld des Verwaltungs-Controlling genannt.[195] Solange nicht die politischen Rahmenbedingungen gegeben sind, kann dies kein vordringliches Betätigungsfeld für ein auf einzelne Verwaltungen bezogenes Verwaltungs-Controlling sein. Hier bedürfte es der legislativen Vorgaben einer erneuten Haushaltsreform, um derartig nachhaltige Veränderungen zu initiieren.[196]

4. Instrumente zur fallweisen Informationsaufbereitung

Zur **Aufbereitung von Informationen für einzelne Entscheidungssituationen** hat das Verwaltungs-Controlling geeignete **Methoden und Instrumente bereitzustellen und anzuwenden**. Die Vorgehensweise wird dabei überwiegend die sein, daß der Controller

---

[195] Vgl. z.B. Tylkowski, Otto: Moderne Controlling-Konzepte für öffentliche Verwaltungen, in: Männel, Wolfgang (Hrsg.): Controlling-Konzepte für Industrieunternehmen, Dienstleistungsbetriebe und öffentliche Verwaltungen, Nürnberg 1987, S. 128-153, hier S. 134.
[196] Vgl. dazu auch die Wissenschaftliche Kommission "Öffentliche Unternehmen und Verwaltungen" im Verband der Hochschullehrer für Betriebswirtschaft, der sich in seinen Leitlinien für die Reform des öffentlichen Rechnungswesens (in: Verwaltung + Organisation, Heft 6/1988, S. 148-149, hier S. 149) für eine "*Fortentwicklung* des kameralistischen Rechnungswesens ... und dessen *Ergänzung* um ein leistungswirtschaftlich ausgerichtetes Rechnungswesen" anstatt einer "Neuorientierung des Rechnungswesens öffentlicher Verwaltungen am Rechnungswesen privater Unternehmen, indem das kaufmännische Rechnungswesen den besonderem Bedürfnissen der öffentlichen Haushalte angepasst" würde.

unter Ausnutzung der mittlerweile sehr leistungsfähigen Personal Computer (PC) Zugriff auf die Datenbestände der Grundrechnungen nimmt,[197] um individuelle Bearbeitungen auszuführen.

Hier kann auf die Anstrengungen zurückgegriffen werden, sog. **Decision-Support-Systems (DSS)** zu schaffen, die die Anwendung eines vielfältigen Methodenpotentials für die Erarbeitung von Lösungen für einzelne Entscheidungssituationen ermöglichen sollen.[198] Als wichtige Eigenschaften bzw. Bestandteile gelten ein vom Benutzer durchschaubarer Aufbau, die Modellierbarkeit des Systems, eine benutzerfreundliche Oberfläche, Schnittstellen zu Methoden- und Datenbanken, die Verfügbarkeit von Tabellenkalkulations- und Graphikmoduln sowie die Vernetzung mit anderen Rechnern.[199]

Als Elemente von DSS stehen bereits einige einfach zu erlernende Systeme zur Verfügung, die es erlauben, unabhängig von der zentralen DV-Abteilung vielfältige betriebs- und auch sozialwissenschaftliche Fragestellungen flexibel zu bearbeiten. Hier sind insbesondere zu nennen:

- **Spread-Sheet-Programme** (Tabellenkalkulationsprogramme), die, ergänzt um Graphikfunktionen, Datenbankfunktionen und Funktionen zur Textverarbeitung zu integrierten **Multifunktionsprogrammen**[200] weiterentwickelt wurden (z.B. Symphony oder Excel).[201]
- **Planungssprachen**, die sich von den Tabellenkalkulationsprogrammen dadurch unterscheiden, daß sie eine Trennung von Daten und Verarbeitungslogik vorsehen und dadurch größere Datenmengen bearbeiten können. Es können mehrdimensionale Berichtsstrukturen für mehrere Aggregationsstufen aufgebaut werden. Spezielle Funktionen und Techniken unterstützen die Durchführung von Sensitivitätsanalysen und Optimierungskalkülen. Allerdings stellen derartige Planungssprachen höhere Anforderungen an den Endbenutzer.[202]
- **Sozialwissenschaftlich-statistische Programme** (z.B. SPSS/PC+), die es erlauben, auch umfangreichere Datenbestände vielfältigen statistischen Auswertungen zu unterziehen und die Ergebnisse auf verschiedene Weise darzustellen.[203]

---

197 Zu Leistungsmerkmalen und Nutzungsformen von PC-Hardware sowie zur PC-Host-Kopplung als Voraussetzung derartiger integrierter PC-Anwendungen vgl. Warnick, Bernd: Dezentrale Datenverarbeitung, a.a.O., S. 80-85.
198 Vgl. ebenda, S. 109.
199 Vgl. im einzelnen Huckert, Klaus: Entwurf und Realisierung von PC-gestützten Decision Support-Systemen, in: Angewandte Informatik, Heft 10/1988, S. 425-433, hier S. 426-428.
200 Vgl. Warnick, Bernd: Dezentrale Datenverarbeitung, a.a.O., S. 88-92.
201 Derartige Programme sind auch heute schon in der Verwaltungspraxis im Einsatz. So werden mit ihnen ganze Betriebsabrechnungen zur Gebührenhaushalten erstellt. Vgl. etwa Schlotter, Brigitte: PC-gestützte Betriebsabrechnung kommunaler Einrichtungen, unveröffentlichte Diplomarbeit, Nürnberg 1988.
202 Vgl. Haun, Peter: Datenbanken, Methodenbanken und Planungssprachen als Hilfsmittel für das interne Rechnungswesen, in: krp, Sonderheft 1/1988, S. 83-92, hier S. 87f.
203 Vgl. etwa Brosius, Gerhard: SPSS/PC+ - Basics und Graphics, Hamburg u.a. 1988 und Norusis, Marija J.: SPSS SPSS/PC+ - Advanced Statistics, Illinois/USA 1990. SPSS wird (allerdings zentral) auch von der Hessischen Zentrale für Datenverarbeitung zur Verarbeitung der HEPAS-Dateien vorgehalten (vgl. Brinckmann, Hans/Kuhlmann, Stefan: Computerbürokratie, a.a.O., S. 94).

- **Datenbanksysteme**, die zur effizienten Speicherung und flexiblen Auswertung verwaltungsteilbereichsbezogener (etwa amtsbezogener) Datenbestände genutzt werden können. Da die Notwendigkeit eines flexiblen Datenzugriffs besteht, sollten die Daten in der Form relationaler Datenbanken angelegt werden.[204] Da einem "**benutzerindividuellen Aufbau** solcher aufgabenspezifischer Informationsdatenbanken und der Nutzung der Datenbestände auf Basis der Abfragesprache ... jedoch ... enge Grenzen gesetzt"[205] sind, ist eine Unterstützung durch systemanalytisch geschulte Spezialkräfte, wie sie etwa von einem Benutzerservicezentrum, das im Rahmen des Verwaltungs-Controlling geschaffen werden könnte, sinnvoll.

Über die Vorhaltung und Anwendung solcher Systeme hinaus ist es auch eine Aufgabe des Verwaltungs-Controlling, **neuere Entwicklungen** der für Controlling-Zwecke einsetzbaren DV-Lösungen zu verfolgen und gegebenenfalls in die Verwaltungspraxis hineinzutragen. So kann es etwa schon bald interessant sein, die derzeit noch in den Kinderschuhen steckenden Expertensystem-Entwicklungssysteme auch im Verwaltungsbereich zur Anwendung zu bringen. Wenngleich hier keine übertriebenen Erwartungen gehegt werden dürfen, so ist es doch vorstellbar, bereichsindividuelle Wissensbasen[206] zu schaffen. Diese könnten etwa für eine gezielte Analyse umfangreicher Ergebnisse anderer DV-Systeme (Haushaltsabrechnungen, kostenrechnerische Betriebsabrechnung) eingesetzt werden, da hier "die Menge der angebotenen Informationen ... von den Analyseexperten häufig nicht mehr zu bewältigen"[207] ist.[208]

5. Systeme zur Verbesserung des Informationszugangs durch die Verwaltungsführungskräfte

Neben der Aufgabe, die Verwaltungsführung entscheidungsfallbezogen mit Informationen zu versorgen sowie Informationssysteme zu schaffen, die der Führungskraft zeitnah relevante (Routine-)Informationen liefern, hat das Verwaltungs-Controlling auch Methoden und Instrumente bereitzustellen, die es **den Führungskräften selbst ermöglichen**, sich auch ohne spezifische DV-Ausbildung **bedarfsgerechte Informationen zusammenzustellen**. Die Führungskraft soll dadurch in die Lage versetzt werden, sich weitgehend unabhängig von einem institutionalisierten Berichtswesen die notwendigen Informationen zu beschaffen oder zu erzeugen.

---

204 Vgl. Haun, Peter: Datenbanken, Methodenbanken und Planungssprachen, a.a.O., S. 83f und Warnick, Bernd: Dezentrale Datenverarbeitung, a.a.O., S. 94.
205 Warnick, Bernd: Dezentrale Datenverarbeitung, a.a.O., S. 95.
206 Vgl. Fiedler, Rudolf/Mertens, Peter/Sinzig, Werner: Wissensbasiertes Controlling des Betriebsergebnisses, in: Scheer, August Wilhelm (Hrsg.): Rechnungswesen und EDV - 10. Saarbrücker Arbeitstagung, Heidelberg 1989, S. 153-181, hier S. 178.
207 Warnick, Bernd: Dezentrale Datenverarbeitung, a.a.O., S. 97 mit weiteren Einschätzungen zum Einsatz solcher "Expertensystem-Shells" für die dezentrale Anwendung.
208 Zum Einsatz von Expertensystemen für die eigentliche Leistungserstellung in öffentlichen Verwaltungen vgl. Brinckmann, Hans/Kuhlmann, Stefan: Computerbürokratie, a.a.O., S. 177.

Für diese Zwecke werden zunehmend sog. **Executiv Informations Systems (EIS)** geschaffen. Im Vergleich zu den oben genannten, primär entscheidungsgegenstandsbezogenen DSS weisen die EIS einen dominanten **Entscheidungsträgerbezug** auf.[209] Es handelt sich also um Informationssysteme, die speziell auf die Belange der Führungskräfte abgestellt sind und durch eine gezielte Ausnutzung der im PC-Bereich realisierten Weiterentwicklungen zur Verbesserung des unmittelbaren Informationszugangs für die Führungskräfte beitragen sollen.[210] EI-Systeme sollen den "direkten Zugang zu erfolgskritischen Daten aus internen und externen Quellen schaffen."[211] Der Erfolg eines EIS hängt dabei entscheidend von der Möglichkeit ab, **zentrale und dezentrale Anwendungskomponenten effizient zu integrieren**. "Während die Nutzung der führungsorientierten Berichtssysteme und deren Entwicklung überwiegend auf PC-Basis erfolgt, erfordert die Zusammenstellung der in den Berichten aufbereiteten Daten den Zugriff auf zentrale Datenbestände"[212], etwa auf die oben beschriebenen Teilgrundrechnungen. Dieser Zugriff kann entweder direkt über program to program-communication erfolgen oder aber durch den portionierten Transfer von auswertungsrelevanten Daten vom Großrechner zum PC der Führungskraft.[213] Am PC können mittels **anschaulicher und benutzerfreundlicher Darstellungs- und Selektionstechniken** Informationen individuell aufbereitet werden. Komfortable Benutzeroberflächen und Hilfsmittel wie Maus oder Infrarotfernbedienung machen eine tastaturarme Bedienung möglich. Informationen können als Zahlen, Texte oder Graphiken dargestellt werden.[214]

Zumindest im Zuge der Einführung von DS- und EI-Systemen sollte eine intensive Unterstützung durch den Verwaltungs-Controller erfolgen. Es ist daran zu denken, ein **Informationszentrum** zu etablieren um die Anwendung der "modernen" entscheidungsunterstützenden Techniken und Technologien zu begleiten und zu fördern.[215]

---

209 Zur Abgrenzung von DSS und EIS vgl. Schmidhäusler, Fritz J.: EIS - Executive Information System - Zur Computerunterstützung des Topmanagements, in: Zeitschrift für Organisation, Heft 2/1990, S. 118-127, hier S. 118.
210 Vgl. Warnick, Bernd: Dezentrale Datenverarbeitung, a.a.O., S. 88.
211 Back-Hock, Andrea: Executive Information Systeme (EIS), in: krp, Heft 1/1991, S. 48-50, hier S. 48. Sowohl für DSS als auch für EIS gilt, daß ihre Entwicklung als ein "neuer Anlauf zur Realisierung von computergestützten Managementinformationssystemen" (MIS) gesehen wird (Back-Hock, Andrea: Executive-Informations-Systems - Ein neuer Anlauf zur Realisierung von computergestützten Managementinformationssystemen, in: Wirtschaftswissenschaftliches Studium, Heft 3/1990, S. 137-149). Für die öffentliche Verwaltung ist hier auf Reinermann zu verweisen, der "die Organisationsfigur des Controllers" nennt, die den MIS-Erfahrungen gleichsam "geläuterte" Hinwendung zu computergestützten Führungsinformationssystemen" leisten soll (Reinermann, Heinrich: Controlling in mittleren und kleineren Kommunalverwaltungen, in: DBW, Nr. 1/1984, S. 85-97, hier S. 88).
212 Warnick, Bernd: Dezentrale Datenverarbeitung, a.a.O., S. 96.
213 Vgl. ebenda.
214 Vgl. im Überblick Back-Hock, Andrea: Executive Information Systeme (EIS), a.a.O., S. 48f.
215 Vgl. zum Gedanken des Informationszentrums Mertens, Peter: Aufbauorganisation der Datenverarbeitung - Zentralisierung-Dezentralisierung-Informationszentrum, Wiesbaden 1985, S. 69ff.

D Führungsprozeßbegleitende Informationsversorgung durch das Verwaltungs-Controlling

Die Informationsversorgungsfunktion des Verwaltungs-Controlling erstreckt sich über die Bereitstellung von Informationssystemen hinaus auf die konkrete Führungsunterstützung durch das Einbringen relevanter Informationen in alle Phasen des Führungsprozesses - von der Planungs- über die Durchsetzungs- bis hin zur Kontrollphase.

Im einzelnen kann hier auf die in Kapitel 5 beschriebenen Aufgaben des Verwaltungs-Controlling in den Phasen der Zielplanung, der Maßnahmen- und Ressourcenplanung sowie der Kontrolle verwiesen werden. Die dort dargestellten Controlling-Aufgaben bestehen zu einem großen Anteil in der informatorischen Unterstützung der jeweils zu treffenden Führungsentscheidungen.

5. KAPITEL: BEDEUTSAME AUFGABENFELDER DES VERWALTUNGS-CONTROLLING IN DEN EINZELNEN PHASEN DES FÜHRUNGSPROZESSES

Nachfolgend sind die bisher allgemein dargestellten Kernfunktionen des Verwaltungs-Controlling zu konkretisieren. Dazu wird die Vorgehensweise entlang der Phasen des Führungsprozesses gewählt. Der von der Betriebswirtschaftslehre eingehend analysierte und in Prozeßphasen differenzierte Führungsprozeß wird grundsätzlich auch von der Verwaltungsführung praktiziert,[1] so daß auf die dort gewonnenen betriebstypunabhängigen Erkenntnisse zurückgegriffen werden kann.[2] Auch für die öffentlichen Verwaltungen gilt, daß es sich bei den von der Führungslehre in verschiedener Weise vorgenommenen Phaseneinteilungen[3] des Führungsprozesses - im einfachsten Fall werden die Phasen der Planung, der Durchsetzung und der Kontrolle unterschieden - nicht primär um die Beschreibung einer zeitlichen Aufeinanderfolge, sondern vielmehr um "eine logisch-genetische Folge von Teilprozessen, die nicht immer linear, sondern eher zyklisch ablaufen"[4] handelt. Die "Sachverhalte der Periodizität und des Mehrfachdurchlaufs von Prozeßphasen wiederholen sich zwischen allen hierarchischen Ebenen"[5].

Abbildung 5-1 deutet einleitend die Aufgaben, die dem Verwaltungs-Controlling im Führungsprozeß zukommen, an. Wenn im folgenden die Darstellung der Aufgaben für die einzelnen Prozeßphasen separat erfolgen muß, so darf doch nie aus dem Blick verloren gehen, daß gerade die Verbindung der einzelnen Phasen und eine durchgängige Betrachtung der Verwaltungsleistung von der Zielfindung über die Planung und Durchführung bis hin zur Kontrolle das besondere Anliegen des Verwaltungs-Controlling sein muß.

---

1 Vgl. Eichhorn, Peter/Friedrich, Peter: Verwaltungsökonomie I - Methodologie und Management der öffentlichen Verwaltung, Baden-Baden 1976, S. 181ff.
2 Auf Abweichungen, wie etwa die geringere Zielbildungs- und Planungsautonomie durch diverse Vorgaben und durch die Einflußnahme verschiedener externer Interessengruppen, wird einzugehen sein.
3 Jegliche Phaseneinteilung des Führungsprozesses muß als verallgemeinernd oder idealisierend angesehen werden, da die abzubildenden realen Führungsprozesse sich sehr komplex und unterschiedlich darstellen. Dementsprechend wurden auch verschiedene Differenzierungen vorgenommen. Eichhorn/Friedrich unterscheiden z.B. in Anlehnung an Heinen zunächst die Phasen Planung, Realisation und Kontrolle und nehmen daran anknüpfend weitere Differenzierungen vor (vgl. Eichhorn, Peter/Friedrich, Peter: Verwaltungsökonomie I, a.a.O., S. 181ff und Heinen, Edmund: Industriebetriebslehre als Entscheidungslehre, in: Heinen, Edmund (Hrsg.): Entscheidungen im Industriebetrieb, 2. Auflage, Wiesbaden 1972, S. 21-70, hier S. 48ff).
4 Wild, Jürgen: Grundlagen der Unternehmensplanung, Reinbek bei Hamburg 1974, S. 38.
5 Schweitzer, Marcell: Planung und Kontrolle, in: Bea, Xaver/Dichtl, Erwin/Schweitzer, Marcell (Hrsg.): Allgemeine Betriebswirtschaftslehre, Band 2: Führung, 4. Auflage, Stuttgart und New York 1989, S. 9-71, hier S. 17. Zu Rückkopplungen und "Phasen innerhalb der Phasen" vgl. auch Hahn, Dietger: Planungs- und Kontrollrechnung, 3. Auflage, Wiesbaden 1985, S. 25.
Um den i.d.R. nichtlinearen Charakter zu betonen, empfiehlt Witte den Begriff der "Komponenten" für die teilweise ineinander verschachtelten Prozeßelemente ("Planung und Realisation der Planung") (vgl. Witte, Eberhard: Phasen-Theorem und Organisation komplexer Entscheidungsverläufe, in: ZfB, 38. Jg. (1968), Heft 10, S. 625-647, hier S. 626ff).

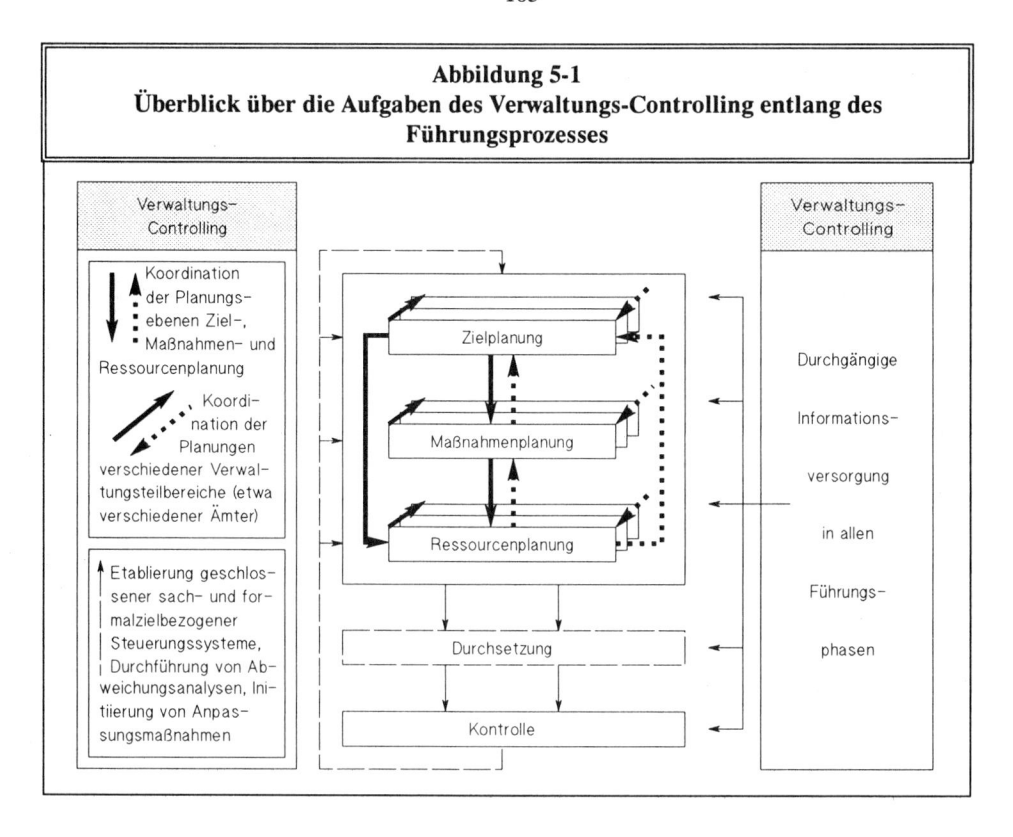

Abbildung 5-1
Überblick über die Aufgaben des Verwaltungs-Controlling entlang des Führungsprozesses

Verwaltungs-Controlling:
- Koordination der Planungsebenen Ziel-, Maßnahmen- und Ressourcenplanung
- Koordination der Planungen verschiedener Verwaltungsteilbereiche (etwa verschiedener Ämter)
- Etablierung geschlossener sach- und formalzielbezogener Steuerungssysteme, Durchführung von Abweichungsanalysen, Initiierung von Anpassungsmaßnahmen

Phasen: Zielplanung → Maßnahmenplanung → Ressourcenplanung → Durchsetzung → Kontrolle

Verwaltungs-Controlling: Durchgängige Informationsversorgung in allen Führungsphasen

I. Grundfragen der Planung als Aufgabenfeld des Verwaltungs-Controlling

Bevor die Aufgaben des Verwaltungs-Controlling in den Teilphasen der hier umfassend verstandenen Planungsphase dargestellt werden sollen, sind zunächst einige übergeordnete Fragen zu beantworten. In erster Linie geht es darum, zu klären, welchen **Grundansatz der Planung** das Verwaltungs-Controlling angesichts der in Frage kommenden, stark abweichenden Planungsparadigmen zu vertreten hat. Weiterhin ist vorab darzustellen, welche **Instrumentarien** dem Verwaltungs-Controlling in der Planungsphase zur Verfügung stehen.

A Wesen und Bedeutung der Planung in öffentlichen Verwaltungen

Begriff der Planung

Planung "ist im Kern als prospektives Denkhandeln aufzufassen, in dem eine geistige Vorwegnahme und Festlegung zukünftigen Tathandelns erfolgt".[6] Sie "beinhaltet das Fällen von Führungsentscheidungen auf der Basis systematischer Entscheidungsvorbe-

---

6 Kosiol, Erich: Zur Problematik der Planung in der Unternehmung, in: ZfB, 37. Jg. (1967), S. 77-96, hier S. 79.

reitung zur Bestimmung künftigen Geschehens."[7] Die Planung "gilt als erste Phase des Führungsprozesses und stellt die **Kernfunktion des Management-Prozesses** dar."[8] Sie selbst kann wiederum als **Prozeß** von Teilphasen angesehen werden. In dieser Arbeit wird von der analytischen Gliederung in die **Teilphasen der Ziel-, der Maßnahmen- und der Ressourcenplanung** ausgegangen, wobei im einzelnen noch weitere Differenzierungen vorzunehmen sein werden.[9]

Der hier gewählte Planungsbegriff ist umfassend: Die Planung beginnt schon mit der **Zielbildung** und endet vor der eigentlichen **Entscheidung**.[10] Mit Wild soll dabei "unter "Zielbildung" lediglich die systematische Erarbeitung von Zielen im Wege bestimmter Planungsteilprozesse" verstanden werden, "wobei in der Regel allerdings von gesetzten oder gegebenen Ausgangszielen ausgegangen wird, deren Setzung vor der eigentlichen Planung erfolgt."[11] Auf diese Weise kann eine Erörterung der Zielplanung ungeachtet der Tatsache vorgenommen werden, daß schon übergeordnete "Meta-Ziele" vorliegen, die dem Prozeß der Zielplanung, wie er im Zusammenhang mit Verwaltungs-Controlling interessiert, nicht unterliegen. Zu denken ist hier etwa an Zielvorgaben im Verfassungsrang und weitgehend auch an die gesetzlich kodifizierten Vorgaben.

Teilweise wird diskutiert, inwieweit die **Budgetierung** noch zum Planungsprozeß gerechnet werden soll oder schon zur Durchsetzung zählt.[12] Hier wird die Auffassung vertreten, daß die Budgetierung als die formalzielbezogene Vollzugsplanung (Ressourcenplanung) anzusehen ist, die die Planungsphase abschließt und die Durchsetzung einleitet.

---

7   Hahn, Dietger: Planungs- und Kontrollrechnung, a.a.O., S. 29. Auf einer Metaebene kann als Grundfunktion der Planung die Erfolgssicherung eines sozialen Systems durch Komplexitätsreduktion angesehen werden (vgl. dazu eingehend Hill, Wilhelm: Unternehmensplanung, 2. Auflage, Stuttgart 1971, S. 10f; Macharzina, Klaus: Reduktion von Ungewißheit und Komplexität durch Prognose und Planung, in: MIR, Vol. 15 (1975), Nr. 6, S. 29-42, hier S. 35f; Töpfer, Armin: Planungs- und Kontrollsysteme industrieller Unternehmungen - Eine theoretische, technologische und empirische Analyse, Berlin 1976, S. 96f; Wild, Jürgen: Grundlagen der Unternehmensplanung, a.a.O., S. 15ff).
8   Hentze, Joachim/Brose, Peter: Unternehmensplanung - Eine Einführung, Bern-Stuttgart 1985, S. 13 (im Original abweichende Hervorhebung).
9   Eichhorn und Friedrich teilen die Planungsphase auf in die Teilphasen Informationssammlung und Alternativengenerierung, Alternativenbewertung, Entscheidung, Programmaufstellung und Budgetierung (vgl. Eichhorn, Peter/Friedrich, Peter: Verwaltungsökonomie I, a.a.O., S. 181ff). Wagener differenziert die Planungsphase (im Zusammenhang mit der Entwicklungsplanung) noch weitergehend in Planungsinitiative, Teamaufstellung, Prämissenfeststellung, Datenbestandsaufnahme, Bestandsanalyse, Prognose, Programmierung, Programmierungskritik, Planentscheidung, Planverkündung, Durchfürungsplanung, Plananpassung (vgl. Wagener, Frido: Zur Praxis der Aufstellung von Entwicklungsplanungen, in: Archiv für Kommunalwissenschaften, 1970, S. 47-63).
    Aus theoretisch-analytischer Sicht ist eine simultane, integrierte Ziel-, Maßnahmen- und Finanzplanung zu empfehlen. In der Realität läßt sich eine derartige Vorgehensweise aber angesichts des Umfangs und der Komplexität des Planungsstoffes nicht bewältigen. Aus analytischen und darstellungstechnischen Gründen wird auch nachfolgend trotz der engen wechselseitigen Beziehungen die Erörterung der Controlling-Aufgaben in der Zielplanung, der Maßnahmenplanung und der Ressourcenplanung separat erfolgen. Die intensiven Interdependenzen dürfen dabei aber nicht aus dem Blick verloren werden.
10 Vgl. ebenso Wild, Jürgen: Grundlagen der Unternehmensplanung, a.a.O., S. 39.
11 Ebenda.
12 Dazu ebenda, S. 39f und Horváth, Péter: Controlling, 3. Auflage, München 1990, S. 253f.

Planungsformen öffentlicher Verwaltungen

Die **Formen der Planungen**, die in oder von öffentlichen Verwaltungen durchzuführen sind, sind äußerst vielfältig.[13] Nach dem Grad der **Verbindlichkeit** können sie etwa eingeteilt werden in indikative (informierende) Pläne, influenzierende Pläne (z.B. "Förderpläne" etwa zugunsten des Leistungssports) und imperative (normative) Pläne (z.B. Haushaltspläne). Nach dem **Planungsziel** lassen sich Entwicklungs-, Aufgaben- oder Ressourcenpläne unterscheiden. Nach der **Planungsebene** differenziert man lokale, regionale, Landes- und Bundespläne.[14]

Pläne erscheinen in allen Handlungsformen der öffentlichen Verwaltung:
- Pläne als Gesetze (z.B. Haushaltspläne)
- Pläne als Rechtsverordnungen (z.B. Landesentwicklungsprogramme)
- Pläne als Satzungen (z.B. nach § 10 des Baugesetzbuches)
- Pläne als Verwaltungsakte (z.B. Flurbereinigungspläne)
- Pläne als Verwaltungsvorschriften (z.B. Schulentwicklungspläne).[15]

Aus **betriebswirtschaftlicher Sicht** wird deutlich, daß die **Planung für öffentliche Verwaltungen** eine **doppelte Bedeutung** hat: Neben der Planung als Phase des Führungsprozesses, wie sie oben dargestellt wurde, stellen Pläne (als Resultat der Planung) teilweise auch den Verwaltungsoutput dar, der dann - ggf. legitimiert durch demokratisch befugte Instanzen - als Rahmen für das Handeln verwaltungsexterner Dritter oder auch für die Verwaltung selbst, anzusehen ist. Die nachfolgenden Ausführungen dieses Kapitels werden sich in erster Linie auf die **verwaltungsinterne Planung als Element des Führungsprozesses** beziehen. Der Planung als Verwaltungsoutput widmen sich insbesondere die Ausführungen zur Leistungsrechnung (Kapitel 6 I.).

Planung und Controlling in privatwirtschaftlichen Unternehmen und in öffentlichen Verwaltungen

Wenn in der Literatur Aussagen wie "Planung steht heute ... an erster Stelle im Aufgabenkatalog des Controllers der Praxis"[16] fallen und dabei ausdrücklich auch die Aufgabe der Entwicklung von Planungsverfahren genannt wird,[17] so ist zu berücksichtigen, daß **in den privatwirtschaftlichen Unternehmen**, in denen die Entwicklung des modernen Controlling stattfand, systematische Maßnahmen- und Ressourcenplanungen erst in jüngerer Zeit zur Anwendung kommen. Im Gegensatz dazu hat das **Planungs- (und Budgetierungs-)Wesen in der öffentlichen Verwaltung eine lange Tradition**.[18] Auch an

---

13 Vgl. im Überblick etwa Wagener, Frido: Öffentliche Planung in Bund und Ländern, in: Szyperski, Norbert (Hrsg.): HWPlan, Sp. 1277-1283 und Laux, Eberhard: Kommunale Planung, in: Szyperski, Norbert (Hrsg.): HWPlan, Sp. 834-842.
14 Vgl. zu den verschiedenen Einteilungsmöglichkeiten öffentlicher Planungen Lecheler, Helmut: Verwaltungslehre, Stuttgart, München, Hannover 1988, S. 276.
15 Vgl. ebenda, S. 276f.
16 Horváth, Péter: Controlling, a.a.O., S. 159.
17 Vgl. Asser, G.: Der Controller, in: Bobsin, R.: Handbuch der Kostenrechnung, München 1971, S. 623-652, hier S. 628.
18 Von daher ist Weber zuzustimmen: "Budgetierung als zentrales Aufgabenfeld des Controlling in erwerbswirtschaftlichen Unternehmungen auf öffentliche Institutionen übertragen zu wollen, bedeutete ... Eulen nach Athen zu tragen" (Weber, Jürgen: Einführung in das Controlling, Stuttgart 1988, S. 248).

Reformüberlegungen und -aktivitäten im öffentlichen Planungsbereich hat es - völlig unabhängig von Controlling - nicht gemangelt. Von daher liegt im öffentlichen Bereich eine **andere Ausgangssituation** vor als in privatwirtschaftlichen Unternehmen: Es existiert ein langjährig erprobtes, wenngleich sicher optimierungsfähiges Planungssystem, das zudem nicht ausschließlich im engen verwaltungsbetrieblichen Kontext, sondern als integraler Bestandteil des politisch-administrativen Systems anzusehen ist. Aufgabe des Verwaltungs-Controllers kann es also nicht wie häufig in privatwirtschaftlichen Unternehmen sein, ein Planungssystem neu zu etablieren. Vielmehr sind die Aufgaben eher im Bereich der **Planungsoptimierung** und der **Verbindung von Planungs- mit Kontrollinstrumentarien** zu finden. Dabei können aber von einem Verwaltungs-Controlling keine völlig neuen Planungsweisen oder völlig neuartigen Prinzipien der Verknüpfung von Planung und Kontrolle erwartet werden.

B Zum Planungsansatz des Verwaltungs-Controlling

In der betriebswirtschaftlichen Literatur zur Planung spiegelt sich die ursprünglich in der Philosophie und in der Politologie angesiedelte Diskussion um den **zweckmäßigen Grundansatz des Planungsvorgehens** wider. Letztlich stecken hinter den beiden hier vertretenen polaren Grundtypen zwei verschiedene Strukturen "des menschlichen Problemlösungsverhaltens"[19]: Es geht zum einen um die **synoptische** (auch holistische), zum anderen um die **inkrementale** ("stückwerkstechnische"[20]) **Vorgehensweise**.

Einige Versuche zur **Reform des** als unzulänglich erkannten **Planungswesens der öffentlichen Verwaltungen** sind trotz teilweise großen Aufwandes **gescheitert**. Schon eine oberflächliche Analyse zeigt, daß die Reformansätze fast durchweg darin bestanden, die **ursprünglich inkrementale Ausrichtung** der Planung **durch synoptische Planungssysteme zu ersetzen**. Diese Hintergründe müssen berücksichtigt werden, wenn es darum geht, die Aufgabenfelder, die das Controlling in der Planung der öffentlichen Verwaltung übernehmen kann, aufzuzeigen und einzuordnen.

Synoptischer versus inkrementaler Planungsansatz

Die zunächst für die Planung von gesellschaftlichen Zuständen entwickelten **synoptischen Planungsverfahren**[21] wollen in einer **holistischen Vorgehensweise** eine "schöpferische Projektierung zukünftiger Gesamtzustände"[22] leisten. Auf diese Weise

---

19 Picot, Arnold/Lange, Bernd: Synoptische versus inkrementale Gestaltung des strategischen Planungsprozesses - Theoretische Grundlagen und Ergebnisse einer Laborstudie, in: ZfbF, 31. Jg. (1979), S. 569-596, hier S. 569.
20 Ebenda.
21 Vgl. dazu Popper (Popper, Karl R.: Die offene Gesellschaft und ihre Feinde, Band 1: Der Zauber Platons, 6. Auflage, München 1980, S. 213ff), der die von Platon befürwortete Technik der Ganzheitsplanung (synonym: "Methode des Planens im großen Stil" oder "utopische Sozialtechnik") als "höchst gefährlich" ablehnt.
22 Schreyögg, Georg: Unternehmensstrategie - Grundfragen einer Theorie strategischer Unternehmensführung, Berlin, New York 1984, S. 135 und 136 mit Bezug auf Mannheim, Karl: Mensch und Gesellschaft im Zeitalter des Umbaus, Darmstadt 1958.

soll ein **umfassender Gesamtplan** entstehen, der die zu treffenden Einzelentscheidungen - teilweise über abgeleitete Teilpläne - bestimmt. Die Entscheidungsalternativen sind dem Entscheidungsträger aufgrund eingehender Analysen genauso bekannt wie die Entscheidungskonsequenzen.[23] Die **Entscheidungsfindung** selbst folgt systematisch dem **Zweck-Mittel-Schema**: Den aus dem Gesamtplan abgeleiteten Zwecken werden die in Betracht kommenden und notwendigen Mittel zugeordnet.

Dieses synoptische Planungsvorgehen liegt zahlreichen präskriptiven (und auch normativen) betriebswirtschaftlichen Planungskonzepten zugrunde.[24] Auch die in der Bundesrepublik vornehmlich in den 70er Jahren im öffentlichen Bereich festzustellende "Planungseuphorie", die auch zur Entwicklung sehr ambitionierter, aber letztlich wenig erfolgreicher Planungssysteme führte,[25] ist getragen von den Ideen des synoptischen Planens.

Der **inkrementale Ansatz** wurde im Gegensatz zum synoptischen Ansatz nicht als Planungsideal deduktiv entwickelt, er stellte vielmehr zunächst die **Beschreibung des faktisch vorgefundenen Planungsverhaltens** dar.[26] In Planungsstudien zeigte sich, daß das synoptische Verfahren in komplexen Planungssituationen nicht angewandt wird und - nach verschiedenen Meinungen - auch nicht sinnvoll angewandt werden kann.[27] Vielmehr praktizierten die öffentlichen Verwaltungen - deren Planungsverhalten zunächst untersucht wurde - eine Vorgehensweise des "**muddling through**".[28]

Der Inkrementalist geht dabei vom Status Quo aus und betrachtet von vorne herein nur eine **begrenzte Anzahl von Handlungsalternativen**. Anders als der synoptische Planer handelt er nicht prospektiv nach einem ausdifferenzierten Zielsystem, sondern verhandelt jede aufgrund akuter Problemlagen anstehende ("fällige") Entscheidung mit

---

23 Vgl. Meyer zu Selhausen, Hermann: Inkrementale Planung, in: HWPlan, Sp. 746-753, hier Sp. 746.
24 Vgl. zu einer Einteilung in Synoptiker und in Inkrementalisten Picot, Arnold/Lange, Bernd: Synoptische versus inkrementale Gestaltung des strategischen Planungsprozesses, a.a.O., S. 569 mit weiteren Literaturhinweisen.
25 Einen Überblick über die (bundes-)staatliche Planungskonzeptionen ab 1969 gibt Bebermeyer, Hartmut: Idee und Wirklichkeit einer politischen Planung des Staates, in: VOP, Heft 2/1984, S. 51-59, hier S. 53-58. Eine Aufzählung von Versuchen zur Einführung umfassender Planungssysteme in der öffentlichen Verwaltung findet sich bei Seidel-Kwem, Brunhilde: Strategische Planung in öffentlichen Verwaltungen, Berlin 1983, S. 17. Zu gescheiterten Versuchen einer Einführung synoptischer Planungssysteme vgl. auch die Ausführungen in Teil IV. B dieses Kapitels.
26 Die explizite Differenzierung synoptischer und inkrementaler Planungsansätze geht wohl auf Lindblom zurück. Vgl. Lindblom, C.E.: The science of "muddling through", in: Ansoff, H. Igor (ed.): Business Strategy, Harmondsworth 1969, S. 41-60 (zuerst in Public Administration Review (PAR) 1959, vol. 19, S. 79-88); Lindblom, C.E.: The intelligence of democracy, New York-London 1965 und Braybrooke, D./Lindblom, C.E.: A Strategy of Decision: Policy Evolution as a Social Process, New York 1963. Einen inkrementalistischen Ansatz beschrieb schon weit vorher Simkins, C.G.F.: Budgetary Reform, in: Economic Record (Australien), 1941 S. 192ff und 1942 S. 16ff (zit. nach Popper, Karl R.: Die offene Gesellschaft und ihre Feinde, a.a.O., S. 216 und 388)).
27 Vgl. Lindblom, C.E.: The science of "muddling through", a.a.O., S. 42.
28 Bei Lindblom und Braybrooke finden sich auch die Begriffe "strategy of disjointed incrementalism" oder "method of successive limited comparisons". Vgl. auch die Popper'schen Termini "piecemeal engineering" bzw. "Sozialtechnik der Einzelschritte" oder "Ad-hoc-Technik" (vgl. Popper, Karl R.: Die offene Gesellschaft und ihre Feinde, a.a.O., S. 213ff).

den jeweils Betroffenen,[29] so daß eine "Fragmentierung des Analyse- und Bewertungsvorgangs"[30] resultiert. Ein **konsistentes** und von allen akzeptiertes **Zielsystem ist nicht vorhanden** und auch gar nicht notwendig. Es existiert kein eindeutiges Ziel-Mittel-Verhältnis, vielmehr können die Mittel (als constraints) im Einzelfall so bedeutsam sein, daß sie zu einer Anpassung von Zielen führen.

Abbbildung 5-2 veranschaulicht knapp die Charakteristika der beiden Archetypen der Planung.[31]

Abbildung 5-2
Vergleich des synoptischen und des inkrementalen Planungsansatzes

Planungstyp Charakterist. Merkmale	Synoptische Planung	Inkrementale Planung
Zielorientierung	spezifiziert, differenziert, dominant, hohe Bedeutung	unbestimmt, nachrangig
Fixiertes Zielausmaß	eher extremierend	eher satisfizierend
Entscheidungs- und Planungsverhalten	antizipativ, zielorientiert	reaktiv auf anstehende Problemlagen
Zeitl. und sachl. Planungshorizont	mittel- bis längerfristig, holistisch	kurzfristig, auf drängende Probleme bezogen
Einbeziehung von Alternativen	möglichst vollständige Vorgehensweise	Analyse weniger "relevanter" Alternativen
Bewertung von Alternativen	analytisch, umfassend	intuitiv, politischer Verhandlungsprozeß
Kontinuität der Planung	integrierte, kontinuierliche Schritte	serielle, unverbundene Schritte
Flexibilität der Planung	begrenzt, aufwendige Planänderungen	adaptive, flexible Planung
Entscheidungszentrum	an der Spitze zentralisiert	eher verteilt

In Anlehnung an Picot, Arnold/Lange, Bernd: Synoptische versus inkrementale Gestaltung des strategischen Planungsprozesses - Theoretische Grundlagen und Ergebnisse einer Laborstudie, in: ZfbF, 31. Jg. (1979), S. 569-596, hier S. 573.

Synoptische versus inkrementale Planung im Controlling-Kontext

Planung wurde oben beschrieben als eine originäre Managementfunktion, die unter anderem die Entscheidungsfindung auf der Grundlage einer systematischen Entschei

---

29 Lindblom bezeichnet dieses insbesondere für das politische Umfeld charakteristische Vorgehen als "partisan mutual adjustment" (Lindblom, C.E.: The intelligence of democracy, a.a.O., S. 32) oder auch als "successive limited comparisons" (Lindblom, C.E.: The science of "muddling through", a.a.O., S. 58).
30 Meyer zu Selhausen, Hermann: Inkrementale Planung, a.a.O., Sp. 748.
31 Vgl. für eine eingehende vergleichende Beurteilung der beiden Planungsansätze etwa Schreyögg, Georg: Unternehmensstrategie, a.a.O., S. 133ff, 213ff und 245ff sowie Meyer zu Selhausen, Hermann: Inkrementale Planung, a.a.O., Sp. 746ff.

dungsvorbereitung ermöglichen soll. **Controlling** wiederum soll die Wahrnehmung dieser Managementfunktion unterstützen. Dabei stellt sich die Frage nach dem **controlling-adäquaten Planungstypus**: Soll der Verwaltungs-Controller darauf hinwirken, synoptische Planungsverfahren einzuführen oder ist die Führungsunterstützung besser unter Beibehaltung - unter Umständen durch Optimierung - des inkrementalen Ansatzes zu leisten? Die Ausgangssituation kann als **Dilemma** charakterisiert werden: "Obwohl für den präskriptiv-synoptischen Ansatz ganz zweifellos eine Reihe von Argumenten geltend gemacht werden können, darf über die in den deskriptiven Studien aufgeworfenen Probleme nicht einfach hinweggesehen werden. Auf der anderen Seite bietet das aus deskriptiven Ansätzen heraus entwickelte Konzept des Inkrementalismus keine akzeptable Alternative,"[32] da es in seiner Reinform zu unkoordiniertem, nicht auf übergeordnete Zielsetzungen ausgerichtetem Verwaltungshandeln führt.

Vergegenwärtigt man sich die **Spezifika öffentlicher Verwaltungen** (etwa den Polyzentrismus der Zielbildung, die hohe Komplexität und nur unvollkommene Kenntnis von Ziel-Mittel- und Mittel-Wirkungs-Beziehungen, die Häufigkeit von Zieländerungen oder -variationen aus politischen Gründen), so wird deutlich, daß die Dominanz inkrementaler Planungsweisen durchaus Gründe hat und über weite Strecken eine Antwort auf Systemspezifika darstellt. Mit anderen Worten: Es muß angenommen werden, daß **inkrementale Planungsverfahren der öffentlichen Verwaltung besser angepaßt** sind als synoptische Verfahren.

Von daher kann nicht empfohlen werden, die Aktivitäten des Verwaltungs-Controlling im Planungsbereich konsequent auf die Schaffung ausschließlich synoptischer Systeme auszurichten. Auch in der auf erwerbswirtschaftliche Ziele ausgerichteten Unternehmensplanung läßt sich "in Theorie und Praxis ein Trend weg von einer synoptischen, ganzheitlich-rationalen Gestaltung von Planungsprozessen hin zu eher inkrementalen Planungskonzeptionen erkennen"[33]. Der **synoptische Ansatz** kann aber zumindest als **Orientierungshilfe** für die controlling-gerechte Ausgestaltung eines überwiegend inkrementalen Planungswesens in der öffentlichen Verwaltung angesehen werden.[34] Darüberhinaus existieren Planungsfelder, die dem einen oder dem anderen Planungstypus entgegenkommen, so daß eine **kontextabhängige Ausrichtung** getroffen werden muß. Die sich daraus ergebenden Aufgabenstellungen des Verwaltungs-Controlling sollen im folgenden konkretisiert werden.

---

32 Schreyögg, Georg: Unternehmensstrategie, a.a.O., S. 233f.
33 Hentze, Joachim/Brose, Peter: Unternehmensplanung, a.a.O., S. 97 (mit weiteren Literaturhinweisen).
34 In diesem Sinne kann man die synoptische Planung auch als ein Ideal betrachten, dem nahezukommen immerhin angestrebt werden sollte. "If the *best* decision is an impossible ideal, a *better* decision is not" (Regan, D.E.: Rationality in policy making: Two concepts not one, in: LRP 1978, 11, Nr. 5, S. 83-88, hier S. 87). Zur Rationalität befriedigender anstelle optimaler Problemlösungen vgl. Schreyögg, Georg: Unternehmensstrategie, a.a.O., S. 218f.

C Grundsätzliche Aufgabenstellungen des Verwaltungs-Controlling

1. Kontextabhängige Bestimmung und Anpassung des Planungsansatzes

Die vorhergehenden Ausführungen haben deutlich werden lassen, daß es weder im Sinne des hier vertretenen Controlling-Ansatzes sein kann, die zentralisierte synoptische Totalplanung in ihrer reinen Form anzustreben, noch das inkrementale, "stückwerkstechnologische" Planen, wie es in den öffentlichen Verwaltungen verbreitet ist, als alleiniges Planungssystem zu akzeptieren. Ohne die "strukturelle Unterschiedlichkeit der Ansätze und ihr schwer faßbares Spannungsverhältnis"[35] zu übersehen, sollte das Verwaltungs-Controlling **auf eine kontextabhängige Anwendung und Anpassung** der Ansätze **hinwirken**. Es hat sich nämlich gezeigt, daß die beiden Planungsansätze unter verschiedenen Bedingungskonstellationen qualitativ unterschiedliche Ergebnisse zeitigen.

So haben **empirische Studien** bestätigt, daß in Situationen mit zahlreichen Unsicherheitsfaktoren der Inkrementalismus Vorteile "hinsichtlich individueller und sozialer Harmonie"[36] aufweist, d.h. dieser Ansatz führt dann für die Planenden zu einer subjektiv empfundenen besseren Bewältigbarkeit der unsicheren Situation und zu weniger Konflikten im sozialen System. Objektiv bessere Planungsergebnisse scheinen in diesen Situationen aber bei synoptischen Verfahren zu resultieren.[37] In Situationen, die Kreativität und Innovationskraft erfordern, ergeben synoptische Planungen bessere Ergebnisse.[38] Inkrementale Planungsansätze bewähren sich bei relativ statischem Planungskontext[39] und bei einer geringen Ziellücke (wahrgenommener Abstand zwischen dem Soll- und dem Ist-Zustand) besser, bei einer großen Ziellücke erbringen synoptische Verfahren tendenziell bessere Resultate.[40]

Weitere Aufgaben für das Verwaltungs-Controlling ergeben sich durch die Notwendigkeit, die **spezifischen Mängel**, die beiden Planungsansätzen innewohnen, zu **reduzieren**.

---

35 Ebenda, S. 220.
36 Picot, Arnold/Lange, Bernd: Synoptische versus inkrementale Gestaltung des strategischen Planungsprozesses, a.a.O., S. 593.
37 Vgl. Schreyögg, Georg: Unternehmensstrategie, a.a.O., S. 231 mit weiterer - im Ergebnis z.T. kontroverser - Literatur zu kontingenztheoretischen Vorschlägen zum Einsatz der Planungsansätze (hier allerdings im strategischen Bereich).
38 Vgl. Picot, Arnold/Lange, Bernd: Synoptische versus inkrementale Gestaltung des strategischen Planungsprozesses, a.a.O., S. 592f.
39 Vgl. Dror, Y.: Muddling through - 'science' or inertia, in Public Administration Review (PAR) 1964, vol. 24, S. 153-157, hier S. 154, zit. nach Schreyögg, Georg: Unternehmensstrategie, a.a.O., S. 232.
40 Vgl. Staehle, W.H.: Management - Eine verhaltenswissenschaftliche Einführung, München 1980, S. 157. Auf weiterführende, möglicherweise vielversprechende Wege zur Integration der beiden Planungstypen kann hier nicht näher eingegangen werden. Verwiesen sei etwa auf die im Gefolge der Luhmannschen Systemtheorie entwickelte Empfehlung, den individuell-rationalen synoptischen Ansatz auf eine kollektive systemrationale Ebene zu transzendieren (vgl. dazu Schreyögg, Georg: Unternehmensstrategie, a.a.O., insbes. S. 243ff). Inwieweit dieser von Schreyögg für den Bereich der strategischen Unternehmensplanung durchaus plausibel "an einigen ausgewählten Problembeständen" (vgl. dazu ebenda, S. 267) ausgeführte Ansatz eine tragfähige Arbeitsgrundlage für die planungsbezogenen Aktivitäten des Verwaltungs-Controlling darstellen kann, bedarf noch weiterer Analysen und Konkretisierungen.

Bei allen **pragmatischen Vorteilen** weist die **inkrementale Planung** doch auch einige **Nachteile** auf. So folgt aus ihrem mit den Adjektiven "disjointed", "piecemeal", "successive limited" charakterisierten Vorgehen die Gefahr unabgestimmten, nicht an einer vorgegebenen Zielrichtung orientierten Verwaltungshandelns. Es kann als Controlling-Aufgabe angesehen werden, diese Gefahren durch die **Übernahme koordinierender Tätigkeiten** zu reduzieren. Dies kann etwa durch die Abstimmung inkremental erstellter Teilpläne oder durch die Ausrichtung der dezentralen Planungsaktivitäten auf übergeordnete Ziele geschehen. Auch die Aufdeckung von Fehlplanungen, die sich auf Zielkonflikte zurückführen lassen, ist hier einzuordnen. Die Wahrnehmung derartiger koordinierender Aufgaben in einem inkrementalen Planungssystem bedeutet aber nichts anderes, als synoptische Ansätze in das System hineinzutragen. Als Ziel soll dabei auch eine Erhöhung der Transparenz bezüglich der Ziele, Entscheidungen, Instrumente, Maßnahmen, Leistungen sowie deren wechselseitigen Beziehungen und damit letztlich des Erfolges des Verwaltungshandelns verfolgt werden. Diese übergeordneten Zusammenhänge bleiben bei inkrementaler Vorgehensweise ansonsten weitgehend unbekannt.

Andererseits zeigt eine Analyse der Gründe für das Scheitern synoptischer Planungsansätze, daß häufig **Defizite im Bereich der Planungs- und auch der Planimplementation** vorlagen. Symptome dafür sind: "Widerstand gegen Planung, Desinteresse am Planungsprozeß, Unterlaufen der Planvorschriften, Verfälschung des Planwillens, Abkoppelung der Planung vom eigentlichen Planungsgeschehen usw."[41] Hier kann eine stärkere Berücksichtigung der Erfordernisse der Implementation - und damit die Einbeziehung sozio-psychologischer Aspekte - schon im Planungsstadium hilfreich sein. Damit ist die **Rolle des Controllers als Moderator** angesprochen. In diesem Zusammenhang sind auch für öffentliche Verwaltungen schon vorliegende empirische Erkenntnisse, die im Zuge der ansatzweisen Einführung von MbO oder anderer partizipationsorientierter Führungskonzepte gewonnen wurden, fruchtbar zu verwenden.

2. Formelles Planungsmanagement

Schon vor einer Betrachtung der Aufgaben des Verwaltungs-Controlling in den einzelnen Teilphasen der Planung kann festgehalten werden, daß seine Aufgabe nicht darin bestehen kann, die materiell-inhaltliche Planung an sich zu ziehen. Dies kann schon aus Gründen der fehlenden fachspezifischen Kompetenz nicht möglich sein.

Dagegen zählen Aufgaben der formellen Planung oder der "**Metaplanung**", also der (Weiter-)Entwicklung und Implementierung eines Planungs-(und Kontroll-)Systems zu

---

41 Schreyögg, Georg: Unternehmensstrategie, a.a.O., S. 235.

den Aufgaben des Controllers.[42] Horváth spricht von den **Planungsmanagementaufgaben** des Controllers, vom "process planning" im Gegensatz zum "substance planning".[43] Diese Aufgaben des formellen Planungsmanagement sind weitgehend betriebstypunabhängig und stellen sich folglich dem Controlling in öffentlichen Verwaltungen genauso wie in privatwirtschaftlichen Unternehmen. Im einzelnen sind die folgenden Aufgaben des Planungsmanagement wahrzunehmen:[44]

- Sammlung, Überprüfung und Kommentierung von Planentwürfen,
- Aufbereitung der Planentwürfe für die Entscheidungsträger,
- Erarbeitung von Planungstechniken,
- Koordination von Planungstechniken (hinsichtlich der verwendeten Begriffe usw.),
- Erarbeitung und Pflege von Planungsdatenbanken,
- Methodische Aus- und Weiterbildung der Planer,
- Abgrenzung und Abstimmung von Planungsfeldern,
- Erarbeitung von Vorgehensweisen und Richtlinien der Planung,
- Vorgabe von Detaillierungsgrad, Sicherheits- und Anspruchsniveau der Plandaten,
- Terminierung materieller Planungsarbeiten,
- Zuteilung von Planungsressourcen (etwa von Rechnerzeiten),
- Überwachung und Kontrolle der Planerstellung,
- Motivation und Anregung zum Planen,
- Plankoordination und -integration.

Organisation der Planung im Gegenstromverfahren

Aus den oben angestellten Überlegungen zu einem controlling-adäquaten Planungsansatz lassen sich einige konkrete Implikationen für die Verfahrensweise zur Planerstellung ableiten. **Synoptische Totalplanungen** legen eine **retrograde top-down-Vorgehensweise** nahe. Der **inkrementalen Planungsweise** entspricht eine **bottom-up-Planung mit progressivem Charakter**. Die Abstimmungsprobleme, die durch eine ausschließliche Anwendung des einen oder des anderen Planungsansatzes hervorgerufen werden, liegen auf der Hand.

Da beide Vorgehensweisen jedoch keine sich ausschließenden Verfahren darstellen, bietet es sich an, die Vorteile beider Varianten miteinander zu kombinieren. Die "**Planung im Gegenstromverfahren**" beinhaltet in diesem Sinne zentrale und dezentrale Elemente[45] und zeichnet sich durch einen "Dialog- bzw. Aushandlungsprozeß zwischen den Beteiligten"[46] aus. Eine Charakterisierung der Planungsrichtungen ist **Abbildung 5-3** zu entnehmen.

---

42 Vgl. Horváth, Péter: Controlling, a.a.O., S. 191f, der hier auch auf die Unternehmenspraxis verweist: "Im Unternehmensalltag ist üblicherweise der Controller für die Formulierung und Durchsetzung von Planungsrichtlinien zuständig."
43 Ebenda, S. 203.
44 Vgl. ebenda, S. 204 und Szyperski, Norbert/Müller-Böling, D.: Gestaltungsparameter der Planungsorganisation, in: DBW 1980, S. 357-373, hier S. 365; weiterhin Franken, Rolf/Frese, Erich: Kontrolle und Planung, in: Szyperski, Norbert (Hrsg.): HWPlan, Sp. 888-898, hier insbes. Sp. 891.
45 Vgl. Horváth, Péter: Controlling, a.a.O., S. 219f.
46 Ebenda, S. 189.

Abbildung 5-3
Verfahrenstypen der Planung im vergleichenden Überblick

Planungsansatz \ Aspekte	Retrograde Planung (Top-down-Ansatz)	Progressive Planung (Bottom-up-Ansatz)	Gegenstromverfahren
Planungsphilosophie	Die Planung erfolgt in der Organisation von "oben" nach "unten". Synoptische Planungsphilosophie.	Die Planung erfolgt in der Organisation von "unten" nach "oben". Inkrementale Planungsphilosophie.	Retrograder Vorlauf und progressiver Rücklauf vereinigen Elemente der vorgenannten Verfahren.
Realisationsvoraussetzungen	Werden nur teilweise erfüllt, da von zentraler Stelle nur ein Mittelrahmen vorgegeben wird.	Besser als bei der retrograden Planung, da Pläne von Realisierern entwickelt werden.	Sehr gut Realisationsvoraussetzungen, da Planung und Realisationsmöglichkeiten durchgehend abgestimmt werden.
Planungsmotivation	Reiner Vorgabecharakter beeinträchtigt Motivation.	Schlecht erfüllt. Negativkoordination, Fortschreibung alter Ziele.	Sehr gut gegeben, da das Abstimmungsverfahren planungsmotivierend wirkt.
Koordinationsmöglichkeiten	Koordinationserfordernisse aus der zentralen Perspektiven häufig nicht erkennbar.	Horizontale Koordination nicht gegeben.	Verikale und horizontale Koordination explizit vorgesehen.
Kommunikationserfordernisse	Beträchtliche Informationsprobleme der Führungsebene. Unzureichende Rückkopplungen.	Rückläufe auch hier erforderlich.	Kommunikationserfordernisse größer als bei progressiver und retrograder Planung.
Arbeits- und Zeitaufwand	Wegen des einseitigen Ansatzes gering. (Zusätzlich notwendige Rückkopplungen sind arbeits- und zeitaufwendig)	Wegen des einseitigen Ansatzes gering. (Zusätzlich notwendige Rückläufe sind arbeits- und zeitaufwendig)	Wegen der explizit vorgesehenen Rückkopplungen arbeits- und zeitaufwendiger als retrograde und progressive Planung.
Fazit unter Controlling-Aspekten	Einseitiger Ansatz: was müssen wir tun? Gefahren der Soboptimierung. Der vertikalen Interdependenz kann nur durch weitgehende Zentralisation der Planung Rechnung getragen werden. Insbesondere wegen unbewältigter Koordinationserfordernisse und fehlender Einbeziehung dezentral vorhandener Informationen kein controllingadäquater Planungsansatz.	Einseitiger Ansatz: was können wir tun? Auch hier Gefahren der Soboptimierung. Insbesondere wegen unbewältigter horizontaler Koordinationserfordernisse und fehlende Berücksichtigung von Gesamtzielsetzungen kein controllingadäquater Planungsansatz.	Integrativer Ansatz. Risiken der Suboptimierung werden reduziert. Der vertikalen Interdependenz der Planung wird Rechnung getragen. Koordinations- und Kommunikationserfordernisse sind explizit berücksichtigt. Adäquater Planungsansatz des Controlling.

In Anlehnung an Horváth, Péter: Controlling, 3. Auflage, München 1990, S. 221 und Wild, Jürgen: Grundlagen der Unternehmensplanung, Reinbek bei Hamburg 1974, S. 191-200.

Ansätze für eine Planung im Gegenstromverfahren sind in den öffentlichen Verwaltungen durchaus schon **vorhanden**[47] und sollten im Rahmen des Verwaltungs-Controlling ausgebaut werden. Auch über den Status Quo hinausgehende verwaltungsbezogene Vorschläge und Ansätze für ein derartiges Planungsverfahren liegen vor und können aufgegriffen werden.[48]

---

[47] Trotz der Dominanz inkrementaler Elemente sind etwa auch im vielkritisierten Haushaltsplanungsprozeß schon derartige Elemente enthalten. Vgl. etwa die von Mäding angeführten Arbeiten zur Überprüfung des "Inkrementalismuskonzepts", die "die Ausnutzung eines deutlichen Spielraums für prioritätsorientiertes, nicht-inkrementales Budgetieren beim Bund und in den deutschen Kommunen" signalisieren (Mäding, Heinrich: Öffentlicher Haushalt und Verwaltungswissenschaft: ein Überblick, in: Mäding, Heinrich (Hrsg.): Haushaltsplanung - Haushaltsvollzug - Haushaltskontrolle, Baden-Baden 1987, S. 29-49, hier insbes. S. 37-39).

[48] So enthält die Arbeit von S. Schneider zur Planung von Bereichszielen in Kommunalverwaltungen die Empfehlung, progressive und retrograde Zielplanungselemente zu verbinden (vgl. Schneider, Siegfried: Die Planung von Bereichszielen bei öffentlichen Verwaltungen unter spezieller Berücksichtigung der Kommunalverwaltungen, in: ZfbF, 30. Jg. (1978), S. 561-585, hier insbes. S. 584).

D Planungstechniken als Controlling-Instrumente

Das Verwaltungs-Controlling muß im Rahmen seiner planungsbezogenen Aktivitäten über ein **breites Potential an Instrumenten**[49] verfügen. Dieses umfangreiche Instrumentarium ist den im materiellen Sinne Planenden zur Verfügung zu stellen. Dabei ist eine aktive, die Nachfrage nach den Planungsinstrumenten stimulierende Vorgehensweise gegenüber einer passiven, lediglich auf Anfragen reagierenden Haltung zu bevorzugen. Nach Horváth hat der Controller "dafür zu sorgen, daß die richtigen Instrumente in fachgerechter Weise zur Lösung eines Problems eingesetzt werden."[50] Häufig wird es auch der Verwaltungs-Controller sein, der die Instrumente anwendet, da z.T. durchaus einige methodenbezogene Fachkenntnisse und auch Übung in der Anwendung verlangt sind.

Abbildung 5-4 zeigt einen Überblick über die bedeutsamsten, dem Controller zur Verfügung stehenden Planungsinstrumente und ihre Anwendbarkeit in den einzelnen Planungsphasen.[51] Wie die Ausführungen der nächsten Abschnitte zeigen werden, eignen sich für einen Einsatz im Rahmen des **Verwaltungs-Controlling** besonders (jedoch nicht ausschließlich) solche **Instrumente**, die **über rein monetäre und betriebswirtschaftliche Kategorien hinausgehend** auch die Einbeziehung qualitativer Momente und externer Effekte erlauben.

Eine detaillierte Beschreibung der Verfahren und ihrer Anwendungsbedingungen kann an dieser Stelle unterbleiben. Dafür wird auf die einschlägige Literatur verwiesen, die sich teilweise auch schon ausführlich mit den Spezifika eines Einsatzes in der öffentlichen Verwaltung auseinandergesetzt hat.[52]

Auch kann die schon von der Projektgruppe Regierungs- und Verwaltungsreform angeführte Idee eines kooperativen Planungsverbundes aufgegriffen werden (vgl. dazu knapp Bebermeyer, Hartmut: Regieren ohne Management? Planung als Führungsinstrument moderner Regierungsarbeit, Stuttgart 1974, S. 51-59, hier S. 41ff). Zu den Gründen für das Scheitern dieses Ansatzes und zu den heute grundlegend verbesserten Voraussetzungen vgl. Bebermeyer, Hartmut: Idee und Wirklichkeit einer politischen Planung des Staates, a.a.O., S. 57f.

49 "In der Literatur sind auch die Bezeichnungen "Methoden", "Verfahren", "Techniken" und "Modelle" gebräuchlich." (Horváth, Péter: Controlling, a.a.O., S. 205). Als Planungsinstrumente sind allgemein anzusehen "die Gesamtheit derjenigen Hilfsmittel, Methoden und Verfahren, die der Planerstellung und -kontrolle dienlich sind." (Hentze, Joachim/Brose, Peter: Unternehmensplanung, a.a.O., S. 51).
50 Horváth, Péter: Controlling, a.a.O., S. 205.
51 Darüber hinaus sind auch schon Einsatzmöglichkeiten im Rahmen der Kontrolle und der Vornahme von Abweichungsanalysen aufgeführt.
52 Vgl. etwa Reichard, Christoph: Betriebswirtschaftslehre der öffentlichen Verwaltung, 2. Auflage, Berlin und New York 1987, S. 77-131 und insbes. Bundesakademie für öffentliche Verwaltung im Bundesministerium des Innern (Hrsg.): Planungsmethoden in Verwaltung und Wirtschaft, Bonn 1978.

Abbildung 5-4
Überblick über bedeutsame Planungstechniken als Controlling-Instrumente

Instrumente \ Phasen	Zielplanung: Zielsuche/-projektion	Zielplanung: Zielsetzung/-bewertung/-ordnung	Maßnahmenplanung: Problemsuche/-erkenntnis/-analyse	Maßnahmenplanung: Alternativensuche	Maßnahmenplanung: Lage-/Wirkungsprognose	Maßnahmenplanung: Bewertung	Ressourcenplanung	Kontrolle	Abweichungsanalyse
Analytische Instrumente									
Systemanalyse	(E)/V	(E)/V	E	A	A	A	A		
Scenario-writing	(E)/V	(E)/V	E	A	V/A	A			
Stichprobenerhebungen			E		E			E	E
Kennzahlen- und Indikatorensysteme	E	E	E	A	A	E	A	E	E
SOFT-Analyse		V	E	A	V	E	A		
Wertanalyse		V	E	A	A	E	A	E	
Netzplantechnik		V	E	A	V	A/M	A	E	E
Portfolio-Analyse		A	E	A	V	E	A		
Heuristische Instrumente									
intuitiv-kreativ									
Brainstorming	E	V	E	E	E	A	(A)		
Methode 635	V	V	V	E	A	A	(A)		
Synektik	V	V	E	E	A	A	(A)		
logisch-systematisch									
Morphologische Methode	V	V	E	E	A	A	(A)		
Funktionsanalyse	V	V	E	E	A	A	(A)		
Prognostische Instrumente									
subjektiv-intuitiv									
Delphi-Methode	E			V	E	(E)/A	A		
logisch-systematisch									
Exponential Smoothing					E	(E)/A	A	E	
Trendextrapolation					E	(E)/A	A	E	
Life-Cycle-Analyse			V		E	A	A	E	
Gap Projection	V	V	E	V	E	A	E		(E)
Regressionsanalyse			V		E	(E)/A	A	E	
Bewertungs- und Entscheidungsinstrumente									
Investitionsrechenverfahren		V	(M)	V	(M)	E	A/V	E	
Relevanzbaum	V	E	V	V	V	E	A/V		
Nutzwertanalyse		V	(M)	V	(M)	E	A/V	E	
Nutzen-Kosten-Analyse		V	(M)	V	(M)	E	A/V	E	
Risikoanalyse		V	V	V	V	E	A/V	E	
Entscheidungsbaum		V	V/E	V	V	E	A/V		
Sensitivitätsanalyse		E	V	V	E/V	E	A/V	E	E

Instrumentspezifische Beziehungen

E = Einsatz in   A = Auswirkung auf   V = Voraussetzung bei   ( ) = teilweise

In Anlehnung an Horváth, Péter: Controlling, 3. Auflage, München 1990, S. 206.[53]

---

[53] Ausführlicher die Übersicht bei Wild, Jürgen: Grundlagen der Unternehmensplanung, a.a.O., S. 148-152.

II. Verwaltungs-Controlling und Zielplanung

Nachfolgend soll erörtert werden, inwieweit das Verwaltungs-Controlling in den Zielbildungs- und -vorgabeprozeß zu integrieren ist. Dazu müssen zunächst Bedeutung und Struktur von Zielkonzeptionen öffentlicher Verwaltungen sowie die Spezifika ihres Zustandekommens geklärt werden. Danach können die Aufgaben des Verwaltungs-Controlling in dieser ersten Phase des Planungsprozesses[54] bestimmt werden.

A Bedeutung, Struktur und Zustandekommen von Zielen in öffentlichen Verwaltungen

1. Zur Bedeutung von Zielen für öffentliche Verwaltungen und für das Verwaltungs-Controlling

Aus pragmatischen Gründen sollen die Begriffe 'Verwaltungsziel' und 'Verwaltungszweck' im folgenden als **synonyme Termini** angesehen werden.[55] Es wird hier der Begriff der **Ziele** verwandt, da er insbesondere in der betriebswirtschaftlichen Literatur die weitere Verbreitung genießt.[56] [57]

---

54 Hier wird nicht der Meinung gefolgt, die Zielplanung erst im Anschluß an die Problemfeststellung und -analyse anzusiedeln (so etwa vertreten von König, Herbert: Problemfindung als Ausgangspunkt für öffentliches Handeln, in: Bundesakademie für öffentliche Verwaltung (Hrsg.): Ziel- und ergebnisorientiertes Verwaltungshandeln - Entwicklung und Perspektiven in Regierung und Verwaltung, Bonn 1979, S. 19-45, hier insbes. 28f). Zur Begründung der hier gewählten Vorgehensweise vgl. Wild, Jürgen: Grundlagen der Unternehmensplanung, a.a.O., S. 66. Aus der Tatsache, daß "Problemlösung und Zielbildung ... verbundene, nicht trennbare, interdependente Aktivitäten" (Hauschildt, Jürgen: Entscheidungsziele - Zielbildung in innovativen Entscheidungsprozessen: Theoretische Ansätze und empirische Prüfung, Tübingen 1977, S. 246) sind, folgt die äußerst enge wechselseitigen Verflechtung der Zielplanung und der Problemfeststellung und -analyse. Ein Streit über die Reihenfolge der ohnehin künstlichen analytischen Reihung erscheint daher müßig.

55 In der Literatur findet sich keine durchgängige Unterscheidung von **Zielen** und **Zwecken**.
Für eine *synonyme Verwendung* plädieren z.B. Mäding, Erhard: Aufgaben der öffentlichen Verwaltung, in: Die Verwaltung, Band 6/1973, S. 258; Bull, Peter: Wandel und Wachsen der Verwaltungsaufgaben, in: Becker, Ulrich und Werner Thieme (Hrsg.): Handbuch der Verwaltung, Köln, Berlin, Bonn, München 1976, Heft 2.1, S. 1; KGSt, Grundlagen der Verwaltungsorganisation, Köln 1978, S. 21; Kruse, Hans-Joachim: Allgemeine Aufgabenplanung, in: Becker, Ulrich und Werner Thieme (Hrsg.): Handbuch der Verwaltung, Köln, Berlin, Bonn, München 1976, Heft 2.2, S. 2.
Für eine *Unterscheidung* der Begriffe: König, Herbert: Ziel-Programm-Ressourcen-Dynamik, in: Institut für Kommunalwissenschaften der Konrad-Adenauer-Stiftung (Hrsg.): Reform kommunaler Aufgaben, Bonn 1978, S. 234 (zitiert nach Braun, Günther E.: Ziele in öffentlicher Verwaltung und privatem Betrieb sowie eine Analyse der Einsatzbedingungen betriebswirtschaftlicher Planungsmethoden in der öffentlichen Verwaltung, Baden-Baden 1988, S. 95) und Reichard, Christoph: Betriebswirtschaftslehre, a.a.O., S. 34.

56 Vgl. Braun, Günther E.: Ziele, a.a.O., S. 94-96.

57 Während **Ziele** als anzustrebende Ereignisse oder erwünschte Zustände verstanden werden, werden die (Verwaltungs-)**Aufgaben** überwiegend als konkrete Vorgaben zu einem zielgerichteten Agieren angesehen. Man nimmt so eine Überordnung der Ziele über die Aufgaben vor. Aufgaben erscheinen als konkretisierte Ziele. Für eine derartige *Überordnung der Verwaltungsziele über die Verwaltungsaufgaben* sprechen sich aus KGSt: Grundlagen der Verwaltungsorganisation, a.a.O., S. 21; Kruse, Hans-Joachim: Allgemeine Aufgabenplanung, a.a.O., S. 2; Brede, Helmut: Ziele öffentlicher Verwaltungen, in: Chmielewicz, Klaus/Eichhorn, Peter (Hrsg.): HWÖ, Sp. 1867-1877, hier Sp. 1867f.
Gegen eine Unterscheidung von Aufgaben und Zielen plädieren: Reichard, Christoph: Betriebswirtschaftslehre, a.a.O., S. 158f und Siepmann, Heinrich/Siepmann, Ursula: Verwaltungsorganisation, 2. Auflage, Köln 1984, S. 12. Nach Eichhorn und Friedrich wird "von verwaltungswissenschaftlicher Seite" weniger von den Zielen als von den Aufgaben der öffentlichen Verwaltung bzw. von den Verwaltungsaufgaben gesprochen (vgl. Eichhorn, Peter/Friedrich, Peter: Verwaltungsökonomie I, a.a.O., S. 110).

Wird rationales Handeln vorausgesetzt, so zeigt das Ziel auf, was als zukünftiger Zustand, als Resultat des Handelns angestrebt wird. Das **Ziel** ist **Grundbedingung für rationales Handeln**[58]: "Jede rationale Handlung muß ein bestimmtes Ziel haben."[59] Gleichwohl geraten die Zielvorgaben in den öffentlichen Verwaltungen häufig nur zu unverbindlichen und nicht operationalen[60] **Leerformeln**. Auf die Gründe wird noch einzugehen sein. Dies liegt - wie noch näher ausgeführt werden wird - zunächst daran, daß die **Interessenlagen** der beteiligten Interakteure einer präzisen, operationalen Zielformulierung überwiegend entgegenstehen.[61] Dieses Bestreben, Ziele tendenziell nur vage festzulegen, wird noch gefördert durch die Tatsache, daß einer Formulierung eindeutiger, operationaler Ziele für öffentliche Verwaltungen auch beträchtliche **sachliche Schwierigkeiten** entgegenstehen. Dem grundsätzlichen Erfordernis von Zielvorgaben als Voraussetzung rationalen Verwaltungshandelns widersprechen die genannten Schwierigkeiten jedoch in keiner Weise.[62]

Neben der hohen Bedeutung von Zielvorgaben für ein rationales Verwaltungshandeln muß auch die **Bedeutung von Zielvorgaben für das Verwaltungs-Controlling** ausdrücklich betont werden: Controlling braucht Zielvorgaben in mehrfacher Hinsicht. Wenn - wie oben ausgeführt - Verwaltungs-Controlling letztlich zur Verbesserung der Zielerreichung der öffentlichen Verwaltung beitragen soll, so liegt auf der Hand, daß das Verwaltungs-Controlling auf eine Zielkonzeption angewiesen ist, um seine Aktivitäten daran ausrichten zu können und einen Maßstab für deren Wirksamkeit zu haben. Die Wahrnehmung aller oben dargestellten **Kernfunktionen** des Controlling erfordert einen Zielbezug: Die **Ausführung koordinativer Aufgaben** bedeutet letztlich die Ausrichtung von Elementen (Teilplänen, Teilorganisationen...) auf ein Systemziel (oder zunächst auf Unterziele) hin. Die **Etablierung oder Optimierung von Regulierungssystemen** erfordert Sollwerte, an denen realisierte Werte gemessen werden können. Die Sollwerte beinhalten notwendigerweise Zielvorgaben. Die Unterstützung sämtlicher Führungsphasen durch die **Bereitstellung von Informationen** weist - gleichsam schon definitorisch - einen Zielbezug auf, da Informationen als zweck-, aufgaben- oder zielorientiertes Wissen[63] anzusehen sind.

---

58 Vgl. Diederich, Helmut: Ziele öffentlicher Unternehmen, in: Chmielewicz, Klaus/Eichhorn, Peter (Hrsg.): HWÖ, Sp. 1856-1867, hier Sp. 1856f.
59 Popper, Karl R.: Die offene Gesellschaft und ihre Feinde, a.a.O., S. 214.
60 Zur Operationalität von Zielen vgl. Heinen, Edmund: Grundlagen betriebswirtschaftlicher Entscheidungen, Das Zielsystem der Unternehmung, 2. Auflage, Wiesbaden 1971, S. 115-118.
61 Dies gilt grundsätzlich sowohl für verwaltungsinterne als auch für verwaltungsexterne Akteure. Braun diskutiert ausführlich das (unterschiedlich ausgeprägte) Interesse der beteiligten Gruppen, Ziele lediglich in vager Form zu formulieren (vgl. Braun, Günther E.: Ziele, a.a.O., S. 132-146).
62 Vgl. zur Notwendigkeit von Zielvorgaben (Zielsystemen) in Kommunalverwaltungen KGSt: Grundlagen der Verwaltungsorganisation, a.a.O., S. 63.
63 Vgl. dazu die in Kap. 4 III. angegebene Literatur.

2. Elemente einer Zielstruktur für öffentliche Verwaltungen

In Anlehnung an Heinen[64] und Witte/Hauschildt[65] soll in dieser Arbeit von dem in **Abbildung 5-5** dargestellten Aufbau einer Zielstruktur öffentlicher Verwaltungen[66] ausgegangen werden.[67]

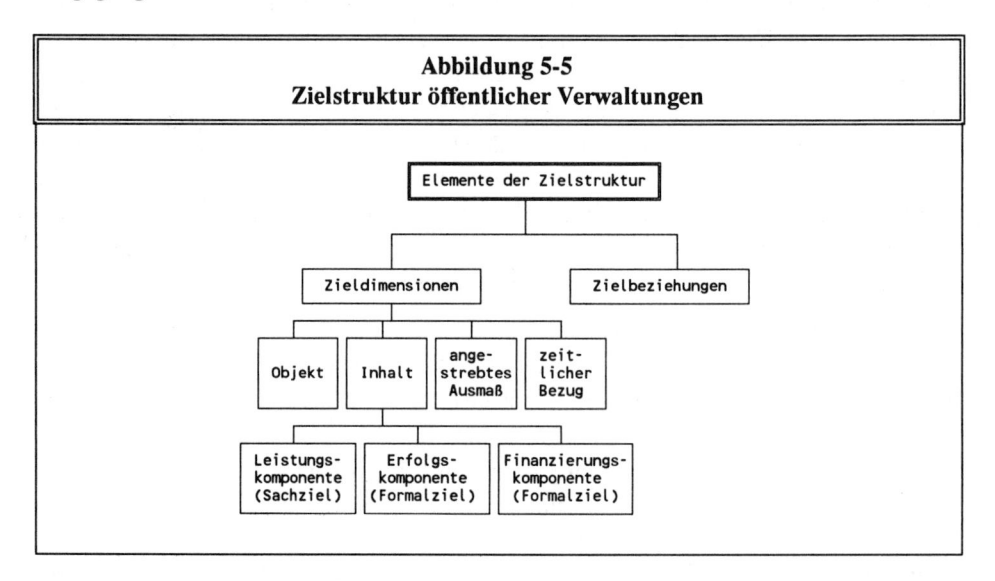

**Abbildung 5-5
Zielstruktur öffentlicher Verwaltungen**

```
                    Elemente der Zielstruktur
                    ┌────────────┴────────────┐
               Zieldimensionen          Zielbeziehungen
        ┌──────┬──────┴──────┬──────┐
               
     Objekt  Inhalt  ange-      zeit-
                    strebtes   licher
                    Ausmaß     Bezug
             ┌────────┼────────┐
        Leistungs- Erfolgs-  Finanzierungs-
        komponente komponente komponente
        (Sachziel) (Formalziel) (Formalziel)
```

Nachfolgend sollen die Dimensionen "Zielinhalt" und "Zielausmaß" etwas näher beleuchtet werden, da sie für die Controlling-Aktivitäten im Zielbildungs- und Zielvorgabeprozeß von besonderer Bedeutung sind und controllingrelevante Unterschiede zu privatwirtschaftlichen Unternehmen deutlich werden lassen. Die Zielbeziehungen werden erst unten im Rahmen der Diskussion von Zielharmonisierungsaufgaben des Verwaltungs-Controlling angesprochen.

Zieldimension "Zielinhalt"

Zielinhalte werden in der Fachliteratur teilweise in Sach- und Formalziele[68], teilweise auch in Leistungs-, Erfolgs- und Finanzziele[69] unterschieden. Dabei können Sach- und Leistungsziele als weitgehend synonyme Begriffe angesehen werden. Das **Sachziel** be-

---

64 Vgl. Heinen, Edmund: Grundlagen betriebswirtschaftlicher Entscheidungen, a.a.O., S. 59ff.
65 Vgl. Witte, Eberhard unter Mitwirkung von Jürgen Hauschildt: Die öffentliche Unternehmung im Interessenkonflikt, Berlin 1966, insbes. S. 81-112 sowie Hauschildt, Jürgen: Zielsysteme, in: Grochla, Erwin (Hrsg.): HWO, Sp. 2419-2430.
66 Aufgrund der Universalität dieser Struktur läßt sie sich sowohl für private wie öffentliche Betriebe verwenden.
67 Dabei wird hier zusätzlich zu den von Heinen verwandten Dimensionen Inhalt, Ausmaß und zeitlicher Bezug der Ziele auch noch die Dimension Objekt aufgenommen (ebenso Hauschildt, Jürgen: Entscheidungsziele, a.a.O., S. 10f und Braun, Günther E.: Ziele, a.a.O., S. 97ff).
68 Diese Begriffsverwendung geht wohl zurück auf Kosiol (vgl. Kosiol, Erich: Erkenntnisgegenstand und methodologischer Standort der Betriebswirtschaftslehre, in: ZfB, 31. Jg. (1961), S. 129-136, hier S. 130). Witte/Hauschildt bilden eine Zielkonzeption aus einer Leistungs- und einer Gewinnkonzeption; vgl. Witte, Eberhard unter Mitwirkung von Jürgen Hauschildt: Die öffentliche Unternehmung im Interessenkonflikt, a.a.O., S. 85ff.
69 Vgl. z.B. Braun, Günther E.: Ziele, a.a.O., S. 99ff.

zieht sich auf "das naturale, technische Ziel des Wirtschaftens"[70] und damit auf die von einer Betriebswirtschaft zu erstellende Leistung.[71] **Formalziele** treffen dagegen Aussagen über den angestrebten "ökonomischen Gehalt"[72] des Wirtschaftens und können weiter in die erwähnten Erfolgs- und Finanzziele unterschieden werden.[73]

Die **Maximalaufspannung einer Leistungskonzeption**, mit der eine umfassende Sachzielvorgabe zu leisten ist, haben Witte/Hauschildt[74] erarbeitet: Eine vollständige Leistungszielvorgabe enthält danach die Elemente

- Vorzugebende Leistungsmerkmale (Leistungsprogramm, Leistungsmenge, Leistungsqualität sowie Leistungspreis) und
- Vorgaben zum Leistungsprozeß (Beschaffungsprozeß, Leistungserstellungsprozeß und Absatzprozeß).

Unter den **Erfolgszielen** dominiert in der Privatwirtschaft - zumindest auf längere Sicht - das Gewinnziel.[75] Dieses vergleichsweise leicht operationalisierbare, weil eindimensionale und in monetären Größen kardinal zu fixierende Ziel ist für die öffentliche Verwaltung nahezu ohne Bedeutung.[76] Dies bedeutet aber selbstverständlich nicht, daß hier keine Erfolgsziele vorgegeben werden könnten: Beispielsweise kommen kostenorientierte Erfolgsziele in Form von Kostendeckungsgraden in Frage, wo eine Leistungsabgabe gegen Entgelt vorliegt.[77]

Neben den Leistungs- und Erfolgszielen werden gemeinhin die **Finanzziele** als notwendige Bestandteile einer Zielinhaltsdefinition genannt. Damit wird hauptsächlich die Gewährleistung einer steten Zahlungsbereitschaft angesprochen, die schon Gutenberg als systemindifferentes Merkmal von Betrieben herausgestellt hat.[78]

Sach- und Formalziele sind **untrennbar miteinander verbunden:**[79] Es "muß das Sachziel der Bedarfsdeckung stets mit einem wirtschaftlichen und damit letztlich finanzori-

---

70 Kosiol, Erich: Erkenntnisgegenstand und methodologischer Standort, a.a.O., S. 130.
71 Vgl. Strebel, Heinz: Überlegungen zu einer entscheidungsorientierten Betriebswirtschaftslehre öffentlicher Betriebe, in: BFuP, Nr. 1/1978, S. 64-76, hier S. 69.
72 Kosiol, Erich: Erkenntnisgegenstand und methodologischer Standort, a.a.O., S. 130.
73 Es besteht Einigkeit darüber, daß derartige Zielinhaltsklassifizierungen grundsätzlich sowohl für den Bereich der Privatwirtschaft als auch für die öffentliche Wirtschaft - und damit auch für die öffentliche Verwaltung - herangezogen werden können (vgl. z.B. Chmielewicz, Klaus: Überlegungen zu einer Betriebswirtschaftslehre der öffentlichen Verwaltung, in: ZfB, 41. Jg. (1971), S. 583-610, hier S. 592ff; Rieger, Franz Herbert: Unternehmen und öffentliche Verwaltungsbetriebe, Berlin 1983, S. 57ff; Reichard, Christoph: Betriebswirtschaftslehre, a.a.O., S. 35f, und Braun, Günther E.: Ziele, a.a.O., S. 99f). Allerdings sind hinsichtlich der Bedeutung der einzelnen Zielinhaltskomponenten zueinander Unterschiede festzustellen (vgl. dazu die nachfolgenden Ausführungen zur Sachzieldominanz im öffentlichen Bereich).
74 Vgl. Witte, Eberhard unter Mitwirkung von Jürgen Hauschildt: Die öffentliche Unternehmung im Interessenkonflikt, a.a.O., S. 86-98.
75 Vgl. z.B. Schildbach, Thomas: Zum Erfordernis kaufmännischer Rechnungslegung in öffentlichen Betrieben, in: Zeitschrift für öffentliche und gemeinwirtschaftliche Unternehmen, Band 12, Heft 4/1989, S. 472-486, hier S. 474.
76 Vgl. Braun, Günther E.: Ziele, a.a.O., S. 102f.
77 Vgl. dazu sowie zu verwaltungsorientierten Erfolgszielen, politisch orientierten Erfolgszielen und juristischen Erfolgszielen öffentlicher Verwaltungen Braun, Günther E.: Ziele, a.a.O., S. 103-123.
78 Vgl. Gutenberg, Erich: Grundlagen der Betriebswirtschaftslehre, Band I: Die Produktion, 22. Auflage, Berlin u.a. 1976, S. 458-460. Zu den Finanzzielen als Element einer Zielinhaltsdefinition von Verwaltungen vgl. Braun, Günther E.: Ziele, a.a.O., S. 123f mit weiteren Literaturhinweisen.
79 Vgl. Witte, Eberhard unter Mitwirkung von Jürgen Hauschildt: Die öffentliche Unternehmung im Interessenkonflikt, a.a.O., S. 85.

entierten Erfolgsziel verbunden sein"[80]. Von daher wird eine Über- oder Unterordnung des einen unter das andere teilweise abgelehnt.[81]

Wenn im weiteren dennoch von der **herrschenden Meinung einer Sachzieldominanz im Bereich öffentlicher Verwaltungen** ausgegangen wird, so nicht zuletzt deshalb, um das im Vergleich zu privatwirtschaftlichen Unternehmen **grundsätzlich andere Verhältnis zwischen Sach- und Formalzielen** zu betonen. Dies kommt etwa zum Ausdruck, wenn Gutenberg für privatwirtschaftliche Unternehmen feststellt, das Formal-(Erfolgs-)Ziel der Gewinnerzielung stelle "den Primäreffekt betrieblicher Betätigung dar, die Leistungserstellung dagegen den Sekundäreffekt, insofern Leistungserstellung Mittel zum Zweck maximaler Gewinnerzielung ist"[82]. Es liegt auf der Hand, daß für öffentliche Verwaltungen eine solche Überordnung eines Formalziels über die Sachziele nicht gelten kann. Zumindest in diesem Vergleich mit der Zielstruktur privatwirtschaftlicher Unternehmen kommt den **Sachzielen** hier eine **dominierende Stellung** zu: Aus der Instrumentalfunktion, dem Dienstcharakter der öffentlichen Verwaltungen folgt, daß sie ihre Daseinsberechtigung allein aus ihrem Beitrag zur Realisierung der Staatszwecke ableiten können. Da diesen Staatszwecke - einerlei, wie sie im einzelnen konkretisiert werden - in einem freiheitlich demokratischen Gemeinwesen stets Sachzielcharakter zukommt,[83] kann nicht angehen, daß öffentliche Verwaltungen, die diesen Staatszwecken zu dienen haben, ihr Leistungsangebot primär an Formalzielen (Maximierung des Gewinns oder des Deckungsbeitrags, Kostendeckung usw.) ausrichten.

Diese hohe Bedeutung der Sachziele für öffentliche Verwaltungen muß **Auswirkungen für das Verwaltungs-Controlling** haben. Dies gilt sowohl für die wahrzunehmenden Aufgabenfelder als auch für die einzusetzenden Instrumente. Während der klassische Controller der Privatwirtschaft aus den Bereichen Kostenrechnung und Budgetierung heraus agiert und ganz stark in den Kategorien von Kosten, Erlösen und Deckungsbeiträgen denkt, muß der Verwaltungs-Controller sehr viel stärker auf die nicht-monetären Sachziele eingehen. Dies äußert sich in einer **abweichenden Grundeinstellung** (Leistungs- und Wirkungsdenken zusätzlich zum klassischen Denken in Kosten und Erlösen) sowie in einer **Ergänzung der klassischen "Controller's Toolbox" um sachzielbezogene Instrumentarien**, wie die nicht-monetäre Leistungsrechnung, Indikatorenrechnungen, Nutzen-Kosten- und Nutzwertanalysen usw.

---

80 Schildbach, Thomas: Zum Erfordernis kaufmännischer Rechnungslegung in öffentlichen Betrieben, a.a.O., S. 474.
81 Vgl. beispielhaft kritisch zur herrschenden Meinung von der Sachzieldominanz Rieger, Franz Herbert: Unternehmen und öffentliche Verwaltungsbetriebe, a.a.O., S. 58ff (Rieger verwendet den Begriff "Ausbringungsziel" anstatt "Leistungs-" oder "Sachziel") sowie Reichard, Christoph: Betriebswirtschaftslehre, a.a.O., S. 36.
Teilweise wird die These vertreten, daß die sog. Nebenbedingungen aus dem Bereich der Formalziele gleichrangig neben den Leistungszielen stehen, da z.B. ohne die Bereitstellung hinreichender finanzieller Mittel eine zur Erreichung eines Sachziels nötige Investition nicht getätigt und dadurch auch die Sachzielerfüllung nicht erreicht werden kann (vgl. Recktenwald, Horst Claus: Lexikon der Staats- und Geldwirtschaft, München 1983, S. 69f).
82 Gutenberg, Erich: Grundlagen der Betriebswirtschaftslehre, a.a.O., S. 465.
83 Anders etwa in einem absolutistischen Staatsgebilde, in dem durchaus die Gewinnwirtschaftung zugunsten des Souveräns als Staatszweck gelten kann.

Zieldimension "Zielausmaß"

Für die Zieldimension "Zielausmaß" kommen - jeweils in Abhängigkeit vom zu konkretisierenden Zielinhalt - extremale (maximale oder minimale) oder satisfizierende Ausprägungen in Frage.

Abbildung 5-6 zeigt exemplarisch verschiedene Zielausmaße auf.[84]

**Abbildung 5-6
Exemplarische Darstellung unterschiedlicher Zielausmaße**

ZIELAUSMASSTYP		BEISPIEL
Extremale Zielformulierung	Maximierung	Maximale Steigerung der Verkehrssicherheit der Bevölkerung.
	Minimierung	Minimierung der Verkehrstoten im Stadtgebiet (keine Verkehrstoten).
Satisfizierende Zielformulierung	Beschreibung der Sache nach	Errichtung eines ambulanten Altenpflegeheims.
	Quantitative Fixierung	4 qm Grünfläche je Einwohner.
	Begrenzung nach oben	Einschränkung der Verkehrsunfälle mit Personenschaden auf höchstens..
	Begrenzung nach unten	Schaffung von mindestens x Kindergartenplätzen.
	Begrenzung (Intervall)	Senkung der FCKW-Produktion um 10-20 %.

Empirische Untersuchungen haben gezeigt, daß **Zielvorgaben über eine Beschreibung der Sache nach** gerade im Bereich der öffentlichen Verwaltung **dominieren**. In Anlehnung an Hauschildt[85] kann hier von en-bloc-Zielen gesprochen werden, die den angestrebten Zustand nicht dem Grade nach, sondern (nur) dem Grunde nach beschreiben.[86] Die Ursache dieser spezifischen, mehr qualitativ als quantitativ ausgeprägten Zielformulierungen liegt zu einem geringeren Teil in **Unzulänglichkeiten des Zielformulierungsprozesses** in der öffentlichen Verwaltung, viel stärker aber in der **Dominanz von Sachzielen** und der **Struktur der** hier **zu erbringenden Leistungen** (hoher Anteil immaterieller Dienstleistungen)[87] begründet. Diese beiden Faktoren lassen es in der Regel auch nicht zu, eine indirekte Zielvorgabe über vergleichsweise leicht quantifizierbare Formalziele vorzunehmen. Es genügt also beispielsweise nicht, einem Verwaltungsteilbereich Umsatzzahlen und Deckungsbudgets vorzugeben (wie etwa einer Sparte eines privaten Unternehmens), vielmehr muß sich die Zielvorgabe zentral

---

84 Wegen möglicher anderer Klassifizierungen, weiteren Beispielen und einer Anreicherung mit empirischem Material vgl. Braun, Günther E.: Ziele, a.a.O., S. 124f und 181-189.
85 Vgl. Hauschildt, Jürgen: Entscheidungsziele, a.a.O., S. 72.
86 Die Diskussion, inwieweit es sich hierbei überhaupt um eine hinreichende Festlegung des Zielausmaßes handelt, soll an dieser Stelle nicht aufgegriffen werden. Vgl. dazu ebenda, S. 285 und Braun, Günther E.: Ziele, a.a.O., S. 183f.
87 Vgl. die Ausführungen in Kapitel 6, Teil I. A.

auf die oben genannten Leistungsmerkmale (hpts. auf Leistungsprogramm, -menge und -qualität) beziehen, auf Merkmale also, die eben häufig eine verbale Beschreibung erfordern.[88] Hier ansetzende Aktivitäten des Verwaltungs-Controlling müssen darauf abzielen, die operationale Formulierung von Sachzielen über die verstärkte Anwendung von Indikatorenbündeln zu fördern.[89]

3. Spezifika der Zielbildung für öffentliche Verwaltungen

Ein Charakteristikum der öffentlichen Verwaltung ist es, daß ihre Ziele in einem äußerst **vielschichtigen Prozeß unter Beteiligung zahlreicher Akteure** zustandekommen. Im Gegensatz zu privatwirtschaftlichen Wirtschaftseinheiten ist die öffentliche Verwaltung in ihrer Zielbildung nicht autonom, sondern vielfältigen Vorgaben und Einflüssen ausgesetzt. Wenn schon für privatwirtschaftliche Unternehmen festgestellt wird, daß die Unternehmensziele in einem "mehrzentrigen, mehrstufigen, ... Zielbildungsprozeß"[90] zustandekommen, so gilt dies für öffentliche Verwaltungen in besonders ausgeprägter Weise.

An dieser Stelle sollen die Zusammenhänge nur insoweit beschrieben werden, als sie für die anschließende Betrachtung der Stellung des Verwaltungs-Controlling im Zielbildungsprozeß der öffentlichen Verwaltung von Bedeutung sind.

Mehrzentrigkeit

Folgt man Kirsch[91], der rechtlich oder vertraglich zur Zielbildung und Zielautorisierung befugte Personen(-gruppen) als **Kerngruppen** und die auf andere Weise an der Zielbildung beteiligten Akteure als **Satellitengruppen** bezeichnet, und untersucht, welche Kern- bzw. Satellitengruppen an der Zielbildung der öffentlichen Verwaltung mitwirken, so stößt man auf eine große Vielfalt an einflußnehmenden Parteien (i.w.S.).

Zu der **Kerngruppe** sind sicherlich die gewählten Gremien der Legislative, die Verwaltungsführung sowie im Einzelfall auch andere, hierarchisch übergeordnete öffentlichen Verwaltungen zu zählen.[92] Die **Satellitengruppen** sind zahlreich und unterscheiden sich naturgemäß je nach der zu betrachtenden Verwaltung und auch nach dem betrachteten Zielausschnitt (Teil-Zielsystem). In erster Linie werden hier aber Parteien, Bürger-

---

88 Vgl. etwa Bea, Franz Xaver/Kötzle, Alfred/Barth, Maria: Ansätze für eine zielorientierte Unternehmensführung in öffentlich-rechtlichen Rundfunkanstalten, in: ZögU, Heft 2/1985, S. 137-153, hier S. 143.
89 Vgl. dazu Kapitel 6, Teil III.
90 Schneider, Siegfried: Die Planung von Bereichszielen bei öffentlichen Verwaltungen, a.a.O., S. 566 mit weiteren Literaturhinweisen.
91 Vgl. Kirsch, Werner: Einführung in die Theorie der Entscheidungsprozesse, Band III: Entscheidungen in Organisationen, 2. Auflage, Wiesbaden 1973, S. 129-159.
92 Besonders deutlich wird dies im Fall der Zielbildung in kommunalen Selbstverwaltungskörperschaften. Bezüglich der freiwilligen Selbstverwaltungsaufgaben liegt zumindest die juristische Zuständigkeit der Vorgabe von Zielen beim Rat der Gemeinde. Führt die Gemeinde dagegen Auftragsangelegenheiten aus, so sind es die auftraggebenden Verwaltungen des Bundes bzw. des Landes, die der Kommunalverwaltung die Ziele vorgeben. Vgl. auch Schneider, Siegfried: Die Planung von Bereichszielen bei öffentlichen Verwaltungen, a.a.O., S. 572f.

initiativen, Verbände, Aufsichtsbehörden usw. zu nennen sein.[93] Außer den rechtlich für die Zielfestlegung bestimmten Instanzen[94] nehmen also auch formell nicht vorgesehene, Gruppen Einfluß.[95]

Um zum Ausdruck zu bringen, daß die öffentlichen Verwaltungen nicht ausschließlich die Instrumente ihrer Träger sind, die nur von außen vorgegebene Ziele realisieren, daß vielmehr durchaus auch verwaltungsintern Zielbildungs- und -beinflussungsprozesse stattfinden, wird teilweise explizit von den **Zielen für Verwaltungen** (Ziele, die der Verwaltung durch legitimierte Instanzen zur Bewältigung vorgegeben werden) und den **Zielen der (von) Verwaltungen** (Ziele, die die Mitglieder der öffentlichen Verwaltung selber verfolgen) gesprochen.[96]

Prozessualer Charakter, Mehrstufigkeit

Gerade angesichts der Vielzahl der an der Zielbildung Beteiligten ist es unmittelbar einsichtig, daß Ziele in öffentlichen Verwaltungen stets als Ergebnis eines Zielbildungsprozesses zustandekommen - Reichard spricht von **multipersonalen Zielplanungsprozessen**.[97] Es sind laufend Vor- und Auswahlentscheidungen zu treffen. Prozesse der politischen Willensbildung und Einflußnahmen der oben angesprochenen Satellitengruppen laufen parallel, teilweise auch sukzessive, in sich wechselseitig anstoßender Weise ab.[98] Eine simultane Zielplanung für die unterschiedlichen Zielobjekte erscheint nicht möglich, so daß stets in einem **mehrstufigen Verfahren** vorgegangen werden muß. Interdependente Ziele machen schon bei statischer Betrachtung mehrfache wechselseitige Abstimmungen erforderlich. Bei einer Einbeziehung des sich dynamisch ändernden Umsystems erhöhen sich diese Koordinationsbedarfe noch und machen permanente, zumindest aber zyklisch zu wiederholende Abstimmungsprozesse erforderlich.

Für bestimmte Aktivitätsfelder existieren dafür **formalisierte Abläufe**, die die Mitwirkung verschiedener Akteure in einem abgestuften Verfahren vorsehen.[99] Andere Zielbildungsprozesse wiederum sind durch ein hohes Maß an Improvisation gekennzeichnet.[100]

---

93 Vgl. zu Kern- und Satellitengruppen in Entscheidungsprozessen auf Gemeindeebene: Fürst, Dietrich: Kommunale Entscheidungsprozesse - Ein Beitrag zur Selektivität politisch-administrativer Prozesse, Baden-Baden 1975, S. 89-123.
94 Vgl. dazu Eichhorn, Peter/Friedrich, Peter: Verwaltungsökonomie I, a.a.O., S. 144-149.
95 Vgl. dazu ebenda, S. 149f. Zu den Gründen für die Einflußnahme formell nicht vorgesehener Individuen und Gruppen vgl. ebenda, S. 161.
96 Vgl. zu dieser Unterscheidung Braun, Günther E.: Ziele, a.a.O., S. 127, der sich an Kirsch anlehnt (vgl. Kirsch, Werner: Entscheidungen in Organisationen, a.a.O., S. 129 und 142).
97 Vgl. Reichard, Christoph: Managementkonzeption des Öffentlichen Verwaltungsbetriebes, Berlin 1973, S. 52.
98 Vgl. auch ebenda, insbes. S. 36-38.
99 Vgl. etwa die Übersicht über rechtliche Regelungen zur Zielfestlegung bei Eichhorn und Friedrich (vgl. Eichhorn, Peter/Friedrich, Peter: Verwaltungsökonomie I, a.a.O., S. 144ff).
100 Ein derartiger Zusammenhang besteht notwendigerweise bei der Zielvorgabe für "Innovationssysteme", vgl. dazu Reichard, Christoph: Managementkonzeption des Öffentlichen Verwaltungsbetriebes, a.a.O., S. 176-178.
Die Beschreibung der Festlegung der Zielstruktur einer Hochschule bei Eichhorn und Friedrich (vgl. Eichhorn, Peter/Friedrich, Peter: Verwaltungsökonomie I, a.a.O., S. 151-162) verdeutlicht exemplarisch die hier gemachten Ausführungen zum Zustandekommen von Zielvorgaben, indem die Vielzahl

B Aufgaben des Verwaltungs-Controlling im Zielplanungsprozeß öffentlicher Verwaltungen

Obige Ausführungen haben deutlich werden lassen, daß

- Zielstrukturen auch für öffentliche Verwaltungen notwendig sind,
- sich auch hier die von der Betriebswirtschaft erarbeiteten Dimensionen (Objekt, Inhalt, angestrebtes Ausmaß, zeitlicher Bezug) zur Charakterisierung einer Zielstruktur eignen,
- im Bereich der öffentlichen Verwaltung die Sachziele gegenüber den Formalzielen eine dominierende Rolle einnehmen,
- die Vorgabe operationaler Sachziele Schwierigkeiten bereitet und überdies nicht im Interesse vieler Beteiligten liegt,
- Ziele öffentlicher Verwaltungen in einem komplizierten mehrzentrigen und mehrstufigen Prozeß zustandekommen und daß
- Zielstrukturen in der öffentlichen Verwaltung äußerst komplex sind, so daß vielfältige Abstimmungsprozesse zwischen den Teilzielen notwendig sind.

In bezug auf das Verwaltungs-Controlling wurde bereits die hohe Bedeutung operationaler Zielvorgaben betont. Aus der gegenüber privatwirtschaftlichen Unternehmen abweichenden Zielstruktur (Sachzieldominanz) wurde für das Verwaltungs-Controlling die **Notwendigkeit angepaßter Aufgabenstellungen und Instrumentarien** gefolgert. Auf dieser Grundlage soll nun untersucht werden, welche konkreten Aufgaben ein Verwaltungs-Controlling im Rahmen der Zielplanung übernehmen kann.

1. Erhebung und Analyse der bestehenden Zielvorgaben

Eine erste Controlling-Aufgabe auf dem Wege zu einer verbesserten Zielplanung ist darin zu sehen, den Ist-Zustand der bestehenden Zielvorgaben zu erheben. Es muß aufgedeckt werden, für welche Zielobjekte[101] Ziele welcher Art existieren und auf welche Weise sie zustande gekommen sind. Dafür kann die oben aufgezeigte Zielstruktur als Prüfraster dienen. Erst die **Transparenz der bestehenden Zielstrukturen** läßt eine an Schwachpunkten ansetzende Optimierung der Zielvorgaben zu. Von großer Bedeutung ist dabei, welcher Verbindlichkeitsgrad einer Vorgabe zukommt. So macht es einen großen Unterschied, ob eine ineffiziente Leistungserbringung auf eine obsolete Dienstanweisung zurückzuführen ist - und sich damit verwaltungsintern beheben läßt - oder ob es sich um gesetzliche Vorgaben handelt, deren Veränderung aufwendiger legislativer Maßnahmen bedarf.

---

der auf den Zielbildungsprozeß Einfluß nehmenden Gremien/Instanzen interner und externer Herkunft sowie die Vielschichtigkeit und Komplexität des Prozesses der Zielfestlegung einer öffentlichen Verwaltung aufgezeigt wird.

101 Ein Zielobjekt oder Zielbereich umschreibt den Gegenstandsbereich, auf den sich ein Ziel bezieht. In Frage kommen hier etwa organisatorische Bereiche funktionale Subsysteme (Tätigkeitsbereiche) (vgl. Braun, Günther E.: Ziele, a.a.O., S. 97-99).

Als **Quellen** der Analyse kommen vielfältige Materialien in Frage, die von den Gesetzen und Verordnungen bis hin zu Organisationshilfen wie Geschäftsordnungen, Aufgabengliederungs- und Geschäftsverteilungsplänen reichen.[102] Des weiteren enthalten Regierungsprogramme bzw. -erklärungen Zielvorgaben,[103] teilweise sind auch Bürgerbefragungen als Grundlage für eine Zielformulierung vorhanden. Unerläßlich ist auch das Gespräch mit den Verwaltungsmitarbeitern. Es wird in der Regel deutlich werden, daß vielfältige und heterogene Zielvorgaben existieren, die aber zum einen **nicht flächendeckend**, zum anderen häufig **wenig operational**, teilweise auch **sich widersprechend** oder den betroffenen Verwaltungsangehörigen schlicht **unbekannt** sind.

Aus der Sicht des Verwaltungs-Controlling ergibt sich ein Handlungsbedarf einerseits zur Verbesserung der bestehenden Zielvorgaben und andererseits zur Optimierung des Verfahrens der Zielplanung.

2. Optimierung bestehender Zielvorgaben

Überprüfung der Vollständigkeit und des Detaillierungsgrades der vorgegebenen Zielstruktur

Im Rahmen der Zieldokumentation festgestellte unvollständige Zielstrukturen dürfen nicht schon per se als zu beseitigende **Mängel** interpretiert werden. Vielmehr kann es im Sinne der Mitarbeitermotivation sowie der Ausnutzung dezentral vorhandenen Expertenwissens durchaus **sinnvoll** sein, **Lücken in der Zielstruktur zuzulassen**, solange die (Rahmen-)Vorgaben eine hinreichende Sachzielerreichung sichern und das Kontrollsystem in der Lage ist, Abweichungen zu signalisieren und Interpretationsvorgänge anzuregen. So kann es im Zuge einer Dezentralisierung von Entscheidungen vorteilhaft sein, einer Verwaltungseinheit zwar die Leistungsmerkmale einer zu erstellenden Leistung vorzugeben, jedoch keine Vorgaben zum Leistungserstellungsprozeß zu machen, so daß die leistungserstellende Einheit - innerhalb budgetärer Rahmenbedingungen - den Prozeß der Leistungserstellung dezentral und autonom bestimmen kann.

Das Verwaltungs-Controlling hat die Aufgabe, die zielgebenden Instanzen auf unvollständige wie auch auf zu tief detaillierte Zielvorgaben hinzuweisen. Zudem ist eine Einschätzung abzugeben, inwieweit sich eine Ergänzung bzw. Konkretisierung fehlender Zielstrukturelemente empfiehlt. Falls es gewünscht ist, nicht alle Zielstrukturelemente auszuführen - wenn etwa einer ausführenden Dienststelle eine größere Autonomie eingeräumt werden soll - so sind die Freiheitsgrade als solche kenntlich zu machen.

---

102 Vgl. ausführlich Eichhorn, Peter/Friedrich, Peter: Verwaltungsökonomie I, a.a.O., S. 144-149.
103 Vgl. Reichard, Christoph: Betriebswirtschaftslehre, a.a.O., S. 81.

Konkretisierung und Operationalisierung der Zielvorgaben

Den Ausgangspunkt für die Aufgabe des Verwaltungs-Controlling, zu einer Konkretisierung und Operationalisierung bestehender Zielvorgaben beizutragen, bildet die oben skizzierte **Vagheit und fehlende Umsetzbarkeit vorhandener Zielvorgaben**, die hauptsächlich für die Sachziele zu konstatieren ist. Die Akteure, die die Zielbildungskompetenz besitzen, sind in der Regel nicht daran interessiert (und auch nicht gezwungen), Zielvorgaben zu konkretisieren, weil sie damit einerseits Widerspruch und Konflikte provozieren und sich andererseits einer womöglich negativ ausfallenden Zielerreichungskontrolle aussetzen würden.[104] Von daher ist die von politischer Seite,[105] aber auch auf Seiten der Verwaltungsangehörigen festzustellende Unwilligkeit, Ziele überhaupt zu verbalisieren, zu dokumentieren und sich damit einer Kontrolle der Zielerreichung auszusetzen, auf der individuellen Ebene durchaus verständlich. Es liegt auf der Hand, daß von daher **strukturell bedingte Konflikte** zwischen einem Verwaltungs-Controller, der um operationale und konkrete Zielvorgaben bemüht ist, und den zielgebenden Instanzen angelegt sind. Von der persönlichen Kompetenz und der hierarchischen Position des Verwaltungs-Controllers wird es abhängen, inwieweit sich hier Erfolge erzielen lassen. Erfolge auf diesem Gebiet sind aber angesichts der hohen Bedeutung der Zielvorgaben höchst bedeutsam für den Gesamterfolg der Controlling-Aktivitäten überhaupt.

Durch die oben geschilderten, in der **Sachzieldominanz** und den Spezifika des Leistungsprogramms begründeten faktischen Probleme, operationale Zielvorgaben zu formulieren, ergeben sich für das Verwaltungs-Controlling weitere anspruchsvolle Aufgaben weitere anspruchsvolle Aufgaben. Für öffentliche Verwaltungen sind die ohne Schwierigkeiten zu operationalisierenden, **monetär quantifizierbaren Formalziele von untergeordneter Bedeutung**, sie haben in der Regel nur den Charakter von Nebenbedingungen. Zudem sind die Leistungen, die von öffentlichen Verwaltungen erstellt und abgegeben werden, häufig einer einfachen **Messung** nicht zugänglich, insbesondere weil qualitative Merkmale die quantitativen dominieren. Und selbst wenn die Leistung (Output) einer unmittelbaren Messung zugänglich ist, bestehen in der Regel größte Schwierigkeiten, über deren **Wirkung** (Outcome) im Hinblick auf die Erreichung gesetzter Ziele Aussagen zu treffen.[106]

Einen wichtigen Beitrag zur Operationalisierung von Sachzielvorgaben kann das **Indikatoreninstrumentarium** leisten. Darauf wird in Kapitel 6, Teil III. ausführlich eingegangen werden.

---

104 Nach Thieme veranlaßt diese Sachlage etwa den Politiker, "in seine Aussagen ein nicht geringes Maß an Unbestimmtheiten einzubauen." (Thieme, Werner: Entscheidungen in der öffentlichen Verwaltung, Köln u.a. 1981, S. 53).
105 Diesen Ausfluß "politischer Rationalität" erwähnt z.B. Reichard, Christoph: Betriebswirtschaftslehre, a.a.O., S. 149.
106 Auf die hier angesprochene Differenzierung in Leistung und (Leistungs-)Wirkung (oder Primär- und Sekundärleistung oder auch Output und Outcome) wird unten noch näher eingegangen werden.

Zielkoordinierung

Das Zielsystem - als die geordnete Gesamtheit von (Teil-)Zielen[107] - der öffentlichen Verwaltung ist durch eine sehr hohe Komplexität (enorme Breite mit sehr weitgehenden Vernetzungen) gekennzeichnet.[108] Die festzustellenden **Zielbeziehungen** umfassen das gesamte Spektrum der von der Zielforschung erarbeiteten Ausprägungen.[109]

Das Vorhandensein vielfältiger Zielbeziehungen erlaubt es in in aller Regel nicht, Zielplanungen für einzelne Zielobjekte isoliert vorzunehmen. Hier ergibt sich für das Verwaltungs-Controlling die Aufgabe der **Koordinierung und Harmonisierung von Teilzielen**. Allerdings wird es auch dem Verwaltungs-Controlling nicht gelingen, die Positiv-Koordination sämtlicher verwaltungsrelevanter Ziele zu bewerkstelligen und ein konsistentes Gesamt-Zielsystem zustandezubringen. Die Zielkoordinierung setzt eine notwendigerweise werturteilsbehaftete Zielreihung und Zielgewichtung[110] voraus, die nicht Aufgabe des Verwaltungs-Controlling sein kann. Dagegen kann das Verwaltungs-Controlling hier wichtige **Vor- und Zuarbeiten** leisten: Es kann die von den zielgebenden Instanzen zu treffenden Beschlüsse entscheidungsreif vorbereiten, so daß die zuständigen Instanzen die Rangordnung der Ziele und die Vergabe der Zielgewichte vor einem informatorisch optimal aufbereiteten Hintergrund vornehmen können. Weiterhin kann er auf bestehende Zielkonflikte hinweisen und Vorschläge zu deren Beseitigung machen.

Dagegen sollte nicht versucht werden, Zielkoordinationsprobleme a priori dadurch zu vermeiden, daß in synoptischer Weise ein geschlossenes und flächendeckendes Zielsystem für eine Gesamtverwaltung top-down entworfen[111] und darauf die gesamte Maßnahmen- und Ressourcenplanung aufgesetzt wird. Alle dahin gehenden Versuche sind bislang gescheitert[112] und sollten nicht unter dem Namen des Controlling wieder aufleben.

Die Bildung **hinreichender Zielstrukturen für einzelne Zielobjekte** wird umso eher möglich, je präziser diese Zielobjekte konkretisiert werden. So lassen sich für einzelne Verwaltungsteilbereiche, etwa Abteilungen oder Sachgebiete einer Kommunalverwaltung, durchaus umfassende Zielstrukturen bilden. Auch aus einzelnen Bundesministe-

---

107 Vgl. Brede, Helmut: Ziele öffentlicher Verwaltungen, a.a.O., Sp. 1873.
108 Vgl. Becker, Ulrich: Stabilität und Neuerung - Zur Disposition der öffentlichen Verwaltung für organisatorische Entwicklungen, in: Die Verwaltung, 1980, S. 21-35, hier S. 23 sowie insbesondere Braun, Günther E.: Ziele, a.a.O., S. 127.
109 Zu Zielbeziehungen in der und Zielsystemen für die öffentliche Verwaltung vgl. z.B. Eichhorn, Peter/Friedrich, Peter: Verwaltungsökonomie I, a.a.O., S. 130-140; Krautter, Horst: Zielgerichtetes Verwaltungshandeln, in: Joerger, Gernot/Geppert, Manfred: Grundzüge der Verwaltungslehre, Band 2, 3. Auflage, Stuttgart 1983, S. 38-47, hier S. 39 und 46f; Reichard, Christoph: Betriebswirtschaftslehre, a.a.O., insbes. S. 35f; Braun, Günther E.: Ziele, a.a.O., S. 127-129; Brede, Helmut: Ziele öffentlicher Verwaltungen, a.a.O., Sp. 1872-1875.
110 Reichard spricht von einer "subjektiv-wertenden Prioritätensetzung", die "nur in Abstimmung mit dem politischen Entscheidungsträger vollzogen werden kann." (Reichard, Christoph: Betriebswirtschaftslehre, a.a.O., S. 82).
111 Auch Brede (Brede, Helmut: Ziele öffentlicher Verwaltungen, a.a.O., Sp. 1868) betont die Unmöglichkeit einer "totalen Zielbildung".
112 Vgl. dazu die Ausführungen unten (Teil IV. B dieses Kapitels) zum Versuch, ein "Integriertes Planungs-, Entscheidungs- und Kontrollsystem" (IPEKS) zu entwickeln und zu implementieren.

rien sind erfolgversprechende Ansätze bekannt.[113] Diesen Weg des partiellen Vorgehens sollte das Verwaltungs-Controlling beschreiten.

An dieser Stelle sei nochmals darauf hingewiesen, daß eine abschließende Zielsystembildung ohne Kenntnis der zur Zielerfüllung zu ergreifenden Maßnahmen und der dazu nötigen Ressourcen unmöglich erscheint. Zumindest muß nach erfolgter Maßnahmen- und Ressourcenplanung eine kritische Zielrevision durch das Verwaltungs-Controlling initiiert werden. **Zielkoordination und Maßnahmenkoordination sowie Ressourcenallokation** müssen **ineinandergreifen**.

3. Verbesserung des Verfahrens der Zielplanung

Die Skizze der komplexen Strukturen und Prozesse, in denen Ziele für öffentliche Verwaltungen zustandekommen, hat deutlich werden lassen, daß von dem verwaltungsintern angesiedelten Verwaltungs-Controlling **keine völlige Neuorientierung** des Verfahrens der Zielplanung erwartet werden kann. Eine Verbesserung wird sich eher durch mühsame Kleinarbeit als durch versuchte "große Würfe" erreichen lassen. Gleichwohl sollte nicht nur an bestehenden Zielvorgaben nachgebessert werden, sondern soweit als möglich schon optimierend auf die **Prozesse der Zielplanung** Einfluß genommen werden. Auch hier sollte Controlling weniger die Durchführung der anstehenden Arbeiten an sich ziehen, als vielmehr den materiell zuständigen Stellen Impulse geben und Rahmenbedingungen setzen. Die nachfolgenden Vorschläge zu einer Verbesserung des Verfahrens der Zielvorgabe sind damit überwiegend dem Bereich der **formellen Koordination** zuzurechnen. Je nach den inhaltlichen Anforderungen des zu planenden Teilsystems müssen im Einzelfall zahlreiche Einflußfaktoren, wie z.B. Prozesse der politischen Willensbildung, Aktivitäten von Interessenverbänden und Betroffenengruppen, vielfältige Restriktionen (neben finanzieller auch z.B. informatorischer, rechtlicher und technologischer Natur) berücksichtigt werden.

Dokumentation der Verfahrensweisen der Zielplanung

Anstrengungen zur Verbesserung des Verfahrens der Zielvorgabe müssen zunächst daran ansetzen, eine **Transparenz** eben dieser Verfahrensweisen zu erreichen. Es muß klar sein, welche Instanz für welche Zielvorgaben verantwortlich zeichnet, also insbesondere, bis zu welcher Zielebene die demokratisch legitimierten Instanzen Ziele vorgegeben haben und ab welcher Ebene die Planungsstellen der Verwaltung maßgeblich für die Herunterbrechung bzw. Konkretisierung der Ziele gesorgt haben. Dies ist notwendig, um die verwaltungsinternen Einwirkungsmöglichkeiten zu bestimmen.

Ob die so geschaffene transparente Zielstruktur auch Stellen außerhalb der Verwaltung (Ausschüsse, Öffentlichkeit...) zugänglich gemacht werden sollte, erscheint frag-

---

113 Vgl. etwa das Zielsystem des Bundesministeriums für Ernährung, Landwirtschaft und Forsten mit ursprünglich 4 Hauptzielen, 22 Unterzielen und 63 Teilzielen (vgl. Munzel, Dieter: Die Funktionsfähigkeit von Planungs- und Kontrollsystemen auf der Ebene von Bundesregierung und Bundesverwaltung, Diss., Hamburg 1976, S. 78ff mit konstruktiv-kritischen Anmerkungen und weiteren Literaturhinweisen).

lich. Eine erwartete große **Publizität** der Ergebnisse der Zielstrukturfixierung könnte schon bei der Erstellung Konflikte hervorrufen und bei den Beteiligten ein taktisches Verhalten bewirken, was für die mit dem Verwaltungs-Controlling verfolgten Zwecke kontraproduktiv sein könnte.[114]

Bereitstellung zielbildungsrelevanter Informationen

In diesem Felde liegt wohl innerhalb der Zielplanung das **größte Potential des Verwaltungs-Controlling**. Nahezu alle der oben im Rahmen der Erörterung der Kernfunktion der Informationsversorgung genannten Instrumentarien können direkt oder indirekt der Zielplanung dienen. Das Verwaltungs-Controlling muß sich als die für die optimale informatorische Unterstützung der (Ziel-)Planungsvorgänge zuständige Einheit verstehen.

Im Rahmen der Zielplanung öffentlicher Verwaltungen sind insbesondere Informationssysteme von Bedeutung, die der **Umweltanalyse**[115] zuzurechnen sind. Dazu kann auf ohnehin vorhandenes Datenmaterial zurückgegriffen werden, beispielsweise auf von der amtlichen Statistik vorgehaltene Routinestatistiken. Erfolgversprechender, aber auch aufwendiger ist es, auf der Grundlage einer permanenten spezifischen Umweltanalyse, wozu auch gezielte Bürgerbefragungen zu zählen sind, Informationen zu erarbeiten, die die Zielplanungsprozesse unterstützen können. Aus dem Bereich der strategischen Unternehmensplanung bekannte Instrumente wie Stärken-Schwächen-Profile oder modifizierte Formen der Portfolio-Analyse können hier eingesetzt werden.[116]

Anders als in privatwirtschaftlichen Unternehmen, die aus Umweltanalysen insbesondere Informationen über sich dynamisch entwickelnde Chancen und Risiken am Markt zu gewinnen suchen, müssen derartige Bestrebungen in öffentlichen Verwaltungen zentral deren **Dienstcharakter** beachten: Öffentliche Verwaltungen haben dem öffentlichen Interesse, dem Gemeinwohl zu dienen. Daraus kann sich gerade die Aufgabe ergeben, Informationen darüber zu sammeln, welche gesellschaftlichen Bedürfnisse bestehen, die der Markt aus sich heraus **nicht** befriedigen kann. Wenn das Verwaltungs-Controlling nun über Umweltanalysen solche Bedürfnisse aufzeigt, so müssen die politisch dazu legitimierten Instanzen entscheiden, ob die signalisierten Bedürfnisse zu öffentlichen Aufgaben gemacht werden. Das Verwaltungs-Controlling kann nur die **Anregungsinformation** liefern. Im umgekehrten Falle können die Umweltanalysen auch ergeben, daß eine bislang wahrgenommene Aufgabe (inzwischen) nicht mehr dem öffentlichen Interesse dient oder aber besser von privaten Anbietern wahrgenommen werden kann. Auch in diesem Falle kommt dem Verwaltungs-Controlling die Anregungsfunktion gegenüber den zielgebenden Instan-

---

114 Zur Problematik der Veröffentlichung von Zielstrukturen vgl. ebenda, S. 48-50.
115 Vgl. zur Entwicklung eines Informationssystems zur Umweltanalyse von Rundfunkanstalten Bea, Franz Xaver/Kötzle, Alfred/Barth, Maria: Unternehmensführung in öffentlich-rechtlichen Rundfunkanstalten, a.a.O., S. 151f. Vgl. dazu auch die Ausführungen unten zum "environmental scanning" im Rahmen der Erörterung der Problemfindungsphase (Teil III. dieses Kapitels).

zen zu, das Zielsystem - gegebenfalls nach eingehenderen Analysen - dahingehend anzupassen.[117]

Generell stellt sich die Frage, ob sich die **Informationsversorgungsfunktion** des Verwaltungs-Controlling **nur auf Verwaltungsinterne** oder auch auf die anderen oben geschilderten Instanzen mit Zielgebungskompetenz bezieht. Ein Verwaltungs-Controlling, wie es hier in seinen Umrissen diskutiert wird, ist von seinem Grundansatz her auf den Verwaltungsbetrieb und seine Führung ausgerichtet. Soll der Verwaltungs-Controller das unbedingt notwendige Vertrauen der Verwaltungsführung genießen, so empfiehlt es sich nicht, die Arbeitsergebnisse Dritten direkt zugänglich zu machen.[118]

Prüfung auf Zielverträglichkeit

Das Verwaltungs-Controlling muß Verfahrensweisen vorhalten, die gewährleisten, daß vor der Verabschiedung von Zielvorgaben eine Prüfung auf Konsistenz mit Oberzielen und auf Harmonie mit anderen Zielen erfolgt (**Zielabstimmung**). Diese Maßnahmen der Zielkoordinierung sind umso bedeutsamer, je stärker man das Gewicht auf dezentrale Zielplanungen legt. Es ist im Einzelfall zu entscheiden, inwieweit das Verwaltungs-Controlling diese koordinativen Aufgaben selber wahrnimmt oder nur die Erfüllung dieser Aufgabe durch die Ziele vorgebenden Instanzen initiiert und gegebenenfalls auch überwacht.

Im übrigen kann hier auf die oben gemachten Ausführungen zu den zielkoordinativen Aufgaben des Verwaltungs-Controlling hinsichtlich bereits bestehender Zielvorgaben verwiesen werden.

Dynamische Zielüberprüfung und Zielanpassung

In einer dynamischen Betrachtung muß eine zyklische Prüfung von Relevanz und Adäquanz der Zielvorgaben aus vergangenen Perioden für die Gegenwart und für die Zukunft erfolgen. Dieser Prozeß muß auch aus der Verwaltung heraus betrieben werden. Es sind grundsätzlich zwei verschiedene Vorgehensweisen denkbar.

Zum einen kann versucht werden, die den Zielvorgaben zugrundeliegenden **Prämissen und Randbedingungen systematisch und vollständig auf Veränderungen zu überprüfen**, die ihrerseits eine Änderung der Zielvorgaben erforderlich machen könnten.

---

116 Vgl. dazu Weber, Jürgen: Einführung in das Controlling, a.a.O., S. 236-241. Vgl. auch den Überblick über die in der Zielplanungsphase einzusetzenden Instrumente in Abb. 5-4.
117 Neben der hier zuvorderst auf die strategische Dimension bezogenen Zielplanungen und den darauf ausgerichteten Informationssystemen sind im operativen Zielplanungsbereich auch Informationen der Leistungs- und Kostenrechnung und der operativen Indikatorenrechnung heranzuziehen. Es sei hier hingewiesen auf die Ausführungen im nachfolgenden Kapitel.
Weber spricht in diesem Zusammenhang von der Vorschlagsverantwortung des Verwaltungs-Controlling (vgl. etwa Weber, Jürgen: Einführung in das Controlling, a.a.O., S. 236).
118 Anderenfalls ergäbe sich eine völlig andere Ausrichtung des Verwaltungs-Controlling. So wäre etwa an einen "Parlaments-Controller" im Sinne eines Informationsbeschaffers für Zielplanungsentscheidungen der Parlamente zu denken. Dies könnte allenfalls im Bereich der ehrenamtlich tätigen Parlamentsmitglieder Sinn machen. Bundestagsmitglieder haben ihre Persönlichen Referenten und die Fraktionen zusätzliche Mitarbeiter zur Informationsbeschaffung. Würde dieser Parlaments-Controller verstärkt mit investigativen und kontrollierenden Aufgaben ausgestattet, so ergäbe sich ein Aufgabenbild, das dem von Untersuchungsausschüssen oder den Rechnungshöfen

Da die vielfältigen, "das Zielsystem determinierenden Einflußfaktoren im Zeitablauf Änderungen unterliegen", die sowohl die Zielstrukturelemente als auch die Beziehungen zwischen ihnen beeinflussen, ist "das Problem der Zielvariation somit äußerst komplex. Beim gegenwärtigen Stand der theoretischen Diskussion erscheint es aussichtslos, ein theoretisches System zu entwickeln, das die Variation des Zielsystems in seiner ganzen Vielfalt dynamisch erklärt."[119]

Auf der anderen Seite ist es denkbar, ausschließlich **reaktiv auf Anstöße von außen** zu handeln. Anpassungen der Zielvorgaben kämen hier also nur zustande, wenn entweder die politisch zuständigen Instanzen aktiv werden oder die Leistungsinanspruchnehmenden Defizite signalisieren, etwa in der Form von Beschwerden.

Der erste Weg ist damit nicht gangbar, der zweite nicht wünschenswert. Als Aufgabe des Verwaltungs-Controllers kann es angesehen werden, hier einen gangbaren Mittelweg zwischen unrealistischer Perfektion und passiver Reaktion aufzuzeigen. Weber fordert von einem Verwaltungs-Controller allgemein "laufend zu überprüfen, ob die abgeleiteten öffentlichen Aufgaben ... und die zur Erfüllung erbrachten Leistungsarten ... weiterhin den Bedürfnissen der Bürger entsprechen, oder ob man nicht Anpassungen vornehmen, öffentliche Aufträge umformulieren oder anderen Aufgabenträgern zuordnen sowie das Leistungsprogramm verändern muß."[120] Die Controlling-Aktivitäten müssen hier mittelfristig darauf abzielen, Systeme zu schaffen, die - ähnlich den **Frühwarnsystemen**, wie sie für privatwirtschaftliche Unternehmen verschiedentlich entwickelt wurden - Kennzahlen und Indikatoren bereitstellen, aus denen frühzeitig zielplanungsrelevante Sachverhalte abgeleitet werden können, so daß eine Entwicklung von einem ausschließlich reagierenden Verhalten hin zu einem aktiven Eingehen auf gesellschaftliche Veränderungen eingeleitet werden kann.

Beteiligung der Verwaltungsmitarbeiter

Die Leistungsergebnisse einer über Zielvorgaben geführten Verwaltung lassen sich erhöhen, wenn die Ziele nicht über die Köpfe der Ausführenden hinweg vorgegeben werden, sondern deren **Sachverstand** genutzt wird und durch die **Partizipation** die **Leistungsmotivation** der Mitarbeiter erhöht werden kann. Das Verwaltungs-Controlling sollte schon von daher versuchen, den Zielbildungsprozeß so weit als möglich kooperativ zu gestalten, also dafür zu sorgen, daß schon in einem frühen Stadium eine breite Zieldiskussion erfolgt und Ziele nicht von oben oktroyiert werden. Allerdings ist angesichts der vielfältigen rechtlichen Vorgaben und externen Einflußnahmen der Spielraum für eine Mitarbeiterbeteiligung im Zielplanungsprozeß stark eingeschränkt. In diesem Zusammenhang kann auf die oben gemachten Ausführungen zum "Management by Objectives" in öffentlichen Verwaltungen verwiesen werden.[121] Auch

---

angenähert wäre. Auf jeden Fall ergäben sich gravierende Abweichungen zu dem hier diskutierten, dem Verwaltungsmanagement verpflichteten Verwaltungs-Controller.
119 Heinen, Edmund: Grundlagen betriebswirtschaftlicher Entscheidungen, a.a.O., S. 235. Diese Aussage trifft auch heute noch zu.
120 Weber, Jürgen: Einführung in das Controlling, a.a.O., S. 238.
121 Vgl. die Ausführungen in Kapitel 2, Teil III. A.

das von Reichard für Öffentliche Verwaltungsbetriebe entwickelte Konzept einer Kooperativen Integrierten Zielbildung (KIZ)[122] bietet hier einige brauchbare Ansatzpunkte, die über eine Entscheidungsdezentralisation und eine erhöhte Leistungsmotivation verbesserte Zielvorgaben und damit letztlich eine Leistungssteigerung bewirken können.

Einführung eines Zielgremiums unter Federführung des Verwaltungs-Controllers

Zur Realisierung der gemachten Anregungen ist in institutioneller Hinsicht zu überlegen, zumindest für bedeutendere Zielobjekte unter der Federführung des Controllers ein **Zielgremium**[123] einzuberufen, dem als Mitglieder etwa
- Vertreter der politisch legitimierten zielgebenden Instanzen,
- Führungskräfte der öffentlichen Verwaltung sowie betroffene Verwaltungsmitarbeiter,
- Rezipienten (Bürger),
- Sachverständige (aus Wissenschaft und/oder Wirtschaftsberatung)

angehören könnten.

Die in einem solchen Gremium im Einzelfall **zu erwartenden Konflikte** stellen allerdings **hohe Anforderungen an die Moderationsfähigkeit des Verwaltungs-Controllers**. Dessen formelle Koordinationsaufgabe beinhaltet daher auch die Schaffung von Geschäftsordnungen, "die die Gremienmitglieder zum Argumentationsaustausch und Diskurs zwingen" und auch Regelungen "zur Konfikthandhabung bzw. -bewältigung enthalten."[124]

III. Verwaltungs-Controlling und Maßnahmenplanung

Zur Realisierung der Verwaltungsziele sind geeignete **Maßnahmen** zu ergreifen, die in quantitativer wie in qualitativer Hinsicht hinreichend dimensionierte **Ressourcen** erfordern. Sowohl die Maßnahmendurchführung als auch die Ressourcenbereitstellung müssen innerhalb des Zielrahmens geplant werden. Diese Vorgänge der **Maßnahmen- und Ressourcenplanung** sind aufs Engste miteinander verbunden und erfordern eine Vielzahl von Abstimmungsprozessen. Nachfolgend soll zunächst diskutiert werden, durch welche Aktivitäten das Verwaltungs-Controlling die Maßnahmenplanung öffentlicher Verwaltungen unterstützen kann. Erst im Anschluß daran (Teil IV.) soll die Ressourcenplanung (Budgetierung) näher untersucht werden.

---

[122] Vgl. Reichard, Christoph: Managementkonzeption des Öffentlichen Verwaltungsbetriebes, a.a.O., insbes. S. 69-90.
[123] Dieser Vorschlag lehnt sich an die Ausführungen Ossadniks zur Spezifizierung des Handlungsauftrages öffentlicher Unternehmen an (vgl. Ossadnik, Wolfgang: Zur Spezifizierung des Handlungsauftrages öffentlicher Unternehmen, in: JfB, 41. Jg. (1991), Heft 1, S. 2-13, hier S. 6ff). Vgl. auch die Ausführungen in Kapitel 6, Teil III. C 1. b).
[124] Ossadnik, Wolfgang: Zur Spezifizierung des Handlungsauftrages, a.a.O., S. 10.

A Bedeutung und derzeitige Stellung der Maßnahmenplanung

Der **Stellenwert**, den **die Maßnahmenplanung** innerhalb des öffentlichen Planungssystems einnimmt, ist im Vergleich zu ihrer eigentlichen Bedeutung für die Erfüllung öffentlicher Aufgaben **zu gering**. Es dominieren input-orientierte Planungen. Dies hat zur Folge, daß häufig erst nach der Ressourcenzuteilung Überlegungen erfolgen, welche Maßnahmen mit diesen Mitteln realisiert werden können.[125] Die logische Abfolge von Zielplanung, Maßnahmenplanung und Ressourcenplanung wird damit zuweilen auf den Kopf gestellt: "Nicht selten stehen am Anfang ... freie Ressourcen, und das zu lösende Problem wird erst gesucht."[126]

Das Ziel der Controlling-Aktivitäten muß es sein, den Stellenwert und die Qualität der Maßnahmenplanung ihrer Bedeutung gemäß zu erhöhen. Nachfolgend sollen verschiedene Ansatzpunkte dazu erörtert werden.

Vorneweg ergibt sich dabei die Frage nach dem anzustrebenden **Konkretisierungsgrad der Maßnahmenplanung**. Hier soll keinesfalls einer bis ins Detail der Maßnahmenausführung gehenden Maßnahmenplanung das Wort geredet werden. Man würde sich - insbesondere bei mittel- und längerfristigen Planungszeiträumen - der notwendigen Flexibilität berauben, wenn trotz bestehender Prognoseunsicherheiten unnötig frühe Konkretisierungen von Maßnahmenprogrammen vorgenommen würden.[127] Zudem läßt sich über grobe ergebnisorientierte Vorgaben die Eigeninitiative und Sachkenntnis der Ausführenden viel besser aktivieren. Hier gilt es für den Verwaltungs-Controller, die materiell planenden Facheinheiten zu einer hinreichend konkreten Maßnahmenplanung anzuhalten und die dafür notwendige instrumentelle Unterstützung vorzuhalten. Allgemein geht es bei der Bestimmung des optimalen Konkretisierungsgrades um eine komplexe Kosten-Nutzen-Abwägung mit etlichen Unbekannten, die nur bei Setzung zahlreicher Prämissen im Einzelfall zu einem Ergebnis führen kann. Dem Zeitaspekt läßt sich mit Hilfe der Technik der **rollierenden Planung** Rechnung tragen: Der Konkretisierungsgrad der Maßnahmenplanung ist entsprechend der mit zunehmender Gegenwartsnähe wachsenden Informationsgüte zu erhöhen.[128] Dabei ist in jeder Phase die Notwendigkeit einer Zielrevision zu überprüfen.

---

[125] Angesichts der dann nur knappen Planungsfristen resultieren so oft suboptimale Planungsergebnisse, wenn nicht überhaupt nur eine konservative Fortschreibung der Maßnahmenprogramme der Vergangenheit erfolgt (vgl. Kruse, Hans-Joachim: Allgemeine Aufgabenplanung, a.a.O., S. 4f).

[126] Derlien, Hans-Ulrich: Die Effizienz von Entscheidungsinstrumenten für die staatliche Ressourcenallokation - Versuch einer Evaluation von Entscheidungstechniken, in: Pfohl, Hans-Christian/Rürup, Bert (Hrsg.): Anwendungsprobleme moderner Planungs- und Entscheidungstechniken, Königstein 1978, S. 311-326, hier S. 323. Novick zitiert einen stellvertretenden Verteidigungsminister der Vereinigten Staaten mit den Worten: "In der Vergangenheit hat das Verteidigungsministerium oft seine Streitkräfte aufgebaut, indem es mit einem Budget begann und erst dann nach einem Programm gesucht hat." (Novick, David: Das Programmbudget: Grundlage einer langfristigen Planung, in: Recktenwald, Horst Claus (Hrsg.): Nutzen-Kosten-Analyse und Programmbudget, Tübingen 1970, S. 155-167, hier S. 162).

[127] Vgl. Kruse, Hans-Joachim: Allgemeine Aufgabenplanung, a.a.O., S. 15.

[128] Vgl. Horváth, Péter: Controlling, a.a.O., S. 197 und 199.

B Aufgaben des Verwaltungs-Controlling in den Teilphasen der Maßnahmenplanung

Die Maßnahmenplanung kann idealtypisch in die **Phasen der Problemfeststellung und -analyse sowie der Alternativensuche und -bewertung** unterteilt werden.[129] In allen diesen Planungsphasen sind jeweils **Prognosen** erforderlich. Nachfolgend sollen die Aufgaben des Verwaltungs-Controllers in diesen Teilphasen der Maßnahmenplanung diskutiert werden.

1. Problemfeststellung und -analyse[130]

"Geplant wird, weil Probleme gelöst werden sollen."[131] Dabei sind **Probleme** allgemein als Abweichungen zwischen Zielen (angestrebten oder Soll-Zuständen) und bestehenden oder zukünftig erwarteten Gegebenheiten (Ist-Zuständen oder Wird-Zuständen) anzusehen. Die Ermittlung des Abstandes zwischen einem Soll- und einem Ist-Zustand ("Problemlücke") wird als **Problemfeststellung**[132] bezeichnet. Eine **Problemanalyse** wird erforderlich, wenn das ermittelte Problem nicht in allen Elementen bekannt ist oder die bekannten Problemelemente unstrukturiert sind.[133]

Zur Problemfeststellung als Aufgabenfeld des Verwaltungs-Controlling

Der Dienst- oder Instrumentalcharakter öffentlicher Verwaltungen bringt es mit sich, daß die **Problemfeststellung oft außerhalb der öffentlichen Verwaltungen erfolgt.** Derlien konstatiert nüchtern: "Am Anfang steht dabei in der Regel ein Problem, das politisch aufgegriffen wird, weil man damit den Erwartungen seiner Klientel zu entsprechen versucht und glaubt, mit der ins Auge gefaßten Lösung per Saldo zumindest keine Wählerstimmen zu verlieren."[134] Die Problemanalyse hat dann aber überwiegend innerhalb der öffentlichen Verwaltungen zu geschehen. Dies gilt auch für die weiteren entscheidungsvorbereitenden Planungsphasen.

Die Frage, ob Controlling-Aktivitäten dazu beitragen sollen, in größerem Umfange als bisher **verwaltungsintern Problemfestellungen** zu ermöglichen und damit Weichenstellungen für die zu bearbeitenden Aktivitätsfelder zu treffen, muß differenziert angegangen werden. Angesichts der Tatsache, daß die Verwaltung im Vergleich zur Legislative ohnehin schon ein relatives Übergewicht an Analyse-, Informations- und Bera-

---

129 Es sei nochmals darauf hingewiesen, daß es sich bei dieser Phaseneinteilung nicht primär um eine Beschreibung der zeitlichen Aufeinanderfolge sondern vielmehr um eine logisch-genetische Abfolge handelt, deren einzelne Phasen sich überlagern und wiederholen können.
130 Vgl. zu den engen wechselseitigen Beziehungen zwischen der Zielplanung und der Problemfeststellung und -analyse auch die Anmerkungen und Literaturverweise in der ersten Fußnote von Teil II. dieses Kapitels.
131 Wild, Jürgen: Grundlagen der Unternehmensplanung, a.a.O., S. 65.
132 Die Feststellung von Problemen als erstem Schritt zu ihrer Lösung kann als eine grundlegende Bedingung der Rationalität eines Systems, hier des politisch-administrativen Systems, angesehen werden. Im Luhmann'schen Konzept der Systemrationalität ist "ein System rational in dem Maße, als es seine Probleme bestandssicher formulieren und lösen kann" (Luhmann, Niklas: Theorie der Verwaltungswissenschaft - Bestandsaufnahme und Entwurf, Köln und Berlin 1966, S. 92).
133 Vgl. Wild, Jürgen: Grundlagen der Unternehmensplanung, a.a.O., S. 65f und Schweitzer, Marcell: Planung und Kontrolle, a.a.O., S. 38f.
134 Derlien, Hans-Ulrich: Die Effizienz von Entscheidungsinstrumenten, a.a.O., S. 323.

tungskapazitäten aufweist, könnte es **aus der Sicht einer ausgewogenen Gewaltenteilung unerwünscht** sein, wenn die Verwaltung über das schon bislang praktizierte Ausmaß hinaus eigenständige Aktivitäten zur Problemfeststellung entfaltet. Andererseits gilt die Befürchtung einer zu dominanten Verwaltung nur dann, wenn keine entsprechenden **Entscheidungs- und Kontrollmechanismen** vorhanden sind, die es **der Legislative** erlauben, die ihr genehmen Entscheidungen zu fällen und durchzusetzen. Solange derartige Mechanismen existieren, kann es nur im Sinne der Legislative sein, wenn die Verwaltung - im Rahmen ihres durch das Rechtssystem konstituierten Zweckprogrammes - autonom gesellschaftliche Problemlagen erkennt und analysiert, um sie in aufbereiteter Form der Legislative zur Bewertung und Entscheidung vorzulegen. Mit dieser grundsätzlichen Anmerkung soll jedoch nicht die **Gefahr** übersehen werden, daß eine faktisch übermächtige Verwaltung bei unzureichenden Kontrollmechanismen die nur noch formell entscheidenden Parlamentarier instrumentalisiert "und beginnt, ihren Handlungsspielraum im eigenen Interesse oder im Interesse selbst entwickelter politischer Gestaltungsideen zu nutzen."[135] Es muß klar gesehen werden, daß ein Verwaltungs-Controller, der das Umsystem der Verwaltung daraufhin analysiert, ob gesellschaftliche Entwicklungen von den politisch postulierten oder rechtlich vorgegebenen Soll-Zuständen (Zielen) wegführen, sich inmitten dieses Spannungsfeldes bewegt und die Grenzen zugunsten der Verwaltung verschiebt.

Feststellung von Problemlücken

Probleme wurden als Abweichungen zwischen Zielen und Ist- (bzw. Wird-)Zuständen definiert. Aus dieser Definition ergibt sich unmittelbar, daß die **Kenntnis der zu verfolgenden Ziele für die Problemfeststellung** unerläßlich ist. Angesichts der Vagheit der Ziele für öffentliche Verwaltungen fällt es oft nicht leicht, die jeweils entsprechenden realen Zustände zu ermitteln, sie den Zielen gegenüberzustellen und so gegebenenfalls die Problemlücke zu bestimmen, an der die nachfolgenden Planungsschritte anknüpfen sollen. Auf die obigen Ausführungen zur Zielplanung kann hier verwiesen werden.

Für die **Ermittlung der realen Zustände** kann der verwaltungsinterne Bereich vom Umsystem der öffentlichen Verwaltungen unterschieden werden. Zur **Bestimmung verwaltungsinterner Problemlücken**, die sich in einer fehlenden Adäquanz zwischen den vorgegebenen Zielen und den aufbau- und ablauforganisatorischen Regelungen äußert, kann auf die umfangreiche Literatur, insbesondere aus dem Bereich der Verwaltungsorganisation, verwiesen werden.[136]

Was die **Umsystemanalyse** anbelangt, so ist zu konstatieren, daß sich die öffentlichen Verwaltungen derzeit noch zu passiv bzw. reaktiv verhalten, so daß es nicht gelingt, Problemstellungen frühzeitig genug zu erkennen, um nicht durch bloßes Krisenmanagement reagieren zu müssen. Dem Verwaltungs-Controlling erschließt sich hier

---

135 Mayntz, Renate: Soziologie der öffentlichen Verwaltung, Heidelberg und Karlsruhe 1978, S. 67.
136 Vgl. etwa Siepmann, Heinrich/Siepmann, Ursula: Verwaltungsorganisation, a.a.O., mit weiteren Literaturhinweisen.

durch die Einführung und Anwendung der einschlägigen Techniken des "environmental scanning" ein breites Aufgabenfeld.[137]

Dabei sollte es dem Verwaltungs-Controlling aufgrund seiner übergreifenden Ausrichtung gelingen, die ansonsten für öffentliche Verwaltungen typische Vernachlässigung gesellschaftlicher Problemlagen, für die noch keine spezialisierten Verwaltungsteileinheiten existieren, zu reduzieren.

Da sich die Ziele, mit denen die ermittelten Zustände konfrontiert werden sollen, auf zukünftige Zeiträume oder Zeitpunkte beziehen und auch die zielgerichtete Veränderung festgestellter Zustände erst für die Zukunft möglich ist, bedarf es schon im Rahmen der Problemfeststellung der **Erstellung von Prognosen**,[138] auf die nachfolgend (Abschnitt 3) noch separat eingegangen wird.

Instrumente der Problemfeststellung und -analyse

Betriebswirtschaftslehre und Verwaltungswissenschaften haben für die konkrete Durchführung von Problemfestellung und -analyse einige **Instrumente** entwickelt,[139] deren Anpassung auf die Belange der einzelnen Verwaltung und deren Anwendung Aufgaben des Verwaltungs-Controlling darstellen. Von diesen Instrumenten sind einige schon auf ihre Eignung für den Einsatz im öffentlichen Bereich untersucht worden und befinden sich dort vereinzelt auch schon in der Anwendung.

Die für öffentliche Verwaltungen relevanten Problemstellungen sind im allgemeinen eher durch qualitative Kriterien als durch exakt zu quantifizierende Größen gekennzeichnet. Daher kommen zur Problemfeststellung hier in erster Linie **auf Indikatoren aufbauende Systeme** in Betracht, die idealerweise in der Form von **Frühwarnsystemen**[140] laufend die ermittelten Ist-Werte mit den vorgegebenen Soll-Werten vergleichen und Abweichungen, die eine kritische Größe überschreiten, anzeigen.[141] Die aus der Privatwirtschaft bekannten Kennzahlensysteme lassen sich wegen ihrer starken Ausrichtung auf die für öffentliche Verwaltungen weniger relevanten Formalzielkategorien nur mit geringerem Stellenwert und in stark modifizierter Form verwenden.

Die erarbeiteten Indikatoren können Eingang finden in strategisch ausgerichtete Instrumentarien, mit denen die aktuelle und die zukünftige Problemlösungskompetenz der Verwaltung und gegebenenfalls auch ihre Stellung im Vergleich zu Substitutionskonkurrenten (öffentliches Schwimmbad vs. privates Freizeitbad) bestimmt werden kann. Hier sind Stärken-Schwächen-Analysen, SOFT-Analysen, Potentialanalysen,

---

137 Vgl. den Überblick bei Horváth, Péter: Controlling, a.a.O., S. 396-407.
138 Vgl. Wild, Jürgen: Grundlagen der Unternehmensplanung, a.a.O., S. 66.
139 Vgl. im Controlling-Kontext etwa Weber, Jürgen: Einführung in das Controlling, a.a.O., S. 68ff und Horváth, Péter: Controlling, a.a.O., S. 390ff.
140 Zum Einsatz von Frühwarnsystemen als Controlling-Instrumente vgl. ebenda, S. 417-422.
141 Vgl. das Beispiel eines Indikatoren-Plan-Ist-Vergleiches bei Weber, Jürgen: Controlling in öffentlichen Unternehmen und Verwaltungen - Chancen und Restriktionen, in: Weber, Jürgen/Tylkowski, Otto (Hrsg.): Controlling - Eine Chance für öffentliche Unternehmen und Verwaltungen, Stuttgart 1988, S. 35-48, hier S. 43.

Gap-Analysen oder Portfolio-Analysen[142] als in Frage kommende Instrumentarien zu nennen. Insbesondere die Eignung von **Portfolio-Analysen** für den öffentlichen Bereich wurde bereits näher analysiert bzw. erprobt. Danach können Portfolio-Analysen in ihrer grundsätzlichen Vorgehensweise und im Rahmen ihrer Möglichkeiten[143] auch auf Aktivitätsfelder öffentlicher Verwaltungen angewandt werden, wenn ein Mindestmaß an Flexibilität und Autonomie hinsichtlich Erstellung und Angebot der Leistungen besteht.[144]

So erstellt **Weber**[145] etwa ein Portfolio aus der Sicht einer Landesverwaltung, indem er verschiedene Aufgabenfelder nach den Kriterien des langfristigen Leistungsbedarfs und der Notwendigkeit öffentlicher Leistungserstellung positioniert, um die Bedeutung einzelner Leistungen oder Leistungsbereiche im Zeitablauf darzustellen (**Abbildung 5-7**). Er formuliert entsprechend angepaßte Normstrategien wie etwa "Verstärkte Aufgabenverfolgung" für das Feld "hoch-hoch" der Portfolio-Matrix. Freilich kann ein derart grobes Portfolio lediglich den Einstieg in eine eingehendere Analyse eröffnen.

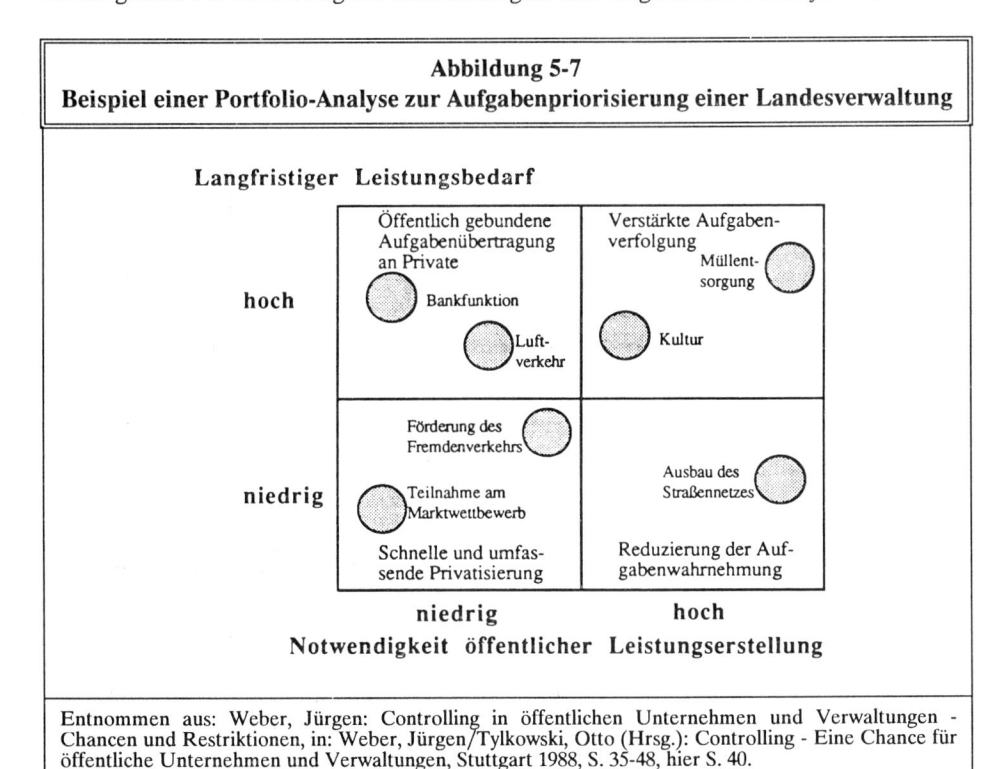

Abbildung 5-7
Beispiel einer Portfolio-Analyse zur Aufgabenpriorisierung einer Landesverwaltung

---

Langfristiger Leistungsbedarf

hoch
- Öffentlich gebundene Aufgabenübertragung an Private
  - Bankfunktion
  - Luftverkehr
- Verstärkte Aufgabenverfolgung
  - Müllentsorgung
  - Kultur

niedrig
- Förderung des Fremdenverkehrs
- Teilnahme am Marktwettbewerb
- Schnelle und umfassende Privatisierung
- Ausbau des Straßennetzes
- Reduzierung der Aufgabenwahrnehmung

niedrig — hoch
Notwendigkeit öffentlicher Leistungserstellung

Entnommen aus: Weber, Jürgen: Controlling in öffentlichen Unternehmen und Verwaltungen - Chancen und Restriktionen, in: Weber, Jürgen/Tylkowski, Otto (Hrsg.): Controlling - Eine Chance für öffentliche Unternehmen und Verwaltungen, Stuttgart 1988, S. 35-48, hier S. 40.

---

142 Vgl. zu diesen Techniken als Instrumente des strategischen Controlling Horváth, Péter: Controlling, a.a.O., S. 242-252.
143 Vgl. zur Kritik und zu den Grenzen dieses Instrumentariums etwa Steinmann, Horst/Schreyögg, Georg: Management - Grundlagen der Unternehmensführung, Wiesbaden 1990, S. 183-186 mit weiteren Literaturhinweisen.
144 Vgl. Weber, Jürgen: Einführung in das Controlling, a.a.O., S. 240.

Abbildung 5-8 zeigt ein differenziertes Ist-Portfolio für eine Fachabteilung einer **Landwirtschaftskammer**. Auf der Grundlage der Analyse
- der **Attraktivität** (indikativ enthalten in den Spalten b - d)[146] der angebotenen Leistungen (kodiert in Spalte a) für die potentiellen Nachfrager und
- des eigenen **Potentials** in Bezug auf die angebotenen Leistungen (abgebildet auf einer Skala von 1 - 100, Spalte e; daneben auch skaliert nach dem Image im Vergleich zu Substitutionsanbietern, Spalte f)

wird für jede Leistung der Fachabteilung eine "Normstrategie" der Typen Investitions-/Wachstumsstrategie, Abschöpfungs-/Desinvestitionsstrategie oder selektive Strategie formuliert.[147]

Abbildung 5-8
Ist-Portfolio der Arbeitsgebiete einer Fachabteilung einer Landwirtschaftskammer

Arbeits- gebiet a	Nach- frage- poten- tial b	Marktattraktivität		Image der LK e	Unternehmens- potential	Normal- strategie
		Identifizierte Nachfragegruppe c	Günstige Marktperspektiven d		Image der Konkur- renten ist relativ ... f	
28	56	Betriebsform	Gemischtbetriebe	60	schlechter	selektiv
29	54	Betriebsform	Marktfruchtbetriebe	66	besser	selektiv /ausbauen
30	54	Betriebsform	Marktfruchtbetriebe	74	besser	ausbauen
31	29	Betriebsform	Marktfruchtbetriebe	67	besser	selektiv
32	41	Betriebsform	Gemischtbetriebe	65	schlechter	selektiv
33	46	Ausbildung	ja, staatl. gepr. Wirt.	58	besser	selektiv
34	35	Betriebsgröße	ja, große Betriebe	81	besser	ausbauen

a) Schlüsselcode für Arbeitsgebiete - b) hohes Potential bei Relativzahl 100 - c) genereller Wirkungsfaktor - d) spezifischer Wirkungsfaktor - e) hohes Image bei Relativzahl 100 - f) Image der Konkurrenten bei der nachfragenden Betriebsgruppe.

Entnommen aus: Petersen, Volker: Landwirtschaftskammer Schleswig-Holstein - Strategische Planung durch Portfolio-Analyse, in: Weber, Jürgen/Tylkowski, Otto (Hrsg.): Perspektiven der Controlling-Entwicklung in öffentlichen Institutionen, Stuttgart 1991, S. 177-200, hier S. 188.

Im Vorgriff auf die unten folgenden Ausführungen sei schon hier darauf hingewiesen, daß neben den bislang aufgezeigten, strategisch ausgerichteten Instrumentarien die

---

145 Vgl. Weber, Jürgen: Chancen und Restriktionen, a.a.O., S. 39f und Weber, Jürgen: Einführung in das Controlling, a.a.O., S. 240f.
146 Spalte c enthält dabei für jedes Arbeitsgebiet die Information, "welches Merkmal (z.B. Betriebsgröße) die vorrangig nachfragende Betriebsgruppe charakterisiert", Spalte d soll anzeigen, "ob die Abstufungen innerhalb dieses Merkmals (z.B. große Betriebe) eine künftig steigende Nachfrage erwarten lassen" (Petersen, Volker: Landwirtschaftskammer Schleswig-Holstein - Strategische Planung durch Portfolio-Analyse, in: Weber, Jürgen/Tylkowski, Otto (Hrsg.): Perspektiven der Controlling-Entwicklung in öffentlichen Institutionen, Stuttgart 1991, S. 177-200, hier S. 188).
147 Vgl. ebenda, insbes. S. 185-191.

operative **ex post-Kontrolle** mit ihren zutagegebrachten Abweichungen "eine wichtige Quelle der Problemerkenntnis"[148] ist.

Elemente der Problemanalyse

Nach der Feststellung einer Problemlücke ergeben sich als weitere Aufgabenschritte für das Verwaltungs-Controlling die Problemfeldanalyse und die Problemstrukturierung. Bei der **Problemfeldanalyse** geht es darum, komplexe und unstrukturierte Problemstellungen in zeitlicher und sachlicher Hinsicht in die Problemelemente zu zerlegen. Diese Problemelemente sind im Rahmen der **Problemstrukturierung** so aufzubereiten, daß durch eine Ordnung nach Ursache-Wirkungs-Ketten und Problemprioritäten die nachfolgenden Schritte der Maßnahmenplanung erleichtert werden.[149]

2. Alternativengewinnung

Zur Schließung einer festgestellten Problemlücke kommen in der Regel mehrere alternative Maßnahmen in Frage. Die Gewinnung der Alternativen stellt - wie auch die Alternativenbewertung und die Prognose - einen Kernbereich der gesamten Planung dar. Sie ist der **materiellen Planung** zuzurechnen und muß damit zuvorderst **von der Fachverwaltung** wahrgenommen werden. Sie kann nicht in erster Linie Aufgabe des Verwaltungs-Controlling sein.

Eine bedeutende Aufgabe des Verwaltungs-Controlling stellt allerdings das **formelle Management** des Alternativengewinnungsprozesses dar. Dies bedeutet, daß dafür Sorge zu tragen ist, daß überhaupt Alternativen erarbeitet werden und daß dies mit hinreichender methodischer Unterstützung geschieht. Schon die obigen Ausführungen zum Stellenwert der Maßnahmenplanung haben gezeigt, daß dies keineswegs den selbstverständlichen Normalfall darstellt. Im Idealfall resultieren verschiedene **Alternativpläne**, die jeweils schon Vorstellungen hinsichtlich der durchzuführenden **Maßnahmen(-pakete)**, der vorgesehenen **Träger**, der **Termine** für die Maßnahmenausführung und der aufzuwendenden **Ressourcen** beinhalten sollen.[150] Zu den formellen Planungsaufgaben des Verwaltungs-Controllers zählt es auch, für komplexe Maßnahmenplanungen geeignete Verwaltungsmitarbeiter - die hierarchische Position ist hierfür nicht notwendigerweise ein eindeutiges Kriterium - zu **Planungsteams** zusammenzuführen und die Planungsrunden über die bloße Organisation hinaus auch zu **moderieren**.

Die vom Verwaltungs-Controller hier im einzelnen zu forcierenden **Instrumente** sind aus der Abbildung 5-4 zu entnehmen.[151] Besonderer Wert muß auf heuristische

---
148 Wild, Jürgen: Grundlagen der Unternehmensplanung, a.a.O., S. 67.
149 Vgl. im einzelnen ebenda, S. 69.
150 Vgl. ebenda, S. 70.
151 Vgl. auch Geschka, Horst: Alternativengenerierungstechniken, in: Szyperski, Norbert (Hrsg.): HWPlan, Sp. 27-33.

Techniken gelegt werden, die **intuitiv-kreative Prozesse** Ingang setzen.[152] Eine ausschließliche Beschränkung auf solche Alternativen, die schon auf den ersten Blick machbar erscheinen, schadet in dieser Planungsphase nur, da auf diese Weise möglicherweise fruchtbare, unkonventionelle Varianten aus der weiteren Analyse ausgeschlossen werden.

3. Prognose

Begriff und Erscheinungsformen

Wenn Probleme festgestellt und Maßnahmen zu ihrer Behebung geplant werden, so sind in mehrfacher Hinsicht Aussagen über zukünfige Zustände oder Ereignisse notwendig. Derartige Aussagen werden als **Prognosen**[153] bezeichnet. Ihre Erarbeitung ist als eine **zentrale Aufgabe des Controllers im Rahmen seiner Informationsversorgungsfunktion** anzusehen.

Es sind **zwei Erscheinungsformen** von Prognosen zu unterscheiden. Im Rahmen der Problemfeststellung und -analyse sind **Lageprognosen** zu erstellen. Sie beziehen sich auf die Entwicklung relevanter Sachverhalte ohne das eigene tätige Eingreifen. Im Rahmen der Alternativensuche und -bewertung sind dagegen **Wirkungsprognosen** erforderlich, die Auskunft über zukünftige Zustände im Falle der Realisierung eigener Maßnahmen geben sollen.

Reduzierung der Prognoseunsicherheit

Sowohl Lage- als auch Wirkungsprognosen sind angesichts des äußerst komplexen und zunehmend dynamischen Binnen- und Umsystems öffentlicher Verwaltungen von den verschiedensten **Unsicherheitsfaktoren** betroffen, so daß Wilds Charakterisierung insbesondere auch im Hinblick auf öffentliche Verwaltungen zutrifft, daß Prognosen nämlich "die zentralen und problematischen Aussagen bzw. Informationsarten eines Plans sind. Auf sie ist das Risiko des Plans letztlich zurückzuführen"[154]. Die Ermittlung des von Kosiol[155] geforderten "zeitunabhängigen Logikkalküls", mit dessen Hilfe vergangenheitsbezogene Informationen in die Zukunft projiziert werden sollen, bereitet in öffentlichen Verwaltungen oft außerordentliche Schwierigkeiten. Dies nicht zuletzt eben wegen der vielfältigen Einflüsse des Umsystems, deren Logik sich häufig selbst ex post nur schwer erfassen läßt.

---

[152] An erster Stelle ist hier wohl das Brainstorming zu nennen (vgl. dazu mit Verwaltungsbezug Bundesakademie für öffentliche Verwaltung im Bundesministerium des Innern (Hrsg.): Planungsmethoden, a.a.O., S. 5-18). Vgl. auch die wertende Übersicht über bedeutende Kreativitätstechniken bei Reichard, Christoph: Betriebswirtschaftslehre, a.a.O., S. 84-89.

[153] Vgl. allgemein Brockhoff, Klaus: Prognosen, in: Bea, Franz Xaver/Dichtl, Erwin/Schweitzer, Marcell (Hrsg.): Allgemeine Betriebswirtschaftslehre, Band 2 (Führung), 4. Auflage, Stuttgart und New York 1989, S. 413-454. Zu Prognosen im Rahmen des Controlling vgl. Horváth, Péter: Controlling, a.a.O., S. 408-417.

[154] Wild, Jürgen: Grundlagen der Unternehmensplanung, a.a.O., S. 133.

[155] "Die Prognose baut auf allgemeinen und speziellen Informationen als vergangenheitsbezogenem Erfahrungsmaterial auf und projiziert es mittels eines zeitunabhängigen Logikkalküls in die Zukunft." (Kosiol, Erich: Zur Problematik der Planung, a.a.O., S. 85).

Zur Reduzierung der Prognosekomplexität und -unsicherheit sind **Antecendensbedingungen** festzulegen. Da sich diese Bedingungen - wie auch der zu prognostizierende Sachverhalt selbst - ebenfalls auf zukünftige und damit unsichere Zustände beziehen, müssen über ihr zukünftiges Vorliegen ihrerseits wieder Prognosen getroffen werden. Um aus diesem nahezu beliebig fortzusetzenden Regreß herauszukommen, müssen vereinfachende Annahmen, wie etwa die bekannte ceteris paribus-Annahme gemacht und dabei entstehende Prognoseungenauigkeiten bewußt in Kauf genommen werden.[156]

Zur Berücksichtigung bzw. **Reduzierung der mit jeder Prognose verbundenen Unsicherheit** sind einige **Techniken** entwickelt worden. Als gängigster Weg zur Reduzierung von Prognoseunsicherheiten ist die Verwendung von Sicherheitsabschlägen anzusehen.[157] Zu nennen sind daneben auch die Sensitivitätsanalyse, Simulationsverfahren und die Programmierung unter Wahrscheinlichkeitsnebenbedingungen.[158]

Prognose von Folgekosten

Von besonderer Bedeutung sind im Bereich öffentlicher Verwaltungen die **Prognosen der Folgekosten** geplanter Maßnahmen. Dabei darf nicht nur an die Folgekosten von Investitionen i.e.S. gedacht werden, vielmehr ist der Begriff weit auszulegen und hat auch externe Effekte zu umfassen. Beispielsweise sind auch Ersatzansprüche Dritter, die durch den Ausweis eines Naturschutzgebietes, das "einen Teilbebauungsplan nach vertrauensvoll getätigten Grundstückskäufen entwertet"[159], entstehen oder auch die erforderlichen Schulungskosten nach der Beschaffung neuer Bürokommunikationsmittel zu berücksichtigen.[160]

In aller Regel besteht sowohl von Seiten der Verwaltung wie auch von Seiten der dominierenden politischen Funktionsträger die **Tendenz, Folgekosten zu ignorieren oder zumindest zu niedrig anzusetzen,**[161] da sich auf diese Weise die Realisierungschance einer gewünschten Maßnahme steigern läßt. Die so erzeugten Belastungen zukünftiger Haushalte werden wegen kurzfristiger Vorteile in Kauf genommen.[162] Hier muß es Aufgabe des Verwaltungs-Controllers sein, diesem politisch- oder partikularrationalen Verhalten **ein dem öffentlichen Interesse verpflichtetes zweckrationales**

---

156 Vgl. Berthel, Jürgen: Betriebliche Informationssysteme, Stuttgart 1975, S. 266f und Horváth, Péter: Controlling, a.a.O., S. 408f.
157 Vgl. Wild, Jürgen: Grundlagen der Unternehmensplanung, a.a.O., S. 142f.
158 Vgl. dazu und zu weiteren Verfahren Blohm, Hans/Lüder, Klaus: Investition - Schwachstellen im Investitionsbereich des Industriebetriebes und Wege zu ihrer Beseitigung, 6. Auflage, München 1988, S. 217ff und 291ff. Insbesondere wenn diese Techniken im Rahmen komplexerer Prognosen angewandt werden sollen, sind sie "primär als theoretische Versuche zur Bewältigung des Unsicherheitsproblems ... zu verstehen und weniger als Modelle von im Augenblick schon großer praktischer Bedeutung" anzusehen (ebenda, S. 291).
159 Tworeck, Klaus: Gedanken zur Verbesserung der Haushaltsplanung, in: VOP, Heft 4/1991, S. 213-222, hier S. 214.
160 Vgl. die weiteren Beispiele bei Tworeck, Klaus: Verbesserung der Haushaltsplanung, a.a.O., S. 214ff.
161 Dies konnten auch gesetzliche Verpflichtungen zur Berücksichtigung von Folgekosten (etwa §§ 6 Abs. 1 und 16 Abs. 1 HGrG) bislang nicht verhindern.
162 Nach Petersen führen auch "Unkenntnis und mangelnde Erfahrungen ... dazu, daß häufig die *Folgekosten* gar nicht berücksichtigt bzw. falsch eingeschätzt werden" (Petersen, Hans-Georg: Finanzwissenschaft, Band 1: Grundlegung - Haushalt - Aufgaben und Ausgaben, Stuttgart u.a. 1988, S. 135).

Kalkül entgegenzuhalten. Dies bedeutet konkret, so weit als möglich sämtliche zu erwartenden positiven und negativen, internen und externen Effekte einer Maßnahme in die Prognose einzubeziehen. Den sich hier einstellenden Interessenkonflikten kann der Verwaltungs-Controller nur bei entsprechender persönlicher Unabhängigkeit und ausreichend hoher hierarchischer Einbindung gewachsen sein. Ziel muß es sein, den Entscheidungsträgern in einen "tragweite- und alternativenbewußten"[163] Zustand zu versetzen, ihn also über sämtliche Wirkungen der bestehenden Alternativen zu informieren.

Prognoseinstrumente

Die **Prognoseverfahren** selbst sind zahlreich.[164] Zu ihrer Anwendung sind teilweise einige Kenntnisse erforderlich, so daß eine Unterstützung der anwendenden Facheinheiten durch den methodisch geschulten Verwaltungs-Controller dienlich ist. Auch beim Einsatz der Prognosetechniken muß unbedingt das Wirtschaftlichkeitsprinzip beachtet werden. Eine in aufwendigen Verfahren ermittelte, wegen unklaren Randbedingungen aber unsichere Scheingenauigkeit birgt die Gefahr ungerechtfertigten Vertrauens in die Prognoseergebnisse,[165] was Fehlentscheidungen zur Folge haben und deren Wirkungen verschlimmern kann, da sie unerwartet eintreten.

Für die Auswahl geeigneter Prognoseverfahren sind Heuristiken entwickelt worden,[166] die auch für die Verfahrenswahl in öffentlichen Verwaltungen geeignet sind.

4. Bewertung

Die Bewertungsphase kann idealtypisch differenziert werden in den Vorgang der **Wirkungsanalyse** und die eigentliche **Bewertung (i.e.S.)** der prognostizierten Wirkungen. Folgt man dieser Unterscheidung, so steht für das Verwaltungs-Controlling die Wirkungsanalyse im Zentrum seiner Aktivitäten. Die Bewertung i.e.S. hat die politisch zur Entscheidung befugte Instanz vorzunehmen und ist kaum noch von der eigentlichen Entscheidung zu trennen.[167] Die saubere Durchhaltung dieser Trennung der Bewertung im engeren und weiteren Sinne erscheint freilich in der Praxis schwierig oder gar unmöglich, da auch im Rahmen von Wirkungsanalysen durch den Verwaltungs-Controller schon Bewertungen i.e.S. vorzunehmen sind - und sei es über

---

163 Tworeck, Klaus: Verbesserung der Haushaltsplanung, a.a.O., S. 216.
164 Vgl. oben, Abb. 5-4 sowie etwa (allgemein:) Brockhoff, Klaus: Prognosen, in: Bea, Franz Xaver/Dichtl, Erwin/Schweitzer, Marcell (Hrsg.): Allgemeine Betriebswirtschaftslehre, Band 2 (Führung), 4. Auflage, Stuttgart und New York 1989, S. 413-454, hier S. 430-450; (mit Verwaltungsbezug:) Reichard, Christoph: Betriebswirtschaftslehre, a.a.O., S. 89-94 und (mit Controlling-Bezug:) Horváth, Péter: Controlling, a.a.O., S. 408-417.
165 Einige Verfahren sehen explizit Möglichkeiten der Berücksichtigung des Zusammenhangs von Prognosesicherheit und Aufwendigkeit des Verfahrens vor, so etwa, wenn Irrtumswahrscheinlichkeiten zu bestimmen sind, die im ambitionierten Fall die Aufwendigkeit überproportional in die Höhe treiben.
166 Vgl. etwa Brockhoff, Klaus: Prognosen, a.a.O., S. 422-430.
167 Vgl. in diesem Sinne auch Eekhoff, Johann: Ansatzpunkte für die Beurteilung öffentlicher Maßnahmen - Erfolgskontrolle von Strukturprogrammen, in: Eichhorn, Peter/Kortzfleisch, Gert von (Hrsg.): Erfolgskontrolle bei der Verausgabung öffentlicher Mittel, Baden-Baden 1986, S. 59-80, hier S. 62.

den Umweg der Prämissensetzung, die das Ergebnis der Wirkungsanalyse schon entscheidend prägen kann.

Zielsetzung des Verwaltungs-Controlling in der Bewertungsphase kann es nicht sein, der Führungskraft die Entscheidung abzunehmen. Vielmehr sollen durch die Anwendung der ökonomischen Bewertungsverfahren die Voraussetzungen und die Konsequenzen der zu treffenden Entscheidung transparent(er) gemacht werden. Dabei wird es sich nicht vermeiden lassen, daß Entscheidungen entgegen den Ergebnissen von Wirtschaftlichkeitsanalysen gefällt werden. Aber: "Wo immer Werturteile zu fällen sind, also politisch entschieden wird, sollte er [der Entscheider, d.Verf.] den Preis kennen, den ein Abweichen vom ökonomischen Kriterium zu zahlen erfordert."[168]

Wirtschaftlichkeitsprinzip als Bewertungsmaxime des Verwaltungs-Controllers

Bewertungsmaxime und Vorteilhaftigkeitskriterium ist für den Verwaltungs-Controller grundsätzlich die **Wirtschaftlichkeit** einer Maßnahme. Zu diesem zentralen Begriff wird auf die oben (Kapitel 4, Teil I. B 2.) gemachten grundsätzlichen Ausführungen verwiesen. Noch einmal betont werden soll, daß in dieser Arbeit der Begriff der Wirtschaftlichkeit in einem umfassenden Sinne verstanden wird. Er umfaßt als **Oberbegriff** sowohl **die Effizienz** i.e.S. (Relation von Input und Output) als auch die **Effektivität** (Relation von Soll-Output und Ist-Output, Wirkung).

Varianten der Wirtschaftlichkeitsanalyse

Diese Differenzierung aufnehmend kann unter den Wirtschaftlichkeitsanalysen die engere Variante der **Effizienzanalyse** von der umfassenden **Effektivitätsanalyse** unterschieden werden. Die erstere läßt sich grob als auf betriebswirtschaftliche Input-Output-Relationen bezogen charakterisieren, während die letztere eine Maßnahme anhand ihrer prognostizierten Zielerreichung bewertet und dabei auch externe Effekte mit einbezieht.

Der Verwaltungs-Controller ist für die **Vorhaltung und die sachgerechte Auswahl und Anwendung des geeigneten Bewertungsverfahrens** zuständig. **Abbildung 5-9** zeigt eine polarisierende Typisierung der zu bewertenden Maßnahmen, anhand derer sich grob festmachen läßt, welche Bewertungsvariante in einer Entscheidungssituation zum Einsatz kommen sollte.

Im Idealfall sind die zu bewertenden Alternativen stets einer umfassenden, den Effizienz- wie auch den Effektivitätsaspekt einschließenden Analyse zu unterziehen. Da sich ex ante vorzunehmende Effektivitätsanalysen jedoch in der Regel sehr aufwendig gestalten und ihre Ergebnisse stark mit Prognoserisiken behaftet sind, muß im Einzelfall entschieden werden, ob der Analyseaufwand gerechtfertigt werden kann. Unter dem Gesichtspunkt der **Praktikabilität** ist zu konstatieren, daß sich **Effizienz-**

---

168 Recktenwald, Horst Claus: Die ökonomische Analyse: Hilfe für rationale Entscheidung in der Staatswirtschaft, in: Recktenwald, Horst Claus (Hrsg.): Nutzen-Kosten-Analyse und Programmbudget, Tübingen 1970, S. 1-21, hier S. 15.

analysen deutlich einfacher bewerkstelligen lassen. Allerdings ist die **Aussagefähigkeit** auch **stark reduziert**: Es lassen sich aufgrund solcher Wirtschaftlichkeitsanalysen keine Aussagen über Sachzielerreichungsgrade treffen. Trotz dieser eingeschränkten Aussagefähigkeit haben die engen betriebswirtschaftlichen Effizienzbetrachtungen auch in öffentlichen Verwaltungen durchaus **bedeutende Anwendungsfelder,** in denen sie zu völlig hinreichenden Ergebnissen führen - es seien hier Investitionsentscheidungen mit überwiegend internen Effekten (Kauf Anlage A oder B) oder auch Entscheidungen über optimale Ersatzzeitpunkte genannt.

Abbildung 5-9
Grundtypen zu bewertender Entscheidungssituationen

Kriterium \ Entscheidungssituation	Typ 1	Typ 2
Merkmal	Einfach strukturierte Maßnahmen	Komplexe Maßnahmen
Wertigkeit	Gering	Hoch
Wirkungsvielfalt	Wenige, überschaubare, konstante Wirkungen; Output der Entscheidungsalternativen im wesentlichen identisch	Zahlreiche, unübersichtliche, zeitlich schwankende Wirkungen; Output der Entscheidungsalternativen stark abweichend
Wirkungsreichweite	Überwiegend interne Effekte	Neben internen auch bedeutsame externe Effekte
Zeitdauer	Kurze, überschaubare, risikoarme Nutzungsdauer	Lange, unübersichtliche, risikoreiche Nutzungsdauer
Bewertungsverfahren	Betriebswirtschaftliche Wirtschaftlichkeitsrechnungen	Nutzen-Kosten-Untersuchungen

In Anlehnung an Reichard, Christoph: Betriebswirtschaftslehre der öffentlichen Verwaltung, 2. Auflage, Berlin und New York 1987, S. 332.

Zudem stellen **betriebswirtschaftliche Effizienzanalysen** wichtige **Komponenten umfassender Wirtschaftlichkeitsanalysen** dar, in denen sie - gegebenenfalls um externe Effekte ergänzt - mit Sachzielen konfrontiert werden können. So ist etwa die Ermittlung von Kosteninformationen (Stückkosten, Stundensätze, Kostenabbaubarkeiten bzw. -remanenzen usw.) über die verwaltungseigene Leistungserbringung im nicht-hoheitlichen Bereich (sei es die verwaltungseigene KfZ-Werkstätte, die Stadtgärtnerei, der Reinigungsbetrieb oder die Hausdruckerei) unabdingbare Voraussetzung für weiter ausgreifende Effektivitätsanalysen, die auch sachzielbezogene Qualitätsaspekte (etwa die stete Verfügbarkeit der Hauswerkstätte oder die Wahrung der Vertraulichkeit zu vervielfältigender Vorlagen im Fall der Hausdruckerei) einschließen.

Bewertungsverfahren Maßnahmen vom Typ 1

Für Maßnahmen mit zeitlich überschaubarer, überwiegend auf die Einzelverwaltung begrenzter Reichweite ohne bedeutsame externe Effekte können die bekannten, von der Betriebswirtschaftslehre entwickelten statischen und dynamischen Wirtschaftlichkeitsrechnungsverfahren[169] angewandt werden. Eichhorn und Friedrich sprechen diese Effizienzuntersuchungen explizit als statische und dynamische "**betriebswirtschaftliche Wirtschaftlichkeitsrechnungen**"[170] an.

Für die Vornahme solcher begrenzten Wirtschaftlichkeitsbewertungen eignet sich in öffentlichen Verwaltungen in erster Linie die **Kostenvergleichsrechnung** in ihren verschiedenen Varianten. Für den Fall, daß in einer Opportunitätsbetrachtung Kosteneinsparungen gegenüber nicht realisierten oder ersetzten Maßnahmen zu berücksichtigen sind, so lassen sich die vermiedenen Kosten ohne Schwierigkeiten als Opportunitätserlöse[171] der realisierten Maßnahme in den statischen oder dynamischen Verfahren berücksichtigen. Diejenigen Verfahren, die in irgendeiner Form eine Verbindung von Auszahlungen und Einzahlungen bzw. von Kosten und Erlösen herstellen, wie etwa die Gewinnvergleichsrechnung oder die Rentabilitätsrechnung, lassen sich in öffentlichen Verwaltungen nur selten einsetzen, da hier den zu bewertenden Maßnahmen zumeist keine Entgelte zuzurechnen sind.

Bewertungsverfahren für komplexe Maßnahmen vom Typ 2

Schwerer fällt die Bewertung komplexer Maßnahmen, wie sie in der obigen Abbildung in der rechten Spalte charakterisiert sind. Hier müssen Techniken zum Einsatz kommen, die zugleich **interne wie auch externe Effekte** sowie zumeist auch einen **langen Planungshorizont** verarbeiten können.[172] Da sie über volkswirtschaftliche Effizienzaussagen hinaus auch auf die Beurteilung von Erfolg und Effektivität einer Maßnahme ausgerichtet sind, müssen sie zusätzlich Aussagen über die Nützlichkeit, d.h. den Beitrag zur Erreichung teilweise komplexer und multipler Zielsetzungen (Sachziele!) ermöglichen.

Damit sind die in § 7 Abs. 2 BHO genannten **Nutzen-Kosten-Untersuchungen** angesprochen. Zu ihnen zählen die Techniken der Nutzen-Kosten-Analyse (NKA), der Ko-

---

[169] Vgl. etwa die dort als Verfahren zur Beurteilung einzelner Investitionsprojekte oder als einzelwirtschaftliche Investitionsrechnungen bezeichnete Instrumentarien bei Blohm, Hans/Lüder, Klaus: Investition, a.a.O., S. 54-173.

[170] Vgl. Eichhorn, Peter/Friedrich, Peter: Verwaltungsökonomie I, a.a.O., S. 327-330. Reichard spricht von Wirtschaftlichkeitsrechnungen für "einfache Situationen" (vgl. Reichard, Christoph: Betriebswirtschaftslehre, a.a.O., S. 331ff).

[171] Vgl. dazu Männel, Wolfgang: Möglichkeiten und Grenzen des Rechnens mit Opportunitätserlösen, in: Riebel, Paul (Hrsg.): Beiträge zur betriebswirtschaftlichen Ertragslehre, Festschrift für Erich Schäfer zum 70. Geburtstag, Köln und Opladen 1970, S. 201-245.

[172] Eichhorn und Friedrich sprechen hier von "Volkswirtschaftlichen Wirtschaftlichkeitsrechnungen" (vgl. Eichhorn, Peter/Friedrich, Peter: Verwaltungsökonomie I, a.a.O., S. 330-332). Reichard bezeichnet sie als Wirtschaftlichkeitsrechnungen für "komplexe Situationen" (vgl. Reichard, Christoph: Betriebswirtschaftslehre, a.a.O., S. 331ff).

stenwirksamkeitsanalyse (KWA) und der Nutzwertanalyse (NWA). Die Verfahren sind in der Literatur[173] ausführlich beschrieben und problematisiert worden, so daß an dieser Stelle weder auf die spezifischen Einsatzfelder und die Vorgehensweisen noch auf die Problemfelder eingegangen werden muß, die der Verwaltungs-Controller zu kennen hat, um die Facheinheiten bei der Auswahl und Anwendung unterstützen bzw. die Techniken selbst erfolgreich anwenden zu können.

IV. Verwaltungs-Controlling und Budgetierung[174]

In der Controlling-Literatur ist - auch bezugnehmend auf die Praxis - häufig von der **Budgetierung** als einem **herausragenden Aufgabenfeld des Controllers** die Rede. So spricht Horváth etwa von der Budgetierung als "einem zentralen Feld der Controllerarbeit"[175] und von einem wichtigen "Instrument für die Unternehmensführung, die ... eines der Kernelemente des Controlling darstellt."[176] Weber betont "die zentrale Bedeutung der Budgetierung im Aufgabenkatalog des"[177] operativen Controlling. "Die Aktivitäten der Budgetierung liegen meist beim Controller"[178], führt Buggert aus.

In den nachfolgenden Ausführungen soll diskutiert werden, ob und in welcher Form dem Verwaltungs-Controller eine ähnlich gewichtige Rolle im Rahmen der öffentlichen Budgetierung zukommen kann.

---

173 Vgl. neben der bereits angegebenen Literatur insbesondere Prest, Alan R./Turvey, Ralph: Kosten-Nutzen-Analyse: Ein Überblick, in: Recktenwald, Horst Claus (Hrsg.): Nutzen-Kosten-Analyse und Programmbudget, Tübingen 1970, S. 103-125; Quade, Edward S.: Kosten-Wirksamkeits-Analyse, in: Recktenwald, Horst Claus (Hrsg.): Nutzen-Kosten-Analyse und Programmbudget, Tübingen 1970, S. 235-242; Zangemeister, Christof: Nutzwertanalyse in der Systemtechnik - Eine Methodik zur multidimensionalen Bewertung von Projektalternativen, 4. Auflage, München 1976; Der Bundesfinanzminister: Erläuterungen zur Durchführung von Nutzen-Kosten-Untersuchungen, Rundschreiben vom 21. Mai 1973, Anlage zu den Vorläufigen Verwaltungsvorschriften - BHO § 7, MinBlFin1973, S. 293ff und die Anregungen zur Überarbeitung dieser "Erläuterungen" bei Eekhoff, Johann: Beurteilung öffentlicher Maßnahmen, a.a.O., S. 63-66; Bundesakademie für öffentliche Verwaltung im Bundesministerium des Innern (Hrsg.): Planungsmethoden, a.a.O., S. 67-75 sowie S. 107-128 sowie Hanusch, Horst: Nutzen-Kosten-Analyse, München 1987 (Hanusch verwendet den Begriff der Nutzen-Kosten-Analyse als Oberbegriff für die "traditionelle" NKA, die NWA und die KWA). Gewinnbringend auch die "Evaluierung der Evaluierungstechniken" KNA, KWA und NWA bei Derlien (vgl. Derlien, Hans-Ulrich: Die Effizienz von Entscheidungsinstrumenten, a.a.O., S. 311-326).
174 Stellvertretend für die Ressourcenplanung, die die Allokation personeller, sachlicher und finanzieller Ressourcen auf die zu realisierenden Maßnahmen zum Gegenstand hat, soll hier eine Konzentration auf die *Finanzplanung* erfolgen, die sich in der Haushaltsplanung und der Mittelfristigen Finanzplanung widerspiegelt und die Planung der personellen und sachlichen Ressourcen weitgehend determiniert. Insbesondere im Rahmen der Erörterung des Controlling-Instrumentes der Leistungsrechnung (Kapitel 6 I.) und des Objektbereiches des Ressourcen-Controlling (Kapitel 7 I.) wird dagegen näher auf die Steuerung personeller Ressourcen eingegangen. Eine Auseinandersetzung mit den sachlichen Ressourcen erfolgt in Kapitel 7 II. (Projekt-)/Investitions-Controlling.
175 Horváth, Péter: Controlling in der "organisierten Anarchie" - Zur Gestaltung von Budgetierungssystemen, in: ZfB, 52. Jg. (1982), Heft 3, S. 250-260, hier S. 254.
176 Horváth, Peter/Dambrowski, Jürgen/Hennig, Barbara: Budgetierungssysteme als Controlling-Instrumente in Mittelbetrieben - Ausbaustand, Schwachstellenanalyse und Gestaltungshinweise, in: BW, Heft 2/1986, S. 20-27, hier S. 20.
177 Weber, Jürgen: Einführung in das Controlling, a.a.O., S. 85.
178 Buggert, Willi: Dysfunktionale Verhaltenswirkungen von Budgetierungssystemen, in: controller magazin, Heft 1/1991, S. 28-38, hier S. 28.

A Begriff und Funktionen des Budgets

Begriff

Dem Terminus "Budget"[179] (und der Budgetierung für die Aufstellung des Budgets) werden verschiedene Begriffsinhalte beigelegt. Der Begriff **entstammt dem Bereich der öffentlichen Haushaltsrechnung**. Dort bedeutete er ursprünglich ausschließlich die Zusammenfassung und Gegenüberstellung der erwarteten Einnahmen und Ausgaben öffentlicher Körperschaften für eine Fiskalperiode.[180] Von den wissenschaftlichen Disziplinen setzten sich zunächst die **Politikwissenschaft** und die **Volkswirtschaftslehre** (insbesondere die Finanzwissenschaft) mit dem Budget auseinander. Die **Betriebswirtschaftslehre** nahm sich erst relativ spät des Grundgedankens einer Budgetierung für privatwirtschaftliche Unternehmen an.[181] Nach anfänglich ebenfalls finanzwirtschaftlicher Deutung erfolgte unter dem Einfluß amerikanischer Publikationen eine Begriffsausweitung - im Extremfall bis hin zu einer synonymen Verwendung der Begriffe "Budgetierung" und "Planung".[182] Im allgemeinen wird in der Betriebswirtschaftslehre heute unter dem Budget die Zusammenstellung der geplanten mittel- und kurzfristigen Maßnahmen und/oder der daraus resultierenden bzw. dafür benötigten Mengen- und/oder Geldwerte zur Steuerung nachgeordneter Instanzen im Hinblick auf die Unternehmensziele verstanden.[183]

Funktionen

Die dem öffentlichen Budget beigemessenen **Funktionen**[184] lassen sich in klassische (traditionelle) und moderne, wirtschaftsorganisatorische Funktionen unterscheiden.[185] Dabei traten die modernen Funktionen nicht an die Stelle der traditionellen Funktionen, sondern ergänzten sie.

---

179 Zur etymologischen Entwicklung vgl. Spies, Werner: Das Budget als Führungsinstrument öffentlicher Wirtschaftseinheiten - Ein betriebswirtschaftlich orientierter Beitrag zur Übernahme neuer Budgetverfahren für öffentliche Betriebe und Verwaltungen, Diss., Augsburg 1979, S. 159. In Deutschland sind daneben auch die Begriffe "Haushalt", "Haushaltsplan" oder "Etat" gebräuchlich (vgl. o.V.: Stichwort "Budget", in: Eichhorn, Peter u.a. (Hrsg.): Verwaltungslexikon, Baden-Baden 1985, S. 145 und o.V.: Stichwort "Etat", in: Eichhorn, Peter u.a. (Hrsg.): Verwaltungslexikon, Baden-Baden 1985, S. 298).
180 Vgl. Marettek, Alexander: Budgetierung, in: Grochla, Erwin/Wittmann, Waldemar (Hrsg.): HWÖ, Sp. 1031-1038, hier Sp. 1031 und Busse von Colbe, Walther: Budgetierung und Planung, in: Szyperski, Norbert (Hrsg.): HWPlan, Sp. 176-182, hier Sp. 176. Nach der "klassischen" Definition von Neumark ist das Budget eine "in regelmäßigen Abständen vorgenommene systematische Zusammenstellung der prinzipiell vollzugsverbindlichen Voranschläge der für einen bestimmten zukünftigen Zeitraum geplanten Ausgaben und der Schätzungen der zur Deckung dieser Ausgaben vorgesehenen Einnahmen." (Neumark, Fritz: Der Reichshaushaltsplan, Jena 1929, S. 3).
181 Vgl. Spies, Werner: Das Budget als Führungsinstrument öffentlicher Wirtschaftseinheiten, a.a.O., S. 155.
182 Vgl. Marettek, Alexander: Budgetierung, a.a.O., Sp. 1031.
183 Vgl. Busse von Colbe, Walther: Budgetierung und Planung, a.a.O., Sp. 176.
184 Vgl. z.B. Rürup, Bert/Hansmeyer, Karl-Heinrich: Staatswirtschaftliche Planungsinstrumente, 3. Auflage, Düsseldorf 1984, S. 9.
185 Kritisch zu dieser gebräuchlichen Unterscheidung von Budgetfunktionen König, Herbert: Rahmenbedingungen wirksamer Finanzkontrolle, in: Beiträge zur Verwaltungswissenschaft, Nr. 4, Hamburg 1985, S. 41-43.

Unter den **traditionellen Funktionen** sind zumindest zu nennen:[186]

- Die **finanzpolitische Funktion** (Erzielung eines Ausgleichs zwischen beabsichtigten Ausgaben und erwarteten Einnahmen);
- die **politische Funktion** (das Budget als pagatorisch-wertmäßiger Ausdruck des politischen Handlungsprogramms der Legislative und als politisch legitimierte Basis für das Tätigwerden der Exekutive);
- die **Kontrollfunktion** (durch den Vergleich von Plan-Ansätzen und den Ist-Haushaltszahlen kann die Legislative die Exekutive einer detaillierten Ordnungsmäßigkeitskontrolle unterziehen).

Als **moderne Budgetfunktionen** gelten gemeinhin die Planungsfunktion, die Führungsfunktion und die Allokationsfunktion. Alle drei stehen in enger Beziehung zueinander. Den Hintergrund der **Planungsfunktion** bildet der Gedanke, das Budget nicht lediglich als Vollzugsgrundlage zu sehen, es vielmehr als einen umfassenden Plan zu verstehen. In einem System der rollenden Planung sollen dabei längerfristige (Maßnahmen-)Planungen schrittweise konkretisiert werden und Eingang in das Budget finden. Auf diese Weise sollte der Mechanismus, daß jährlich fortgeschriebene, auf einzelne institutionelle Einheiten bezogene Teilhaushalte die zu realisierenden Maßnahmen bestimmten, aufgebrochen werden. Damit ist schon der Weg hin zu einem Budget als Führungsinstrument (**Führungsfunktion**) aufgezeigt: Das Budget soll eine auf der Grundlage übergeordneter Ziele möglichst kooperativ erarbeitete Zusammenstellung geplanter Maßnahmen und Ressourcen für eine bestimmte Periode sein und so die Grundlage für spätere Erfolgskontrollen liefern. Im Sinne der **Allokationsfunktion** soll das Budget eine volkswirtschaftliche Lenkungsfunktion übernehmen, indem die Haushaltspolitik mit den Zielen der Wirtschafts- und Sozialpolitik abgestimmt wird.[187] Sowohl die Erhebung öffentlicher Einnahmen als auch die Verausgabung der Mittel sollen zu einer optimalen gesamtwirtschaftlichen Ressourcenverwendung beitragen.

Mängel

Die **Mängel des derzeitig praktizierten öffentlichen Finanzplanungswesens**, die Ansatzpunkte optimierender Controlling-Aktivitäten abgeben, waren bereits Gegenstand zahlreicher Analysen und sollen hier nur knapp rekapituliert werden.[188] Die

---

186 Vgl. etwa Spies, Werner: Das Budget als Führungsinstrument öffentlicher Wirtschaftseinheiten, a.a.O., S. 163-166.
187 Vgl. ebenda, S. 166.
188 Vgl. im einzelnen und ausführlich: Schulz, Hans-Rudolph: Integrierte Planungs- und Budgetierungssysteme in der öffentlichen Verwaltung - Einführungsprobleme dargestellt am Beispiel des Polizeidepartement Baselstadt, Frankfurt und München 1976, S. 18-29; Munzel, Dieter: Die Funktionsfähigkeit von Planungs- und Kontrollsystemen, a.a.O., S. 59-63; Spies, Werner: Das Budget als Führungsinstrument öffentlicher Wirtschaftseinheiten, a.a.O., S. 230-231; Püttner, Günter: Verwaltungslehre, München 1982, S. 244; Recktenwald, Horst Claus: Stichwort "Budget- oder Haushaltskonzepte", in: derselbe: Lexikon der Staats- und Geldwirtschaft - Ein Lehr- und Nachschlagewerk, München 1983, S. 88-90; Steinebach, Nikolaus: Verwaltungsbetriebslehre, 2. Auflage, Regensburg 1983, S. 77; König, Herbert: Rahmenbedingungen wirksamer Finanzkontrolle, in: Beiträge zur Verwaltungswissenschaft, Nr. 4, Hamburg 1985, S. 32-34; Petersen, Hans-Georg: Finanzwissenschaft, a.a.O., S. 105f; Tworeck, Klaus: Verbesserung der Haushaltsplanung, a.a.O., insbes. S. 213f. Bei Rürup und Grünewald finden sich weitere, hier nicht enthaltene Literaturverweise (vgl. Rürup, Bert/Grünewald, K.H.: Zero-Base-

Mängel lassen sich überwiegend mit dem dominant inkrementalen Grundansatz[189] der öffentlichen Finanzplanung in Verbindung bringen:

- Mangelnde Zielorientierung der Maßnahmen- und insbesondere der Mittelplanung bei dominierendem Fortschreibungsdenken,
- mangelnde Abstimmung von dezentraler Maßnahmenplanung (bottom up) und zentraler - gegenüber den Bedarfsanmeldungen regelmäßig gekürzter - Mittelbewilligung,[190]
- mangelnde Rationalität und Transparenz der Bewertungs- und Auswahlprozesse,
- fehlende Eignung des überwiegend nach dem Ressortprinzip gegliederten Input-Budgets als Grundlage für Effizienz- oder gar Effektivitätskontrollen,
- starke Dominanz des Jährlichkeitsprinzips mit der Folge einer zu kurzfristig orientierten Denkweise,
- Unverbindlichkeit der mehrjährigen Finanzplanung und mangelhafte Abstimmung mit der jährlichen Haushaltsplanung.

Budgetierung in öffentlichen Verwaltungen und privatwirtschaftlichen Unternehmen

Wie oben kurz erwähnt, liegen die **Ursprünge der Budgetierung** eindeutig **im Bereich der öffentlichen Verwaltungen** (der "öffentlichen Haushalte"). In privatwirtschaftlichen Unternehmen fehlte ein derartiges Instrumentarium zunächst. Da die Vorteile einer derartigen Planungs- und Vorgaberechnung auch dort erkannt wurde, äußerte man schon früh, "daß der Haushaltsplan öffentlicher Verwaltungen eines der wenigen Dinge ist, das auf die private Wirtschaft übernommen werden sollte"[191]. Doch auch noch heute verfügen längst nicht alle Unternehmen über eine Budgetierung.[192]

Die Budgetierungspraxis im öffentlichen Bereich entwickelte sich im Laufe der Zeit materiell kaum fort. Die **Realisierung der modernen Budgetfunktionen**, also der Ausbau zu einem Planungs- und Führungsinstrument erfolgte **stärker im Bereich der privatwirtschaftlichen Unternehmen**, wozu sicherlich auch die "Entwicklung der Betriebswirtschaftslehre und die damit verbundene vermehrte theoretische Durchdringung der betrieblichen Planungsprozesse"[193] beigetragen haben. Die Tatsache, daß

Budgeting, - Ein "neues" staatswirtschaftliches Budgetierungskonzept - Konzeption und bisherige Erfahrungen, in: Verwaltung und Fortbildung (VuF), 6. Jg., Nr. 4/1978, S. 145-170, hier S. 145).
189 Vgl. eingehender die Ausführungen in Teil I. dieses Kapitels.
190 Der zuweilen geäußerte Vorwurf, der öffentliche Budgetierungsprozeß sei zu stark zentralisiert (vgl. z.B. Weber, Jürgen: Einführung in das Controlling, a.a.O., S. 249) trifft in dieser Allgemeinheit nicht zu. Besser charakterisiert wird der derzeitige Budgetierungsprozeß durch die pointierte Formulierung: "Der öffentliche Haushalt ... wird trotz mancher Einzeleingriffe nicht vom Parlament, auch nicht von der Regierung, vom Finanzminister oder von den Fachministern, ja nicht einmal von den leitenden Beamten des Finanzministeriums oder der Fachministerien geprägt. Er ist die Zufallsaddition dessen, was jeder Fachprüfer des Finanzministeriums aus Ansatz als gerechtfertigt ansieht, zentral fortgeschrieben um Kürzungen zum Haushaltsausgleich und um partielle Gewichtungen" (Enquete-Kommission zur Verwaltungsreform des Abgeordnetenhauses von Berlin: 2. Bericht (Schlußbericht), Berlin 1984, in Auszügen abgedruckt in: Weber, Jürgen/Tylkowski, Otto (Hrsg.): Controlling in öffentlichen Institutionen, Stuttgart 1989, S. 1-34, hier S. 14).
191 Spies, Werner: Das Budget als Führungsinstrument öffentlicher Wirtschaftseinheiten, a.a.O., S. 155. Spies verweist hier auf einen Beitrag von Hasenack aus dem Jahr 1929.
192 Vgl. etwa Horváth, Peter/Dambrowski, Jürgen/Hennig, Barbara: Budgetierungssysteme als Controlling-Instrumente, a.a.O., S. 20-27.
193 Spies, Werner: Das Budget als Führungsinstrument öffentlicher Wirtschaftseinheiten, a.a.O., S. 155.

die Realisierung der modernen Budgetfunktionen in öffentlichen Verwaltungen sehr große Schwierigkeiten bereitet, ist allerdings nicht nur auf die zuweilen beklagte Vernachlässigung durch die Wissenschaft und eine "gewisse Starrheit des öffentlichen politischen Systems"[194] zu begründen. Vielmehr bestehen **strukturelle Unterschiede** zwischen öffentlichen Verwaltungen und privatwirtschaftlichen Unternehmen, die für die schwierigere Realisierung der modernen Budgetfunktionen mit verantwortlich zu machen sind. Auf diese Unterschiede wird nachfolgend einzugehen sein, wenn die Aufgaben eines Verwaltungs-Controlling hinsichtlich einer Verbesserung des öffentlichen Budgetwesens diskutiert werden.

B   Programmbudgetierung als Idealform einer controllinggerechten Budgetierung ?

Mit den Konzepten der **Programmbudgetierung**[195] wird die **integrative prozessuale Verbindung von Ziel-, Maßnahmen- und Finanzplanung** "und die formale Dokumentation der Planinformationen in Form eines Programmbudgets"[196] bezweckt. Von den Befürwortern wird postuliert, mit dem Programmbudget würden sowohl die traditionellen als auch die modernen Budgetfunktionen realisiert. Es wird der **Anspruch** erhoben, die **Mängel der traditionellen Haushaltsplanung** ließen sich durch die folgenden Eigenschaften der Programmbudgetierung **aufheben** oder **mildern**:[197]

- Konsequente Koordinierung von Ziel-, Maßnahmen- und Ressourcenplanung,
- zeitliche und sachliche Ordnung (Priorisierung) von Maßnahmen in Abstimmung mit dem Zielsystem,
- Erleichterung der Evaluierung durch die Ausrichtung der Budgetstruktur an Maßnahmen und Programmen,
- Schaffung von Planungstransparenz durch die Aufdeckung von Alternativen und deren Bewertung,
- Verbindung von lang- und kurzfristigen Planungsaspekten.

Mit diesen positiven Merkmalen wird die Programmbudgetierung zuweilen als **"Ideal" einer controlling-orientierten Budgetierung** verstanden.[198] Angesichts der fehlgeschla-

---

194 Ebenda.
195 Teilweise wird die Programmbudgetierung als synonymer Ausdruck für das amerikanische PPBS verwendet. Hier wird aber die Auffassung vertreten, daß es sich beim PPBS genauso um einen Spezialfall der Programmbudgetierung handelt wie bei den Ansätzen der sog. zweiten Generation, etwa der ZBB, der Sunset Legislation und der Rationalisation des Choix Budgetaires - RCB - (vgl. in diesem Sinne auch Rürup, Bert/Färber, Gisela: Programmhaushalte der "zweiten Generation", in: DÖV, Heft 18/1980, S. 661-672). Im Rahmen dieser Arbeit kann auf die Eigenheiten der einzelnen Varianten nicht im einzelnen eingegangen werden.
Auf eine eingehende Darstellung der Programmbudgetierung kann hier verzichtet werden. Sie ist in ihren Grundzügen hinlänglich bekannt und in ihren verschiedenen Ausprägungsformen in der Literatur ausführlich beschrieben worden (vgl. ausführlich etwa Reinermann, Heinrich: Programmbudgets in Regierung und Verwaltung - Möglichkeiten und Grenzen von Planungs- und Entscheidungssystemen, Baden-Baden 1975 und in knapper Form Engelhardt, Gunther: Stichwort Programmbudgetierung, in: Chmielewicz, Klaus/Eichhorn, Peter (Hrsg.): HWÖ, Sp. 1320-1327).
196 Munzel, Dieter: Die Funktionsfähigkeit von Planungs- und Kontrollsystemen, a.a.O., S. 67.
197 Vgl. dazu die eingehende, auf die Variante des PPBS bezogene Gegenüberstellung von Vorteilen und Nachteilen bei Wild, Jürgen/Schmid, Peter: Managementsysteme für die Verwaltung: PPBS und MbO, Teil 1, in: Die Verwaltung, Nr. 2/1973, S. 145-166, hier S. 163-166.
198 Vgl. Engelhardt, Gunther: Programmbudgetierung als Antwort auf die Haushaltskrise, in: Mäding, Heinrich (Hrsg.): Haushaltsplanung - Haushaltsvollzug - Haushaltskontrolle, Baden-Baden 1987, S.

genen Versuche der Implementierung von Programmbudgetierungs-Verfahren in der Verwaltungspraxis muß diese Vorstellung aber kritisch hinterfragt werden. Es muß analysiert werden, welche Ursachen dafür verantwortlich zu machen sind, daß die der Programmbudgetierung zugeschriebenen Vorteile nicht zum Tragen kamen und inwieweit einzelne Varianten oder Komponenten der Programmbudgetierung trotz der bislang weitgehend erfolglosen Experimente für einen Einsatz im Rahmen des Verwaltungs-Controlling in Frage kommen. Eine eingehende Aufarbeitung kann an dieser Stelle nicht erfolgen. Es sei aber auf einige bedeutsame Faktoren hingewiesen.

Alle Varianten der Programmbudgetierung sind eindeutig als **synoptische Planungsansätze** zu charakterisieren. Von daher trifft sie die an dieser Grundausrichtung geäußerte, fundamentale Kritik.[199] Die speziell für die Budgetierung wichtigsten Aspekte sollen kurz angeführt werden.

Als ein **Hauptgrund für das Scheitern** der Implementierungsversuche muß die Tatsache angesehen werden, daß die **öffentliche Verwaltung als Teil des politisch-administrativen Systems** nicht von der "interessenlosen ökonomischen Rationalität"[200], die die Leitlinie der Programmbudgetierung darstellt, beherrscht wird. Vielmehr dominiert gerade im Felde des Übergangs von der politischen in die exekutive Sphäre, aber auch bis weit hinein in die öffentliche Verwaltung im engeren Sinne, das Kriterium der **politischen Rationalität**.[201] Das bedeutet, daß eben nur selten die objektive, vom ökonomischen Prinzip geprägte Rationalität handlungsleitend ist, sondern oft ein pragmatisch-taktisches, Partikularinteressen verpflichtetes Entscheidungsverhalten vorherrscht. Hinzu kommt noch, daß realistischerweise auch beim Handeln der ausführenden **Verwaltungsmitarbeiter** nicht von einem ausschließlich auf die (Gesamt-)Systemzwecke ausgerichteten Handeln ausgegangen werden kann. Auch hier deckt sich die Systemrationalität nur in Ausnahmefällen mit der **individuellen Zweckrationalität** der einzelnen Verwaltungsmitarbeiter.

Diesen von **Partikularinteressen** bestimmten Rationalitätsebenen wird der Ansatz einer synoptisch-deduktiven Aufgaben- und Finanzplanung, der von übergeordneten Oberzielen und daraus zweckrational abgeleiteten Zielsystemen ausgeht, nicht gerecht. Schon die Einigung auf ein differenziertes und konsistentes verwaltungsbezogenes Zielsystem erscheint gerade im Lichte der gescheiterten Versuche[202] unmöglich.

132-167, hier S. 141 und Banner, Gerhard: Von der Behörde zum Dienstleistungsunternehmen - Die Kommunen brauchen ein neues Steuerungsmodell, in: VOP, Nr. 1/1991, S. 6-11, hier S. 10.
199 Vgl. dazu die Ausführungen in Teil I. dieses Kapitels.
200 Reinermann, Heinrich: Programmbudgets, a.a.O., S. 336. In der systemtheoretischen Terminologie müßte von der verwaltungssystembezogenen Zweckrationalität als Leitvorstellung der Programmbudgetierung gesprochen werden.
201 Vgl. Braun, Günther E.: Ziele, a.a.O., S. 137f und auch 118f.
202 Vgl. exemplarisch das Negativbeispiel "Integriertes Planungs-, Entscheidungs- und Kontrollsystem" (IPEKS). Hier versuchte in den 70er Jahren die Landesregierung von Rheinland-Pfalz, zusammen mit einem Beratungsinstitut ein flächendeckendes, in Form von Nutzwerten quantifiziertes Zielsystem zu erarbeiten, das von einer Zielrahmenplanung ausgehend über eine Zielprogrammplanung bis hin zur operativen Planung reichen sollte. Nur die Zielrahmenplanung wurde verwirklicht, an einer Überleitung in die Programmplanung wurde nur ansatzweise gearbeitet, die operative Planung wurde nie aufgenommen.

Weiterhin ist der **zentralistische Grundansatz**, der unmittelbar mit dem synoptischen Charakter der integrierten Planungsansätze verbunden ist, negativ zu vermerken. Es stellte sich in der Verwaltungspraxis als nicht praktikabel heraus, Oberziele über mehrere Ebenen hinweg herunterzubrechen und in Abhängigkeit von diesem zentral geschaffenen Zielsystem die Ressourcenallokation für sämtliche öffentlichen Aktivitäten vorzunehmen. Das **lineare Denken** in Zweck-Mittel-Ketten entspricht nicht der komplexen Realität des politisch-administrativen Systems. Außerdem mußte ein derart zentralistischer Ansatz auch **negative Verhaltenswirkungen** auf Seiten der Verwaltungsmitarbeiter mit sich bringen.

Zudem ist generell festzustellen, "daß der Etatisierungsprozeß ... nicht der Schopf ist, an dem sich die Aufgabenerfüllung öffentlicher Institutionen wie Freiherr von Münchhausen aus dem Sumpf ziehen könnte"[203], daß man also dem Haushalts- und Budgetwesen schlichtweg mehr abverlangt als es leisten kann, wenn man allein über den Budgetierungsmechanismus eine effektive und effiziente Leistungserstellung der öffentlichen Verwaltungen erreichen wollte. Ein "Management by Budgeting" kann nicht die Lösung aller Probleme bringen.[204]

Reinermann stellt dazu fest, daß "ein verbesserter Haushalt infolge der Eigenheiten und Beschränkungen der Haushaltsplanung nicht gleichbedeutend sein muß mit verbesserter ... Problemerkenntnis, Koordination oder Erfolgskontrolle von Programmen."[205] Er spricht damit die Tatsache an, daß Optimierungen im Budgetbereich zwar bedeutsame Faktoren für die Steigerung von Effektivität und Effizienz in den öffentlichen Verwaltungen sind, daß aber der Versuch, eine funktionale Verwaltungsreform allein als Haushaltsreform zu konzipieren, nicht gelingen kann.[206] In diese Richtung zielende Versuche - zu ihnen sind die Anstrengungen einer Einführung umfassender PPB-Systeme zu zählen - könnten von daher nur eine "Symptomkur" sein: "In den inkrementalen Haushaltserstellungsprozessen wurde die *Ursache* für vorwiegend retrograd orientiertes Verwaltungshandeln gesehen; folglich setzte man mit der Verwaltungsreform am Budgetprozeß an. Es sollte sich jedoch herausstellen ..., daß der

---

Es ist hier nicht der Ort für eine detaillierte kritische Würdigung des theoretisch interessanten Ansatzes. Wichtig erscheint aber über die oben geäußerte grundsätzliche Problematik eines rein synoptisch-deduktiven Ansatzes hinaus doch die Feststellung, daß bei einer Analyse des Scheiterns von IPEKS die Betonung "EDV-technischer Rechenoperationen" und der große "methodisch-wissenschaftliche Aufwand", eine "übertriebene (...) Differenzierung und Systematisierung" sowie der "übermäßige Aufwand an verwaltungsfeindlichen Methodik-Operationen" (Landesrechnungshof Rheinland-Pfalz: Gutachtliche Äußerung über das Integrierte Planungs-, Entscheidungs- und Kontrollsystem IPEKS, G 100 7c, Speyer 1977, S. 73f, 81 und 76; zitiert nach Braun, Günther E.: Ziele, a.a.O., S. 317), mithin also Vorwürfe der Überperfektionierung, der Mathematisierung, der mangelnden Nachvollziehbarkeit und Umsetzbarkeit im Zentrum der Kritik stehen. Weder von Seiten der Politiker, noch von Seiten der beteiligten Verwaltungsangehörigen oder der stellungnehmenden Wissenschaftler wird dagegen das grundsätzliche Erfordernis einer zielorientierten Steuerung des Verwaltungsgeschehens in Frage gestellt. Wegen einer Aufarbeitung von IPEKS im Rahmen einer Fallstudie vgl. Braun, Günther E.: Ziele, a.a.O., S. 292-335.

203 Reinermann, Heinrich, zitiert nach Mäding, Heinrich: Öffentlicher Haushalt und Verwaltungswissenschaft: ein Überblick, in: Mäding, Heinrich (Hrsg.): Haushaltsplanung - Haushaltsvollzug - Haushaltskontrolle, Baden-Baden 1987, S. 29-49, hier S. 49 (ohne nachvollziehbare Quellenangabe).
204 Vgl. in diesem Sinne auch Spies, Werner: Das Budget als Führungsinstrument, a.a.O., S. 313.
205 Reinermann, Heinrich: Programmbudgets, a.a.O., S. 191.
206 Vgl. ebenda, S. 194.

Etatinkrementalismus eher eine *Folge* pluralistisch-demokratischer Entscheidungsprozesses ist."[207]

Von daher ist der erfolgte **Rückfall in** (bzw. die **Beibehaltung von**) **inkrementale(n) Planungs- und Budgetierungsformen**[208] durchaus verständlich. Die Mängel der traditionellen inputbezogenen Haushaltsplanung, die weitgehend ohne die wünschenswerte enge Verknüpfung mit den Fachplanungen geschieht, bestehen damit in der Verwaltungspraxis weiterhin fort.[209]

Wenn man von der Einführung der Programmbudgetierung in öffentlichen Verwaltungen als Aufgabe des Verwaltungs-Controlling spricht, dürfen die Reformdiskussionen der Vergangenheit und die fehlgeschlagenen Implementierungsversuche nicht ignoriert werden. Von einem Verwaltungs-Controlling kann nicht die Realisierung des über Jahrzehnte hinweg nicht geglückten "großen Wurfes" einer integrierten Aufgaben- und Finanzplanung erwartet werden. Wohl aber muß geprüft werden, inwieweit sich im Rahmen des Verwaltungs-Controlling bei Berücksichtigung der Erfahrungen mit den überarbeiteten Programmbudgetierungsmodellen der "zweiten Generation" in ausgewählten Verwaltungsteilbereichen einzelne Elemente sukzessive implementieren lassen.[210]

C Hauptzielrichtungen von Controlling-Aktivitäten zur Optimierung der Budgetierung öffentlicher Verwaltungen

Das Verwaltung-Controlling ist, wie oben angedeutet wurde, im Bereich der Budgetierung mit einer ganz **anderen Ausgangssituation** konfrontiert als das Controlling in privatwirtschaftlichen Unternehmen:

Während das Rechnungswesen privater Unternehmen lange Zeit stark von den Vorschriften zur externen Rechnungslegung und dann zusätzlich und zunehmend auch durch interne Rechenzwecke wie der Kalkulation, der Ergebnisermittlung und dem kostenstellenbezogenen Soll-Ist-Vergleich geprägt wurde, ist das **Rechnungswesen öffentlicher Verwaltungen** von Anfang an **dominiert** von dem pagatorischen, kameral geprägten **Haushaltswesen**. Dies findet seinen Niederschlag auch im (aufbau-) organisatorischen Bereich: In öffentlichen Verwaltungen nimmt die Budgetierung (im Sinne des Haushaltswesens) - in funktionaler und auch in institutioneller Hinsicht - von jeher

---

207 Ebenda, S. 195.
208 Engelhardt spricht von einem "Rückfall in das inkrementelle Sich-Durchwursteln auf der Basis jährlicher Budgetfortschreibungen" (Engelhardt, Gunther: Programmbudgetierung als Antwort auf die Haushaltskrise, a.a.O., S. 132).
209 Aus rein ökonomisch-rationaler (und damit einseitiger) "Sicht ist die Programmbudgetierung der traditionellen Budgetierungspraxis überlegen, weil sie der Entscheidungslogik reiner Effizienz besser entspricht". (Engelhardt, Gunther: Programmbudgetierung, a.a.O., Sp. 1325). Vgl. in diesem Sinne auch Buschor, Ernst: Erfahrungen aus Gestaltungs- und Einführungsprojekten in Österreich und der Schweiz, in: Weber, Jürgen/Tylkowski, Otto (Hrsg.): Perspektiven der Controlling-Entwicklung in öffentlichen Institutionen, Stuttgart 1991, S. 215-248, hier 226: "Das an sich theoretisch (auch aus der Sicht des modernen Controllings) richtige Konzept...".
210 Vgl. in diesem Sinne (allerdings ohne Controlling-Bezug) Tworeck, Klaus: Verbesserung der Haushaltsplanung, a.a.O., S. 219. Vgl. auch die controllingbezogenen Ausführungen unten, Teil C 6.

eine zentrale Stellung ein. Dagegen ergab eine Untersuchung der Budgetierung in privatwirtschaftlichen Unternehmen, daß inzwischen zwar die Mehrzahl der deutschen Unternehmen eine jährliche Budgetierung vornimmt, daß dafür aber häufig keine eigenständige Budgetierungsabteilung existiert[211] und daß oft ein zu geringer Formalisierungsgrad zu verzeichnen ist.[212] Diese Lücken auszufüllen wird als eine der bedeutsamsten Aufgaben des Controlling in privatwirtschaftlichen Unternehmen angesehen.[213]

Im Gegensatz dazu ist der Verwaltungs-Controller mit zutiefst in der Verwaltung verwurzelten Budgetierungmechanismen konfrontiert. Auch in institutioneller Hinsicht sind regelmäßig entsprechende Stellen vorhanden. Vor dem Hintergrund dieser grundverschiedenen Ausgangssituationen leuchtet unmittelbar ein, daß für den Verwaltungs-Controller im Bereich der Budgetierung anders gelagerte Aufgaben anstehen, als für den Controller in der Privatwirtschaft, der viel größere Gestaltungsspielräume und weniger strukturelle Schwierigkeiten vorfindet. Da eine radikale Umwälzung des gesamten Haushaltswesens - wie auch die obige Auseinandersetzung mit den Konzepten der Programmbudgetierung gezeigt hat - in einer realistischen Betrachtung kein erfolgversprechendes Aufgabenfeld des Verwaltungs-Controlling sein kann, gilt es, **Optimierungsanstrengungen** zu unternehmen, deren **Zielrichtungen** schon vor einer eingehenderen Betrachtung angedeutet werden können als

- Stärkung dezentraler Kompetenzen in der Mittelbewirtschaftung, d.h. Gewährung größerer Flexibilitäten in sachlicher und zeitlicher Hinsicht durch eine "Lockerung des Budgetkorsetts",
- Schaffung flankierender Maßnahmen, die der Legislative auch ohne die Vorgabe von stark detaillierten und damit auch restriktiven Haushaltsansätzen eine Erfolgskontrolle sichern,
- Stärkung koordinativer Elemente in der Haushaltsplanung,
- grundsätzlich behutsames, nicht gleich flächendeckendes Vorgehen unter Auswahl geeigneter Verwaltungsteileinheiten.

Der Verwaltungs-Controller hat in diesem Zusammenhang die Aufgabe, Änderungen anzustoßen und zu gestalten. Die der Verwaltung im Rahmen einer Dezentralisierung und Flexiblisierung zuwachsenden Freiräume erfordern für eine sinnvolle Ausnutzung Informationsverarbeitungssysteme, deren Vorhaltung - im Bedarfsfalle auch deren Anwendung - ebenfalls als bedeutende Aufgaben des Verwaltungs-Controllers anzusehen sind.[214] Diese Aufgaben sollen im folgenden konkretisiert werden.

---

211 Vgl. Horváth, Péter/Dambrowski, Jürgen/Jung, H./Posselt, S.: Die Budgetierung im Planungs- und Kontrollsystem der Unternehmung, in: DBW, Nr. 2/1985, S. 138-155.
212 Vgl. Horváth, Péter/Dambrowski, Jürgen/Hennig, Barbara: Budgetierungssysteme als Controlling-Instrumente, a.a.O., S. 25.
213 Vgl. die eingangs des Abschnitts IV. angeführten Quellen.
214 Vgl. in diesem Sinne auch Weber, Jürgen: Einführung in das Controlling, a.a.O., S. 252.

1. Verdeutlichung der Vorteile einer führungsorientierten Budgetierung auch für die Legislative

Ein **Grundproblem** der Optimierungsanstrengungen des Verwaltungs-Controlling zur Verstärkung der Managementorientierung der öffentlichen Budgetierung besteht darin, daß die darauf abzielenden Maßnahmen mehrheitlich eine **Verlagerung formeller Budgetierungskompetenz von der Legislative auf die Verwaltung** "als der Instanz mit dem größeren Sachverstand"[215] erfordern. Denn im Zuge einer stärker führungsorientierten Budgetierung ist es unumgänglich, die Grundsätze der sachlichen und zeitlichen Spezialität zugunsten einer **erhöhten Flexibiltät** der mittelbewirtschaftenden Stellen und die sehr weitreichende Haushaltsdetaillierung zugunsten einer - innerhalb prägnanter Rahmenvorgaben - **verstärkt eigenverantwortlichen Mittelbewirtschaftung** der Verwaltung zu lockern.[216]

Derartigen Änderungen kann die Legislative nur dann zustimmen, wenn überzeugend vermittelt wird, daß sie sich damit nicht ersatzlos grundlegender Einflußmöglichkeiten begibt. Es muß aufgezeigt werden, daß es auf der Grundlage von führungsorientierten und sachzielbezogenen Budgets vielmehr sogar erleichtert wird, Vorgabe- und Kontrollfunktionen auszuüben. Der Akzent würde sich von formellen hin zu stärker materiell orientierten Kontrollen verlagern:[217] **Maßnahmen- und ergebnisbezogene Erfolgskontrollen** würden an die Stelle der bisher dominanten formellen Ordnungsmäßigkeitskontrollen treten. Es muß verdeutlicht werden, daß an den Ordnungsmäßigkeitskontrollen nicht allein mit dem Argument ihrer leichten Durchführbarkeit und der Erbringung eindeutiger - aber wenig aussagekräftiger Resultate - festgehalten werden sollte.

Mit der Einräumung größerer haushaltswirtschaftlicher Flexibilitäten wächst die Bedeutung **operationaler Sachzielvorgaben** und **aussagefähiger Informationssysteme** zur Abbildung der Zielerreichungsgrade. Denn nur wenn die Ziele hinreichend klar und genau vorgegeben sind, wird es der Verwaltungsführung möglich sein, die ihr zugewachsenen flexiblen Möglichkeiten zieladäquat zu handhaben. Und nur wenn entsprechende Informationssysteme vorhanden sind, wird es gelingen, die Mittelverwendung in eine Beziehung zu der erbrachten Verwaltungsleistung und deren Wirkung zu bringen. Derartige Möglichkeiten einer Evaluierung sind aber eine Voraussetzung dafür, daß die Legislative in nennenswertem Umfang dazu bereit sein wird, die Budgetierung mit mehr operativen Freiräumen für die Verwaltung auszustatten.

Abgesehen von diesen systembildenden Aufgaben muß überlegt werden, inwieweit der Verwaltungs-Controller auch an der **laufenden Wahrnehmung von Aufgaben im Budgetierungsprozeß** zu beteiligen ist. Falls dies gewünscht wird, so ist es zweckmäßig, dem Verwaltungs-Controller die Kompetenzen des Beauftragten für den Haushalt

---
215 Spies, Werner: Das Budget als Führungsinstrument öffentlicher Wirtschaftseinheiten, a.a.O., S. 201.
216 Bereits das bestehende Haushaltsrecht hält dafür Möglichkeiten bereit (vgl. dazu die nachfolgenden Ausführungen), deren Nutzung bisher allerdings sehr restriktiv gehandhabt wird.
217 Vgl. Spies, Werner: Das Budget als Führungsinstrument öffentlicher Wirtschaftseinheiten, a.a.O., S. 210.

nach § 9 BHO zu übertragen. Die sinnvolle Abgrenzung eines Controller-Aufgabenspektrums neben den Funktionen, die der Beauftragte für den Haushalt hier wahrzunehmen hat - in der Praxis befindet der Beauftragte für den Haushalt darüber, wie die Entscheidungsspielräume des Haushaltsrechts auszunutzen und die Vorschriften zu interpretieren sind[218] - ist nur schwer möglich.

Im folgenden dominiert eine **de lege lata-Argumentation**. Es soll also überlegt werden, welche Möglichkeiten sich schon bei unveränderter Rechtslage[219] bieten, um die Budgetierung stärker führungsorientiert zu gestalten. Dem Verwaltungs-Controlling kommt dabei in erster Linie die Aufgabe zu, die Veränderungen anzustoßen und etwa im Sinne eines Projekt-Controlling zu begleiten.[220] Dabei ist zu beachten, daß die nachfolgend unter 2. bis 5. ausgeführten Möglichkeiten nicht allein ins Benehmen der Verwaltung oder des Verwaltungs-Controllers gestellt sind. Vielmehr muß hier jeweils eine Abstimmung mit den politisch zuständigen Instanzen gesucht werden - eine koordinative Tätigkeit, die bei entsprechend weiter konzeptioneller Auslegung ebenfalls dem Verwaltungs-Controlling zufällt.[221]

2. Erhöhung der sachlichen und zeitlichen Flexibilität des Budgets bei bestehender Budgetstruktur

Durch die in § 45 der BHO kodifizierten Grundsätze der **sachlichen und zeitlichen Spezialität** der Haushaltsansätze wird eine enge Bindung der Verwaltung an die Vorgaben der politisch legitimierten Instanzen bezweckt. In Abs. 1 heißt es dort: "Ausgaben und Verpflichtungsermächtigungen dürfen nur zu dem im Haushaltsplan bezeichneten Zweck, soweit und solange er fortdauert, und nur bis zum Ende des Haushaltsjahres geleistet oder in Anspruch genommen werden." Aufgrund einer regelmäßig sehr engen Auslegung werden i.d.R. sehr weitgehend spezifizierte Budgetvorgaben erlassen, die die Verwaltung in ein oftmals sehr enges Korsett zwängen, wodurch ein flexibles Agieren stark erschwert wird. Auf zum Zeitpunkt der Haushaltsverabschiedung noch nicht absehbare Ereignisse und Entwicklungen kann im Rahmen der detaillierten Budgetvorgaben häufig nicht adäquat reagiert werden.

---

218 Vgl. Reinermann, Heinrich/Reichmann, Gerhard: Verwaltung und Führungskonzepte, Berlin 1978, S. 93.
219 Dabei erfolgt hier eine Beschränkung auf die haushaltsrechtlichen Vorschriften des Bundes.
220 "Dem Controlling kommt deshalb die Aufgabe zu, ... Änderungen des bisherigen Budgetierungsprozesses zu konzipieren und anzuregen" (Weber, Jürgen: Einführung in das Controlling, a.a.O., S. 232, im Original teilweise in Fettdruck).
221 Darüber hinausgehend, wäre daran zu denken, bewährte Mittel und Maßnahmen durch eine Änderung des Haushaltsrechts aufzuwerten. Dies könnte etwa dadurch erfolgen, daß die nachfolgend erörterten, rechtlich zwar weitgehend schon vorgesehen, aber bisher überwiegend nur als Ausnahmen eingestuften Maßnahmen auf eine verbindlichere rechtliche Grundlage gestellt würden. Soweit es sich dabei um erweiterte Kompetenzen der Verwaltung im Bereich der Mittelbewirtschaftung handelt, müßte jedoch parallel dazu für prägnante Zielvorgaben und für Systeme der Erfolgskontrolle gesorgt werden. Die Änderung der Bundeshaushaltsordnung zur Verdeutlichung der politisch-programmatischen Funktion des Haushaltsplans und die Gruppierung der Titel nach Maßnahmen und Programmen, anstatt wie bisher nach Arten, wäre ohne Schwierigkeit möglich (vgl. König, Herbert: Rahmenbedingungen wirksamer Finanzkontrolle, in: Beiträge zur Verwaltungswissenschaft, Nr. 4, Hamburg 1985, S. 44).

Allerdings wurden in Kenntnis dieser negativen Momente auch Regelungen geschaffen, die es in Einzelfällen ermöglichen, von den genannten Haushaltsgrundsätzen abzuweichen.

Das Institut der **Deckungsfähigkeit** nach § 20 BHO erlaubt es unter bestimmten Voraussetzungen,[222] im Haushaltsplan einzelne Ausgabentitel für einseitig oder gegenseitig deckungsfähig zu erklären.[223] Entschließt sich die Legislative, solche gekorenen Deckungsfähigkeiten einzuräumen, so entsteht in diesem Maße für die Verwaltung die Möglichkeit, Einsparungen bei einem Ausgabentitel zur Leistung von Mehrausgaben bei einem anderen zu verwenden. So kann eine flexiblere Haushaltsmittelbewirtschaftung durch die Verwaltung erfolgen.

Es lassen sich zahlreiche Varianten der Einräumung von Deckungsfähigkeiten vorstellen: So kann die Deckungsfähigkeit nur bis zu einem bestimmten Prozentsatz eines Titels eingeräumt werden, einseitige und gegenseitige Deckungsfähigkeiten können kombiniert und einzelne Titel ganz ausgeschlossen werden. Der Verwaltungs-Controller muß hier dazu beitragen, "gangbare, operationale und politisch durchsetzbare Wege zu finden"[224].

Das Institut der **Übertragbarkeit** stellt eine Ausnahme vom Grundsatz der zeitlichen Spezialität des Haushaltes dar.[225] Nach § 19 BHO können neben den Ausgaben für Investitionen und den Ausgaben aus zweckgebundenen Einnahmen (sog. geborene Übertragbarkeit) auch andere Ausgaben "im Haushaltsplan für übertragbar erklärt werden, wenn sie für eine sich auf mehrere Jahre erstreckende Maßnahme bestimmt sind und wenn die Übertragbarkeit eine sparsame Bewirtschaftung der Mittel fördert" (§ 19 Abs. 1 Satz 2 BHO). Durch eine stärkere Anwendung des Instituts der Übertragbarkeit ließe sich das unter dem Schlagwort "Dezemberfieber" bekannte Phänomen der mehr oder weniger sinnvollen Verausgabung von zum Jahresende noch verfügbaren Mitteln reduzieren.

Die Voraussetzungen, an die die Übertragbarkeit der Haushaltsreste gebunden sind, müssen als restriktiver eingeschätzt werden als die Bedingungen für eine Einräumung der Deckungsfähigkeit: Die Ausgaben müssen sich hier auf dieselbe Maßnahme beziehen. Die Kombination von gekorener Deckungsfähigkeit und gekorener Übertragbarkeit derselben Ausgabenmittel wird durch § 20 Abs. 2 Satz 2 BHO auf "besondere Fälle" beschränkt.

Auch die gekorene Übertragbarkeit stellt "eine Kann-Vorschrift dar, die in ihrer praktischen Wirksamkeit von der Einschätzung des Parlaments abhängig ist."[226] Wie im Falle der Deckungsfähigkeit muß es gelingen, durch überzeugende Argumente darzu-

---

222 Vgl. dazu Piduch, Erwin Adolf: Bundeshaushaltsrecht, Kommentar, Loseblattsammlung, Stuttgart u.a. 1969ff, Anmerkung Nr. 6 zu § 20 BHO.
223 Dabei handelt es sich um die sog. gekorene Deckungsfähigkeit (§ 20 Abs. 2 BHO), die von der abschließend in Abs. 1 geregelten geborenen Deckungsfähigkeit zu unterscheiden ist.
224 Weber, Jürgen: Einführung in das Controlling, a.a.O., S. 252.
225 Vgl. allgemein Petersen, Hans-Georg: Finanzwissenschaft, a.a.O., S. 98f.
226 Reinermann, Heinrich/Reichmann, Gerhard: Verwaltung und Führungskonzepte, a.a.O., S. 88.

legen, daß die Lockerung des Grundsatzes der Spezialität Vorteile bringt. Die Bereitstellung von Informations- und Kontrollsystemen durch den Verwaltungs-Controller stellt dafür eine entscheidende Voraussetzung dar.

3. Schaffung von Globalhaushalten für Verwaltungsteilsysteme

Verschiedentlich wird - auch im Zusammenhang mit Controlling-Projekten - diskutiert, **Globalhaushalte**[227] für sog. **Selbstbewirtschaftungsstellen** zu verabschieden. Die Rechtsgrundlage dafür kann (auf Bundesebene) in § 15 Abs. 2 BHO gesehen werden: "Ausgaben können zur Selbstbewirtschaftung veranschlagt werden, wenn hierdurch eine sparsame Bewirtschaftung gefördert wird. Selbstbewirtschaftungsmittel stehen über das laufende Haushaltsjahr hinaus zur Verfügung. Bei der Bewirtschaftung aufkommende Einnahmen fließen den Selbstbewirtschaftungsmitteln zu."

In den Haushalt der Institution, der die Selbstbewirtschaftungsstelle angehört, wird nur ein pauschaler Ausgabentitel eingestellt. Im Rahmen des durch diesen Titel konstituierten Globalhaushaltes kann die Selbstbewirtschaftungsstelle unabhängig von den Haushaltsgrundsätzen der sachlichen und der zeitlichen Spezialität wirtschaften. Sogar der Grundsatz der Gesamtdeckung oder Non-Affektation[228] ist hier insofern aufgehoben, als daß die im Rahmen der Bewirtschaftung anfallenden Einnahmen den Selbstbewirtschaftungsmitteln zuzuführen sind. Damit sind Selbstbewirtschaftungsstellen im Grunde schon als **nettoetatisierende Einheiten** anzusehen.[229]

Es liegt auf der Hand, daß im Zusammenhang mit der Verabschiedung eines Globalhaushaltes **eindeutige Sachzielvorgaben** für die Selbstbewirtschaftungsstelle vorhanden sein müssen, um sicherzustellen, daß die pauschal zugewiesenen Mittel im öffentlichen Interesse verausgabt werden und spätestens nach Abschluß des Haushaltsjahres **Effizienz- und Effektivitätskontrollen** stattfinden können. Die Bildung von Globalhaushalten muß also flankiert werden von sorgfältigen Zielplanungen und Maßnahmen zur Schaffung sachzielbezogener Informationen, wie sie als zentrale Aufgaben des Verwaltungs-Controlling herausgestellt wurden und im folgenden Kapitel - etwa in Form einer Leistungsrechnung oder einer Indikatorenrechnung - konkretisiert werden. In der Tatsache, daß in der Verwaltungspraxis zumeist weder die operationalen Zielvorgaben vorhanden sind, noch Informationssysteme, die den Nachweis bzw. die Kontrolle einer effektiven und effizienten Mittelverausgabung erlauben, ist wohl mit

---

[227] Teilweise wird dafür auch der Terminus "Fonds" bzw. "Plafondierung" für die Zuweisung nicht detailliert zweckgebundener Mittel verwendet, vgl. etwa Lüder, Klaus/Budäus, Dietrich: Effizienzorientierte Haushaltsplanung und Mittelbewirtschaftung - Studie zum Problem der Erzeugung von Anreizen für die wirtschaftliche Verwendung öffentlicher Mittel durch die Titelverwalter, Göttingen 1976, S. 68f.
[228] Vgl. kritisch Recktenwald, Horst Claus: Lexikon der Staats- und Geldwirtschaft, a.a.O., S. 408.
[229] Auch an die noch weitergehende Verselbständigung etwa als sog. § 26-Betriebe oder der als Sondervermögen ist hier zu denken. Vgl. dazu (vor dem Hintergrund einer verbesserten Einführbarkeit von MbO-Konzepten) Reinermann, Heinrich/Reichmann, Gerhard: Verwaltung und Führungskonzepte, a.a.O., S. 90f.

ein Grund dafür zu sehen, daß derartige Globalhaushalte sehr selten und wenn, dann nur mit relativ geringem Volumen gebildet werden.[230]

Die in § 15 Abs. 2 Satz 1 BHO zitierte Forderung, daß durch die Verabschiedung von Selbstbewirtschaftungsmitteln eine sparsame Bewirtschaftung nachweislich gefördert wird, ist damit im Zusammenhang zu sehen.[231] Dieser Nachweis kann in aller Regel nur gelingen, wenn als notwendige - aber noch nicht hinreichende - Bedingung **ersatzweise interne Strukturen an die Stelle des extern vorgegebenen Haushaltes** treten. Intern muß die Selbstbewirtschaftungsstelle weiterhin über ein Budget verfügen, das aber, um die Vorteile der Loslösung aus der Bruttoetatisierung realisieren zu können, als flexibles, führungsorientiertes Budget gehandhabt werden muß. Um die gewünschten positiven Effekte der dezentralisierten Mittelbewirtschaftung wirksam werden zu lassen, ist es notwendig, daß Freiräume, die durch die zurückhaltenden Detailvorgaben der Legislative geschaffen werden, nicht durch restriktive verwaltungsinterne Vorgaben wieder eliminiert werden.[232]

Gespräche mit Haushaltspraktikern zeigen, daß das Instrumentarium des Globalhaushaltes auch innerhalb der Exekutive durchaus differenziert beurteilt wird. Es zeigt sich, daß mit der Abkoppelung von der detaillierten Bruttoetatisierung im Haushalt der Mutterkörperschaft noch kein grundsätzlich geändertes Budgetierungsverfahren - etwa Programmbudgetierung anstatt der herkömmlichen, inkrementell ausgerichteten Haushaltsplanung - bezweckt sein muß.[233]

4. Bildung umfassenderer Einheiten und Titel

"Haushaltspläne werden nach Institutionen getrennt bewilligt. Je größer aber eine Institution ist, desto größer ist auch ihr Entscheidungsspielraum."[234] Da die bisherige Praxis der Gliederung der Einzelpläne nach dem Ministerialprinzip und ihre weitere Differenzierung in Kapitel rechtlich nicht normiert ist, erscheint es möglich, **größere Bewilligungseinheiten** zu bilden, innerhalb derer dann eine **erhöhte Flexibilität der Mittelverwendung** gegeben wäre. "Wenn beispielsweise eine Forschungseinrichtung

---

230 Ebenda, S. 89f.
231 Vgl. dazu Piduch, Erwin Adolf: Bundeshaushaltsrecht, Kommentar, Loseblattsammlung, Stuttgart u.a. 1969ff, Anmerkung Nr. 7 zu § 15 BHO. Die Kommentierung geht allerdings nicht auf die Kriterien ein, anhand derer der Nachweis der Förderung einer sparsamen Bewirtschaftung zu leisten ist.
232 Vgl. Lüder, Klaus/Budäus, Dietrich: Effizienzorientierte Haushaltsplanung + Berlin 1978, und Mittelbewirtschaftung - Studie zum Problem der Erzeugung von Anreizen für die wirtschaftliche Verwendung öffentlicher Mittel durch die Titelverwalter, Göttingen 1976, S. 70.
233 Ein **Beispiel** aus der jüngeren Zeit kann dies belegen: Für das Haushaltsjahr 1991 wollte die nordrhein-westfälische Wissenschaftsminister für zwei bislang in ihrem Haushalt brutto etatisierte Hochschulen Globalhaushalte einführen. Aus der Sicht der Hochschulen wurde darin nach Auskunft des Leiters der Haushaltsabteilung einer der Hochschulen vornehmlich der Vorteil gesehen, eine sachliche Vollübertragbarkeit, insbesondere zwischen Personal- und Investitionsmitteln zu erreichen. Außerdem war bezweckt, Haushaltsreste in eine Rücklage einzustellen, über die die Universität frei verfügen können sollte. Es ging also primär um die Erreichung **größerer sachlicher und zeitlicher Flexibilitäten**. Nicht beabsichtigt war dagegen, den Budgetierungsprozeß grundlegend zu verändern, etwa in Richtung einer Programmbudgetierung. Der Budgetierungsprozeß sollte unter Beibehaltung der Verfahrensweisen und Zuständigkeiten wie bislang praktiziert worden. Der Haushalt wäre in seiner Struktur bis auf weiteres als internes Budget beibehalten worden. Das Modellprojekt kam wegen der ablehnenden Haltung des Finanzministeriums nicht zustande.
234 Reinermann, Heinrich/Reichmann, Gerhard: Verwaltung und Führungskonzepte, a.a.O., S. 91.

aus zehn Instituten mit jeweils gesonderten Haushaltsplänen besteht, so ist der Entscheidungsspielraum der gemeinsamen Geschäftsleitung geringer als wenn ein *konsolidierter Haushalt* für alle Institute bestünde. Denn dieser ermöglicht, die bei den verschiedenen Titeln angesetzten Mittel nach eigenem Ermessen auf die zehn Institute zu verteilen."[235]

Als gegenüber der Bildung von Globalhaushalten (oder Globalfonds) **abgemilderte Form** der Aufhebung der sachlichen Spezialität kann es auch in Betracht kommen, **Teilfonds** zu bilden.[236] Dabei wird der mittelbewirtschaftenden Stelle eine flexible Verausgabung innerhalb jedes für bestimmte Zwecke oder Aufgaben(gruppen) gebildeten Teilfonds gestattet; eine über diese Zweckbindung hinausgehende Verwendung ist dagegen nicht zulässig. Mit einer zunehmenden Detaillierung und Spezialisierung der Teilfonds erfolgt eine Annäherung an die bestehende Haushaltsstruktur.

Während aber der institutionelle Zuschnitt der Budgetierung einer Beeinflussung innerhalb des bestehenden Haushaltsrechts zugänglich ist, bereitet eine **Zusammenfassung mehrerer Haushaltstitel** de lege lata größere Schwierigkeiten, da die Titelgliederung im Gruppierungsplan nach § 13 Abs. 3 BHO festgelegt ist. Allerdings bestehen teilweise schon recht komplexe Titel, die bereits eine zumindest in begrenztem Rahmen flexible Bewirtschaftung zulassen.[237]

5. Einführung führungsorientierter Parallelbudgets

Von den zuvor angeführten Möglichkeiten unterscheidet sich die Variante der Einführung führungsorientierter Parallelbudgets insofern grundsätzlich, als es sich hierbei um eine **rein verwaltungsinterne Maßnahme** handelt, die damit nicht der Zustimmung durch die Legislative bedarf. Weber empfiehlt als Controlling-Aufgabe "den Aufbau eines zuarbeitenden, parallelen Planungs- und Kontrollsystems"[238] zur Milderung bzw. Beseitigung der Nachteile der herkömmlichen, haushaltsrechtlich gebundenen Planung und Budgetierung.[239] In erster Linie ist an die verwaltungsinterne Etablierung von Kostenbudgets[240] zu denken.[241]

---

235 Ebenda, S. 90.
236 Vgl. zu dieser Variante Lüder, Klaus/Budäus, Dietrich: Effizienzorientierte Haushaltsplanung und Mittelbewirtschaftung, a.a.O., S. 68-70.
237 Vgl. in diesem Sinne Reinermann, Heinrich/Reichmann, Gerhard: Verwaltung und Führungskonzepte, a.a.O., S. 92f.
238 Weber, Jürgen: Einführung in das Controlling, a.a.O., S. 232.
239 Reinermann argumentiert ebenfalls in die Richtung eines vollständigen, parallelen Systems, wenn er das Programmbudget als unstrittig geeignetes "behördeninternes Arbeitsinstrument" bezeichnet (vgl. Reinermann, Heinrich: Stichwort "Programmbudgetierung", in: Eichhorn, Peter u.a. (Hrsg.): Verwaltungslexikon, Baden-Baden 1985, S. 746f, hier S. 746).
240 Vgl. zur dort sog. Budgetkostenrechnung Promberger, Kurt: Steuerung von Organisationen des öffentlichen Sektors mit Hilfe eines zielorientierten und integrierten Rechnungswesens, Wien 1987, hier insbes. S. 201-203 und 206ff. Für den Bereich der personalintensiven Dienstleistungserstellung ist aber die in Kapitel 6, Teil I. vorgestellte (Plan-)Leistungsrechnung besser als führungsorientierte Vorgaberechnung geeignet.
241 Von Gewinn ist für einen Verwaltungs-Controller, der sich in diesem Bereich engagiert, sicherlich die Analyse von Konzeption und Implementierungserfahrungen der internen Budgetierung im Krankenhaus. Vgl. dazu die Beiträge in Sieben, Günter (Hrsg.): Interne Budgetierung im Krankenhaus, Köln 1988. Das interne Budget soll dort das mit den Krankenkassen ausgehandelte externe Budget "in die

Mit der Schaffung derartiger **interner Kostenbudgets** wird die Herstellung eines direkten Bezuges zwischen den zu erstellenden Leistungen und den dafür einzusetzenden Ressourcen ermöglicht, da es sich bei den Kosten (nach dem wertmäßigen Kostenbegriff) definitionsgemäß um den bewerteten leistungsbezogenen Güter- und Dienstverzehr handelt. Perioden- und (verwaltungs-)betriebsfremde Positionen werden ausgesondert.[242] Es wird möglich, den einzelnen dezentralen Einheiten Kostenverantwortung zu übertragen, indem mehr oder weniger differenzierte Sollkosten je Aufgabe oder je Maßnahme vorgegeben und nach Abschluß einer Rechnungsperiode mit den Istkosten verglichen werden können. Werden aus den Haushaltsansätzen Kostenbudgets für Teilperioden (etwa für Monate) und Verantwortungsbereiche oder Maßnahmen abgeleitet, so können unterjährig aussagefähige Soll-Ist-Vergleiche durchgeführt werden und im Abweichungsfall Gegenmaßnahmen eingeleitet werden.[243] Auf diese Weise ist ein Kosten-Controlling zu installieren, das allerdings neben der Vorgabe von Kostenbudgets auch eine Istkostenrechnung erfordert, die für die Mehrzahl der Verwaltungsteilbereiche erst noch einzuführen wäre.[244] Als weiterer Vorteil ist es anzusehen, daß sich aus den Daten der Kostenbudgetierung auch Erkenntnisse für eine sachgerechtere Haushaltsplanung gewinnen lassen.[245]

Im Falle der Kombination von interner Budgetierung und der oben geschilderten Bildung pagatorischer Globalhaushalte könnte ein flexibel zu handhabendes Kostenbudget, das jährlich mit dem Globalhaushalt abzustimmen wäre, intern die Lücke auffüllen, die durch die Zuweisung eines pauschalen Budgets entstünde.

6. Bereichsweise Einführung von Programmbudgetierungsinseln

Die Analysen der Programmbudgetierungsexperimente belegen, daß die aufgetretenen Implementierungsschwierigkeiten stark von den Spezifika der verschiedenen Verwaltungsteilbereiche abhingen. Spies stellt fest, daß "... eine Einführung von Programmbudgetverfahren zumindest für einzelne geeignete Bereiche sofort möglich wäre und im Laufe der Zeit ... ein weitergehendes Anwendungsfeld geschaffen werden könnte."[246] Die Erfahrung habe gezeigt, daß sich die Programmbudgetierungsformen "nur in Verwaltungsbereichen, die die notwendigen Voraussetzungen bereits auf-

---

Klinik transportieren" (Westphal, Eckhardt: Möglichkeiten der Durchsetzung interner Budgets im Krankenhaus, in: Sieben, Günter (Hrsg.): Interne Budgetierung im Krankenhaus, Köln 1988, S. 71-80, hier S. 75), so daß durchaus eine vergleichbare Situation zu einem mit der Legislative "ausgehandelten" Verwaltungsbudget, das intern umgesetzt werden muß, gegeben ist. Zudem sind auch die betrieblichen Strukturen und die Leistungsstrukturen mit Teilsystemen öffentlicher Verwaltungen vergleichbar.

242 Zur Abgrenzung von Kosten und Ausgaben bzw. Auszahlungen in öffentlichen Verwaltungen vgl. Eichhorn, Peter: Verwaltungshandeln und Verwaltungskosten - Möglichkeiten zur Verbesserung der Wirtschaftlichkeit in der Verwaltung, Baden-Baden 1979, S. 28-32.

243 Vgl. DOGRO-Partner Unternehmensberatung: Die integrierte Software-Lösung - Branchenlösung für Bundes- und Landesbehörden, Verwaltungen, Kommunen und alle öffentlich-rechtlichen Haushalte, Remshalden 1989, S. 7.

244 Vgl. dazu Kapitel 6, Teil II.

245 Vgl. DOGRO-Partner Unternehmensberatung: Die integrierte Software-Lösung, a.a.O., S. 5; dazu auch Steinberg, Thomas/Radlof, Dirk: Kosten- und Leistungsrechnung beim Hamburger Strom- und Hafenbau, in: Weber, Jürgen/Tylkowski, Otto (Hrsg.): Controlling in öffentlichen Institutionen: Konzepte - Instrumente - Entwicklungen, Stuttgart 1989, S. 203-230.

246 Spies, Werner: Das Budget als Führungsinstrument öffentlicher Wirtschaftseinheiten, a.a.O., S. 329.

wiesen"[247] erfolgreich implementieren ließen. Daraus läßt sich die Frage ableiten, welches diese für die Einführung managementorientierter Budgetierungsformen notwendigen **Voraussetzungen** sind, die **für die Auswahl bzw. Bildung geeigneter Verwaltungsteilbereiche** heranzuziehen sind.

Günstig wirkt sich nach den durchgeführten Analysen aus, wenn "eine Unterstützung und Mitarbeit der politischen Instanzen"[248] vorliegt und wenn die tangierten Verwaltungsmitarbeiter methodisch geschult und motiviert sind, zum Gelingen der Programmbudgetierung beizutragen,[249] was insbesondere in "wirtschaftenden Einheiten" der Fall sei.[250] Bedeutsam erscheint auch der Hinweis von Reinermann, daß vorrangig eine Auswahl solcher Bereiche erfolgen sollte, "in denen Fragen einer politischen Bewertung von Vorhaben weniger bedeutungsvoll sind."[251]

Dagegen ist der Einsatz von Programmbudgetierungssystemen nach Spies **nicht sinnvoll bzw. machbar**, wenn eilbedürftiges Handeln gefordert ist und wenn die Nutzen-Kosten-Untersuchung, der sich auch die Programmbudgetierung stellen muß, negativ ausfällt[252] (allerdings wird die Quantifizierung - insbesondere der Nutzenkomponente - schwer fallen).

Auf einer allgemeinen Ebene ist zu betonen, daß eine nachhaltige Führungsorientierung der Budgetierung mit einer **Veränderung der bislang dominant institutionellen Budgetstruktur** einhergehen muß. Dabei erscheint eine teilweise Herausbildung von programmbezogenen Einheiten (Teilhaushalten) ohne größere Schwierigkeiten rasch erreichbar.[253] Eine flächendeckende Umgestaltung in ein reines Programmbudget wird jedoch schon dadurch stark erschwert, daß eine eindeutige Zurechenbarkeit der Elemente der Programmstruktur auf Elemente der Organisationsstruktur (Leistungsstellen) gelingen müßte. Dies ist wegen der Vielzahl der Aktivitäten einer Leistungsstelle und wegen der Mehrfachwirkung der Aktivitäten auf verschiedene Programme aber kaum möglich.[254] Vor diesem Hintergrund schlagen Lüder und Budäus vor, sog. **Entscheidungseinheiten** als Grundlage der Budgetierung zu bilden: "Eine Entscheidungseinheit ist eine abgrenzbare Aktivität oder ein Aktivitätenbündel, z.B. ein Projekt, ein Programm, eine Aufgabe oder eine Leistung an Zuwendungsempfänger. Die Abgrenzung gegenüber anderen Entscheidungseinheiten soll dabei in der Weise erfolgen, daß die Entscheidungsträger in der Lage sind, die Entscheidungsalternativen hinsichtlich ihrer Dringlichkeit zu beurteilen und mit konkurrierenden Aktivitäten zu

---

247 Ebenda, S. 331.
248 Ebenda, S. 322.
249 Vgl. ebenda, S. 320-322.
250 Vgl. ebenda, S. 335. Im Umkehrschluß sind also die Realisierungsvoraussetzungen in ausgesprochenen Hoheitsverwaltungen und bei fehlendem Rückhalt aus dem politischen Bereich ungünstig.
251 Reinermann, Heinrich: Programmbudgets, a.a.O., S. 337.
252 Vgl. Spies, Werner: Das Budget als Führungsinstrument öffentlicher Wirtschaftseinheiten, a.a.O., S. 322f.
253 Lüder und Budäus empfehlen den kürzerfristig realisierbaren "Übergang von der Verwaltungsbereichs- und Ausgabenarten-Gliederung zur Aufgabengliederung" (Lüder, Klaus/Budäus, Dietrich: Effizienzorientierte Haushaltsplanung und Mittelbewirtschaftung, a.a.O., S. 12).
254 Vgl. ebenda, S. 94f.

vergleichen. Man erhält somit ein entscheidungsorientiertes Budget."[255] Im Gegensatz zum "klassischen" Konzept der Programmbudgetierung ist bei einer derartigen Ausbildung von Programmbudgetierungsinseln aber **keine flächendeckende und konsistente Programmstruktur notwendig.**

V. Verwaltungs-Controlling und Kontrolle

Bereits oben wurden **kybernetische Regelkreise**, die **Kontrollen als zentrale Elemente** beinhalten, beschrieben. Es wurde allgemein erörtert, welche Aufgaben dem Verwaltungs-Controlling im Rahmen der Etablierung bzw. Optimierung ökonomischer Regelkreise zukommen. Daran anknüpfend sollen im folgenden konkrete Aufgabenfelder des Verwaltungs-Controlling in der Kontrollphase des Führungsprozesses dargestellt werden.

Die **Kontrolle** ist dabei genauso wie die Planung als **originäre Führungsfunktion** anzusehen. In nicht vollständig determinierten Systemen ist von einer funktionalen Einheit der beiden Teilfunktionen auszugehen[256]: "Einerseits sind Kontrollen als Soll-Ist-Vergleiche (Ziel-Ergebnis-Vergleiche) ohne Ziele oder Pläne nicht durchführbar, andererseits kann die Planung ihre Steuerungs- (Regelungs-)Funktion nur über die Kontrolle erfüllen. *Planung ohne Kontrolle ist daher sinnlos, Kontrolle ohne Planung unmöglich.*"[257]

A Begriff, Bedeutung, Formen und Träger der Kontrolle in öffentlichen Verwaltungen

Der **Begriff** der Kontrolle[258] wird in der wissenschaftlichen Literatur sehr uneinheitlich verwendet. "Die Begriffsinhalte sind je nach Betrachtungsgesichtspunkt ökonomisch, soziologisch, psychologisch, politologisch usw. geprägt, unterschiedlich und häufig widersprüchlich."[259]

---

255 Ebenda, S. 90.
256 Vgl. Horváth, Péter: Controlling, a.a.O., S. 164.
257 Wild, Jürgen: Grundlagen der Unternehmensplanung, a.a.O., S. 44.
258 Wegen der etymologischen Herleitung des Begriffes kann verwiesen werden auf die Ausführungen in Kapitel 1, Teil III. zum Versuch, sich auf etymologischem Wege einer Klärung des Begriffsinhalts von Controlling zu nähern. Kontrolle und Controlling haben denselben Wortursprung. Dies erklärt die Unmöglichkeit der Abgrenzung der Begriffe Kontrolle und Controlling unter Rückgriff auf etymologische Studien.
Auf das Verhältnis zu verwandten und zum Teil synonym verwandten Begriffen wie Überwachung, Prüfung, Revision, Supervision, Aufsicht usw. kann hier nicht eingegangen werden. Vgl. dazu etwa Tiemann, Susanne: Die staatsrechtliche Stellung der Finanzkontrolle des Bundes, Berlin 1974, S. 27-32; Heigl, Anton: Controlling - Interne Revision, Stuttgart und New York 1978, S. 4-7; Leffson, Ulrich: Wirtschaftsprüfung, 2. Auflage, Wiesbaden 1980, S. 11-25; Stern, Klaus: Die staatsrechtliche Stellung des Bundesrechnungshofes und seine Bedeutung im System der Finanzkontrolle, in: Zavelberg, Heinz Günter (Hrsg.): Die Kontrolle der Staatsfinanzen - Geschichte und Gegenwart, Berlin 1989, S. 11-42, hier S. 15f.
259 Steinebach, Nikolaus: Verwaltungsbetriebslehre, 2. Auflage, Regensburg 1983, S. 118.

Die Kontrolle "reduziert sich ... in der einfachsten begrifflichen Erklärung auf einen *Soll-Ist-Vergleich*"[260]. In einer weitergehenden und für die Erörterung von Controlling-Aufgaben gut geeigneten Fassung kann man sie als "den laufenden Vergleich zwischen einer Norm und der Wirklichkeit, die anschließende Abweichungsanalyse und - nach Möglichkeit - die Einleitung von Korrekturmaßnahmen"[261] charakterisieren.[262]

"Als *Hauptaufgabe* der Kontrolle können Feststellungen darüber, *ob* und *wie* Geplantes realisiert wurde, bezeichnet werden."[263] Das Treffen dieser Feststellungen ist allerdings kein Selbstzweck, es geht dabei zentral um die in **Abbildung 5-10** dargestellten Zwecke.[264]

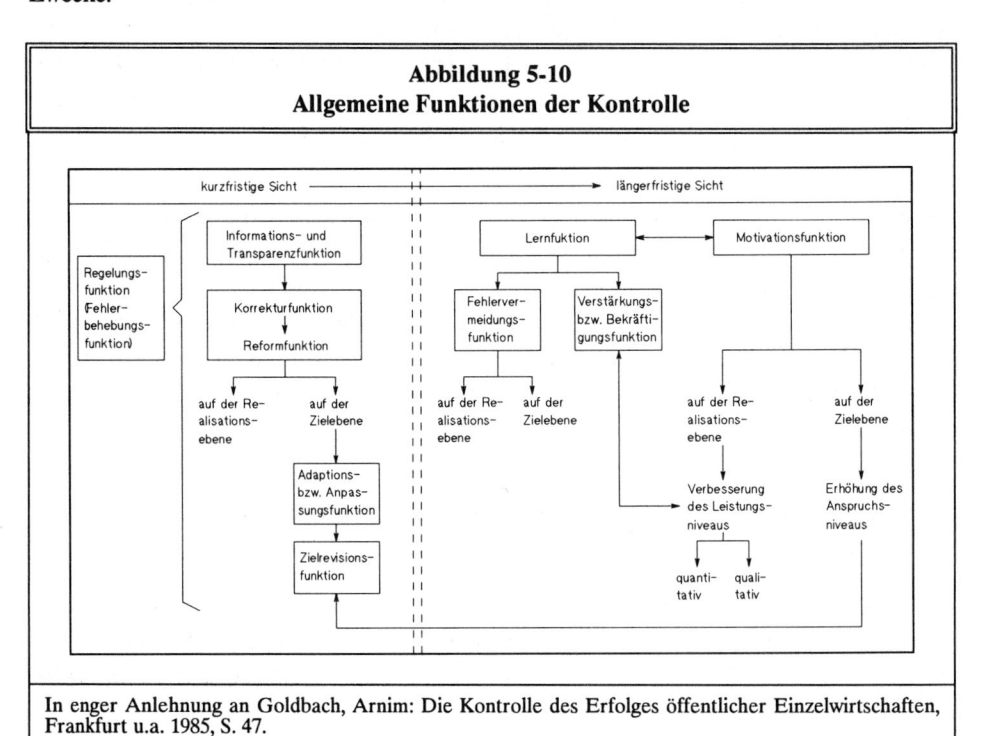

**Abbildung 5-10
Allgemeine Funktionen der Kontrolle**

In enger Anlehnung an Goldbach, Arnim: Die Kontrolle des Erfolges öffentlicher Einzelwirtschaften, Frankfurt u.a. 1985, S. 47.

Neben diesen **allgemeinen Funktionen** der Kontrolle bestehen **für öffentliche Verwaltungen** noch zusätzliche **spezielle Funktionen**. Da die für privatwirtschaftliche Unternehmen letztlich über den Markt vorgenommene Erfolgskontrolle in öffentlichen Verwaltungen nicht greift, das sog. Marktversagen ja oftmals gerade als die Begrün-

---
260 Ebenda.
261 Brede, Helmut: Kontrolle, betriebliche, in: Grochla, Erwin/Wittmann, Waldemar (Hrsg.): HWB, Band 2, Sp. 2218f, hier Sp. 2218.
262 Darüber hinausgehend auch noch die Festlegung der Norm (des Soll-Wertes) zur Kontrolle zu rechnen - solches wird bei Brede, ebenda, diskutiert - würde bedeuten, die Grenze zwischen Planung und Kontrolle zu verwischen. Dies erscheint trotz der sehr engen wechselseitigen Beziehungen zwischen Planung und Kontrolle nicht angebracht.
263 Steinebach, Nikolaus: Verwaltungsbetriebslehre, a.a.O., S. 119.
264 Die hier enthaltenen Zwecke oder Funktionen stellen in erster Linie auf Erfolgskontrollen und weniger auf reine Rechtmäßigkeitskontrollen ab.

dung für die Übertragung von Aufgaben auf öffentliche Verwaltungen herangezogen wird, muß die Erfolgskontrolle im Bereich marktfern agierender öffentlicher Verwaltungen auch "die Kontrollaufgabe, die unter Wettbewerbs- bzw. Konkurrenzbedingungen der Marktmechanismus erfüllt hätte, übernehmen (Kompensationsfunktion)."[265]

Die Möglichkeiten, **Formen oder Arten der Kontrolle** zu differenzieren, sind vielfältig.[266] Hier sollen nur drei Aspekte angesprochen werden: Das Erkenntnisinteresse, die Prozeßabhängigkeit und die Stellung der Träger der Kontrollen. Dies soll der Abgrenzung von Aufgaben des Verwaltungs-Controlling im Bereich der Kontrolle dienen.

Nach dem **Erkenntnisinteresse** läßt sich die Kontrolle der **Rechtmäßigkeit** von der Kontrolle der **Zweckmäßigkeit** (hier synonym: Wirtschaftlichkeit i.w.S.) unterscheiden.[267] Da umfassende Kontrollen zur Zweckmäßigkeit einer Handlung sich letztlich auf deren Erfolg beziehen, wird in diesem Zusammenhang der Terminus der **Erfolgskontrolle** öffentlichen Handelns gebraucht.[268] Gerade die Abstimmung zwischen den beiden Ebenen der Rechtmäßigkeit und der Wirtschaftlichkeit wurde oben als bedeutende koordinative Aufgabe des Verwaltungs-Controlling beschrieben. In den folgenden Abschnitten werden konkrete Aufgaben des Verwaltungs-Controlling im Bereich der Kontrolle hier einzuordnen sein.

Nach dem Kriterium der **Prozeßabhängigkeit** sind prozeßabhängige Kontrollen durch Personen oder Instanzen, die an dem Prozeß der Zielerreichung selbst beteiligt waren, von prozeßunabhängigen Kontrollen durch neutrale, erst durch den Kontrollvorgang mit den Kontrollobjekten in Berührung gekommene Personen oder Instanzen zu unterscheiden.

Trägerbezogen läßt sich die verwaltungsinterne von der verwaltungsexternen Kontrolle differenzieren.[269] **Externe Kontrollen** sind schon im System der Gewaltenteilung angelegt.[270] Sie werden von Parlamenten und deren Ausschüssen, Gerichten und Rechnungshöfen ausgeübt. Aber auch die Medien, Verbände, Parteien, Bürgerinitiativen, Gewerkschaften, Kirchen usw. nehmen Aufgaben der externen Verwaltungskontrolle wahr.[271] Auch die **verwaltungsinternen Kontrollinstanzen und -mechanismen** sind vielfältig. Zu ihnen zählen etwa die Vorgesetztenaufsicht und die Dienstaufsicht,[272] die

---

265 Goldbach, Arnim: Die Kontrolle des Erfolges öffentlicher Einzelwirtschaften, Frankfurt u.a. 1985, S. 49.
266 Eichhorn und Friedrich nehmen Differenzierungen der verwaltungsbezogenen Kontrollen nach mehr als 25 Kriterien vor (vgl. Eichhorn, Peter/Friedrich, Peter: Verwaltungsökonomie I, a.a.O., S. 252-256).
267 Vgl. ebenda, S. 253.
268 Bartolomäis Aussage: "Die schwierigste und unangenehmste Phase des Planungszyklus ist die Erfolgskontrolle. Deshalb unterbleibt sie in der Regel" deutet das aus Sicht des Verwaltungs-Controlling zugleich äußerst ergiebige wie problembehaftete Aufgabenfeld an (Bartholomäi, Reinhart: Planung in der (sozial-)politischen Praxis, in: Die neue Gesellschaft, 21. Jg., 1974, S. 183-186, hier S. 185).
Auf die Bezüge zwischen der Evaluationsforschung und dem Verwaltungs-Controlling wurde bereits oben hingewiesen (vgl. die Ausführungen in Kapitel 2, Teil III. C und die dort angegebene Literatur). Dies wird nachfolgend zu vertiefen sein.
269 Zur nicht immer eindeutig zu treffenden Unterscheidung interner und externer Verwaltungskontrollen vgl. Püttner, Günter: Verwaltungslehre, München 1982, S. 345f.
270 Vgl. Reichard, Christoph: Betriebswirtschaftslehre, a.a.O., S. 75.
271 Vgl. Thieme, Werner: Verwaltungslehre, 4. Auflage, Köln u.a. 1984, S. 340-360.
272 Vgl. Püttner, Günter: Verwaltungslehre, a.a.O., S. 351f.

verschiedenen Zeichnungsregelungen,[273] die Tätigkeit der kommunalen Rechnungsprüfungsämter sowie die sach- oder personenbezogenen Kontrollen durch Organisations-, Personal- oder Rechtsreferate.[274] Auch die in der verwaltungswissenschaftlichen Literatur und den Erläuterungen des BMF zu den VV zu § 7 BHO vorgeschlagene Erfolgs- oder Ergebniskontrollen in der Form von Nutzen-Kosten-Untersuchungen sind hier einzuordnen.[275]

Abbildung 5-11[276] verdeutlicht exemplarisch nach den Kriterien der Prozeßabhängigkeit und der Systemzugehörigkeit differenzierte Träger der Kontrolle in öffentlichen Verwaltungen. Die hier vorgenommene Einordnung der Kontrolltätigkeit durch den Verwaltungs-Controller als **prozeßabhängige interne Kontrolle** ergibt sich zwangsläufig durch seine Stellung als Verwaltungsangehöriger und aus den von ihm wahrzunehmenden Funktionen.

Abbildung 5-11
Träger der Verwaltungskontrolle bei ausgewählten Kontrollarten

Verwaltungs-zugehörigkeit \ Prozeßabhängigkeit	Prozeßunabhängige Kontrollen	Prozeßabhängige Kontrollen
Interne Kontrollen	– Interne Revision – Aufsichtsrat – Kommunale Rechnungsprüfungsämter	– Selbstkontrolle – **Controller** – Vorgesetzte
Externe Kontrollen	– Wirtschaftsprüfer – (Vor-) Prüfungsstellen – Rechnungshöfe – Aufsichtsämter – Parlamente – Verwaltungsgerichte	– Fachaufsicht bei Auftragsverwaltung

In Anlehnung an Goldbach, Arnim: Die Kontrolle des Erfolges öffentlicher Einzelwirtschaften, Frankfurt u.a. 1985, S. 32.

B Wirtschaftlichkeitskontrolle als Aufgabenfeld des Verwaltungs-Controlling

Wie die obige Darstellung gezeigt hat, unterliegt das Verwaltungshandeln auch bisher schon **vielfältigen internen und externen Kontrollen**.[277] Allerdings muß diese Aussage differenziert werden: Aus verschiedenen Gründen[278] bestehen Defizite im Bereich der

---

273 Vgl. Thieme, Werner: Verwaltungslehre, a.a.O., S. 337f.
274 Vgl. Reichard, Christoph: Betriebswirtschaftslehre, a.a.O., S. 75.
275 Vgl. Lüder, Klaus/Budäus, Dietrich: Effizienzorientierte Haushaltsplanung und Mittelbewirtschaftung, a.a.O., S. 119.
276 Die Zuordnung zur internen bzw. externen Kontrolle wird aus der Sicht des einzelnen Verwaltungsbetriebes vorgenommen.
277 "An Verfahren zur Kontrolle der Verwaltung mangelt es wahrlich nicht ...; eher scheinen es zu viele Kontrolleure zu sein" (Lecheler, Helmut: Verwaltungslehre, a.a.O., S. 255).
278 Vgl. dazu die Ausführungen im Kapitel 4, Teil "Regelung und Steuerung".

Effizienz- und insbesondere der Effektivitätskontrolle.[279] "Viel zu stark im Vordergrund steht demgegenüber die Rechnungskontrolle der Verwaltung"[280], also die herkömmliche Kontrolle auf Einhaltung des Haushaltsgesetzes und ordnungsgemäße Führung der Haushaltsrechnung.

Der defizitäre Bereich der **verwaltungsinternen Wirtschaftlichkeitskontrolle**[281] ist die **Domäne des Verwaltungs-Controllers**. Das Rechtmäßigkeitsprinzip wird dabei als rahmengebend angesehen, dessen Kontrolle ist jedoch nicht Gegenstand des Verwaltungs-Controlling. Wenn schon für die Rechnungshöfe,[282] die eine Sonderstellung innerhalb des Gewaltenteilungsschemas innehaben und deren Mitglieder mit richterlicher Unabhängigkeit ausgestattet sind, ein allgemeiner Auftrag zur Prüfung der Rechtmäßigkeit des Verwaltungshandelns nicht als gegeben angesehen wird,[283] so gilt dies erst recht für das Verwaltungs-Controlling.

Im folgenden sollen Aufgaben des Verwaltungs-Controlling im Rahmen der Etablierung und Durchführung von Wirtschaftlichkeits- oder Erfolgskontrollen erörtert werden. Da sich die Ziele des Verwaltungshandelns in der Regel nicht auf die Verwaltungsleistung im Sinne der Primärleistung (dem Output), sondern auf deren Wirkung (Sekundärleistung, Outcome) beziehen, ist im öffentlichen Bereich ein erweitertes und differenzierteres Effizienzkonzept notwendig.[284] Wie schon zur ex ante-Bewertung von Handlungsalternativen soll auch hier die Unterscheidung der Kategorien der Effizienz i.e.S. und der Effektivität wieder aufgegriffen werden. Daran anknüpfend soll eine Differenzierung in die Kategorien der **Effizienzkontrollen** und der **Effektivitätskontrollen** vorgenommen werden, um die Aufgaben des Verwaltungs-Controlling zur Etablierung und Durchführung von Wirtschaftlichkeitskontrollen zu strukturieren.[285]

---

279 Vgl. Volz, Jürgen: Erfolgskontrolle kommunaler Planung - Eine Untersuchung über Möglichkeiten und Grenzen der Erfolgskontrolle kommunaler Planungen, Köln u.a. 1980, etwa S. 133-138 und Goldbach, Arnim: Die Kontrolle des Erfolges öffentlicher Einzelwirtschaften, a.a.O., S. 177f.
280 Lecheler, Helmut: Verwaltungslehre, a.a.O., S. 255.
281 Nach dem **Zeitaspekt** kann zwischen der Wirtschaftlichkeit als Handlungsmaxime oder Handlungs**vor**schrift und der nachträglichen Feststellung der Wirtschaftlichkeit (Erfolgsermittlung) als einer "Handlungs**nach**betrachtung" unterschieden werden (vgl. dazu auch Goldbach, Armin: Die Kontrolle des Erfolges öffentlicher Einzelwirtschaften, a.a.O., S. 38f). Die oben (Teil III. B 4. dieses Kapitels) gemachten Ausführungen zur ex ante vorzunehmenden Einschätzung der Wirtschaftlichkeit von Maßnahmen können - abgesehen vom Zeitaspekt und der Sicherheit der Datenlage - grundsätzlich auch auf die ex post durchzuführenden Erfolgskontrollen übertragen werden: Stets dient dem Verwaltungs-Controller das Wirtschaftlichkeitsprinzip in seinen verschiedenen Konkretisierungsformen als formelle Kontrollnorm.
282 Auf das Verhältnis von Verwaltungs-Controller und Rechnungshöfen wird unten noch zurückzukommen sein.
283 Vgl. Krebs, Walter: Rechtmäßigkeit und Wirtschaftlichkeit als Kontrollmaßstäbe des Rechnungshofs, in: Arnim, Hans Herbert von (Hrsg.): Finanzkontrolle im Wandel, Berlin 1989, S. 65-81, hier insbes. S. 65f und 79. Krebs leitet her, daß eine "umfassende Rechtmäßigkeitsprüfung ... nicht im Zentrum der Kontrollaufgaben" des Rechnungshofes steht, daß aber eine "Untersuchung der Rechtmäßigkeit des Verwaltungshandelns ... im Rahmen der Wirtschaftlichkeitsprüfung erforderlich werden" kann (ebenda, S. 79).
284 Vgl. Reichard, Christoph: Betriebswirtschaftslehre, a.a.O., S. 12.
285 Andere in der Literatur vorgenommene Differenzierungen (es finden sich etwa die Begriffe Ergebniskontrollen, Durchführungskontrollen, Bedingungskontrollen, Wirkungskontrollen, Zielerreichungskontrollen, Zielkontrollen, Effizienzkontrollen, Möglichkeitskontrollen, Vollzugskontrollen, Mittelkontrollen, Verfahrenskontrollen) lassen sich in die beiden Kategorien einordnen bzw. erweisen sich als nicht zweckmäßig. So etwa, wenn versucht wird, Zielerreichungs- und Wirkungskontrollen eigenständig nebeneinander zu etablieren (vgl. Volz, Jürgen: Erfolgskontrolle, a.a.O., S. 247-252).

Die unterschiedlichen Ansatzpunkte der Effizienz- und der Effektivitätskontrollen veranschaulicht **Abbildung 5-12**. Unterschieden werden dabei

- Schicht 1   (Frage: Womit? Dimensionen: Ressourcen, Input),
- Schicht 2   (Frage: Was? Dimensionen: Maßnahmen, Verwaltungsleistung, Primärleistung, Output, Ergebnis) und
- Schicht 3   (Frage: Wozu? Dimensionen: Ziel-/Zweckerreichung, Leistungswirkung, Sekundärleistung, Outcome).

Während sich Effizienzkontrollen in erster Linie auf Input-Output-Relationen und damit auf das Verhältnis der Schichten 1 und 2 beziehen, betreffen Effektivitätskontrollen die Schichten 2 und 3 von Output und Outcome oder Maßnahmen und deren Wirkungen. Sie beziehen intensiv auch die Soll-Ist-Dimension ein, vergleichen also geplante mit realisierten Leistungen (Schicht 2) und insbesondere Zielerreichungsgrade vor und nach der Durchführung einer Maßnahme (Schicht 3).

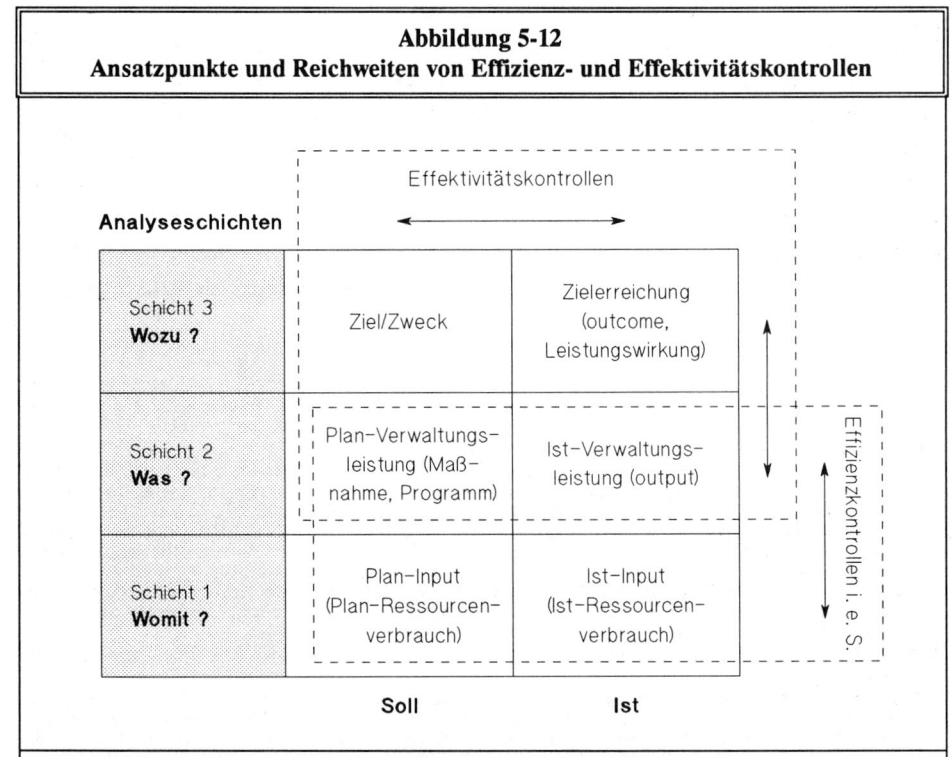

Abbildung 5-12
Ansatzpunkte und Reichweiten von Effizienz- und Effektivitätskontrollen

Analyseschichten	Soll	Ist
Schicht 3 **Wozu?**	Ziel/Zweck	Zielerreichung (outcome, Leistungswirkung)
Schicht 2 **Was?**	Plan-Verwaltungsleistung (Maßnahme, Programm)	Ist-Verwaltungsleistung (output)
Schicht 1 **Womit?**	Plan-Input (Plan-Ressourcenverbrauch)	Ist-Input (Ist-Ressourcenverbrauch)

Effektivitätskontrollen umfassen Schicht 2 und 3. Effizienzkontrollen i. e. S. umfassen Schicht 1 und 2.

In Anlehnung an König, Herbert: Problemfindung als Ausgangspunkt für öffentliches Handeln, in: Bundesakademie für öffentliche Verwaltung (Hrsg.): Ziel- und ergebnisorientiertes Verwaltungshandeln - Entwicklung und Perspektiven in Regierung und Verwaltung, Bonn 1979, S. 19-45, hier S. 23 und Reichard, Christoph: Betriebswirtschaftslehre der öffentlichen Verwaltung, 2. Auflage, Berlin und New York 1987, S. 12.

1. Effizienzkontrollen

Reichweite und Aussagekraft von Effizienzkontrollen

Bei der Etablierung, Durchführung und Auswertung von Effizienzanalysen muß sich der Verwaltungs-Controller stets deren **beschränkter Reichweite und Aussagekraft** bewußt sein. Da man sich nur innerhalb der Kategorien Input und Output (Schicht 1 und 2 der obigen Abbildung) bewegt, ist es nicht möglich, auf dieser Basis unmittelbar auf die Erreichung der Zwecke und (Sach-)Ziele, die hinter der Erbringung der Verwaltungsleistung stehen, zu schließen. Dagegen haben Effizienzkontrollen eine hohe und eigenständige **Bedeutung für die Überwachung und Optimierung von Leistungserstellungsprozessen**. Sie ermöglichen das korrigierende Eingreifen in laufende Prozesse und bewirken Lerneffekte für zukünftig durchzuführende Prozesse.

Gerade angesichts ihres eingeschränkten Aussagegehaltes sollten die Ergebnisse einer Effizienzanalyse möglichst oft in eine umfassende, neben dem Output auch dessen Wirkungen explizit berücksichtigende Wirtschaftlichkeitsanalyse eingehen. Es gibt aber auch Konstellationen, in denen aus der (betriebswirtschaftlichen) Sicht einer Einzelverwaltung keine Veranlassung besteht, ihre Leistungen einer Effektivitätskontrolle zu unterziehen. Dies ist etwa dann der Fall, wenn eine Verwaltung keinen Einfluß darauf hat, ob sie eine Leistung erstellt, sie also die Weisung zur Erstellung einer spezifizierten Leistung erhalten hat und nur noch das "Wie" autonom bestimmen kann. Hier sind Effizienzkontrollen nach der Variante des Minimumprinzips ausreichend.[286] Weiterhin sind Effizienzkontrollen aus pragmatischen Gründen auch für Maßnahmen, die oben[287] als "einfach strukturiert" (Typ 1) bezeichnet wurden, heranzuziehen.

Periodische Effizienzkontrollen

Je nach Kontrollobjekt hat der Verwaltungs-Controller laufend zu führende und periodisch abzuschließende Überwachungssysteme oder aber einzelfallbezogene Kontrollen einzurichten. Die für die **laufend durchzuführenden Effizienzkontrollen** in Betracht kommenden klassischen betriebswirtschaftlichen Instrumentarien sind die **Leistungs- und die Kostenrechnung.**[288] Auf (pagatorischen) Erlösen aufbauende **Rechenkreise** sind dagegen gerade im öffentlichen Bereich wegen des fehlenden Zusammenhangs von Leistungsabgabe und Zahlung eines Entgeltes kaum einsetzbar und nur von geringer Aussagekraft.

---

286 Als Beispiel kann hier der Bereich der Auftragsverwaltung durch die Kommunen genannt werden. Dabei werden die Kommunen per Gesetz verpflichtet, staatliche Aufgaben nach Weisung zu erfüllen. So sind etwa Auftragsangelegenheiten durch kommunale Wohnungs-, Standes- und Meldeämter wahrzunehmen. Im Hinblick auf diese Auftragsangelegenheiten ist es für einen kommunalen Verwaltungs-Controller nur sinnvoll, Wirtschaftlichkeitskontrollen in Form von Effizienzkontrollen zu etablieren, denn die Aufgabenwahrnehmung als solche ist vorgegeben. Im Einflußbereich der Kommune liegt es aber, diese Aufgaben effizient, also nach dem Minimumprinzip mit möglichst geringem Input zu erbringen. Allerdings sollten über die staatlichen Vorgaben hinaus auch (weitere) qualitative Merkmale ex ante per Leistungskonzeption vorgegeben und ex post indikativ kontrolliert werden, da auftretende Mängel (etwa zu lange Wartezeiten, unkundige oder unfreundliche Mitarbeiter) auf die Kommune und nicht auf den staatlichen Weisungsgeber zurückfallen.

287 Vgl. die Ausführungen in Teil III. B 4. dieses Kapitels.

288 Vgl. dazu die Ausführungen in Kapitel 6, Teil I. und II.

Effizienzaussagen lassen sich schon auf der Basis reiner Zeit- und Mengengrößen treffen, so daß eine **monetäre Bewertung nicht in jedem Falle notwendig ist**.[289] So kann es schon ausreichen, die für die Bearbeitung eines Wohngeldantrages aufgewendete Zeit zu erfassen, um etwa im Wege eines Plan-Ist-, Perioden- oder Verwaltungsvergleiches Aussagen über die Effizienz der Leistungserbringung zu ermöglichen. Neben der Ermittlung solcher rein mengenmäßiger Produktivitätsziffern können auch unterschiedlich dimensionierte Größen in Beziehung gesetzt werden, wie etwa die Ausbringungsmenge und die dafür aufgewandten Kosten zur Ermittlung der Kostenwirtschaftlichkeit.[290]

Einzelfallorientierte Effizienzkontrollen

Für einzelfall- oder projektbezogene Effizienzkontrollen verfügt das Verwaltungs-Controlling über eine breite Palette an betriebswirtschaftlichen Verfahren aus dem Bereich der **Investitions- und Wirtschaftlichkeitsrechnung**. An dieser Stelle kann auf die obigen Ausführungen zu den Bewertungstechniken für geplante Maßnahmen verwiesen werden. Im Rahmen der Kontrolle können diese schon ex ante, also vor der Entscheidung über die Durchführung einer Maßnahme verwandten Verfahren erneut zur Anwendung kommen. Eine Vereinfachung ergibt sich aus der ex post-Perspektive dadurch, daß wegen des Wegfalls des Prognoseerfordernisses die Datensicherheit gegenüber dem Falle der entscheidungsvorbereitenden Wirtschaftlichkeitsuntersuchung deutlich verbessert ist.

2. Effektivitätskontrollen

Spezifika und Formen

Die Schaffung von Systemen zur Kontrolle der Effektivität des Verwaltungshandelns, die als "Kontrolle von Ergebnissen und Wirkungen"[291] auch Evaluation genannt wird, stellt den **Kernbereich der Wirtschaftlichkeitskontrolle** dar. Ihm muß gerade angesichts der hier zu überwindenden Schwierigkeiten das besondere Engagement des Verwaltungs-Controllers gelten.

Da - wie oben ausgeführt - in öffentlichen Verwaltungen zumeist nicht von den Leistungen selbst (Output), sondern erst von deren **Wirkungen** (Outcome) auf die Sachzielerreichung geschlossen werden kann, müssen Effektivitätskontrollen darauf abzielen, unter Einbeziehung externer Effekte "unerwünschte und erwünschte Wir-

---

289 Grüske führt etwa in seinem Effizienzstufen-Konzept auch die sog. technische Effizienz (Produktivität) als die Relation von Input- und Output-Mengen an (vgl. Grüske, Karl-Dieter: Personale Verteilung und Effizienz der Umverteilung - Analyse und Synthese, Göttingen 1986, S. 198 und 200). Vgl. dazu auch die Ausführungen zur (nicht monetären) Leistungsrechnung (Kapitel 6, Teil I.) und zum Ressourcen-Controlling (Kapitel 7, Teil I.).
290 Vgl. Eichhorn, Peter: Verwaltungshandeln und Verwaltungskosten, a.a.O., S. 15-17, der hier von "rein wertmäßigen, gemischten oder rein mengenmäßigen Quotienten" aus "betriebswirtschaftlichen Kategorien" spricht (S. 17). Zu Kostenvergleichen in und zwischen öffentlichen Verwaltungen vgl. ebenda, S. 53-57.
291 Reichard, Christoph: Betriebswirtschaftslehre, a.a.O., S. 73.

kungen von Maßnahmen genauer zu bestimmen und allgemein die Bedingungen, unter denen zukünftige Entscheidungen zu fällen sind, wesentlich zu verbessern."[292]

Zur Ermittlung der Wirkungen einer Maßnahme sind **Zielkriterien**[293] festzulegen und die jeweiligen **Zielerreichungsgrade**[294] in Abhängigkeit von der durchgeführten Maßnahme zu bestimmen. Da die Effektivitätskontrolle wie jede Kontrolle überhaupt auf eine Vergleichshandlung zurückgeführt werden kann, stellt sich die Frage, womit der nach der Maßnahmendurchführung festgestellte Zielerreichungsgrad zu vergleichen ist. Es kommen in Frage

- der Ist-Zielerreichungsgrad vor der Durchführung der Maßnahme (**Ist-Ist-Vergleich**),
- der Zielerreichungsgrad, der sich ohne die Durchführung der Maßnahme ergeben hätte (**Ist-Status-quo-Vergleich**) oder
- der geplante oder angestrebte Zielerreichungsgrad (**Soll-Ist-Vergleich**).

"Beim Ist-Ist-Vergleich (before and after) wird der ex post tatsächlich gemessene Zielerreichungsgrad mit dem Zielerreichungsgrad verglichen, der zu Beginn der Untersuchungsperiode (im Ausgangszeitpunkt) vorhanden war."[295] Dagegen wird der Erfolg beim Ist-Status-quo-Vergleich (with and without) dadurch gemessen, daß von dem tatsächlich gemessenen Zielerreichungsgrad der Wert, der sich ohne die Durchführung der betreffenden Maßnahme ergeben hätte, abgezogen wird. Entsprechend ergibt sich der Erfolg beim **Soll-Ist-Vergleich**, der oft als die **eigentliche Form der Effektivitäts- oder Erfolgskontrolle**[296] bezeichnet wird, dadurch, daß der realisierte Zielerreichungsgrad mit dem zuvor geplanten (Soll-)Wert verglichen wird.[297]

Abbildung 5-13 verdeutlicht die Varianten der Erfolgsermittlung graphisch.

Anwendungsschwierigkeiten

Diese Darstellungen und Beschreibungen der theoretischen Evaluierungsforschung sind recht eingängig, jedoch bereitet eine **Umsetzung in der Verwaltungspraxis größte Schwierigkeiten**. Dafür seien nur einige wichtige Gründe genannt, die zugleich als Herausforderungen für ein Verwaltungs-Controlling, das sich der Gewährleistung eines wirksamen (effektiven) Verwaltungshandelns verpflichtet fühlt, anzusehen sind.

---

[292] Eekhoff, Johann/Muthmann, Rainer/Sievert, Olaf/Werth, Gerhard/Zahl, Jost: Methoden und Möglichkeiten der Erfolgskontrolle städtischer Entwicklungsmaßnahmen, Schriftenreihe "Städtebauliche Forschung" des Bundesministers für Raumordnung, Bauwesen und Städtebau, Wermelskirchen 1977, S. 9.

[293] Zielkriterien sind Zielinhaltselemente (etwa Kleinkinder je Spielplatz, Staubniederschlag je Quadratmeter und Zeiteinheit, beförderte Personenkilometer usw.) zur "Beschreibung eines Zustandes oder einer Zustandsveränderung" (Volz, Jürgen: Erfolgskontrolle, a.a.O., S. XXII und Eekhoff, Johann/Muthmann, Rainer/Sievert, Olaf/Werth, Gerhard/Zahl, Jost: Erfolgskontrolle städtischer Entwicklungsmaßnahmen, a.a.O., S. 111).

[294] Der Zielerreichungsgrad (synonym: das Zielniveau) bezeichnet die "Merkmalsausprägung bzw. den Wert, den ein Zielkriterium zu einem bestimmten Zeitpunkt oder in einem bestimmten Zeitraum angenommen hat oder annimmt" (Volz, Jürgen: Erfolgskontrolle, a.a.O., S. XXII; ähnlich Eekhoff, Johann/Muthmann, Rainer/Sievert, Olaf/Werth, Gerhard/Zahl, Jost: Erfolgskontrolle städtischer Entwicklungsmaßnahmen, a.a.O., S. 111).

[295] Volz, Jürgen: Erfolgskontrolle, a.a.O., S. 177.

[296] Vgl. ebenda, S. 128-130 und S. 182.

[297] Vgl. ebenda, S. 179 und 181.

**Abbildung 5-13
Varianten der Erfolgsermittlung**

a) Erfolg beim Ist-Ist-Vergleich

b) Erfolg beim Ist-Status-quo-Vergleich

c) Erfolg beim Soll-Ist-Vergleich

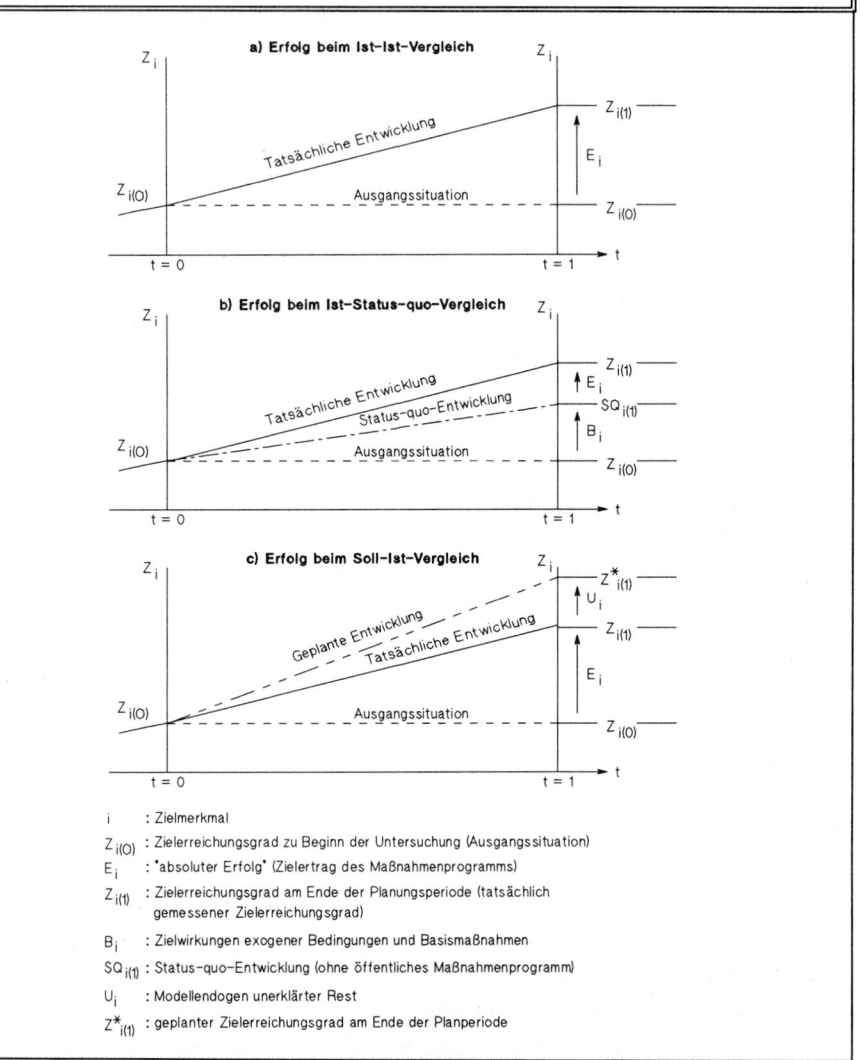

i : Zielmerkmal
$Z_{i(0)}$: Zielerreichungsgrad zu Beginn der Untersuchung (Ausgangssituation)
E_i : "absoluter Erfolg" (Zielertrag des Maßnahmenprogramms)
$Z_{i(1)}$: Zielerreichungsgrad am Ende der Planungsperiode (tatsächlich gemessener Zielerreichungsgrad)
B_i : Zielwirkungen exogener Bedingungen und Basismaßnahmen
$SQ_{i(1)}$: Status-quo-Entwicklung (ohne öffentliches Maßnahmenprogramm)
U_i : Modellendogen unerklärter Rest
$Z^*_{i(1)}$: geplanter Zielerreichungsgrad am Ende der Planperiode

In Anlehnung an Volz, Jürgen: Erfolgskontrolle kommunaler Planung - Eine Untersuchung über Möglichkeiten und Grenzen der Erfolgskontrolle kommunaler Planungen, Köln u.a. 1980, S. 178, 180 und 182 und Eekhoff, Johann/Muthmann, Rainer/Sievert, Olaf/Werth, Gerhard/Zahl, Jost: Methoden und Möglichkeiten der Erfolgskontrolle städtischer Entwicklungsmaßnahmen, Schriftenreihe "Städtebauliche Forschung" des Bundesministers für Raumordnung, Bauwesen und Städtebau, Wermelskirchen 1977, S. 22ff.

Unpräzise Ziele (Soll-Werte)

Wegen der **objektiven Schwierigkeiten einer exakten Zielvorgabe** und der ebenfalls **in Richtung vager Ziele wirkenden Interessenlagen der am Zielbildungsprozeß Betei-**

ligten sind die Vorgaben (Soll-Werte) häufig nicht hinreichend präzise formuliert.[298] So bereitet es schon Schwierigkeiten, die intendierten Wirkungen (das Soll) festzustellen. Dies ist aber eine Voraussetzung dafür, daß ex post den Soll-Vorgaben die erreichten Zustände gegenübergestellt werden können. Mit anderen Worten: "Die Bestimmung der Ziele ... und damit deren Verwendung als Input-Größen für die Evaluierung stößt ... auf Schwierigkeiten,"[299] da - wie oben beschrieben und begründet - die Ziele des Verwaltungshandelns "oft sehr unbestimmt und nicht operationalisiert" sind. Zudem existieren widersprüchliche sowie lediglich "latente wie symbolische Ziele"[300]. An diesen Mängeln ansetzend wurden oben Controlling-Aktivitäten in der Phase der Zielplanung beschrieben. Für den Fall, daß Soll-Ist-Vergleiche in Ermangelung konkreter Vorgaben nicht angewandt werden können, verbleibt noch die Möglichkeit der Durchführung von Zustands-Zeitvergleichen (Ist-Ist-Vergleiche) und von Ist-Status-Quo-Vergleichen. Freilich lassen sich daraus streng genommen keine Effektivitätsaussagen ableiten.

Bestimmung und Vergleich von Zielerreichungsgraden

Das größte und entscheidende Problem, das der Verwaltungs-Controller im Rahmen der Durchführung von Wirtschaftlichkeitskontrollen, die über Effizienzaspekte hinausreichen sollen, zu überwinden hat, ergibt sich bei der **Ermittlung und Bezifferung (oder zumindest Beschreibung) der Nutzen- oder Wirkungseffekte der durchgeführten Maßnahmen**. Diese sind aber gerade ausschlaggebend für die Bestimmung des Zielerreichungsgrades einer Maßnahme.

Die Feststellbarkeit von Zielerreichungsgraden hängt entscheidend von der **Art der Zielvorgabe**[301] ab. Während quantitative Zielvorgaben (Verbesserung der Relation von Patienten zu Pflegekräften der städtischen Klinik um 5%) einer Festellung des Zielerreichungsgrades noch ohne Schwierigkeiten zugänglich sind, so fällt dies umso schwerer, je vager und abstrakter die Zielvorgaben sind (etwa Verbesserung des Gesundheitszustandes der städtischen Wohnbevölkerung) und je höher deren qualitatives Element zu gewichten ist. Häufig wird es notwendig sein, für (abstrakte und vage) Zielvorgaben mehrere (konkretere) Zielkriterien zu bestimmen. Wenn "die Messung des Zielkriteriums mit zu hohen Kosten verbunden oder erst mit großer Verzögerung möglich [oder gar faktisch unmöglich, d.Verf.,] ist, wird ein Näherungskriterium genommen, das eine enge Korrelation mit dem eigentlich zu messenden Zielkriterium haben sollte, z.B. "Anzahl der Schuljahre" als Näherungskriterium für das "Bildungs-

---

298 Vgl. dazu Bohne, Eberhard/König, Herbert: Probleme der politischen Erfolgskontrolle, in: Die Verwaltung, 9. Jg., 1976, S. 19-38, hier S. 29f.
299 Schimanke, Dieter: Evaluierung von Verwaltungsprogrammen - Dargestellt am Beispiel der Verwaltungsreform Baden-Württemberg, in: Böhret, Carl (Hrsg.): Verwaltungsreformen und Politische Wissenschaft - Zur Zusammenarbeit von Praxis und Wissenschaft bei der Durchsetzung und Evaluierung von Neuerungen, Baden-Baden 1978, S. 89-116, hier S. 90.
300 Ebenda.
301 Hier sind insbesondere die Zieldimensionen Zielinhalt und Zielausmaß relevant. Vgl. dazu die obigen Ausführungen (Teil II dieses Kapitels) und auch die empirischen Untersuchungen von Braun, Günther E.: Ziele, a.a.O., S. 195-227.

niveau"."[302] Diese Näherungskriterien werden als **Erfolgsindikatoren** bezeichnet. Darauf wird im nächsten Kapitel zurückzukommen sein.

Zurechnung geänderter Zielerreichungsgrade auf durchgeführte Maßnahmen

Die Feststellung geänderter Zielerreichungsgrade erklärt noch nicht die **kausalen Hintergründe** des empirischen Phänomens. Auf viele Zielgrößen, wie etwa auf den erwähnten Gesundheitszustand der Wohnbevölkerung, wirken derart viele Einflüsse ein, daß es letztlich nicht zweifelsfrei möglich sein wird, ein geändertes Zielniveau einem durchgeführten Maßnahmenprogramm (etwa Aufklärungsaktionen zur Förderung präventiver Maßnahmen) oder gar einzelnen Maßnahmen daraus zuzurechnen. Ein Herunterbrechen auf **differenziertere Zielkriterien** und die Zuhilfenahme von **Erfolgsindikatoren** kann das Problem entschärfen. Nur selten wird es aber gelingen, die komplexen, von vielfältigen Verbundbeziehungen gekennzeichneten Wirkungszusammenhänge vollständig zu entwirren und eindeutige Kausalbeziehungen nachzuweisen.

Instrumente

Die **Techniken**, die dem Verwaltungs-Controller zur Durchführung von Effektivitätskontrollen zur Verfügung stehen, sind die auch für die ex ante-Maßnahmenbewertung in komplexen Situationen schon genannten Verfahren, allen voran die **Kosten-Nutzen-Analyse** und die **Nutzwertanalyse**. Gegenüber den im Rahmen der Maßnahmenplanung anzuwendenden Nutzen-Kosten-Untersuchungen ist das Problem der **Datenbeschaffung** reduziert: Durch die ex post-Perspektive liegen grundsätzlich Ist-Werte vor. Gleichwohl bleiben die Probleme der Bestimmung der relevanten Rechengrößen, insbesondere komplexer Maßnahmenwirkungen - leichter fällt die Bestimmung von Input- oder Kostengrößen[303] und von physischen Outputs - auch hier bestehen. Wegen der Unmöglichkeit einer direkten Bestimmung des Zielbeitrags von Maßnahmen muß der aufwendige Weg der **mittelbaren Effektivitätsbestimmung über Indikatorenbündel** gegangen werden.[304]

Grenzen

Dem Verwaltungs-Controlling kann keine rasche, einfache und vollständige Bewältigung der angesprochenen grundlegenden Probleme der Effektivitätskontrolle abver-

---

302 Eekhoff, Johann/Muthmann, Rainer/Sievert, Olaf/Werth, Gerhard/Zahl, Jost: Erfolgskontrolle städtischer Entwicklungsmaßnahmen, a.a.O., S. 111.
303 Probleme bereiten hier allerdings die sog. externen Kosten. Vgl. dazu die Ausführungen in Kapitel 6, Teil II. G.
304 Auch die von erwerbswirtschaftlichen Unternehmen erstellten Dienstleistungen sind mit den geschilderten Meßproblemen behaftet. Während dort aber eine Erfolgskontrolle letztlich stets über den Markt erfolgt, fehlt ein derartiges Korrektiv im Bereich der von öffentlichen Verwaltungen erstellten Leistungen. An diesem Mangel ansetzend wurden verschiedene Verfahren entwickelt, die den Marktmechanismus imitieren oder ersetzen oder über Umwege einführen sollen, um somit indirekt eine Beurteilung des Erfolges zu ermöglichen (vgl. Recktenwald, Horst Claus: Die Nutzen-Kosten-Analyse: Hilfe für rationale Entscheidungen in der Staatswirtschaft, in: Recktenwald, Horst Claus: Markt und Staat - Fundamente einer freiheitlichen Ordnung, (hrsg. von Karl-Dieter Grüske), Göttingen 1980, S. 134-156, hier S. 136).

langt werden. Das Verwaltungs-Controlling besitzt keine Erkenntnisse oder Fertigkeiten, die die Evaluationsforschung in jahrelanger Arbeit nur ansatzweise zu liefern imstande war. Vielmehr muß das Verwaltungs-Controlling auf diesen Ergebnissen aufbauen und zu einer verstärkten Anwendung und - learning by doing - auch zu einer Perfektionierung beizutragen.

Was von einem Verwaltungs-Controller allerdings zu erwarten und auch zu leisten ist, ist einerseits, das vorhandene **Methodenwissen** vorzuhalten, um auch anspruchsvolle Effektivitätskontrollen durchführen zu können.[305] Eichhorn weist auf die zahlreichen, von der Betriebswirtschaftslehre entwickelten und in der Unternehmenspraxis auch angewandten quantitativen und qualitativen Verfahren hin, die "einer auf die besonderen Bedingungen des Verwaltungshandelns zugeschnittenen Übertragung"[306] harrten. Auf der anderen Seite ist vom Verwaltungs-Controller das Vorfeld dieser Kontrollen durch die **Etablierung von Informationssystemen** so aufzubereiten, daß die für die Anwendung der Methoden notwendigen Datenbestände verfügbar sind.

C Abgrenzung des Aufgabenfeldes des Verwaltungs-Controllers von der Finanzkontrolle der Rechnungshöfe[307]

Verändertes Aufgabenspektrum der Rechnungshöfe

Die dargelegten **Aufgabenfelder des Verwaltungs-Controlling überschneiden sich teilweise** mit dem Aufgabenspektrum, das **den Rechnungshöfen aufgegeben** ist:[308]

Nach Art. 114 Abs. 2 GG prüft der Bundesrechnungshof "die Rechnung sowie die Wirtschaftlichkeit und Ordnungsmäßigkeit der Haushalts- und Wirtschaftsführung." Ähnliche Formulierungen enthalten jeweils auch die Haushaltsordnungen des Bundes und der Länder. Daneben kann der Bundesrechnungshof aufgrund seiner Prüfungser-

---

305 Eekhoff et al. weisen darauf hin, daß ein Grund dafür, daß Erfolgskontrollen bisher stark vernachlässigt wurden darin besteht, daß kaum Mitarbeiter vorhanden sind, "die über die notwendigen methodischen Kenntnisse verfügen." (Eekhoff, Johann/Muthmann, Rainer/Sievert, Olaf/Werth, Gerhard/Zahl, Jost: Erfolgskontrolle städtischer Entwicklungsmaßnahmen, a.a.O., S. 9).

306 Eichhorn, Peter: Erfolgskontrolle bei der Verausgabung öffentlicher Mittel, in: Eichhorn, Peter/Kortzfleisch, Gert von (Hrsg.): Erfolgskontrolle bei der Verausgabung öffentlicher Mittel, Baden-Baden 1986, S. 13-17, hier S. 15.

307 Im folgenden wird in erster Linie auf die Kontrolle durch die Landesrechnungshöfe und insbesondere durch den Bundesrechnungshof bezug genommen. Die hier aufgeworfenen Fragen stellen sich im Bereich der Kommunen eher noch in erhöhter Intensität, da die verschiedenen Systeme der kommunalen Rechnungsprüfung gegenüber den Finanzkontrollen durch staatliche Rechnungshöfe doch Unzulänglichkeiten aufweisen. Zavelberg beschreibt die kommunale Rechnungsprüfung als eine Schwachstelle der Finanzkontrolle überhaupt (vgl. Zavelberg, Heinz Günter: Von der Rechnungsprüfung zur Finanzkontrolle, in: Arnim, Hans Herbert von (Hrsg.): Finanzkontrolle im Wandel, Berlin 1989, S. 17-37, hier S. 24-28), so daß eine Ergänzung durch einen auf Wirtschaftlichkeitskontrollen ausgerichteten Verwaltungs-Controller nur förderlich sein kann.

308 Zur Entwicklung des Aufgabenspektrums der Rechnungsprüfung bis zum heutigen Stand vgl. Zavelberg, Heinz Günter: 275 Jahre staatliche Rechnungsprüfung in Deutschland - Etappen der Entwicklung, in: Zavelberg, Heinz Günter (Hrsg.): Die Kontrolle der Staatsfinanzen - Geschichte und Gegenwart, Berlin 1989, S. 43-64 und Zavelberg, Heinz Günter: Von der Rechnungsprüfung zur Finanzkontrolle, a.a.O., S. 17-37.

fahrung den Bundestag, den Bundesrat, die Bundesregierung oder auch einzelne Minister beraten (§ 42 Abs. 5 HGrG, § 88 Abs. 2 BHO).[309]

Zu konstatieren ist ein **Wandel der Rechnungshöfe** von Institutionen, die in erster Linie die Ordnungsmäßigkeit der Ausführung der Haushaltspläne kontrollieren, hin zu Einrichtungen, die den Entscheidungsträgern im politisch-administrativen System zukunftsbezogene Informationen "über finanzrelevante Tatsachen und Problemzusammenhänge"[310] - und was ist in diesem Sinne nicht "finanzrelevant" - liefern (sollen). Diese Entwicklung wird **nicht ungeteilt begrüßt**: "Die Rechnungshöfe haben sich immer mehr der begleitenden Kontrolle und der Beratung zugewandt. Diese veränderte Aufgabenstellung ist nur sinnvoll, wenn sich die kontrollierende Instanz nicht zu sehr in den Verantwortungsbereich der Planung begibt und damit ihre Kontrollfunktion einbüßt, denn der Planer muß auch die Verantwortung für seine Planung übernehmen."[311] Dem Argument, daß doch der im Rahmen der Kontrolltätigkeit gewonnene Sachverstand für die Beratung der Verwaltung genutzt werden sollte, um Planungsfehler zu vermeiden, wird entgegnet, daß dies das Eingeständnis mangelnden Sachverstandes auf Seiten der Verwaltung bedeute.[312]

Möglichkeiten einer Zusammenarbeit

Auf die dahingehende Kritik kann durch eine Beteiligung des Verwaltungs-Controlling an den Aufgaben der Beratung in Effizienz- und Effektivitätsfragen begegnet werden. Die Ergebnisse der systembildenden und materiell-konkreten Arbeiten des Verwaltungs-Controllers im Bereich der Kontrolle könnten von den externen Rechnungshöfen auf verschiedene Weise verwertet werden. Eine solche **Zusammenarbeit**, die bis hin zu einer vereinbarten **Arbeitsteilung** reichen könnte, würde auch der Tatsache Rechnung tragen, daß die Rechnungshöfe am Rande ihrer Kapazität arbeiten[313] und eine sinnvolle Entlastung zu begrüßen wäre. Auch Weber weist im Zusammenhang mit den Rechnungshöfen darauf hin, daß "deren feed-forward-Funktion (Vermeidung zukünftiger Unwirtschaftlichkeit) wesentlich durch interne Controller übernommen werden"[314] könnte.

Dazu könnte ein **analoges Vorgehen** wie es im Bereich der **handelsrechtlichen Abschlußprüfung** nach § 316 HGB empfohlen und weitgehend praktiziert wird, erwo-

---

309 Auf Länderebene besteht teilweise sogar eine Pflicht zur Beratung. Vgl. dazu kritisch etwa Stern, Klaus: Die staatsrechtliche Stellung des Bundesrechnungshofes, a.a.O., insbes. S. 29 mit weiteren Literaturhinweisen.
310 Zavelberg, Heinz Günter: Von der Rechnungsprüfung zur Finanzkontrolle, a.a.O., S. 19.
311 Kitterer, Wolfgang: Die Finanzkontrolle aus der Sicht der Haushalts- und Finanzplanung, in: Zavelberg, Heinz Günter (Hrsg.): Die Kontrolle der Staatsfinanzen - Geschichte und Gegenwart, Berlin 1989, S. 221-239, hier S. 231.
312 Kitterer formuliert überspitzt: "Wenn tatsächlich die begründete Auffassung besteht, daß der Rechnungshof besser planen kann, als die öffentliche Verwaltung, dann ist die Verwaltung inkompetent. Dies ist ein Verwaltungsmangel und kein Kontrollmangel. Eine unzureichende Planungskompetenz der Verwaltung darf jedenfalls nicht ausschließlich durch planende Kontrolleure kompensiert werden." (Kitterer, Wolfgang: Die Finanzkontrolle, a.a.O., S. 232.)
313 So ist von einem "bedrohlich wachsenden Prüfungsstoff" die Rede (Bublitz, Jörg: Über die Vorprüfung in Deutschland - Ein Beitrag zu ihrer Entstehungsgeschichte, ihrer Entwicklung und ihren Problemen, in: Zavelberg, Heinz Günter (Hrsg.): Die Kontrolle der Staatsfinanzen - Geschichte und Gegenwart, Berlin 1989, S. 343-378, hier S. 376).

gen werden. Dort entspricht es den Grundsätzen einer ordnungsgemäßen Abschlußprüfung, daß der handelsrechtliche Abschlußprüfer auf den **Zustand des Internen Kontrollsystems** (IKS) bezug nimmt und je nach dessen Zustand die Intensität seiner eigenen Prüfung variiert.[315] Die grundsätzliche Übernahme dieser Vorgehensweise könnte für die Rechnungshöfe etwa bedeuten, daß sie zunächst die verwaltungsinternen Planungs- und Kontrollsysteme zu prüfen hätten und gegebenfalls in Kenntnis wirksamer, vom Verwaltungs-Controller installierter und/oder praktizierter Systeme der Effizienz- und Effektivitätskontrolle ihre eigenen dahingehenden Prüfungen einschränken könnten. Damit könnten die Rechnungshöfe auch eine Abkehr von den bisher stark an Einzelfällen orientierten Kontrollen einleiten und sich stärker auf die Prüfung der "Verfahrensweisen, Systeme, Programme oder Regelwerke"[316] verlegen. Die Prüfungslehre hat dafür das Wort von der "**Systemprüfung anstatt Einzelfallprüfung**" geprägt.[317] Eine dahingehende Entwicklung drängt sich schon aufgrund der begrenzten Kontrollkapazität auf und wird in der Literatur zu den Entwicklungsperspektiven der staatlichen Finanzkontrolle ohnehin empfohlen[318] - bisher allerdings ohne einen Bezug zu einer möglichen Zusammenarbeit mit dem Verwaltungs-Controlling herzustellen.

Verwaltungs-Controller und Vorprüfungsstellen

In diesem Zusammenhang ist auch einzugehen auf das **Verhältnis zwischen Verwaltungs-Controlling und den Vorprüfungsstellen** nach § 100 BHO i.V.m. der Vorprüfungsordnung für die Bundesverwaltung (VPOB)[319]. Die Vorprüfungsstellen stellen ein **Zwittergebilde** dar. Einerseits sind sie der Verwaltung zugehörig und auch von dieser personell zu besetzen, andererseits üben sie ihre Tätigkeit aber unabhängig von der Verwaltung aus und sind nur den Weisungen des Bundesrechnungshofes unterworfen (§ 100 Abs. 4 und 5 BHO). Ihr Aufgabenspektrum unterlag einem grundlegenden Wandel:[320] Während ursprünglich ausschließlich Ordnungsmäßigkeitsprüfungen durchzuführen waren, verschob sich der Akzent mit der VPOB von 1953 schon etwas in die Richtung materieller Wirtschaftlichkeitsprüfungen. Nach der neuen VPOB decken sich nun schließlich der Umfang der Prüfungsaufgaben, der Prüfungsgegenstand und -inhalt völlig mit denen des Bundesrechnungshofes. Mit dieser **Aufwer-**

---

314 Weber, Jürgen: Einführung in das Controlling, a.a.O., S. 255.
315 "Mit der Systemprüfung werden die Zusammenhänge innerhalb der einzelnen Prüfungsgebiete und zwischen diesen festgestellt. Durch die Funktionsprüfung wird das interne Kontrollsystem in Stichproben auf Einhaltung und Wirksamkeit geprüft. System- und Funktionsprüfung ermöglichen eine wirtschaftliche Durchführung der Prüfung... Durch die Prüfung und Beurteilung des internen Kontrollsystems ... nutzt der Abschlußprüfer Teile des Überwachungssystems des Unternehmens", woraus sich "Art und Umfang weiterer Prüfungshandlungen" ergeben (Institut der Wirtschaftsprüfer: Fachgutachten Nr. 1/1988, abgedruckt in: Institut der Wirtschaftsprüfer (Hrsg.): WP-Handbuch, Düsseldorf 1990, S. 21-42, hier S. 29).
316 Kitterer, Wolfgang: Die Finanzkontrolle, a.a.O., S. 233.
317 Vgl. die obigen Zitate aus dem Fachgutachten 1/1988.
318 Vgl. etwa Kitterer, Wolfgang: Die Finanzkontrolle, a.a.O., S. 234 sowie Arnim, Hans Herbert von: Wirtschaftlichkeit als Kontrollmaßstab des Rechnungshofs - Zugleich ein Beitrag zur Frage der demokratischen Legitimation der Rechnungshöfe, in: Arnim, Hans Herbert von (Hrsg.): Finanzkontrolle im Wandel, Berlin 1989, S. 259-278, hier S. 52f mit weiterer Literatur.
319 Vgl. Ministerialblatt des Bundesministers der Finanzen 1985, S. 495ff.
320 Vgl. Bublitz, Jörg: Über die Vorprüfung, a.a.O., S. 343-378.

tung der Vorprüfung sollte "die Vorprüfung von einem Helfer zu einem Partner der Finanzkontrolle"[321] werden. Dies war schon allein aus Gründen unzureichender Prüfungskapazitäten auf Seiten der Rechnungshöfe geboten. Dem Hilfscharakter entspricht die weiterhin bestehende eindeutige Unterordnung der Vorprüfungsstellen unter den Bundesrechnungshof: Die Vorprüfungsstellen haben die Prüfungen des Bundesrechnungshofes nach dessen Weisungen vorzubereiten, zu ergänzen und dort zu sichern, wo der Bundesrechnungshof seine Prüfung einschränkt.

Die **Prüfungspraxis** der Vorprüfungsstellen ist den gewandelten **Ansprüchen bislang noch kaum gerecht geworden.** Es wird von einer erheblich schwankenden Prüfungsgüte der Vorprüfungsstellen berichtet: "Während die einen sich überwiegend mit einfacheren Fragen der Ordnungsmäßigkeit begnügen, wagen sich die anderen an anspruchsvolle Prüfungen mit Wirtschaftlichkeitsfragen heran."[322]

In diesem Felde der verwaltungsinternen Wirtschaftlichkeitskontrolle - die bloße Ordnungsmäßigkeitskontrolle verbliebe Domäne der Vorprüfungsstellen - könnten **sowohl die Vorprüfungsstellen als auch die Verwaltungs-Controller von einer Zusammenarbeit profitieren.** Der Verwaltungs-Controller weist in einem höheren Maße die notwendige fachliche Kompetenz zur Durchführung von Effizienz- und Effektivitätsprüfungen auf.[323] Dagegen kann ihm der Kontakt zur Vorprüfungsstelle (und damit mittelbar zum Rechnungshof) womöglich einen besseren Stand innerhalb der Verwaltungshierarchie und gegenüber den politischen Instanzen verschaffen. Allerdings muß dafür Sorge getragen werden, daß das Verwaltungs-Controlling trotz einer Zusammenarbeit mit den Vorprüfungsstellen (wie auch mit der Rechnungsprüfung überhaupt) weiterhin als der Partner der Verwaltungsmitarbeiter in ökonomischen Fragen angesehen wird und nicht in das Image des "strafenden Kontrolleurs" verfällt, was fatale Folgen für die Kooperationsbereitschaft der Verwaltungsmitarbeiter haben könnte. Der in die Zukunft gerichtete, auf positive Handlungsverbesserungen ausgerichtete Charakter der Wirtschaftlichkeitskontrollen des Verwaltungs-Controlling muß stets deutlich bleiben.

---

321 Ebenda, S. 373.
322 Ebenda, S. 375.
323 Bublitz verweist für die Vorprüfungsstellen auf "Leistungsmängel aus personenbezogenen Gründen", die auch daher rührten, daß die Verwaltungsbehörden "die Vorprüfungsstellen in der Vergangenheit verschiedentlich mit leistungsgeminderten oder leistungsschwächeren Kräften besetzt" hätten (Bublitz, Jörg: Über die Vorprüfung, a.a.O., S. 376).

6. KAPITEL: RECHNUNGSWESEN ALS BEDEUTENDES INSTRUMENT DES VERWALTUNGS-CONTROLLING

Bereits mehrfach wurden in den vorigen Kapiteln die **Leistungsrechnung**, die **Kostenrechnung** und die **Indikatorenrechnung** als **bedeutende Elemente eines controllingorientierten Rechnungswesens** genannt und ihre Einsatzfelder als Instrumente des Verwaltungs-Controlling zur laufenden Überwachung der Wirtschaftlichkeit des Verwaltungshandelns und zur informatorischen Fundierung von Führungsentscheidungen angedeutet. Bevor das Verwaltungs-Controlling die genannten Rechenwerke als Instrumentarium einsetzen kann, müssen in der Regel zunächst systembildende Aufgaben bewältigt werden, da in der Verwaltungspraxis bislang allenfalls Ansätze eines für Controlling-Zwecke geeigneten Rechnungswesens vorhanden sind. In diesem Kapitel soll sowohl auf den Aspekt der Systembildung als auch auf den der Systemnutzung eingegangen werden. **Abbildung 6-1** veranschaulicht einführend Inhalte, Hauptzwecke sowie das Verhältnis der Rechenkreise zueinander.

Unter den drei Rechenkreisen steht die **Leistungsrechnung** in einer logischen Reihenfolge an erster Stelle. Sie ist sowohl als Kapazitätsrechnung anzusehen, die die verfügbaren Potentiale abbildet, als auch als outputbezogene Rechnung, aus der ergebnisorientiert die erstellten Leistungen ersichtlich werden. Die Rechengrößen der Leistungsrechnung bestehen aus Zeit- und Mengengrößen. Eine monetäre Quantifizierung findet erst in der **Kostenrechnung** statt. Sie erfaßt und kontrolliert die Kosten der Verbrauchsgüter sowie den Ressourcenverzehr durch die Vorhaltung und den Gebrauch der Potentiale. Für diesen Zweck ist die Leistungsrechnung der wichtigste Datenlieferant. Auf der Basis der Leistungsrechnung gelingt es in der Kostenrechnung weitgehend, auf willkürliche Kostenschlüsselungen zu verzichten und die Kosten der Bereitschaftsleistungen genauso wie die Einzelkosten der Verwaltungsleistungen in differenzierter Form auszuweisen. Auf diese Weise läßt sich sowohl die Wirtschaftlichkeitskontrolle am Ort der Leistungsentstehung als auch eine Kostenträgerrechnung realisieren, die je nach Verwendungszweck mehrdimensionale Kostenzurechnungen gestattet. Die **Indikatorenrechnung** greift sowohl auf die Daten der Leistungs- als auch der Kostenrechnung zurück und zieht darüber hinaus noch zahlreiche weitere verwaltungsinterne und -externe Informationsquellen heran, um Aussagen über den Sachzielerreichungsgrad der vorgehaltenen Bereitschaftsleistungen und der an die Bürger abgegebenen Leistungen zu ermöglichen. Angesichts der für öffentliche Verwaltungen geltenden Sachzieldominanz ist der Indikatorenrechnung unter den Instrumenten des Verwaltungs-Controlling eine sehr hohe Bedeutung beizumessen.

Abbildung 6-1
Leistungsrechnung, Kostenrechnung und Indikatorenrechnung als Instrumente des Verwaltungs-Controlling - Rechnungsstoff, Hauptzwecke und Stellung der Rechenwerke zueinander

Leistungsrechnung

Dimension: Zeit- und Mengengrößen

Hauptzwecke:
- Dokumentation (Leistungsnachweis)
- Wirtschaftlichkeitsüberwachung
- Datenlieferung für Kosten- und Indikatorenrechnung

Potentiale (hpts. Personal) (Kapazitätsbetrachtung) | Erstellte/vorgehaltene Leistungen (ergebnisorientierte Betrachtung)

Erweiterte Kameralistik usw. — Nutzerbefragung, amtl. Statistik usw.

Bereitschaftskosten | Leistungskosten

Hauptzwecke:
- Kalkulation
- Entscheidungsfundierung (z.B. Eigen/Fremd)
- Wirtschaftlichkeitsüberwachung
- Datenlieferung für monetäre Ergebnisrechnung (Kostendeckung, DBR)

Dimension: Monetäre Größen (wertmäßiger Kostenbegriff)

Kostenrechnung

(Bündel sachzielbezogener Indikatoren)
Sachzielbezogene Leistungswirkung

Hauptzwecke:
- Bemessung der Sachzielerreichung (Effektivität)
- Entscheidungsfundierung (z.B. Weiterführung oder Einstellung einer Maßnahme)

Dimension: Verschiedenste nominal-, ordinal- und kardinal skalierte Größen

Indikatorenrechnung

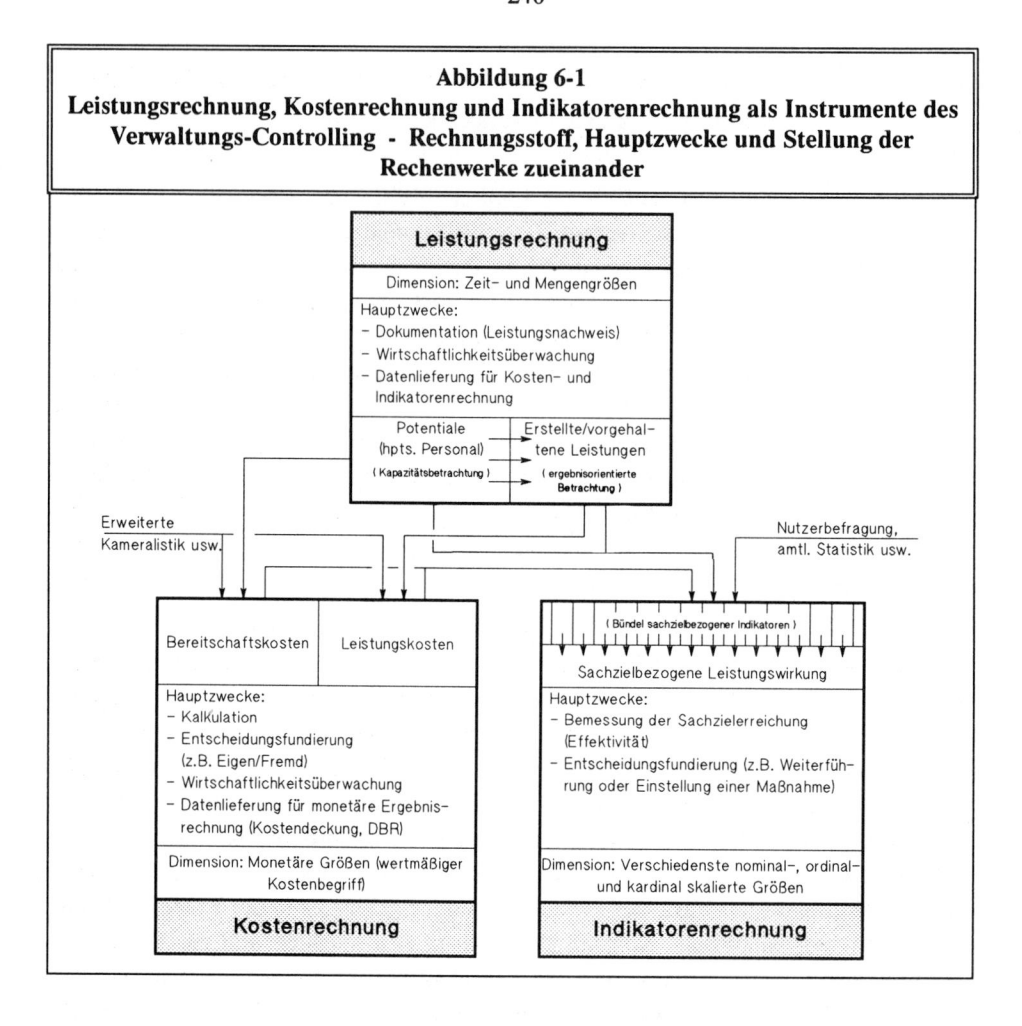

I. Ressourcen- und outputorientierte Leistungsrechnung

Der Produktionsprozeß ist in öffentlichen Verwaltungen genauso wie in anderen Betrieben durch Güter- und Werteströme bestimmt. Die **Leistungswirtschaft** umfaßt in Abgrenzung zum Finanzbereich nur die **Güter- oder Leistungssphäre** eines Betriebes.[1] Nur diesen Teil der realen Kombinationsprozesse bildet die Leistungsrechnung, die in diesem Abschnitt skizziert werden soll, ab. Angesichts der hohen Bedeutung von Leistungs- oder Sachzielen und der oft sehr schwierigen monetären Bewertbarkeit von Verwaltungsleistungen leuchtet es unmittelbar ein, daß einer so verstandenen **Leistungsrechnung** öffentlicher Verwaltungen eine **hohe Bedeutung** zukommen muß.[2]

---

1 Zur Unterscheidung der leistungswirtschaftlichen von der finanzwirtschaftlichen Sphäre innerhalb der öffentlichen Verwaltung vgl. eingehend Eichhorn, Peter/Friedrich, Peter: Verwaltungsökonomie I - Methodologie und Management, Baden-Baden 1976, S. 72ff.
2 Vgl. zum Teil I. neben der angegebenen Literatur auch die Diplomarbeit von Frey (Frey, Peter: Leistungsrechnung und Leistungscontrolling für die öffentliche Verwaltung, unveröffentl. Diplomarbeit, Nürnberg 1991), an deren Betreuung der Verfasser dieser Arbeit maßgeblich beteiligt war.

A Leistungswirtschaft öffentlicher Verwaltungen als Abbildungsgegenstand der Leistungsrechnung

1. Bestimmung des untersuchungsadäquaten Leistungsbegriffs

Die Verwendung des **Leistungsbegriffes** ist selbst innerhalb der betriebswirtschaftlichen Disziplin außerordentlich **komplex** und **vielschichtig**. Selbst innerhalb der Betriebswirtschaftslehre beinhalten die Begriffsbestimmungen - je nachdem, welche betriebswirtschaftliche Teildisziplin im Vordergrund steht - **unterschiedliche Präzisierungsmerkmale**, hinter denen sich verschiedene Inhalte verbergen. Ausgehend von dem umfassenden Leistungsbegriff der Produktionswirtschaft soll im folgenden ein untersuchungszweckadäquater Leistungsbegriff herausgearbeitet werden.

Produktionswirtschaftlicher Aspekt des Leistungsbegriffs

Im Bereich der Produktionswirtschaft dominieren die wirtschaftlichen Aufgaben und Ziele, die mit dem Objektbereich der Produktion verbunden sind, gegenüber technischen oder sozialen Anliegen. Eine **wirtschaftliche Produktionserstellung** ist jede Bildung von Faktorkombinationen, die in einem nach Wirtschaftlichkeitsgesichtspunkten geplanten Produktionsvorgang **gewünschte und gewollte Ergebnisse** hervorbringt und mittelbar oder unmittelbar **für die Erfüllung des Sachziels** als unabdingbar erscheint. Verwaltungsleistungen sind deshalb diejenigen Vorgänge und Ergebnisse der Verwaltungstätigkeit, die inhaltlich mit einem Betriebsziel der Verwaltung verknüpft sind. Der **Leistungsbegriff** erfährt somit **keine Einengung auf bestimmte betriebliche Funktionen**. Nicht nur die Fertigungstätigkeit im engeren Sinne, alle Vorgänge der Beschaffung, des Absatzes, der Organisation und Führung werden als Leistung angesehen, soweit sie der **Erfüllung von Verwaltungszielen** dienen.

Der Leistungsbegriff sollte also aus der produktionswirtschaftlichen Perspektive sowohl das Ergebnis jeder sachzielbezogenen Produktion als auch den Vorgang des zweckorientierten Produzierens im weitesten Sinn des Wortes beinhalten.[3]

Leistung in der Terminologie des Rechnungswesens

Als Pendant zum Kostenbegriff wird die Leistung des betrieblichen Rechnungswesens in der Literatur zumeist als **sachzielbezogene, bewertete Güterentstehung** definiert.[4] Leistungen sind beabsichtigte, Kosten in Kauf zu nehmende Wirkungen ein und derselben Tätigkeit. Die Realgüterbewegungen nehmen für den Kostenbegriff wie

---

[3] Damit ist der ergebnis- und der prozeßorientierte Aspekt des Leistungsbegriffes angesprochen. Letzterer sieht als Leistung jede "zielgerichtete Tätigkeit von bestimmter Intensität (Leistungsgeschwindigkeit) in einem determinierten Zeitabschnitt" an (Kern, Werner: Kapazität und Beschäftigung, in: Grochla, Erwin/Wittmann, Waldemar (Hrsg.): HWB, Band I/2, Sp. 2083-2090, hier Sp. 2084), ersterer betont das Ergebnis dieser Tätigkeiten. Vgl. auch Hummel, Siegfried/Männel, Wolfgang: Kostenrechnung 1 - Grundlagen, Aufbau und Anwendung, 4. Auflage, Wiesbaden 1986, S. 84.

[4] Vgl. die Ausführungen zum Leistungsbegriff bei Weber, Helmut Karl: Grundbegriffe der Kostenrechnung, in: Männel, Wolfgang (Hrsg.): Handbuch Kostenrechnung, Wiesbaden 1992, S. 5-18, hier S. 8f.

auch für den Leistungsbegriff die Bedeutung einer Bezugsgrundlage ein.[5] Die Kosten bilden die Verbrauchsseite, die Leistungen die Entstehungsseite des Realgüterprozesses ab. Vor dem Hintergrund einer angestrebten Erfolgsermittlung werden gemeinhin beide Rechenkategorien über den Vorgang der monetären Bewertung auf einen Nenner gebracht.

Weil die Verwaltungsleistungen aber vorwiegend unentgeltlich abgegeben werden, ist es nicht zweckmäßig, sich im Rahmen einer Verwaltungsleistungsrechnung um einen ertragsorientierten Wertansatz der Leistung zu bemühen. Genauso unzweckmäßig ist eine kostenorientierte Leistungsbewertung, da sich dabei die Konturen eines eigenständigen Leistungsbegriffs verwischen. Leistungen würden dann nur noch als leistungsbezogene Kosten verstanden. Deshalb ist es geboten, vom **Leistungsbegriff als Wertbegriff** Abstand zu nehmen und den **Mengenbegriff** zu favorisieren.[6]

Auch für eine Leistungsrechnung ist es aber gleichwohl erforderlich, die Leistungen "gleichnamig" zu machen. Das Merkmal '(monetäre) Bewertung' wird dabei gegen die im öffentlichen Bereich meist leichter realisierbare Forderung nach **mengenmäßiger und zeitlicher Quantifizierung der Leistungen** ersetzt.[7]

Eine eindeutige Kennzeichnung von **Wesen, Inhalt** bzw. **Art** der auszuführenden Tätigkeit stellt die geeignete Bezugsbasis her, die Aussagen über den Grad der wirtschaftlichen Leistungserstellung zuläßt. Die Verwendung gemessener Zeitgrößen je Leistungsart erlaubt eine Nutzung der Leistungsrechnung sowohl im Hinblick auf eine formalzielorientierte Kostenrechnung als auch für einen sachzielbezogenen Indikatorenansatz.

2. Hierarchische Struktur der Verwaltungsleistungen

Jegliche Abgabe von Endleistungen setzt die Bereithaltung der notwendigen **Leistungspotentiale** voraus. Dazu wird eine flächendeckende Infrastruktur an öffentlichen Verwaltungen unterhalten. Hinter dieser **Infrastrukturleistung** verbergen sich nicht nur die regional verteilten und hierarchisch geordneten Behörden mit ihren Liegenschaften, sondern auch die zwischenbehördlichen Verflechtungen und die diesbezüglichen organisatorischen Regelungen.

Diese Makroebene, auf der sich die öffentliche Verwaltung als ein konzernähnlich verflochtenes Mehrbetriebssystem,[8] als "empirisch schwer erfaßbare Leistungsappa-

---

5 Vgl. z.B. Moews, Dieter: Kosten und Leistung, in: Kosiol, Erich/Chmielewicz, Klaus/Schweitzer, Marcell (Hrsg.): HWR, Sp. 1114-1125, hier Sp. 1115.

6 Zu der Auffassung, daß sich der Leistungsbegriff vom konstitutiven Begriffsmerkmal der Bewertung lösen und neben dem Wertbegriff auch als Mengenbegriff verstanden werden sollte, vgl. Moews, Dieter: Kosten- und Leistungsrechnung, 2. Aufl., München, Wien, S. 13 und Oechsler, Walter A./Steinebach, Nikolaus: Leistung und Leistungsbegriff im höheren Dienst, in: Verantwortung und Leistung, Heft 8/1983, S. 8. Männel empfiehlt, den Begriff Leistung überhaupt nur für Mengengrößen der Ausbringung zu reservieren (vgl. Männel, Wolfgang: Leistungs- und Erlösrechnung, 2. Auflage, Lauf a.d.P. 1990, S. 3).

7 Vgl. auch Bundesverband Druck e.V. (Abteilung Betriebswirtschaft): Kosten- und Leistungsrechnungs-Richtlinien - Druckindustrie, 4. Auflage, Wiesbaden 1984, S. 25.

8 Vgl. Chmielewicz, Klaus: Überlegungen zu einer Betriebswirtschaftslehre der öffentlichen Verwaltung, in: ZfB, 41. Jg. (1971), S. 583-610, hier S. 583.

ratur"[9] darstellt, steht nicht im Zentrum dieser Arbeit. Für den einzelnen Verwaltungsbetrieb ist festzustellen, daß innerbetrieblich **Vorkombinationen an Sachmitteln und Personal** vollzogen werden müssen. Diese Ressourcen muß die Verwaltungsführung im Hinblick auf die von ihr zukünftig gewollten oder erwarteten Leistungen adäquat dimensionieren. Zur Bereithaltung der durch materielle "sächliche" Produktionsmittel repräsentierten Kapazität - in den Worten Schmalenbachs, der "toten Betriebsbereitschaft" - muß immer noch die "lebende Betriebsbereitschaft" hinzukommen:[10] Die Führungskräfte, die der Einzelverwaltung vorstehen, und nicht zuletzt das Personal, das die sächlichen Potentiale ihrem eigentlichen Verwendungszweck zuführen. Letztlich erfüllt erst der Mitarbeiter, der unter Rückgriff auf die Betriebsmittel innerhalb bestimmter Öffnungszeiten den Kontakt zum Bürger sucht, ihn beraten will oder auch vom Bürger gestellte Anträge entgegennimmt und bearbeitet, den eigentlichen Betriebszweck einer öffentlichen Verwaltung. Die **personellen Kapazitäten** entscheiden somit im Regelfall über das **Ausmaß der Betriebsbereitschaft** einer öffentlichen Verwaltung.[11]

Diese unterhalb der Ebene der Infrastrukturleistungen einzuordnenden **Bereitschaftsleistungen** zeigen sich konkret etwa in der Länge der Öffnungszeiten der Verwaltungen. Bei **Vorhalteleistungen**[12] beschränkt sich die Tätigkeit auf das Bereitstellen der Produktionsfaktoren. Dazu zählen alle Tätigkeiten, die die Faktoren in einen für den Bedarfsfall leistungsbereiten Zustand bringen. Sie werden auch als Gemeinschaftsleistungen[13] bezeichnet, weil sie an den anonymen Nachfrager oder die Allgemeinheit gerichtet sind.

Im Rahmen der Betriebsbereitschaft bestimmt wiederum nur der leistungsbereite Zustand jeder Personalkapazität in einer weiteren Einschränkung der betrieblichen Kapazität das in einem bestimmten Zeitpunkt vorhandene **Leistungspotential der Verwaltung**.[14] Diese **Leistungsbereitschaft** nimmt den **Grenzzustand zwischen Kapazität und Beschäftigung** bzw. Nutzung ein.[15] Dabei ist die Kapazität jedes einzelnen Mitarbeiters die Obergrenze für die Anpassung seiner möglichen Leistungsbereitschaft und die Leistungsbereitschaft wiederum die Obergrenze für die Variation der Leistungserstellung oder die Ausnutzung der Kapazität.[16] Von der Infrastrukturleistung

---

9 Laux, Eberhard: Öffentliche Verwaltung, betriebswirtschaftliche Aspekte, in: Grochla, Erwin/Wittmann, Waldemar (Hrsg.): HWB, Band I/2, Sp. 2806-2816, hier Sp. 2807.

10 Vgl. Riebel, Paul: Einzelkosten- und Deckungsbeitragsrechnung, 5. Auflage, Wiesbaden 1985, S. 83f mit den dort angegebenen Fußnoten.

11 Vgl. Siedentopf, Heinrich/Schmid, Karl-Rolf: Personalbemessung in der Ministerialverwaltung - eine Vorstudie, Speyerer Forschungsberichte 6, Speyer 1979, S. 17.

12 Vgl. Schleberger, Erwin/Reinelt, Iris: Verwaltungsleistungen, in: Chmielewicz, Klaus/Eichhorn, Peter (Hrsg.): HWÖ, Sp. 1670-1677, hier Sp. 1674.

13 Vgl. Buchholz, Werner: Entscheidungsorientierte Kosten- und Leistungsrechnungskonzeption für öffentliche Verwaltungen, in: Das öffentliche Haushaltswesen in Österreich, 24. Jg. (1984), S. 81-103, hier S. 88f.

14 Zum Begriff der "Leistungsbereitschaft" vgl. Corsten, Hans: Die Produktion von Dienstleistungen, Grundzüge einer Produktionswirtschaftslehre des tertiären Sektors, Berlin 1985, S. 136. Zur begrifflichen Unterscheidung von Betriebs- und Leistungsbereitschaft vgl. auch Riebel, Paul: Einzelkosten- und Deckungsbeitragsrechnung, a.a.O., S. 84.

15 Vgl. Riebel, Paul: Die Elastizität des Betriebes - Eine produktions- und marktwirtschaftliche Untersuchung, Köln und Opladen 1954, S. 14.

16 Vgl. Riebel, Paul: Einzelkosten- und Deckungsbeitragsrechnung, a.a.O., S. 84.

und der Bereitschafts- oder Vorhalteleistung zu unterscheiden ist die **Produktionsleistung**, die in dem Ausmaß erbracht wird, in dem die Bereitschaftsleistung der Verwaltung vom Bürger in Anspruch genommen wird.[17] Aus der hier im Vordergrund stehenden einzelwirtschaftlichen Sicht bilden die beiden letztgenannten Leistungsstufen (**Bereitschafts- und Produktionsleistung**) den **Kern der Leistungswirtschaft** des Verwaltungsbetriebes.

3. Dienstleistungen als vorherrschende Leistungsform öffentlicher Verwaltungen

Die amtliche Statistik ordnet die Gebietskörperschaften im Rahmen der Sektoreneinteilung uneingeschränkt dem **tertiären** Sektor zu.[18] Verschiedene Autoren bezeichnen die öffentliche Verwaltung pauschal als **Dienstleistungsbetrieb**.[19] Die Abgrenzung des Untersuchungsgegenstandes der öffentlichen Verwaltungen (Kapitel 1, Teil II.) hat aber schon aufgezeigt, daß solche pauschalen Zuordnungen nicht in jedem Einzelfall zutreffen können. In den öffentlichen Verwaltungen sind vielfältige Produktionsformen vorzufinden.[20] Unser Augenmerk gilt aber hier zuvorderst der Mehrzahl der Verwaltungen, deren Produktionssysteme überwiegend oder gar ausschließlich durch eine "**büromäßige Fertigung**" charakterisiert sind. Das **Personal** ist hier als der mit Abstand **bedeutsamste Faktor** anzusehen,[21] die **Dienstleistungen** dominieren das Leistungsspektrum bei weitem.

Im folgenden sollen wichtige Merkmale und Besonderheiten der Dienstleistung und der Dienstleistungsproduktion dargestellt werden, soweit sie für die nachfolgenden Ausführungen zur Leistungsrechnung von Bedeutung sind.

Immaterialität als charakteristisches Merkmal der Dienstleistung

Betrachtet man die arbeitsintensiven Leistungsprozesse der öffentlichen Verwaltung "nach der Art der ausgebrachten Güter, dann ist zu bemerken, daß fast ausschließlich

---

17 "Produktionsleistungen ... entstehen durch die Kombination der Produktionsfaktoren und die tatsächliche Nachfrage einzelner Abnehmer." (Schleberger, Erwin/Reinelt, Iris: Verwaltungsleistungen, a.a.O., Sp. 1674).
18 Vgl. Corsten, Hans: Die Produktion von Dienstleistungen, a.a.O., S. 11f mit weiteren Literaturhinweisen.
19 Vgl. Steinebach, Nikolaus: Verwaltungsbetriebslehre, 2. Auflage, Regensburg 1983, S. 27 und Eichorn, Peter: Die öffentliche Verwaltung als Dienstleistungsbetrieb - Motive einer betriebswirtschaftlichen Betrachtungsweise der öffentlichen Verwaltung und Konsequenzen für Methode und System der Verwaltungswissenschaft, in: Rehkopp, Alfons (Hrsg.): Dienstleistungsbetrieb öffentliche Verwaltung, Stuttgart, Berlin, Köln, Mainz 1976, S. 11-29, hier S. 15ff.
20 "So lassen sich eine Reihe von Verwaltungsbetrieben anführen, bei denen Art und Anordnung der Elemente auf eine gewerbliche ("industrieähnliche") Fertigung ausgerichtet sind, so z.B. bei ... Schlacht- und Viehhöfen, Betrieben der Müll- und Abwasserbeseitigung usw. Kennzeichen dieser Fertigungsart ist die Dominanz des sachlichen Elements (Maschinen, sonstige Sachmittel)." (Gornas, Jürgen: Grundzüge einer Verwaltungskostenrechnung - Die Kostenrechnung als Instrument zur Planung und Kontrolle der Wirtschaftlichkeit in der öffentlichen Verwaltung, Baden-Baden 1976, S. 41, im Original teilweise hervorgehoben).
21 Die ohnehin schon hohe Personalintensität für die Erstellung öffentlicher Leistungen wächst trotz einiger Anstrengungen zur "Verwaltungsautomation" weiter (vgl. Püttner, Günter: Verwaltungslehre, München 1982, S. 165). Vgl. auch Gornas, Jürgen: Grundzüge einer Verwaltungskostenrechnung, a.a.O., S. 41.

abstrakte Leistungen hervorgebracht werden".[22] So werden eine Vielzahl gesetzesvollziehender Verwaltungsentscheidungen getroffen, die zumeist Rechte oder Pflichten des Leistungsempfängers begründen oder Informationen für den einzelnen Bürger und die Allgemeinheit bereitstellen. Hinzu kommen insbesondere in Ministerialverwaltungen politikvorbereitende Tätigkeiten. Alle diese Leistungen sind nicht stofflicher Natur.

Diese **Immaterialität** gilt als das **konstitutive und spezifizierende Merkmal des Dienstleistungsbegriffs**.[23] Gleichwohl ist zur Verbreitung der Dienstleistungen teilweise ein Trägermedium notwendig. Die Dienstleistung bleibt aber "weiterhin immateriell, sie manifestiert sich lediglich in einer Trägersubstanz, um dann z.B. Objekt weiterer Dienstleistungen zu werden".[24] Beispielsweise gilt: "Mit der Aushändigung eines Personalausweises bzw. von einem Reisepaß wird diese, dem Meldewesen zugehörige Leistung noch keine Sachleistung, da es sich hierbei nur um ein materielles Speichermedium einer Ordnungsleistung handelt."[25]

Objektfaktor als spezifischer Produktionsfaktor der Dienstleistungsproduktion

Neben dem Merkmal der Immaterialität ist die "Existenz eines externen Faktors bei allen Dienstleistungen zu identifizieren".[26] Der Begriff des (externen) Objektfaktors[27] umfaßt alle **Produktionsfaktoren, die sich nicht vollends im Verfügungsbereich des Leistungserstellers** befinden. Im Tätigkeitsbereich der öffentlichen Verwaltungen ist in erster Linie an die Bürger selbst zu denken (etwa als Antragsteller, Schüler, Heil- oder Pflegebedürftige).[28] Die persönliche Präsenz von Anbieter und Nachfrager[29] oder das Überlassen von Verfügungsobjekten des Leistungsnehmers[30] im Produktionsprozeß macht eine immaterielle Leistung erst zur Dienstleistung.[31]

Ohne die persönliche Teilnahme des Leistungsnehmers oder ein von ihm der Verwaltung überlassenes Objekt kann eine Dienstleistung oft nicht zustandekommen. Die Produktion jeglicher Beratungsleistung braucht den Informanden, wie auch eine Bau-

---

22 Schmid, Karl-Rolf: Kommunale Verwaltungsleistungen und ihre interne Verrechnung, Baden-Baden 1981, S. 39.
23 Dies gilt nach Corsten sowohl für den prozeßbezogenen wie auch für den ergebnisbezogenen Dienstleistungsbegriff (vgl. Corsten, Hans: Die Produktion von Dienstleistungen, a.a.O., S. 91ff).
24 Ebenda, S. 94.
25 Schmid, Karl-Rolf: Kommunale Verwaltungsleistungen, a.a.O., S. 40.
26 Corsten, Hans: Die Produktion von Dienstleistungen, a.a.O., S. 185f.
27 Zum Begriff des Objektfaktors vgl. Maleri, Rudolf: Grundzüge der Dienstleistungsproduktion, Berlin, Heidelberg, New York 1973, S. 75f.
28 Daneben ist aber auch an zu transportierende Gegenstände (Postdienste) oder an zu reinigende Objekte (Stadtreinigung) zu denken. Vgl. zu weiteren Beispielen und zu Systematisierungen des externen Objektfaktors Corsten, Hans: Die Produktion von Dienstleistungen, a.a.O., S. 127-129.
29 Dienstleistungen, die zu ihrer Erstellung auf der Leistungsnehmerseite eine Person als Objektfaktor erfordern, werden als interaktionsorientiert und personengebunden bezeichnet (vgl. Klaus, Peter G.: Auf dem Weg zu einer Betriebswirtschaftslehre der Dienstleistungen: Der Interaktions-Ansatz, in: DBW, 44. Jg. (1984), Heft 3, S. 467-475, hier S. 470f sowie Corsten, Hans: Die Produktion von Dienstleistungen, a.a.O., S. 231).
30 Dienstleistungen, die zu ihrer Erstellung auf der Leistungsnehmerseite ein sachliches Objekt als externen Faktor erfordern, werden sachbezogene Dienstleistungen genannt (vgl. ebenda, S. 240).
31 Als alleiniges Kriterium ist der externe Faktor jedoch nicht in der Lage, Sachgüter von Dienstleistungen zu trennen. Zu diesem Produktionsfaktor zählen eben auch Berichte und Gutachten, die in die Erstellung eines Sachgutes eingehen (vgl. ebenda, S. 133f).

genehmigung nicht ohne die Beibringung vielerlei Daten durch den Antragsteller erteilt werden kann. Deshalb steht auch die Leistungsmenge nicht allein im Willen der Verwaltung: Der **Bürger wird zum notwendigen Koproduzenten**. Auch die Qualität der Verwaltungsleistungen hängt von der Beschaffenheit des vom Bürger bereitzuhaltenden Objektfaktors ab. Daher sind **Erstellungsbeginn, Fortgang und Güte** der Dienstleistungsproduktion **(auch) fremdbestimmt**.

Sofern es sich beim **Objektfaktor** um den **Leistungsempfänger** selbst handelt, ist die Dienstleistung durch das Merkmal der unmittelbaren **Interaktion** gekennzeichnet. Die Leistungserstellung bedarf hier einer mehr oder minder stark ausgeprägten Mitwirkung des Leistungsempfängers. **Interaktionsorientierte Dienstleistungen** sind **in ihrem zeitlichen Anfall kaum verschiebbar**. Auftretende Bedarfsspitzen können nicht über die Speicherung der Tätigkeiten in nachfrageschwächeren Phasen geglättet werden. Die **Qualitätsausprägung** dieses Dienstleistungstyps hängt wesentlich auch von den externen Interaktionspartnern ab.[32]

Notwendigkeit des Vorhaltens einer nutzungsunabhängigen Betriebsbereitschaft

Der **Produktionsprozeß** in einem Dienstleistungsbetrieb weist eine deutliche Gliederung in **zwei Phasen** auf.[33] Zunächst werden die betrieblichen Faktoren von der Verwaltung aufgrund von Ziel- und Maßnahmenplanungen disponiert und eingesetzt. Das Ergebnis dieser Phase bilden die erläuterten **Bereitschaftsleistungen**. In der zweiten Phase werden eben diese Bereitschaftsleistungen mit weiteren betrieblichen und externen Faktoren kombiniert. Das Ergebnis sind die **Produktions- oder Endleistungen** der Verwaltung.

Die **unregelmäßige Nachfrage** ist zusammen mit der zumeist **geringen Lagerfähigkeit** der immateriellen Dienstleistungen Ursache dafür, daß die **kapazitative Bemessung der Betriebsbereitschaft** zum **produktionswirtschaftlichen Kernproblem der Dienstleistungserstellung** avanciert. Schließlich gehen Bereitschaftsleistungen, die nur produziert, aber nicht zugleich abgenommen werden, für die Erstellung der Endleistungen verloren.[34] Erschwerend für Controlling-Aktivitäten wirkt sich aus, daß eine festgestellte Diskrepanz zwischen Leistungsbereitschaft und Kapazitätsnutzung noch keinen unmittelbaren Rückschluß auf einen unwirtschaftlichen Einsatz der personellen Ressource zuläßt.[35]

---

32 Vgl. Semper, Lothar: Produktivitätsanalysen für kommunale Dienstleistungen - Theoretische Grundlagen und empirische Ergebnisse, Diss. Augsburg 1982, S. 109.
33 Vgl. hierzu Maleri, Rudolf: Grundzüge der Dienstleistungsproduktion, a.a.O., S. 70ff und Corsten, Hans: Betriebswirtschaftslehre der Dienstleistungsunternehmungen - Einführung, München, Wien 1988, S. 103ff.
34 In einzelnen Fällen ist aber schon die Vorhalteleistung als eigenständige Verwaltungsleistung anzusehen - unabhängig davon, ob sie letztlich eingesetzt wird (werden muß). Deutlich wird dies etwa am Beispiel einer kommunalen Feuerwehr, die stets ihre volle Leistungsbereitschaft vorzuhalten hat, womöglich (hoffentlich) aber auf eine Kapazitätsnutzung von "Null" kommt.
35 Vgl. die eingehenderen Ausführungen zum Ressourcen-Controlling in Kapitel 7, Teil I.

B Grundkonzeption einer controllingorientierten Leistungsrechnung für öffentliche Verwaltungen

Aus der Charakterisierung öffentlicher Verwaltungen als überwiegend Dienstleistungen erstellende Betriebe wurde deutlich, daß das betriebswirtschaftliche Kernproblem in der optimalen qualitativen und quantitativen Dimensionierung der personellen Kapazitäten besteht. Die im folgenden zu schildernde Leistungsrechnung kann hier als das bedeutendste Instrument des Verwaltungs-Controllers angesehen werden.

1. Zwecke und Wesensmerkmale

"Wenn Fachleute von Leistungsrechnung reden, meinen sie" häufig entweder die "für das Erfassen von Erlösen notwendigen Rechenschritte" oder "stattdessen das Kalkulieren und Verrechnen der Kosten für Leistungen"[36]. Beide Arten von Leistungsrechnungen beziehen sich jedoch auf Größen, die nicht konform mit dem hier erarbeiteten Leistungsbegriff sind. Die Leistungsrechnung darf, um für Controlling-Zwecke geeignet zu sein, **keine erlösorientierte, nur marktfähige Endleistungen dokumentierende Rechnung** und auch **keine innerbetriebliche, kostenbewertende Leistungsrechnung** sein.

Vielmehr muß gerade das verwaltungsbetriebliche Rechnungswesen eine **eigenständige Leistungsrechnung** bereitstellen, die, **periodenbezogen** und **nach Leistungsarten differenziert**, alle Leistungen in **Zeit- und Mengengrößen** erfaßt,[37] um ohne den Umweg über eine monetäre Bewertung controllingorientiert eine Leistungsplanung, Leistungskontrolle und gegensteuernde Einflußnahme im Falle von Abweichungen zu ermöglichen. Zumindest sollte sie die Aufgabe einer Ermittlungsrechnung übernehmen, die danach trachtet, den Prozeß der Leistungsentstehung möglichst realitätsgetreu und unverzerrt darzustellen und dabei korrekte, nachprüfbare, objektive und vollständige Leistungsdaten ermittelt.[38]

Die **outputorientierte Leistungsrechnung** ist somit das eigenständige Gegenstück zur inputorientierten Kostenrechnung. Die eigenständige Aufgabenstellung der Leistungsrechnung schließt es indes nicht aus, daß sie auch eine der Kostenrechnung dienende - weil abrechnungstechnisch vorgelagerte - Stellung innehat. Männel bemerkt zum Verhältnis von Leistungs- und Kostenrechnung: "Stets kann der Aussagewert der Kostenrechnung nur so gut sein, wie man die für die Kostenermittlung und -weiterverrechnung relevanten Leistungsnetze und Leistungsströme erfaßt, plant, steuert und

---

[36] Hummel, Siegfried/Männel, Wolfgang: Kostenrechnung 1, a.a.O., S. 83 (im Original teilweise im Fettdruck).

[37] Vgl. zur Zweckmäßigkeit einer eigenständigen Leistungsrechnung und einer Trennung von Leistungs- und Erlösrechnung ebenda, S. 84 und 398 und Männel, Wolfgang: Leistungs- und Erlösrechnung, a.a.O., S. 11f sowie Männel, Wolfgang/Warnick, Bernd: Entscheidungsorientiertes Rechnungswesen, in: Mayer, Elmar/Weber, Jürgen (Hrsg.): Handbuch Controlling, Stuttgart 1990, S. 395-418, hier S. 414f.

[38] Vgl. zu diesen allgemeinen Anforderungen an die (Kosten- und) Leistungsrechnung als Ermittlungsrechnung Hummel, Siegfried/Männel, Wolfgang: Kostenrechnung 1, a.a.O., S. 15.

überwacht."[39] Mit anderen Worten: Die Leistungsrechnung unterstützt die Kostenrechnung in ihren Auswertungs- und Analysemöglichkeiten, sie geht aber nicht in ihr auf.

Als **interne Rechnung**[40] ohne externe Vorgaben ist die Leistungsrechnung in Abstimmung mit den Gegebenheiten der einzelnen Verwaltung und mit den Informationswünschen und Möglichkeiten der Verwaltungsführung zu gestalten.[41] So kann eine (zunächst) vergangenheitsorientierte Ist-Leistungsrechnung zu einer zukunftsorientierten Planrechnung ausgebaut werden, um nicht nur **Dokumentationsaufgaben** übernehmen, sondern als **Planungs- und Kontrollrechnung** verstärkt der Fundierung von Entscheidungen über den Auf-, Ab- und Umbau von Personalkapazitäten dienen zu können.

Um diesen, dem Ressourcen-Controlling zuzurechnenden Aufgaben[42] dienen zu können, muß die Leistungsrechnung zugleich eine **Kapazitätsrechnung** sein. Damit ist der Teilbereich eines umfassenden Rechnungswesens gemeint, der alle Operationen des innerbetrieblichen Rechnungswesens beinhaltet, "die irgendwie auf Kapazitätsüberlegungen reflektieren"[43]. Dieser Bereich der hier vorgestellten Leistungsrechnung integriert also "die außerhalb des klassischen Rechnungswesens sich üblicherweise vollziehenden, kapazitätsdeterminierten Planungen".[44]

2. Konzeptionelle Ausrichtung

Für eine zweckmäßige Leistungsrechnung müssen die für die Erbringung von Verwaltungsleistungen in Anspruch genommenen oder in Anspruch zu nehmenden Kapazitätszeiten **nach Leistungsarten und Kapazitäten differenziert** erfaßt werden. Denn erst mit der Aufzeichnung dieser Informationen ist eine Leistung eindeutig definiert.

Sowohl die **Personalkapazitäten**, die als Leistungsspeicher der Verwaltung aufzufassen sind, als auch die von ihnen abgegebenen **Leistungen** sind **unverzichtbare Rechenelemente** einer an der Erfüllung der Controllingaufgaben orientierten Leistungsrechnung. Zusammen mit den Werten der zeitlichen Verfügbarkeit läßt sich so ein vollständiges Leistungsbild jeder Personalkapazität erstellen. Dies schließt die Berechnung der **Nutzungsgrade** eingesetzter Personalpotentiale ein, die Hinweise auf erforderliche Personalreduzierungen oder -aufstockungen oder auch auf Möglichkeiten einer

---

[39] Männel, Wolfgang: Ausrichtung des Controlling auf Zukunftssicherungsprogramme zur bestmöglichen Nutzung der Ressource Mensch, als solches unveröffentlichtes Manuskript, Lauf 1989, überarbeitet veröffentlicht in: Männel, Wolfgang: Kostenrechnung als Führungsinstrument, Lauf a.d.P. 1991, S. 45.
[40] Zur schwierigen Vornahme einer eindeutigen Trennung von internem und externem Rechungswesen im öffentlichen Bereich vgl. Männel, Wolfgang: Besonderheiten der internen Rechnungslegung öffentlicher Verwaltungen und Unternehmen, in: ZfB, 58. Jg. (1988), Heft 8, S. 839-857, hier S. 840f.
[41] Im Hinblick auf einen anzustrebenden, auf der Basis der Daten der Leistungsrechnung basierenden Verwaltungsvergleich sollte allerdings eine einheitliche Verfahrensweise angestrebt werden.
[42] Vgl. dazu die Ausführungen in Kapitel 7, Teil I.
[43] Kern, Werner: Aufgaben und Dimensionen von Kapazitätsrechnungen, in: Ahlert, Klaus-Peter Franz/Göppl, Hermann (Hrsg.): Finanz- und Rechnungswesen als Führungsinstrument, Festschrift für Herbert Vorbaum zum 65. Geburtstag, Wiesbaden 1990, S. 221-235, hier S. 225.
[44] Kern, Werner: Kapazitätsrechnungen, a.a.O., S. 225.

Kapazitätsumschichtung geben. Diese Kennzahlen sind somit **Indikatoren für Personaleinsatzplanungen**, indem sie nicht nur den Ort der kapazitativen Fehlentwicklungen in der leistungserstellenden Einheit angeben, sondern auch den Zeitpunkt von Personalmangel oder -überhang anzeigen, sofern diese Kennziffern in kürzeren Zeitabständen erhoben werden. Unter der Voraussetzung, daß die Leistungsrechnung auch Planleistungszeiten und -mengen führt, kann unter Berücksichtigung der unerledigten und der für die kommende Rechnungsperiode geplanten Arbeitsmengen die **Personalbedarfsermittlung** entscheidend unterstützt werden.

Um dem solcherart umrissenen konzeptionellen Anspruch gerecht werden zu können, erfordert die Leistungsrechnung neben der eindeutigen Definition aller Leistungen auch Angaben über **Qualität und Quantität der Personalkapazitäten** und die **Mengen- und Zeitgrößen** der Kapazitäten und Leistungen. Idealerweise sollten diese Informationen in **Plan- und Istwerten** vorliegen. Außerdem sollte die Leistungsrechnung einen **wöchentlichen**, vielleicht sogar **täglichen Abrechnungsmodus** aufweisen, da dies den Informationsgehalt gegenüber monatlichen oder gar jährlichen Rechnungen stark erhöht und ein rasches Reagieren auf handlungsbedürftige Erkenntnisse ermöglicht. Allerdings steht diesem Vorteil der Nachteil eines hohen Erfassungs-, Abrechnungs- und Auswertungsaufwandes entgegen.

Mit dieser, bisher nur skizzierten Leistungsrechnung wird ein Beitrag dazu geleistet, daß produktionswirtschaftliche Mängel eines Verwaltungsbetriebs durch Kennziffern der Kapazitätsproduktivitäten aufgedeckt und wirtschaftlichkeitssteigernde Maßnahmen auf der Grundlage der Auswertungsmöglichkeiten der Leistungsrechnung initiiert, geplant, kontrolliert und dispositiv gesteuert werden können.

3. Bildung von Leistungsstellen

Im Zuge der Etablierung einer Leistungsrechnung ist zunächst die Bildung von Leistungsstellen notwendig.

Gliederungsprinzipien

Jede Leistungsstelle muß einen **abgegrenzten Verantwortungsbereich** umfassen.[45] Dieser Grundsatz bezweckt, controllinghindernde Kompetenzüberschneidungen zu vermeiden und wirksame, weil an einzelnen Kapazitäten ansetzende Leistungskontrollen zu ermöglichen. Die Suche nach den Ursachen von Leistungsabweichungen verlangt die Mitarbeit von Stellenverantwortlichen, damit diese die aufgedeckten Fehlentwicklungen ursächlich erklären und sich für die Behebung vermeidbarer Produktionsmängel einsetzen. Leistungsstellen müssen **räumlich-organisatorisch** so **klar voneinander abgegrenzt** werden, daß ihnen Leistungen eindeutig und zweifelsfrei zugeordnet werden können. Dieses Kriterium ist zusammen mit dem Gesichtspunkt

---

45 Vgl. Haberstock, Lothar: Kostenrechnung II, (Grenz-)Plankostenrechnung, 7. Auflage, Hamburg 1986, S. 45f.

des eindeutig geregelten Verantwortungsbereiches das wichtigste Prinzip für die Leistungsstellenbildung im Dienstleistungsbetrieb.[46]

Orientierung an der Kostenstellenbildung

Die Bestimmung der Leistungsstellen kann sich in Verwaltungsteilbereichen, für die eine Kostenrechnung implementiert ist, **an bereits definierte Kostenstellen anlehnen**, sofern die Kostenstellenbildung gemäß den in der Literatur beschriebenen Grundsätzen[47] erfolgte. Von Bedeutung ist besonders, daß der Konnex zwischen den entstandenen Leistungen und den verursachten Kosten in die Stellenbildung eingeflossen ist, die Kostenstellen also nicht nur Kosten nach Verbrauchsrichtungen (z.B. Sachkosten), jedoch ohne Leistungsbezug sammeln. Zumindest implizit berücksichtigen die einschlägig postulierten Kriterien der Kostenstellenbildung bereits die Outputseite der Kostenstellen. So gebildete Kostenstellen nehmen da schon den Charakter einer Leistungskapazität an.[48] Im Prinzip fehlt nur noch die ausdrückliche Nennung der Stellenleistungen, die den Ort des Kostenanfalls zu einem Ort der Leistungsentstehung und die Kostenstelle zu einer Leistungsstelle macht.[49]

Abrechnungstechnische Gesichtspunkte

Soll die Rechnung auch eine an den Leistungsprozessen orientierte **Kalkulation der Endleistungen unterstützen**, so hat die Stellenbildung auch **rechentechnische Gesichtspunkte**[50] zu berücksichtigen. Hierfür muß eine weitgehenden Identität[51] von Kosten- und Leistungsstellen gegeben sein. Weiterhin müssen innerhalb der Leistungsstellen homogene Produktionsstrukturen[52] vorliegen. Diese Voraussetzung kann als erfüllt angesehen werden, wenn in jeder Abrechnungsstelle nur Personal derselben Qualifikation steht.

Umfang und qualitative Homogenität der Leistungsstellen

Die Antwort auf die Frage, ob Leistungsstellen etwa für jeden Arbeitsplatz (jede Stelle), für jedes Sachgebiet oder nur für jede (Unter-)Abteilung gebildet werden sollten, ist vom **Rechnungszweck** und den faktisch gegebenen Möglichkeiten zur Personalsteuerung abhängig zu machen. Wenn Leistungsstellen allein nach den Kriterien der

---

46 Vgl. hierzu Vikas, Kurt: Controlling im Dienstleistungsbereich mit Grenzplankostenrechnung, Wiesbaden 1988, S. 35.
47 Zu den Prinzipien der Kostenstellenbildung vgl. z.B. Hummel, Siegfried/Männel, Wolfgang: Kostenrechnung 1, a.a.O., S. 196ff.
48 Vgl. Männel, Wolfgang: Stichwort Leistungsrechnung, in: krp, Heft 3/1990, S. 194-195, hier S. 194. Männel regt an, stärker zu berücksichtigen, "daß Kostenstellen primär Kapazitäten darstellen und damit **Leistungsstellen** sind" (Männel, Wolfgang: Leistungs- und Erlösrechnung, a.a.O., S. 11).
49 Allerdings sind die Kostenstellen in der betrieblichen Praxis häufig nicht so tief gegliedert, daß sie unmittelbar als Leistungsstellen dienen könnten. "Eine differenzierte Leistungserfassung erfordert insbesondere eine Verfeinerung der Kostenstellenstrukturen, damit die Leistungen einzelner Kostenstellen nicht zu heterogen sind und deshalb nur schwer differenziert erfaßbar sind." (Männel, Wolfgang/Warnick, Bernd: Entscheidungsorientiertes Rechnungswesen, a.a.O., S. 414).
50 Vgl. Kloock, Josef/Sieben, Günter/Schildbach, Thomas: Kosten- und Leistungsrechnung, 4. Auflage, Düsseldorf 1987, S. 111.
51 Vgl. Biethahn, Jörg: Kostenstellen und Leistungsstellen, in: Kosiol, Erich/Chmielewicz, Klaus/Schweitzer, Marcell (Hrsg.): HWR, Sp. 1090-1097, hier Sp. 1092f.

Verantwortlichkeit und der räumlich-organisatorischen Abgrenzung gebildet werden, sind in ihnen zumeist Personalkapazitäten **unterschiedlicher Qualifikationsstufen** enthalten. Die qualitative Wertigkeit der Kapazitäten kann nur vergröbernd und indikativ gefunden werden.[53] Solange keine bessere Klassifizierung, etwa auf der Basis individueller Beurteilungsverfahren mit anschließender Klassenbildung, existiert, bietet die **Unterteilung** des Personals **nach den Besoldungs-, Vergütungs- und Lohngruppen** eine ausreichende Differenzierung nach dem qualitativen Aspekt der Personalkapazitäten an.

Werden **mehrere Personalkräfte unterschiedlicher Bezahlungsstufen** in einer Leistungsstelle pauschal erfaßt, so sind die unterschiedlichen Belastungsbilder der zusammengefaßten Kapazitäten nivelliert. Damit geht auch weitgehend die **Möglichkeit einer differenzierenden Personalsteuerung** verloren. Von daher ist zu fordern, die Bereitschafts- und Produktionsleistungen ebenso wie deren Fehlzeiten für jede einzelne Personalkapazität festzuhalten.[54] Auf der anderen Seite muß es das Anliegen des Verwaltungs-Controllers sein, den Betrieb nur soweit in getrennt zu führende Leistungsstellen zu unterteilen, als daß der erforderliche **Erfassungsaufwand** noch wirtschaftlich vertretbar und die **Übersichtlichkeit** gewahrt bleibt.

Als **Kompromiß** bietet sich an, nur Personalpotentiale mit gleicher Bezahlungsstufe zu einer einzigen Kapazität zusammenzufassen. Mit dieser Regelung kann die Aufgabe der qualitativen Steuerung noch zufriedenstellend erfüllt werden; eine persönliche Leistungskontrolle wird so aber nicht mehr möglich sein. Es ist dann abhängig von der detaillierten Erfassung der Kapazitätsstruktur innerhalb der Leistungsstelle, ob die der Leistungsrechnung angetragenen personalwirtschaftlichen Aufgaben bewältigt werden können.

Abbildung der zeitlichen Verfügbarkeit der Personalkapazitäten je Leistungsstelle

Die **quantitative Kapazität** einer Leistungsstelle wird durch die Summe der innerhalb einer Rechnungsperiode gesetzlich und tarifrechtlich von allen Stellenangehörigen **zu leistenden Arbeitsstunden** ausgedrückt und in dieser Form als Rechengröße in die Leistungsrechnung aufgenommen. Dagegen stellt die Abbildung des im Hinblick auf Spitzennachfragen bewußt eingegangenen Kapazitätsüberhangs ein noch weitgehend ungelöstes Problem dar.[55]

---

52 Zur Definition homogener Produktionsstrukturen vgl. Berger, Karl-Heinz: Kostenplatzrechnung, in: Kosiol, Erich/Chmielewicz, Klaus/Schweitzer, Marcell (Hrsg.): HWR, Sp. 1061-1067, hier Sp. 1062f.
53 Vgl. Strutz, Harald: Langfristige Personalplanung auf der Grundlage von Investitionsmodellen, Wiesbaden 1976, S. 70.
54 Allerdings ist zu vermuten, daß sich der Personalrat gegen die Definition eines einzelnen Mitarbeiters als Leistungsstelle wehren wird, da über eine personenbezogene Leistungserfassung der einzelne Mitarbeiter weitestgehend in seinem Leistungsbild zu überprüfen wäre. Das Interventionsrecht des Personalrats reicht in fast allen Fragen um die personenbezogene Leistungserfassung hinein. Die derzeitige Rechtsprechung gestattet beispielsweise eine personenbezogene Erfassung der Fehlzeiten nur für einige wenige Verwendungszwecke (vgl. Hemmers, Karlheinz/Konrad, Kurt-Georg/Rollmann, Michael: Personalbedarfsplanung in indirekten Bereichen, Düsseldorf 1985, S. 29).
55 Vgl. Kern, Werner: Kapazitätsrechnungen, a.a.O., S. 225.

Da kein Mitarbeiter während der gesamten Arbeitszeit permanent einsatzbereit sein kann, müssen die Kapazitätsmaße der Personalpotentiale auf das Maß ihrer tatsächlichen **zeitlichen Verfügbarkeit** reduziert werden. Von der tarifvertraglich oder gesetzlich fixierten Arbeitszeit sind daher alle zeitlich zu bewertenden Faktoren, die einen Mitarbeiter vom Dienst abhalten, in Abzug zu bringen. Persönliche Vorkommnisse, wie Krankheit, Kur, Urlaub und verspäteter Dienstantritt, gehören dazu ebenso wie vom Betrieb geforderte Ausfallzeiten aufgrund von Schulung und Weiterbildung. Die Empfehlung, die Abwesenheitsgründe im Bericht explizit zu nennen, soll dem Verwaltungs-Controller helfen, die ausgefallenen Arbeitsstunden nach **berechtigten** und **unberechtigten**, nach **planbaren** und **unplanbaren Fehlzeiten** zu differenzieren. **Überstunden** oder der Einsatz von **Aushilfen** sind, solange sie lediglich die kapazitätsmindernden Fehlzeiten des vorhandenen Personalpotentials auszugleichen versuchen, als zeitliche Anpassungsmaßnahmen in die Berechnung der Kapazitätsbereitschaften aufzunehmen.[56]

4. Bildung von Leistungskategorien und Leistungsarten je Leistungsstelle

Direkte (einzelfallbezogene) und indirekte (fallübergreifende) Leistungsarten

Zur Unterstützung von Leistungsplanung und Kalkulation ist es nötig, die vielfältigen Tätigkeiten einer Stelle nach **direkten** und **indirekten Leistungen** zu differenzieren.[57] Damit wird unterschieden, ob die Leistungen unmittelbar (direkt) mit der Erstellung der Endleistung verbunden sind oder "nur" die Voraussetzungen für einen reibungslosen Produktionsablauf schaffen. Wegen der Arbeitsteilung und der Verbundproduktion innerhalb der Leistungsstellen kann diese Differenzierung **nicht global** für eine ganze Stelle vorgenommen werden. Vielmehr muß jede Tätigkeit auf ihren Bezug zur Endleistung überprüft werden. Es resultiert eine Einteilung in **einzelfallbezogene** und **fallübergreifende Leistungsarten**.

Standardisierbarkeit der Leistungsarten

Die Differenzierung nach dem **Kriterium der Standardisierung** der Leistungsprozesse ermöglicht die Aufstellung von **Richtzeiten** für mengenabhängige und standardisierbare Leistungen.

---

56 Damit sind bisher zwei von drei Dimensionen zur Bestimmung der Kapazität erfaßt. Den **Querschnitt** der Stellenkapazität gibt die Zahl der Arbeitsplätze an, die sich auf dieser Stelle befinden (vgl. Layer, Manfred: Kapazität: Begriff, Arten und Messung, in: Kern, Werner (Hrsg.): HWProd, Sp. 871-882, hier Sp. 880), während die **zeitliche Dimension** durch die verfügbaren Kapazitätsstunden erschlossen wird. Die dritte Determinante der Kapazität drückt sich in der **Intensität** aus, mit der die Kapazitätsleistungen erstellt werden. Auf diesen Faktor wird unten noch eingegangen werden (vgl. hpts. die Ausführungen in Kapitel 7 Teil I. B 4. sowie C 3. und C 5.).

57 Ähnlich Dommer und Dromowicz: "Alle Arbeitsschritte im Zusammenhang mit einer Einzelfallbearbeitung werden ... als direkte Arbeit definiert. Die dem Einzelfall nicht zuordenbaren Arbeiten werden als indirekte Arbeit bezeichnet" (Dommer, Winfried/Dromowicz, Thomas: Möglichkeiten der Stellenbemessung und Stellenbedarfsermittlung im öffentlichen Dienst (II), in: VOP, 5. Jg. (1983), Heft 5, S. 302-304, hier S. 303).

Direkte wie indirekte Leistungsarten weisen **unterschiedliche Standardisierungsmaße** auf. Während manche fallbezogenen Leistungsarten konditional programmiert sind und sich damit weitestgehend zwingend aus der Anwendung von Recht und Gesetz ergeben und - oft von einem hochentwickelten Formularwesen unterstützt - nach festen Verfahrensvorschriften erstellt werden, müssen andere direkte Leistungen sehr individuell erbracht werden. Die Erstellung dieses Leistungstyps ist durch alternative Verfahrenswege und durch große Ermessensspielräume in der Rechtsanwendung gekennzeichnet, so daß der Prozeßablauf über weite Strecken indeterminiert ist. Wenn Entscheidungen über schwierige Einzelfälle anstehen, weil etwa die Behörde widersprüchliche Verwaltungsakte erließ, so daß der Sachgebietsleiter nun eine endgültige Entscheidung fällen muß, dann kann nicht in Routine gehandelt werden. Ähnlich ist die überwiegende Anzahl von Verwaltungsleistungen einzuschätzen, die auf finalprogrammierten legislativen Vorgaben beruhen oder die - als politikvorbereitende Verwaltungsleistungen - selbst der Vorbereitung legislativer Vorschriften dienen. Leistungen dieser Art besitzen viele **dispositive Tätigkeitselemente**. Ihnen ist "ein hoher Anteil an Arbeitsschritten gegeben, bei denen die Vorgehensweise zur Problemlösung unbekannt ist und der Vorgang des Beurteilens und des Schlußfolgerns nicht generell anerkannten Wertmaßstäben unterliegt".[58] Diese an sich fallbezogenen Leistungen müssen den Leitungsaufgaben zugewiesen werden[59] und rechnen so innerhalb der Leistungsrechnung zu den fallübergreifenden Leistungsarten.

Interaktive und kontaktarme Leistungsarten

Neben diesen dispositiven Elementen erschwert auch das **Erfordernis persönlicher Kommunikationsvorgänge** standardisierte Leistungsabläufe. Diese Aussage gilt direkten wie indirekten Leistungen gleichermaßen. Deshalb sollten die interaktiven Leistungsarten mit persönlichen Gesprächskontakten gesondert im Katalog der Leistungen aufgeführt werden. Dadurch kann unter den einzelfallbezogenen Leistungsarten das **unterschiedliche Maß der Genauigkeit ihrer Richtzeiten** kenntlich gemacht werden. Für diese Trennung spricht noch ein zweiter Grund: Personenbezogene Dienstleistungen sind **fremdbestimmt** und unterliegen dem Risiko hoher **Bedarfsschwankungen**. Deshalb sind (auch) ihre Mengengrößen schwer zu prognostizieren.

Allgemeine Verwaltungstätigkeiten und Leitungsaufgaben

Die Unterteilung in kommunikationsreiche und kommunikationsarme Leistungen ist für die **einzelfall- und projektübergreifenden Tätigkeitsfelder** unzweckmäßig. Sie wird bis auf wenige Ausnahmen durch die **Einteilung in Leitungs- oder Führungsfunktionen** und **allgemeine Verwaltungsaufgaben** ersetzt.

---

58 Scholz, Hans-Günther: Personalbedarfsermittlung für die Ministerialverwaltung - Theorie und Praxis, Baden-Baden 1987, S. 27.
59 Vgl. ebenda, S. 100.

Die **allgemeinen Verwaltungsaufgaben** stehen den direkten Leistungen produktionstechnisch am nächsten. Zu ihnen gehören zunächst die sogenannten **Hilfsfunktionen**[60], wie die Informationsspeicherung, die Akten- und Schriftgutverwaltung, die Datenverarbeitung sowie der Schreibdienst. Die Hilfsfunktionen haben mehrheitlich noch einen recht engen Bezug zu den sacherledigenden, direkten Verwaltungstätigkeiten. Dagegen sind **Intendanturaufgaben**, wie etwa die Erstellung von Verfügungen, Diensterlässen und anderen Verordnungen, die eine rechtmäßige Verwaltungsarbeit sicherstellen, vom Kern der eigentlichen Produktion schon weiter entfernt. Weitestgehend von der Endleistungserstellung gelöst haben sich die klassischen **Querschnittsaufgaben** der Personalverwaltung, des Beschaffungswesen sowie des Haushalts- und Kassenwesens.

Leitungsaufgaben[61] als zweiter Typ der indirekten Leistungen erstrecken sich von den im vorigen Kapitel beschriebenen Planungsaufgaben einschließlich der kapazitativen Absicherung der Verwaltungsproduktion, der Aufgabenverteilung auf einzelne Sachgebiete innerhalb der Verwaltungsorganisation bis hin zur Koordinierung und Kontrolle der gesamten Verwaltungsarbeit. Dazu gezählt werden müssen noch Aufgaben der Personalführung, der vertikalen und horizontalen externen Koordination und auch die Repräsentation der Behörde.[62] Alle aufgezählten indirekten Leistungen enthalten gegenüber den allgemeinen Verwaltungsaufgaben hochgradig dispositive Tätigkeitselemente, die verwandten Arbeitsmethoden hängen stark von der Persönlichkeit und Erfahrung der Führungskräfte ab.

Abbildung 6-2 veranschaulicht die Kategorien der Leistungsarten im Überblick.

Bedeutung der Leistungskategorien für die Leistungsrechnung

Mit dieser für den Aufbau eines Leistungsartenkatalogs empfohlenen Kategorienbildung ist bezweckt,

- durch Beachtung des **Dispositions- und Kommunikationsgrades** der Leistungen das unterschiedliche **Zuverlässigkeitsmaß** der Plan-Zeit- und Plan-Mengendaten kenntlich zu machen[63] sowie
- durch die Einteilung der Tätigkeiten in **direkte** und **indirekte** Verwaltungsleistungen die **Leistungsmengenplanung**[64] wie auch - über die Leistungsrechnung hinausreichend - eine **leistungsorientierte Kalkulation** der Verwaltungsprodukte zu unterstützen.[65]

Beide Leistungsklassifikationen sind damit wichtige Voraussetzungen für den funktionsfähigen Ausbau einer **Planleistungsrechnung**.

---

60 Vgl. ebenda, S. 82.
61 Zur enumerativen Beschreibung von Leitungs- oder Führungsaufgaben "des Behördenleiters" vgl. Thieme, Werner: Verwaltungslehre, 4. Auflage, Köln u.a. 1984, S. 258f.
62 Vgl. Brüning, Dirk P.: Teilzeitbeschäftigung und Leistungsfähigkeit des öffentlichen Dienstes, Köln u.a. 1983, S. 81.
63 Vgl. näher die Teile I. C 2. und I. C 4. dieses Kapitels.
64 Vgl. näher Teil I. C 4. dieses Kapitels.
65 Vgl. näher Teil I. D 4. dieses Kapitels und Teil I. C des 7. Kapitels.

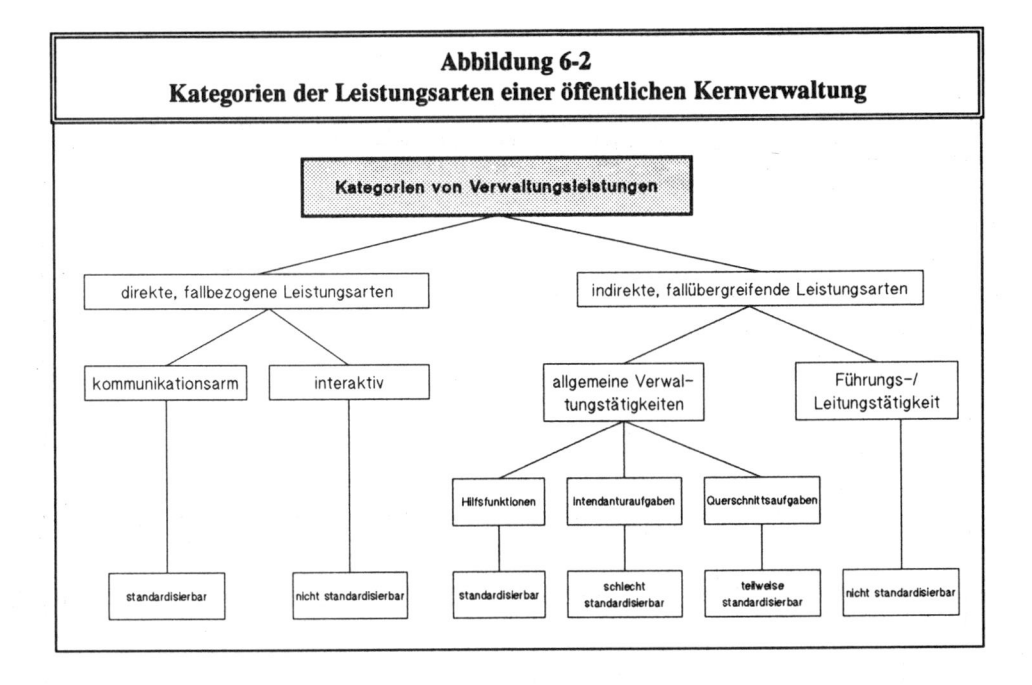

Abbildung 6-2
Kategorien der Leistungsarten einer öffentlichen Kernverwaltung

```
                    Kategorien von Verwaltungsleistungen
                    /                                  \
     direkte, fallbezogene Leistungsarten    indirekte, fallübergreifende Leistungsarten
        /            \                            /                        \
  kommunikationsarm  interaktiv      allgemeine Verwal-              Führungs-/
                                     tungstätigkeiten                Leitungstätigkeit
                                     /        |         \
                              Hilfsfunktionen Intendanturaufgaben Querschnittsaufgaben

  standardisierbar  nicht standardisierbar  standardisierbar  schlecht standardisierbar  teilweise standardisierbar  nicht standardisierbar
```

5. Vorschlag eines Berichtsaufbaus der Leistungsarten- und Leistungsstellenrechnung

Nachfolgend soll der **Vorschlag eines Berichtsaufbaus** in seiner maximalen Aufspannung dargestellt werden. Zweckmäßigerweise spaltet sich der stellenbezogene Bericht zunächst **vertikal** in drei Teile auf: in den **Kapazitätsteil**, den **Leistungsteil** und in den **Bereich der leistungswirtschaftlichen Kennziffern** (vgl. **Abbildung 6-3**[66]).

Im **oberen Teil** sind neben der Stellenkennzeichnung, der Abrechnungsperiode und dem Stellenverantwortlichen als Stammdaten die möglichen Bezahlungsstufen der Beamten, Angestellten und Arbeiter des öffentlichen Dienstes aufgeführt. Dies dient dazu, die Qualitäten der Personalpotentiale indikativ zu erfassen. Exemplarisch für alle gesetzlich vorgesehenen Besoldungsgruppen der Beamten ist die Besoldungsstufe **A5** im Berichtsaufbau angegeben. Mit der Besoldungsstufe A5 ist die Vergütungsgruppe **BAT VII** zu vergleichen. Sie ist im Bericht an den entsprechenden Stellen eingetragen.[67] Im Kopfteil werden alle Personalkräfte einer Leistungsstelle mit ihren gesetzlich oder vertraglich vorgeschriebenen Arbeitsstunden der Rechenperiode angegeben.

---

[66] In enger Anlehnung an Frey, Peter: Leistungsrechnung und Leistungscontrolling für die öffentliche Verwaltung, unveröffentl. Diplomarbeit, Nürnberg 1991, S. 49.

[67] Vgl. zur Besoldung der Beamten Mennen, August: Besoldung und Versorgung, in: Chmielewicz, Klaus/Eichhorn, Peter (Hrsg.): HWÖ, Sp. 111-121. Zur Vergütung der Angestellten im öffentlichen Dienst vgl. Siepmann, Heinrich/Siepmann, Ursula: Arbeits- und Stellenbewertung im öffentlichen Dienst, in: Wiese, Walter (Hrsg.): Handbuch des öffentlichen Dienstes, Bd.III, Teil 3, Köln u.a. 1984, S. 50. In den exemplarischen Berichtsstrukturen der Abb. 6-3 finden als Arbeiter beschäftigte Personalkapazitäten keine weitere Berücksichtigung (vgl. zur Entlohnung der Arbeiter Siepmann, Heinrich/Siepmann, Ursula: Arbeits- und Stellenbewertung, a.a.O., S. 57).

Abbildung 6-3: Vorschlag für den Berichtsaufbau einer Leistungsrechnung für öffentliche Verwaltungen

Leistungsstellennummer:	Zeitperiode (Tag/Woche)						Verantwortlicher:		
Aufriß der verfügbarkeitsmindernden Faktoren / Qualifikationsstufen	Stellen-Plan-Kapazität			Stellen-Ist-Kapazität			Plan-Ist-Abweichungen		
	Besoldungsgruppen für Beamte	Vergütungsgruppen für Angestellte	Lohngruppen für Arbeiter	Besoldungsgruppen für Beamte	Vergütungsgruppen für Angestellte	Lohngruppen für Arbeiter	Besoldungsgruppen für Beamte	Vergütungsgruppen für Angestellte	Lohngruppen für Arbeiter
	... A5 ...	... VII BAT ...	I ... VII	... A5 ...	... VII BAT ...	I ... VII	... A5 ...	... VII BAT ...	I ... VII
Stellenkapazität (SOLL)									
./. Unbesetzte Kapazität									
Urlaub									
Schulung									
./. Geplante Fehlzeiten									
Krankheit									
Sonstige									
./. Ungeplante Fehlzeiten									
Überstunden									
Aushilfen									
+ Zusätzliche Kapazität									
verfügbare Stellenkapazität (IST) Σ	Verfügbare Stellen-Plan-Kapazität			Verfügbare Stellen-Ist-Kapazität			Plan-Ist-Abweichung der verfügbaren Stellenakapazität		
Analyse nach dominanten Leistungsbestimmungsfaktoren / Kapazitätsbezogene Leistungsdaten	Planzeit (1) / Planzeit (2); Plan-Leistung Plan(A5)= (1)*(2)	Planzeit (1) / Planzeit (2); Plan-Leistung Plan(VII)= (10)*(11)		Planzeit (20) / Istmenge (21) / Istzeit (22); Soll-Leistung Soll(A5)= (20)*(21) / Ist-Leistung Ist(A5)= (22)*(21)			Mengenabweichung Plan(A5)–Soll(A5) / Zeitabweichung Ist(A5)–Soll(A5) / Σ		
Leistungsartenkatalog									
Nr. / Bezeichnung									
einzelfallbezogene Leistungsarten – Leistungsarten ohne personalen Kontakt: Erstantrag bearbeiten									
" auf Vollständigkeit prüfen	20 / 100 / 200			20 / 90 / 30 / 180 / 270			20 / 90 / 110		
⋮	⋮			⋮ ⋮			⋮ ⋮ ⋮		
Σ									
Leistungsarten mit personalen Kontakt: mündliche Auskünfte im Antragstellen geben	40 / 100 / 400			40 / 80 / 50 / 320 / 400			80 / 80 / 160		
⋮	⋮			⋮ ⋮			⋮ ⋮ ⋮		
Σ									
Leistungsarten – allgemeine Verwaltungstätigkeiten: Bäromaterial beschaffen	50 / 10 / 50			50 / 10 / 50 / 0 / 0			0 / 0 / 0		
⋮	⋮			⋮ ⋮			⋮ ⋮ ⋮		
Σ									
fallübergreifende leitende, organisatorische Aufgaben: Dienstbesprechungen leiten	250			300 / 300			50		
⋮	⋮			⋮ ⋮			⋮ ⋮ ⋮		
Σ									
Stellenleistung Σ	Stellen-Plan-Leistung			Stellen-Soll-Leistung	Stellen-Ist-Leistung		Stellen-Gesamtabweichung		
Leistungsdifferenz (Stellenverfügbarkeit-Stellenleistung)	geplante Leistungsdifferenz				realisierte Leistungsdifferenz				
Leistungskennzahlen Stellenleistung/Stellenverfügbarkeit)*100	geplante Auslastungsgrad			realisierter Auslassungsgrad	realisierter Beschäftigungsgrad				

Im **Kapazitätsteil** wird sodann das zeitliche Ausmaß des Potentialumfangs berechnet, das letztlich für die Leistungsabgabe zur Verfügung steht. Dazu werden die Abwesenheitszeiten vom Dienst in die Spalte der jeweiligen Kapazität eingetragen, ebenso die kapazitätssteigernden Ausgleichsmaßnahmen, um die tatsächlich verfügbare Arbeitszeit berechnen zu können. Im zweiten, dem **Leistungsteil**, werden die Leistungen in Zuordnung zu den Kapazitäten durch einen Leistungsartenkatalog definiert und ihre Werte vermerkt. Schließlich befinden sich im **unteren Berichtsteil** die produktionswirtschaftlichen **Leistungskennzahlen**, die in Quotienten oder Differenzbeträgen über das Ausmaß der Kapazitätsnutzung informieren.

Horizontal wird in dem vorgeschlagenen Berichtsaufbau nach dem Rechnungszeitpunkt zwischen **realisierten und geplanten Werten** der Kapazitäten, Leistungen und Kennzahlen unterschieden. Die Verwendung von Planzeitwerten hat auch den Vorteil, nicht ständig Ist-Zeiten messen zu müssen. Aus dem Produkt von Planzeiten und kontinuierlich erhobenen Ist-Mengen werden die **Soll-Leistungen** errechnet. Der Begriff der Soll-Leistungen für das gemischte Produkt aus Plan- und Ist-Leistungsdaten (Produkt aus Planzeit und Ist-Menge) wird dabei in Analogie zu den Soll-Kosten im System der (Grenzplan-)Kostenrechnung gewählt.

Die Soll-Leistungen sind von den **Ist-Leistungen** zu trennen. An diese Unterscheidung anknüpfend existieren im Ist-Datenteil des Berichts zwei voneinander unterscheidbare Kennzahlen: der realisierte Auslastungsgrad und der realisierte Beschäftigungsgrad. Die Relation aus Stellen-Soll-Leistung, die aus der Summe aller Soll-Leistungen der mengenabhängigen Leistungsarten und aus den Ist-Zeiten aller übrigen Stellentätigkeiten errechnet wird, und der tatsächlichen Verfügbarkeit wird als **realisierter Auslastungsgrad** bezeichnet. Der **Beschäftigungsgrad** gibt hingegen das Verhältnis der Stellen-Ist-Leistung zur tatsächlich verfügbaren Stellenkapazität an.[68] Der **geplante Auslastungsgrad** einer Kapazität setzt sich aus dem Quotienten der Stellen-Plan-Leistung und der geplanten Verfügbarkeit zusammen.

Diese Grundstruktur eines Leistungsberichtes ist **in Abhängigkeit von den Rechnungszwecken zu variieren**. Der exemplarisch abgebildete Bericht ist primär auf die **Überwachung** der in operative Leistungen umgesetzten kapazitativen Maßnahmen ausgerichtet. Ebenso werden mittels Produktivitätskennzahlen die Folgen der langfristig angelegten Maßnahmen verzeichnet (Analyse der Leistungsfunktionen, arbeitsanalytische Untersuchungen). Durch Plan-Ist-Vergleiche können Fehlbelastungen im Personalkörper der Verwaltung lokalisiert werden. Der Verwaltungs-Controller erfährt so Ansatzpunkte für gegensteuernde Maßnahmen.

---

68 Die Berechnung des Beschäftigungsgrades verursacht einen hohen Erfassungsaufwand für die lückenlose Ermittlung der Ist-Zeiten und sollte von daher nicht laufend erfolgen. Zum Begriff und den inhaltlichen Varianten des Beschäftigungsgrades vgl. grundlegend Schmalenbach, Eugen: Kostenrechnung und Preispolitik, 8. Auflage, Köln und Opladen 1963, S. 42-46. Schmalenbach spricht sich letztlich allerdings für eine synonyme Verwendung der Begriffe des Beschäftigungs- und des Auslastungsgrades (bei ihm in Anlehnung an Mellerowicz Kapazitätsausnutzungsgrad genannt) aus. Zur Begründung für die Unterscheidung von Beschäftigungs- und Auslastungsgraden und deren Interpretation im Rahmen des Ressourcen-Controlling vgl. unten Kapitel 7, Teil I. C 5.

Der dargestellte **Berichtsaufbau** der überwachungsorientierten Leistungsarten- und Leistungsstellenrechnung umfaßt drei Hauptspalten. Der Bericht ist in eine Spalte für die Werte der **geplanten Leistungsstellenkapazitäten** einschließlich ihrer beabsichtigten Verfügbarkeit und den geplanten Leistungen und in eine Spalte für die tatsächlich **verfügbaren Kapazitäten** mit ihrer Beanspruchung und den erbrachten Leistungen unterteilt. Danach schließen sich die **Plan-Ist-Abweichungen** an, die im (oberen) Kapazitätsteil des Berichts die Unterschiede in den kapazitätsdeterminierenden Faktoren der Verfügbarkeit (Anzahl und Anwesenheitszeit der Kapazitäten) und im Leistungsteil unten die Mengenabweichungen verdeutlichen. Soweit die Ist-Zeiten erhoben werden, treten hier auch die Zeitabweichungen jeder einzelnen Leistungsart sowie die Gesamtabweichungen der Stellenleistungen zutage. Die Mengenabweichungen jeder Leistungsart werden dabei als die Differenz von Plan- und Ist-Mengen errechnet, die Zeitabweichungen je Leistungsart ergeben sich als die Differenz der Soll- und Ist-Leistungen.

Mittels eines **Periodenvergleiches** oder über einen **Verwaltungsvergleich** können nach demselben Grundmuster anstelle von Plan-Ist-Abweichungen ebenso auch **Ist-Ist-Abweichungen** ermittelt werden.

Für die **Planung des kurzfristigen**, für die kommende Woche oder den kommenden Monat quantitativ wie qualitativ erforderlichen **Kapazitätsbedarfs** ist ein stärker **dispositionsorientierter Berichtsaufbau** zu wählen. Dafür müssen nicht nur Plandaten über den zukünftigen Tätigkeitsumfang, sondern auch Informationen über den zum Planungszeitpunkt als ausreichend zu befindenden Soll-Personalbestand verfügbar sein. Dies beinhaltet die Forderung nach **Planzeiten**, denen ein effizienter Arbeitsvollzug und eine optimale Arbeitsgeschwindigkeit zugrundeliegen, und nach detaillierten **Mengenangaben für noch auszuführende (zurückgestaute) Arbeiten**. Daraus ergibt sich unter Berücksichtigung der anzusetzenden Verfügbarkeit und Auslastungsquote der momentane Zusatzbedarf an Personal. Dieser addiert sich mit dem Bedarf für kommende, **neu anfallende Leistungen** zum **Bruttobedarf** an Personalkapazitäten.[69]

C Erfassung und Planung der verfügbaren Personalkapazitäten und ihrer Leistungen

Nachfolgend sollen die Möglichkeiten, aber auch die Schwierigkeiten angedeutet werden, die sich ergeben, wenn Berichte der Leistungsrechnung mit Zahlen zu füllen und laufend zu aktualisieren sind. Während sich die ersten beiden Abschnitte mit der Ermittlung der leistungswirtschaftlich relevanten Ist-Größen von Personalkapazitäten, ihrer Verfügbarkeit und ihrer Leistungen, auseinandersetzen, wenden sich die bei-

---

[69] Im Berichtsaufbau einer dispositionsorientierten Leistungsarten- und Leistungsstellenrechnung ist es deshalb vorteilhaft, die Ist-Personalkapazitäten mit ihrem Leistungsoutput, der als Soll- oder Istleistung erfaßt wird, anzugeben und erst dann die geplanten Personalkapazitäten in ihren erwarteten Leistungen in den Rechnungsbericht aufzunehmen.

den letzten Abschnitte der Aufstellung der geplanten Werte der eben genannten Größen zu.

1. Ermittlung der verfügbaren Stellenkapazität

Um die kapazitative Verfügbarkeit jeder Leistungsstelle errechnen zu können, ist zunächst das Personalpotential in seinem in Arbeitsstunden zu bemessenden Leistungsumfang zu erfassen. Die tägliche Arbeitszeit aller Stellenangehörigen, multipliziert mit den Arbeitstagen der Rechnungsperiode, ergibt das zeitliche Stellenpotential.

Mit Hilfe von **Einsatzplänen**[70], die Arbeitskräfte zeitlich und räumlich den im Stellenplan genehmigten und zu besetzenden Stellen zuordnen, kann die **Zahl der Personalkapazitäten** auf einer Leistungsstelle ermittelt werden.[71] Im Rahmen der zeitlichen Verfügbarkeitsberechnung informieren Urlaubslisten und Fortbildungskarteien über die **geplanten Fehlzeiten**.[72] Zur Ermittlung der **ungeplanten Fehlzeiten** wegen Krankheit, Kur usw. kann auf bestehende Fehlzeitstatistiken[73] zurückgegriffen werden. Probleme können sich hier ergeben, wenn sich der Personalrat gegen die Speicherung derartiger, bei einer differenzierten Leistungsstellenbildung unweigerlich personenbeziehbarer Daten sperrt.

Durch die Einrichtung einer DV-gestützten Erfassung der Anwesenheitszeiten ("Stempeluhren") können umständlichere Verfahren der Zeitaufschreibung ersetzt und die verfügbaren Personalzeiten jeweils aktuell in die Leistungsrechnung eingespeist werden. **Personaldaten**, die von der Personalverwaltung ohnehin laufend geführt werden, machen schließlich die Zahl der Überstunden des Stellenpersonals und der Aushilfsstunden der mobilen Personalreserve transparent.

2. Erfassung und Dokumentation der Verwaltungsleistungen

Bevor die intendierten Leistungen in ihren Zeiten aufgezeichnet werden können, ist der **Leistungsartenkatalog** des Rechnungsberichts zu erstellen.

Erstmalige Erstellung und laufende Aktualisierung des Leistungsartenkatalogs

Der **Geschäftsverteilungsplan** bzw. **Arbeitsverteilungsplan**[74] vermittelt nur einen groben Einblick in die Tätigkeiten einer Leistungsstelle. Auch **Stellenbeschreibungen**

---

[70] Zum Begriff und Inhalt des Personaleinsatzplanes vgl. o.V.: Stichwort 'Personaleinsatzplanung', in: Verwaltungslexikon, a.a.O., S. 705-706, hier S. 705f.
[71] Die Stellenpläne sind hier zu grob gegliedert. Sie ordnen die Stellen lediglich Organisationsbereichen zu. Stellenbesetzungslisten helfen, die jeweils unbesetzten Arbeitsstellen ausfindig zu machen (vgl. z.B. Joerger, Gernot/Geppert, Manfred: Grundzüge der Verwaltungslehre, Band 2, 3. Auflage, Stuttgart u.a. 1983, S. 173 und 262).
[72] Vgl. ebenda, S. 280.
[73] Vgl. ebenda, S. 282.
[74] Vgl. zu diesen Begriffen etwa Basslsperger, Maximilian: Personalbedarfsberechnungen in der Verwaltungspraxis, in: VOP, 9. Jg. (1987), Heft 5, S. 194-202, hier S. 196 und o.V.: Stichwort 'Geschäftsverteilungsplan', in: Verwaltungslexikon, a.a.O., S. 380 sowie § 5 Abs. I GGO I.

machen nur vage Andeutungen über Tätigkeitsfunktionen, die der Stelleninhaber zu erfüllen hat, vermischt mit den Aufgaben, die der Stelleninhaber lediglich zu delegieren braucht.[75] Diese Organisationsmittel der öffentlichen Verwaltung können vom Verwaltungs-Controller also nur unterstützend zur Leistungsartendefinition herangezogen werden. Der **Grundsatz vollständiger Aktenführung** verpflichtet aber jeden Verwaltungsmitarbeiter, über alle Verwaltungsvorfälle, auch über Besprechungen und Telefongespräche, soweit sie für den weiteren Verlauf eines Verfahrens relevant sein können, **Vermerke** in den Akten anzufertigen.[76] Viele Bearbeitungsschritte der Leistungserstellung können deshalb aus **Aktenverfügungen**[77] rekonstruiert werden, die der prozessualen Leistungsbeschreibung dienen. Um einen möglichst geschlossenen Überblick über alle vom Stelleninhaber durchgeführten Tätigkeiten zu erhalten, sind zusätzlich **Interviews** mit dem Leistungsproduzenten selbst und mit dessen Vorgesetzten zu führen. **Eigenaufzeichnungen** der Mitarbeiter ergänzen die Interviewergebnisse.[78]

Es ist zu beachten, daß **keine unnötigen Leistungen** in den Artenkatalog eingehen. Insofern kann schon die Erstellung des Leistungsartenkataloges als ein Bestandteil des ressourcenorientierten Leistungs-Controlling begriffen werden, das auf die optimale Nutzung der Personalpotentiale durch wertanalytisch geprüfte Kapazitätsleistungen und eine rationellere Arbeitsorganisation abzielt.[79]

Die auf diese Weise detailliert erhobenen **Tätigkeitselemente** müssen aus Praktikabilitätsgründen in sinnvoller Weise **zu Leistungsarten zusammengesetzt** werden. Die Leistungsarten fassen Einzeltätigkeiten zusammen, die einem inhaltlich beschreibbaren, funktional übergeordneten Leistungsvorgang angehören. So umfaßt etwa die Leistungsart 'Prüfung des Antrags auf vollständige Angaben des Antragstellers' alle Tätigkeitsfolgen, die **ein** Sachbearbeiter zur Erfüllung dieser Leistung erbringen muß. Unter einer **Leistungsart** ist demnach "eine Folge von ablaufmäßig orientierten Einzeltätigkeiten zu verstehen, die nacheinander nur von einer Person bearbeitet werden können".[80] **Unzureichend** wäre es, den bequemeren umgekehrten Weg zu gehen und Leistungsarten, das 'Was', aus der Vorgabe einzelner Teilaufgaben und Funktionen[81]

---

75 Vgl. Joerger, Gernot/Geppert, Manfred: Grundzüge der Verwaltungslehre, a.a.O., S. 266 und Liebel, Hermann J.: Personalführung durch Verhaltensbewertung, Aktuelle Probleme mit langer Tradition, in: Liebel, Hermann J./Oechsler, Walter A. (Hrsg.): Personalbeurteilung - Neue Wege der Leistungs- und Verhaltensbewertung, Erfolgreiche Führung in Wirtschaft und Verwaltung, Schriftenreihe des Arbeitskreises für Wirtschaft und Verwaltung an der Universität Bamberg e.V., Bd.7, Bamberg 1987, S. 89-162, hier S. 123.
76 Vgl. Thieme, Werner: Verwaltungslehre, a.a.O., S. 304.
77 Vgl. ebenda, S. 301 und S. 458.
78 Zur Erhebung von Arbeitsabläufen und deren Techniken vgl. Kübler, Hartmut: Organisation und Führung in Behörden, Bd. 1, Organisatorische Grundlagen, 3. Auflage, Stuttgart 1978, S. 35.
79 Unnötige Leistungsabläufe sollten vor der Leistungsbeschreibung durch Laufzettelverfahren, Arbeitsablaufdiagramme oder andere Untersuchungstechniken (Prozeßanalyse, GWA usw.) aufgedeckt werden.
80 Vgl. Bartke, Rolf: Bestimmung des quantitativen und qualitativen Personalbedarfs für Verwaltungen unter Berücksichtigung der Aufgabenzuordnung zu Stellen, Diss. Karlsruhe 1976, S. 12.
81 Die Leistungen können je nach Beschreibungsgenauigkeit in die Begriffshierarchie 'Aufgabe - Teilaufgabe - Funktion - Tätigkeit' eingeordnet werden. Aufgaben ergeben sich aus den Sach- und Formalzielen und lassen sich bereits durch die Nennung von Objekt und Verrichtung ausdrücken (vgl. hierzu Groth, Eberhard: Personalbemessung, Stellenbeschreibung und -bewertung in öffentlichen Betrieben, in: Timmermann, Manfred (Hrsg.): Management in der öffentlichen Verwaltung, Steigerung der

ausschließlich deduktiv abzuleiten, ohne die einzelne Tätigkeit, das 'Wie', in einer Arbeitsstudie bestimmt zu haben.

Es stellt sich die Frage, bis zu welchem Grad mengenabhängige Leistungsarten auch nicht routinisierte Tätigkeitsfragmente beinhalten dürfen. Jede Antwort bewegt sich im **Spannungsfeld zwischen Genauigkeit und Wirtschaftlichkeit** der Leistungsmessung. Aus pragmatischen Gründen können als mengenabhängige Leistungsarten **nicht nur völlig gleichförmige**, im Arbeitsablauf **identische Tätigkeiten** definiert werden. Der Ablaufhergang einer Leistungsart kann nicht in allen Phasen übereinstimmen. Geringe Prozeßvariationen sind hier akzeptabel.[82]

Allerdings dürfen Leistungsarten auch nicht zu großzügig definiert werden. Schließlich verursacht jedes größere Abweichen vom Kriterium der Gleichförmigkeit bei der Bestimmung der Leistungsarten Schwierigkeiten bei der Ermittlung zuverlässiger Planzeiten. Die Ist-Zeiten dieser Leistungsarten werden sich nur selten über eine Rechnungsperiode hinweg konstant verhalten. Sobald aber derartige Schwankungen eintreten, büßen die definierten Leistungsarten ihre Brauchbarkeit für die Durchführung der Planleistungsrechnung ein. Das **Individualisierungsniveau** der Leistungsproduktion bestimmt ganz entscheidend, wie tief der Leistungsartenkatalog gegliedert werden darf.

Messung der Ist-Zeitwerte der Leistungsarten

Für die Messung der Ist-Leistungen stehen verschiedene **Techniken der Zeiterhebung** zur Verfügung. In erster Linie kommen neben der Methode der Selbstaufschreibung die Varianten der Multimomentaufnahme sowie das Zeitaufnahmeverfahren mit kontinuierlicher Zeitmessung durch Fremdbeobachter (REFA-Zeitaufnahmeverfahren) in Betracht.[83] Für die Auswahl müssen im Einzelfall der **Erfassungsaufwand** und die spezifischen **Anwendungsvorteile für verschiedene Leistungstypen** - programmierbare Leistungen auf der einen und individuell erstellte Leistungen auf der anderen Seite -

---

Leistungsfähigkeit durch Management-Know-How und Beratungserfahrung, Teil D: Strategien öffentlicher Betriebe, München 1977, S. 3). Die betrieblichen Leistungen, die einzelne Stellen in Zusammenhang mit den Aufgaben übernehmen, werden im weiteren Verlauf dieser Arbeit als Funktion bezeichnet (vgl. Groth, Eberhard: Personalbemessung, Stellenbeschreibung und -bewertung, a.a.O., S. 5). Der Produktionsablauf wird durch einzelne Tätigkeiten beschrieben.

82 Vgl. Wagner, Fritjof: Personalbedarfsbemessung in der öffentlichen Verwaltung, Diss., Hamburg 1967, S. 36.

83 Auf die Einzelheiten der Verfahren kann hier nicht näher eingegangen werden. Vgl. dazu etwa Bartke, Rolf: Bestimmung des quantitativen und qualitativen Personalbedarfs, a.a.O., S. 17ff; Geyer, Michael: Messung und Bewertung individueller Leistungen in der Verwaltung, in: Rau, Johannes (Hrsg.): o.T., Schriftenreihe der Arbeitsgemeinschaft für Rationalisierung des Landes Nordrhein-Westfalen, Bd.175, Dortmund 1977, S. 5-12; Frey, Peter: Leistungsrechnung, a.a.O., S. 54-61; Hemmers, Karlheinz/Konrad, Kurt-Georg/Rollmann, Michael: Personalbedarfsplanung, a.a.O., S. 17ff; Eickhoff, Karl H./Krüger, Ralf/Stachowiak, Hans-Hagen: Multimoment-Studien im Sparkassenbetrieb, Einführung in die theoretischen Grundlagen mathematisch-statistischer Stichproben und ihre Nutzanwendung in der Sparkassenpraxis, Der Sparkassenbetrieb - Beiträge zur Betriebswirtschaft der Sparkassen, hrsg. vom Deutschen Sparkassen- und Giroverband e.V., Bd.5, Stuttgart 1971, S. 117 und Dommer, Winfried/Dromowicz, Thomas: Methoden der Stellenbemessung (II), in: VOP, 7. Jg. (1985), S. 90ff; REFA: Methodenlehre des Arbeitsstudiums, Teil 2: Datenermittlung, München 1978, S. 79ff sowie Schmidt, Götz: Personalbemessung - Praktische Verfahren zur Bestimmung des quantitativen Personalbedarfs, Gießen 1980.

berücksichtigt werden. Zudem bedeutet jede Wahl einer Zeiterhebungsmethode auch eine **Entscheidung zwischen Genauigkeit und Erhebungsaufwand**.[84]

Schätzung der Leistungszeiten der nicht gemessenen Leistungsarten

Die Schätzung kommt zum Einsatz, "wenn der Aufwand für andere Verfahren nicht gerechtfertigt erscheint".[85] "Sind die Arbeitsabläufe zu unregelmäßig und von geringer Wiederholungshäufigkeit, dann ersetzt man die Zeitstudien durch Zeitschätzungen."[86] Schätzmethoden weisen zudem den Vorzug auf, daß sie selbst da einsetzbar sind, wo die Anwendung von Zeitstudientechniken durch Dritte ausscheidet, weil sich verwaltungsbetriebliche Leistungen nicht in äußerlich erkennbare Einzelvorgänge zerlegen lassen[87] und auch Selbstaufschreibungen nicht praktikabel oder gewünscht sind.

Durch Schätzen von Leistungszeiten läßt sich allerdings nur eine **geringe Genauigkeit** erreichen. Eine Verbesserung erreicht man mit Hilfe der Methode des **Zeitklassenschätzens**[88] und - für langzyklische und gleichförmige Tätigkeitsabschnitte - mit dem Verfahren des **unterteilten Schätzens und Vergleichens**[89].

Erfassung der Verkehrsmengen

Mengenmäßig werden nur diejenigen Leistungsarten erfaßt, die eine standardisierte Produktionsform aufweisen und sich durch eine hohe Repetitionsrate auszeichnen. Fehlt eine **Postenstatistik**, so müssen die Mengen der im Katalog definierten Leistungen gesondert erhoben werden. Spontan vorgenommene **Tageszählungen** sind **ungeeignet**, da die Ergebnisse angesichts hoher Schwankungen des Arbeitsanfalls im Dienstleistungsbereich kaum auf andere Arbeitstage übertragbar sind. Als zufriedenstellende Lösung kommt die Methode der **Selbstaufschreibung** in Betracht, die für jede mengeninduzierte Leistungsart die entsprechenden Arbeitsmengen angibt, wenn nicht bereits installierte Betriebsdatenerfassungssysteme diesen Dienst übernehmen. Die Anwendung der sogenannten **ABC-Methoden**[90] kann den Aufwand für eine laufende Mengenerfassung in sinnvoller Weise einschränken.[91]

---

84 Entscheidungsmodelle in Form eines Ablaufdiagramms zur Auswahl geeigneter Zeitermittlungsmethoden finden sich z.B. bei Heinisch, Ingo/Sämann, Werner: Planzeitwerte im Büro, Möglichkeiten des Aufbaus und der Anwendung, Berlin u.a. 1973, S. 51ff sowie bei Schuhmacher, Bernd: Grundlagen zur Personalplanung - Eine Arbeitshilfe für den Praktiker, Heidelberg 1984, S. 53ff.
85 Hemmers, Karlheinz/Konrad, Kurt-Georg/Rollmann, Michael: Personalbedarfsplanung, a.a.O., S. 19. Vgl. auch Basslsperger, Maximilian: Personalbedarfsberechnungen in der Verwaltungspraxis, a.a.O., S. 202.
86 Siedentopf, Heinrich/Schmid, Karl-Rolf: Personalbemessung in der Ministerialverwaltung, a.a.O., S. 13f.
87 Vgl. Müller, Matthias: Arbeits- und Zeitstudien als Mittel der Rationalisierung und Kalkulation im Bankbetrieb, Frankfurt und München 1976, S. 41.
88 Vgl. Greissler, Erich: Personalbemessung mit Arbeitsablaufplanung und detaillierter Zeitschätzung, in: Fortschrittliche Betriebsführung und Industrial Engineering, 29. Jg. (1980), Heft 2, S. 111-121, hier insbes. S. 115ff. Vgl. zur Tauglichkeit gerade für Dienstleistungen REFA: Methodenlehre des Arbeitsstudiums, a.a.O., S. 290.
89 Vgl. ebenda, S. 363 und - ausführlich - S. 276ff.
Diese Kombination aus unterteilendem und vergleichendem Schätzen ist aber auch dafür geeignet, selbstnotierte Werte auf ihre Zuverlässigkeit hin zu überprüfen (vgl. Basslsperger, Maximilian: Personalbedarfsberechnungen in der Verwaltungspraxis, a.a.O., S. 202).
90 Zur Anwendung von ABC-Methoden für die Mengenerfassung von Dienstleistungen vgl. insbesondere Vikas, Kurt: Controlling im Dienstleistungsbereich, a.a.O., S. 46. Vgl. ähnlich auch die "Methode der

Erfassung objektiver Leistungsqualitäten

Über die Selbstaufschreibung können auch **objektive Qualitäten** erhoben werden. Allerdings sollte die Qualitätsfeststellung nicht allein dem Sachbearbeiter in **Selbstkontrolle** überlassen bleiben.[92] Aber auch die Möglichkeiten des **Vorgesetzten**, Kontrollen durchzuführen, sollte angesichts des doch oft großen Prüfungsumfangs nicht überschätzt werden. Daneben kommt als mögliche Instanz zur Feststellung objektiver Qualitäten noch der für den ordnungsgemäßen Ablauf einer Verwaltungsakte **verantwortliche Sachbearbeiter** bzw. - wenn ein Aufgabenbereich mehrere Referate oder Abteilungen berührt - die **federführende Dienststelle** in Betracht. Diese Stellen sind in der Lage, die unsachgemäße Behandlung oder den terminüberschreitenden Rücklauf der angeforderten Unterlagen von Mitzeichnungsberechtigten und Zuarbeitern festzustellen und in den entsprechenden Leistungsberichten dieser Stellen einzutragen. Dadurch wird der Entstehungsort der Fehlleistung eindeutig festgelegt. Diese ohnehin im verwaltungsbetrieblichen Prozeß bestehenden Kontrollen[93] gilt es konsequent zu nutzen.

3. Planung der verfügbaren Stellenkapazität

Die Planleistungsrechnung ist eine in die Zukunft gerichtete, periodenbezogene Rechnung. Ihre Rechengrößen sollen das angestrebte leistungswirtschaftliche Ziel abbilden. Damit die Leistungsrechnung diese Aufgabe erfüllen kann, sind neben den für die kommende Periode beabsichtigten Leistungen[94] auch die leistungsbereiten Zeiten der Personalkapazitäten zu planen.

Zur Planung der verfügbaren Stellenkapazitäten empfiehlt es sich, zuerst die **Personalkapazitäten mit gleicher Qualifikationsstruktur** und gleicher **organisatorischen Zugehörigkeit zusammenzufassen** und dann für diese aggregierten Stellenkapazitäten mit Abschlägen für ungeplante Fehlzeiten die kapazitative Verfügbarkeit zu veranschlagen. Vor der Planung des voraussichtlichen Fehlzeitenumfangs der Leistungsstellen muß geprüft werden, ob die in der Vergangenheit vorliegenden **Gründe für das**

Kritischen Tätigkeitselemente" (Horváth, Péter: Die Methode der Kritischen Tätigkeitselemente als Führungsinstrument für die öffentliche Verwaltung - Bericht über ein Praxisprojekt, in: Weber, Jürgen/Tylkowski, Otto (Hrsg.): Controlling - Eine Chance für öffentliche Unternehmen und Verwaltungen, Stuttgart 1988, S. 139-159).

91 So reicht oftmals eine exakte Erfassung von (meist wenigen) A-Positionen, die nach Häufigkeit und Leistungszeit als die wesentlichen Tätigkeiten der Stelle erkannt werden, und eine stichprobenweise Erfassung sogenannter B-Positionen. Dazu zählen vor allem die Leistungsarten, deren Menge und Dauer über einen längeren Zeitraum hinweg kaum schwanken. Für Leistungsarten mit geringem Zeitanteil (C-Positionen) gibt es geeignete Annäherungsverfahren zur Mengenermittlung. Vikas nennt etwa die Erfassung nur in größeren Zeitabständen (z.B. Quartals-Stichproben) und Fortschreibung der Werte bis zum nächsten Erfassungszeitpunkt, weiterhin die statistische Herleitung der prognostizierbaren Leistungsmengen und die Plan-Ist-Verrechnung für ganz unbedeutende Tätigkeiten (vgl. Vikas, Kurt: Controlling im Dienstleistungsbereich, a.a.O., S. 46).

92 Zu den Arten und Durchführungsmöglichkeiten von Qualitätskontrollen im Verwaltungsprozeß vgl. Kübler, Hartmut: Organisation und Führung in Behörden, a.a.O., S. 170ff.

93 Zum internen Kontrollverfahren in Verwaltungsbetrieben vgl. ausführlich Thieme, Werner: Verwaltungslehre, a.a.O., insbes. S. 337 und Strößenreuther, Martin: Die behördeninterne Kontrolle, Berlin 1991.

94 Dazu mehr im (nächsten) Abschnitt 4.

ungeplante Fernbleiben der Mitarbeiter vom Dienst noch bestehen und auch für die Planperiode Gültigkeit besitzen. Der Status quo der Ausfallzeiten darf nicht planungsbestimmend sein, wenn die Ursachen des Absentismus (etwa Motivationsdefizite der Mitarbeiter oder ein schlechtes Arbeitsklima) behoben werden sollen und können. Schließlich beabsichtigt man nicht, die tatsächlichen Ausfallzeiten möglichst genau vorherzusagen, sondern die Planwerte der Bereitschaft unter Beachtung des Zieles der optimalen Personalnutzung aufzustellen.

4. Planung der Leistungszeiten und der Leistungsmengen

Die Planung der Verwaltungsleistungen erfolgt für jede Leistungsstelle. Für mengenabhängige Leistungsarten sind separat Planmengen und Planzeiten aufzustellen, während für alle übrigen Leistungsarten pauschale Zeitansätze genügen.

Zur Verwendung von Zeitermittlungsverfahren für den Aufbau von Planzeitwerten[95]

Der Rückgriff auf empirisch-induktiv vorgehende Zeiterfassungsmethoden erlaubt es, zur Festlegung von Planzeitwerten an in der Vergangenheit ermittelten Ist-Zeiten anzusetzen. Dabei dürfen die Vergangenheitswerte allerdings nicht einfach in die Zukunft fortgeschrieben werden.

In der Regel können **Planzeiten nur für standardisierte Leistungsarten** ermittelt werden. Inwieweit Leistungen mit dienstleistungsspezifischen Besonderheiten, etwa mit persönlichen Gesprächskontakten, als **Mengenleistungen** angegeben werden können, muß letztlich in Abhängigkeit vom **Standardisierungsgrad** der Dienstleistungsprozesse entschieden werden.[96]

Neben den bereits oben genannten **analytischen Zeitaufnahmeverfahren** und dem Verfahren der **Selbstaufschreibung** stehen zur Planzeitermittlung auch sog. **Systeme vorbestimmter Zeit**,[97] etwa die bereits aus Zeitelementen zusammengesetzten Methods-Time-Measurement-(MTM)-Standarddaten[98] zur Verfügung.

Die Auswahl von Zeitfindungstechniken zur Fundierung der Planzeitermittlung wird von den an die Planzeitwerte gestellten **Anforderungen** und damit letztlich von ihren **Verwendungszwecken** bestimmt.

---

95 Planzeiten werden in der Literatur auch Normzeiten, Richtzeiten und Zeitstandards genannt (vgl. hierzu REFA: Methodenlehre des Arbeitsstudiums, a.a.O., S. 348).
96 Vgl. Wagner, Fritjof: Personalbedarfsbemessung in der öffentlichen Verwaltung, a.a.O., S. 121.
97 Während die angesprochenen Zeitanalysemethoden Ist-Zeiten im eigenen Verwaltungsbetrieb ermitteln, um daraus Planzeiten zu bestimmen, verwenden die sogenannten Systeme vorbestimmter Zeiten überbetrieblich ermittelte Zeitwerte, die an die Verhältnisse des Anwenders anzupassen sind. Zunächst werden auch in diesem Verfahren Leistungsarten in Abschnitte zerlegt. Dann wird aber im Unterschied zu allen anderen Verfahren jedem dieser Abschnitte ein Normzeitwert zugewiesen, der mit Hilfe spezifizierender Angaben über die abzubildende Tätigkeit und anderer Faktoren des Arbeitssystems aus einem Normzeitkatalog entnommen werden kann (vgl. etwa Brink, Hans-Josef/Fabry, Peter: Die Planung von Arbeitszeiten unter besonderer Berücksichtigung der Systeme vorbestimmter Zeiten, Wiesbaden 1974).
98 Ein solches Datensystem stellen etwa die MTM-Bürosachbearbeiterdaten dar (vgl. Gauhl, Karl: Arbeitsorganisation und Zeitwirtschaft mit MTM im administrativen Dienstleistungsbereich, in: REFA-Nachrichten, 30. Jg. (1977), Heft 1, S. 17-24, hier S. 17ff).

Für Verwaltungsleistungen mit Dienstleistungscharakter können generell **keine exakten zeitlichen Richtwerte** bestimmt werden. Wie genau die Planzeiten für den Zweck der Auslastungsplanung von Personalkapazitäten sein sollen, ist nicht allgemeingültig anzugeben. Der **Genauigkeitsanspruch**[99] der Planzeiten muß sich zunächst nach dem **Leistungsspektrum** jeder Stelle richten. Überwiegen in der Leistungsstelle manuelle und schematische, routinisiert zu erstellende Tätigkeiten, ist die Forderung nach analytisch möglichst genau zu ermittelnden Zeitangaben berechtigt. Machen solche Mengenleistungen hingegen nur einen kleinen Teil der Stellengesamtleistung aus, etwa weil diese Stelle überwiegend Führungsaufgaben zu leisten hat, ist eine analytische Planzeitermittlung kaum sinnvoll anwendbar. Ebenso hängt der Genauigkeitsanspruch von der **Verwendungshäufigkeit** der Planzeitwerte ab. So "ist es ein Unterschied, ob die zu ermittelnden Zeiten voraussichtlich häufig in Form von Planzeiten oder nur einmal oder gelegentlich wieder verwendet werden".[100] In einer dynamischen Betrachtung schließt die Forderung nach Genauigkeit auch die Aufgabe ein, Planzeiten immer auf dem neuesten Stand zu halten, die ermittelten Planwerte also ständig zu überprüfen und an die sich verändernde Produktionswirklichkeit aus Arbeitsmitteln, -verfahren und -methoden sowie organisatorischen Regelungen anzupassen.

Die Forderung nach **Reproduzierbarkeit der Plandaten** ist nur zu erfüllen, wenn eine detaillierte Beschreibung der Tätigkeit und ihrer Umweltfaktoren vorliegt. Denn kleine Veränderungen im Aufgabenzuschnitt der Stelle können bereits dazu führen, daß in aufwendigen Arbeitsuntersuchungen gewonnene Richtzeiten obsolet werden. Ebenso muß man sich bewußt sein, daß Planzeiten von weniger standardisierten Tätigkeiten kaum in reproduzierbarer Form erhoben werden können. Demzufolge darf in derartigen Fällen der Aufwand für Zeitstudien nicht übertrieben werden. Sehr anschaulich zeigt sich hier der **Konflikt** zwischen dem **Zuverlässigkeitsgrad** (Genauigkeitsgrad) von Planwerten und dem damit verbundenen **Erhebungsaufwand**.[101]

Schätzung der Planzeiten

Überall dort, wo Leistungszeiten sehr schwierig oder nur mit hohem Aufwand und hoher Ungenauigkeit zu erfassen sind, muß neben dem Verfahren der Erhebung (Selbstaufschreibung) das Verfahren der **Schätzung** der Ermittlung von Planzeiten dienen. Geschätzt werden vor allem Leistungen, die nicht schematisches, sondern

---

99 Die Forderung nach hinreichender Genauigkeit der Planzeitwerte steht in der Regel vor allen anderen Kriterien. So folgen etwa im Forderungskatalog von Heinisch und Sämann erst danach die Prinzipien der Reproduzierbarkeit, der wirtschaftlichen Erstellung, der Gültigkeitsdauer usw. von Planzeiten (vgl. Heinisch, Ingo/Sämann, Werner: Planzeitwerte im Büro, a.a.O., S. 25f).
100 Vgl. Schuhmacher, Bernd: Grundlagen zur Personalplanung, a.a.O., S. 81.
101 Vgl. zu den im folgenden nur angesprochenen Zeitaufnahmeverfahren die oben (Abschnitt 2.b) genannte Literatur.

situationsbezogenes **Handeln** verlangen, wobei allein die "Erinnerung oder Erfahrung"[102] den Schätzvorgang für Planzeiten unterstützt.

Planung der leistungsartenbezogenen Verkehrsmengen[103]

Wie verschiedentlich angeklungen, sind nur solche Leistungen **mengenmäßig planbar**, die einen hohen **produktionstechnischen Standardisierungsgrad** aufweisen. Individuell erstellte Leistungen mit unterschiedlichen Operationsfolgen sind dagegen quantitativ schlecht miteinander vergleichbar.

Geplant werden die Mengen am besten **absatzorientiert**, wenn in den Leistungsstellen keine signifikanten Kapazitätsengpässe vorliegen.[104] Die geplanten Absatzmengen an Endleistungen bilden die Grundlage für die Planung aller weiteren produktionstechnisch vorgelagerten Leistungen. Allerdings bereitet schon die **Planung der Leistungsmengen auf den primären Stellen**, die in der Hauptsache Endleistungen produzieren, Schwierigkeiten. Dies liegt insbesondere am Dienstleistungscharakter zahlreicher Verwaltungsleistungen mit häufig **unvorhersehbaren Nachfrageschwankungen** begründet. Die Wünsche des Bürgers nach Dienstleistungen kommen auf die Verwaltung oft zufällig und spontan zu. Diese Ungewißheit in der Mengenprognose fällt für eine Leistungsstelle um so mehr ins Gewicht, als der Typ der personenbezogenen Dienstleistung in seiner Erstellung kaum einen zeitlichen Aufschub verträgt, ohne Qualitätsminderungen zu verursachen. Von Vorteil ist hier "eine Ausscheidung in Speicher- und Sofortarbeiten."[105] Während personenbezogene Dienstleistungen in ihrem Anfall - möglichst auch in Spitzenlastzeiten - kapazitativ abgedeckt sein müssen, können Speicherarbeiten zur Glättung in Zeitabschnitten mit geringer Auslastung durchgeführt werden. Das Hauptaugenmerk muß sich deshalb auf die Planung der Sofortarbeiten richten.

Je nach Verknüpfungsgrad zur planbaren Endleistung können, etwa gestützt auf Durchlaufpläne oder Arbeitsvorgangsfolgen, retrograd die Planmengenangaben der **Vorleistungen** aus den Endleistungsmengen abgeleitet werden. Diese Methode beschränkt sich aber auf die wenigen mengeninduzierten Leistungsarten. Für alle anderen Leistungsarten, die in loserer Beziehung zur Endleistung stehen, sind die Mengen aus modifizierten Vergangenheitswerten zu ermitteln.

Im Anschluß an die Planung des gesamten Stellenvolumens muß in jeder Leistungsstelle oder in jedem aggregierten Bereich ein **Kapazitätsabgleich** mit den vorhandenen Stellenkapazitäten erfolgen.

---

102 Schuhmacher, Bernd: Die Anwendung von Zeitstandards, in: "Büro und Verwaltung" (II), 67. Jg. (1972), Heft 12, S. 678-681, hier S. 681.
103 Die nachfolgenden knappen Ausführungen zur Planung der Leistungsmengen sind in einem engen Zusammenhang mit den Aufgaben des Verwaltungs-Controllers im Zuge der Maßnahmenplanung (vgl. Kapitel 6 III.) zu sehen.
104 Vgl. Männel, Wolfgang: Leistungs- und Erlösplanung, in: Szyperski, Norbert (Hrsg.): HWPlan, Sp. 953-960, hier Sp. 954.
105 Meyer, Arnold: Die Arbeitsplanung im Dienstleistungsbereich - wichtige Rationalisierungsreserve!, in: Management-Zeitschrift IO, 45. Jg. (1976), Nr. 2, S. 75-78, hier S. 75.

D Einsatzspektrum der Leistungsrechnung als bedeutendem Instrument des Verwaltungs-Controlling

Die Leistungsrechnung kann entscheidend dazu beitragen, daß öffentliche Verwaltungen ihrer Verpflichtung zum Nachweis einer wirtschaftlichen Mittelverwendung nachkommen können (**Dokumentationsfunktion** der Leistungsrechnung). Über die bloße Dokumentationsaufgabe hinaus zielt sie darauf ab, **unwirtschaftliche Leistungserstellungen aufzuzeigen** und ergriffene **Maßnahmen zu deren Beseitigung widerzuspiegeln**. Als Controllinginstrument leistet sie einen Beitrag zu einer Klärung der Ursachen von Unwirtschaftlichkeiten und ermöglicht es, schnell mit geeigneten **Gegenmaßnahmen** zu reagieren.

Außerdem bilden die Daten der Leistungsrechnung eine gute **Basis**, teilweise sogar eine notwendige Voraussetzung für die Anwendung moderner **Kostenrechnungsverfahren**. Auch **sachzielbezogene Indikatorenansätze** bauen auf Daten der Leistungsrechnung auf. Insofern kann die Leistungsrechnung als ein vorgelagerter Rechenkreis von Kostenrechnung und indikatorgestützten, sachzielbezogenen Auswertungsrechnungen angesehen werden.

Unabhängig von einzelnen Einsatzfeldern wird es für die Wirksamkeit der Leistungsrechnung äußerst bedeutsam sein, die Mitarbeiter für das "Projekt Leistungsrechnung" zu gewinnen, das gegen deren Willen nicht erfolgreich durchgeführt werden kann. Mit Geschick sind deshalb die Vorzüge der Rechnung zu erklären, wie etwa durch den Hinweis, daß Leistungsrechnungen auch dazu dienen, die Arbeiten gleichmäßig auf alle Schultern zu verteilen und die erbrachten Leistungen gegenüber einer kritischen Öffentlichkeit zu dokumentieren. Der Controller wird das Instrument der Leistungsrechnung nur dann voll zur Wirkung bringen, wenn es ihm gelingt, diese Sachverhalte zu vermitteln und zunächst vorhandenes Mißtrauen abzubauen.

1. Dokumentation erbrachter Verwaltungsleistungen

In einer vergangenheits- und ergebnisorientierten Betrachtung erfüllt die (Ist-)Leistungsrechnung die Aufgabe, sämtliche erbrachten Verwaltungsleistungen detailliert zu erfassen und aufzuzeichnen. Als Verwaltungsleistung ist dabei auch schon das Vorhalten von Kapazitäten zur Dienstleistungsproduktion (Bereitschaftsleistung) anzusehen. Die so geschaffene **leistungswirtschaftliche Transparenz** bildet die notwendige Voraussetzung für jegliches steuernde Eingreifen des Verwaltungs-Controllers wie auch der Verwaltungsführung. Durch die originäre Befassung mit der erbrachten Leistung (dem Verwaltungs-Output) liefert die Leistungsrechnung auch einen Beitrag dazu, der häufig beklagten Input-Orientierung des öffentlichen Rechnungswesens abzuhelfen. Erst die leistungsstellenbezogene Dokumentation der mit den vorgehaltenen Kapazitäten erbrachten Leistungsarten eröffnet die Möglichkeit, in sinnvoller Weise Wirtschaftlichkeitsanalysen anzustellen, ohne - wie es noch zu häufig geschieht - schlicht vom Verwaltungsinput auf dessen Output zu schließen.

Die Dokumentationsfunktion der Leistungsrechnung umfaßt auch die Aufgabe, dem Stellen-, Amts- oder Referatsleiter Informationen bereitzustellen, die es ihm ermöglichen, die **Verwendung der Personalressourcen** gegenüber den für die Stellenpläne Verantwortlichen **zu rechtfertigen**.

Die hier erörterte Leistungsrechnung ist primär als **internes Rechenwerk** konzipiert. Gleichwohl kann sie darüber hinaus auch als ein wichtiger Datenlieferant für eine **detaillierte outputbezogene externe Rechnungslegung** dienen. Sie kann dazu beitragen, Externen, etwa Nutzern oder Steuerzahlern, besser als bisher die in den öffentlichen Verwaltungen tatsächlich erbrachten Leistungen transparent zu machen. Mit Hilfe der Informationen der Leistungsrechnung kann pauschalen Vorurteilen über "die unwirtschaftliche öffentliche Verwaltung" auf einer soliden Grundlage begegnet werden.

2. Bereitstellung von Leistungsdaten für die optimale Steuerung der Personalkapazitäten im Rahmen des Ressourcen-Controlling[106]

Die wirksame Steuerung der eingesetzten Personalkapazitäten - ein Hauptanliegen des Ressourcen-Controlling - setzt einen **stetigen Informationsfluß** über deren **leistungswirtschaftliche Daten** voraus. In möglichst kurzen Zeitintervallen sollte die Leistungsrechnung diese Informationen bereitstellen, damit frühzeitig Kapazitätsanpassungsmaßnahmen und andere, etwa auf den Nachfrageanfall einwirkende Maßnahmen eingeleitet und die in Angriff genommenen Aktivitäten der Verwaltungsleitung auf ihre Wirksamkeit überprüft werden können. In diesen **Regelkreis** ist auch die Planung des kurzfristigen Personalbedarfs eingebunden.

Aus den von der Leistungsrechnung gelieferten Berichten, die **alle Tätigkeiten** einer organisatorischen Einheit (Leistungsstelle) **mit ihren Zeitverbräuchen** und - soweit möglich - ihren Intensitäten dokumentieren, können wichtige Informationen auch über die Auslastung des Personals gewonnen werden.

Von besonderer Bedeutung für das Ressourcen-Controlling ist die **Ermittlung verschiedener Abweichungsarten**. Zu denken ist hier insbesondere an leistungsbezogene Plan-Ist-Zeitabweichungen und -Mengenabweichungen sowie kapazitätsbezogene Leistungsdifferenzen. Aus der Vornahme von Abweichungsanalysen lassen sich auf der Grundlage einer differenzierten Leistungsrechnung zahlreiche Ansatzpunkte für Optimierungen der Leistungswirtschaft der öffentlichen Verwaltungen aufzeigen.

Angesichts der vielfältigen Möglichkeiten der Bildung und Analyse von Abweichungsarten und -kennziffern kann einer gut ausgebauten Leistungsrechnung die **Wirtschaftlichkeitskontrolle** für arbeitsintensive Kosten- bzw. Leistungsstellen mit vernachlässigbaren Sachkosten überantwortet werden. Die **Leistungsrechnung kann insofern die**

---

[106] Vgl. dazu auch die Ausführungen zum Ressourcen-Controlling als Teilbereich des Verwaltungs-Controlling (Kapitel 7 I.). Zur Leistungsrechnung als Instrument des Ressourcen-Controlling vgl. auch Männel, Wolfgang: Anpassung der Kostenrechnung an moderne Unternehmensstrukturen, in: Männel, Wolfgang (Hrsg.): Handbuch Kostenrechnung, Wiesbaden 1992, S. 105-137, hier S. 122ff.

Kostenrechnung, soweit sie (allein) der Wirtschaftlichkeitskontrolle dient, **ersetzen**. In derartigen Verwaltungsteilbereichen, die keine Leistungen zu kalkulieren haben, ist der Umweg einer monetären Bewertung für Zwecke der Wirtschaftlichkeitskontrolle unnötig, teilweise sogar mit einem Verlust an Informationen verbunden. Die Abweichungsdaten der (Personal-)Kostenrechnung besitzen in der Regel nicht die Aussagekraft, wie sie den ausgewerteten Steuerungsgrößen aus der controllingorientierten Leistungsrechnung entnommen werden können.

3. Ermöglichung leistungsbezogener Verwaltungsvergleiche

Betriebsvergleiche sind gerade für die "öffentlichen Betriebe und Einrichtungen, die nicht dem Marktwettbewerb ausgesetzt sind, ... ein unverzichtbares Instrument, ihre technische und wirtschaftliche Leistungsfähigkeit an der anderer Betriebe zu messen und ggf. Verbesserungen vorzunehmen."[107] Innerhalb der vielfältigen Möglichkeiten, derartige Verwaltungsvergleiche durchzuführen, bietet ein Vergleich auf der Basis der Daten der Leistungsrechnung ausgezeichnete Möglichkeiten, zu aussagekräftigen Ergebnissen zu gelangen.

Die herkömmlichen Vergleiche werden auf aggregierter Ebene, etwa zwischen dem Haushaltsvolumen oder der Stellenzahl zu vergleichender Ämter, aber auch zwischen den (Voll-)Kosten bestimmter Endleistungen vollzogen. Während diese Vergleiche stets problembehaftet sind[108] und die Ergebnisse daher zumeist auch nur eine geringe Akzeptanz erfahren, erlaubt es ein differenzierter Vergleich auf der Grundlage der Leistungsrechnungsdaten in viel prägnanterer Weise, aussagefähige Unterschiede festzustellen und auf ihre Ursachen zurückzuführen. Voraussetzung für einen Verwaltungsvergleich, der sich auf die Ergebnisse der Leistungsrechnung stützt, ist allerdings, daß sich die Struktur der Leistungsstellen und die Abgrenzung der Leistungsarten weitmöglichst gleichen. Um derartige - buchstäblich vergleichbare - Rechnungsergebnisse zu schaffen, ist schon in der Implementierungsphase auf ein koordiniertes Vorgehen zu achten.

4. Verwendung der Leistungsdaten zur Unterstützung einer leistungsorientierten Kalkulation

Während die leistungsstellenbezogene Wirtschaftlichkeitskontrolle in arbeitsintensiven (Dienstleistungs-)Stellen durch das Ressourcen-Controlling auf der Basis der Leistungsrechnung bewältigt werden kann, ist die Kostenträgerstück- und -zeitrechnung (Kalkulation) der verwaltungsbetrieblichen Zwischen- und Endleistungen **nicht in das Ressourcen-Controlling eingebunden**. Im folgenden Abschnitt II. wird

---
107 Gottschalk, Wolf: Betriebsvergleiche, in: Chmielewicz, Klaus/Eichhorn, Peter (Hrsg.): HWÖ, Sp. 151-156, hier Sp. 153.
108 Als Hauptursache muß hier die gegebene oder behauptete fehlende Homogenität der zu vergleichenden Verwaltungsbetriebe angesehen werden. Vgl. dazu und zu weiteren Problemfeldern und Voraussetzungen Gottschalk, Wolf: Betriebsvergleiche, a.a.O., Sp. 154-156.

eine eingehende Auseinandersetzung mit der Kostenrechnung als Instrument des Verwaltungs-Controllers erfolgen. Hier soll nur angesprochen werden, inwieweit die Leistungsrechnung Daten und Grundlagen (Bezugsgrößen) für die Kostenträgerrechnung liefert.

Während die bislang in öffentlichen Verwaltungen praktizierten Verfahren Kosten willkürlich, weil ohne Rücksicht auf leistungswirtschaftliche Prozesse, auf Kalkulationsobjekte verteilen, versuchen **neuere Verfahren** explizit, keine pauschalen Kostenschlüsselungen oder -zuschläge mehr vorzunehmen. Diese, gerade für gemein- und fixkostenintensive Betriebe oder Betriebsteile entwickelten Methoden - zu nennen sind insbesondere die Prozeßkostenrechnung und die Vorgangskalkulation - bemühen sich vielmehr darum, die **Kosten auf der Grundlage von Leistungsbeziehungen zu verrechnen**. Ausgehend von dem Gedanken, daß das Kostengefüge vom Leistungsgefüge determiniert wird, versucht man hier, die vielfältigen Leistungsverflechtungen nachzuzeichnen und daran anknüpfend den Kalkulationsobjekten ihre Leistungskosten anzulasten.

Derartige Verfahren fordern folglich klar definierte Leistungen und eine detaillierte Aufzeichnung der Kapazitäten der Leistungsstellen sowie eine stetige Leistungsmessung, die zwischen Tätig- und Nichttätigsein unterscheidet. Diese differenzierten Informationen stellt die Leistungsrechnung bereit.

5. Verwendung der Leistungsdaten zur Unterstützung einer sachzielorientierten Indikatorenrechnung

Die von der Leistungsrechnung hervorgebrachten Daten können zur Bildung verschiedenster sachzielbezogener Indikatoren[109] herangezogen werden. Teilweise können sie aber auch unmittelbar als Indikatoren zur Abbildung von Sachzielerreichungsgraden dienen.

Allerdings sind die Daten der Leistungsrechnung ganz überwiegend der Input- oder der Output-Kategorie zuzurechnen, so daß sich aus ihnen in der Regel zwar Effizienz-, aber unmittelbar noch keine Effektivitätsaussagen ableiten lassen. In einigen Fällen kann mit ihrer Hilfe aber auch indikativ auf Leistungswirkungen und damit auf die Leistungseffektivität geschlossen werden, so z.B. wenn die Leistungszeit, etwa im Bereich von Beratungsleistungen, als ein (nicht jedoch als einziger) Indikator für die Beratungsqualität herangezogen wird. Auf diese Zusammenhänge wird in Teil III. dieses Kapitels noch zurückzukommen sein.

---

109 Vgl. im einzelnen zu Indikatoren als Instrumente des Verwaltungs-Controlling (einschließl. Terminologie, Einsatzmöglichkeiten und -grenzen) die Ausführungen in Teil III. dieses Kapitels.

II. Kostenrechnung als formalzielbezogenes Informationsinstrument

A Zwecke einer controllingorientierten Kostenrechnung für öffentliche Verwaltungen

Die Kostenrechnung wurde als bedeutendes **Element eines controllingorientierten Führungsinformationssystems** gekennzeichnet.[110] Die oben für dieses System allgemein beschriebenen Zwecke sollen hier für die Kostenrechnung konkretisiert werden.[111]

1. Bereitstellung von Kosteninformationen für die Entgeltbemessung

Wie in privatwirtschaftlichen Unternehmen stellt die Bereitstellung von Kostendaten für die **Preis- oder Entgeltbemessung** auch in der öffentlichen Verwaltung eine bedeutsame Aufgabe der Kostenrechnung dar.[112] Dies allerdings mit anderen Vorzeichen: Während in privatwirtschaftlichen Unternehmen mit kostenrechnerischen Mitteln gemeinhin[113] lediglich Preisuntergrenzen bestimmt werden können - der Preis selbst bildet sich am Markt - dient die kostenbasierte Kalkulation in öffentlichen Verwaltungen der Ermittlung von **Preisobergrenzen**. Hier dürfen grundsätzlich keine höheren als kostendeckende Entgelte festgesetzt werden.[114] Die letztendliche Entscheidung über die Entgelthöhe wird von den politisch legitimierten Instanzen getroffen. Die Entgelte liegen aus den bekannten Gründen nur selten im kostendeckenden Bereich.[115]

Eine gravierende Abweichung gegenüber der Privatwirtschaft ergibt sich auch aus der Tatsache, daß von öffentlichen Verwaltungen überhaupt **nur ein geringer Anteil der Leistungen gegen ein monetäres Äquivalent abgesetzt** wird, so daß von daher Kalkulationen nur für einen geringen Anteil des Leistungsprogramms vorzunehmen sind.

Anders als für privatwirtschafliche Unternehmen existieren für die von den Gebührenhaushalten durchzuführenden Kalkulationen rechtlich kodifizierte Vorgaben. Die Ansprüche, die an den **Nachweis kostendeckender Gebührensätze** gestellt werden, sind aber relativ bescheiden. Der Nachweis kann durch eine periodenbezogene Rechnung erbracht werden, aus der mittels einer pauschalen Divisionskalkulation gleichsam auf statistischem Wege Gebühren ermittelt werden. Eine Anwendung anspruchsvollerer

---

110 Vgl. Kapitel 4, Teil III.
111 Es gilt: "Die Kostenrechnung gestaltet sich verschieden, je nach dem Zweck, von dem sie beherrscht wird." (Schmalenbach, Eugen: Kostenrechnung und Preispolitik, a.a.O., S. 16).
112 Zur Entgeltermittlung als Zweck einer Verwaltungskostenrechnung vgl. Gornas, Jürgen: Kostenrechnung für die öffentliche Verwaltung, in: Männel, Wolfgang (Hrsg.): Handbuch Kostenrechnung, Wiesbaden 1992, S. 1143-1159, hier S. 1149-1151.
113 Eine Ausnahme bilden etwa öffentliche Aufträge, für die Selbstkostenpreise nach den LSP zu kalkulieren sind.
114 Vgl. z.B. § 9 Abs. 2 Satz 1 KAG Baden-Württemberg: "Die Gebühren dürfen höchstens so bemessen werden, daß die nach betriebswirtschaftlichen Grundsätzen ansatzfähigen Kosten der Einrichtung gedeckt werden." Zum ausnahmsweisen Erfordernis der Ermittlung von Preisuntergrenzen vgl. Gornas, Jürgen: Kostenrechnung für die öffentliche Verwaltung, a.a.O., S. 1150. Auf Fragen des sog. kalkulatorischen Ausgleichs zwischen kostenüber- und kostenunterdeckenden Leistungsentgelten innerhalb eines Verwaltungsbetriebes kann hier nicht eingegangen werden.
115 Vgl. etwa zu den Kostendeckungsgraden im kommunalen Bereich Budäus, Dietrich: Betriebswirtschaftliche Instrumente zur Entlastung kommunaler Haushalte - Analyse der Leistungsfähigkeit aus-

Kalkulationsverfahren wird nicht verlangt.[116] Ähnliches gilt für die **Ermittlung der Kostenerstattungsbeträge** für diejenigen Verwaltungsaufgaben, die im Auftrag anderer Gebietskörperschaften erstellt werden.[117]

2. Bereitstellung von Kosteninformationen zur Fundierung weiterer Entscheidungssituationen

Über die Bereitstellung von Informationen zur Fundierung von Entscheidungen über die Entgeltbemessung hinaus hat die Kostenrechnung für eine Reihe **weiterer Entscheidungssituationen** Informationen beizusteuern.[118] Diese können den Bereich der **Beschaffung** (Entscheidung über Kauf oder Leasing, Ermittlung optimaler Ersatzzeitpunkte für Anlagegüter, Kostenvergleich mehrerer Investitionsobjekte usw.), das Feld der **Leistungserstellung** (Entscheidung über Eigenerstellung oder Fremdbezug, z.B. Beibehaltung oder Privatisierung von Annexbetrieben; Verfahrenswahlentscheidungen, etwa Kartenverkauf durch Personal oder durch Automaten usw.) und eben auch die **Leistungsabgabe** betreffen. Im letzteren Fall der Leistungsabgabe ist nicht nur die Kalkulation der Leistungen, die gegen Entgelt abgegeben werden, kostenrechnerisch zu fundieren und der erzielte **Kostendeckungsgrad** aufzuzeigen. Auch für unentgeltlich abzugebende Leistungen ist es höchst bedeutsam zu wissen, wie kostenintensiv deren Erstellung ist. Die Bildung von **Kosten-Leistungs-Relationen** liefert gerade hier wesentliche - wenngleich sicherlich nie allein ausschlaggebende - Informationen für die Verwaltungsführung und die politischen Mandatsträger, die über das **Leistungsprogramm** der öffentlichen Verwaltung zu entscheiden haben.

Um verwaltungsintern eine wirtschaftliche Allokation der knappen Mittel zu gewährleisten, empfiehlt sich die Fixierung interner Verrechnungspreise (pretiale Lenkung). Eine Determinante für die Bestimmung der Höhe von Verrechnungspreisen stellen die Kosten - der bewertete Ressourcenverzehr, der zur Erstellung der internen Leistungen anfiel - dar.

3. Laufende Effizienzkontrolle

Im vorigen Abschnitt I. wurde gezeigt, daß die Ergebnisse einer differenzierten Leistungsrechnung im personalintensiven, reinen Dienstleistungsbereich für die Zwecke der stellenbezogenen **Effizienzkontrolle** ausreichen, da eine monetäre Bewertung für diese Zwecke keine zusätzlichen Informationen liefern vermag.

---

gewählter Steuerungs- und Finanzierungsinstrumente für eine effizientere Erfüllung öffentlicher Aufgaben, Baden-Baden 1982, S. 168ff.
116 Vgl. o.V.: Stichwort 'Gebührengrundsätze', in: Eichhorn, Peter (Hrsg.): Verwaltungslexikon, a.a.O., S. 358.
117 Vgl. Eichhorn, Peter: Verwaltungshandeln und Verwaltungskosten, Möglichkeiten zur Verbesserung der Wirtschaftlichkeit in der Verwaltung, Baden-Baden 1979, S. 61 und S. 67.
118 Wie in privatwirtschaftlichen Betrieben kann auch im Bereich öffentlicher Verwaltungen eine Entscheidung nur im Ausnahmefall ausschließlich nach Kostengesichtspunkten getroffen werden, so daß Kosteninformationen grundsätzlich nur ein Element der Informationsmenge darstellen können, die für die Fundierung einer Entscheidung notwendig ist.

In den anderen Verwaltungsteilbereichen, in denen neben dem Faktor Personal auch noch andere Produktionsfaktoren, insbesondere auch Materialeinsätze von Bedeutung sind,[119] ist das Instrumentarium einer modernen Kostenrechnung jedoch unverzichtbar für die Überwachung einer effizienten Leistungserstellung. Hier muß der stellenbezogene Soll-Ist-Vergleich und der kostenträgerbezogene Herstellkosten-Soll-Ist-Vergleich zur Anwendung kommen.

Über Kennziffern aus Kosten- und Leistungsdaten läßt sich die betriebswirtschaftliche Effizienz (Ergiebigkeit) der eingesetzten Ge- und Verbrauchsgüter überwachen.[120] Soweit die Kosten ohne willkürliche Schlüsselungen ermittelt wurden, kommt in den Kosten-Leistungs-Relationen eine enge Kausalbeziehung zwischen der Leistungsausbringung und den dafür in Kauf zu nehmenden Ressourcenverzehr zum Ausdruck.

4. Periodische Erfolgsermittlung, Bestandsbewertung

Gemeinhin werden als Zwecke einer controllingorientierten Kostenrechnung die mehrdimensionale **Erfolgsermittlung** (etwa nach Produktgruppen, Absatzgebieten, Vertriebswegen)[121] und die **Bewertung von Halb- und Fertigwarenbeständen** genannt. Diese Zwecke sind im Hinblick auf das Verwaltungs-Controlling **von geringerer Bedeutung** als in privatwirtschaftlichen Unternehmen.

Während dort als der zentrale Erfolgsfaktor das **monetäre Ergebnis** der genannten Bezugsobjekte (also etwa der Produktgruppen-Deckungsbeitrag) gelten kann, kommt dieser Information in öffentlichen Verwaltungen eine **weniger dominante Bedeutung** zu. Hier spielt der Sachzielerreichungsgrad als Erfolgsgröße die zentrale Rolle. Allerdings ist der Grad der Sachzielerreichung stets an den Kosten - als Maßgröße des zu seiner Erreichung aufgewandten Ressourcen-Inputs - zu relativieren, um die Effizienz der Leistungserstellung beurteilen zu können und über gegebenenfalls günstigere Einsatzmöglichkeiten der Ressourcen befinden zu können. Da die Verwaltungsleistungen nur zu einem geringen Anteil gegen unmittelbares Entgelt abgegeben werden - dies gilt besonders für die staatlichen Ministerialverwaltungen - ist es aber ohnehin zumeist unmöglich, die Kosten als Maßgröße für den Ressourcen-Input den Erlösen gegenüberzustellen, also etwa **Deckungsbeiträge** oder **Kostendeckungsgrade** zu bestimmen. Zur Ermöglichung von Effizienzaussagen sind aber zumindest **Kosten-Leistungs-Relationen** zu bilden. Ihre Aussagekraft läßt sich noch steigern, wenn sie in Zeit- oder Verwaltungsvergleiche einfließen.

---

119 Zu denken ist etwa an die Stadtgärtnerei, die Stadtentwässerung, an Nahverkehrseinrichtungen oder an geräte- und materialintensive Analyselabors.
120 In Abgrenzung zu dem rein mengenmäßig beschriebenen Verhältnis von Input- und Outputgrößen, den sogenannten Produktivitäten, wird die Relation, welche die Produktionskosten zur Leistungsmenge in Beziehung setzt, als Grad der Kostenwirtschaftlichkeit bezeichnet (vgl. Eichhorn, Peter: Wirtschaftlichkeit der Verwaltung, in: Chmielewicz, Klaus/Eichhorn, Peter (Hrsg.): HWÖ, Sp. 1795-1803, hier Sp. 1798; ebenso Steinebach, Nikolaus: Verwaltungsbetriebslehre, a.a.O., S. 12). Vgl. dazu auch die allgemeinen Ausführungen in Kapitel 5, Teil III. und IV.
121 Vgl. etwa Männel, Wolfgang/Warnick, Bernd: Entscheidungsorientiertes Rechnungswesen, a.a.O., S. 405.

Der **Bestandsbewertung** von Halb- und Fertigerzeugnissen muß die Kostenrechnung in privatwirtschaftlichen Unternehmen zunächst im Hinblick auf die handels- und steuerrechtlich vorgegebenen Aufzeichnungspflichten dienen. Diese Vorschriften sind für öffentliche Verwaltungen aber in der Regel ohne Belang, da Abschlüsse weder nach Handelsrecht noch nach Steuerrecht[122] zu erstellen sind. Die kameralistischen Abschlüsse kennen keine Bewertung des Umlaufvermögens.[123] Auch abgesehen von den fehlenden Normen spielen die Bestände in den klassischen Verwaltungsbereichen eine völlig untergeordnete Rolle, da die hier erstellten Dienstleistungen angesichts ihrer Immaterialität nicht speicher- oder lagerfähig sind. Aus denselben Gründen besteht - anders als in Betrieben mit sich ändernden Beständen an Halb- und Fertigwaren - auch für die Zwecke der kurzfristigen Erfolgsermittlung in der Regel kein Erfordernis zu einer Beständebewertung.

B Stand der Kostenrechnung in öffentlichen Verwaltungen

Bis auf seltene Ausnahmen[124] sind Kostenrechnungssysteme in den öffentlichen Verwaltungen bislang **nur im kommunalen Bereich** und dort nur in Einrichtungen, für die Entgelte zu kalkulieren sind, realisiert.[125] Die Gestaltung und Ausführung der Kostenrechnungen ist jedoch **nicht controllingorientiert**. Vielmehr sind sie weitgehend **zweckmonistisch** auf die Erfüllung der rechtlichen Vorgaben zur **Entgeltkalkulation** ausgerichtet.[126]

Für die Zwecke der Gewinnung von Informationen zur Fundierung von Führungsentscheidungen und zur Überwachung der Effizienz der Leistungserstellung existieren **keine gesetzlichen Vorgaben**, die über die allgemeine Forderung nach sparsamer und

---

122 Eine Ausnahme stellen die sog. Betriebe gewerblicher Art (BgA) nach § 1 Abs. 1 Nr. 6 und § 4 KStG dar (vgl. dazu Singbartl, Hans: Anmerkungen zu § 4, Tz 19-68, in: Doetsch, Ewald/Eversberg, Horst/Jost, Werner F./Witt, Georg (Hrsg.): Die Körperschaftsteuer - Kommentar zum Körperschaftsteuergesetz und zu den einkommensteuerlichen Vorschriften des Anrechnungsverfahrens, Loseblattsammlung, Stuttgart 1981ff).

123 In öffentlichen Verwaltungen sind Vermögensbewertungen bislang überhaupt nur in den Kostenrechnenden Einrichtungen der Gemeinden als Grundlage für Entgeltkalkulationen vorgeschrieben. Ansonsten gilt, daß auch "das Gemeinderecht auf eigene Bewertungsvorschriften verzichtet, weil das Gemeindevermögen in seinen wesentlichen Teilen nicht realisierbar ist und auch keine steuerlichen oder bilanziellen Gründe vorliegen, die spezielle Bewertungsvorschriften notwendig machen. Für die kommunalen Betriebe gewerblicher Art gelten ohnehin die einschlägigen handels- und steuerlichen Bewertungsvorschriften" (Giesen, Karl: Kostenrechnung in der kommunalen Haushaltswirtschaft, Handbuch für Praxis und Studium, 4. Auflage, Köln 1980, S. 35). Vgl. allgemein zur Erfassung und (nur ausnahmsweisen) Bewertung des Gemeindevermögens ebenda, S. 31ff.

124 Gornas verweist im staatlichen Bereich auf den "Deutschen Wetterdienst, die staatlichen Materialprüfungsämter und alle sonstigen Einrichtungen, die für Abnahmen und Zulassungen im technischen Bereich zuständig sind", die rudimentäre Kostenrechnungen zur Entgeltkalkulation vornehmen (Gornas, Jürgen: Kostenrechnung für die öffentliche Verwaltung, a.a.O., S. 1149).

125 Vgl. zu den Anwendungsbereichen Bals, Hansjürgen: Kostenrechnung öffentlicher Verwaltungen, in: Chmielewicz, Klaus/Eichhorn, Peter (Hrsg.): HWÖ, Sp. 825-837, hier Sp. 829 und Besier, Klaus: Kostenrechnung für kommunale Einrichtungen, in: Männel, Wolfgang (Hrsg.): Handbuch Kostenrechnung, Wiesbaden 1991, S. 1171-1180, hier S. 1171f.

126 Vgl. z.B. § 9 Abs. 2 Satz 1 des Kommunalabgabengesetzes (KAG) Baden-Württemberg und § 12 Abs. 1 Satz 1 der Gemeindehaushaltsverordnung (GemHVO) Baden-Württemberg.

wirtschaftlicher Haushaltsführung, wie sie in allen Haushaltsverordnungen verankert ist, hinausgingen.[127] Dieses Fehlen gesetzlicher Vorgaben bedingt zusammen mit der zuweilen fehlenden Einsicht in die Informationspotentiale von Kostenrechnungen deren geringe Verbreitung in den öffentlichen Verwaltungen. Solange nur einzelne "Kostenrechnende Einrichtungen"[128] und noch nicht die ganze Verwaltung als "Verbundbetrieb" in die Kostenrechnung einbezogen ist, kann es nicht gelingen, die zahlreichen Leistungsverflechtungen zwischen den Verwaltungsteilbereichen kostenrechnerisch abzubilden, um etwa über kostenbasierte Verrechnungspreise die internen Leistungsströme steuern zu können. Insbesondere die Leistungen der Querschnittseinrichtungen (etwa Personalamt, Stadtkasse, Liegenschaftsamt) finden bisher keine hinreichende Berücksichtigung.[129]

Zusätzlich steht der konzeptionelle Entwicklungsstand der vorhandenen Kostenrechnungen - es handelt sich fast durchweg um nur einmal jährlich erstellte **Vollkostenrechnungen auf Istkostenbasis**[130] - einer Nutzung durch das Verwaltungs-Controlling entgegen. Dazu kommt noch, daß die **Handhabung** zum Teil **antiquiert** ist: Es finden sich von Hand erstellte, auf annähernd einen Meter ausfaltbare Betriebs-abrechnungsbögen klassischer Form.[131]

Abbildung 6-4 zeigt die **Entwicklungslinien der Kosten- und Ergebnisrechnung** nach Männel. Die Kostenrechnung der öffentlichen Verwaltungen läßt sich hier in das obere Ausgangsfeld der traditionellen Vollkostenrechnung auf Basis der Istbeschäftigung einordnen. Die nachfolgenden Ausführungen werden zeigen, daß aufgrund der Spezifika in den öffentlichen Verwaltungen gegenüber diesen allgemeinen Entwicklungslinien gewisse Modifizierungen und abweichende Schwerpunktlegungen erforderlich sind - so kann angesichts der geringen Bedeutung unmittelbarer Leistungsentgelte der Deckungsbeitragsrechnung nicht die hohe Bedeutung zukommen wie im privatwirtschaftlichen Bereich. Generell kann aber auch für öffentliche Verwaltungen als Zielrichtung die Entwicklung hin zu integrierten Kostenrechnungssystemen mit Parallelabrechnung von Voll- und Teilkosten und einer Berücksichtigung der zur Leistungserstellung im einzelnen erbrachten Vorgänge/Prozesse angesehen werden.

---

127 Vgl. Bals, Hansjürgen: Kostenrechnung öffentlicher Verwaltungen, a.a.O., Sp. 827.
128 Vgl. Fuchs, Manfred/Zentgraf, Helmut: Betriebsabrechnung in öffentlichen Einrichtungen, 4. Auflage, Göttingen 1981, S. 1f.
129 Dies kann auch zu verzerrten Gebührenkalkulationen führen. "Die echten und die unechten Stellengemeinkosten [der Querschnittseinheiten, der Verf.] werden nicht oder relativ willkürlich dem Gebührenhaushalt zugerechnet. Die richtige Erfassung und Zurechnung von Stellengemeinkosten erfordert eine den gesamten Verbundbetrieb umfassende Kostenrechnung." (Budäus, Dietrich: Kostenrechnung in öffentlichen Unternehmen - Bedingungen und Probleme der Kostenerfassung und Kostenbewertung, in: Männel, Wolfgang (Hrsg.): Handbuch Kostenrechnung, Wiesbaden 1992, S. 1160-1170, hier S. 1164). Zu den nach § 61 BHO/LHO vorgeschriebenen sog. internen Verrechnungen vgl. Schmid, Karl-Rolf: Kommunale Verwaltungsleistungen, a.a.O., S. 112f.
130 Besier, Klaus: Kostenrechnung für kommunale Einrichtungen, a.a.O., S. 1178.
131 Vor diesem Hintergrund ist die Aussage: "In den klassischen Entgelthaushalten ... bestehen bei praktisch allen Kommunen elaborierte Kostenrechnungen" zumindest interpretationsbedürftig (Bals, Hansjürgen: Kostenrechnung öffentlicher Verwaltungen, a.a.O., Sp. 829).

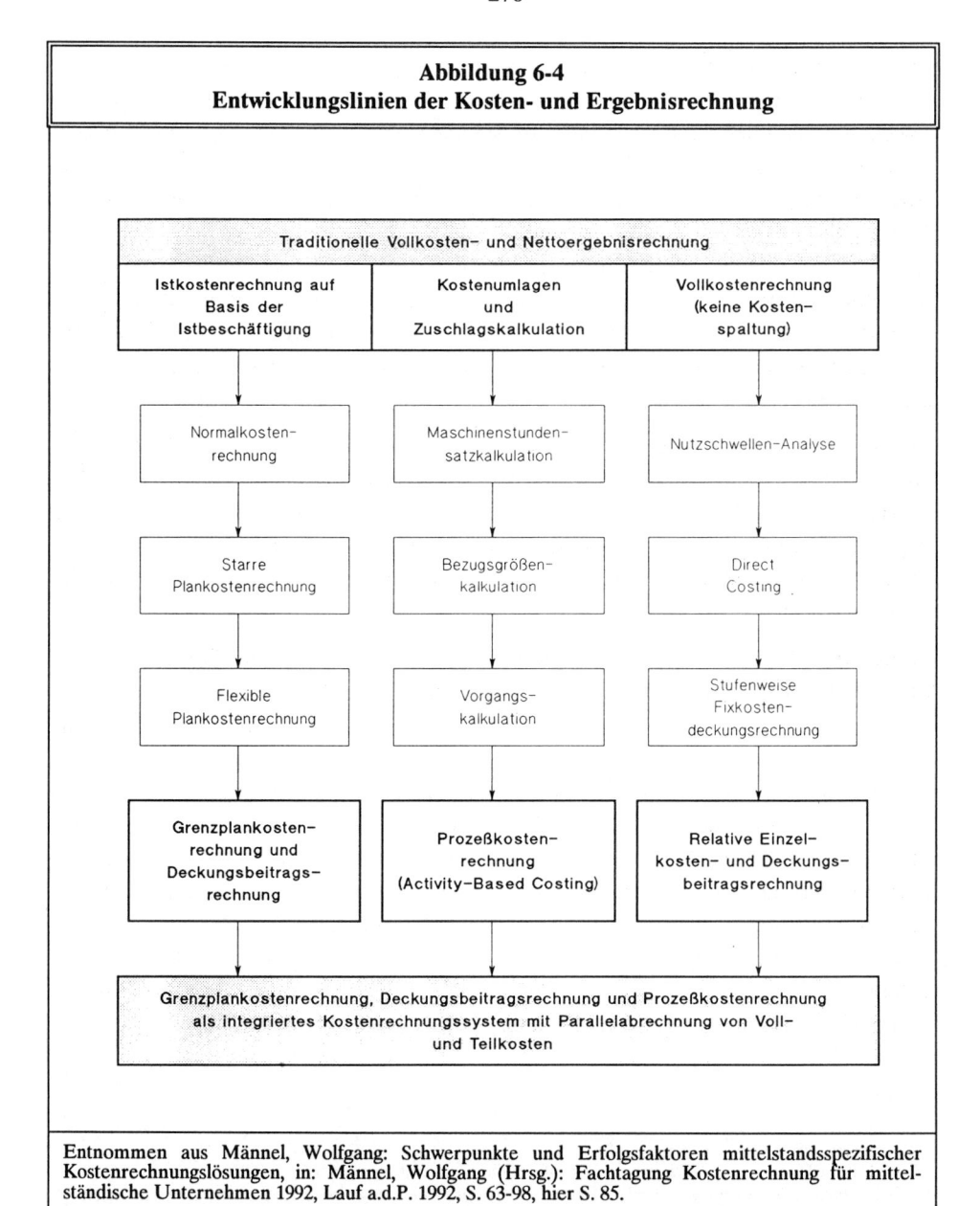

Abbildung 6-4
Entwicklungslinien der Kosten- und Ergebnisrechnung

Traditionelle Vollkosten- und Nettoergebnisrechnung

Istkostenrechnung auf Basis der Istbeschäftigung	Kostenumlagen und Zuschlagskalkulation	Vollkostenrechnung (keine Kostenspaltung)
Normalkostenrechnung	Maschinenstundensatzkalkulation	Nutzschwellen-Analyse
Starre Plankostenrechnung	Bezugsgrößenkalkulation	Direct Costing
Flexible Plankostenrechnung	Vorgangskalkulation	Stufenweise Fixkostendeckungsrechnung
Grenzplankostenrechnung und Deckungsbeitragsrechnung	Prozeßkostenrechnung (Activity-Based Costing)	Relative Einzelkosten- und Deckungsbeitragsrechnung

Grenzplankostenrechnung, Deckungsbeitragsrechnung und Prozeßkostenrechnung als integriertes Kostenrechnungssystem mit Parallelabrechnung von Voll- und Teilkosten

Entnommen aus Männel, Wolfgang: Schwerpunkte und Erfolgsfaktoren mittelstandsspezifischer Kostenrechnungslösungen, in: Männel, Wolfgang (Hrsg.): Fachtagung Kostenrechnung für mittelständische Unternehmen 1992, Lauf a.d.P. 1992, S. 63-98, hier S. 85.

Aus dem geschilderten Szenario leiten sich konkrete **Entwicklungsbedingungen** ab, die erfüllt sein müssen, um die Kostenrechnung als ein wirksames Instrument des Verwaltungs-Controlling einsetzen zu können:

- Erhöhung des Verbreitungsgrades durch sukzessive Ausdehnung auf weitere Verwaltungsbereiche,

- konzeptionelle Weiterentwicklung in Richtung Teilkostenrechnung und Plankostenrechnung sowie - gerade in Dienstleistungsbereichen - auch in Richtung Vorgangs-/Prozeßkostenrechnung,
- Verbesserung der Datenübernahme aus den vorgelagerten Rechenkreisen und der DV-Unterstützung der Abrechnungsvorgänge,
- Verkürzung der Abrechnungszyklen (zumindest in den Verwaltungsbereichen mit Eingriffsbedarf und -möglichkeiten),
- Verbesserung des "Marketing" der Kostenrechnungsinformationen (bessere Informationsaufbereitung und -darbietung, aktuellere Vorlagen, Schulung der Empfänger etc.).

C Gestaltungsregeln für eine controllingorientierte Kostenrechnung öffentlicher Verwaltungen

1. Rechnen mit relevanten Kosten als Grundsatz

Um die an eine controllingorientierte Kostenrechnung gestellten Anforderungen erfüllen zu können, ist es eine **Grundvoraussetzung**, daß nur die jeweils **relevanten Kosten** in das Kalkül eingehen.[132] "Die zur Bewertung einer Handlungsalternative relevanten Kosten ... sind diejenigen, die durch das betrachtete Objekt zusätzlich ausgelöst werden."[133] In einer zukunftsorientierten Betrachtung - für Zwecke erst zu treffender Entscheidungen - sind als relevant stets die **erwarteten, noch beeinflußbaren, alternativenspezifischen Kosten** anzusehen.[134]

Eine Voraussetzung dafür, daß den einzelnen Kalkulationsobjekten ausschließlich die relevanten Kosten zugerechnet werden, ist das konsequente **Vermeiden der Schlüsselung von Gemeinkosten**.[135] Dies schließt nicht aus, in Auswertungsrechnungen für bestimmte Zwecke auch Vollkosten zu ermitteln. Zunächst müssen aber Kosten zum Ausweis kommen, die unverfälscht von stets mehr oder weniger willkürlichen Gemeinkostenschlüsselungen sind.[136]

---

[132] Vgl. dazu Hummel, Siegfried: Die Forderung nach entscheidungsrelevanten Kosteninformationen, in: Männel, Wolfgang (Hrsg.): Handbuch Kostenrechnung, Wiesbaden 1992, S. 76-83; Riebel, Paul: Einzelerlös-, Einzelkosten- und Deckungsbeitragsrechnung als Kern einer ganzheitlichen Führungsrechnung, in: Männel, Wolfgang (Hrsg.): Handbuch Kostenrechnung, Wiesbaden 1992, S. 247-299, hier S. 256f und beispielhaft für kommunale Gebührenhaushalte Budäus, Dietrich: Kostenrechnung in öffentlichen Unternehmen, a.a.O., S. 1163f.
[133] Männel, Wolfgang/Warnick, Bernd: Entscheidungsorientiertes Rechnungswesen, a.a.O., S. 412.
[134] Vgl. Hummel, Siegfried: Die Forderung nach entscheidungsrelevanten Kosteninformationen, a.a.O., S. 79-82.
[135] "Gemeinkosten einzelner Kalkulationsobjekte dürfen in der Grundrechnung nur solchen (zusammengefaßten) Kalkulationsobjekten zugeordnet werden, bei deren Disposition sie tatsächlich veränderbar sind." (Männel, Wolfgang/Warnick, Bernd: Entscheidungsorientiertes Rechnungswesen, a.a.O., S. 414).
[136] Vgl. dazu auch den Vorschlag einer Rechnung mit relativen Stelleneinzelkosten im Verwaltungsbereich bei Gornas (Gornas, Jürgen: Grundzüge einer Verwaltungskostenrechnung, a.a.O., S. 103-107 sowie Gornas, Jürgen: Kostenrechnung für die öffentliche Verwaltung, a.a.O., S. 1157f).

2. Trennung von Grundrechnung und Auswertungsrechnungen

"Will man für unterschiedlichste Rechnungszwecke relevante Informationen ermitteln, ist es notwendig, die verfügbaren Daten in möglichst disaggregierter Form, d.h. ohne Vorverdichtungen und Verrechnungen zu erfassen und zu speichern."[137] Eine derartige **zweckneutrale Grundrechnung** als Datenspeicher für **zweckplurale Auswertungen** wurde bereits oben als allgemeine Voraussetzung für controllingorientierte Informationssysteme beschrieben.[138]

3. Differenzierte Erfassung verschiedener Kostenkategorien

Um auf der Basis einer zweckneutralen Grundrechnung zweckplurale Auswertungsrechnungen durchführen zu können, ist es erforderlich, die Kosten von Anfang an **differenziert nach verschiedenen Kostenkategorien** zu erfassen. Wichtig ist etwa die Differenzierung nach der Art der Kostenerfassung, dem Ausgabencharakter, der Zurechenbarkeit auf einzelne Rechnungsobjekte und auch nach der **Kostenvariabilität** in Abhängigkeit von verschiedenen Kosteneinflußgrößen.[139] Die zuletzt genannte Differenzierung erfordert eine - vorzugsweise planmäßig-analytische - Spaltung der Kosten in bezugsgrößenfixe und bezugsgrößenvariable Bestandteile.[140] Unterscheidet man nach der wohl wichtigsten Bezugsgröße, der Beschäftigung, so kommt man zu einer Unterscheidung von kurzfristig variablen **Leistungskosten** und fixen **Bereitschaftskosten**.

Gerade in der fixkostenintensiven öffentlichen Verwaltung ist es von besonderer Bedeutung, die fixen Kosten nach dem Kriterium der **Abbaubarkeit** (Fristigkeit) weitergehend zu differenzieren. Dazu können bei Vertragspotentialen (etwa bei gemieteten Immobilien) die vertraglichen Konditionen Auskunft geben; im Falle von Eigentumspotentialen (etwa eigenen Liegenschaften) muß die für eine Veräußerung erforderliche Frist geschätzt werden.

Falls solche Differenzierungen nicht vollzogen werden und zur Fundierung von Entscheidungen klassische Vollkostensätze herangezogen werden, so können gravierende Fehlentscheidungen resultieren. Werden z.B. die vollen Kosten einer bisher selbst erstellten Leistung mit denen einer privaten Fremdbezugsalternative verglichen, ist nicht gewährleistet, daß die in den Vollkosten enthaltenen fixen Gemeinkosten im Falle der Fremdvergabe abbaubar sind.[141] So würde die Entscheidung über die Fortführung oder Stillegung ganzer Verwaltungsteilbereiche, etwa der Hausdruckerei, auf

---

137 Männel, Wolfgang/Warnick, Bernd: Entscheidungsorientiertes Rechnungswesen, a.a.O., S. 413.
138 Vgl. die Ausführungen in Kapitel 4, Teil III. C 1.
139 Vgl. Männel, Wolfgang: Kostenrechnung als Führungsinstrument, Lauf a.d.P. 1991, S. 38.
140 Vgl. dazu Männel, Wolfgang: Methoden und Grundprinzipien der Kostenspaltung, in: Männel, Wolfgang (Hrsg.): Handbuch Kostenrechnung, Wiesbaden 1992, S. 446-460.
141 Vgl. Männel, Wolfgang: Internes Rechnungswesen öffentlicher Verwaltungen und Unternehmen als zentrales Controlling-Instrument, in: krp, Heft 6/1990, S. 361-367, hier S. 364 sowie Männel, Wolfgang/Warnick, Bernd: Entscheidungsorientiertes Rechnungswesen, a.a.O., S. 414.

einer völlig falschen Grundlage getroffen, würde man von einem (sofortigen) Wegfall der vollen Druckereikosten im Falle einer Stillegung ausgehen.

Das **Personal** ist in den öffentlichen Verwaltungen weitestgehend als unkündbar anzusehen. Dementsprechend müßten stets sämtliche Personal- und Personalnebenkosten als **fixe Bereitschaftskosten** behandelt werden. Dies trifft aber nur dann uneingeschränkt zu, wenn sich die Betrachtung auf eine **einzelne Personalkapazität** bezieht. Analysiert man aber den **gesamten Personalkörper** einer Verwaltungsteileinheit oder einer ganzen öffentlichen Verwaltung, so ergibt sich ein abweichendes - aus der Sicht des auf Kostenbeeinflußbarkeit bedachten Verwaltungs-Controllers günstigeres - Bild. Hier bestehen aufgrund der natürlichen Fluktuation und der flexiblen Einsetzbarkeit vieler Verwaltungsmitarbeiter zahlreiche **Möglichkeiten, Personalkosten an die Beschäftigung anzupassen.**[142] Von daher müssen die Personalkosten auch danach differenziert werden, inwieweit die sie verursachenden Personalpotentiale kurzfristig anderweitig einsetzbar sind.[143]

Da in öffentlichen Verwaltungen der vorgehaltenen Leistungsbereitschaft unabhängig von ihrer tatsächlichen Inanspruchnahme oft eine hohe Bedeutung zukommt, ist es ratsam, die beschäftigungsfixen Kosten in diesen Bereichen als Kosten der Bereitschaftsleistungen zu separieren. Falls etwa die betrieblich disponierte Leistungsbereitschaft der personellen Produktionsfaktoren unvorhergesehen selten in Anspruch genommen wird, bedürfen die dadurch entstandenen **Leerkosten**[144] "im Rahmen der Dienstleistungsproduktion einer anderen Interpretation, als dies bei den Sachgütern der Fall ist".[145]

Nach dem Kriterium der **Zurechenbarkeit** sind sämtliche Kosten ungeschlüsselt als sog. relative Einzelkosten zu erfassen. Um diese Forderung zu erfüllen, müssen Bezugsobjekthierarchien existieren, die es erlauben, "alle Kosten ... als Einzelkosten des jeweils speziellsten Bezugsobjektes auszuweisen, für das dies logisch zwingend möglich ist."[146] Als **Bezugsobjekte** kommen dabei nicht nur **Kostenstellen** (produktionswirtschaftlich-institutionelle Zurechnungshierarchie) oder **Kostenträger** (leistungsbezogene Zurechnungshierarchie) in Frage.[147] Vielmehr kann es je nach Entscheidungssituation auch erforderlich sein, quer über Kostenstellen hinweg und für mehrere Leistungen gemeinsam erbrachte **Aktivitäten** zu kalkulieren. Auf diese Ansätze einer vorgangs- oder prozeßorientierten Kostenrechnung, die auf die oben

---

142 Vgl. Weber, Jürgen: Einführung in das Controlling, Stuttgart 1988, S. 104f.
143 Zur "funktionalen" Differenzierung der Personalkosten in fixe Anteile (aus Tätigkeiten ohne unmittelbaren Endleistungsbezug) und variable Anteile (aus unmittelbar endleistungsbezogenen Vorgängen) vgl. die Ausführungen im folgenden Abschnitt D.
144 Vgl. zu den Leerkosten Gutenberg, Erich: Grundzüge der Betriebswirtschaftslehre, 1. Bd.: Die Produktion, 24. Auflage, Berlin, New York 1983, S. 348ff.
145 Corsten, Hans: Die Produktion von Dienstleistungen, Grundzüge einer Produktionswirtschaftslehre des tertiären Sektors, Berlin 1985, S. 139.
146 Riebel, Paul: Einzelerlös-, Einzelkosten- und Deckungsbeitragsrechnung, a.a.O., S. 253 (im Original z.T. hervorgehoben).
147 Vgl. Männel, Wolfgang: Kostenrechnung als Führungsinstrument, Lauf a.d.P. 1991, S. 36.

beschriebene Leistungsrechnung eine äußerst wertvolle Grundlage darstellt, wird unten ausführlicher eingegangen.

4. DV-Unterstützung der Kostenrechnung

Über diese konzeptionellen Gestaltungsregeln hinaus muß im Zuge des Aufbaus einer controllingorientierten Verwaltungskostenrechnung auch dafür Sorge getragen werden, daß die Voraussetzungen für eine wirtschaftliche Rechnungsdurchführung gegeben sind. Dabei ist neben der Schaffung der personellen Voraussetzungen insbesondere an die Etablierung **integrierter DV-technischer Lösungen** zu denken.[148] Die kameralistische Buchführung ist mit der Kostenrechnung nach dem System der Erweiterten Kameralistik zu verbinden.[149] Die Erweiterung der Verwaltungskameralistik bewältigt die Aufgabe, "einerseits Ausgaben der finanzwirtschaftlichen Rechnung in sachlicher und zeitlicher Hinsicht abzugrenzen. Andererseits sind in gesonderten Zusatzrechnungen die Anlagenbuchwerte und die Lagerbestandswerte fortzuschreiben."[150] Allerdings darf die Abwicklung nicht - wie teilweise bisher noch - manuell und der Abschluß auch nicht ausschließlich jährlich und mit deutlichem Abstand nach dem Ende der Rechnungsperiode erfolgen. Auch PC-gestützte, oftmals individuell programmierte Insellösungen können allenfalls eine Übergangslösung darstellen. Anzustreben ist der Einsatz von **Standard-Software**,[151] die durch die Integration der einzelnen buchhalterischen Subsysteme[152] in der Lage ist, eine umfassende Datenbasis für die oben geschilderten Rechenzwecke bereitzustellen. Es laufen hier bereits erfolgversprechende Pilotprojekte,[153] die erwarten lassen, daß bewährte Kostenrechnungs-Software mittelfristig auch als Instrument des Verwaltungs-Controllers zur Verfügung stehen wird.

D Kostenstellenbezogene Plankostenrechnung

Bisher handelt es sich bei den Kostenrechnungen im öffentlichen Bereich fast ohne Ausnahme um Istkostenrechnungen. Sie genügen damit zwar den gesetzlichen Anforderungen, die an die kostenrechnerische Fundierung der Entgeltbemessung gestellt werden. Für eine Eignung als zweckplurales Controlling-Instrument ist es dagegen

---

148 Vgl. zum Stand der DV-Unterstützung der Kostenrechnung im kommunalen Bereich Besier, Klaus: Kostenrechnung für kommunale Einrichtungen, a.a.O., S. 1178.
149 Vgl. Bals, Hansjürgen: Kostenrechnung öffentlicher Verwaltungen, a.a.O., Sp. 830f. Vgl. eingehend zur Erweiterten Kameralistik Fuchs, Manfred/Zentgraf, Helmut: Betriebsabrechnung in öffentlichen Einrichtungen, a.a.O., insbes. S. 17-29.
150 Budäus, Dietrich: Kostenrechnung in öffentlichen Unternehmen, a.a.O., S. 1164.
151 Vgl. dazu Tylkowski, Otto: Verknüpfung von Kameralistik und Kostenrechnung mit privatwirtschaftlicher Standard-Software, in: Weber, Jürgen/Tylkowski, Otto (Hrsg.): Controlling - Eine Chance für öffentliche Unternehmen und Verwaltungen, Stuttgart 1988, S. 187-223.
152 Vgl. dazu Männel, Wolfgang: Grundlegende Texte zur Kosten-, Leistungs-, Erlös- und Ergebnisrechnung, in: Männel, Wolfgang (Hrsg.): Kongreß Kostenrechnung '89, Lauf a.d.P. 1989, S. 1-39, hier S. 2.
153 Vgl. etwa Steinberg, Thomas/Radlof, Dirk: Kosten- und Leistungsrechnung beim Hamburger Strom- und Hafenbau, in: Weber, Jürgen/Tylkowski, Otto (Hrsg.): Controlling in öffentlichen Institutionen - Konzepte, Instrumente, Entwicklungen, Stuttgart 1989, S. 203-230 und DOGRO-Partner Unternehmensberatung: Die integrierte Software-Lösung - Branchenlösung für Bundes- und Landesbehörden, Verwaltungen, Kommunen und alle öffentlich-rechtlichen Haushalte, Remshalden 1989.

unbedingt erforderlich, **Plankostenrechnungen**[154] einzuführen, da ansonsten kein geschlossener Regelkreis aus Kostenplanung, Kostenermittlung und Kostenkontrolle mit den entsprechenden Analyse- und Eingriffsmöglichkeiten zustandekommen kann. Die Kostenplanung und -kontrolle darf dabei nicht pauschal durchgeführt werden, sie ist vielmehr separat für einzelne Verwaltungsteilbereiche, "die den Anfall bestimmter Kosten disponieren und demzufolge auch zu vertreten haben"[155] - also für einzelne **Kostenstellen** - durchzuführen.[156] Nur so läßt sich die Wirtschaftlichkeit der Leistungserstellung "vor Ort" überwachen und steuern.

Für diese Zwecke bietet sich das in erster Linie von Plaut und Kilger entwickelte Verfahren der **flexiblen Plankostenrechnung** an.[157] Wenngleich dieses System "als allgemeines Prinzip für den Aufbau eines Gesamtsystems der Kosten- und Leistungsrechnung anzusehen"[158] ist, so ist die **stellenbezogene Kostenplanung und -kontrolle** doch als Ausgangspunkt und Hauptanwendungsgebiet der flexiblen Plankostenrechnung nach Plaut/Kilger anzusehen.[159]

Stellenbezogene Planung und Kontrolle der Kosten nach den Prinzipien der flexiblen (Grenz-)Plankostenrechnung

Auf Details der flexiblen (Grenz-)Plankostenrechnung kann in dieser Arbeit nicht eingegangen werden. **Abbildung 6-5** muß hier als grober Überblick über die Vorgehensweise genügen. Im folgenden kann es nur darum gehen, die Einsetzbarkeit des Verfahrens als Instrument des Verwaltungs-Controlling und den ggf. bestehenden Modifikationsbedarf zu diskutieren.

Die Grenzplankostenrechnung nimmt **für jede Kostenstelle** eine **planmäßig-analytische Spaltung von fixen und (bezugsgrößen-)proportionalen Kosten**[160] vor. Es wird versucht, jeweils Maßgrößen zu finden, zu denen "die verursachten Kosten einer Kostenstelle ganz oder teilweise in einer proportionalen (oder wenigstens bekannten) Abhängigkeit stehen."[161] Die Ermittlung derartiger **Bezugsgrößen** gelingt in Kostenstellen, die der **unmittelbaren Fertigung** zuzurechnen sind, bei sorgfältiger Analyse[162]

---

[154] Vgl. zum Begriff, zur Bedeutung und zu den Zwecken von Plankostenrechnungen Haberstock, Lothar: Kostenrechnung II, a.a.O., S. 9-16.
[155] Hummel, Siegfried/Männel, Wolfgang: Kostenrechnung 1, a.a.O., S. 393.
[156] Vgl. allgemein zu den Prinzipien der Kostenstellenbildung ebenda, S. 196ff. Zu den Gestaltungsgrundsätzen einer verwaltungsbetrieblichen Kostenstellenrechnung vgl. Gornas, Jürgen: Kostenrechnung für die öffentliche Verwaltung, a.a.O., S. 1155-1157. Soweit schon eine Leistungsstellenrechnung, wie sie oben beschrieben wurde, existiert, kann auf diese Einteilung zurückgegriffen werden.
[157] Vgl. ausführlich Kilger, Wolfgang: Flexible Plankostenrechnung und Deckungsbeitragsrechnung, a.a.O.
[158] Troßmann, Ernst: Flexible Plankostenrechnung nach Kilger, in: Männel, Wolfgang (Hrsg.): Handbuch Kostenrechnung, Wiesbaden 1992, S. 226-246, hier S. 243 (im Original teilweise hervorgehoben).
[159] Vgl. ebenda, S. 243 und S. 245.
[160] Vgl. dazu ausführlich Kilger, Wolfgang: Flexible Plankostenrechnung und Deckungsbeitragsrechnung, a.a.O., S. 358ff.
[161] Haberstock, Lothar: Kostenrechnung II, a.a.O., S. 51. Da nur die proportionalen Kosten auf die Kostenträger verrechnet werden, wird eine Schlüsselung von (bezugsgrößen-)fixen Kosten vermieden.
[162] Plaut formuliert pointiert: "entweder Ihr macht es richtig oder Ihr laßt es ganz" (Plaut, Hans Georg: Essentials eines modernen innerbetrieblichen Rechnungswesens, in: controller magazin, Nr. 5/1989, S. 233-240, hier S. 234).

**Abbildung 6-5
Ablaufschritte der stellenbezogenen Plankostenrechnung**

```
┌─────────────────────────────────────┐
│      Einteilen der Kostenstellen    │
└─────────────────────────────────────┘
                 │
                 ▼
┌─────────────────────────────────────────────────────┐
│ Unterscheiden von Kostenarten bzw. Kostenartengruppen in jeder Stelle │
└─────────────────────────────────────────────────────┘
                 │
                 ▼
┌─────────────────────────────────────────────────────┐
│ Wahl von Bezugsgrößen für die Kostenarten bzw. Kostenartengruppen jeder Stelle │
└─────────────────────────────────────────────────────┘
                 │
                 ▼
┌───────────────────────────────────┬───────────────────────────┐
│ Aufstellen der Kostenfunktionen,  │                           │
│ d.h. Festlegen der fixen und      │ Bestimmen der Planbezugsgrößen │
│ variablen Kosten für jede Bezugsgröße │                       │
└───────────────────────────────────┴───────────────────────────┘
                 │
                 ▼
┌─────────────────────────────────────────────────────┐
│ Herleiten der Kosten der Planperiode für die Planbezugsgrößen aus den Kostenfunktionen │
└─────────────────────────────────────────────────────┘
                 │
                 ▼
┌─────────────────────────────────────────────────────┐
│ Nach der Planperiode:                               │
│ Ermitteln der tatsächlich entstandenen Kosten und der realisierten Höhe │
│ der Bezugsgrößen in der Istkostenrechnung           │
└─────────────────────────────────────────────────────┘
                 │
                 ▼
┌─────────────────────────────────────┐
│      Analyse der Abweichungen       │
└─────────────────────────────────────┘
```

Entnommen aus Troßmann, Ernst: Flexible Plankostenrechnung nach Kilger, in: Männel, Wolfgang (Hrsg.): Handbuch Kostenrechnung, Wiesbaden 1992, S. 226-246, hier S. 237.

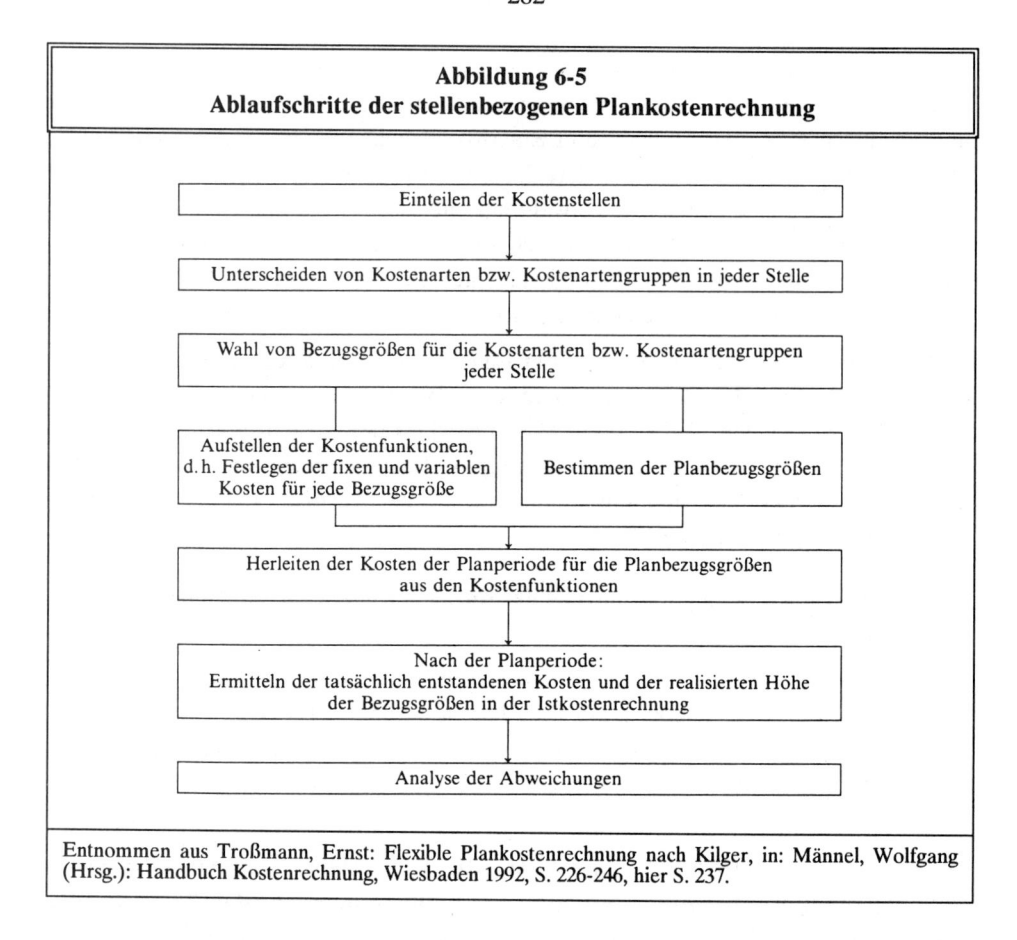

der Produktionsprozesse im allgemeinen recht gut. Dementsprechend hat sich die klassische Grenzplankostenrechnung etwa in Betrieben der industriellen Fertigung mit einem hohen Anteil direkter Produktionsprozesse bewährt. Allerdings: "Schwachstellen der Grenzplankostenrechnung waren immer schon jene Bereiche, bei denen die Verwendung exakter Bezugsgrößen an die Grenze der praktischen Durchführbarkeit stoßen, wie z.B. im Material-, Verwaltungs- und Vertriebsbereich."[163] Das für die Kosten dieser sog. **indirekten Bereiche** praktizierte Verfahren der Deckungsrechnung,[164] das über indirekte Bezugsgrößen versucht, zutreffende Zuschlagssätze zu ermitteln, kann nicht befriedigen.[165] Es kann "zu einer nicht verursachungsgerechten

---
[163] Vikas, Kurt: Neue Konzepte für das Kostenmanagement - controllingorientierte Modelle für Industrie- und Dienstleistungsunternehmen, Wiesbaden 1991, S. 8.
[164] Der Name erklärt sich aus der Tatsache, daß die "Umlagekosten" mit dem Beschäftigungsgrad der empfangenden Kostenstellen zu Sollwerten abgewandelt und gleichzeitig den abgebenden sekundären Kostenstellen gutgebracht [werden], um dort die Kosten zu "decken"." (Kolibius, Günter: DV-Realisierung von Konzepten der Grenzplankosten- und Deckungsbeitragsrechnung, in: Männel, Wolfgang (Hrsg.): Handbuch Kostenrechnung, Wiesbaden 1992, S. 1308-1317, hier S. 1311). Vgl. zu dem Verfahren der Deckungsrechnung auch Kilger, Wolfgang: Flexible Plankostenrechnung und Deckungsbeitragsrechnung, a.a.O., S. 340ff.
[165] Kilger bezeichnet die indirekten Bezugsgrößen (oder "DM-Deckungsbezugsgrößen") ausdrücklich als Notlösung und empfiehlt, auch in sekundären Kostenstellen so weit als möglich direkte Bezugsgrößen zu verwenden (vgl. ebenda, S. 340-345).

Kostenschlüsselung" und "für ganz wesentliche betriebliche Bereiche ... zu unbrauchbaren Ergebnissen führen"[166].

Insofern wird die klassische Grenzplankostenrechnung teilweise als ein System charakterisiert, das sich akribisch mit den als proportional definierten Kosten der Fertigungskostenstellen auseinandersetzt, das aber nur in unzureichendem Maße Verfahren bereitstellt, die fixkostenintensiven indirekten Bereiche zu analysieren und zu steuern.[167] In jüngster Zeit werden aber Anstrengungen unternommen, für die genannten "Defizite eines ansonsten bewährten Verfahrens praktikable Lösungen"[168] zu entwickeln.

Stellenbezogene Vorgangskostenrechnung nach den Prinzipien der Grenzplankostenrechnung

Die **Adaption des Gedankengutes der Grenzplankostenrechnung auf den Bereich dienstleistungserstellender Betriebe** wird in intensiver Form seit Mitte der achtziger Jahre betrieben.[169]

Der **Grundgedanke** der als "**Vorgangskostenrechnung**" bezeichneten Variante besteht darin, daß die realitätskonforme kostenrechnerische Behandlung von Dienstleistungen die systematische Erfassung und Bewertung aller Vorgänge, die mit der gesamtheitlichen Leistungserbringung verbunden sind, erfordere. Abrechnungstechnisch sollen auch die Kostenstellen des bislang kostenanalytisch vernachlässigten **indirekten Bereiches** so weit als möglich wie solche des direkten Bereiches behandelt werden,[170] indem auch hier unter Inkaufnahme eines nicht unbeträchtlichen Aufwandes[171] **Bezugsgrößen ermittelt** und Kosten-Leistungs-Relationen gebildet werden.

Als anspruchsvollste **Voraussetzung** für dieses Vorgehen ist es anzusehen, "für die einzelnen Kostenstellen die *Leistung zu definieren* und über geeignete Bezugsgrößen zu *quantifizieren*. ... Am Beginn steht immer eine *Funktionsanalyse* des betreffenden Bereiches und die *Definition von Leistungseinheiten*, meistens in Form von Tätigkeiten,

---

166 Vikas, Kurt: Neue Konzepte für das Kostenmanagement, a.a.O., S. 8.
167 Vgl. ebenda, S. 9.
168 Ebenda.
169 Hier sind insbesondere die Arbeiten von Vikas zu nennen. Vikas trägt als externer Projektleiter für die Einführung der neuen "Dezentralen Leistungs- und Kostenrechnung" (DELKOS) bei der Deutschen Bundespost Verantwortung und betreibt dort die Etablierung einer modifizierten Form der flexiblen Grenzplankostenrechnung nach Kilger/Plaut. Darüberhinaus verweist Vikas "als Beweis für die Realisierbarkeit des Konzeptes" auch auf "bereits abgeschlossene Projekte bei Großbanken" (Vikas, Kurt: Controllingorientierte Systeme der Leistungs- und Kostenrechnung für den Dienstleistungsbereich, in: krp, Heft 5/1990, S. 265-268, hier S. 265).
170 Vgl. Müller, Heinrich: Was ist neu am Prozeßkostenansatz? Erläuterung und Einordnung des Activity-based Costing, in: Männel, Wolfgang (Hrsg.): Kongreß Kostenrechnung '91, Lauf a.d.P. 1991, S. 165-187, hier S. 174. Müller sieht die Vorgangskostenrechnung als einen "mit Einschränkungen" synonymen Begriff zur Prozeßkostenrechnung an (ebenda, S. 167).
171 Vgl. Vikas, Kurt: Controllingorientierte Systeme, a.a.O., S. 266. Für die Arbeiten an der dezentralen Leistungs- und Kostenrechnung bei der Bundespost konnte Vikas auf bereits vorhandene "Ausgangsdaten der Personalbemessung," die "nach arbeitsanalytischen Verfahren Leistungsstandards je Tätigkeit festlegt" (Vikas, Kurt: Controlling im Dienstleistungsbereich, a.a.O., S. 127), zurückgreifen. Ähnlich gute Voraussetzungen bestehen für viele Teile der öffentlichen Verwaltungen, die für die Zwecke der Personalbemessung von den Organisationsreferaten schon eingehend analysiert wurden. Sofern bereits eine Leistungsrechnung, wie sie oben in ihren Grundzügen geschildert wurde, existiert, reduziert sich der Arbeitsaufwand zur Etablierung der vorgangsorientierten Kostenrechnung beträchtlich.

die wiederkehrenden (repetitiven) Charakter haben und für die im nächsten Schritt ein *Leistungsstandard* (Standard oder Richtzeit je Mengeneinheit) festgelegt wird."[172] Gerade diese zentralen Voraussetzungen sind aber bereits erfüllt, wenn eine **differenzierte Leistungsrechnung** nach dem oben beschrieben Muster (Teil I. dieses Kapitels) vorhanden ist.

Aufsetzend darauf "steht einer Kostenauflösung nach den bekannten Prinzipien der flexiblen Plankostenrechnung nichts mehr im Wege."[173]

Aus der ursprünglich von der Grenzplankostenrechnung sehr restriktiv vorgenommenen **Definition variabler Kosten** - variabel sind danach die Kosten, die sofort auf Beschäftigungsschwankungen reagieren - folgte allerdings das Problem, daß die "Manövriermasse von Grenzplankostenrechnungen"[174] recht gering ausfallen konnte. So müßten etwa die gerade in öffentlichen Verwaltungen besonders bedeutsamen Personalkosten vollständig als Fixkosten eingestuft werden. Die Auflösung der Kosten in fixe und proportionale Bestandteile wird daher in einer weiteren Interpretation auch mit der Variabilität der Kosten durch dispositive Entscheidungen der Führungskräfte in Verbindung gebracht.[175] Damit können etwa bereits die Kosten der an verschiedenen Stellen der Verwaltung kurzfristig einsetzbaren Personalpotentiale als variable Kosten betrachtet werden. Vikas geht noch einen Schritt weiter, indem er ausschließlich die "**rein funktionale Abhängigkeit**" der Stellenleistungen von der eigentlichen Dienstleistungsproduktion für entscheidend ansieht[176] und damit die "Frage der Beeinflußbarkeit und deren Fristigkeit oder gar der Ausgabenwirksamkeit"[177] ausdrücklich ausgrenzt.[178]

---

172 Vikas, Kurt: Controllingorientierte Systeme, a.a.O., S. 266. Vgl. ausführlich Vikas, Kurt: Controlling im Dienstleistungsbereich, a.a.O., S. 31ff und 60ff und derselbe: Neue Konzepte für das Kostenmanagement - controllingorientierte Modelle für Industrie- und Dienstleistungsunternehmen, Wiesbaden 1991, S. 125ff. Deutlich wird schon hier, daß dieser Weg einer leistungsorientierten Plankalkulation nur für häufig wiederkehrende und standardisierte Leistungen gangbar ist.

173 Vikas, Kurt: Controllingorientierte Systeme, a.a.O., S. 266.

174 Franz, Klaus-Peter: Die Prozeßkostenrechnung - Darstellung und Vergleich mit der Plankosten- und Deckungsbeitragsrechnung, in: Ahlert, Dieter u.a. (Hrsg.): Finanz- und Rechnungswesen als Führungsinstrument, Herbert Vormbaum zum 65. Geburtstag, Wiesbaden 1990, S. 109-136, hier S. 114.

175 "Fixkosten sind Kapazitätskosten, die sich nur ändern, wenn durch Entscheidungen der Geschäftsleitung die Kapazitäten (insbesondere Betriebsmittel und Arbeitskräfte) geändert werden" (Haberstock, Lothar: Kostenrechnung II, a.a.O., S. 27). Damit ist die Unterscheidung von fixen und variablen Kosten letztlich dispositionsbestimmt (vgl. ebenda, S. 27 und S. 225).

176 Vgl. Vikas, Kurt: Controlling, Dienstleistungsbereich; neues Einsatzgebiet?, in: Gablers Magazin, Betriebswirtschaft für Manager, o. Jg. (1988), Heft 1, S. 27-29, hier S. 28; ferner vgl. Horváth, Péter/Mayer, Reinhold: Prozeßkostenrechnung - Der neue Weg zu mehr Kostentransparenz und wirkungsvolleren Unternehmensstrategien, in: Controlling, 1. Jg. (1989), Heft 4, S. 214-219, hier S. 215. Vikas bezieht sich hier auf Kilger, der im Rahmen der analytischen Bezugsgrößenwahl untersucht, "welche funktionalen oder dispositiven Beziehungen zwischen den Aktivitäten der Leistungserstellung und dem ... Verbrauch an beschäftigungs- und verfahrensabhängigen Produktionsfaktoren bestehen" (Kilger, Wolfgang: Flexible Plankostenrechnung und Deckungsbeitragsrechnung, a.a.O., S. 325).

177 Vikas, Kurt: Neue Konzepte für das Kostenmanagement, a.a.O., S. 8.

178 Auf diese funktionsanalytische Weise lassen sich nach Vikas rund 50% der Kosten im Betriebsbereich von Banken leistungsabhängig planen und steuern, wogegen dies nach dem Gesichtspunkt der kurzfristigen Beeinflußbarkeit nur für 5% der Kosten möglich wäre (Vikas, Kurt: Neue Konzepte für das Kostenmanagement, a.a.O., S. 138).

Für diese Art der Kostenspaltung "nach funktionalen Abhängigkeiten"[179] ist stellenbezogen jede Leistungsart daraufhin zu überprüfen, ob sie **direkte Beziehungen zu den Endleistungen** aufweist und damit die auf sie zurechenbaren Kosten in der Terminologie der Grenzplankostenrechnung bezugsgrößenwirksam zu nennen sind oder die Leistungsart für die Leistungs- und Betriebsbereitschaft erforderlich ist und damit ihre Kosten als fix anzusetzen sind.[180] Die für diese Kostenauflösung notwendige eingehende Analyse und Beschreibung der Stellenleistungen kann aus der oben skizzierten Leistungsrechnung übernommen werden.

Um den genannten Rechnungszwecken gerecht werden zu können, ist sowohl eine Differenzierung nach dem Aspekt der Abbaubarkeit als auch nach dem Kriterium der unmittelbaren Beziehung zur Endleistung durchzuführen. Auf diese Weise kann je nach dem Untersuchungsziel der relevante Kostenanteil separiert werden. Man muß sich aber stets bewußt sein, welche Variante der Kostenauflösung der Analyse zugrundeliegt, um vor Fehlinterpretationen der jeweiligen Rechnungsergebnisse (sei es im stellenbezogenen Soll-Ist-Vergleich oder im Rahmen von Überlegungen zur Programmpolitik) gefeit zu sein und nicht etwa die funktionsanalytisch als variabel bezeichneten Kosten ohne weiteres mit kurzfristig abbaubaren Kosten gleichzusetzen.

Unter Beachtung dieser Spezifika läßt sich auch in den Verwaltungskostenstellen das Instrumentarium des **stellenbezogenen Soll-Ist-Vergleichs** anwenden. Dazu werden am Ende der Abrechnungsperiode die Istkosten und die jeweiligen Ist-Bezugsgrößen ermittelt. Da Preisabweichungen für die stellenbezogene Wirtschaftlichkeitskontrolle irrelevant sind, werden die Ist-Bezugsgrößen mit konstanten Preis- und Lohn-/Gehaltssätzen multipliziert.[181] Auf dieser Grundlage können die bekannten Abweichungsanalysen der flexiblen Plankostenrechnung durchgeführt werden.[182] Es schließen sich Kostendurchsprachen mit den Kostenstellenverantwortlichen an.[183]

Schwierigkeiten bereiten allerdings nach wie vor solche Kostenstellen, für die sich auch funktionsanalytisch keine standardisierbaren Leistungen ermitteln und planen lassen. Hier muß anstatt einer funktionsanalytischen Kostenplanung eine **Kostenbudgetierung** erfolgen,[184] die aber ex post nicht die Möglichkeiten einer differenzierten Abweichungsanalyse eröffnet.

---

179 Vikas, Kurt: Controllingorientierte Systeme, a.a.O., S. 266.
180 Vgl. Vikas, Kurt: Controlling im Dienstleistungsbereich, a.a.O., S. 137. Mit dieser weiteren Definition der variablen Kosten wird in der Kalkulation das strenge Verursachungsprinzip der Kosten verlassen (vgl. Kilger, Wolfgang: Flexible Plankostenrechnung und Deckungsbeitragsrechnung, a.a.O., S. 55f und Haberstock, Lothar: Kostenrechnung II, a.a.O., 1986, S. 28f).
181 Für die hier besonders bedeutsamen Personalkosten sind Standardverrechnungspreise je Gehaltskategorie heranzuziehen. Für die Personalnebenkosten empfiehlt Vikas aus pragmatischen Gründen "eine Planquote in Prozent des ... Anwesenheitsentgeltes" zu verrechnen (Vikas, Kurt: Neue Konzepte für das Kostenmanagement, a.a.O., S. 137).
182 Vgl. ausführlich Kilger, Wolfgang: Flexible Plankostenrechnung und Deckungsbeitragsrechnung, a.a.O., S. 555ff.
183 Vgl. Haberstock, Lothar: Kostenrechnung II, a.a.O., S. 359ff.
184 Vgl. Vikas, Kurt: Neue Konzepte für das Kostenmanagement, a.a.O., S. 137 und 139.

Prozeßkostenrechnung (Activity Accounting)

Weitgehend parallel zur Anpassung der Grenzplankostenrechnung an die Belange des Dienstleistungsbereichs verlief die Entwicklung der sog. Prozeßkostenrechnung. Die Parallelen beziehen sich dabei nicht nur auf den zeitlichen Aspekt, sondern auch auf den Umstand, daß in beiden Fällen darauf abgezielt wird, die bislang als "indirekte Bereiche" (Verwaltung, Vertrieb usw.) von der Kostenrechnung stiefmütterlich behandelten fixkostenintensiven Gemeinkostenbereiche nach der Maßgabe der dort erbrachten Leistungen kostenrechnerisch zu durchdringen.

Gerade wegen dieser Ausrichtung erscheint der Ansatz der **Prozeßkostenrechnung auch für öffentliche Verwaltungen** als interessant, obwohl er aus dem industriellen Bereich heraus entwickelt wurde. Die Ursprünge der seit der zweiten Hälfte der achtziger Jahre zunehmend diskutierten Prozeßkostenrechnung[185] sind in den Vereinigten Staaten anzusiedeln.[186] In Praxisprojekten stellte sich heraus, "daß die Gemeinkosten mit Hilfe von Bezugsgrößen auf Produkte verteilt wurden, die zum großen Teil aus den Anfängen der Kostenrechnung stammen"[187]. Es wurden überwiegend wertbezogene Zuschlagssätze verwandt, hauptsächlich in der Form der Lohnzuschlagskalkulation.[188] Für die Bereitstellung entscheidungsorientierter Informationen bestanden so kaum Möglichkeiten.

Um dieser unzureichenden Situation abzuhelfen, versucht man im Rahmen der Prozeßkostenrechnung, die Aktivitäten der indirekten Leistungsbereiche zu erfassen und Aktivitätskostensätze zu bilden, indem die Kosten einer indirekten Kostenstelle auf die erbrachten Aktivitäten verteilt werden. Sodann sollen die Aktivitätskostensätze **quer über Kostenstellen hinweg zu Prozeßkostensätzen** zusammengefaßt werden, die dann in der Kostenträgerrechnung in die Kalkulation der Produkte, die die Prozesse verursachen, eingehen können. Dahinter steckt der Gedanke, daß eine verursachungsgerechte Kostenzurechnung zumeist nicht (nur) unter Bezugnahme auf die Beschäftigung einer Stelle erfolgen könne, da oftmals andere oder weitere Kosteneinflußgrößen **(cost driver)** relevant seien.

Abbildung 6-6 zeigt die schematisierte Vorgehensweise der Prozeßkostenrechnung. Ausführungen zur Kostenträgerrechnung enthält der nächste Abschnitt.

---

185 Der Ausdruck 'Prozeßkostenrechnung' ist die deutsche Übersetzung des amerikanischen Begriffs 'Activity Accounting'. Einen ersten Überblick über die Besonderheiten und die Technik der Prozeßkostenrechnung gibt Franz, Klaus-Peter: Die Prozeßkostenrechnung, im Vergleich mit der Grenzplankosten- und Deckungsbeitragsrechnung, in: Horváth, Péter (Hrsg.): Strategieunterstützung durch das Controlling: Revolution im Rechnungswesen?, Stuttgart 1990, S. 195-210, hier S. 197ff.
186 Das Aufkommen der Prozeßkostenrechnung ist mit den Namen Johnson, Kaplan und Cooper in Verbindung zu bringen. Vgl. deren im Literaturteil von Franz (Franz, Klaus-Peter: Die Prozeßkostenrechnung, a.a.O., S. 135f) zitierten Arbeiten. Franz (vgl. ebenda, S. 113) verweist auf die unabhängige parallele Entwicklung eines vergleichbaren, aber nur in knapper Form in die Literatur eingegangenen Ansatzes von Wäscher bei der Firma Schlafhorst & Co.
187 Franz, Klaus-Peter: Die Prozeßkostenrechnung, a.a.O., S. 114.
188 Dies rührt auch aus der hohen Bedeutung her, die der Unterstützung der Bestandsbewertung für bilanzielle Zwecke beigemessen wird (vgl. Cooper, Robin/Kaplan, Robert S.: How Cost Accounting Distorts Product Costs, in: Management Accounting, April 1988, S. 20-27, hier S. 22).

**Abbildung 6-6
Schematische Vorgehensweise der Prozeßkostenrechnung**

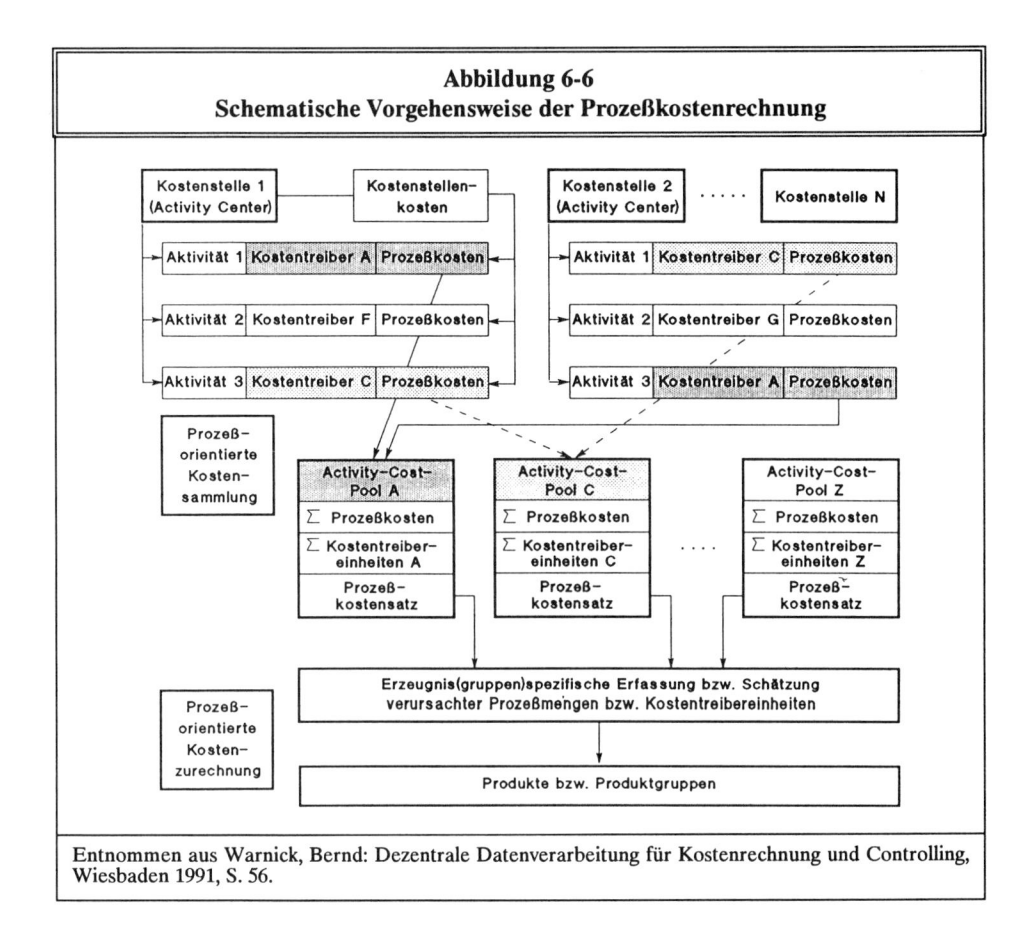

Entnommen aus Warnick, Bernd: Dezentrale Datenverarbeitung für Kostenrechnung und Controlling, Wiesbaden 1991, S. 56.

Vergleicht man schon an dieser Stelle die Prozeßkostenrechnung mit der oben zuvor skizzierten Vorgangskostenrechnung, so stellt man **weitgehende Übereinstimmungen** fest, die sich sowohl auf das Grundanliegen als auch auf die formale Struktur beziehen.[189] Der Unterschied zur Vorgangskostenrechnung auf der Basis der flexiblen Grenzplankostenrechnung besteht - abgesehen von **terminologischen Abweichungen** (oben: Vorgänge und Arbeitsfolgen, hier: Aktivitäten und Prozesse) - letztlich darin, daß die **Prozeßkostenrechnung** als eine **Variante der Vollkostenrechnung** alle Kosten der sekundären Kostenstellen umlegt, in der Vorgangskostenrechnung aber trotz erweiterter, funktionsanalytischer Kostenspaltung noch Kosten auf der Kostenstelle verbleiben. Eine Bewertung dieser Unterschiede kann erst getroffen werden, nachdem man sich die Unterschiede in Bezug auf die Kostenträgerrechnung vor Augen geführt hat.

---

189 Vgl. Franz, Klaus-Peter: Die Prozeßkostenrechnung, a.a.O., S. 115.

E Kostenträgerrechnung als parallele Teil- und Vollkostenrechnung

Für die Berechnung entscheidungsfundierender Größen, wie sie eine controllingorientierte Kostenrechnung liefern soll, eignen sich die in der Verwaltungspraxis anzutreffenden groben **Divisions- und Zuschlagskalkulationen**[190] nicht, weil sie Kosten pauschal, ohne Rücksicht auf leistungswirtschaftliche Prozesse verteilen. Es werden vielmehr **Kalkulationsmethoden** benötigt, die **Kosten auf der Grundlage erbrachter und in Anspruch genommener Leistungen verrechnen**. Ausgehend von dem Gedanken, daß das Kostengefüge vom Leistungsgefüge determiniert wird, müssen diese Verfahren versuchen, die vielfältigen Leistungsverflechtungen und die Beziehungen zwischen den (Teil-)Leistungen (Aktivitäten, Vorgängen) und den Kalkulationsobjekten abzubilden.[191]

Gerade auch für die Zwecke der Leistungskalkulation bieten sich damit die zuvor stellenbezogen skizzierten Verfahren der Vorgangskostenrechnung nach den Prinzipien der Grenzplankostenrechnung - kostenträgerbezogen als **Vorgangskalkulation** bezeichnet - und der **Prozeßkostenrechnung** an. Der Grundgedanke beider Ansätze ist dabei, die für die einzelnen Tätigkeiten der Kostenstellen gebildeten Kostensätze vorgangs- bzw. prozeßkonform für die zu kalkulierenden Verwaltungsleistungen zusammenzusetzen.

Vorgangskalkulation

Eine konzeptionelle **Besonderheit** des Vorgehens liegt im Vergleich zur herkömmlich praktizierten Grenzplankostenrechnung darin, daß **auch die Bezugsgrößen der indirekten Bereiche als solche mit doppelter Funktion**[192] betrachtet werden.[193] Die klassische Grenzplankostenrechnung hatte den Bezugsgrößen in den indirekten Bereichen nur die (einfache) Funktion beigemessen, eine stellenbezogene Leistungsmessung und damit eine stellenbezogene Kostenkontrolle (Soll-Ist-Vergleich) zu ermöglichen. Dagegen sollten die Bezugsgrößen im indirekten Bereich nicht für die Zwecke der Kostenträgerrechnung (Kalkulation) herangezogen werden, da hier kein direkter Bezug zum Endprodukt vorläge.[194] Im System der Vorgangskalkulation versucht man

---

190 Vgl. Vikas, Kurt: Controlling im Dienstleistungsbereich, a.a.O., S. 107 oder vgl. ausführlich Eichhorn, Peter: Kostendenken im öffentlichen Dienst, in: König, Klaus u.a. (Hrsg.): Öffentlicher Dienst, Festschrift für Carl H. Ule zum 70. Geburtstag, Köln u.a. 1977, S. 133-151, hier S. 143ff.

191 Diese Kalkulationsverfahren erfordern folglich einerseits klar definierte Leistungen und eine detaillierte Aufzeichnung der Kapazitäten der Leistungsstellen, um die Leistungen möglichst genau mit Personal- und Sachkosten bewerten zu können, und andererseits eine stetige Leistungsmessung, die auch zwischen Tätig- und Nichttätigsein der Kapazitäten unterscheidet. Diese Informationen kann die oben skizzierte Leistungsrechnung bereitstellen. Sie zeigt mit Hilfe ihres engmaschigen Netzes von Leistungsstellen und ihrer detaillierten Leistungsbeschreibungen die komplexen Beziehungen der Dienstleistungserstellungsprozesse zu den Endprodukten der Verwaltung auf. Zwischen Aktivitäten und Endleistungen werden die "produktionstechnischen" Zusammenhänge klar erkennbar, so daß eine leistungsbezogene Verrechnung bis weit in den indirekten Bereich der mittelbaren Leistungen (Postdienst, Registratur, Schreibdienst) ermöglicht wird.

192 Vgl. zur Bezugsgrößensystematik und speziell zur doppelten bzw. einfachen Funktion von Bezugsgrößen Haberstock, Lothar: Kostenrechnung II, a.a.O., S. 55ff und 78ff (mit weiteren Literaturhinweisen).

193 "Die A u f g a b e n der Bezugsgrößen bei sekundären Kostenstellen unterscheiden sich nicht von jenen bei primären Kostenstellen." (Vikas, Kurt: Controlling im Dienstleistungsbereich, a.a.O., S. 133.)

194 Vgl. Kilger, Wolfgang: Flexible Plankostenrechnung und Deckungsbeitragsrechnung, a.a.O., S. 337.

dagegen auch für die im Dienstleistungsbereich überwiegenden "Kostenstellen mit schwer meßbaren administrativen Leistungen"[195] so weit als möglich vollwertige Bezugsgrößen (i.d.R. Zeiteinheiten für bestimmte Tätigkeiten) zu ermitteln und diese auch zur Produkt- (hier: Dienstleistungs-)Kalkulation heranzuziehen.[196]

Schwierigkeiten bereitet auch der Vorgangskalkulation die Tatsache, daß sich bei einer Reihe von Stellen des indirekten Leistungsbereiches trotz funktionsanalytischer Untersuchung **kein stringenter Zusammenhang zwischen Stellen- und Endleistungen** der Verwaltung ermitteln läßt. Die hier anfallenden Kosten können in einer Vorgangskalkulation nicht leistungbezogen verrechnet werden, weil ihnen die für den direkten Bereich typische Identität von Kostenverursachungsmaßstab und Kalkulationsbezugsgröße fehlt.[197] Außerdem muß klar gesehen werden, daß sich die Methodik für die "Produktion von i n d i v i d u e l l e n, stets unterschiedlichen aufgaben- oder projektbezogenen Leistungen"[198] nur unbefriedigend anwenden läßt, da hier keine Leistungsstandards je Tätigkeit oder Vorgang zur Verfügung stehen. Damit lassen sich etwa die Personalkosten eines ausschließlich dispositiv tätigen Ministerialdirigenten oder eines kommunalen Amtsleiters auch über die Vorgangskalkulation in der Regel den einzelnen Verwaltungsleistungen nicht willkürfrei zurechnen.

Der auch innerhalb der Vorgangskostenrechnung als Fixkosten definierte Kostenanteil erfährt erst über die **stufenweise Fixkostendeckungsrechnung** einen Kostenträgerbezug.[199] In diesem Verfahren kommt es nicht unmittelbar zum Ausweis von Vollkosten für Endleistungen. Angesichts leistungsfähiger Softwaresysteme besteht aber die Möglichkeit einer sog. **Parallelkalkulation**,[200] mit der ohne großen zusätzlichen Aufwand je nach Rechenzweck sowohl Proportional- als auch Vollkostensätze ermittelt werden können.[201]

Die über eine Parallelkalkulation ermittelten Vollkostensätze weisen aber weitgehend die bekannten Nachteile einer pauschalen Kostenschlüsselung auf und sind damit für die Fundierung von Führungsentscheidungen ungeeignet.[202] Für bestimmte Zwecke

---
195 Vikas, Kurt: Neue Konzepte für das Kostenmanagement, a.a.O., S. 134.
196 Auf diese Weise zählen "die leistungsmengenorientiert abgerechneten Funktionsbereiche zu den primär verrechneten Kostenstellen mit direkten Bezugsgrößen" (Vikas, Kurt: Neue Konzepte für das Kostenmanagement, a.a.O., S. 136).
Vgl. auch die anhand eines Beispiels aus dem (Post-)Bankbereich verdeutlichten Schritte und Elemente der Vorgangskalkulation bei Vikas, ebenda, S. 147ff.
197 Vgl. Kilger, Wolfgang: Flexible Plankostenrechnung und Deckungsbeitragsrechnung, a.a.O., S. 337.
198 Vikas, Kurt: Controlling im Dienstleistungsbereich, a.a.O., S. 60.
199 Vgl. Kilger, Wolfgang: Flexible Plankostenrechnung und Deckungsbeitragsrechnung, a.a.O., S. 98-100 und 698f und Franz, Klaus-Peter: Die Prozeßkostenrechnung, a.a.O., S. 132f.
200 Vgl. zur Parallelkalkulation Kilger, Wolfgang: Flexible Plankostenrechnung und Deckungsbeitragsrechnung, a.a.O., S. 607. Haberstock stellt verschiedene Varianten der Parallelkalkulation dar (vgl. Haberstock, Lothar: Kostenrechnung II, a.a.O., S. 375ff). Zu den Zwecken der über die Parallelkalkulation ermittelten Vollkosten vgl. Plaut, Hans-Georg: Grenzplankostenrechnung und Deckungsbeitragsrechnung als modernes Kostenrechnungssystem, in: Männel, Wolfgang (Hrsg.): Handbuch Kostenrechnung, Wiesbaden 1992, S. 203-225, hier, S. 223f.
201 Vgl. Männel, Wolfgang: Anpassung der Kostenrechnung an moderne Unternehmensstrukturen, a.a.O., S. 127.
202 Wegen der eingeschränkten Aussagefähigkeit der parallel ermittelten Vollkosten weist Plaut ausdrücklich darauf hin, daß die Grenzkostenrechnung stets die Hauptrechnung, die Vollkostenrechnung dagegen nur die Nebenrechnung darstellen könne (vgl. Plaut, Hans-Georg: Grenzplankostenrechnung und Deckungsbeitragsrechnung als modernes Kostenrechnungssystem, a.a.O., S. 223).

- insbesondere für die mittel- und langfristige Leistungsprogrammplanung - können die Kalkulationsergebnisse der Prozeßkostenrechnung hier zusätzliche Erkenntnisse liefern. Dagegen genügen die mit geringerem Aufwand zu ermittelnden Vollkosten der Parallelkalkulation den Anforderungen, die an die im öffentlichen Bereich durchzuführenden Entgeltkalkulation gestellt werden.[203]

Prozeßkostenkalkulation

Die verzerrenden Auswirkungen herkömmlicher, auf grobe Zuschlagssätze zurückgreifender Kalkulationen werden von den Vertretern der Prozeßkostenrechnung häufig anhand des Beispiels "Standardprodukt versus exotische Produktvariante" demonstriert. Es wird gezeigt, daß "der Planungs-, Steuerungs- und Koordinationsaufwand bei komplexen Produkten kleiner Auflagengröße wesentlich höher als bei einfacheren Großserienprodukten"[204] ist, so daß bei einem pauschalen Gemeinkostenzuschlagsverfahren, das diese unterschiedliche Inanspruchnahme der betrieblichen Ressourcen nicht berücksichtigt, die Standardprodukte zu teuer, die exotische Varianten aber zu billig kalkuliert werden.

Auf die grundsätzlich vollkostenrechnerische Vorgehensweise der Prozeßkostenrechnung wurde bereits hingewiesen. Diese **vollkostenorientierte Mentalität** entspringt der Überlegung, daß gerade für **strategische Führungsentscheidungen** - etwa im Bereich der Programmpolitik - die von den Produkten verursachten vollen Kosten bekannt sein müssen.[205] [206]

Die Idealvorstellung, eine **Vollkostenkalkulation** durchzuführen, die **ausschließlich auf 'reine' Leistungskostensätze** zurückgreift, läßt sich in der Verwaltungspraxis **nicht realisieren**, da nicht für alle Kosten ein unmittelbarer Bezug zu einem Endprodukt (hier: zu einer Verwaltungsleistung) hergestellt werden kann.[207] So kann etwa für viele Leistungsarten der obersten Führungskräfte auch unter größter Anstrengung kein stringenter inhaltlicher Bezug zu einzelnen Endleistungen nachgewiesen werden. In diesen Fällen sehen differenziertere Varianten der Prozeßkostenrechnung vor, beschäftigungsunabhängige Aktivitätskosten der fallübergreifenden Leistungsarten, die sich gegen eine unmittelbar leistungsbezogene Verrechnung sperren, zunächst inner-

---

203 Vgl. die dazu oben (Teil II. A dieses Kapitels) gemachten Angaben.
204 Mayer, Reinhold: Stichwort Prozeßkostenrechnung, in: krp, Heft 1/1990, S. 74f, hier S. 74.
205 Vgl. Cooper, Robin/Kaplan, Robert S.: How Cost Accounting Distorts Product Costs, a.a.O., S. 20f und Franz, Klaus-Peter: Die Prozeßkostenrechnung, a.a.O., S. 114f.
206 Systeme der Grenzplankostenrechnung werden von den Vertretern der Prozeßkostenrechnung wegen ihrer starken Ausrichtung auf kurzfristig variable Kosten abgelehnt. Zudem wird erkannt, daß sich die Kostenstrukturen tendenziell in Richtung hoher Fixkostenanteile verschieben, so daß das Instrumentarium der Grenzplankostenrechnung immer weniger greife (vgl. den Abschnitt "The Failure of Marginal Costing" bei Cooper, Robin/Kaplan, Robert S.: How Cost Accounting Distorts Product Costs, a.a.O., S. 22, daneben auch S. 20f). Die Kritik bezieht sich damit auf die herkömmlich praktizierten Verfahren der Grenzplankostenrechnung und berücksichtigt nicht, "daß die Grenzplankostenrechnung durch ihre Bezugsgrößenorientierung im Rahmen der Kostenstellenrechnung ebenfalls ein prozeßorientiertes Instrumentarien bereitstellt, das prinzipiell ähnliche Strukturen aufweist." (Warnick, Bernd: Dezentrale Datenverarbeitung für Kostenrechnung und Controlling, Wiesbaden 1991, S. 54).
207 Hier sind die amerikanischen Autoren optimistischer als die deutschsprachigen (vgl. Franz, Klaus-Peter: Die Prozeßkostenrechnung, a.a.O., S. 124f).

halb der Kostenstelle auf mengenabhängige Leistungen zu verteilen[208] und erst diese Kostensummen leistungsbezogen weiter zu verrechnen. Die Empfehlung, die Umlage der Kosten leistungsmengenneutraler Prozesse "sinnvollerweise proportional zum Verhältnis der Prozeßkosten leistungsmengeninduzierter Prozesse"[209] vorzunehmen, kann nur dann zu zutreffenden Ergebnissen führen, wenn alle leistungsmengenneutralen Leistungsarten proportional zu den leistungsmengeninduzierten Prozessen anfallen. Ansonsten wird damit im Grunde trotz der differenzierten Vorgehensweise eine willkürliche Kostenschlüsselung vorgenommen.

Vergleicht man die **Kalkulation der Prozeßkostenrechnung** mit der Trägerrechnung auf der Basis der oben skizzierten **Vorgangskostenrechnung** nach den Prinzipien der Grenzplankostenrechnung, so sind auch hier weitreichende Parallelen zu erkennen.

Insbesondere in der von Horváth und Mayer vorgestellten Variante der Prozeßkostenrechnung, die eine kostenstellenbezogene Unterscheidung von leistungsmengeninduzierten und leistungsmengenneutralen Aktivitäts- bzw. Prozeßkosten vornimmt,[210] ist eine weitgehende Annäherung an die Vorgangskostenrechnung mit ihrer funktionalen Spaltung von variablen und fixen Bestandteilen festzustellen. Die von den Vertretern der Prozeßkostenrechnung herausgearbeiteten Unterschiede zu bzw. Vorteile gegenüber der Grenzplankostenrechnung[211] werden nahezu gegenstandslos, wenn man nicht die herkömmlicherweise praktizierte, sondern die weiterentwickelte Form, die Vorgangskalkulation, als Vergleichsmaßstab heranzieht. Hier wie dort bemüht man sich, auch die Aktivitäten/Vorgänge der indirekten Bereiche in eine Beziehung zu den Kalkulationsobjekten zu bringen und die Kosten in Abhängigkeit von den jeweils in Anspruch genommenen Aktivitäts-/Vorgangsmengen zu verteilen. Allerdings verzichtet das System der Vorgangskalkulation - abgesehen von der grundsätzlich möglichen parallelen Kalkulation von Vollkosten - auf die Verteilung der fixen Kosten auf die Kostenträger, während die Prozeßkostenrechnung systemgemäß alle Kosten auf die Aktivitäten und Prozesse und damit mittelbar auf die Kostenträger verteilt.

Das Problem der Vorgangskostenrechnung, in Einzelfällen trotz modifizierter Kostenspaltung weiterhin ein beträchtliches Kostenvolumen nicht auf Leistungen/Produkte beziehen zu können, "löst" die Prozeßkostenrechnung also durch ein vollkostenrechnerisches Umlageverfahren. Sie versucht dabei aber so weit als möglich, arbeitsanalytisch festgestellte Leistungsprozesse zu berücksichtigen, um so die Fehler einer pauschalen, auf Wertgrößen bezogenen Zuschlagskalkulation zu vermeiden. Allerdings werden können bei dieser Vorgehensweise aber keine reinen Grenzkosteninformationen ausgewiesen werden.

---

208 Vgl. zu dieser Verrechnungsvariante der Prozeßkostenrechnung ausführlich Mayer, Reinhold: Stichwort Prozeßkostenrechnung, in: krp, Heft 5/1990, S. 307-312.
209 Horváth, Péter/Mayer, Reinhold: Prozeßkostenrechnung, a.a.O., S. 217.
210 Vgl. ebenda, S. 214-219.
211 Vgl. die von Mayer herausgearbeiteten Unterschiede zur klassischen Grenzplankostenrechnung (Mayer, Reinhold: Stichwort Prozeßkostenrechnung, a.a.O., S. 75).

Daher sollte die **Prozeßkostenrechnung** auch in öffentlichen Verwaltungen nicht als eine Alternative, sondern als eine **Ergänzung** der controllingorientierten Kostenrechnung auf der Basis der Grenzplankostenrechnung angesehen werden.[212] So können die mittels einer Prozeßkostenrechnung gewonnenen Erkenntnisse dazu beitragen, die Aussagen der stufenweisen Fixkostendeckungsrechnung, wie sie im System der Grenzplankostenrechnung regelmäßig angestellt werden, zu verfeinern, um etwa die mittel- bis langfristige Programmplanung kostenrechnerisch zu fundieren. Bisher werden hier einem Produkt oder einer Produktgruppe gerade die Fixkosten blockweise zugeordnet, die bei einer Eliminierung des Produktes/der Produktgruppe gänzlich abbaubar wären.[213] Die Privatisierung einer Verwaltungsleistung könnte jedoch auch dazu führen, daß Teilpotentiale in den als solche nach wie vor nötigen Querschnittseinheiten abgebaut oder umgewidmet werden könnten, sofern eine entsprechende Teilbarkeit der Potentiale gegeben ist. Derlei, stark vom Quantencharakter der Kapazitäten abhängige und längerfristig ausgerichtete Überlegungen werden von einem Denken in Prozeßkostensätzen, die die proportionalisierten vollen Kosten enthalten, besser unterstützt oder gar erst angeregt.[214]

F Deckungsbeitragsrechnung für entgeltlich abgegebene Verwaltungsleistungen

Sofern Verwaltungsleistungen **gegen unmittelbares Entgelt** abgegeben werden, sollten diese Erlöse in differenzierter Weise - etwa getrennt nach Normalzahlern und aus sozialen Gründen Ermäßigte - den jeweils direkt zurechenbaren Einzel- bzw. Grenzkosten gegenübergestellt werden, um den monetären Bruttoerfolg, den **Deckungsbeitrag** zu ermitteln. In diesen Fällen kann das in der Literatur ausführlich beschriebene Analyse- und Steuerungspotential der Deckungsbeitragsrechnung[215] grundsätzlich auch im Bereich der öffentlichen Verwaltungen eingesetzt werden.

In erster Linie läßt sich so die Entgeltauskömmlichkeit der einzelnen Leistungen und Leistungsvarianten aufzeigen. Im Falle der Kostenunterdeckung kommen die "Konsequenzen des Erbringens gemeinwirtschaftlicher Leistungen"[216] in differenzierter Weise zum Ausdruck. Diese Informationen erleichtern den politischen Mandatsträgern, die letztlich für die Programmpolitik zuständig sind, die Entscheidung, inwie-

---

212 Vgl. in diesem Sinne auch Warnick, Bernd: Dezentrale Datenverarbeitung, a.a.O., S. 54.
213 Vgl. Franz, Klaus-Peter: Die Prozeßkostenrechnung im Vergleich, a.a.O., S. 205.
214 Vgl. auch Warnick, Bernd: Dezentrale Datenverarbeitung, a.a.O., S. 55. In diesen Zusammenhang ist auch der Vorschlag Männels einzuordnen, anstatt von "activity accounting" (angloamerikan. Bezeichnung für die Prozeßkostenrechnung) den Terminus "ressource consumption based costing" zu verwenden. "Professor Kaplan stimmte [diesem Vorschlag, der Verf.] zu und führte aus, daß in der Tat die Abkehr von der Zuschlagsrechnung zur prozeßkonformen Verbrauchsmengenkalkulation das entscheidende Kriterium des Activity Based Costing sei" (Herzog, Ernst: Anmerkungen zum Workshop von Prof. Robert G. Kaplan zum Thema "Activity Based Cost Accounting" am 15.4.1991 in Stuttgart, in: krp, Heft 4/1991, S. 205-207, hier S. 205).
215 Vgl. etwa Plaut, Hans-Georg: Grenzplankostenrechnung und Deckungsbeitragsrechnung als modernes Kostenrechnungssystem, a.a.O., S. 214ff.
216 Männel, Wolfgang: Internes Rechnungswesen öffentlicher Verwaltungen und Unternehmen als zentrales Controlling-Instrument, in: krp, Heft 6/1990, S. 361-367, hier S. 367.

weit das Erbringen der einzelnen Leistungen die Subventionierung der Deckungslücke aus allgemeinen Finanzmitteln rechtfertigt.[217]

G Erweiterung des Rechnungsstoffes um monetarisierte externe Effekte

Unter externen Effekten wird allgemein das Phänomen verstanden, daß vom Vorgang der einzelwirtschaftlichen Produktion - oder auch der Konsumption - **Nutzen oder Beeinträchtigungen** (positive oder negative externe Effekte) **für Dritte** ausgehen. Ein Großteil des Verwaltungshandelns ist darauf gerichtet, Leistungen zu erstellen und abzugeben, die einen hohen Anteil solcher **externer Effekte** aufweisen. Reine öffentliche Güter lassen sich gar "als Güter mit ausschließlich externen Effekten"[218] charakterisieren.

Unzweifelhaft sind die externen Effekte **für die Entscheidungsfindung der Verwaltungsführung von zentraler Bedeutung**. Daher "müßten sie eigentlich auch in der Kostenrechnung verarbeitet werden, die diesen Entscheidungen zugrundeliegt."[219] Die Verwendung des wertmäßigen Kostenbegriffs eröffnet prinzipiell die Möglichkeit, unter den sog. Zusatzkosten auch die monetarisierten negativen externen Effekte, die sozialen oder volkswirtschaftlichen Kosten[220] aufzunehmen.[221]

Allerdings ist es aus verschiedenen Gründen **zweifelhaft**, ob eine **Einbeziehung in die laufende Kostenrechnung** sinnvoll und möglich ist.[222] Dagegen spricht, daß man sich im Bereich der sozialen Kosten auf sehr unsicherem Terrain bewegt, was die **Kostenerfassung** und die heranzuziehenden **Bewertungsansätze** anbelangt. Die Bewertung der durch ein kommunales Heizkraftwerk verursachten Luftverschmutzung fällt eben ungleich schwerer als die Bewertung der betriebswirtschaftlichen Kostenarten. Auch die mitunter schwierige Bemessung der sog. (betriebswirtschaftlichen) Anders- und Zusatzkosten[223] ist i.d.R. noch unproblematisch im Vergleich zur Bewertung von

---

217 Vervollständigt wird die informatorische Fundierung derartiger Entscheidungen, wenn zusätzlich zum monetären Ergebnis auch Informationen zur Sachzielerreichung der einzelnen Leistungen bereitgestellt werden können. Vgl. dazu die Ausführungen im nachfolgenden Teil III. zur Indikatorenrechnung.
218 Hirsch, Hans: Öffentliche Güter, in: Chmielewicz, Klaus/Eichhorn, Peter (Hrsg.): HWÖ, Sp. 1077-1084, hier Sp. 1082.
219 Reichard, Christoph: Betriebswirtschaftslehre der öffentlichen Verwaltung, 2. Auflage, Berlin und New York 1987, S. 309.
220 Vgl. dazu Schmidberger, Jürgen: Soziale und volkswirtschaftliche Kosten, in: Männel, Wolfgang (Hrsg.): Handbuch der Kostenrechnung, Wiesbaden 1992, S. 436-445 und die Unterscheidung von (internen) Verwaltungskosten und sozialen Kosten bei Eichhorn, Peter: Verwaltungshandeln und Verwaltungskosten, a.a.O., S. 32f.
221 Vgl. Budäus, Dietrich: Kostenrechnung in öffentlichen Unternehmen, a.a.O., S. 1162f.
222 Diese Zweifel werden auch nicht durch die Ausführungen von Schmitz ausgeräumt, der soziale Nutzen und Kosten explizit im Kontenrahmen der laufenden Betriebsabrechnung berücksichtigen will (vgl. Schmitz, Bernd: Gesellschaftsbezogene Rechnungslegung für Altenpflegeheime - Probleme und Möglichkeiten der Verbuchung sozialer Nutzen und Kosten im Kontenrahmen, Baden-Baden 1980). Nach Weber "muß aber sowohl aus theoretischer als auch insbesondere aus praktischer Sicht die Durchführbarkeit und Akzeptanz eines solchen Konzepts bezweifelt werden" (Weber, Jürgen: Zielorientiertes Rechnungswesen öffentlicher Betriebe - dargestellt am Beispiel von Studentenwerken, Baden-Baden 1983, S. 97).
223 Hier sind im Bereich der öffentlichen Verwaltungen insbesondere die kalkulatorischen Zinsen und die kalkulatorischen Abschreibungen relevant. Vgl. dazu etwa Budäus, Dietrich: Kostenrechnung in öffentlichen Unternehmen, a.a.O., S. 1164-1168.

gesundheitlichen Schäden von Verwaltungsmitarbeitern, die etwa durch eine ergonomisch ungünstige Arbeitsplatzgestaltung oder durch asbesthaltige Raumluft verursacht werden und damit als soziale Kosten der Erstellung von Verwaltungsleistungen anzusehen sind.

Neben der Kostenbewertung wirft auch die eindeutige **Zurechnung** der sozialen Kosten nahezu unüberwindliche Probleme auf. So hat die empirisch feststellbare Luftverschmutzung und der dadurch hervorgerufene Schaden eben zahlreiche Ursachen, so daß der konkrete Beitrag des kommunalen Heizkraftwerkes kaum auszumachen ist. Zusätzlich wird es zumeist kaum befriedigend möglich sein, die sozialen Kosten auf die einzelnen Verwaltungsleistungen aufzuteilen.

Vor diesem Hintergrund ist Reichard zuzustimmen, wenn er feststellt: "Angesichts erheblicher ungelöster Erfassungs-, Bewertungs- und Zurechnungsprobleme bei den externen Effekten ist eine entsprechend ausgebaute Periodenkostenrechnung bislang kaum realisierbar, es bedarf weiterführender Forschungsimpulse"[224]. Diese Impulse sind allerdings - wenn überhaupt - nicht von dezentral agierenden Verwaltungs-Controllern zu leisten. Vielmehr ist hier die Wissenschaft gefordert, konzeptionelle Vorarbeiten zu erbringen.

Erfolgversprechender als der Versuch einer flächendeckenden Einbeziehung derartiger, oft werturteilbehafteter Effekte in eine laufende Kostenrechnung erscheinen **Sonderrechnungen**, die auf einzelne Entscheidungsfelder abstellen und auf die Ergebnisse einer periodischen, verwaltungsinternen Kostenrechnung zurückgreifen. Insbesondere maßnahmen- oder projektbezogene Wirtschaftlichkeits- und Erfolgsrechnungen bieten einen lohnenden Ansatzpunkt für eine verstärkte Berücksichtigung externer Effekte.

Neben der Einbeziehung externer Effekte über monetäre Sonderrechnungen besteht auch die Möglichkeit, in **Ergänzung** der Kosten- und Ergebnisrechnungen zusätzliche Indikatoren in die Rechenwerke aufzunehmen. Auf diese Weise können strittige Bewertungsfragen (zunächst) umgangen werden. So können etwa die monetär bewerteten sozialen Kosten, die durch die Abluft eines kommunalen Heizkraftwerkes entstehen, durch die Angabe des Schadstoffausstoßes (gesamt und/oder bezogen auf einen Kubikmeter Abluft) ersetzt werden.[225] Weiterhin besteht die Möglichkeit, externe Effekte von Entscheidungsalternativen verbal zu beschreiben und diese Beschreibung einer monetären Kostenvergleichsrechnung als Addendum beizugeben. Gemeinhin wird man aber spätestens dann nicht mehr um die monetäre Bewertung der externen Effekte - also die Bestimmung der sozialen Kosten - herumkommen, wenn über konkrete Maßnahmen zu ihrer Beseitigung entschieden werden soll. Die

---

224 Reichard, Christoph: Betriebswirtschaftslehre, a.a.O., S. 309.
225 Vgl. in diesem Sinne auch die Wissenschaftliche Kommission "Öffentliche Unternehmen und Verwaltungen" im Verband der Hochschullehrer für Betriebswirtschaft, wenn sie fordert, daß das öffentliche Rechnungswesen auch "nicht-monetäre Grössen (Indikatorensysteme) zu umfassen habe, die sich auch auf gesellschaftsbezogene Elemente (wie soziale Kosten- und Nutzenkomponenten) erstrecken müssen." (Wissenschaftliche Kommission "Öffentliche Unternehmen und Verwaltungen" im Verband

Ergreifung schadenmindernder Maßnahmen ist nur dann zu rechtfertigen, wenn der erforderliche Ressourceninput als mindestens so hoch eingeschätzt wird, wie die dadurch zu vermeidenden Schäden. Dementsprechend müssen die Kosten der zu ergreifenden Maßnahmen den abnehmenden sozialen Kosten gegenübergestellt werden, um rational über den Einsatz der begrenzten Mittel entscheiden zu können.

III. Indikatorenrechnung als sachzielbezogenes Informationsinstrument

A Unzureichende Abbildung von Sachzielerreichungsgraden in den Rechenwerken öffentlicher Verwaltungen

Bereits oben[226] wurde die für öffentliche Verwaltungen charakteristische **Sachzieldominanz** thematisiert. Es wurde darauf hingewiesen, daß in der Verwaltungspraxis der Zustand der Sachzielvorgaben ihrer hohen Bedeutung in formeller und materieller Hinsicht zumeist nicht entspricht. Darüberhinaus wurde festgestellt, daß selbst bei präzise formulierten Sachzielen die **Meßbarkeit der Zielerreichungsgrade** häufig Schwierigkeiten bereitet, da es sich bei den Zielen oft nicht um direkt quantifizierbare Leistungsziele, sondern um qualitative **Leistungswirkungsziele** handelt. Die Feststellung von Zielerreichungsgraden kann hier nur selten verwaltungsintern erfolgen, vielmehr müssen Wirkungen der Verwaltungsleistungen außerhalb des Verwaltungssystems erfaßt werden. Erschwerend kommt hinzu, daß die Wirkungen häufig nicht objektiv festzustellen sind, sondern von der subjektiven Einschätzung der Adressaten abhängen.

Diese komplexen Sachverhalte sind mit eine Ursache dafür, daß in den Rechenwerken der öffentlichen Verwaltungen **kaum Informationen über** die durch das Verwaltungshandeln erreichten **Sachzielerreichungsgrade** enthalten sind.

Der herkömmliche Haushalt enthält als "reines Einsatz (input)-Budget"[227] keine unmittelbar sachzielbezogenen Informationen. Auch die finanzwirtschaftlich und haushaltsrechtlich ausgerichtete **Verwaltungskameralistik** ist von ihrer Ausrichtung her nicht dazu in der Lage, derartige Informationen zu liefern.[228] Auch die von privatwirtschaftlichen Unternehmen durchgeführten monetären **Erfolgsrechnungen**, die in verschiedener Weise den Überschuß der Erlöse über die Kosten bestimmter Leistungsarten, Perioden oder anderer Objekte ermitteln, helfen für öffentliche Verwaltungen kaum

---

  der Hochschullehrer für Betriebswirtschaft: Leitlinien für die Reform des öffentlichen Rechnungswesens, in: Verwaltung + Organisation, Heft 6/1988, S. 148-149, hier S. 149).
226 Vgl. insbes. Kapitel 5, Teil II.
227 Recktenwald, Horst Claus: Stichwort "Budget- oder Haushaltskonzepte", in: derselbe: Lexikon der Staats- und Geldwirtschaft - Ein Lehr- und Nachschlagewerk, München 1983, S. 88-90, hier S. 89.
228 Mülhaupt stellt fest, daß aus der kameralistischen "Rechnung heraus ein brauchbarer Maßstab für den Grad der Zielerfüllung, z.B. in Form einer Erfolgsgröße, nicht zu gewinnen" ist (Mülhaupt, Ludwig: Theorie und Praxis, a.a.O., S. 140).

weiter, da sie **nur Aussagen zu den monetären Erfolgs- und Finanzierungszielen** erlauben. Zudem gilt für weite Teile der öffentlichen Verwaltung, daß "deren Einnahmen als einseitige Zwangseinnahmen ohne Beziehung zu ihren Leistungen stehen, die überwiegend unentgeltlich abgegeben werden."[229] Lediglich mittelbar kann versucht werden, vom Ressourcenverzehr auf die Aufgabenerfüllung zu schließen - ein Verfahren, dessen begrenzte Aussagefähigkeit auf der Hand liegt.

Im Gegensatz zu diesen laufend geführten Rechenwerken[230] weisen die für einzelne Maßnahmen angestellten Evaluierungen, insbes. die **Nutzen-Kosten-Untersuchungen**[231] einen systematischen, expliziten Bezug zu den Sachzielvorgaben auf, denn die Operationalisierung der Nutzen-Komponente verlangt von diesen Verfahren notwendigerweise ein Eingehen auf die Maßnahmenwirkung und damit auf den Sachzielerreichungsgrad. Dabei ist es von sekundärer Bedeutung, ob der Nutzen lediglich in dimensionslosen Nutzwerten ausgedrückt wird (Nutzwertanalyse) oder eine Monetarisierung vorgenommen wird (Nutzen-Kosten-Analyse).

Angesichts der faktischen Schwierigkeiten, qualitative Sachziele und die durch Maßnahmen der öffentlichen Verwaltungen bewirkte Zielerreichung unmittelbar zu messen, wird vorgeschlagen,[232] **indirekt** vorzugehen, indem **ersatzweise meßbare Hilfsgrößen** zur Abbildung der als solche nicht operationalen Ziele herangezogen werden. Diese Größen werden **Indikatoren** genannt.

Dabei können Indikatoren sowohl für die **Zielvorgabe** als auch für die **Feststellung der Zielerreichung** Verwendung finden:
- Ex ante können sie zur Operationalisierung[233] derjenigen Sachzielvorgaben herangezogen werden, die sich nicht unmittelbar quantitativ formulieren lassen.
- Ex post, nach der Maßnahmendurchführung, wird es möglich, durch einen Indikatoren-Soll-Ist-Vergleich Aussagen zur bewirkten Sachzielerreichung zu machen.

Damit sind sachgerecht eingesetzte Indikatoren als ein hervorragendes Instrumentarium des Verwaltungs-Controllers zur Bewältigung seiner **Informationsversorgungsfunktion** anzusehen.[234]

---

229 Wysocki, Klaus von: Kameralistisches Rechnungswesen, Stuttgart 1965, S. 33.
230 Die oben dargestellte **Leistungsrechnung** könnte - sofern ihre Etablierung in den öffentlichen Verwaltungen gelänge - immerhin Ansätze zu einer Beurteilung der Sachzielerreichung des Verwaltungshandelns liefern. Sie kann die erstellten Verwaltungsleistungen (i.S. von Output) aufzeigen und ermöglicht damit für den Fall, daß die Sachziele unmittelbare Leistungsziele vorgeben, die Feststellung von Sachzielerreichungsgraden. Sofern die Sachziele als Leistungswirkungsziele interpretiert werden müssen, bietet die Leistungsrechnung Ansatzpunkte für weiterführende Analysen. Darüber hinaus liefert sie auch indirekte Hinweise auf Sachzielerfüllungen, so etwa, wenn eine erbrachte Beratungsleistung die Information bereitgestellt wird, durch welche (Personal-)Kapazität die Beratung erbracht wurde - damit läßt sich die formelle Qualifikation feststellen - und wie lange beraten wurde. Hier liegen Beispiele vor, daß aus der Leistungsrechnung sachzielbezogene Indikatoren gewonnen werden können.
231 Siehe auch die Ausführungen oben, Kapitel 5, Teile III. und V.
232 Vgl. die bei Weber angegebene Literatur (Weber, Jürgen: Zielorientiertes Rechnungswesen öffentlicher Betriebe, a.a.O., S. 97).
233 Zur Verwendung von Indikatoren für analytische oder empirische Operationalisierungen vgl. Opp, Karl-Dieter: Methodologie der Sozialwissenschaften - Einführung in Probleme ihrer Theoriebildung, 2. Auflage, Reinbek 1976, S. 220-225.
234 Vgl. zu den folgenden Teilen B-G neben der angegebenen Literatur auch die Diplomarbeit von Schleert (Schleert, Dirk: Erfassung und Bewertung der Sachzielerreichung öffentlicher Verwaltungen

B Indikatorenbegriff, Funktionen und Arten von Indikatoren

Begriff

In den Sozialwissenschaften steht der Terminus Indikator[235] für eine Hilfsgröße, die direkt wahrnehmbare Phänomene benennt, "mit deren Hilfe man begründet auf das Vorliegen eines nicht unmittelbar wahrnehmbaren Phänomens schließen zu dürfen glaubt"[236]. Indikatoren sind ein Mittel, um "komplexe und sonst nicht operational erfaßbare Realität ausschnittsweise bzw. stellvertretend abzubilden."[237] Es lassen sich **zwei Funktionen von Indikatoren** unterscheiden:[238] die Operationalisierungsfunktion und die Funktion, auf indirektem Wege ein Messen zu ermöglichen.

Operationalisierungsfunktion

Die Operationalisierungsfunktion der Indikatoren setzt an einem Phänomen an, das weder unmittelbar beobachtbar noch direkt meßbar ist.[239] Dieses Phänomen, auch Indikandum oder theoretisches Konstrukt genannt,[240] wird gemeinhin mit einer begrifflichen Bezeichnung versehen. In einem solchen Vorgang der Begriffsbildung ordnet man etwa einem abstrakten Phänomen den Begriff "Öffentliche Sicherheit" zu. Um diesen Begriff handhabbar zu machen, ist es nötig, ihn operational zu definieren. Diese **Begriffsoperationalisierung** geschieht aber gerade durch die **Zuordnung geeigneter Indikatoren**.[241] Für den angesprochenen Begriff der öffentlichen Sicherheit kommen etwa Indikatoren wie "Anzahl der Straftaten gegen das Leben", "Anzahl der Rohheitsdelikte und der Straftaten gegen die persönliche Freiheit", "Anzahl der Diebstahlsfälle", "Anteil aufgeklärter Straftaten", "Anzahl bzw. Anteil der versuchten Straftaten" usw. - jeweils ermittelt für einen räumlich zeitlich abgegrenzten Bereich - in Betracht.[242] Auf diese Weise sind die **Indikatoren** die **Voraussetzung und das Ergebnis einer Begriffsoperationalisierung.**[243]

---

    durch Indikatoren und Indikatorensysteme, unveröffentl. Diplomarbeit, Nürnberg 1991), an deren Betreuung der Verfasser dieser Arbeit maßgeblich beteiligt war.
235 (Neu-)Lateinisch für "Anzeiger".
236 Prim, Rolf/Tilmann, Heribert: Grundlagen einer kritisch-rationalen Sozialwissenschaft, 3. Auflage, Heidelberg 1977, S. 55.
237 Weber, Jürgen: Zielorientiertes Rechnungswesen öffentlicher Betriebe, a.a.O., S. 97f.
238 Vgl. Randolph, Rainer: Pragmatische Theorie der Indikatoren, Göttingen 1979, S. 29ff.
239 Vgl. ebenda, S. 49.
240 Vgl. etwa ebenda sowie Werner, Rudolf: Soziale Indikatoren und politische Planung, Reinbek 1975, S. 57ff mit weiteren Literaturhinweisen.
241 Vgl. Opp, Karl-Dieter: Methodologie der Sozialwissenschaften, a.a.O., insbes. S. 219f.
242 Vgl. dazu Eekhoff, Johann/Muthmann, Rainer/Sievert, Olaf/Werth, Gerhard/Zahl, Jost: Methoden und Möglichkeiten der Erfolgskontrolle städtischer Entwicklungsmaßnahmen, Schriftenreihe "Städtebauliche Forschung" des Bundesministers für Raumordnung, Bauwesen und Städtebau, Wermelskirchen 1977, S. 89.
243 Vgl. Küchler, Manfred: Indikator, in: Endruweit, Günther/Trommsdorf, Gisela (Hrsg.): Wörterbuch der Soziologie, Band 2, Stuttgart 1989, S. 284f, hier S. 284.

Funktion der Ermöglichung (indirekten) Messens[244]

Die Operationalisierung von Sachzielen mittels Indikatoren eröffnet die Möglichkeit, zu erfüllende **Zielniveaus** als Sollwerte festzulegen[245] und damit zu einer rationalen Steuerung und Regelung der verwaltungsbetrieblichen Vorgänge beizutragen. Weil die Indikatoren so auch Ansätze für sachzielbezogene Kontrollen bieten, kommt ihnen zugleich eine **Maßstabsfunktion**[246] zu, an die eine indirekte Messung der Sachziele anknüpft.

Die Indikatoren stellen als direkt meßbare, empirische Größen eine Verbindung her zu einem nicht unmittelbar meßbaren Phänomen.[247] Während etwa das oben genannte theoretische Konstrukt "Öffentliche Sicherheit" als solches nicht empirisch beobachtbar und schon deswegen auch nicht meßbar ist, sind die aufgeführten Indikatoren sehr wohl einer Messung zugänglich. Dieser Umstand kann dazu genutzt werden, **durch eine direkte Messung der** zunächst zur Operationalisierung des theoretischen Konstruktes herangezogenen **Indikatoren das Konstrukt selbst indirekt zu messen**.

Arten von Indikatoren

Von den in der Literatur zahlreich vorgestellten Varianten, Indikatoren zu unterscheiden, soll hier nur auf die Unterscheidung in subjektive und objektive Indikatoren sowie auf die Differenzierung in Input- und Outputindikatoren eingegangen werden.[248]

Die Unterscheidung in **subjektive und objektive Indikatoren** setzt an der **Form der Datenerhebung** an. Während objektive Indikatoren "unabhängig von der subjektiven Wahrnehmung der davon Betroffenen"[249] durch klassisches Messen[250] erhoben werden

---

244 Vgl. ausführlich zu Indikatoren als Instrumente des indirekten Messens Randolph, Rainer: Pragmatische Theorie der Indikatoren, a.a.O., S. 19-63.
245 Vgl. Sieben, Günter/Ossadnik, Wolfgang/Wachter, Anette: Planung für öffentlich-rechtliche Rundfunkanstalten, Baden-Baden 1985, S. 25.
246 Vgl. Musto, Stefan A.: Analyse der Zielerreichung, in: Deutsches Institut der Entwicklungspolitik (Hrsg.): Ausgewählte Aufsätze zum Problem der Evaluierung sozialer Entwicklungsprojekte IV, Berlin 1971, S. 1-37, hier S. 12f.
247 Vgl. Küchler, Manfred: Indikator, a.a.O., S. 284.
248 Vgl. daneben etwa die Unterscheidung von
Zustands- und Prozeßindikatoren bei Reichard und Wißler (Reichard, Christoph/ Wißler, Ulrike: Handreichung zur Bildung von Indikatoren im Bereich der Trägerförderung, Studie im Auftrag der GTZ, Eschborn 1989, insbes. S. 14);
Meß-, Richt- und Standardindikatoren bei Eichhorn (vgl. Eichhorn, Peter: Gesellschaftsbezogene Unternehmensrechnung und betriebswirtschaftliche Sozialindikatoren, in: ZfbF, 28. Jg. (1976), Sonderheft Nr. 5, S. 159-169, hier S. 165f);
Outcome- und Impact-Indikatoren bei Hucke (vgl. Hucke, Jochen: Erfolgskontrolle kommunaler Umweltpolitik, in: Hellstern, Gerd-Michael/Wollmann, Hellmut (Hrsg.): Evaluierung und Erfolgskontrolle in Kommunalpolitik und -verwaltung, Basel 1984, S. 391-403, hier S. 393;
voll-teilidentischen, partiell-teilidentischen und nicht-identischen Indikatoren (Unterscheidungskriterium: Übereinstimmung der von einem Indikator erfaßten Merkmalsausprägung und der Gesamtheit der Merkmalsdimension des Indikandums) von Schmidt, Günther: Kritische Bemerkungen zur "Indikatorbewegung", in: Zapf, Wolfgang (Hrsg.): Soziale Indikatoren II, Frankfurt und New York 1974, S. 243-261, hier S. 244ff oder von
definitorischen, korrelativen und schlußfolgernden Indikatoren bei Mayntz, Renate/Holm, Kurt/Hübner, Peter: Einführung in die Methoden der empirischen Soziologie, 3. Auflage, Opladen 1972, S. 40ff.
249 Leipert, Christian: Unzulänglichkeiten des Sozialprodukts in seiner Eigenschaft als Wohlstandsmaß, Tübingen 1975, S. 243.
250 Vgl. zum Begriff des klassischen oder ursprünglichen Messens Randolph, Rainer: Pragmatische Theorie der Indikatoren, a.a.O., S. 19 (mit weiteren Literaturhinweisen).

können, basieren subjektive Indikatoren auf Informationen, die persönliche Wertschätzungen widerspiegeln. Subjektive Indikatoren kommen insbesondere dann zum Einsatz, wenn der Zielerreichungsgrad einer Leistung nur über die Erfassung der Zufriedenheit der Leistungsempfänger zugänglich gemacht werden kann.[251] Es liegt angesichts der Ziel- und Leistungsstruktur öffentlicher Verwaltungen auf der Hand, daß solchen subjektiven Indikatoren trotz aller Unzulänglichkeiten eine hohe Bedeutung zukommt.

Die Differenzierung von **Input- und Outputindikatoren** bezieht sich darauf, ob die Indikatoren an den einem System zufließenden oder an den aus ihm hervorgehenden Strömen ansetzen. Zur Abbildung von Sachzielen und insbesondere von Sachzielerreichungsgraden liegt es nahe, an die Verwaltungsoutputs anzuknüpfen. Schließlich ist der Verwaltungs-Output selbst Gegenstand der Zielvorgaben oder aber zumindest Mittel zur Erzielung bestimmter Wirkungen beim Leistungsnehmer oder der Allgemeinheit (Outcome). Da die Bestimmung treffsicherer und mit einem akzeptablen Aufwand zu gewinnender Outputindikatoren gerade bei qualitativen, auf komplexe Leistungswirkungen ausgerichteten Sachzielen zuweilen schwerfällt, wird (zu) häufig auf Input-Indikatoren zurückgegriffen. Dahinter steht stets die Annahme, daß die für die Erreichung eines Zieles aufgewandten Mittel Rückschlüsse auf die Zielerreichung erlauben. Es wird darauf zurückzukommen sein, daß die Qualität der Input-Indikatoren - insbesondere hinsichtlich der Validitätsdimension - in sozialen Systemen vorsichtig beurteilt werden muß. Nur in deterministischen Systemen (wie etwa einer programmierbaren Maschine) kann unmittelbar vom Systeminput auf den Systemoutput geschlossen werden.

Die Frage, inwieweit sich **Indikatoren** von **Kennzahlen** unterscheiden, wird in der Literatur uneinheitlich beurteilt.[252] Hier wird die Position vertreten, daß **auch klassische Kennzahlen Indikatoren sein können**, wenn sie die oben beschriebenen Anforderungen erfüllen, insbesondere also als Hilfsgrößen für die Operationalisierung und die Messung nicht unmittelbar faßbarer Phänomene eingesetzt werden. So handelt es sich bei der Eigenkapitalrentabilität, der Gesamtkapitalrentabilität oder der Umsatzrendite zweifellos um betriebswirtschaftliche Kennzahlen. Sobald diese Kennzahlen zur Operationalisierung des Begriffes "Unternehmensrentabilität" herangezogen werden, sind sie aber auch als Indikatoren anzusehen.[253]

---

251 Vgl. Weber, Jürgen: Zielorientiertes Rechnungswesen öffentlicher Betriebe, a.a.O., S. 99.
252 Vgl. etwa Reichmann, Thomas: Controlling mit Kennzahlen, München 1985, S. 20; Weber, Jürgen: Zielorientiertes Rechnungswesen öffentlicher Betriebe, a.a.O., S. 97; Hodel, Andreas: Zielorientierte Erfolgsermittlung für öffentlich-gemeinwirtschaftliche Unternehmen, Diss. Bochum 1976, S. 236; Randolph, Rainer: Pragmatische Theorie der Indikatoren, a.a.O., S. 34f; Braun, Günther E.: Betriebswirtschaftliche Kennzahlen und Indikatoren zur Verbesserung der Wirtschaftlichkeit des staatlichen Verwaltungshandelns, in: Eichhorn, Peter (Hrsg.): Doppik und Kameralistik, Baden-Baden 1987, S. 183-200, hier S. 187f.
253 Allerdings ist doch festzustellen, daß die durch Kennzahlen ausgedrückten Sachverhalte stets quantitativer Natur sind und einem kardinalen Messen zugänglich sein müssen, "während bei Indikatoren auch qualitative Überlegungen eine Rolle spielen" (Braun, Günther E.: Betriebswirtschaftliche Kennzahlen und Indikatoren, a.a.O., S. 188). Für Indikatoren reicht ein ordinales, teilweise sogar auch ein nominales Messen aus (vgl. ebenda).

C Voraussetzungen für die Entwicklung sachzieladäquater Indikatorensysteme

In der Verwaltungspraxis enthalten die Zielvorgaben häufig Begriffe, die noch nicht operationalisiert sind. Damit müssen die zu formulierenden Indikatoren zunächst die Funktion der Zieloperationalisierung erfüllen, bevor sie in einem zweiten Schritt zur Messung von Zielerreichungsgraden bzw. deren Änderungen als Folge von Verwaltungsmaßnahmen herangezogen werden können. Somit kommt den sachzielbezogenen Indikatoren sowohl die Operationalisierungsfunktion als auch die Funktion, indirektes Messen von Sachzielerreichungsgraden zu ermöglichen, zu.

1. Validität und Reliabilität der Indikatoren

Validität

Die zentrale Aufgabe, die sich dem Verwaltungs-Controller im Zuge des Aufbaus eines sachzielbezogenen Indikatorensystems stellt, besteht darin zu entscheiden, nach welchen Kriterien Indikatoren ausgewählt werden sollen, damit sie eine **hohe Validität** aufweisen, also Informationen liefern, die den zu erfassenden Sachverhalt möglichst vollständig charakterisieren[254] und damit "die Forderung nach möglichst guter Übereinstimmung von Meßergebnis und zu messender Realität"[255] erfüllen.[256] Im vorliegenden Fall müssen die Indikatoren einerseits in der Lage sein, das Sachziel treffend zu operationalisieren und andererseits auch eine begründete Antwort auf die Frage geben können, ob und in welchem Ausmaß das in Rede stehende Sachziel realisiert wurde.

Zwischen der Indikatorebene und der Phänomenebene (hier: Sachzielebene) müssen **Korrespondenzregeln** bestehen, die Hypothesen über den Zusammenhang von Indikator und Phänomen formulieren.[257] Es ist umstritten, welche Qualität diese Korrespondenzregeln aufweisen müssen. Teilweise wird die Forderung erhoben, es müßten bewährte Gesetzesaussagen aus einer expliziten Theorie vorliegen.[258] Andere Autoren erheben dagegen weniger strenge Anforderungen.[259] Randolph leitet aufgrund seiner umfassenden Analyse die Empfehlung ab, das weder unmittelbar beobachtbare noch meßbare empirische Phänomen (Indikandum) müsse im Wege einer "**theoretischen**

---

254 Vgl. Schaich, Eberhard: Schätz- und Testmethoden für Sozialwissenschaftler, München 1977, S. 7.
255 Weber, Jürgen: Zielorientiertes Rechnungswesen öffentlicher Betriebe, a.a.O., S. 98.
256 Vgl. auch Friedrichs, der betont: "Die Validität der Indikatoren ist eine Voraussetzung für die Validität der Messungen" (Friedrichs, Jürgen: Methoden empirischer Sozialforschung, 10. Auflage, Opladen 1982, S. 101).
257 Vgl. Kromrey, Helmut: Empirische Sozialforschung, 3. Auflage, Opladen 1986, S. 86.
258 "Erst eine explizite Theorie enthält Begriffe empirischer und logischer Bedeutung, aus ihr lassen sich auch theoretische Begründungen der Indikatorenwahl ableiten." (Friedrichs, Jürgen: Methoden empirischer Sozialforschung, a.a.O., S. 80).
259 "So führt Pawlowski für den Zusammenhang von Indikandum und Indikator (Operationalisierung) eine Indikatorkorrelation ein, deren logischer Struktur er eine große Variationsbreite zubilligt." (Randolph, Rainer: Pragmatische Theorie der Indikatoren, a.a.O., S. 52. Randolph bezieht sich dabei auf Pawlowski, T.: Indicators in Comparative Research, Unveröffentlichtes Manuskript, Berlin 1975, S. 7f).

Anreicherung eine Einbettung ... in eine theoretische Konzeption"[260] erfahren. Daraus seien " 'geeignete' Indikatoren auszuwählen. Für diesen Vorgang gibt es keine eindeutigen methodischen Anweisungen. Verschiedentlich wird lediglich betont, daß eine ganze Anzahl von Indikatoren zur Messung verwendet werden sollte."[261]

In der Verwaltungspraxis wird es nur selten möglich sein, Indikatoren aufgrund **expliziter Theorien** auszuwählen, so daß man sich allenfalls auf **implizite Theorien** stützen kann. Hier ist zwar grundsätzlich Friedrichs zuzustimmen, der kritisiert, daß dieses Vorgehen "zu **Vermutungen** bei der Wahl der Indikatoren"[262] führe. Allerdings ist dieses Manko in einer pragmatischen Vorgehensweise sicherlich dem Zustand vorzuziehen, daß die Ziele wegen fehlenden expliziten Theorien, auf die sich die Ableitung von Korrespondenzregeln stützen könnte, überhaupt nicht operationalisiert werden und eine Messung des Zielerreichungsgrades gänzlich unterbleibt.

Reliabilität

Außer der Validität ist an die Indikatoren auch die Forderung nach **Reliabilität (Zuverlässigkeit)** zu stellen. Reliabilität ist dann gegeben, wenn die von den Indikatoren gelieferten Informationen reproduzierbar sind, also unter gleichbleibenden Gegebenheiten stets denselben Wert erbringen. Damit schließt die Forderung nach Reliabilität auch das Erfordernis von **Objektivität** ein.[263]

Die Indikatoren, die zur Operationalisierung von Sachzielen öffentlicher Verwaltungen heranzuziehen sind, werden der Forderung nach Reliabilität nicht häufig vollumfänglich genügen können. Schon oben wurde auf die hohe Bedeutung subjektiver Indikatoren hingewiesen, die aus den Spezifika der Zielstruktur öffentlicher Verwaltungen resultiert. Die **eingeschränkte Reliabilität der subjektiven Indikatoren** muß bei der Interpretation der Ergebnisse der damit operationalisierten Ziele und der mit diesen Indikatoren gemessenen Zielerreichungsgrade unbedingt beachtet werden.

Konflikt zwischen Validität und Reliabilität

Die Validität und die Reliabilität der auszuwählenden Indikatoren stellen gerade im Bereich der Sachziele öffentlicher Verwaltungen häufig **konkurrierende Ziele** dar. Dieses Dilemma wird durch die Aufnahme des Zieles einer möglichst wenig aufwendigen Datengewinnung sogar noch zu einem Trilemma erweitert.

Während **Inputindikatoren** - etwa die für ein bestimmtes Sachziel eingesetzten sächlichen Mittel - unter dem Aspekt des Erfassungsaufwandes und der Objektivität (und damit der Reliabilität) sehr geeignet erscheinen, sind sie für eine Vielzahl relevanter Sachziele unter dem Aspekt der Validität von recht geringer Qualität, denn von den eingesetzten Mitteln kann nur selten auf erzielte Wirkungen geschlossen werden.

---

260 Randolph, Rainer: Pragmatische Theorie der Indikatoren, a.a.O., S. 52. Randolph gesteht im Hinblick auf die empfohlene theoretische Anreicherung ein: "An dieser Stelle können außer mehr oder weniger offenen Heuristiken keine methodischen Anweisungen gegeben werden" (ebenda, S. 49).
261 Ebenda, S. 52.
262 Friedrichs, Jürgen: Methoden empirischer Sozialforschung, a.a.O., S. 81 (Fettdruck des Verf.).
263 Vgl. Schaich, Eberhard: Schätz- und Testmethoden, a.a.O., S. 7.

Dagegen sind **Outputindikatoren**, die unmittelbar an diesen Wirkungen anzusetzen versuchen, häufig nur sehr aufwendig zu gewinnen und weisen - etwa als Ergebnis der Erhebung persönlicher Einschätzungen - einen höchst subjektiven Charakter auf, was ihnen eine geringe Reliabilität verleiht.

Deshalb müssen in jedem Einzelfall verschiedenartige Indikatoren in ein **ausgewogenes Indikatorensystem** einbezogen werden, um die jeweiligen Nachteile der Einzelindikatoren so weit als möglich zu kompensieren.

Indikatorensysteme

Indikatoren können ein Indikandum definitionsgemäß nur **indirekt und ausschnittsweise** abbilden. Um ein Sachziel hinreichend vollständig und valide operationalisieren und messen zu können, sind stets **mehrere Indikatoren** heranzuziehen. "In der Indikatordiskussion wird immer wieder darauf hingewiesen, wie wichtig die Zusammenfassung von Indikatoren zu Systemen ist. ... Wenn sie (die Indikatoren, d. Verf.) nur in Tabellen aufgenommen und dann isoliert betrachtet werden, besteht die Gefahr der Überbetonung von Aspekten und der Verkennung von Zusammenhängen."[264] Im folgenden soll unter einem **Indikatorensystem** eine geordnete Menge von Indikatoren verstanden werden, deren Zusammenhang untereinander und deren Verhältnis zum Indikandum vorzugsweise auf der Basis einer expliziten Theorie beruhen. In Ermangelung einer solchen expliziten Theorie ist auf implizite Theorien oder auf bewährte Hypothesen zurückzugreifen.

2. Meßtheoretische Anforderungen

An die Operationalisierung der Sachziele mittels geeigneter Indikatoren schließt sich die Messung[265] dieser Indikatoren an. Allgemein besteht der **Meßvorgang** in der Zuordnung von Elementen einer Objektebene auf solche einer Symbolebene (i.d.R. auf Zahlen).[266] Konkret wird etwa dem Objektelement und möglichen Indikator "Anzahl der Eigentumsdelikte im Stadtteil Z 1991" die Zahl "x" zugeordnet.

In einem klassischen Sinne verstandenes Messen liegt dabei nur dann vor, wenn die Verhältnisse der empirischen Objektebene **objektiv** durch ein Symbol zu charakterisieren sind. Diese Voraussetzung ist bei Messungen im naturwissenschaftlichen Bereich erfüllt. In den Sozialwissenschaften ist dagegen der Fall häufig, daß auf der

---

264 Werner, Rudolf: Soziale Indikatoren, a.a.O., S. 75. Vgl. auch Weber, Jürgen: Zielorientiertes Rechnungswesen öffentlicher Betriebe, a.a.O., S. 100f und Picot, der ein "System von Indikatoren" als ein methodenpluralistisches System von Maßgrößen bezeichnet (Picot, Arnold: Betriebswirtschaftliche Umweltbeziehungen und Umweltinformationen, Berlin 1977, S. 207).
265 Zum Begriff des Messens vgl. ausführlich Randolph, Rainer: Pragmatische Theorie der Indikatoren, a.a.O., S. 19ff.
266 Dabei müssen die real existierenden Relationen der abzubildenden Objektelemente durch entsprechende Relationen auf der Symbolebene wiedergegeben werden (vgl. Hodel, Andreas: Zielorientierte Erfolgsermittlung, a.a.O., S. 246f).

empirischen Objektebene keine objektiven Relationen vorhanden sind. Hier ist eine Bewertung der Objektrelationen auf der Basis subjektiver Präferenzstrukturen notwendig. Dieser Vorgang wird als **messende Bewertung** bezeichnet.[267] So kann etwa die Zufriedenheit eines Bürgers mit einer Verwaltungsleistung nicht durch klassisches Messen, sondern nur durch eine messende Bewertung festgestellt werden.[268]

Die Aussagefähigkeit der Meßergebnisse hängt entscheidend mit dem Niveau der Messung zusammen, das in der verwendeten Skalenart zum Ausdruck kommt. Gemeinhin werden hier hauptsächlich die Nominalskala,[269] die Ordinalskala, die Intervallskala und die Verhältnisskala unterschieden.[270]

3. Datengewinnung

Damit die Indikatoren ihre Aufgabe, eine Verbindung zwischen dem theoretischen Konstrukt, dem Sachziel, und der Beobachtungsebene herzustellen, erfüllen können, müssen sie auf **empirische Daten** basiert sein. Die Sozialwissenschaften haben zahlreiche Methoden entwickelt, mit denen diese Daten ermittelt werden können. Es seien nur etwa das Interview, die schriftliche Befragung, die Beobachtung und die Inhaltsanalyse genannt. Auf die hinlänglich bekannten und ausführlich beschriebenen **Verfahrensweisen**[271] braucht hier nicht im einzelnen eingegangen zu werden.

Im Hinblick auf eine wirtschaftliche Schaffung und Auswertung des Indikatoreninstrumentariums ist der Verwaltungs-Controller gehalten, soweit als möglich auf **vorhandene Daten** zurückzugreifen.[272] Anderseits wird zurecht darauf hingewiesen, daß die starke Betonung einer leichten Datenzugänglichkeit dazu führen kann, die Indikatorensuche vorschnell abzubrechen und relevante Indikatoren zu verfehlen.[273] Auch hier muß im Einzelfall eine Abwägung der beiden Aspekte vorgenommen werden.

---

267 Vgl. Zangemeister, Christof: Nutzwertanalyse in der Systemtechnik - Eine Methodik zur multidimensionalen Bewertung von Projektalternativen, 2. Auflage, München 1972, S. 143.
268 Das direkte Messen (im Gegensatz zum indirekten Messen durch Indikatoren) läßt sich also in klassisches Messen und in die messende Bewertung unterteilen. Im ersteren Falle liegt die betrachtete Objektrelation interpersonal und intertemporal fest; im Falle der messenden Bewertung kann etwa eine Veränderung der Präferenzrelationen im Zeitablauf zu abweichenden Meßergebnissen führen.
269 Auf der Nominalskala erfolgt im Grunde lediglich eine Klassifikation des Untersuchungsobjektes nach dem Kriterium, ob es eine bestimmte Merkmalsausprägung aufweist oder nicht. Von daher wird teilweise bestritten, daß hier überhaupt von einem Meßvorgang gesprochen werden könnte (vgl. Szyperski, Norbert: Zur Problematik der quantitativen Terminologie in der Betriebswirtschaftslehre, Berlin 1962, S. 64f). Nach der oben vorgenommenen Abgrenzung ist jedoch auch diese nominale Klassifizierung als die einfachste Form einer Messung anzusehen.
270 Die Eigenschaften und Anforderungen der jeweiligen Skalenarten werden hier als hinlänglich bekannt vorausgesetzt (vgl. dazu etwa Schaich, Eberhard: Schätz- und Testmethoden, a.a.O., S. 3ff oder - ausführlicher - Bortz, Jürgen: Statistik für Sozialwissenschaftler, 3. Auflage, Berlin u.a. 1989, S. 27ff).
271 Vgl. eingehend etwa Friedrichs, Jürgen: Methoden empirischer Sozialforschung, a.a.O., S. 207-375.
272 Vgl. dazu den Überblick über zur Verfügung stehende Datenquellen allein der kommunalen Zielerreichungskontrolle bei Volz, Jürgen: Erfolgskontrolle kommunaler Planung - Eine Untersuchung über Möglichkeiten und Grenzen der Erfolgskontrolle kommunaler Planungen, Köln u.a. 1980, S. 163ff.
273 Vgl. ebenda, S. 156.

D Indikative Abbildung des Sachzielsystems

Indikatoren als Unterziele

Sachzielbezogene Indikatoren sollen eine Verbindung von angestrebten Zuständen und der Realität herstellen. Dazu müssen die angestrebten Zustände so genau beschrieben sein, daß sie als konkrete Handlungsanleitung dienen können. Solche genau präzisierten Tatbestände können als **Unterziele** eines Zielsystems bezeichnet werden. Wenn oben die **Indikatoren** in ihrer Funktion zur Operationalisierung von theoretischen Konstrukten beschrieben wurden, so kann hier festgestellt werden, daß die zur Sachzieloperationalisierung dienenden Indikatoren selbst als Unterziele oder als Zieldimensionen[274] anzusehen sind. So gesehen werden die **Indikatoren zu Elementen des Zielsystems.**[275]

Heuristiken zur sachzielbezogenen Indikatorenauswahl

Bereits oben wurde gezeigt, daß in aller Regel keine expliziten Theorien zur sicheren Indikatorenauswahl zur Verfügung stehen, so daß auf heuristische Verfahren zurückzugreifen ist.

Die oben beschriebenen Zusammenhänge legen folgende **heuristische Auswahlregeln** für die Bestimmung sachzielbezogener Indikatoren nahe:[276]

- Da einzelne Indikatoren nicht in der Lage sind, komplexe Sachziele öffentlicher Verwaltungen in ausreichendem Maße zu operationalisieren und zu messen, sind stets **Indikatorenbündel** heranzuziehen.
- Aus der oft sehr großen Anzahl möglicher Indikatoren muß eine überschaubare, handhabbare **Auswahl** getroffen werden.
- Die ausgewählten Indikatoren sollen verschiedene Aspekte des Sachziels abbilden (**Mehrdimensionalität** der Indikatoren).[277]
- Die Indikatoren sollen durch Verwaltungsmaßnahmen **beeinflußbar** sein.
- Die Indikatoren sollen weitmöglichst aus Daten der **amtlichen Statistik** oder aus Daten anderer **regelmäßig erstellter Rechenkreise** gebildet werden können.
- Die Indikatoren sollen **zeitnah** ermittelbar sein und Wirkungen von Maßnahmen ohne Verzögerung anzeigen.

---

274 Die Begriffsverwendung ist nicht einheitlich. Eekhoff et al. verwenden etwa den Begriff des Zielkriteriums. Dieser sei "grundsätzlich identische" mit dem Begriff des Erfolgsindikators (Eekhoff, Johann/Muthmann, Rainer/Sievert, Olaf/Werth, Gerhard/Zahl, Jost: Erfolgskontrolle städtischer Entwicklungsmaßnahmen, a.a.O., S. 111).
275 Vgl. Goldbach, Arnim: Die Kontrolle des Erfolges öffentlicher Einzelwirtschaften, Frankfurt u.a. 1985, S. 185-187. Goldbach spricht allerdings von Feinzielen, die "tatsächlich regelmäßig den Charakter von Indikatoren haben" (ebenda, S. 187), wenngleich feine begriffliche Unterschiede zwischen den Begriffen bestünden (vgl. ebenda, S. 186f).
276 Vgl. ähnlich die Auswahlkriterien, die Eekhoff u.a. für die Auswahl von Erfolgsindikatoren für kommunale Entwicklungsmaßnahmen formuliert haben (Eekhoff, Johann/Muthmann, Rainer/Sievert, Olaf/Werth, Gerhard/Zahl, Jost: Erfolgskontrolle städtischer Entwicklungsmaßnahmen, a.a.O., S. 74f).
277 Vgl. Werner, Rudolf: Soziale Indikatoren, a.a.O., S. 95.

- Unter dem Aspekt der **Reliabilität** sollen die Indikatoren intertemporal und interpersonal vergleichbar sein.
- Unter dem Aspekt der **Validität** sind Outputindikatoren grundsätzlich gegenüber Inputindikatoren zu bevorzugen, letztere aber als Ergänzung heranzuziehen.
- Es ist das jeweils **höchstmögliche Skalenniveau** zu wählen.

Konkrete Transformation der Sachziele

Basierend auf dem von Witte/Hauschildt erarbeiteten Katalog zur Klassifizierung und Erfassung der Leistungsmerkmale des Angebots einer Betriebswirtschaft[278] wird sich die Indikatorenauswahl insbesondere auf die **Leistungsdimensionen** der **Leistungsmenge**, des **Leistungspreises** (im Falle entgeltlicher Leistungsabgabe) und der **Leistungsqualität** zu beziehen haben.[279] Der Auswahlakt weist folgende Struktur auf:[280]

- Auswahl der relevanten Leistungskategorien je Leistungsdimension,
- Festlegung von Indikatoren je Leistungskategorie,
- Festlegung des Zielniveaus je Indikator.

- **Auswahl der relevanten Leistungskategorien je Leistungsdimension**

Im ersten Schritt müssen die **relevanten Kategorien** der einzelnen Leistungsdimensionen festgelegt werden. Die Wahl von Kategorien für die **Leistungsmenge** kann sich in diesem Falle an den zur Verfügung stehenden Kapazitäten ausrichten.[281] Dabei werden umso differenziertere Kategorien zu gewinnen sein, je detaillierter die Kapazitäten in der Leistungsrechnung unterschieden werden. Die Kategorien bezüglich des **Leistungsentgeltes** können sich auf die Entgelthöhe, die Entgeltbemessungsgrundlage, die Zusammensetzung des Entgeltes und auf das Ausmaß der Entgeltdifferenzierung beziehen.[282]

Die Festlegung von Leistungskategorien für die Dimensionen der **Leistungsqualität** gestaltet sich sehr komplex. Die Qualität von Sach- und Dienstleistungen richtet sich weitgehend nach dem Ausmaß, in dem das Produkt die Erwartungen der Konsumenten zu erfüllen vermag. Daher muß sich die Kategorienfestlegung zumindest indirekt an den **Anforderungen der Konsumenten** ausrichten.[283] Dadurch gerät die

---

278 Vgl. Witte, Eberhard unter Mitwirkung von Jürgen Hauschildt: Die öffentliche Unternehmung im Interessenkonflikt, Berlin 1966, S. 88.
279 So auch Weber und Schüler (vgl. Weber, Jürgen: Zielorientiertes Rechnungswesen öffentlicher Betriebe, a.a.O., S. 101 und Schüler, Hans: Probleme der Erfolgsmessung bei bedarfswirtschaftlichen Unternehmen, Göttingen 1959, S. 43, wobei Schüler hier von "Meßarmen" spricht).
280 Zu den folgenden Ausführungen vgl. insbesondere Stauss, Bernd: Ein bedarfswirtschaftliches Marketingkonzept für öffentliche Unternehmen, Baden-Baden 1987, S. 263ff. Die Leistungskategorien korrespondieren dabei weitgehend mit den oben (Kapitel 5, Teil V. B 2.) genannten Zielkriterien.
281 Vgl. Weber, Jürgen: Zielorientiertes Rechnungswesen öffentlicher Betriebe, a.a.O., S. 101ff.
282 Vgl. Witte, Eberhard unter Mitwirkung von Jürgen Hauschildt: Die öffentliche Unternehmung im Interessenkonflikt, a.a.O., S. 95. Primär handelt es sich beim Leistungsentgelt um eine Dimension der Finanz- und Erfolgsziele. Sie kann andererseits gerade in Leistungsbereichen mit administrierten Preisen auch als Sachzieldimension mit hohem potentiellen Informationsgehalt angesehen werden.
283 Vgl. Stauss, Bernd: Ein bedarfswirtschaftliches Marketingkonzept, a.a.O., S. 266. Anders zu sehen ist der Fall der meritorischen Güter - auf den aber im Detail hier nicht eingegangen werden kann (vgl. dazu etwa Petersen, Hans-Georg: Finanzwissenschaft, Band 1: Grundlegung - Haushalt - Aufgaben und Ausgaben, Stuttgart u.a. 1988, S. 128-130). Hier muß an erster Stelle die Abbildung des Nutzens

Festlegung von Qualitätskategorien zu einem aufwendigen Verfahren, denn die jeweiligen Verbraucheranforderungen sind ad hoc häufig nur vage bekannt und zudem äußerst vielfältig. Als relevante Eigenschaftsgruppen können physikalische, funktional-nutzungsbezogene, ästhetische, sozial-symbolische und ökologische Eigenschaften sowie bei Dienstleistungen auch personenbezogene Eigenschaften gelten.[284] Auf welche Kategorie besonderes Augenmerk zu richten ist, hängt vom Einzelfall ab. Nach Möglichkeit sollten aber Kategorien ausgewählt werden, die die gebrauchswertbezogenen Eigenschaften (funktional-nutzungsbezogene und physikalische) und - im Fall von Dienstleistungen - zusätzlich die personenbezogenen Eigenschaften[285] abdecken.

- **Festlegung von Indikatoren je Leistungskategorie**

    Für die **Leistungsmenge** bietet sich zuvorderst die Gesamtmenge der erstellten und/oder abgegebenen Leistungsart als Indikator an.[286] Weiter wird im Einzelfall eine Auswahl aus den von der Leistungsrechnung bereitgestellten oder aus ihr ableitbaren Indikatoren erfolgen müssen. Zu denken ist etwa an eine Relativierung der Leistungsmenge an der Anzahl und der Qualität der leistungserbringenden Kapazitäten, wie z.B. Anzahl der erstellten und/oder abgegebenen Leistungen der Leistungsart x je Mitarbeiter der Besoldungsgruppe y. Auch eine Klassenbildung, etwa die Differenzierung der Leistungsabgabe nach bestimmten Tageszeiten, kann aussagekräftige Indikatoren zustandebringen.

    Bei der Ermittlung **entgeltbezogener Indikatoren** können etwa nach den Leistungsvarianten differenzierte Durchschnittsentgelte, Indikatoren zur Entgeltentwicklung (Änderungsraten) und solche, die Auskunft über das Leistungsentgelt in Relation zum verfügbaren Einkommen der Leistungsempfänger geben, gewählt werden.[287]

    Die Auswahl von Indikatoren hinsichtlich der **qualitativen Leistungsmerkmale** gestaltet sich entsprechend den vielfältigen Qualitätskategorien aufwendig. Die physikalischen und funktional-nutzungsbezogenen Qualitätskategorien sind noch relativ problemlos mit Indikatoren zu füllen - man denke z.B. an Heizwerte als physikalische Eigenschaft der Leistungsabgabe öffentlicher Fernheizwerken[288] oder an Pünktlichkeitsgrade im öffentlichen Personennahverkehr als Ausdruck von funktional-nutzungsbezogenen Merkmalen. Für die weiteren Qualitätskategorien

---

für die Allgemeinheit stehen. Erst in zweiter Linie kann auf die subjektiven Wertungen des Nutzers eingegangen werden.

284 Vgl. Stauss, Bernd: Ein bedarfswirtschaftliches Marketingkonzept, a.a.O., S. 266f. Ein Ansatz zur Bewertung solcher Eigenschaftsmerkmale durch die Konsumenten findet sich bei Ilgman (vgl. Ilgmann, Gottfried: Die zielkongruente Gestaltung des Leistungsangebotes im öffentlichen Personennahverkehr, Berlin 1980, S. 41ff).

285 Vgl. Klaus, Peter G.: Betriebswirtschaftslehre der Dienstleistungen, a.a.O., S. 472f.

286 Vgl. Weber, Jürgen: Zielorientiertes Rechnungswesen öffentlicher Betriebe, a.a.O., S. 101ff.

287 Vgl. ähnlich Mitchell, Jeremy: Consumer Performance Indicators and Targets for Nationalised Industries in the United Kingdom, in: Journal of Consumer Policy, 6. Jg. (1983), S. 177-193, hier S. 182ff. Ergänzend ist in diesem Bereich an die Bildung von Kostendeckungsgraden zu denken, obwohl diese den formalzielbezogenen Erfolgsgrößen zuzurechnen sind.

288 Vgl. Witte, Eberhard unter Mitwirkung von Jürgen Hauschildt: Die öffentliche Unternehmung im Interessenkonflikt, a.a.O., S. 88.

sieht sich die Indikatorenauswahl jedoch vor dem grundsätzlichen Problem, daß in starkem Maße auf das individuelle Empfinden und die persönliche Wertschätzung des Konsumenten abzustellen ist. Damit liegt für diese Kategorien kein objektives empirisches Relativ vor, so daß ein Messen dieser Tatbestände in der Form der **messenden Bewertung** erfolgen muß. Dies kann nur über subjektive Outputindikatoren erfolgen, deren Anwendung mit Unwägbarkeiten behaftet ist.[289] Trotz aller berechtigten Einwände kann aber auf eine Verwendung subjektiver Indikatoren im Rahmen des Verwaltungs-Controlling nicht verzichtet werden, weil nur so eine zutreffende Abbildung der qualitativen Leistungsmerkmale möglich ist.

- **Festlegung des Zielniveaus je Indikator**

   Für die Überführung eines Indikators in ein (Unter-)Ziel ist die **Fixierung des angestrebten Niveaus** erforderlich.[290] Durch die Zielniveaubestimmung werden die Indikatoren als **Sollvorgaben** ausgestaltet. Dabei kann die Gestaltung der Sollvorgabe in Form von Mindest- oder Höchstanforderungen, durch Angabe von Toleranzbereichen oder durch genau spezifizierten Sollzahlen erfolgen.[291] Als Orientierungskriterien zur Bestimmung solcher Sollvorgaben können z.B. bestehende Rechtsnormen, Normen technischer Natur und Ansprüche der Konsumenten herangezogen werden.[292]

Die **Abbildung 6-7** verdeutlicht die vorgeschlagene Vorgehensweise zur Transformation von Sachzielen anhand des Beispiels aus dem kommunalen Öffentlichen Personennahverkehr.

Träger des Transformationsprozesses

Vier Personengruppen haben ein besonderes Interesse am Prozeß der Transformation komplexer Sachziele:[293] Die politisch **legitimierten Entscheidungsträger**, die beamteten oder angestellten **Führungskräfte** der öffentlichen Verwaltungen, die **sachbearbeitenden Verwaltungsmitarbeiter** und schließlich auch die Bürger, genauer gesagt, die jeweiligen **Konsumenten** der Verwaltungsleistungen. Zu klären ist die Frage, inwieweit die angesprochenen Gruppen am Transformationsprozeß zu beteiligen sind. Der

---

[289] Thiemeyer führt hier insbesondere die politische Voreingenommenheit von Interessensgruppen an (vgl. Thiemeyer, Theo: Gemeinwirtschaftlichkeit als Ordnungsprinzip, Berlin 1970, S. 294). Als gewichtiges Argument gegen deren Einsatz wird genannt, daß die subjektiven Indikatoren lediglich "verzerrte Bedürfnisse" widerspiegelten (vgl. Gottschalk, Ingrid: Verbraucherpräferenzen und öffentliche Güter, Diss. Hohenheim 1978, 131f). Zur Beeinflußbarkeit der Bewertung öffentlicher Leistungen durch Konsumenten vgl. Rondorf, Dieter: Die Bewertung öffentlicher Leistungen durch die Bürger, Frankfurt a.M./Bern/New York 1985, S. 139ff.
[290] Vgl. Stauss, Bernd: Ein bedarfswirtschaftliches Marketingkonzept, a.a.O., S. 276.
[291] Vgl. dazu die Ausführungen in Kapitel 5, Teil I.
[292] Vgl. Wysocki, Klaus von: Sozialbilanzen, Stuttgart/New York 1981, S. 28f.
[293] Vgl. Hellstern, Gerd-Michael/Wollmann, Hellmut: Evaluierung und Evaluierungsforschung - ein Entwicklungsbericht, in: Hellstern, Gerd-Michael/Wollmann, Hellmut (Hrsg.): Handbuch zur Evaluierungsforschung, Band 1, Opladen 1984, S. 17-93, hier S. 23f. Die Ausführungen von Hellstern/Wollmann beziehen sich allgemein auf die Evaluierung staatlichen Handelns, können jedoch auf die hier betrachtete Sachzieloperationalisierung mittels Indikatoren übertragen werden.

Verwaltungs-Controller wird hier als **formeller Koordinator** dieses Prozesses angesehen.[294]

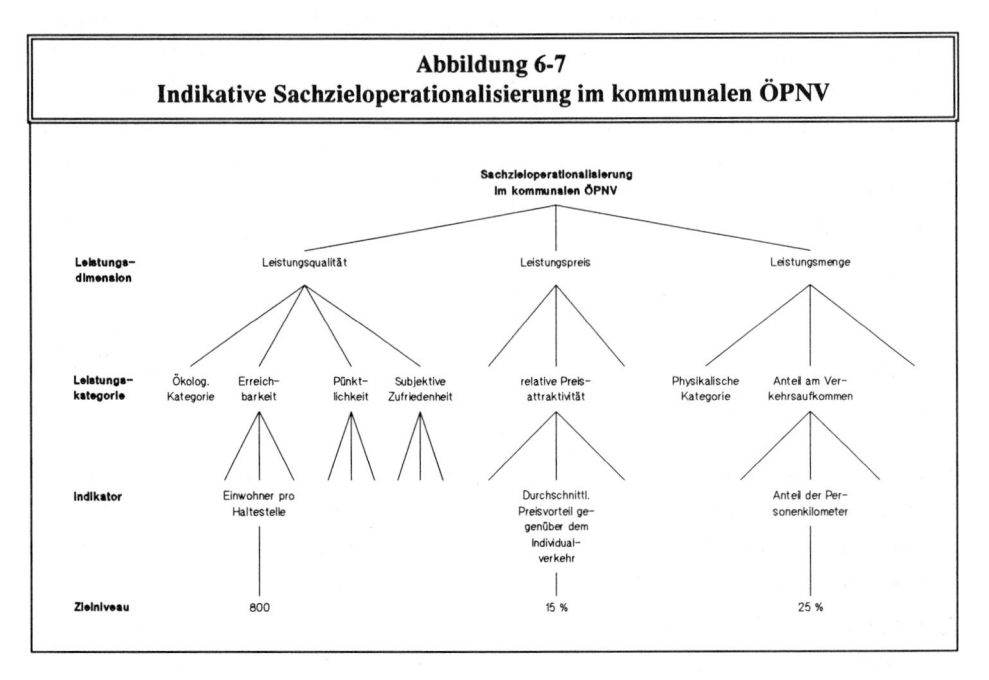

Abbildung 6-7
Indikative Sachzieloperationalisierung im kommunalen ÖPNV

Leistungs-dimension	Leistungsqualität				Leistungspreis	Leistungsmenge	
Leistungs-kategorie	Ökolog. Kategorie	Erreich-barkeit	Pünkt-lichkeit	Subjektive Zufriedenheit	relative Preis-attraktivität	Physikalische Kategorie	Anteil am Verkehrsaufkommen
Indikator		Einwohner pro Haltestelle			Durchschnittl. Preisvorteil gegenüber dem Individual-verkehr		Anteil der Personenkilometer
Zielniveau		800			15 %		25 %

Da die Indikatoren als (Unter-)Ziele zu betrachten sind, bedürfen sie wie alle Ziele öffentlicher Verwaltungen einer **Legitimation** durch die gewählten Mandatsträger. Aus deren Sicht ist es gerade eine wesentliche Chance des Indikatoren-Ansatzes, den bisher durch leerformelhaft vorgegebene Oberziele vorhandenen Interpretationsspielraum der Verwaltung einzuschränken. Abweichungen von den Sollvorgaben müssen begründet werden und somit einer nachträglichen Kontrolle durch die politisch Verantwortlichen zugänglich sein.[295] Allerdings sind weitestmöglich ergebnisbezogene Outputindikatoren gegenüber prozeßbezogenen Indikatoren zu bevorzugen, damit nicht die notwendige Flexibilität der Verwaltungsführung unnötig eingeschränkt wird.

Das entscheidende Argument für die Mitwirkung der **Führungskräfte** liegt in der Tatsache begründet, daß sie sich des Instrumentariums der Indikatorenrechnung letztendlich bedienen sollen. Die sachzielbezogenen Führungsentscheidungen sollen durch die aus der Indikatorenrechnung zu gewinnenden Informationen fundiert und die getroffenen Entscheidungen mit Hilfe der Soll-Indikatoren durchgesetzt werden. Zudem verfügen die Führungskräfte genauso wie die **Verwaltungsmitarbeiter** über ein hohes Maß an Sachkompetenz und Insider-Wissen. Auf diese Kenntnisse muß im Zuge der Transformation der Sachziele unbedingt zurückgegriffen werden. Für eine Beteiligung der Arbeitnehmer spricht neben der Verwertung des hier vorhandenen detaillier-

---

[294] Vgl. dazu die grundlegenden Ausführungen in Kapitel 4.
[295] Vgl. Stauss, Bernd: Ein bedarfswirtschaftliches Marketingkonzept, a.a.O., S. 281.

ten Wissens, daß partizipativ erarbeitete Indikatorensysteme eine erhöhte Akzeptanz erfahren werden.[296]

Der Grundgedanke der **Bürgerpartizipation** beruht auf dem Umstand, daß die Leistungsziele der öffentlichen Verwaltung zuvorderst die Wohlfahrt der Bürger mehren sollen, was eine unmittelbare Bürgerbeteiligung bei der Auswahl und der Ausfüllung der Indikatoren naheliegend erscheinen läßt.[297] Durch eine unmittelbare Einbeziehung der Bürger könnte ein "Vorbeiplanen" an den Bürgerbedürfnissen vermieden werden und somit einer Gefährdung der Legitimation des Verwaltungshandelns entgegengewirkt werden.[298] Außer diesem **politischen Argument** sprechen jedoch auch **praktische Gründe** für eine Bürgerpartizipation. Denn die Bürger als Nutzer der Verwaltungsleistung können am besten über die Bedeutung einzelner Leistungsmerkmale Auskunft geben.[299] Allerdings muß sichergestellt werden, daß die direkt partizipierenden Bürger "...nicht ihre zufälligen subjektiven Interessen, sondern überindividuelle, transsubjektive ermitteln und vertreten"[300].

In engem Zusammenhang damit steht die Frage nach der **fachlichen Qualifikation** der Partizipierenden als Voraussetzung für ein kompetentes Urteil über die Sachverhalte. Vor diesem Hintergrund ist an die Ergänzung der bislang angesprochenen vier tangierten Gruppen um **Experten** des jeweiligen Sachgebiets zu denken, etwa um Vertreter der Wissenschaft oder andere externe Berater.

Die ausgewogene Einbindung aller genannten Personengruppen kann etwa in der Form eines **Gremiums**[301] unter Federführung des **Verwaltungs-Controllers** organisiert werden.

E Indikative Bemessung der Sachzielerreichung

Bewertung der Sachzielerreichung anhand von Outputindikatoren

Um sachzielbezogene Aussagen über den **realisierten Erfolg** der Verwaltungsleistungen treffen zu können, muß eine Vielzahl von Indikatoren, vorzugsweise **Outputindikatoren**, zur Verfügung gestellt werden. In der oben geprägten Termino-

---

296 Die Konsequenzen mangelnder Arbeitnehmerakzeptanz zeigt Küller für das Instrument der Sozialbilanzen auf (vgl. Küller, Hans-Detlef: Sozialbilanzen - Kritische Anmerkungen aus gewerkschaftlicher Sicht, in: Pieroth, Elmar (Hrsg.): Sozialbilanzen in der Bundesrepublik Deutschland, Düsseldorf/Wien 1978, S. 245-262, hier S. 255f).
297 Vgl. Picot, Arnold: Zur Berücksichtigung von Konsumenteninteressen in einem gesellschaftsbezogenen betriebswirtschaftlichen Rechnungswesen, in: Fischer-Winkelmann, Wolf F./Rock, Reinhard (Hrsg.): Marketing und Gesellschaft, Wiesbaden 1977, S. 153-171, hier S. 160.
298 Vgl. auch Stauss, Bernd: Ein bedarfswirtschaftliches Marketingkonzept, a.a.O., S. 268.
299 Vgl. ebenda, S. 268.
300 Ebenda, S. 349 (im Original teilweise hervorgehoben).
301 Vgl. Ossadnik, Wolfgang: Zur Spezifizierung des Handlungsauftrages öffentlicher Unternehmen, in: JfB, 41. Jg. (1991), Nr. 1, S. 2-13, hier S. 7f sowie die Ausführungen zur Einführung eines Zielgremiums im Rahmen der Zielplanung (Kapitel 5, Teil II. B 3.).
Eine wertvolle Vorarbeit könnten verwaltungsübergreifende Arbeitsgruppen leisten, wenn es ihnen gelänge, Indikatorenkataloge zu schaffen, die für die einzelnen Verwaltungen nur noch angepaßt werden müßten. Ansätze dazu werden etwa im Rahmen der KGSt für den kommunalen Bereich unternommen.

logie handelt es sich bei Erfolgs- oder Wirtschaftlichkeitsaussagen, die sich auf derartige Outputindikatoren stützen, um Aussagen zur **Effektivität** von Verwaltungsleistungen.[302]

Wie oben aufgezeigt, kann der Erfolg basierend auf einem Ist-Ist-Vergleich, einem Ist-Status-quo-Vergleich oder einem Soll-Ist-Vergleich von Zielerreichungsgraden ermittelt werden.[303] Die auf diesen Wegen zustandegekommenen "**Einzelerfolge pro Indikator**" bilden die Erfüllung von Unterzielen ab[304] und sind in diesem Sinne als Erfolgselemente[305] zu verstehen, die bei isolierter Betrachtung nur Aussagen über den realisierten Erfolg im Hinblick auf das jeweilige Element des Sachzieles ermöglichen.

Das Ausmaß dieser Einzelerfolge wird angesichts **unterschiedlicher Skalenniveaus** der jeweiligen Messung (klassisches Messen oder messende Bewertung) und der Indikatorenart (objektive oder subjektive Outputindikatoren) **nicht** für alle Indikatoren **mit gleicher Präzision** zu ermitteln sein.[306] Wird etwa für die Zufriedenheit der Bürger mit dem kommunalen Kulturangebot ein Sollwert von mindestens 60% vorgegeben, der Istwert in einer Repräsentativbefragung mit 55% ermittelt, so ist dieses Ergebnis nicht zuletzt wegen des niedrigen Skalenniveaus des nominalskalierten subjektiven Outputindikators von geringer Aussagekraft. Nicht erkenntlich ist etwa, in welchem Ausmaß bei den restlichen 45% der Sollwert verfehlt wurde. Ergiebiger fiele der Informationsgehalt im Falle einer ordinalen Skalierung der Befragungsergebnisse, etwa nach dem Modell der Schulnoten, aus. Deutlich konkreter und differenzierter läßt sich eine Erfolgsaussage im Falle objektiver Outputindikatoren treffen. So läßt sich etwa bei der Ermittlung von Pünktlichkeitsgraden im ÖPNV die Zielabweichung für jedes verspätet eintreffende Verkehrsmittel exakt ermitteln und wegen der kardinalen Skalierung auch in Relation zu den Zielerreichungsgraden vergleichbarer Verkehrsmittel setzen.

Vor diesem Hintergrund sollten indikatorengestützte Erfolgsaussagen so weit als möglich erkennen lassen, ob sie auf objektiven oder subjektiven Outputindikatoren basieren und welches Skalenniveau der jeweiligen Messung zugrundeliegt. Kommt dies nicht zum Ausdruck, so kann fälschlicherweise für Outputindikatoren mit unterschiedlichem Meßniveau eine gleiche Abbildungsqualität angenommen werden. In der Folge können daraus Fehlinterpretationen entstehen, die zu Fehlentscheidungen führen.

---

302 Vgl. die Ausführungen in Kapitel 5, Teil V. B 4. Aussagen zur Effizienz i.e.S. werden erst möglich, wenn man neben Output- auch Inputindikatoren mit einbezieht.
303 Vgl. Kapitel 5, Teil V. B 2.
304 In Anlehnung an Weber, wobei dieser von Teilzielen spricht (vgl. Weber, Jürgen: Zielorientiertes Rechnungswesen öffentlicher Betriebe, a.a.O., S. 96).
305 Zum Begriff des Erfolgselements vgl. Hodel, Andreas: Zielorientierte Erfolgsermittlung, a.a.O., S. 284.
306 Vgl. zu derartigen Problemen auch Eichhorn, Peter/Siedentopf, Heinrich: Effizienzeffekte der Verwaltungsreform, Baden-Baden 1976, S. 98ff. Allerdings geht es dort nicht um eine Erfolgsermittlung auf der Basis eines Soll-Ist-Vergleichs, sondern auf der Grundlage eines Ist-Ist-Vergleiches.

Gestaltet sich bereits die Aussage über Erfolg und Mißerfolg für einzelne Indikatoren oft nicht einfach, so ist ein **Gesamturteil**[307] **über mehrere**, zur Operationalisierung eines Sachzieles verwendete **Outputindikatoren** grundsätzlich problembehaftet. Schon bei zwei Outputindikatoren kann es zu sich widersprechenden Erfolgsaussagen kommen. Wird z.B. für die Bequemlichkeit einer ÖPNV-Linie eine vollkommen unzureichende Zielrealisierung ermittelt, für die Pünktlichkeit hingegen eine 100%ige, so stellt sich die Frage, wie das Ergebnis zu bewerten ist. Letztlich sind hier wieder die **politischen Entscheidungsträger** gefordert.[308] Da diese selbst die Ziele vorgeben und legitimieren, muß ihnen auch die Bewertung der Ergebnisse, i.S. einer Gewichtung der einzelnen Erfolgselemente überlassen bleiben, wobei wiederum deren **Präferenzrelationen** zum Tragen kommen. Räumen die Entscheidungsträger etwa der Pünktlichkeit absolute Priorität ein, so werden sie einen Erfolg als gegeben ansehen.

Die Bildung eines Gesamturteils mittels gewichteter Aggregation einzelner Erfolgselemente ist nicht schon deswegen generell abzulehnen, weil die Gewichtung stets ein subjektives Element enthält. Allerdings ist dabei explizit darauf hinzuweisen, daß es sich bei der notwendigen Gewichtung der Erfolgselemente um einen **subjektiven Bewertungsvorgang** handelt. Weiterhin muß kritisch gesehen werden, daß es sich bei der Gesamterfolgsgröße um einen **hoch aggregierten Index** handelt, der als isoliertes Kriterium keine differenzierte Beurteilung der Sachzielerreichung einer Verwaltungsleistung zuläßt.

Abbildung 6-8 zeigt das Beispiel einer Outputindikatorenmatrix zur Bewertung der Sachzielerreichung einer Hochschule.

Relativierung der Bewertung durch Inputindikatoren

Zweifellos muß die Bemessung der Sachzielerreichung primär an den Outputindikatoren ansetzen. Wie bereits angemerkt, läßt sich aber durch eine **ergänzende Einbeziehung von Inputindikatoren** ein beträchtlicher weiterer Erkenntnisgewinn erzielen. Oben wurde als bedeutende Aufgabe des Verwaltungs-Controlling die Bereitstellung von Instrumentarien zur Ermöglichung von Effizienzaussagen genannt.[309] Indikatorengestützte Aussagen zur **Effizienz** von Verwaltungsleistungen sind erst möglich, wenn sowohl der Output wie auch der Input des Verwaltungshandelns repräsentiert sind.[310]

---

307 Zur Ermittlung einer solchen aggregierten Größe kann auf das Verfahren der Nutzwertanalyse (vgl. etwa Hanusch, Horst: Nutzen-Kosten-Analyse, München 1987, S. 14ff) oder auf Scoring-Modelle (vgl. etwa Sieben, Günter: Rechnungswesen bei mehrfacher Zielsetzung, in: ZfbF, 26. Jg. (1974), S. 694-702) verwiesen werden. Vgl. auch die oben, Kapitel 5, Teil III. 4. b) angegebene Literatur zu den Bewertungsverfahren für komplexe öffentliche Maßnahmen.
308 Vgl. Hodel, Andreas: Zielorientierte Erfolgsermittlung, a.a.O., S. 284.
309 Vgl. die Ausführungen in Kapitel 5, Teil V. B 4.
310 Vgl. zu einer auf In- und Outputindikatoren basierenden Analyse für Schreibdienstorganisationen Picot, Arnold/Reichwald, Ralf: Zur Wirtschaftlichkeit von Schreibdienstorganisationen Teil I, in: VOP, 2. Jg. (1980), Nr. 5, S. 308-315 und Teil II, in: VOP, 3. Jg. (1981), Nr. 1, S. 34-41.

Abbildung 6-8
Grundkonzept einer Outputindikatorenmatrix zur Bewertung der Sachzielerreichung einer Hochschule

Indikator	Leistungsdimension			Skalenniveau			Indikatorenart		Soll-Wert	Ist-Wert	Soll-Ist-Relation $(1-\frac{S-I}{S})$	Aggregation	
	Preis	Quantität	Qualität	Nominal	Ordinal	Kardinal	Objektiv	Subjektiv				Gewichtung	Nutzwerte
Bewerber-/Studienplatz-Verhältnis		●				●	●		5	4,2	0,84		
Durchfallquote Vordiplom		●				●	●		10	12	1,2		
Durchfallquote Diplom		●				●	●		3,0	6,0	2		
Abbrecherquote insgesamt		●				●	●		15	18	1,2		
Termintreue der Lehrveranstaltungen		●				●	●		85	65	0,76		
Anteil von Lehrveranstaltungen zum studium generale		●				●	●		15	12	0,75		
Durchschnittliche Beurteilung der Dozenten (Punktskala 1-7)			●		●			●	5,5	4,1	0,75		
Durchschnittliches Anfangsgehalt der Absolventen (in TDM)		●				●	●		60	65	1,08		
Zahl der Gastvorträge an anderen Universitäten		●				●	●		15	12	0,75		
Zahl ausgerichteter wissenschaftlicher Tagungen/Kongresse		●				●	●		1	1	1		
Zahl von Publikationen in Fachzeitschriften		●				●	●		10	18	1,8		
Zahl laufender Forschungsprojekte		●				●	●		15	25	1,67		
Gesamtumsatz aus industriellen Forschungskooperationen	(●)	●				●	●		150	375	2,5		
Zahl abgeschlossener Promotionen		●				●	●		3	3	1		
Zahl abgeschlossener Habilitationen		●				●	●		0	0	(1)		
Durchschnittliche Zahl abgelehnter Rufe der Lehrstuhlinhaber		●				●	●		1	0,4	0,4		
Studiengebühren	●					●	●		0	0	(1)		
Studentenwerksbeitrag	●					●	●		30	35	1,17		

Grundaufbau in Anlehnung an Goldbach, Arnim: Die Kontrolle des Erfolges öffentlicher Einzelwirtschaften, Frankfurt u.a. 1985, S. 269 und Schleert, Dirk: Erfassung und Bewertung der Sachzielerreichung öffentlicher Verwaltungen durch Indikatoren und Indikatorensysteme, unveröffentl. Diplomarbeit, Nürnberg 1991, S. 61. Die Zahlen sind überwiegend entnommen aus Weber, Jürgen: Controlling in öffentlichen Institutionen - Trugbild oder Chance zur Erhöhung der Leistungsfähigkeit öffentlicher Unternehmen und Verwaltungen? in: Der Controlling-Berater, Loseblattsammlung, Ergänzungslieferung 2/1988, Gruppe 10, S. 259-301, hier S. 287.

Die differenzierte Einbeziehung von Inputindikatoren erlaubt es, die **Aussagekraft einzelner Outputindikatoren** kritisch zu **relativieren**. So kann sich eine sehr effektive Maßnahme, die sich etwa dadurch manifestiert, daß die Ist-Werte der zur Messung herangezogenen Outputindikatoren die Soll-Werte deutlich übertreffen, durch eine Berücksichtigung der entsprechenden Inputindikatoren als ineffizient erweisen, wenn etwa das Übertreffen der Soll-Outputindikatoren durch ein überproportionales Anwachsen der eingesetzten Produktionsfaktoren erkauft wurde.

Die Einbeziehung von Inputindikatoren kann auch zu **Variationen der Sollwerte von Outputindikatoren** führen, wenn sich z.B. herausstellt, daß trotz eines überproportionalen Ansteigens des Faktorinputs ab einem gewissen Schwellenwert nur noch ein unterproportionales Anwachsen des realisierten Zielerreichungsgrades festzustellen ist. Die isolierte Betrachtung des Outputindikators zeigt in diesem Fall noch ein Anwachsen des Erfolges an und rechtfertigt so scheinbar eine Input-Erhöhung. Die simultane Betrachtung legt hingegen eine Senkung des Sollwertes nahe, um die hier einzusparenden Mittel in einer anderen Verwendungsrichtung nutzbringender einzusetzen. Voraussetzung ist allerdings, daß die Gewichtung des Zielelementes durch die Entscheidungsträger eine Variation des Sollwertes überhaupt zuläßt. Halten die demokratisch legitimierten Entscheidungsträger trotz der aufgezeigten Zusammenhänge an dem hohen Sollwert fest, wird immerhin deutlich, welchen Preis diese politische Entscheidung hat.

Abbildung 6-9 zeigt den möglichen Grundaufbau einer Inputindikatorenmatrix. Auf der Grundlage der im Einzelfall vorliegenden Input- und Outputindikatoren muß jeweils entschieden werden, welche Inbeziehungsetzungen von Einzelindikatoren zweckmäßig sind.

Abbildung 6-9
Grundkonzept einer Inputindikatorenmatrix

Inputindikator	Produktionsfaktor			Dimension		Skalenniveau		Soll-Wert	Ist-Wert
	Menschliche Arbeit	Sachanlagen	Finanzmittel	Quantität	Qualität	Ordinal	Kardinal		
Geleistete Arbeitszeit	●			●			●		
Besoldungs-, Vergütungs-, Lohngruppe	●				●	●			
Bürofläche		●		●			●		
Sächl. Haushaltsmittel			●	●			●		
Gebundenes Kapital			●	●			●		
...									

In Anlehnung an Schleert, Dirk: Erfassung und Bewertung der Sachzielerreichung öffentlicher Verwaltungen durch Indikatoren und Indikatorensysteme, unveröffentl. Diplomarbeit, Nürnberg 1991, S. 63.

F Indikatorengrundrechnungen als Basisrechenkreise

Es bedarf einer **Vielzahl von Daten** aus den **unterschiedlichsten verwaltungsinternen und -externen Bereichen**, um effiziente Indikatorensysteme aufbauen zu können. Um diese Daten bereitzustellen, wird auch für die Zwecke der indikativen Abbildung der Leistungskonzeption auf das Instrument der **Grundrechnung** verwiesen.[311] Dieser Gedanke wird hier aufgegriffen.[312]

Die für eine Indikatorengrundrechnung relevanten Informationen lassen sich einem verwaltungsinternen und einem verwaltungsexternen Bereich zurechnen. Innerhalb des **internen Bereiches** ist weiter zu unterscheiden, ob die Indikatoren sich auf den Verwaltungsinput (Produktionsfaktoren) oder auf den Verwaltungsoutput (Verwaltungsleistung) beziehen. Es müssen also kapazitäts-, prozeß- und ergebnisbezogene Datensätze gebildet werden, die die möglichen "Bezugsobjekte und Abbildungsgrößen ... durch alle Merkmale ... kennzeichnen, die für die Auswertung benötigt werden."[313]

Für den **verwaltungsexternen Bereich** ist wegen der äußerst vielfältigen Beziehungen des Verwaltungssystems zu seinen Umsystemen eine große Anzahl von Teilgrundrechnungen vorstellbar. Zumindest sind aber in einem ersten Schritt die amtlichen und die Verbändestatistiken aufzunehmen.[314] Daneben sollten auch verwaltungsindividuell durchgeführte Bürgerbefragungen sowie Bürgerbeschwerden als Ausdruck der Bürgerpräferenzen herangezogen werden.[315]

Während für den Bereich der Outputindikatoren in der Verwaltungspraxis erst wenige Ansätze vorhanden sind,[316] stellt sich diese Situation für den Inputbereich günstiger dar. Hier werden zahlreiche für eine Grundrechnung relevante Daten von den Querschnittseinheiten - etwa von den ministeriellen Zentralreferaten oder den kommunalen Organisationsämtern und den Kämmereien - zentral vorgehalten, die Grundrechnung kann also auf die hier vorgehaltenen Datenbestände zurückgreifen.[317] Ähnlich wie für den Inputbereich stellt sich die Situation auch für den externen Beobachtungsbereich

---

311 Vgl. Weber, Jürgen: Zielorientiertes Rechnungswesen öffentlicher Betriebe, a.a.O., S. 84. Vgl. zum Begriff und Wesen der Grundrechnung die Ausführungen in Kapitel 4, Teil III. C 1.

312 Dabei ist es müßig zu diskutieren, ob hier nicht von "Datengrundrechnungen" gesprochen werden muß, solange keine konkrete Bezugnahme auf ein bestimmtes Sachziel vorgenommen wurde oder ob schon für den unaggregierten und noch zweckneutralen Fall von Indikatorengrundrechnungen die Rede sein kann.

313 Riebel, Paul: Einzelerlös-, Einzelkosten- und Deckungsbeitragsrechnung, a.a.O., S. 269. In Riebels Terminologie handelt es sich bei solchen Datensätzen um "informatorische Zwischenprodukte", die sich nur aus homogenen Elementen zusammensetzen dürfen und als Basis für die eigentlichen Auswertungsrechnungen dienen. (Riebel, Paul: Zum Konzept einer zweckneutralen Grundrechnung, in: ZfbF, 31. Jg. (1979), S. 785-798, hier S. 795).

314 Eine recht umfangreiche Aufzählung solcher Datenquellen leisten Wollmann/Hellstern; vgl. Wollmann, Helmut/Hellstern, Gerd-Michael: Sanierungsmaßnahmen - Städtebauliche und stadtstrukturelle Wirkungen, Schriftenreihe Stadtentwicklung des Bundesministers für Raumordnung, Bauwesen und Städtebau, Band 02.012, Bonn-Bad Godesberg 1978, S. 33ff.

315 Vgl. entsprechend Stauss, Bernd: Beschwerdemanagement, in öffentlichen Unternehmen, in: ZögU, 10. Jg. (1987), Nr. 3, S. 312. Zur Abbildung des Beschwerdeverhaltens mittels Indikatoren vgl. Bruhn, Manfred: Der Informationswert von Beschwerden für Marketingentscheidungen, in: Hansen, Ursula/Schoenheit, Ingo (Hrsg.): Verbraucherzufriedenheit und Beschwerdeverhalten, Frankfurt a.M./New York 1987, S. 123-140, hier S. 129f.

316 Vgl. etwa Bensch, D.: Indikatoren für die Beobachtung nicht kostenrechnender Einrichtungen - Ansätze für ein Expertensystem, in: KGSt (Hrsg.): Betriebswirtschaftliche Instrumente zur Haushaltssteuerung, Betriebswirtschaftliche Tagung für Kommunen in Berlin, Köln 1989, S. 4.

relativ günstig dar. Hier wird von der amtlichen kommunalen und staatlichen Statistik schon eine große Menge von Daten gesammelt und laufend fortgeschrieben.[318] Mit entscheidend für den Erfolg einer umfassenden und flexiblen sachzielbezogenen Indikatorenrechnung wird es sein, inwieweit es gelingt, die dafür benötigten und teilweise schon unvernetzt vorhandenen Daten in relationale Datenbanken einzuspeisen und sie so DV-technisch zugriffsfähig vorzuhalten.

G Anwendungsbedingungen und Grenzen der Aussagefähigkeit

Indikatoren können im Rahmen des Verwaltungs-Controlling als ein **Hilfsmittel** zur Operationalisierung von Sachzielen und zur indirekten Messung von Sachzielerreichungsgraden eingesetzt werden. Sie tragen dazu bei, die in der Ziel- und Leistungsstruktur öffentlicher Verwaltungen begründeten Ziel-Operationalisierungs- und -Evaluierungsprobleme zu reduzieren - deren vollständige Lösung kann aber vom Instrumentarium der Indikatoren nicht erwartet werden. Sollen im Rahmen des Verwaltungs-Controlling sachzielbezogene Indikatorensysteme zum Einsatz kommen, muß man sich über deren Leistungsfähigkeit im klaren sein. Eine realistische Einschätzung der Aussagefähigkeit schützt vor Fehlinterpretationen und ermöglicht einen angemessenen Umgang mit kritischen Einwänden.

Die obigen Ausführungen haben deutlich werden lassen, daß es nicht möglich ist, Indikatoren zu bilden, die sämtliche wünschenswerten Eigenschaften gleichermaßen erfüllen. Das geschilderte **Trilemma aus Validität, Reliabilität und Erfassungsaufwand** macht stets **Kompromisse erforderlich**.

Angesichts der Tatsache, daß im Rahmen der Indikatorenauswahl nur selten auf explizite Theorien zurückgegriffen werden kann, die abgesicherte Beziehungen zwischen Indikatoren und Indikandum liefern, müssen Heuristiken herangezogen werden und durch Plausibilitätsannahmen abgestützt werden. Unvermeidlich ist auf diesem Wege eine **werturteilsbehaftete Indikatorenauswahl**.[319] Die Bildung von Indikatorensystemen wird in einem hohen Maße geprägt von den Präferenzstrukturen der Entscheidungsträger. Deren individuellen Wertvorstellungen sind mit dafür ausschlaggebend, welche Aspekte als relevant erachtet werden und damit in die indikative Messung Eingang finden.[320]

---

317 Vgl. ebenda, S. 12.
318 Vgl. Weis, Dieter: Die Statistik im Dienste der Planungs- und Investitionstätigkeit der öffentlichen Hand, in: Rehkopp, Alfons (Hrsg.): Dienstleistungsbetrieb öffentliche Verwaltung, Köln 1976, S. 201-228, hier S. 212f.
So kann etwa das Duisburger Modell eines Infrastrukturkatasters als Teil eines raumorientierten Planungsinformationssystems als Beispiel gelten (vgl. Stadt Duisburg, Abt. Stadtforschung des Amtes Statistik und Stadtforschung (Hrsg.): Das Duisburger Infrastrukturkataster, das Infrastrukturkataster des Landes Nordrhein-Westfalen, Duisburg 1982).
319 Vgl. Sheldon, Eldeanor B./Freeman, Howard E.: Soziale Indikatoren - Illusion oder Möglichkeit, in: Fehl, Gerhard/Fest, Mark/Kuhnert, Nikolaus (Hrsg.): Planung und Information, Gütersloh 1972, S. 245-264, hier S. 249.
320 Vgl. Fischer-Winckelmann, Wolf: Gesellschaftsorientierte Unternehmensrechnung, München 1980, S. 141.

Zur Ermöglichung valider Aussagen ist es notwendig, eine Mehrzahl sich in ihrem Informationsgehalt gegenseitig ergänzender Indikatoren auszuwählen[321], also **Indikatorensysteme** zur Abbildung der Sachziele heranzuziehen. Erst mittels solcher **Indikatorenbündel** ist es möglich, Sachziele in ihren unterschiedlichen Merkmalen abzubilden und differenzierte Aussagen über das Ausmaß der Zielrealisierung zu treffen.[322] Allerdings sind der Ausdifferenzierung von Indikatorensystemen Grenzen gesetzt. Der zu erwartende Informationsgewinn durch zusätzliche Indikatoren wird ab einem gewissen Differenzierungsgrad nicht mehr die oft überproportional zunehmenden Kosten rechtfertigen können.[323]

Vorsichtig beurteilt wird hier die **Aggregation von Indikatoren** zu einem **Index**.[324] In der Literatur wird die Indexbildung zum Teil empfohlen, um eine prägnante Aussage über den Grad der Gesamtzielrealisierung zu erhalten.[325] Solch ein Vorgehen ist als problematisch einzuschätzen.[326] Zum einen geht mit der Reduzierung eines komplexe Sachzieles auf eine einzige Ziffer ein erheblicher Informationsverlust einher, da das Ausmaß an Zielerfüllung in den einzelnen Bereichen nicht ersichtlich wird.[327] Zum anderen wird u.U. durch nivellierende Relationen der einzelnen Indikatoren untereinander ein der Realität nicht exakt Rechnung tragendes Ergebnis zustande kommen.[328] Zudem sind im Rahmen der Aggregation sachzielbezogener **Indikatorenbündel** zu einer Gesamterfolgsgröße Werturteile unabdingbar, da hier notwendigerweise **Gewichtungen der Einzelindikatoren** vorgenommen werden müssen.

Sachzielbezogene Indikatorensysteme können genausowenig wie die Sachziele selbst von der Verwaltung - und damit auch nicht von einem Verwaltungs-Controller - völlig autonom entwickelt und angewandt werden. Vielmehr sind letztlich die politischen Mandatsträger gefordert, die erarbeiteten Indikatorensysteme zu verabschieden oder nach ihren Normen zu modifizieren.[329] Aus der Sicht der Verwaltung wird dadurch transparent, an welchen Stellen und in welcher Weise politische Wertungen und persönliche Werturteile in das System eingehen.[330] Dies erleichtert die zieladäquate Maßnahmenauswahl und Ressourcenallokation.

---

321 Vgl. Gzuk, Roland: Messung der Effizienz von Entscheidungen, Tübingen 1975, S. 60.
322 Vgl. Hodel, Andreas: Ein zielbezogenes Konzept zur Erfolgsermittlung bei gemeinwirtschaftlichen Unternehmungen, in: ZögU, 3. Jg. (1980), Nr. 2, S. 194-207, hier S. 196.
323 Vgl. Volz, Jürgen: Erfolgskontrolle, a.a.O., S. 157f.
324 Unter Index wird hier die Kombination einzelner heterogener Indikatoren zu einer einzigen Meßzahl verstanden; vgl. Mayntz, Renate/Holm, Kurt/Hübner, Peter: Einführung, a.a.O., S. 40ff.
325 Vgl. Goldbach, Arnim: Die Kontrolle des Erfolges öffentlicher Einzelwirtschaften, a.a.O., 1985, S. 264.
326 Vgl. Werner, Rudolf: Soziale Indikatoren, a.a.O., S. 93; vgl. Buttler, Günter: Sozialindikatoren, Beiträge zur Wirtschafts- und Sozialpolitik, hrsg. vom Institut der deutschen Wirtschaft, Nr. 28, Köln 1976, S. 29f.
327 Vgl. Hodel, Andreas: Erfolgsermittlung bei gemeinwirtschaftlichen Unternehmungen, a.a.O., S. 206.
328 Vgl. Etzioni, Amitai/Lehmann, Edward W.: Zur "gültigen" Messung gesellschaftlicher Tatbestände, in: Fehl, Gerhard/Fest, Mark/Kuhnert, Nikolaus (Hrsg.): Planung und Information, Gütersloh 1972, S. 224-245, hier S. 235.
329 Vgl. Reichard, Christoph/Wißler, Ulrike: Bildung von Indikatoren, a.a.O., S. 12f.
330 Persönliche Werturteile gehen etwa bei der Auswahl der Indikatoren (sofern nicht auf eine explizite Theorie zurückgegriffen werden kann), bei der Gewichtung von Einzelindikatoren im Rahmen der Indikatorensystembildung oder bei der Verwendung subjektiver Indikatoren in das Kalkül ein.

7. KAPITEL: BEDEUTENDE OBJEKTBEREICHE DES VERWALTUNGS-CONTROLLING

Nach der Darstellung von Funktionen und bedeutenden Instrumenten des Verwaltungs-Controlling (Kapitel 4 - 6) sollen in diesem Kapitel wichtige Objektbereiche des Controlling in öffentlichen Verwaltungen thematisiert werden:

- Das **Ressourcen-Controlling**, wobei zuvorderst auf die bedeutsamste Ressource - das **Personal** - eingegangen werden wird,
- das **Projekt-Controlling** - hier wird eine Schwerpunktlegung auf öffentliche **Bauprojekte** erfolgen, die von den befragten Verwaltungspraktikern und in den analysierten Publikationen als besonders optimierungsbedürftig und zugleich als gut geeignet für einen Controlling-Einsatz dargestellt werden und
- das **Beteiligungs-Controlling**, das auf eine wirksamere Erfüllung derjenigen öffentlichen Aufgaben abzielt, die auf formell eigenständige Beteiligungsunternehmen übertragen wurden.

I. Ressourcen-Controlling

Die nachfolgenden Ausführungen zum Wesen und den Aufgabenfeldern des Ressourcen-Controlling[1] in öffentlichen Verwaltungen stehen in sehr enger Beziehung zu der Beschreibung der Leistungsrechnung als dem zentralen Instrument des Ressourcen-Controlling (Kap. 6, Teil I.) und erfahren durch die dort vorgenommenen Ausführungen eine Ergänzung und Konkretisierung.

A Begriff und Wesen des Ressourcen-Controlling in öffentlichen Verwaltungen

Das Objekt des Ressourcen-Controlling ist die Leistungswirtschaft der öffentlichen Verwaltung, die sich durch die oben[2] geschilderten Besonderheiten der Dienstleistungsproduktion auszeichnet. In den personal- und arbeitsintensiven öffentlichen Verwaltungen - auf diese beziehen sich die folgenden Ausführungen - fällt die Leistungserstellung mit der zielorientierten Personalnutzung zusammen,[3] so daß die

---

[1] Die nachfolgend genannten Optimierungsaufgaben lehnen sich an die Ausführungen von Männel zu einem umfassenden Ressourcencontrolling an. Die zunächst für die Anlagenwirtschaft entwickelten Konzepte (vgl. etwa Männel, Wolfgang: Anlagencontrolling, 2. Auflage, Lauf a.d.P. 1990, insbes. S. 35-38 und Männel, Wolfgang: Anlagencontrolling, in: ZfB Ergänzungsheft Nr. 3/1991, S. 193-216, hier S. 199ff) wurden auf den Produktionsfaktor Personal adaptiert (vgl. dazu Männel, Wolfgang: Ausrichtung des Controlling auf Zukunftssicherungsprogramme zur bestmöglichen Nutzung der Ressource Mensch, unveröffentlichtes Manuskript, Lauf a.d.P. 1989 sowie den Aufgabenkatalog in Männel, Wolfgang: Stichwort Leistungsrechnung, in: krp, Heft 3/1990, S. 194-195, hier S. 195). Vgl. neben der angegebenen Literatur auch die Diplomarbeit von Frey (Frey, Peter: Leistungsrechnung und Leistungscontrolling für die öffentliche Verwaltung, unveröffentl. Diplomarbeit, Nürnberg 1991), an deren Betreuung der Autor maßgeblich beteiligt war.
[2] Vgl. die Ausführungen in Kapitel 6, Teil I. A.
[3] Entsprechend setzt Männel in anlagenintensiven Betrieben die Nutzung des dominanten Produktionsfaktors Anlagen mit der Produktion gleich (vgl. Männel, Wolfgang: Anlagencontrolling, a.a.O., S. 29 und Männel, Wolfgang: Aufgaben und Schwerpunkte des Controlling für anlagenintensive Produktionsstrukturen, in: Männel, Wolfgang (Hrsg.): Integrierte Anlagenwirtschaft, Köln 1988, S. 311-334, hier S. 314ff).

Ausrichtung auf die **leistungswirtschaftliche Optimierung der Erstellungsprozesse** nichts anderes bedeutet als die **wirtschaftliche Dimensionierung und Nutzung der Personalkapazitäten**. Das Ressourcen-Controlling sieht alle wirtschaftlichkeitssteigernden Maßnahmen an den leistungsgebenden Kapazitäten - hier also an den Personalkapazitäten - als sein originäres Aufgabenfeld an. Dazu zählen sämtliche Maßnahmen, die die Flexibilität, die Verfügbarkeit und die quantitative wie qualitative Auslastung des Personals zu steigern versuchen.

Das Ressourcen-Controlling zielt dabei nicht nur auf die Verknüpfung von Leistungsplanung und Leistungskontrolle, sondern zugleich auch auf die sachliche und zeitliche Verknüpfung dieser Daten mit der **Stellenplanung und Personaleinsatzplanung** ab. Durch die Auswertung der Leistungsrechnung können organisatorische Defizite aufgedeckt und durch ihre Beseitigung - je nach Art der erkannten Defizite - **Mehrleistungen, qualitativ verbesserte Leistungen**, eine reduzierte **Personalausstattung** oder eine **gleichmäßigere Personalauslastung** realisiert werden. Zu den in das Ressourcen-Controlling eingebundenen Maßnahmen lassen sich auch arbeitswissenschaftliche Organisationsuntersuchungen und funktionsanalytische Leistungstests zählen.

Bei alledem steht im Zentrum der Bemühungen des Ressourcen-Controlling nicht das Aufdecken vergangener Fehlentwicklungen. Vielmehr versucht es in einem **zukunftsorientierten Vorgehen** dazu beizutragen, daß durch Früherkennung unwirtschaftliche Leistungserstellungsprozesse vermieden werden.

B Aufgabenfelder des Ressourcen-Controlling

1. Wirtschaftliche Dimensionierung der Personalressourcen

Die wirtschaftliche Dimensionierung der Personalressourcen kann als **Generalaufgabe** des Ressourcen-Controlling im Dienstleistungsbereich angesehen werden. Es gilt, eine in quantitativer, aber auch in qualitativer Hinsicht der jeweils gestellten Verwaltungsaufgabe angemessene Kapazitätsdimensionierung zu erreichen. Dazu sind entweder auf der Basis von in der Vergangenheit erstellten Leistungsrechnungen Richtwerte und Anhaltszahlen zu entwickeln oder aber - vorzugsweise - auf planmäßig-analytischem Wege aus den Maßnahmenplänen[4] Personalbedarfszahlen abzuleiten.

Wegen der in starkem Maße fremdbestimmten Leistungserstellung, die zumeist in unmittelbarer Interaktion mit dem Nutzer stattfinden muß, ist es von besonders hoher Bedeutung, den **Reagibilitätsgrad der Kapazitäten** gegenüber zeitlichen Veränderungen des Produktionsvolumens möglichst hoch zu gestalten. Diese **quantitative Elastizität**[5] wird bei gegebener Personalkapazität in erster Linie durch die realisierba-

---

[4] Zur Maßnahmenplanung und den hier anfallenden Aufgaben des Verwaltungs-Controllers vgl. Kapitel 5, Teil III.

[5] Unter quantitativer Elastizität wird im allgemeinen die Anpassungsfähigkeit der Kapazitäten an schwankende Arbeitsvolumina verstanden, vgl. Riebel, Paul: Die Elastizität des Betriebes - Eine produktions- und marktwirtschaftliche Untersuchung, Köln und Opladen 1954, S. 5 und S. 90 sowie Altrogge, Günther: Flexibilität der Produktion, in: HWProd, Sp. 604-618, hier Sp. 605.

ren Anpassungsformen bestimmt, also dadurch, ob und inwieweit es möglich ist, sich an eine Veränderung der Bedarfsmengen **zeitlich** und/oder **intensitätsmäßig** anzupassen, so daß vorgegebene Leistungsmengen mit möglichst geringem Kapazitätseinsatz erstellt werden. Die Flexibilität des vorhandenen Personalbestandes[6] einer öffentlichen Verwaltung kann aber auch durch **organisatorische Regelungen** für einen **flexiblen Personaleinsatz** mit den Mitteln der Teilzeitbeschäftigung, des internen Personalausgleiches und der Bildung von Personalpools gesteigert werden, soweit das öffentliche Dienstrecht nicht restriktiv wirkt.

Neben diesen längerfristig angelegten Maßnahmen zum Aufbau eines hohen Flexibilitätspotentials der Kapazitäten erfordert die wirtschaftliche Dimensionierung der Personalressourcen auch kurzfristige Maßnahmen der **Personaleinsatzplanung**. Dabei muß der flexibel einsetzbare Bestand an Personalkapazitäten in zeitlicher und räumlicher Hinsicht so auf die Leistungsstellen verteilt werden, daß eine möglichst hohe quantitative und qualitative Personalleistung erreicht werden kann.

Zusätzlich zu den kapazitätsbezogenen Anpassungsformen ist so weit als möglich eine **Umwandlung interaktiver Verwaltungstätigkeiten in speicherbare Leistungsvollzüge**, die die Leistungserstellung von der -abgabe entkoppeln,[7] anzustreben. Weiterhin muß über **nachfragelenkende Maßnahmen** versucht werden, Beschäftigungsschwankungen auszugleichen und Arbeitsspitzen zu glätten. Wenn zudem noch eine **Vielseitigkeit** der Ressourcen realisiert werden kann, so daß sie "zur Erfüllung zeitlich wechselnder Aufgaben ... eingesetzt oder substituiert werden können"[8], so trägt dies in hohem Maße dazu bei, das Ziel einer wirtschaftlichen Dimensionierung der Personalressourcen zu erreichen.

2. Absicherung einer gleichmäßig hohen Kapazitätsauslastung

Die Absicherung einer möglichst hohen und gleichmäßigen Kapazitätsauslastung macht eine quantitative wie qualitative **Elastizität** bzw. **Flexibilität** des gesamten Personalbestandes wie auch der einzelnen Kapazitäten erforderlich.

Für die **einzelne Kapazität** besteht die Möglichkeit, über die **Veränderung der Arbeitsgeschwindigkeit** auf die unterschiedlichen Belastungsschwankungen zu reagieren. Die **zeitliche Anpassung** an die jeweilige Beschäftigungslage, ebenfalls eine für die Einzelkapazität bestehende Form der quantitativen Elastizität, ist im öffentlichen Dienst über den Weg einer gesetzlich oder tarifrechtlich erlaubten Variation der täglichen Arbeitszeit möglich.[9]

---

6 Zum Begriff der Bestandsflexibilität, die ebenfalls zur Erhöhung der Produktionsflexibilität beiträgt, vgl. Altrogge, Günther: Flexibilität der Produktion, a.a.O., Sp. 605 und 610.
7 Zu denken ist hier etwa an die Substitution persönlicher Beratungsleistungen durch Informationsschriften oder den Einsatz dialogorientierter PC-Programme.
8 Kern, Werner: Industrielle Produktionswirtschaft, 4. Auflage, Stuttgart 1990, S. 23. Diese Vielfältigkeit im Personaleinsatz ermöglicht eine ausgeprägte, im Dienstleistungsbereich nahezu unverzichtbare Verbundproduktion.
9 Beamte sind in personellen Engpaßsituationen verpflichtet, über die regelmäßige Arbeitszeit hinaus Dienst zu leisten. Erst ab fünf geleisteten Überstunden pro Monat werden entsprechende Dienstbe-

Zur **Flexibilisierung der quantitativen personellen Kapazität** kommen innerhalb der öffentlichen Verwaltung folgende Möglichkeiten in Betracht:

- Der zeitweilige Einsatz von **Teilzeitbeschäftigten**.[10] Er ist nur dort sinnvoll, wo kurzfristige Spitzenbelastungen in regelmäßigen Abständen auftreten. Diese Anstellungsform eröffnet die Möglichkeit einer stufenlosen Variation der Arbeitszeitdauer mit einer nach den Interessen des Verwaltungsbetriebes ausgerichteten Verteilung auf die Wochentage.
- Der interne **Personalausgleich**.[11] Mitarbeiter werden aus unterschiedlichen Abteilungen je nach anfallender Belastung stundenweise oder länger gegenseitig ausgetauscht, was nur möglich ist, wenn sich die Belastungsspitzen der einzelnen Abteilungen nicht zeitlich überlagern und die Mitarbeiter die entsprechenden Qualifikationen aufweisen.
- Die Zuweisung von Mitarbeitern aus einem sogenannten **Personal-Pool**[12] bei Überbeschäftigungssituationen einzelner Abteilungen. Der Personal-Pool besteht aus Mitarbeitern, die organisatorisch keiner bestimmten Abteilung angehören, die der Verantwortliche bei zu geringer Auslastung seines Bereiches abgeben muß, sie aber jederzeit bei Belastungsspitzen anfordern kann. "Der Personal-Pool stellt eine selbständige organisatorische Einheit als Personalreserve für den Gesamtbetrieb dar."[13] "Die Praxis ... hat gezeigt, daß die Zentralisierung von Einsatzreservestellen ... zu einer insgesamt besseren Personalauslastung führen kann."[14]
- Kurzfristige Spitzen können, ohne neue Planstellen einzurichten, auch über **Leiharbeitskräfte** ausgeglichen werden. Der durch das Arbeitnehmerüberlassungsgesetz abgesteckte Rahmen ist hier zu beachten.[15]

Das Ziel einer bedarfsorientierten Dimensionierung der Betriebsbereitschaft kollidiert stets mit der **nicht beliebigen Teilbarkeit** (Quantencharakter) und der **geringen Elastizität des Personalbestandes**. Trotz dieser weitgehend durch das Arbeits- und Dienstrecht begründeten vergleichsweise geringen Flexibilität der Arbeitskräfte - zu denken ist an die Regelungen über das Kündigungsverbot für Beamte, an die weitreichenden Kündigungsschutzvorschriften für Angestellte und Arbeiter des öffentlichen Dienstes, aber auch an fehlende Möglichkeiten, über materielle Anreize die Bereitschaft zur Flexibilität zu erhöhen - bestehen aber mit den genannten Möglichkeiten Spielräume

---

freiungen gewährt oder Zusatzvergütungen gezahlt. Zudem ist der Zahl von Überstunden aus beschäftigungspolitischen Gründen eine rechtliche Obergrenze gesetzt (vgl. Benz, Winfried: Öffentlicher Dienst, in: Chmielewicz, Klaus/Eichhorn, Peter (Hrsg.): HWÖ, Sp. 1202-1213, hier Sp. 1208). Bei Angestellten und Arbeitern ist die Ableistung von Mehrstunden tarifrechtlich unterschiedlich geregelt.

10 Bei Angestellten wie Arbeitern des öffentlichen Dienstes ist Teilzeitbeschäftigung schon langbewährte Praxis (vgl. Brüning, Dirk P.: Teilzeitbeschäftigung und Leistungsfähigkeit des öffentlichen Dienstes, Köln u.a. 1983, S. 22). Teilzeitbeschäftigung für Beamte ist hingegen bislang nur aus familienpolitischen Gründen und in Zeiten hoher Arbeitslosigkeit befristet zugelassen (vgl. ebenda, S. 30).
11 Vgl. Müller, Matthias: Arbeits- und Zeitstudien als Mittel der Rationalisierung und Kalkulation im Bankbetrieb, Frankfurt und München 1976, S. 148ff.
12 Vgl. ebenda, S. 159ff; mit Bezug zum öffentlichen Sektor vgl. ebenso Vikas, Kurt: Controlling im Dienstleistungsbereich mit Grenzplankostenrechnung, Wiesbaden 1988, S. 52.
13 Müller, Matthias: Arbeits- und Zeitstudien, a.a.O., S. 159.
14 Hack, Hans: Personalwirtschaftliche Fragen bei der Haushaltskonsolidierung, in: KGSt-Bericht Nr. 15, Köln 1982, S. 7.
15 Vgl. ebenda, S. 7.

für einen flexibleren Einsatz der Personalkapazitäten durch das Verwaltungs-Controlling. Die angesprochenen Formen des flexiblen Personaleinsatzes werden in vielen Verwaltungsbereichen dadurch erleichtert, "daß eine Personalsubstitution wegen der vielfältigen Einsatzmöglichkeiten der hochqualifizierten Mitarbeiter ungleich einfacher ist, als z.B. in der Industrie"[16].

Neben den kapazitativen Maßnahmen muß versucht werden, durch **Nachfragesteuerung und -lenkung** die Personalfaktoren möglichst hoch und gleichmäßig auszulasten. Weitere Möglichkeiten bieten hierbei die **produktionsbezogenen Maßnahmen**, die im Tätigkeitsspektrum einer Arbeitsstelle ein ausgewogenes Verhältnis von Sofortarbeiten und zeitlich aufschiebbaren **Speicherarbeiten** anstreben. "Erfahrungsgemäß folgt auf einen hohen Arbeitsanfall meist ein Belastungstief, das zur Erledigung der aufgestapelten Arbeit benutzt werden kann."[17] Die Möglichkeiten, Bestände an speicherbaren Leistungen zu bilden, um trotz hoher Schwankungen des Arbeitsanfalls einen kontinuierlichen Prozeßfortgang gewährleisten zu können, nehmen jedoch "mit dem Grad der persönlichen Einbeziehung des Leistungsnehmers in den Produktionsprozeß ab".[18]

Im Unterschied zur quantitativen Kapazität wird die **qualitative Kapazität** letztlich erst durch die Qualitätsmerkmale der erstellten Leistungen ersichtlich. Die Fähigkeiten und Kenntnisse der eingesetzten Personen determinieren zwar deren qualitative Kapazität - erkennbar wird diese aber erst am Grad der möglichen Ausprägungen aller positiven Eigenschaften der bearbeiteten Leistungsobjekte.[19] Von einem wirtschaftlichen Einsatz der Personalkapazitäten kann hinsichtlich ihrer qualitativen Dimension nur dann gesprochen werden, wenn ihr qualitatives Potential im Produktionsprozeß gerade soweit ausgeschöpft wird, daß sie alle Leistungen weder über- noch unterfordert ausführen.

Für alle Maßnahmen, die auf eine optimale Kapazitätsnutzung abzielen, muß jedoch immer mitbedacht werden, daß **Spannungen und Zielkonflikte** zwischen den **Lebensbedürfnissen der Individuen** und den **Erfordernissen des Verwaltungsbetriebes** auftreten können, sobald der Mensch nur als Mittel zum Zweck und damit instrumentalistisch verkürzt betrachtet wird. Außerdem können mit der Verfolgung des Ziels einer gleichmäßig hohen Kapazitätsausnutzung Konflikte mit dem Ziel der möglichst unverzüglichen Erstellung der Verwaltungsleistungen auftreten. Sobald neben reinen Effizienzbestrebungen die zügige Antragsbearbeitung und die Bedienung durch das Verwaltungspersonal ohne längere Wartezeiten für den Bürger - sogar bei hoher Arbeitsbelastung - als Ziel propagiert werden, liegt ein klassisches Dilemma der

---

16 Vikas, Kurt: Controlling im Dienstleistungsbereich, a.a.O., S. 51.
17 Müller, Matthias: Arbeits- und Zeitstudien, a.a.O., S. 161.
18 Corsten, Hans: Die Produktion von Dienstleistungen, Grundzüge einer Produktionswirtschaftslehre des tertiären Sektors, Berlin 1985, S. 158.
19 Layer, Manfred: Kapazität: Begriff, Arten und Messung, in: Kern, Werner (Hrsg.): HWProd, Sp. 871-882, hier Sp. 873.

Ablaufplanung[20] vor: der **Zielkonflikt zwischen Wirtschaftlichkeit und Unverzüglichkeit** (Schnelligkeit) der Leistungsproduktion.[21] Soweit Fristen für die Leistungserstellung rechtlich vorgegeben sind, so müssen die Personalkapazitäten immer unter Rücksicht auf eine fristgerechte Erstellung der Verwaltungsleistungen dimensioniert werden. Das Ziel einer optimal ausgelegten Produktionswirtschaft heißt hier: Jede Nachfragespitze muß mengenmäßig, sach- wie auch fristgerecht bewältigt werden können.

3. Steigerung der effektiv verfügbaren Arbeitszeit

Zu einer erhöhten Nutzung der vorhandenen Potentiale tragen Maßnahmen zur Steigerung ihrer zeitlichen Verfügbarkeit durch **Minderung von Fehlzeiten** bei. Unter die Kategorie der Ausfallzeiten sollen hier alle Minderungen der gesetzlich bestimmten oder tariflich vereinbarten Arbeitszeiten fallen. Dazu zählen namentlich Ausfälle, die durch Krankheit, Militär- oder Ersatzdienst oder sonstige Abwesenheit der Mitarbeiter verursacht werden.[22] Das Ziel des Ressourcen-Controlling ist es, Abwesenheitszeiten zu reduzieren oder auf Zeiten geringer Arbeitsbelastung zu verschieben.

Spontan auftretende Personalausfälle, die etwa durch Krankheit oder notwendige Arztbesuche bedingt sind, geben dem Controller so gut wie keine unmittelbaren Einflußmöglichkeiten[23] an die Hand. **Planbare Fehlzeiten** hingegen, die durch Urlaub, Lehrgänge, Tagungen entstehen, können grundsätzlich auf Zeitperioden geringer Arbeitsbelastung verschoben werden. Für alle nicht gesetzlich vorgeschriebenen oder aus dienstlichem Anlaß bedingten Fehlzeiten gilt jedoch immer das Gebot, ihre Ausmaße weitmöglichst zu reduzieren.

4. Optimierung der Intensität der Leistungserstellung

Welche verborgenen Kapazitätsreserven hinter einer geringen Arbeitsintensität stehen können, wird im Leistungsunterschied zwischen einem motivierten und nichtmotivierten Mitarbeiter sichtbar. Von daher muß es eine zentrale Aufgabe eines Dienstleistungs-Controllers sein, die Mitarbeiter mit all ihren Fähigkeiten und psychischen Energien zu einer **hohen Arbeitsgeschwindigkeit** zu motivieren.[24]

Die Erstellung von Verwaltungsleistungen stellt keinen völlig programmierbaren, technisch determinierten Prozeß dar. Neben die **Arbeitsgeschwindigkeit** geht ein

---

20 Vgl. Seelbach, Horst: Ablaufplanung bei Einzel- und Serienfertigung, in: Kern, Werner (Hrsg.): HWProd, Sp. 11-28, hier Sp. 23f.
21 Diese antinomische Beziehung wird noch überlagert vom Rechtmäßigkeitsprinzip, das insoweit als rahmengebend angesehen werden kann (vgl. auch Kapitel 4, Teil I. B 2.).
22 Während des Arbeitsvollzugs auftretende Fehlzeiten sind in der hier gebrauchten Begriffsfassung nicht enthalten. Diese Fehlzeitarten werden im nächsten Abschnitt (Ziffer 4. als die Leistungsintensität mindernde Faktoren behandelt.
23 Dagegen sind längerfristig auch hier Maßnahmen vorstellbar, etwa im Rahmen einer betrieblichen Gesundheitsplanung oder über motivationserhöhende Maßnahmen, die allerdings in öffentlichen Verwaltungen lediglich im immateriellen Bereich angesiedelt sein können.
24 Dabei ist keinesfalls eine nur kurzfristig zu erreichende maximale Arbeitsgeschwindigkeiten anzustreben, die, falls als Norm aufgestellt, nur kontraproduktiv wirken kann (vgl. unten die Ausführungen zur optimalen Arbeitsintensität).

zusätzlicher Leistungsfaktor in die Leistungsintensität[25] ein. Dieser wird als die **Wirksamkeit des Leistungsvollzugs** bezeichnet. Sie bestimmt sich vor allem durch die Fähigkeit, die Übung und die Kenntnisse der an der Produktion beteiligten Arbeitskräfte und die Organisation der Geschäftsabläufe.[26] Maßnahmen des Verwaltungs-Controlling zur **Steigerung der Leistungsintensität** zielen deshalb nicht nur auf eine erhöhte Arbeitsgeschwindigkeit, sondern auch auf einen systematischen Abbau organisatorischer Defizite, auf die Aus- und Weiterbildung der Mitarbeiter und die Verringerung fehlbesetzter Arbeitsplätze ab, um hier nur einige wenige Einflußgrößen der Leistungsintensität anzusprechen.

Einer Erhöhung der Arbeitsgeschwindigkeit sind insbesondere bei allen interaktiven Leistungen **Grenzen** gesetzt. Der Zeitaufwand gilt in diesen Fällen oft als Qualitätsfaktor und -maßstab. Bei sämtlichen Leistungserstellungsprozessen verbieten sich Produktivitätssteigerungen durch überhöhte Intensitäten, von denen negative Auswirkungen auf die Verrichtungsqualität[27] ausgehen. Von einer wirtschaftlich **optimalen Intensität** kann daher nur dann gesprochen werden, wenn die Arbeitsgeschwindigkeit bei einer effizient ausgelegten Prozeßorganisation nicht zu Lasten der Leistungsqualität geht und einen für diese Arbeit in ausreichendem Maße geeigneten, ausgebildeten und voll eingearbeiteten Verwaltungsmitarbeiter nicht überfordert.[28]

5. Erhöhung der Menge an Hauptleistungen

Zur Erhöhung der Leistungsmenge[29] richtet sich die Aufmerksamkeit des Verwaltungs-Controllers in erster Linie auf das Produktionssystem in seiner produktionswirtschaftlichen Organisation. Eine Leistungssteigerung kann **durch rationellere Arbeitsorganisation**, etwa durch konsequente Nutzung von Standardisierungs- und Automatisierungsmöglichkeiten im Verwaltungsablauf erreicht werden. Hier hilft eine **analytisch vorgehende Arbeitsuntersuchung**, die die jeweils inhaltlich zusammengehörenden Tätigkeitsvorgänge auf ihre Effektivität und Effizienz prüft und dabei unnötige Doppelarbeiten und Schnittstellenverluste zwischen den einzelnen Arbeitsstellen aufzeigt. Die arbeitswissenschaftliche Analyse des Leistungsprozesses läßt auch erkennen, inwieweit die Menge an Hauptleistungen dadurch erhöht werden kann, daß man unproduktive Nebentätigkeiten und allgemeine Verwaltungstätigkeiten eliminieren kann.

---

25 "Unter der Intensität der Leistungserstellung ist die Ausbringung je Zeiteinheit zu verstehen" (Layer, Manfred: Kapazität, a.a.O., Sp. 879).
26 Zur Unterscheidung des arbeitswissenschaftlichen Begriffpaares Wirksamkeit und Intensität vgl. REFA: Methodenlehre des Arbeitsstudiums, Teil 2: Datenermittlung, 6. Auflage, München 1978, S. 129ff, insbesondere S. 132.
27 Vgl. zum Begriff der Verrichtungsqualität unten, Ziffer 6.
28 Vgl. hierzu 6. Kapitel, Teil I.C 2.
29 Eine Erhöhung der Menge an Hauptleistungen setzt Rationalisierungsmaßnahmen zur Steigerung der Effizienz, aber auch der Effektivität verwaltungsbetrieblicher Leistungsprozesse voraus. Die Frage nach der Effektivität (im Sinne des Funktionswertes) der produzierten Leistungen für die Erfüllung der Verwaltungsziele und -aufgaben wird hier in den Aufgabenbereich der Qualitätsoptimierung von Verwaltungsleistungen eingeordnet und dementsprechend unten, Ziffer 6, angesprochen.

6. Optimierung der Leistungsqualität

Die Realisierung von Maßnahmen, die eine hohe quantitative wie qualitative Auslastung der Personalkapazitäten anstreben, ist nur sinnvoll, wenn gleichzeitig eine ansprechende Qualität der erstellten Leistungen gewährleistet ist. Anstrengungen zur Erhöhung der Produktivität der Personalressourcen bedürfen stets des **Regulativs der Leistungsqualität**. Qualität kann hier allgemein definiert werden als "die Gesamtheit der Merkmale, die ... eine Dienstleistung zur Erfüllung vorgegebener Forderungen geeignet macht"[30]. Qualitätsbestimmend sind daher alle **Beschaffenheitsmerkmale** und Eigenschaften, die den Eignungswert der Dienstleistungen im Hinblick auf ihre Zielerreichung bestimmen.

Die Qualität von Dienstleistungen ist sehr schwer zu erfassen. Deshalb empfiehlt es sich, analog zum Leistungsbegriff einen **dualen Qualitätsbegriff** einzuführen, der zwischen **ergebnis- und prozeßbezogener Leistungsqualität** unterscheidet.[31] Während die **Ergebnisqualität** in der Funktionsqualität[32] und in den Qualitäten der attributiven Leistungsmerkmale aufgeht und zumindest teilweise unmittelbar erfaßt werden kann, kann die **Verrichtungsqualität** ausschließlich **indikativ** erfaßt werden. Zu denken ist etwa an die Zeitdauer einer Verrichtung[33], an die Wartezeit des Leistungsnachsuchenden bis zur Aufnahme der Dienstleistungsproduktion, an persönlichen Merkmale der Interaktionspartner der Dienstleistungserstellung (Fachkompetenz, Qualifikation auf der einen, Aufnahmefähigkeit und Lernbereitschaft auf der anderen Seite) oder auch an rein **subjektive** Größen wie das Werturteil der Prozeßbeteiligten. Anders als bei Sachgütern, deren Qualitäten an naturwissenschaftlich-technischen Spezifikationen gemessen werden können, erlauben diese Ersatz- und Hilfsgrößen **lediglich eine mittelbare Qualitätsbestimmung**. Für die Beurteilung dieser Qualitätsdimension muß der Verwaltungs-Controller auf das oben[34] skizzierte **Instrumentarium der Indikatorenrechnung** zurückgreifen. Wie schnell, fristgerecht und fehlerfrei Verwaltungsentscheidungen getroffen werden, etwa im Falle der Erteilung von Baugenehmigungen und Einfuhrbewilligungen, kann als **Merkmal der Ergebnisqualität direkt am Leistungsobjekt gemessen werden**. Aber längst nicht alle Ergebnisqualitäten können unmittelbar auf Vorhandensein geprüft oder gemessen werden. So muß in der Frage nach der Effektivität einer Leistung immer eine inhaltliche Beziehung zwischen der

---

30 Botta, Volkmar: Qualität und Qualitätsüberwachung, in: Kern, Werner (Hrsg.): HWProd, Sp. 1747-1756, hier Sp. 1748.
31 Ähnlich unterteilt Corsten die Dienstleistungsqualitäten in Verrichtungs- und Ergebnisqualitäten (vgl. hierzu ausführlich Corsten, Hans: Betriebswirtschaftslehre der Dienstleistungsunternehmung - Einführung, München, Wien 1988, S. 116ff und derselbe: Die Produktion von Dienstleistungen, a.a.O., S. 122).
32 Die Funktionsqualität soll darüber Auskunft geben, inwieweit eine Leistung die von ihr zu fordernden Funktionen erfüllt (vgl. Botta, Volkmar: Qualität und Qualitätsüberwachung, a.a.O., Sp. 1749).
33 Auf den Zusammenhang von Leistungsdauer und Leistungsqualität weist etwa Berekoven hin (vgl. Berekoven, Ludwig: Charakteristika und Erfolgsfaktoren des Dienstleistungsgeschäfts, in: Deutsche Marketingvereinigung e.V. (Hrsg.): Lotsendienst für Service-Märkte, Düsseldorf 1979, S. 75-102, hier S. 83).
34 Vgl. Kapitel 6, Teil III.

betrachteten Leistung und der Verwaltungsaufgabe hergestellt werden - eine komplexe Beziehung, die eben zumeist nur indikativ abgebildet werden kann.

Eine Hilfe für die funktionale Bestimmung der Leistung ist die Frage nach der Relevanz der betrachteten Tätigkeit für die an die Nutzer abzugebenden Endleistungen der Verwaltung. Um ein systematisches und einheitliches Vorgehen in der Analyse und Bewertung von Leistungsfunktionen zu gewährleisten, wurde das Instrument **Wertanalyse** auch auf den Dienstleistungsbereich übertragen.[35] Wichtig ist hier vor allem, daß **Sinn und Funktion der Leistungen** im Dienst an den Verwaltungszielen klar ersichtlich werden. "Dabei geht es ... nicht in erster Linie um eine Funktionserfüllung zu möglichst niedrigen Kosten, sondern um eine **Optimierung** der Funktionserfüllung."[36]

In **längerfristiger Perspektive** kommen als Maßnahmen zur Qualitätssteigerung der Leistungen zusätzlich sämtliche Maßnahmen der **Personalentwicklung**,[37] insbesondere die Intensivierung der Schulungsmaßnahmen für Verwaltungsbedienstete, die Neuverteilung von Aufgaben nach Qualifikation und Erfahrung des Personals sowie eine leistungsergebnisorientierte Beförderungspolitik in Betracht.

C Auswertung von Informationen der Leistungsrechnung zur optimalen Steuerung der Personalkapazitäten

Eine wirksame Steuerung der eingesetzten Personalkapazitäten durch den Verwaltungs-Controller setzt einen **stetigen Informationsfluß über** deren **leistungswirtschaftliche Daten** voraus. Die Leistungsrechnung sollte diese Informationen in möglichst kurzen Zeitintervallen bereitstellen, damit frühzeitig Kapazitätsanpassungsmaßnahmen und/oder andere Maßnahmen, die beispielsweise auf den Nachfrageanfall einzuwirken versuchen, eingeleitet und die in Angriff genommenen Aktivitäten der Verwaltungsleitung auf ihre Wirksamkeit überprüft werden können. In diesen **Regelkreis** ist auch die Planung des kurzfristigen Personalbedarfs eingebunden.

1. Zeitliche Analyse des Leistungsspektrums

Die Leistungsrechnung liefert Berichte, die **alle Tätigkeiten** einer organisatorischen Einheit (Leistungsstelle) **mit ihren Zeitverbräuchen** dokumentieren. Daraus können wichtige Informationen über die quantitative und qualitative Auslastung des Personals gewonnen werden. Im Idealfall wird dazu eine Leistungserfassung betrieben, die ihre Daten für jede Arbeitskraft getrennt erhebt. Aber auch schon die Leistungsanalyse

---

35 Zur verwaltungsbezogenen Darstellung des Instrumentes der Wertanalyse vgl. Verein Deutscher Ingenieure, VDI-Gesellschaft Produktionstechnik (ADB) und VDI-Gemeinschaftsausschuß Wertanalyse (Hrsg.): Wertanalyse in Verwaltungen nach DIN 66 910, Führungs-, Planungs- und Arbeitskriterien, Düsseldorf 1978 sowie KGSt: Wertanalyse nach DIN 69 910 - Hinweise zur Anwendung in der Kommunalverwaltung, Bericht Nr. 12/1986, Köln 1986.
36 Kübel, Rolf: Unerschöpfliche Ressource Mensch, Vordruck, o.O. 1989, S. 101.
37 Vgl. im verwaltungsbezogenen Überblick Reichard, Christoph: Betriebswirtschaftslehre der öffentlichen Verwaltung, 2. Auflage, Berlin und New York 1987, S. 266-280.

einer organisatorische Einheit mit mehreren Mitarbeitern kann klären, ob das Personal seine Arbeitskraft für die Hauptaufgaben der Stelle aufwendet oder über die Maßen von Nebenaufgaben (z.B. telefonische Beratungsleistung durch einen Schalterbeamten) und allgemeinen Verwaltungstätigkeiten beansprucht wird. Werden etwa durch einen Zeitvergleich über einen längeren Zeitraum hinweg Zeitverschiebungen auf weniger wichtige Tätigkeiten beobachtet, für die eine Stelle gar nicht eingerichtet wurde, so sollten diese Informationen eine Organisationsuntersuchung,[38] insbesondere abzielend auf eine Überprüfung der Aufgabenverteilung und der Einbindung dieser Stelle in den Verwaltungsprozeß, veranlassen.

Nicht zu unterschätzen ist die Wirkung einer derartigen leistungsartenbezogenen Zeitanalyse auch für die Stelleninhaber selbst, deren Blick für die Verteilung ihrer Arbeitszeit auf bedeutsame und weniger bedeutsame Tätigkeiten geschärft wird.

2. Analyse des Fehlzeitenumfangs

Die **Beschäftigung** einer Kapazität wird durch das Maß ausgedrückt, mit dem sie in ihrem Querschnitt und in ihrer zeitlichen Dimension beansprucht wird. **Hohe Fehlzeiten** sind daher stets **Ausdruck geringer Beschäftigung**.

Da Fehlzeitenverluste oft unvorhergesehen anfallen, bereiten sie der bedarfsorientierten Personaleinsatzplanung große Schwierigkeiten. Zudem verursachen sie häufig Kapazitätslücken, auf die das Controlling nicht immer rechtzeitig durch die Bereitstellung von Ersatzkapazitäten reagieren kann. In diesen Fällen müssen die kapazitativ ungedeckten Leistungen durch Überstunden oder durch den vorübergehenden Einsatz von Aushilfskräften erbracht werden.

Mit der Analyse der in der Leistungsrechnung ausgewiesenen Fehlzeiten zielt das Verwaltungs-Controlling darauf ab, die Kapazitäten mit den größten Abweichungen zu erkennen, um dort gezielte Maßnahmen zur Reduzierung des hohen Fehlzeitenbestandes anzusetzen. Die Auswahl geeigneter Maßnahmen setzt dabei eine sorgfältige Analyse der Ursachen des Absentismus voraus.

3. Analyse der Abweichungen zwischen Plan- und Ist-Zeiten

Abweichungen zwischen Plan- und Ist-Zeiten äußern sich analytisch dadurch, daß der **Zeitgrad**, der als das Verhältnis von Planzeit zu Istzeit definiert ist, vom Wert "1" abweicht. Im negativen Fall einer Überschreitung der Planzeiten wird der Zeitgrad

Für die Auswertung der ermittelten Zeitgrade ist zu berücksichtigen, daß die für die Planleistungsrechnung herangezogenen Planzeiten je nach der Art ihrer Ermittlung ein unterschiedliches Genauigkeitsmaß aufweisen. Aus diesen **Genauigkeitsabstufungen**

---

38 Vgl. allgemein zur Organisationsuntersuchung KGSt: Organisationsuntersuchungen in der Kommunalverwaltung, Gutachten, 5. Auflage, Köln 1977; kritisch zu der derzeitigen Durchführung und Verwertung Reichard, Christoph: Betriebswirtschaftslehre, a.a.O., S. 215.

der Planzeiten ergeben sich im Rahmen der Abweichungsanalyse zwischen Plan- und Ist-Zeiten unterschiedliche Interpretationen für die festgestellten Zeitabweichungen. Wie oben[39] dargestellt lassen sich **drei Gruppen** der Zeitermittlung unterscheiden: analytisch ermittelte Zeitstandards, über eine Durchschnittsbildung ermittelte Tätigkeitszeiten und zuletzt die geschätzten Zeiten der mengenneutralen Leistungsarten.

Bei **analytisch** ermittelten Planzeiten können für festgestellte Zeitdifferenzen hauptsächlich **ineffektiv gestaltete Verwaltungsabläufe** und **intrapersonale Ursachen** verantwortlich gemacht werden. Da der Zeitgrad, der das Verhältnis von Plan- und Ist-Zeiten (hier zwischen optimaler und realisierter Intensität der Leistungserstellung) ausdrückt, keine getrennte Beurteilung der einzelnen Determinanten der Intensität (Arbeitsgeschwindigkeit, Rationalität in den Ablaufprozessen und Eignung des Mitarbeiters) ermöglicht, zeigt er lediglich pauschal das Leistungsniveau der betrachteten Stellenkapazität an. Um Gewißheit über die wirklichen **Abweichungsursachen** zu erhalten, müssen den durch die Leistungsrechnung aufgezeigten Abweichungen **Organisationsuntersuchungen** folgen. Dem Controller geht es in seiner zukunftsorientierten Zugangsweise dabei nicht so sehr darum, Schuldige zu finden, sondern die Schwachstellen der Leistungserstellung zu lokalisieren und zu beheben. Geringe Arbeitsmoral und Fachkenntnisse des Personals "lassen sich allerdings zum Zwecke einer kurzfristigen Anpassung nicht verändern. Sie stellen sozusagen die Strukturprobleme der Leistungsintensität dar und bedürfen, entsprechend ihrem langfristigen Charakter, auch einer langfristigen Behandlung"[40]. Dies gilt auch für viele Organisationsdefizite.

Aus Abweichungsanalysen kann aber auch die Erkenntnis resultieren, daß Planzeiten neu ermittelt werden müssen. Häufige und signifikante Abweichungen zwischen Plan- und Ist-Zeitwerten, insbesondere bei fallbezogenen Leistungsarten ohne personalen Kontakt, können etwa auf veränderte Arbeitsinhalte hinweisen, die zuvor durchgeführte Zeitplanungen obsolet werden lassen.

Planzeiten, die auf **Durchschnittszeiten** der Vergangenheit aufbauen, beruhen auf Tätigkeitsabläufen, die vor der Leistungserfassung nicht arbeitswissenschaftlich analytisch durchleuchtet wurden. Veränderungen in der Kapazitätsproduktivität - als solche können Zeitgrade interpretiert werden - machen lediglich die Abweichungen gegenüber den Perioden fest, aus denen die Durchschnittsleistungen berechnet wurden. Zeitabweichungen können hier dieselben Ursachen haben, wie sie zur Erklärung für die Zeitabweichungen von analytisch ermittelten Zeitwerten herangezogen wurden. Andererseits können im umgekehrten Falle festgestellte geringe Abweichungen nur dann als Beleg eines realisierten hohen Wirtschaftlichkeitsgrades interpretiert werden, wenn der Vergleichsmaßstab (die aus Durchschnittswerten ermittelten Planzeiten) eine wirtschaftliche Leistungserstellung widerspiegelt.

---

39 Vgl. Kapitel 6, Teil I., C 2. und 4.
40 Müller, Matthias: Arbeits- und Zeitstudien, a.a.O., S. 138.

Die Möglichkeit, Leistungszeiten genau zu planen, nimmt mit steigender Individualität der Leistungsarten ab. Die Mehrzahl der dispositiven Aufgaben und viele interaktionsgebundene Leistungsarten können in ihren Zeitverbräuchen lediglich **geschätzt** werden. Treten innerhalb dieses Leistungstyps große Abweichungen zwischen den Schätzwerten und sehr viel geringer ausfallenden Ist-Zeiten auf, so dürfen diese Informationen erst nach einer Analyse des Einzelfalles zu einem Kapazitätsabbau führen. Bürgerberatungen etwa erfordern beim Personal immer ein gewisses Maß an zeitlichen Freiräumen. Untersuchungen zur Bedienungsqualität haben "übereinstimmend gezeigt, daß die Wechselwirkung im Verhalten zwischen Bedienenden und Bedientem größeren Einfluß auf das Qualitätsergebnis der Dienstleistungen haben als immer enger und präziser definierte Dienstanweisungen, angelernte Verhaltensroutinen oder Kontrollen",[41] die bei enger Zeitführung des Beratungspersonals zu verlangen sind.

4. Analyse der Mengenabweichungen

Die Plan-Ist-Leistungsmengenabweichung ist **für mengeninduzierte Leistungsarten** eine **unverzichtbare Größe**, um die gesamte Plan-Ist-Abweichung dieses Leistungstyps aufzuzeigen. Nur durch die Differenzierung in Mengen- und Zeitabweichungen ist die Leistungsrechnung bei bestimmten Datenkonstellationen überhaupt in der Lage, eine Plan-Ist-Abweichung festzustellen. Dies kann anhand der Zahlenangaben aus dem oben dargestellten Leistungsbericht (siehe Abbildung 6-3) verdeutlicht werden. Wenn etwa für die Leistungsart 'Erläuterungen für das form- und sachgemäße Ausfüllen eines Antragformulars geben' eine Durchschnittszeit von vier Minuten errechnet werden kann, in der Ist-Erhebung für diese Leistung eine Minute länger gebraucht wird, was bei einer Menge von 80 Einheiten eine Zeitabweichung von 80 Minuten ergibt, so wird dieser Mehrverbrauch in der Ist-Periode von der verminderten Zahl an erbrachten Ist-Leistungen gegenüber dem Planwert gerade eben kompensiert, da die unterschrittene Menge von 20 Einheiten eine Mengenabweichung von gleichfalls 80 Minuten ergibt.

Unter bestimmten Bedingungen kann schon der **einfache Mengenvergleich** der Leistungsarten genügen, um Verluste im Personaleinsatz zu ermitteln. Voraussetzung ist hierfür, daß die erbringende Leistungsstelle nur wenige gleichförmige, **standardisierte Leistungen** erstellt. Andernfalls sind aus Mengenabweichungen keine erschöpfenden Informationen für den Verwaltungs-Controller zu beziehen, da Abweichungen leicht mit einem veränderten Tätigkeitsinhalt der Leistungen begründet werden können. In solchen Fällen müssen vor einer abschließenden Einschätzung unbedingt Rücksprachen mit dem leistungserbringenden Mitarbeiter erfolgen.

---

[41] Klaus, Peter G.: Auf dem Weg zu einer Betriebswirtschaftslehre der Dienstleistungen: Der Interaktions-Ansatz, in: DBW, 44. Jg. (1984), Heft 3, S. 467-475, hier S. 474.

5. Abweichungsanalyse der kapazitätsbezogenen Leistungsdifferenzen und -kennzahlen

Nachdem bisher vor allem die Personalkapazitäten in ihrer zeitlichen Verfügbarkeit, die aus der Zeitdimension und dem Querschnitt der Kapazität bestimmt wird, analysiert worden sind, berücksichtigen die nachfolgend beschriebenen Abweichungsanalysen der kapazitätsbezogenen Leistungskennzahlen nun auch die dritte Determinante der Kapazität, die **Intensität** der Leistungsproduktion.

Der **realisierte Auslastungsgrad** der Kapazität ist, wie oben definiert,[42] das Produkt aus effektivem Beschäftigungsgrad und effektivem Leistungsgrad. Der **Beschäftigung** ist die zeitlich zu messende und effektive Inanspruchnahme der Personalkapazität, wobei die Intensität der menschlichen Kräfte[43] außer acht gelassen wird. Deshalb drückt der **Beschäftigungsgrad** in dieser Arbeit auch nur die Relation zwischen aufgewendeter Leistungszeit und verfügbarer Kapazität aus.[44] Soweit Stellenleistungen unter Zuhilfenahme von Planzeiten berechnet werden,[45] so können die daraus ermittelten Nutzungsquoten bereits als **Auslastungsgrade** aufgefaßt werden, da in Planzeiten, soweit sie die Normalleistung definieren, der Leistungsgrad und somit die Intensität schon berücksichtigt ist. Der **Leistungsgrad** als zweiter Faktor des Auslastungsgrades kann durch die Summe der feststellbaren Zeitgrade aller mengenabhängigen Leistungsarten quantifiziert werden, wobei diese Zeitgrade mit dem Zeitanteil jeder Leistungsart an der Stellengesamtleistung zu gewichten sind. Weil den Ist-Zeiten jedoch die Erhebung der Intensität fehlt, kann wegen des fehlenden Leistungsgrades aus dem Quotienten von Stellen-Ist-Leistungen und effektiver Verfügbarkeit eben nur der Beschäftigungsgrad ermittelt werden. Diese Werte können in der Differenzbildung die Leerzeiten der Personalkapazitäten angeben.[46]

Abbildung 7-1 gibt einen Überblick über die wichtigsten der genannten Kennzahlen.

---

42 Vgl. 6. Kapitel, Teil I., B 5.
43 Vgl. Riebel, Paul: Die Elastizität des Betriebes, a.a.O., S. 12.
44 Der Beschäftigungsgrad wird abweichend von dieser Begriffsbeschreibung in der Literatur oft als das Verhältnis ausgelegt, das zwischen effektiver Kapazitätsnutzung und maximal möglicher Beschäftigung besteht (vgl. Heinrich, Lutz I./Pils, Manfred: Auslastungskontrolle, in: Kern, Werner (Hrsg.): HWProd, Sp. 230-239, hier Sp. 231). Dafür, daß die maximal mögliche Kapazität durch die momentan verfügbare Kapazität ersetzt wird, sprechen mindestens drei Gründe: Erstens sollten in die Kennzahl des Beschäftigungsgrades keine Verlustzeiten eingehen, die bereits in den Fehlzeitstatistiken berücksichtigt werden. Zweitens ist die maximal mögliche Beschäftigung des Personals für den Zeitraum eines Tages oder einer Woche aufgrund flexibler Arbeitsformen (gleitende Arbeitszeit) retrospektiv kaum mehr feststellbar. Und drittens entspricht in einem bestimmten Zeitpunkt die verfügbare Kapazität immer der maximal möglichen Kapazität.
45 Für Stellenleistungen, für deren Berechnung Planzeiten verwendet werden, wurde die Bezeichnung Stellen-Soll-Leistungen gewählt (vgl. 6. Kapitel, Teil I., B 5. sowie die Abbildung 6-3).
46 Gegen eine Unterscheidung von Beschäftigungsgrad und Kapazitätsausnutzungsgrad und für eine synonyme Verwendung der Begriffe spricht sich Schmalenbach aus (vgl. Schmalenbach, Eugen: Kostenrechnung und Preispolitik, 8. Auflage, Köln und Opladen 1963, S. 44).

Abbildung 7-1
Wichtige Kennzahlen zur Analyse kapazitätsbezogener Leistungsdifferenzen

Realisierter Auslastungsgrad	= Beschäftigungsgrad x Leistungsgrad
Beschäftigungsgrad	= Leistungszeit / verfügbare Kapazität
Leistungsgrad	= Summe der gewichteten Zeitgrade der mengenabhängigen Leistungsarten
Zeitgrad	= Planzeit (zur optimalen Intensität) / Istzeit (zur tatsächl. Intensität)

Diese Leistungskennzahlen sind geeignete **Indikatoren für den wirtschaftlichen Personaleinsatz**, aber ebenso **Wegweiser zur gleichmäßigen und angemessenen Kapazitätsauslastung**. Das Ressourcen-Controlling endet eben nicht mit der Ermittlung vergangener Fehlentwicklungen, sondern zielt darauf ab, zukünftig Kapazitätsdefizite oder -überhänge erst gar nicht entstehen zu lassen.

Nimmt beispielsweise der Auslastungsgrad über einen längeren Zeitraum hinweg Werte um 90-95% an, so muß man daran denken, den geplanten Output derjenigen Leistungsstellen zu reduzieren, die von dem angezeigten **Kapazitätsengpaß** betroffen sind, oder kapazitative Anpassungen einzuleiten. Mit einer Grenzauslastung über 90% läuft man - insbesondere wenn hohe Zeitanteile personenbezogener Leistungen vorliegen - ansonsten Gefahr, ständig zu Überauslastungen zu gelangen, da keine Kapazitätsreserven für den unvorhergesehenen Leistungsanfall dieser nichtspeicherbaren Arbeiten mehr vorhanden sind.[47]

Ebenso kann in einer Verwaltungseinheit (Leistungsstelle), für die diese Leistungskennzahlen ermittelt werden, eine **Minderbeschäftigung des Personals** vermieden werden. Dafür müssen die Zeiten der Unterbeschäftigung feingliedrig festgehalten sein, was in Dienstleistungsbereichen normalerweise eine tägliche Leistungsabrechnung voraussetzt.[48] Eine so erstellte Analyse kann etwa eine starke Überlastung am Anfang und Ende der Woche, in der Wochenmitte aber tiefe Arbeitssenken anzeigen. Das Personal kann in einer derart unterschiedlich beschäftigten Leistungsstelle in der Mitte der Woche reduziert oder die Arbeitsspitzen durch die Bereitstellung der erforderlichen Kapazitäten aus flexiblen Personalbeständen gedeckt werden.

Zusammenfassend kann festgehalten werden: Weil Leistungskennzahlen in Zeitreihen oder Plan-Ist-Vergleichen das **Belastungsprofil der Personalkapazitäten** beschreiben, können sie innerhalb der Leistungswirtschaft

---

47 Sind verkehrsbedingte Wartezeiten nicht in die Planzeiten eingegangen, sollte je nach zeitlichem Gewicht personenbezogener Dienstleistungen an den Kapazitätsleistungen des Personals von einem noch geringeren Normwert der maximal möglichen Auslastung ausgegangen werden. Für die Bemessung im Einzelfall empfiehlt sich die Entwicklung einer Leistungsstellenkategorisierung, die eine einfache Zuordnung anhand weniger Kriterien erlaubt und für jede Kategorie einen approximativen Prozentsatz vorsieht.

48 Zur Möglichkeit der Tagesabrechnung vgl. Scholz, Konrad/Schäfer, Willfried: Richt-, Ziel- und Standardzeiten bei Angestelltentätigkeiten, Köln 1972, S. 91ff.

- auf Kapazitätsdefizite oder -überhänge hinweisen und damit gegensteuernde Maßnahmen initiieren,
- Verwaltungsbereiche lokalisieren, die einer Organisationsuntersuchung bedürfen und
- dem Sachgebiets- oder Abteilungsleiter Material an die Hand geben, um die Dienstplangestaltung zu optimieren und darüberhinaus die Verwendung der Personalressourcen gegenüber den für die Stellenpläne Verantwortlichen zu rechtfertigen.[49]

Wie oben ausgeführt, kann das auf die vielfältigen Daten der Leistungsrechnung gestützte Ressourcen-Controlling in reinen Dienstleistungsbereichen mit vernachlässigbaren Sachkosten die stellenbezogene **Wirtschaftlichkeitskontrolle** differenziert und vollständig erfüllen. Ein Rückgriff auf die Kostenrechnung bringt unter diesen Bedingungen und für diesen Zweck keine zusätzlichen Erkenntnisse. Der Detaillierungsgrad und die Interpretationsmöglichkeiten der Kostenrechnungsergebnisse könnten allenfalls den Stand der Leistungsrechnung erreichen, da ja das Kostengefüge von den Leistungsbeziehungen determiniert wird.[50]

Das bedeutet aber, daß in den Verwaltungsteilbereichen, die als reine Dienstleistungsbereiche zu charakterisieren sind und die keine zu kalkulierenden Leistungen erstellen, für die Zwecke der Wirtschaftlichkeitsüberwachung **keine monetäre Bewertung der Leistungsdaten** und damit keine periodische Kostenrechnung gefordert zu werden braucht. So reicht etwa für die laufende Überwachung und Steuerung von Schalterdiensten, der Hauspost oder von raumpflegenden Einheiten das auf der Leistungsrechnung basierende Ressourcen-Controlling völlig aus.[51] Erst für Entgeltkalkulationen, für die kostenrechnerische Fundierung der Bildung von Lenkpreisen zur Optimierung der verwaltungsinternen Ressourcenallokation, für monetäre Ergebnisrechnungen sowie zur Fundierung bestimmter Entscheidungssituationen - z.B. der klassischen Make-or-buy-Situation (hier: Eigenerstellung oder Privatisierung) - müssen monetäre Bewertungen erfolgen, im letzteren Fall etwa, um das Angebot eines

---

49 Vgl. ähnlich Semper, Lothar: Produktivitätsanalysen für kommunale Dienstleistungen - Theoretische Grundlagen und empirische Ergebnisse, Diss. Augsburg 1982, S. 66f.
50 Demgegenüber fällt die Eignung der bislang etablierten Kostenrechnungssysteme für Zwecke der Wirtschaftlichkeitskontrolle im Verwaltungsbereich deutlich ab. In der Kostenrechnung werden Informationen über Bereitschaftsleistungen, aber auch Produktionsleistungen der Personalpotentiale allenfalls in Wertgrößen verkürzt dargestellt. Weiterhin werden die Personalkosten von der Kostenrechnung im System der Vollkosten- und Nettoergebnisrechnung nicht einmal nach abgegebenen Endkombinationen und nicht genutzten Vorkombinationen (z.B. die Bereitstellung des dienstbereiten Personals) differenziert. Hierzu "reicht die Methodik dieses Instrumentariums üblicherweise nicht aus." (Kern, Werner: Aufgaben und Dimensionen von Kapazitätsrechnungen, in: Ahlert, Klaus-Peter Franz/Göppl, Hermann (Hrsg.): Finanz- und Rechnungswesen als Führungsinstrument, Festschrift für Herbert Vorbaum zum 65. Geburtstag, Wiesbaden 1990, S. 221-235, hier S. 226f).
51 Vgl. dazu auch die obigen Ausführungen zum Einsatzspektrum der Leistungsrechnung (6. Kapitel, Teil I. D). Vgl. in diesem Sinne auch Weber: "Die Verantwortlichen brauchen nur wenig Kosteninformationen zur Steuerung ihrer Bereiche. Wesentliche Bedeutung erlangen für sie vielmehr Leistungsdaten, die ihnen laufend Auskunft über die bestimmungsgemäße Nutzung der Anlagen (besser: der Kapazitäten, d.Verf.) geben". Auch privatwirtschaftlichen Unternehmen empfiehlt Weber in solchen Konstellationen "die laufende Kostenrechnung in Umfang und Genauigkeit erheblich einzuschränken, dafür aber eine aussagefähige, differenzierte, nicht nur auf Kostenverrechnungsaufgaben ausgerichtete Leistungsrechnung zu implementieren." (Weber, Jürgen: Kostenrechnung - mehr als nur eine Pflichtübung, in: Blick durch die Wirtschaft, Nr. 175 vom 11.9.1991, S. 7).

Lieferanten oder Fremd-Dienstleisters beurteilen zu können.[52] Es muß aber überlegt werden, ob es gerechtfertigt ist, für derartige, zum Teil selten eintretende Situationen eine permanente kostenrechnerische Bearbeitung der Dienstleistungsbereiche durchzuführen. Unter Wirtschaftlichkeitsgesichtspunkten kann es vorzuziehen sein, nur bei Bedarf auf den Daten der Leistungsrechnung aufsetzend eine Kostenermittlung, etwa für die Raumpflege, vorzunehmen, um so einen Vergleich mit dem Angebot eines Fremdreinigers anstellen zu können.

II. Projekt-Controlling

A Begriff und Wesen des Projekt-Controlling in öffentlichen Verwaltungen

Die DIN 69 901 bezeichnet ein **Projekt** als ein "Vorhaben, das im wesentlichen durch Einmaligkeit der Bedingungen in ihrer Gesamtheit gekennzeichnet ist, wie z.B.

- Zielvorgaben,
- zeitliche, finanzielle, personelle oder andere Begrenzungen,
- Abgrenzung gegenüber anderen Vorhaben,
- projektspezifische Organisation."[53]

Es lassen sich nach dem dominierenden Projektziel hauptsächlich drei **Projektarten** unterscheiden: Vorhaben zur Entwicklung eines neuen oder Veränderung eines bestehenden Produktes (Entwicklungsprojekte), organisatorische oder administrative Projekte sowie Bauprojekte.[54] Das jeweilige Projektziel (Sach- oder Leistungziel) ist in der Regel unter Einhaltung vorgegebener Termine und Kosten- bzw. Ausgaben-Budgets (Formalziele) zu verfolgen.[55]

Vom Grundsatz her unterscheiden sich Projekte im öffentlichen Bereich nicht von denen in der Privatwirtschaft, so daß die von der Praxis und der Betriebswirtschaftslehre entwickelten Verfahren zur Projektbearbeitung weitgehend auch hier anwendbar

---

52 Vgl. im einzelnen die Aufzählung der Zwecke einer controllingorientierten Kostenrechnung für öffentliche Verwaltungen in Kapitel 6, Teil II. A.

53 Deutsches Institut für Normung e.V. (Hrsg.): Projektmanagement - Begriffe - DIN 69 901, Berlin, Köln 1980. Vgl. zu modifizierenden Definitionen auch Guthoff, Jens: Bewertungsmöglichkeiten von Planungsmethoden des Projektmanagements im Hochbau und die Ableitung des adaptiven Projektmanagements, Diss., Kassel 1986, S. 18-21 und Reschke, Hasso: Projektmanagement für die öffentliche Verwaltung, in: Goller, Jost/Maack, Heinrich/Müller-Hedrich, Bernd (Hrsg.): Verwaltungsmanagement, Loseblattsammlung, Stuttgart 1989ff, Teil B, Kapitel 3.1., S. 2.

54 Vgl. ebenda, S. 2. Zu weiteren Projektartengliederungen vgl. Richard, Hans: Projektmanagement mit Systemdenken, Frankfurt u.a. 1988, S. 7f und Wildemann, Horst: Kostenprognosen bei Großprojekten, Stuttgart 1982, S. 26ff.

55 In Einzelfällen kann sich aus taktischen oder politischen Gründen eine abweichende Gewichtung der Ziele ergeben. So stand bei den ersten Weltraumprojekten das Terminziel in Verbindung mit dem Leistungsziel obenan, Kostenziele wurden als nachrangig angesehen. Zum Verhältnis von Kostenzielen zu Termin- und Leistungszielen vgl. Schelle, Heinz: Projektkostenschätzung - Methoden zur Schätzung der Kosten komplexer Vorhaben und Ratschläge für die Praxis der Kostenschätzung, in: Goller, Jost/Maack, Heinrich/Müller-Hedrich, Bernd (Hrsg.): Verwaltungsmanagement, Loseblattsammlung, Stuttgart 1989ff, Teil B, Kapitel 3.2., S. 2f sowie Wildemann, Horst: Kostenprognosen bei Großprojekten, a.a.O., S. 33ff.

sind. Gleichwohl sind, wie sich zeigen wird, für die öffentliche Verwaltung doch einzelne Spezifika zu berücksichtigen.

Die nachfolgenden Ausführungen zur Vorgehensweise des Projekt-Controlling sind vom Ansatz her auf alle von öffentlichen Verwaltungen durchgeführten Projekte beziehbar. Soweit Konkretisierungen und exemplarische Verdeutlichungen erfolgen, sollen sich diese aber überwiegend auf **Bauinvestitions-Projekte** beziehen. Damit wird der großen Bedeutung dieser Projekte in der Verwaltungspraxis Rechnung getragen. Sowohl die Literaturanalyse als auch die empirische Befragung von Verwaltungen durch den Verfasser haben ergeben, daß man sich in diesem Felde die größten Erfolge erwartet.

Der **Status Quo** hat sich gerade für Bauinvestitions-Projekte in der Vergangenheit häufig als **unbefriedigend** dargestellt. Dies äußerte sich einerseits in Kosten- und Terminüberschreitungen aufgrund einer **ineffiziente** Projektplanung und -abwicklung. Andererseits trat aber auch zutage, daß einige Projekte als **ineffektiv**, also von geringem Nutzen oder Wirkungsgrad, einzustufen waren.[56]

Konkret sind von Verwaltungspraktikern für Bauprojekte insbesondere die folgenden Mängel festgestellt worden:[57] Mängel in der sachlichen Projektdefinition, Mängel in der Kostenermittlung, mangelhafte Terminplanung, technische Planungsmängel, unklare Führungsverantwortung und ungenügende Koordination. Bei allen vorhandenen verwaltungsinternen Mängeln ist aber festzuhalten, daß die Ausführung von Projekten, die nicht zielgerecht realisiert werden konnten, häufig auch darunter litt, **daß von außen in den Projektablauf eingegriffen** wurde und eine plangemäße Abarbeitung so unmöglich gemacht wurde. Zu denken ist etwa an die Fälle, in denen im politischen Raum Ausstattungs-, Dimensions- oder gar Funktionsänderungen durchgesetzt wurden, so daß verwaltungsintern vorgenommene Planungen revidiert werden mußten oder auch schon begonnene Ausführungen hinfällig wurden.

Die Behebung dieser Mängel erfordert ein ganzheitliches Konzept, das ein Projekt von der Vorplanungsphase bis zur Nutzungs- oder Reifephase begleitet und auch die politischen Entscheidungsträger weitmöglichst einbezieht. In diese Richtung zielt das **Projekt-Controlling**, wie es nachfolgend geschildert wird. Dabei lassen sich die oben dargestellten **Kernfunktionen** des Controlling mit Gewinn auf die Projektbearbeitung anwenden.

Aus der generellen **Koordinationsfunktion** des Controlling leitet sich die Aufgabe der formellen Projektkoordination ab. Dies beinhaltet das Erfordernis, systembildend Verfahrens- und Zuständigkeitsregelungen zu schaffen, die eine Voraussetzung für das

---

56 Vgl. in diesem Sinne auch KGSt: Bauinvestitionscontrolling zur Vermeidung von Baukostenüberschreitungen und unwirtschaftlichem Bauen, Teil 1: Entscheidungsorganisation und begleitende Wirtschaftlichkeitsprüfung, Bericht Nr. 12/1985, Köln 1985, S. 6.
57 Die Erarbeitung erfolgte in KGSt-Seminaren mit Beteiligung von Baudezernenten und Kämmerern (vgl. ebenda, S. 6f). Vgl. zu Mängeln in der Projektplanung und -abwicklung auch Bergmann, Rolf: Projektmanagement und Projekt-Controlling von Großprojekten, in: Archiv PF 2/1985, S. 118-124, hier S. 118f.

koordinierte Abarbeiten von Projekten darstellen. Die koordinative Wirkung der Regelungen kann sich dabei nur voll entfalten, wenn sie auch vom Parlament bzw. Rat zur Kenntnis genommen und akzeptiert werden. Durch ein derartiges Vorgehen kann eine Selbstbindung der politischen Instanzen erfolgen, von denen ansonsten häufig störende Einflüsse auf die Projektabwicklung ausgehen, indem etwa nach Abschluß der Projektplanung wieder grundsätzliche Änderungen initiiert werden.

Die **Steuerungs- und Regelungsfunktion** des Controlling legt den Phasenansatz der Projektbearbeitung nahe. Durch die Aufteilung eines Projektes in Phasen wird die Möglichkeit eröffnet, an vorab definierten Punkten (etwa jeweils am Phasenende) auf der Grundlage eines Soll-Ist-Vergleiches über den weiteren Projektablauf zu entscheiden (etwa weitere Bearbeitung nach Plan, Änderung oder Abbruch). Damit ist das Modell vermaschter kybernetischer Regelkreise realisiert.

Von besonderer Bedeutung für das Projekt-Controlling ist die Wahrnehmung der **Informationsfunktion**. In jeder Projekt-Phase müssen Plan- und Ist-Informationen sowohl der Sachdimension als auch der Termin- und Kostendimension vorhanden sein, um den Projektverlauf jederzeit umfassend kontrollieren und gegebenenfalls regulierend eingreifen zu können. Aufgabe des Verwaltungs-Controlling ist es, gerade an den Phasenübergängen die Durchgängigkeit der Informationsversorgung zu gewährleisten.

Die **Rolle des Projekt-Controllers** beschränkt sich dabei überwiegend auf systembildende sowie - einzelprojektbezogen - auf formelle Funktionen. Er sorgt zunächst für die Erarbeitung geeigneter Verfahrens- und Zuständigkeitsregelungen, für deren laufende Aktualisierung und Weiterentwicklung und - in der konkreten Projektbearbeitung - auch für deren Einhaltung. Er führt projektbegleitende Wirtschaftlichkeitsrechnungen durch und wirkt koordinierend und moderierend auf die das Projekt in materieller Hinsicht bestimmenden Instanzen (etwa Baunutzer vs. Baubehörde) ein. Für den Fall, daß Externe (Architekten, Ingenieure, Planungsbüros) in die Projektabwicklung einbezogen werden müssen, ist der Controller in Absprache mit den Fachinstanzen für die korrekte Auftragserteilung und die Überwachung der Ausführung zuständig.[58]

B Aufgabenfelder des Projekt-Controlling

Eine systembildende Controlling-Aufgabe ist darin zu sehen, aufbau- und ablauforganisatorische Grundsatzregelungen für die Projektbearbeitung zu entwickeln. Dabei muß nach Projektarten (etwa Hochbauprojekte oder DV-Entwicklungsprojekte) differenziert werden. Die projektartenbezogenen Grundschemata müssen dann für jedes Einzelprojekt angepaßt und entsprechend ausgefüllt werden.

---

58 Vgl. in diesem Sinne auch Horváth: "Projektcontrolling betrifft die Mitwirkung des Controllers in Projekten beliebiger Art... Der Controller ist hier kein Projektmanager, sondern unterstützt diesen bei seiner Arbeit." (Horváth, Péter: Controlling, 3. Auflage, München 1990, S. 791).

1. Erstellung einer Phasenstruktur als Rahmen der Projekt-Ablauforganisation

Um projektbezogen die Kernfunktionen des Controlling erfüllen zu können, erscheint eine **Projekt-Phaseneinteilung** unabdingbar. Bei den Phasen handelt es sich zunächst nicht primär um eine zeitliche Abfolge, sondern um eine logische Durchdringung und Gliederung des Projektes, auf der dann die Planung in ihren verschiedenen Dimensionen aufbauen kann. Für die praktische Bedeutung in der Projektbearbeitung ist entscheidend, daß jede Phase durch eine Entscheidung abgeschlossen wird. Hier wird als Grundsatzregelung vorgeschlagen, daß die Entscheidungsinstanz jeweils zum Phasenende darüber befindet, ob das Projekt weiterhin nach Plan abgearbeitet wird, ob und in welchem Umfang Änderungen vorzunehmen sind oder ob das Projekt gar gänzlich abzubrechen ist. Auf diese Weise wird eine **ergebnisorientierte Projektsteuerung** möglich, die auf dem Grundgedanken basiert, daß es nicht notwendig und auch nicht sinnvoll ist, sämtliche Tätigkeiten des Projektes im Detail vorzugeben und zu überwachen. Vielmehr können phasenweise Zwischenergebnisse geplant und kontrolliert werden. "Die Koordinierung von Tätigkeiten über das Ergebnis einer gesamten Leistungsphase und nicht über die Einzeltätigkeiten erlaubt mehr Freiheit bei der Problembearbeitung."[59] Für den Projekt-Controller gilt es, ein ausgewogenes Verhältnis zwischen dieser Freiheit und der notwendigen Vorgabendetaillierung zu bestimmen.

Die **Phaseneinteilung** wird sich immer an dem **Grobschema** Vorprojektphase (Initiierungsphase), Projektplanung, Projektausführung und Nutzung des Vorhabens orientieren.[60] Mit zunehmender Bedeutung und wachsender Komplexität sind diese Grobphasen weiter zu differenzieren. **Abbildung 7-2** zeigt exemplarisch die von der KGSt vorgeschlagene Phaseneinteilung für kommunale Bauinvestitionsprojekte.

Der Projektplanung geht eine sog. **Vorprojektphase** voraus.[61] Häufig wird die Initiierung eines Projektes nicht aus der Verwaltung heraus, sondern von seiten Dritter (Politik, Lobbyisten usw.) erfolgen. Es ist die Aufgabe des Verwaltungs-Controlling, zusammen mit den tangierten Fachressorts aus den Vorgaben die Projektzielsetzung zu formulieren und die Projektaufgabenstellung zu konkretisieren. Dies setzt die Analyse des Ist-Zustandes und die Entwicklung von Vorstellungen über Wirkungszusammenhänge voraus. Es gilt, schon die noch wenig detaillierten, aber richtungsbestimmenden Vorplanungen auf ihre Verträglichkeit mit bestehenden Rahmenplanungen, wie etwa der Stadtentwicklungsplanung, zu prüfen.

Eine **besonders hohe Bedeutung** kommt der **Planungsphase** zu, denn in ihr wird der Projekterfolg schon weitgehend vorbestimmt. Praktiker und Wissenschaftler weisen darauf hin, daß über einen sehr hohen Prozentsatz der Projektkosten bereits hier

---

59 Guthoff, Jens: Planungsmethoden des Projektmanagements, a.a.O., S. 33.
60 Vgl. zu unterschiedlichen Projekt-Phaseneinteilungen Reschke, Hasso/Svoboda, M.: Projektmanagement - Konzeptionelle Grundlagen, 2. Auflage, München 1984, S. 52 und Madauss, Bernd J.: Projektmanagement - Ein Handbuch für Industriebetriebe, Unternehmensberater und Behörden, Stuttgart 1984, S. 64ff.
61 Vgl. Reschke, Hasso: Projektmanagement für die öffentliche Verwaltung, a.a.O., S. 5.

entschieden wird.[62] Dementsprechend hoch ist auch das Einsparungspotential in dieser Phase. Für kommunale Hochbauprojekte wird geäußert, daß "mehr als 40% der möglichen Einsparungen insgesamt in diesem Stadium (Planungsphase, d.Verf.) zu erzielen"[63] sind. Die Planungen haben sich stets auf die Sachzieldimension wie auch auf die Termin- und die Ressourcendimension zu beziehen. **Abbildung 7-2** zeigt eine Möglichkeit der weiteren Differenzierung der Planungsphase für kommunale Bauinvestitionsobjekte.

Abbildung 7-2
KGSt-Vorschlag für die Phaseneinteilung des Projektablaufs von Bauinvestitionsprojekten

		Projektphase	Führungsentscheidungen
Vorprojektphase	I	Bedarfsableitung	"MiP-Beschluß": Bedarfsanerkennung oder -ablehnung, i.d.R. verbunden mit Vorschlag zur Aufnahme/Nichtaufnahme in den Mittelfristigen Investitionsplan (MiP)
	II	Projektdefinition	Grundstücksentscheidung mit endgültigem Raum- und Funktionsprogramm, Beauftragung von Architekten und sonstigen Planern, Bereitstellung von Planungsmitteln
Planungsphase	III	Vorentwurfsplanung	Genehmigung Baukörpergestalt und technische Grobstandards
	IV	Entwurfsplanung	Projektgenehmigung: förmliche Feststellung der Veranschlagungsreife gem. § 10,3 GemHVO/KommHV
	V	Ausführungsvorbereitung	endgültiger Ausführungsbeschluß ("point of no return"), Vergabebeschluß auf der Grundlage gebündelter Submissionen (z.B. 60 %-Regel)
Ausführungsphase	VI	Ausführung	(nur in Ausnahmefällen, wenn durch Kontrolle ein Entscheidungsbedarf festgestellt wird:) Planungsänderung, Budgetveränderung
Nutzungsphase	VII	Erfolgskontrolle	Kritische Würdigung des Planungsprozesses, Beurteilung der noch offenen Risiken in der vorläufigen Schlußrechnung, Bildung bzw. Auflösung von Haushaltsresten

In Anlehnung an KGSt: Bauinvestitionscontrolling zur Vermeidung von Baukostenüberschreitungen und unwirtschaftlichem Bauen, Bericht Nr. 12/1985, Köln 1985, S. 13.

In der **Realisierungsphase**, die mit der Auftragserteilung an Externe (Dienst- oder Werkverträge) oder mit der Beauftragung interner Dienststellen beginnt, sind Maßnahmen der **Projektüberwachung und -steuerung** zu treffen. Es ist notwendig, den Plandaten jeweils zeitnahe Informationen über den Stand der Projektbearbeitung gegenüberzustellen. Sich dabei ergebende **Abweichungen** stellen eine besondere Herausforderung an das Projekt-Controlling dar, denn sie lösen zumeist **Änderungsan-**

---

62 Im Flugzeugbau sind etwa nach dem Abschluß der Konzeptphase bereits 70% des Projektvolumens festgelegt (vgl. Schelle, Heinz: Projektkostenschätzung, a.a.O., S. 14). Nach Wildemann sind schon mit dem Ende der Konzeptionsphase - also noch vor das Projektdesign und die Konstruktion aufgenommen wird - 75% des Kostenvolumens von Großprojekten festgelegt (vgl. Wildemann, Horst: Kostenprognosen bei Großprojekten, a.a.O., S. 44 und 109).
63 Sack, Erwin/Rembold, Gerhard: Bauinvestitionscontrolling in Karlsruhe: Systematik und Praxis, in: Braun, Günther E./Bozem, Karlheinz (Hrsg.): Controlling im kommunalen Bereich, München 1990, S. 150-161, hier S. 157.

forderungen hinsichtlich der Leistungs-, Termin- und/oder Kostenplanung aus. Hier bietet es sich an, die Änderungen nach ihrer Bedeutung zu klassifizieren (etwa in A-, B- und C-Änderungen) und zumindest für die wichtigeren A-Änderungen eine festgelegte Verfahrensweise zu erarbeiten. Diese beinhaltet etwa "folgende Schritte:
- Anmeldung, Beschreibung und Begründung der Änderung
- Analyse und Prüfung der meist vernetzt auftretenden Änderungsauswirkungen im Projekt ...
- Entscheidung über die Änderung durch eine dafür kompetente Stelle, insbesondere auch ein Gremium (z.B. Projektausschuß)
- Einarbeitung der genehmigten Änderungen in die Planung und Realisierung des Projekts. Dokumentation der Änderung."[64]

Der durch Plan-Ist-Abweichungen hervorgerufene Änderungsbedarf bringt stets eine **Störung des geplanten Projektablaufs** mit sich.[65] Dieser störende Änderungsbedarf wird sich aber gerade bei größeren und komplexeren Projekten auch bei einer optimalen Planung kaum vermeiden lassen, da Veränderungen der Projektrahmenbedingungen (z.B. der politischen Konstellation) oder neue Erkenntnisse (z.B. über neu verfügbare Technologien) nicht zu antizipieren sind. Wohl aber können schon in der Planungsphase verschiedene Szenarien entwickelt und What-if-Analysen durchgeführt werden, um die Unsicherheit der Zukunft zu reduzieren und nicht durch völlig unvorhergesehene Projekt- oder Umfeldentwicklungen überrascht zu werden.

Soweit im Rahmen der Projektrealisierung Aufträge an Verwaltungsexterne vergeben werden,[66] sind die Vorschriften nach **VOL und VOB** einschließlich deren Anlagen zu beachten. Den Vergaberegelungen steht es - etwa im bedeutenden Fall von Bauprojekten - nicht entgegen, wenn der formelle **Ausführungsbeschluß erst dann getroffen** wird, "wenn **Submissionsergebnisse für rd. 60% der Bauleistungen vorliegen** und auf Übereinstimmung mit den Kostenermittlungen überprüft worden sind."[67] Auf diese Weise kann weitgehend vermieden werden, daß sich zwischen Ausführungsbeschluß und Auftragsvergabe beträchtliche Preissteigerungen ergeben - wie es in der Vergangenheit häufig der Fall war. Allerdings ist eine Voraussetzung für die solcherart zu erlangende Kostensicherheit, "daß Ausführungs-, Detail- und Konzeptionszeichnungen mit den erforderlichen textlichen Darstellungen in dem für die Baudurchführung gebotenen Maßstab frühzeitig vorliegen. Nur so können Massen und Mengen als Grundlage für das Aufstellen von Leistungsbeschreibungen und Leistungsverzeichnissen ermittelt und zusammengestellt werden. Planungsänderungen dürfen nachträglich nicht vorge-

---

64 Reschke, Hasso: Projektmanagement für die öffentliche Verwaltung, a.a.O., S. 14.
65 Vgl. ebenda, S. 14.
66 Zum Vertragsmanagement in Projekten vgl. allgemein Madauss, Bernd J.: Projektmanagement, a.a.O., S. 316-327.
67 KGSt: Bauinvestitionscontrolling, a.a.O., S. 26 (Fettdruck des Verf.). Zur rechtlichen Zulässigkeit solcher Submissionsregeln vgl. ebenda, S. 26f. (Der Begriff 'Submission' steht hier für 'Ausschreibung').

nommen werden."[68] Es leuchtet ein, daß Auftragserteilungen, die erst auf der Basis derartig weit vorangetriebener Detailplanungen erfolgen, zu einer Erhöhung der Planungssicherheit führen müssen.[69] Derartige Regelungen sind im Rahmen des Projekt-Controlling auf die Belange des Einzelfalls anzupassen und für alle Projekte mit nennenswerten Fremdvergabeanteilen zur Anwendung zu bringen.

Weitgehend vernachlässigt wird es bisher, die Phase der **Erfolgskontrolle**[70] in die Projektarbeit mit einzubeziehen: Zumeist wird ein Projekt mit dem Eintritt in die Nutzungsphase für beendet angesehen. Dabei ließen sich gerade aus einer Analyse der Nutzungsphase wichtige Erkenntnisse für die Durchführung zukünftiger Projekte gewinnen.[71] Denn obwohl Projekte sich wesensmäßig stets durch ein gewisses Maß an Neuartigkeit auszeichnen, so existieren doch in allen Projekten verschiedene Elemente, die zumindest in sehr ähnlicher Form auch Bestandteil anderer, teilweise sogar grundverschiedener Projekte sind. Diese Elemente können z.B. Bestandteile des eigentlichen Projektgegenstandes (Bauelemente eines Neubauprojektes) aber auch - im übertragenen Sinne - Elemente der Projektaufbau- und -ablauforganisation sein, die sich in mehreren Projekten anwenden lassen. Voraussetzung dafür ist allerdings, daß sich die Elemente bewährt haben, was oftmals eben erst durch eine Erfolgskontrolle in der Nutzungsphase geklärt werden kann. Fragen der Effektivität des erstellten Projektes können überhaupt erst beantwortet werden, wenn die Nutzungsphase in die Analyse einbezogen wird.

2. Erarbeitung einer Grundsatzregelung zur Projekt-Aufbauorganisation

Im Rahmen der Erarbeitung einer adäquaten Projektaufbauorganisation sind die hierarchisch geprägten, dem besonderen Charakter eines Projektes nicht entsprechenden Informations- und Abstimmungswege der Verwaltungsorganisation "durch **projektbezogene Querinformations- und -koordinationsbeziehungen** zu ergänzen"[72], was ein Abgehen von der klassischen einlinigen Aufbauorganisation der Verwaltung bedeutet.

Als **Grundformen** der Projektorganisation kommen in Frage:

- Die **Stabs-Projektorganisation**, bei der der Projektleiter in Stabsfunktion zumindest formell nicht die Verantwortung für die Erreichung der Projekt-Sachziele trägt, sondern nur die Verantwortung "für die rechtzeitige Vorbereitung notwendiger, durch die übergeordnete Linienorganisation zu fällender Entscheidungen"[73] hat.

---

68 ebenda, S. 26.
69 Zu positiven Ergebnissen der Anwendung der "60%-Submissionsregel" vgl. ebenda, S. 26f und 38-40.
70 Vgl. dazu die generellen Ausführungen in Kapitel 5, Teil II. und III. B 1. sowie zu den Aufgaben des Verwaltungs-Controlling in der Kontrollphase des Führungsprozesses (Kapitel 5, Teil V.).
71 Vgl. KGSt: Bauinvestitionscontrolling, a.a.O., S. 16.
72 Reschke, Hasso: Projektmanagement für die öffentliche Verwaltung, a.a.O., S. 15.
73 ebenda, S. 16.

Allerdings kann ein hierarchisch hoch angebundener Stab aufgrund seiner Nähe zur Entscheidungsspitze häufig über ein hohes Maß an (informeller) Macht verfügen und dies zu einem "Einfluß-Management" ausnutzen.[74]
- Die **reine Projektorganisation** mit einer ausschließlich für das Projekt gebildeten, vollständigen und autonomen Organisation.
- Die **Matrix-Projektorganisation**, die sich dadurch auszeichnet, daß die Projektmitarbeiter in ihren Linieninstanzen verbleiben, jedoch projektbezogen fachliche Weisungen von der Projektleitung beziehen. Die Projektleitung untersteht genauso wie die Leitung der Linieninstanzen der Betriebs- oder Ressortleitung.

Wegen der Vor- und Nachteile der einzelnen Organisationsformen wird auf die einschlägige Literatur verwiesen.[75] Angesichts der Vielfältigkeit der in öffentlichen Verwaltungen vorzufindenden Projekte kann keine Lösung generell präferiert werden. Die Erarbeitung von Grundsatzregelungen sowie die Anpassung auf das jeweils zu bearbeitende Projekt wird hier als Controlling-Aufgabe angesehen. Dagegen ist das materielle Projektmanagement nicht dem Aufgabenbereich des Controlling zuzurechnen. Es verbleibt im Aufgaben- und Verantwortungsbereich der Fachressorts.[76] Dabei ist es denkbar, daß die im materiellen Sinne projektleitende Instanz während des Projektverlaufs wechselt. So spricht etwa im Falle von Bauprojekten einiges dafür, die materielle Projektführerschaft in der Vorplanungsphase der projektbeantragenden Instanz, also dem zukünftigen Nutzer, und danach, ab der Planungsphase, der zuständigen Baubehörde zu übertragen.[77] Ein in jeder Projektphase und über die Phasenübergänge hinweg optimal abgestimmtes Agieren von Projekt-Controller und materieller Projektleitung sind essentielle Voraussetzungen für eine erfolgreiche Projektabwicklung.

Zumindest für bedeutendere Projekte empfiehlt es sich, eine **Projektkonferenz**[78] ins Leben zu rufen, die unter Federführung des Verwaltungs-Controllers zum Abschluß jeder Projektphase zusammentritt und über den weiteren Fortgang des Projektes entscheidet (vgl. **Abbildung 7-3**). Als Mitglieder dieses verwaltungsinternen Entschei

---

74 Vgl. ebenda, S. 16.
75 Vgl. etwa Madauss, Bernd J.: Projektmanagement, a.a.O., S. 99ff; Kupper, Hubert: Zur Kunst der Projektsteuerung, 4. Auflage, München, Wien 1986, S. 56-66; Bundesminister für Forschung und Technologie (Hrsg.): Kommunales Projektmanagement - Ein Handbuch zur Planung und Durchführung von Projekten, Köln u.a. 1977, S. 39-53 und Reschke, Hasso: Projektmanagement für die öffentliche Verwaltung, a.a.O., S. 15-19.
76 Vgl. in diesem Sinne auch Horváth, Péter: Controlling, a.a.O., S. 791.
77 Vgl. dazu im einzelnen den Vorschlag in KGSt: Bauinvestitionscontrolling, a.a.O., S. 18f (im Gegensatz zu dem hier gemachten Vorschlag will die KGSt allerdings auch die formellen Aufgaben der jeweils materiell führenden Instanz übertragen und dem Projekt-Controlling nur eine begleitende Wirtschaftlichkeitskontrolle überantworten).
78 Dieser Terminus wird etwa bereits von der Osnabrücker Kommunalverwaltung verwandt (vgl. Hoffmann, Siegfried: Zentrales und dezentrales Controlling in der Stadt Osnabrück, in: Braun, Günther E./Bozem, Karlheinz (Hrsg.): Controlling im kommunalen Bereich, München 1990, S. 30-43, hier S. 34 und 37). Weitere für eine derartige Instanz bereits verwandte Bezeichnungen sind Projektprüfungsgruppe, kleine Beigeordnetenkonferenz oder Investitionskonferenz (vgl. KGSt: Bauinvestitionscontrolling, a.a.O., S. 18).

dungsgremiums sollten die Projektbeteiligten (etwa die Facheinheit, für die gebaut werden soll, die Baubehörde und ggf. auch die Querschnittseinheit Finanzen sowie die Führungsspitze) vertreten sein. Der Projekt-Controller hat eine allgemeine Geschäftsordnung für die Projektkonferenz zu erarbeiten, die im Einzelfall auf das jeweilige Projekt zu anzupassen ist.

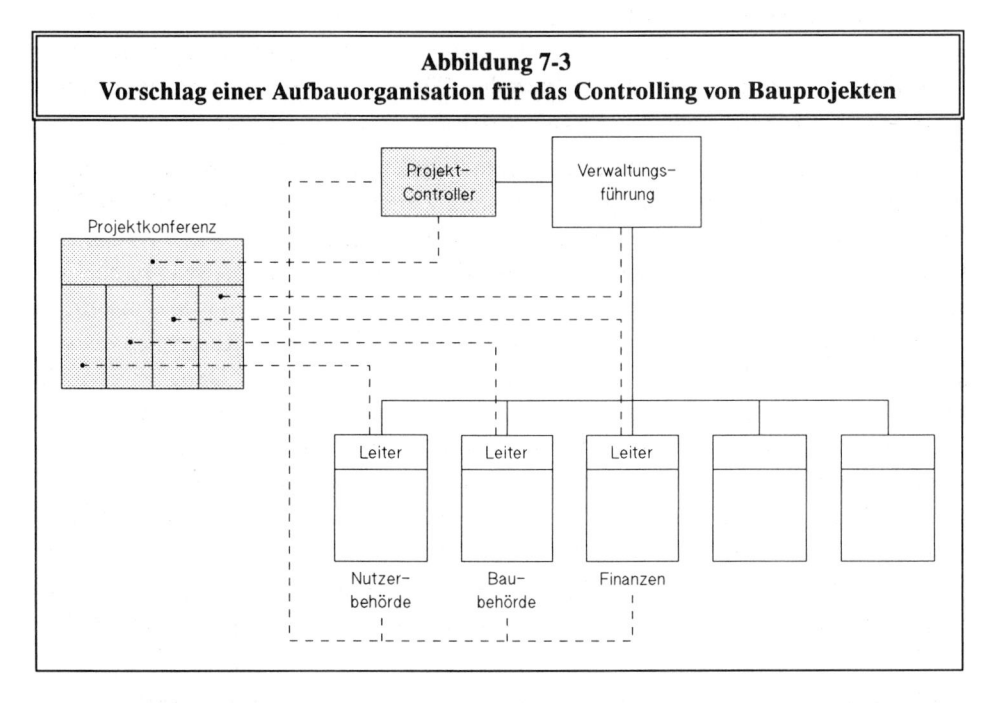

Abbildung 7-3
Vorschlag einer Aufbauorganisation für das Controlling von Bauprojekten

Der **Projekt-Controller** (oder die Projekt-Controlling-Instanz) selbst sollte entweder als **Stab der Verwaltungsspitze** oder aber als **Abteilung in einer Querschnittsinstanz** (etwa Stadtkämmerei) etabliert werden. Für beide Varianten existieren bereits mit Erfolg praktizierte Beispiele.[79]

3. Schaffung informationstechnischer Voraussetzungen

Um eine optimale informatorische Versorgung der Projektverantwortlichen[80] sicherstellen zu können, ist es unverzichtbar, auf eine DV-Unterstützung zurückzugreifen. Hier stehen für das Projekt-Controlling einige taugliche Standard-Software Pakete zur Verfügung. Für kleinere und mittlere Projekte bieten sich flexible PC-Lösungen an.[81]

---

79 Als weitere - wohl ebenfalls erfolgreiche - Variante wählte eine Kommune eine gemeinsame Stabsstelle von Bau- und Finanzdezernat (vgl. Dragmanli, Lars Erhan: Investitionskontrolle der Stadt Karlsruhe, in: Weber, Jürgen/Tylkowski, Otto (Hrsg.): Controlling in öffentlichen Institutionen: Konzepte - Instrumente - Entwicklungen, Stuttgart 1989, S. 123-156, hier S. 126 und 128).
80 Zum Informationsmanagement im Projekt vgl. ausführlich Madauss, Bernd J.: Projektmanagement, a.a.O., 283ff.
81 Vgl. etwa die Programmübersicht mit teilweiser Programmbeurteilung bei Mahnke, Hans: Projektmanagement mit dem PC, Würzburg 1987.

Abbildung 7-4 gibt einen Überblick über die Funktionen umfassender Projektmanagement-Software.

**Abbildung 7-4
Überblick über die Funktionen umfassender Projektmanagement-Software**

Funktionen umfassender DV-gestützter Projekt-Management-Systeme

Planungsfunktion
- Gesamtüberblick und struktureller Aufriß der Projektarbeit
- Prüfliste aller potentiellen Aktivitäten
- Netzplan-Erstellung
- Arbeitskapazitäten-Zuordnung
- Planung der zeitlichen Inanspruchnahme der Ressourcen

Unter Berücksichtigung aller zu einem bestimmten Zeitpunkt parallel abgewickelten Projekte

- Beantwortung von "Was passiert wenn ....?"-Fragen (Simulation)

Definitionsfunktion
- Standard-Projektstruktur mit Phasen, Aktivitäten und Prüfpunkten
- Reihenfolge (Netz-)Beziehungen zwischen den Aktivitäten
- Zeitvorgaben für Abläufe oder Standard-Algorithmen für Aktivitäten
- Standard-Prozeduren wie Aktivitäten abzuwickeln sind
- Standards zur Dokumentation von Aktivitäten

Dictionary-Funktion und Datenbankfunktion
- Daten-Definition und -Validierung
- Subsystem-, Programm-, Modul-, Arbeitspaketdefinition und -validierung
- Eigene Datenbank

Projektverfolgungs-Funktion
- Erfassung von Arbeitszeiten und Arbeitsfortschritten
- Planung von Ablauf-Revisionen und Veränderungen hinsichtlich der Ressourcen-Zuordnung

Reporting-Funktion
- Projektstatusberichte für das Management, für den Projektleiter, für einzelne Projekt-Mitarbeiter (z.B. Ist gegen Plan-Aktivitäten für vergangene Woche und Plan-Aktivitäten für die kommende Woche und Accounting der Personalkosten pro Projekt)
- Abteilungsleiterberichte zur Hervorhebung der zeitlichen Verteilung des Personaleinsatzes über alle Aktivitäten (incl. Schulung, Urlaub, Krankheit usw.)

In enger Anlehnung an Seibt, Dietrich: Projektplanung, in: Szyperski, Norbert (Hrsg.): Handwörterbuch der Planung, Stuttgart 1989, Sp. 1665-1678, hier Sp. 1675.

Dem Einsatz elektronischer Datenverarbeitungssysteme kommt nicht nur im Hinblick auf die effiziente Bearbeitung eines einzelnen Projektes eine sehr hohe Bedeutung zu. Um **Lerneffekte** zur Geltung bringen zu können, erscheint es insbesondere wichtig, bereits durchgeführte Projekte detailliert zu dokumentieren und über Datenbanken DV-technisch zugriffsfähig zu halten. Nur so ist es möglich, mit vergleichsweise geringem Aufwand den größtmöglichen Nutzen aus zurückliegenden Projekten zu ziehen. So können etwa Standardstrukturen (Teilleistungen, die in identischer Form in verschiedene Projekte eingehen) definiert, bewertet und in Datenbanken abgelegt werden,[82] um die Planung zukünftiger Projekte zu erleichtern. Auch der ex post durchzuführende Vergleich verschiedener Projekte oder deren Teilelemente etwa hinsichtlich der jeweils benötigten Ressourcen kann wichtige Erkenntnisse liefern.

4. Wahrnehmung einzelprojektbezogener Aufgaben

Neben der Erfüllung systembildender Aufgaben kommen dem Projekt-Controlling auch Aufgaben im Rahmen der konkreten Bearbeitung einzelner Vorhaben zu.

Der Projekt-Controller trägt die Verantwortung für die **formelle Gesamtkoordination** des Projektes. Er ist für eine den Grundsätzen gemäßen Projekt-Aufbau- und Ablauforganisation zuständig. Während der Projektbearbeitung stellen sich ihm Koordinationserfordernisse insbesondere in zeitlicher Hinsicht (Terminkoordination), sowie im Hinblick auf die an der Projektleitung und -bearbeitung beteiligten Instanzen. Die letztere Koordinationsnotwendigkeit bezieht neben den verwaltungsinternen Stellen auch die Abstimmung mit den politischen Gremien ein. Dies wird erleichtert, wenn es gelingt, die politische Führung und den Rat/das Parlament zu einer Zustimmung zum Grundkonzept des Projekt-Controlling einschließlich dessen Ablaufregelungen zu bewegen, da dies eine Selbstbindung dieser Instanzen bedeutet.

Der Projekt-Controller hat **in allen Projektphasen begleitende Wirtschaftlichkeitsanalysen** anzustellen. Diese müssen sich stets auf die Effizienzebene, in den ersten, richtungsbestimmenden Phasen aber verstärkt auch auf die Effektivitätsdimension beziehen, damit nicht eine effiziente Abwicklung ineffektiver - nicht benötigter oder unwirksamer - Projekte erfolgt. So sind etwa die von einer investitionsbeantragenden Dienststelle zur Begründung der Erforderlichkeit einer Investition vorgebrachten Argumente sorgfältig und kritisch zu überprüfen. Genauso sind die in frühen Planungsphasen vorgelegten Kostenschätzungen zu analysieren, damit vermieden werden kann, daß Projekte auf der Basis geschätzter Finanzierungsvolumina bewilligt werden, die sich im nachhinein als - aus taktischen Gründen - zu gering angesetzt erweisen. Von größter Bedeutung ist es für den Projekt-Controller, sich stets die Interessenlage des jeweiligen Projekt-Partners zu vergegenwärtigen. So wird ein projektbeantragender Amtsleiter den Finanzierungsbedarf in der Vorprojektphase tendenziell zu niedrig beziffern, um das gewünschte Vorhaben nicht von vornherein zu gefährden. Auch wird er - im Falle eines Bauprojektes - den zukünftigen Raumbedarf seiner Behörde eher zu hoch als zu gering einschätzen, um die Dringlichkeit seines Antrages zu betonen.

Werden im Zuge der Projektverfolgung in der Ausführungsphase **Abweichungen** festgestellt, ist es die Aufgabe des Projekt-Controllers, die **erforderlichen Änderungen**, wie sie in der Grundsatzregelung[83] vorgesehen sind, **zu initiieren**. Wichtig ist hier die voll-

---

82 Vgl. zu diesem Ansatz Schelle, Heinz: Projektkostenschätzung, a.a.O., S. 10-13.
83 Vgl. dazu oben, Teil II. B 1.

ständige Erfassung der Auswirkungen aufgetretener Abweichungen auf die weiteren Projektphasen und die Beachtung wechselseitiger Beziehungen zwischen den Zieldimensionen. So kann eine Terminüberschreitung u.U. nicht nur eine Verzögerung der Projektfertigstellung verursachen, sondern auch beträchtliche Kostensteigerungen hervorrufen oder Opportunitätskosten entstehen lassen, wenn etwa Fremdfinanzierungen prolongiert werden müssen oder projektnotwendige Kapazitäten länger als vorgesehen gebunden sind. Gerade im öffentlichen Bereich ist zu beachten, daß Ausgabenüberschreitungen nahezu unwillkürlich Terminverzögerungen mit sich bringen, wenn es angesichts der relativ rigiden Haushaltsvorschriften nicht gelingt, übertragbare oder deckungsfähige Mittel heranzuziehen.[84]

C Instrumente des Projekt-Controlling

Wenn im folgenden Instrumente des Projekt-Controlling aufgeführt und kurz charakterisiert werden, so kann es sich dabei nur um eine Auswahl aus dem vielfältigen Instrumentarium handeln. Um eine vollständige Durchdringung des zu bearbeitenden Projektes hinsichtlich aller Phasen und aller Dimensionen zu gewährleisten, empfiehlt sich der Gebrauch differenzierter **Checklisten**[85]. Die Verwendung von **Standard-Formularen**[86] dient der Erleichterung der Projektbearbeitung und der Verbesserung der Vergleichbarkeit zu planender und zu überwachender Objekte. Generell gilt, daß sämtliche Instrumente DV-gestützt angewandt werden sollten.

1. Instrumente der Projektplanung

Projektstrukturplan, Arbeitspakete

Der **Projektstrukturplan** wird als das **zentrale Instrument** zur Vorbereitung und Steuerung der Projektabwicklung angesehen. In ihm wird die komplexe Projektaufgabe mehrstufig in kleinere Einheiten (Teilaufgaben und Arbeitspakete) zerlegt. Die zur Projekterledigung auszuführenden Vorgänge sollen hier im einzelnen vollständig erfaßt werden, um sie anschließend in handhabbaren Aufgabenpaketen an die projektbearbeitenden Instanzen delegieren zu können.[87] In diesem Sinne versteht die DIN 69 901 den Projektstrukturplan auch als das Ergebnis der Projekt-Gesamtplanung.[88]

---

84 Hier kommt deutlich zum Ausdruck, daß wegen der vielfachen interdependenten Relationen zwischen den Elementen des Systems "Projekt" auch schon kleine Abweichungen gegenüber der Projektplanung beträchtliche Änderungsbedarfe auslösen können. Selbstverständlich ist aber auch der umgekehrte Fall denkbar, daß nämlich Abweichungen durch vorgesehene Puffer aufzufangen sind und keinerlei Änderungsbedarf hervorrufen.
85 Vgl. die Beispiele bei Richard, Hans: Projektmanagement mit Systemdenken, a.a.O., S. 135-146.
86 Vgl. etwa die projektbezogenen Formularmuster bei Bundesminister für Forschung und Technologie (Hrsg.): Kommunales Projektmanagement, a.a.O., S. 173ff und Steinberg, Claus: Projektmanagement in der Praxis - Organisation, Formularmuster, Textbausteine, Düsseldorf, Stuttgart 1990.
87 Vgl. Reschke, Hasso: Projektmanagement für die öffentliche Verwaltung, a.a.O., S. 7 und Bundesminister für Forschung und Technologie (Hrsg.): Kommunales Projektmanagement, a.a.O., S. 151ff.
88 Vgl. kritisch dazu Seibt, Dietrich: Projektplanung, in: Szyperski, Norbert (Hrsg.): HWPlan, Sp. 1665-1678, hier Sp. 1667.

Wegen der äußerst engen Beziehungen zwischen den einzelnen Planungsfeldern sind im Planungsprozeß eine Vielzahl von **Interdependenzen** zu berücksichtigen. Insofern ist es nicht damit getan, die nachfolgend skizzierten Instrumente nacheinander einmalig zum Einsatz zu bringen. Vielmehr ist in aller Regel eine mehrfache Revision bereits erstellter Teilpläne aufgrund der Ergebnisse anderer Teilplanungen notwendig. Besonders enge Beziehungen bestehen zwischen der Termin-, der Kapazitäts- und der Kostenplanung.

Projektkapazitätsbedarfsplan

Für die Bearbeitung der Arbeitspakete müssen die nötigen **personellen** und **technisch-maschinellen Kapazitäten** geplant werden. Dies wird in der Kapazitätsbedarfsplanung vorgenommen und im Projektkapazitätsbedarfsplan dokumentiert. Die ermittelten Werte müssen mit dem verfügbaren Bestand abgeglichen werden. Dabei müssen die terminlichen Vorgaben des Projektes berücksichtigt werden, denn von hier gehen unmittelbare Einflüsse auf die benötigten und verfügbaren Ressourcen aus.[89]

Projektablauf- und -terminplan

Die Planung des Projektablaufs und die Festlegung der einzuhaltenden Termine ist auf der Basis der im Projektstrukturplan enthaltenen Arbeitspakete vorzunehmen.[90] Ebenfalls in einem bottom-up-Ansatz ist die Planung der benötigten Kapazitäten auszuführen. Die so zustandekommenden Ablauf- und Terminpläne sind mit den top down vorgegebenen Fristen und Budgets abzustimmen. Vor diesem Hintergrund "wird die Ablauf- und Terminplanung nicht im ersten Ansatz gelingen, sondern ist vielmehr in vielen Einzelabstimmungen ... nur schrittweise erreichbar."[91]

In der Regel wird man hier auf DV-unterstützte **Verfahren der Netzplantechnik** zurückgreifen.[92] Dabei eignet sich die Variante CPM gut für kleinere Projekte. Die zweite gängige Variante, PERT, verwendet wie CPM eine vorgangspfeilorientierte Darstellung. In der Praxis hat sich allerdings der vorgangsknotenorientierte Ansatz, wie er von MPM verwendet wird, "als einfacher zu handhaben und zu deuten herausgestellt."[93]

Projektkosten- und Projektfinanzplan

Auch hinsichtlich der finanziellen Ressourcen ist in aller Regel im Gegenstromverfahren zu planen. Dabei hat der Projekt-Controller den **Top-Down-Ansatz** zu vertreten, d.h. er hat den **Abgleich** der vom Fachressort in Bottom-up-Richtung erstellten

---

89 Vgl. ebenda, Sp. 1669.
90 Vgl. Madauss, Bernd J.: Projektmanagement, a.a.O., S. 189.
91 Reschke, Hasso: Projektmanagement für die öffentliche Verwaltung, a.a.O., S. 9.
92 Vgl. etwa die Übersicht bei Groh, Helmut/Gutsch, Roland W.: Netzplantechnik - Eine Anleitung zum Projektmanagement für Studium und Praxis, 3. Auflage, Düsseldorf 1982, S. 127.
93 Reinermann, Heinrich: Stichwort "Netzplantechnik", in: Eichhorn, Peter u.a. (Hrsg.): Verwaltungslexikon, Baden-Baden 1985, S. 637-640, hier S. 638. Vgl. zu diesen verbreitetsten Varianten der Netzplantechnik, CPM (Critical Path Method), MPM (Metra Potential Method) und PERT (Program Evaluation and Review Technique) etwa den knappen Überblick bei Mahnke, Hans: Projektmanagement mit dem PC, a.a.O., S. 13-25.

Kostenplanung **mit dem Projektbudget** vorzunehmen. Hier muß er es konsequent vermeiden, daß zunächst unrealistisch knappe Haushaltsansätze verabschiedet und von den Beteiligten auch widerspruchslos akzeptiert werden, um ein Projekt "durchzukriegen". Dies geschieht im Vertrauen darauf, daß nach Projektbeginn die notwendigen zusätzlichen Mittel schon zur Verfügung gestellt werden, damit nicht die Vorleistungen gänzlich verloren sind. Dem ist durch eine Kostenplanung, die in jeder Projektphase stets auf dem aktuellen Stand der Projektbearbeitung gehalten wird, und durch einen stetigen Abgleich mit den budgetierten Ansätzen entgegenzuwirken. Es ist zu verhindern, daß eine Beschlußfassung über ein Projekt, für das nur vage Kostenschätzungen existieren, erfolgt. Dabei können Verfahrensregelungen wie die oben genannte 60%-Submissionsregel wirksame Dienste leisten.

Der **Bottom-up-Ansatz** knüpft an den einzelnen Arbeitspaketen an und beruht auf der Grundprämisse, "daß sich die einzelnen Elemente einer komplexen Gesamtaufgabe leichter schätzen lassen als die Aufgabe als ganzes und daß die Schätzgenauigkeit ceteris paribus um so höher ist, je stärker die Detaillierung in einzelne Elemente ist."[94] Die grundsätzlich vom Fachressort vorzunehmende bottom-up-Planung unterstützt der Controller durch die Bereitstellung geeigneter Kalkulationsverfahren und der zu ihrer Anwendung benötigten Datenbestände.

Im einzelnen stehen zunächst Verfahren zur Verfügung, die ohne expliziten Rückgriff auf funktionale Kosteneinflußgrößen auskommen. Dabei handelt es sich um verschiedene Formen von **Expertenurteilen** (etwa als Ergebnis der Anwendung der Delphi-Methode oder von Schätzklausuren).[95] Demgegenüber sind analytische Verfahren zu bevorzugen, die explizit auf Kostenfunktionen zurückgreifen. Hier kommt insbesondere der Einsatz von **Schätzgleichungen** (parametrische Kostenschätzung) und die Planung aufgrund von **Kostenkennzahlen** in Verbindung mit **Standardstrukturelementen** in Frage.[96]

Große Einsparungspotentiale lassen sich nutzen, wenn den planenden Fachressorts in jedem Planungsstadium relevante Kosteninformationen zur Verfügung gestellt werden können. "So können etwa **kostenorientierte Konstruktionsregeln** formuliert werden, aus denen hervorgeht, daß bestimmte Verfahrensalternativen vorzuziehen sind oder daß bestimmte Normteile zu priorisieren sind. ... Zur besseren Skalierung von Kostenunterschieden zwischen unterschiedlichen Materialien und standardisierten Produktionsverfahren können **Relativkostenkataloge** aufgebaut werden. Die Kostendifferenzen zwischen unterschiedlichen Materialarten aber auch zwischen unterschiedlichen Funktionsprinzipien werden in Relativkostenkatalogen analog zur Bildung von Äquivalenzziffern abgebildet."[97]

---

94 Schelle, Heinz: Projektkostenschätzung, a.a.O., S. 5f.
95 Vgl. ebenda, S. 6-8.
96 Vgl. ebenda, S. 8-13. Vgl. eingehend zur Formulierung von Kostenprognosemodellen Wildemann, Horst: Kostenprognosen bei Großprojekten, a.a.O., S. 123ff.
97 Männel, Wolfgang: Anpassung der Kostenrechnung an moderne Unternehmensstrukturen, in: Männel, Wolfgang (Hrsg.): Handbuch Kostenrechnung, Wiesbaden 1992, S. 105-137, hier S. 130.

Abbildung 7-5 zeigt den phasenbezogenen KGSt-Vorschlag zur Kostenermittlung für kommunale Bauprojekte, aus dem die mit fortschreitender Projektentwicklung zunehmende Konkretisierung der Kostenansätze zu entnehmen ist.

Abbildung 7-5
KGSt-Vorschlag zur Kostenermittlung für kommunale Bauprojekte

		Projektphase	Stadium der Kostenermittlung
Vorprojektphase	I	Bedarfsableitung	**Kostenschätzung I (Kostenrahmen)** Mittelwert aus Schätzungen auf Basis mehrerer unabhängiger Richtwerte
	II	Projektdefinition	**Kostenschätzung II (Kostenüberschlag)** Überschlag auf Basis von Grobelementen; Abgleich mit Fortschreibung der Kostenschätzung I
Planungsphase	III	Vorentwurfsplanung	**Kostenschätzung III** Schätzung II verfeinern zu Gebäudeelementen mit Massenermittlungen bei hoher Kostenbedeutung; Bewertung mit Vergleichspreisen
	IV	Entwurfsplanung	**Kostenberechnung** Schätzung III verfeinern zu Gebäudeelementen mit Massenermittlung für alle Gewerke bzw. Unterelemente; Bewertung mit Vergleichspreisen bzw. ortsüblichen Einzelpreisen
	V	Ausführungsvorbereitung	**Kostenanschlag** Kostenberechnung fortschreiben und für ca. 60 % der Bauleistungen Submissionsergebnisse einsetzen
Ausführungsphase	VI	Ausführung	**Kostenkontrolle** Monatliche Fortschreibung des Kostenanschlags um die Abrechnungskosten; Ausweis von Mehr-/Minderkosten
Nutzungsphase	VII	Erfolgskontrolle	**Vorläufige Kostenfeststellung** Aktuelle Ergebnisrechnung; Aufzeigen bestehender Risiken

In enger Anlehnung an KGSt: Bauinvestitionscontrolling zur Vermeidung von Baukostenüberschreitungen und unwirtschaftlichem Bauen, Bericht Nr. 12/1985, Köln 1985, S. 23.[98]

Die mit einem Projekt in Zusammenhang stehenden Zahlungen können in ihrem zeitlichen Anfall stark von der Kostenentstehung abweichen. Daher ist unter Liquiditätsaspekten der **Projektfinanzplan** von großer Bedeutung. Über diesen Plan der projektbezogenen Zahlungsströme muß sichergestellt werden, daß die im Projektverlauf diskontinuierlich anfallenden Zahlungen stets geleistet werden können.[99]

Projektorganisationsplan

Im Projektorganisationsplan wird die aufbauorganisatorische Struktur des Projektes zum Ausdruck gebracht. Auch er ist in Anlehnung an den Projektstrukturplan aufzustellen und hat sämtliche Projektbeteiligten zu benennen sowie die zwischen ihnen bestehenden Relationen, insbesondere die Weisungsbefugnisse und die Informationsrechte und -pflichten, offenzulegen.

---

98 Vgl. ausführlicher dazu KGSt: Bauinvestitionscontrolling, a.a.O., S. 20-25.
99 Vgl. dazu Reschke, Hasso: Projektmanagement für die öffentliche Verwaltung, a.a.O., S. 10 und ausführlich Rensing, Otger: Zahlungsorientierte Projektzeitplanung, Münster 1984.

2. Instrumente der Projektüberwachung und -steuerung

Die im Zuge der Projektausführung anzuwendenden Instrumente hängen stark von den zuvor eingesetzten Planungsinstrumenten ab. Dem Projekt-Controller und dem Projekt-Management müssen in jeder Realisierungsphase Informationen sowohl zur Sachzieldimension als auch zur zeitlichen und finanziellen Dimension der Projektausführung vorliegen. Es bietet sich an, standardisierte Projektberichte zu verwenden.[100]

Terminabfragesysteme, Fortschrittsberichte

Terminabfragesysteme erlauben den periodischen Abgleich der geplanten mit den realisierten Terminen. Da die Termine jeweils für bestimmte sachzielbezogene (Teil-) Prozesse oder (Teil-)Ergebnisse geplant werden, ergibt sich aus der Terminabfrage stets auch ein Überblick über den inhaltlichen Fortschritt des Projektes. Diese Informationen können in einem Fortschrittsbericht gebündelt werden. Dazu muß erhoben werden,

"- welche Vorgänge im Berichtszeitraum wann neu begonnen wurden (geplanter versus tatsächlicher Anfangstermin),
- welche Vorgänge im Berichtszeitraum wann abgeschlossen wurden (geplanter versus tatsächlicher Fertigstellungstermin),
- bei welchen im Berichtszeitraum laufenden Vorgängen termingerechte oder verzögerte Fertigstellung zu erwarten ist."[101]

Kosten- und Obligoüberwachung

In der Projektkostenrechnung werden - jeweils differenziert nach Arbeitspaketen und Kostenarten - die Istkosten der jeweiligen Berichtsperiode und die insgesamt aufgelaufenen Projektkosten den entsprechenden Planwerten gegenübergestellt. "Dabei kommt es auf eine möglichst schnelle und regelmäßige Erfassung ... der Ist-Kosten an"[102], da nur auf diese Weise ein rasches und wirksames Eingreifen gelingen kann.

Daneben muß in einer Obligorechnung auch der schon verfügte aber noch nicht abgeflossene Finanzmittelbestand laufend aktuell vorgehalten werden.[103] Durch einen Abgleich dieser Informationen mit dem Projektbudget und eine zusätzliche Restbedarfsschätzung läßt sich eine zukunftsorientierte Verfügbarkeits-/Restbedarfsrechnung durchführen.[104]

Projektabschlußbericht

Nach Beendigung der Projektbearbeitung ist ein Abschlußbericht zu erstellen, der in erster Linie darauf abzielt, die im Projektverlauf gewonnenen Erfahrungen für zukünf-

---
100 Vgl. etwa die exemplarischen Formulare eines Projekt-Monatsberichtes mit den Dimensionen Verlauf, Termin und Kosten bei Steinberg, Claus: Projektmanagement, a.a.O., S. 30f.
101 Reschke, Hasso: Projektmanagement für die öffentliche Verwaltung, a.a.O., S. 11.
102 Madauss, Bernd J.: Projektmanagement, a.a.O., S. 220.
103 Dieser pagatorische Ansatz entspricht dem in der öffentlichen Verwaltung ohnehin praktizierten kameralistischen Rechnungsstil.

tige Projekte nutzbar zu machen. So sollten neben einer knappen Schilderung der Aufgabenstellung und des Projektverlaufs insbesondere Ausführungen zu Termin- und Kostenabweichungen, technische und organisatorische Schwierigkeiten und Mängel sowie sich abzeichnende Risiken enthalten sein.[105]

Wegen der Instrumente der **Erfolgskontrolle**, die in der Reife- oder Nutzungsphase zur Anwendung kommen müssen, kann auf die Ausführungen in Kapitel 5, Teil II. und III. B 1. verwiesen werden.

III. Beteiligungs-Controlling

A Wesen und Bedeutung eines Beteiligungs-Controlling für öffentliche Verwaltungen

1. Zwecke, Struktur und Bedeutung öffentlicher Beteiligungen

Unter einer **Beteiligung** wird allgemein ein gesellschaftsrechtlicher Anteil eines natürlichen oder juristischen Rechtssubjektes an einer Personen- oder Kapitalgesellschaft verstanden.[106] Eine **öffentliche Beteiligung** liegt demzufolge vor, wenn sich eine solche Beteiligung in der unmittelbaren oder auch mittelbaren Trägerschaft einer Gebietskörperschaft befindet. Hier sollen zuvorderst Beteiligungen an Gesellschaften in der Rechtsform der GmbH oder der AG betrachtet werden.[107] Die öffentliche Beteiligung ist als Oberbegriff aufzufassen und kann insbesondere durch eine Betrachtung der jeweiligen Kapital- oder Stimmrechtsverhältnisse weiter differenziert werden.[108]

Eine öffentliche Beteiligung ist nach dem Gesetz über die Finanzstatistik als **öffentliches Unternehmen** anzusehen, wenn die öffentliche Hand unmittelbar oder mittelbar zu mehr als 50% am Nennkapital oder Stimmrecht eines Unternehmens beteiligt ist.[109] Befindet sich ein Unternehmen vollständig in der Trägerschaft eines öffentlichen Anteilseigners, so spricht man von einer öffentlichen Einzelfirma[110] bzw. im kommunalen Bereich von einer Eigengesellschaft.[111] Öffentliche Beteiligungen können auch

---

104 Vgl. Reschke, Hasso: Projektmanagement für die öffentliche Verwaltung, a.a.O., S. 12.
105 Vgl. dazu etwa das Formularmuster eines Projektabschlußberichts bei Steinberg, Claus: Projektmanagement, a.a.O., S. 39.
106 Vgl. o.V.: Stichwort "Beteiligung", in: Eichhorn, Peter u.a. (Hrsg.): Verwaltungslexikon, Baden-Baden 1985, S. 614. Vgl. dagegen den engeren Beteiligungsbegriff des HGB (definiert in § 271 HGB).
107 Zu anderen Rechtsformen, an denen eine öffentliche Beteiligung bestehen kann vgl. Chmielewicz, Klaus: Öffentliche Unternehmen, in: Chmielewicz, Klaus/Eichhorn, Peter (Hrsg.): HWÖ, Sp. 1093-1105, hier insbes. Sp. 1094f. Bei der GmbH soll in den weiteren Ausführungen davon ausgegangen werden, daß im Gesellschaftsvertrag ein Aufsichtsrat vorgesehen ist.
108 Zu weiteren Differenzierungsmöglichkeiten vgl. ebenda, Sp. 1094f.
109 Vgl. § 8 Abs. 2 des Gesetzes über die Finanzstatistik i.d.F. vom 11. 6. 1980 (BGBl. I, S. 673).
110 Chmielewicz, Klaus: Öffentliche Unternehmen, a.a.O., insbes. Sp. 1095.
111 Vgl. KGSt: Kommunale Beteiligungen II: Organisation der Beteiligungsverwaltung, Bericht Nr. 9/1985, Köln 1985, S. 5.

an Gesellschaften bestehen, an denen ein oder mehrere private Gesellschafter Anteile halten (gemischtwirtschaftliche Unternehmen).[112]

Nach herrschender Meinung ist das Eingehen öffentlicher Beteiligungen und damit auch die Existenz "öffentlicher Unternehmen nur durch die Wahrnehmung öffentlicher Aufgaben zu rechtfertigen"[113]. Dahinter steht die sog. **Instrumentalfunktion**[114], wonach öffentliche Unternehmen als Instrumente in der Hand ihrer Trägerkörperschaften angesehen werden, die öffentliche Aufgaben wahrzunehmen haben.[115] Das Eingehen von Beteiligungen durch öffentliche Träger kann in diesem Sinne als eine organisatorische Dezentralisierung der öffentlichen Aufgabenwahrnehmung angesehen werden.[116]

Die **Bedeutung der öffentlichen Beteiligungen**[117] ist beträchtlich, läßt sich aber in Ermangelung einer einheitlichen statistischen Grundlage nur schwer präzise in Zahlen ausdrücken. Die (noch nicht einmal vollständige) Erhebung[118] des Europäischen Zentralverbandes der öffentlichen Wirtschaft (CEEP) ergab allein für die öffentlichen Unternehmen der Bundesrepublik (öffentliche Beteiligung über 50%) 1985 1,73 Millionen abhängig Beschäftigte (entspricht 7,8% aller abhängig Beschäftigten). Die Bruttowertschöpfung betrug hier 171,6 Milliarden DM (entspricht 9,6%). Die Bedeutung für die verschiedenen Trägerkörperschaften variiert stark: Während für die Bundesbeteiligungen angesichts der materiellen Privatisierungen seit 1982 eine abnehmende Bedeutung festzustellen ist,[119] wird die Situation der Landesunternehmen als eher statisch, darüber hinaus auch als sehr heterogen und wenig transparent charakterisiert.[120] Ebenfalls heterogen, allerdings angesichts zahlreicher formeller

---

112 Vgl. Haeseler, Herbert R.: Gemischtwirtschaftliche Unternehmen, in: Chmielewicz, Klaus/Eichhorn, Peter (Hrsg.): HWÖ, Sp. 479-485, hier insbes. Sp. 479f.

113 Schuppert, Gunnar Folke: Zur Kontrollierbarkeit öffentlicher Unternehmen - Normative Zielvorgaben und ihre praktische Erfüllung, in: ZögU, Band 8, Heft 3/1985, S. 310-332, hier S. 311 mit weiteren Literaturhinweisen.

114 Genau genommen handelt es sich um einen Unterfall der aus der allgemeinen Betriebswirtschaftslehre bekannten Instrumentalfunktion i.w.S., wonach ein Unternehmen nicht zum Selbstzweck existiert, sondern stets "Hilfsmittel zur Erreichung von Zielen derer, die Verfügungsmacht über sie haben" (Boos, Franz/Krönes, Gerhard: Die Instrumentalfunktion öffentlicher Unternehmen - Hauptprobleme und Lösungsansätze, in: ZögU, Band 13, Heft 2/1990, S. 141-157, hier S. 141). Vgl. zur Instrumentalfunktion i.w.S. Schmidt, Ralf-Bodo: Die Instrumentalfunktion der Unternehmung - Methodische Perspektiven zur betriebswirtschaftlichen Forschung, in: ZfbF, 1967, S. 233-245.

115 Vgl. Thiemeyer, Theo: Wirtschaftslehre öffentlicher Betriebe, Reinbek bei Hamburg 1975, S. 28 und Thiemeyer, Theo: Instrumentalfunktion öffentlicher Unternehmen, in: Chmielewicz, Klaus/Eichhorn, Peter (Hrsg.): HWÖ, Sp. 672-683, hier insbes. 672ff.

116 Vgl. Budäus, Dietrich: Probleme der Beteiligungsverwaltung der öffentlichen Hand bei der Durchsetzung von Eigentümerinteressen unter besonderer Berücksichtigung der Aktiengesellschaft, Diskussionsbeiträge zur Führung privater und öffentlicher Organisationen Nr. 13, Hamburg 1988, S. 2-4.

117 Hier kann nur auf quantitative Indikatoren und nicht auf qualitative Größen wie etwa Versorgungssicherheit, sozialer Frieden oder Lebensqualität eingegangen werden.

118 Vgl. zur problematischen statistischen Erfassung der öffentlichen Unternehmen Europäischer Zentralverband der öffentlichen Wirtschaft (CEEP) (Hrsg.): Die öffentliche Wirtschaft in der Europäischen Gemeinschaft, CEEP-Jahrbuch 1987, Brüssel und Berlin 1987, S. 30f.

119 Die Anzahl der Bundesbeteiligungen sank von über 1000 (1982) bis Ende der achziger Jahre auf unter 500 (vgl. die seit 1973 jährlich herausgegebenen Berichte des Bundesministers für Finanzen (Hrsg.): Beteiligungen des Bundes, Bonn). Zur historischen Entwicklung der Bundesunternehmen vgl. etwa Knauss, Fritz: Bundesunternehmen, in: Chmielewicz, Klaus/Eichhorn, Peter (Hrsg.): HWÖ, Sp. 209-224, hier S. 210.

120 Vgl. Janson, Bernd: Landesverwaltungen, in: Chmielewicz, Klaus/Eichhorn, Peter (Hrsg.): Handwörterbuch der Öffentlichen Betriebswirtschaft, Stuttgart 1989, Sp. 873-884, insbes. Sp. 883: "Die relativ spärlichen Äußerungen zu Landesunternehmen ... dürfen als Hinweis für eine geringe wirtschaftspolitische Bedeutung von Landesunternehmen angesehen werden."

Privatisierungen tendenziell von steigender Bedeutung sind die kommunalen Beteiligungen einzuschätzen.[121]

2. Defizitäre Steuerung und Kontrolle der öffentlichen Beteiligungen

Aus den bestehenden Steuerungs- und Kontrolldefiziten können Ansatzpunkte für Aktivitäten des Beteiligungs-Controlling abgeleitet werden.

"Eine aktive Unternehmenspolitik ist mit Ausnahme der Stadtstaaten[122] in keinem Bundesland zu erkennen... Die Verwaltung des Status Quo überwiegt".[123] Für den Bereich der Kommunalverwaltung stellt die KGSt fest, die Aufgaben der Beteiligungsverwaltung würden hier "meist am Rande erledigt. Häufig besteht Beteiligungsverwaltung allein im Führen von Beteiligungsakten ... und in der Teilnahme an Aufsichtsratssitzungen durch ohnehin überlastete leitende Verwaltungsbeamte"[124].[125]

Die **Defizite** sind zunächst im Bereich der (politischen) Zielvorgaben zu lokalisieren. Insbesondere fehlt es an operationalen Sachzielvorgaben. Damit einher geht ein Mangel an Instrumenten, um solche nicht-monetäre Ziele durchzusetzen. Dies kommt plastisch zum Ausdruck in einer fehlenden Adäquanz von grundsätzlich sachzielbezogenem öffentlichem Auftrag und formalzielbezogener Rechenschaftslegung.[126] Im Ergebnis führen die Unzulänglichkeiten dazu, daß die Erfüllung der Instrumentalfunktion oftmals gefährdet erscheint. "Daß es offensichtlich Probleme der Integration und Koordination gibt, wird - zumindest ansatzweise - immer dann deutlich, wenn Gebietskörperschaften für verlustträchtige Geschäfte öffentlicher Unternehmen politisch und finanziell zur Rechenschaft gezogen werden, wenn sich öffentliche Unternehmen den politischen Vorstellungen der Mutterkörperschaft entziehen, oder wenn öffentliche

---

121 "In vielen Städten entfallen auf sie (die Beteiligungsunternehmen, d.Verf.) über 30% aller kommunalen Ausgaben, Investitionen oder Beschäftigten" (KGSt: Kommunale Beteiligungen II, a.a.O., S. 5). In Duisburg etwa waren 1983 von 16.574 städtischen Mitarbeitern 7.107 bei Beteiligungsunternehmen beschäftigt, von dem Investitionsvolumen in Höhe von 551 Millionen DM entfielen 244 Millionen DM (44%) auf die Beteiligungsunternehmen (vgl. KGSt: Kommunale Beteiligungen I: Steuerung und Kontrolle der Beteiligungen, Bericht Nr. 8/1985, Köln 1985, S. 27).

122 Dazu ist anzumerken, daß in einem Stadtstaat erst die zutage getretenen eklatanten Mißstände dazu führten, Gedanken über eine systematische Beteiligungspolitik und über die für ihre Durchsetzung notwendigen Instrumente anzustellen. Auslöser war "das finanzielle Fiasko aus den Engagements der städtischen Hamburger Stadtentwicklungsgesellschaft mit Wohnungsbau in Persien und des Betriebes des Kreuzfahrtschiffes MS Astor" (Dieckmann, Rudolf: Steuerung der öffentlichen Unternehmen der Freien und Hansestadt Hamburg durch die Stadt, in: Braun, Günther E./Bozem, Karlheinz (Hrsg.): Controlling im kommunalen Bereich, München 1990, S. 286-304, hier S. 292). Vgl. im einzelnen Parlamentarischer Untersuchungsausschuß zum Persien-Engagement der Hamburger Stadtentwicklungsgesellschaft: Bericht vom 3.5.1982, in: Bürgerschaftsdrucksache 9/4545, Anlage 1 sowie Schuppert, Gunnar Folke: Zur Kontrollierbarkeit öffentlicher Unternehmen, Verwaltungswissenschaftliches Gutachten für die Bürgerschaft der Freien und Hansestadt Hamburg, in: Bürgerschaftsdrucksache 9/4545, Anlage 1.

123 Janson, Bernd: Landesverwaltungen, in: Chmielewicz, Klaus/Eichhorn, Peter (Hrsg.): Handwörterbuch der Öffentlichen Betriebswirtschaft, Stuttgart 1989, Sp. 873-884, hier Sp. 883.

124 KGSt: Kommunale Beteiligungen II, a.a.O., S. 5.

125 Im Bereich der Beteiligungsverwaltung des Bundes bestehen immerhin einige Ansätze für eine zielorientierte Steuerung. Vgl. dazu Janson, Bernd: Rechtsformen öffentlicher Unternehmen in der Europäischen Gemeinschaft, Baden-Baden 1980, S. 237ff und Knauss, Fritz: Unternehmen und Sondervermögen der öffentlichen Hand: Zum "wichtigen Bundesinteresse" und zur Privatisierung von Bundesbeteiligungen, Arbeitspapier des Schwerpunktes Finanzwissenschaft/Betriebswirtschaftliche Steuerlehre der Universität Trier, Trier 1989, S. 6f.

126 Vgl. Boos, Franz/Krönes, Gerhard: Die Instrumentalfunktion öffentlicher Unternehmen, a.a.O., S. 148-150.

Unternehmen eine Unternehmenspolitik betreiben, deren Folgewirkungen die Frage nach der Wahrung des öffentlichen Interesses aufwerfen."[127]

Angesichts des Bewußtseins um die Unzulänglichkeit der Steuerung der öffentlichen Beteiligungsunternehmen sind vielgestaltige Formen der **Kontrolle** etabliert worden.[128] **Abbildung 7-6** gibt einen Überblick über die hier besonders interessierenden Kontrollmechanismen.[129] An dieser Stelle soll nur knapp auf Reichweite und Grenzen der - erweiterten - Jahresabschlußprüfung und der Rechnungsprüfung (Finanzkontrolle) eingegangen werden.

Im Rahmen der **Kontrolle** öffentlicher Beteiligungsunternehmen kommt der sog. **erweiterten Abschlußprüfung durch einen externen Wirtschaftsprüfer** nach § 53 HGrG eine sehr hohe Bedeutung zu. Danach soll der Abschlußprüfer zusätzlich zu der handelsrechtlichen Abschlußprüfung (regelmäßig kommen die Vorschriften für große Kapitalgesellschaften zur Anwendung) auch die **Ordnungsmäßigkeit der Geschäftsführung** prüfen. Der Prüfungsbericht hat ausdrücklich die Entwicklung der Vermögens- und Ertragslage sowie der Liquidität und der Rentabilität, verlustbringende Geschäfte und deren Ursachen sowie auch die Ursachen eines Jahresfehlbetrages der Beteiligungsgesellschaft darzustellen. Allerdings weist der Fachausschuß für kommunales Prüfungswesen des Instituts der Wirtschaftsprüfer ausdrücklich darauf hin, "daß die Feststellungen (nur, der Verf.) im Rahmen einer Jahresabschlußprüfung zu treffen sind; dadurch ergibt sich zwangsläufig eine Beschränkung des Prüfungsumfangs. Grundsätzlich soll festgestellt werden, ob offensichtliche Mängel vorliegen und ob eingehende ... Untersuchungen außerhalb der Abschlußprüfung zweckmäßig und notwendig sind. Nicht beabsichtigt" sei etwa "eine umfassende Prüfung der Organisation"[130]. **Aktuelle Informationen**, die ein kurzfristiges Eingreifen bei ungewollten Entwicklungen ermöglichen, sind aufgrund der vergangenheitsbezogenen und in der Regel frühestens sechs Monate nach Bilanzstichtag vorliegenden Prüfungsergebnisse **nicht zu gewinnen**.[131]

---

127 Budäus, Dietrich: Controlling als Ansatz zur Operationalisierung der Instrumentalfunktion öffentlicher Unternehmen, in: ZögU, Heft 2/1984, S. 143-162, hier S. 144. Budäus führt hier jeweils Beispiele an.
128 Vgl. dazu ausführlich Gesellschaft für öffentliche Wirtschaft und Gemeinwirtschaft (Hrsg.): Kontrolle öffentlicher Unternehmen, Band 1, Baden-Baden 1980 und Band 2, Baden-Baden 1982.
129 Wegen der Spezifika für kommunale Beteiligungen vgl. KGSt: Kommunale Beteiligungen V: Prüfung der Beteiligungen, Bericht Nr. 15/1988, Köln 1988 und Bolsenkötter, Heinz: Überwachung bei kommunalen Unternehmen, in: Gesellschaft für öffentliche Wirtschaft und Gemeinwirtschaft (Hrsg.): Kontrolle öffentlicher Unternehmen, Band 1, Baden-Baden 1980, S. 89-115.
130 Fachausschuß für kommunales Prüfungswesen des Instituts der Wirtschaftsprüfer e.V.: Fragenkatalog zur Prüfung der Ordnungsmäßigkeit der Geschäftsführung und wirtschaftlich bedeutsamer Sachverhalte im Rahmen der Jahresabschlußprüfung bei kommunalen Wirtschaftsbetrieben, in: Fachnachrichten des Instituts der Wirtschaftsprüfer e.V., Düsseldorf 1978 S. 64ff und 1982 S. 334ff (hier zitiert aus dem auszugsweisen Abdruck in KGSt: Kommunale Beteiligungen V, a.a.O., S. 56).
131 Trotz dieser Einschränkungen können die Prüfungen nach § 53 HGrG, die entsprechend auch für Landes- und Kommunalbeteiligungen zur Anwendung kommen, wichtige Erkenntnisse für die Trägerkörperschaften ergeben. Dies setzt allerdings voraus, daß die Trägerkörperschaft nicht das formelmäßige Testat des Abschlußprüfers, sondern auch die materiellen Verbesserungsvorschläge des Prüfungsberichtes zur Kenntnis genommen werden und dieser nicht ungelesen in die Registratur geht. Vgl. auch unten (Teil III. B 3.).

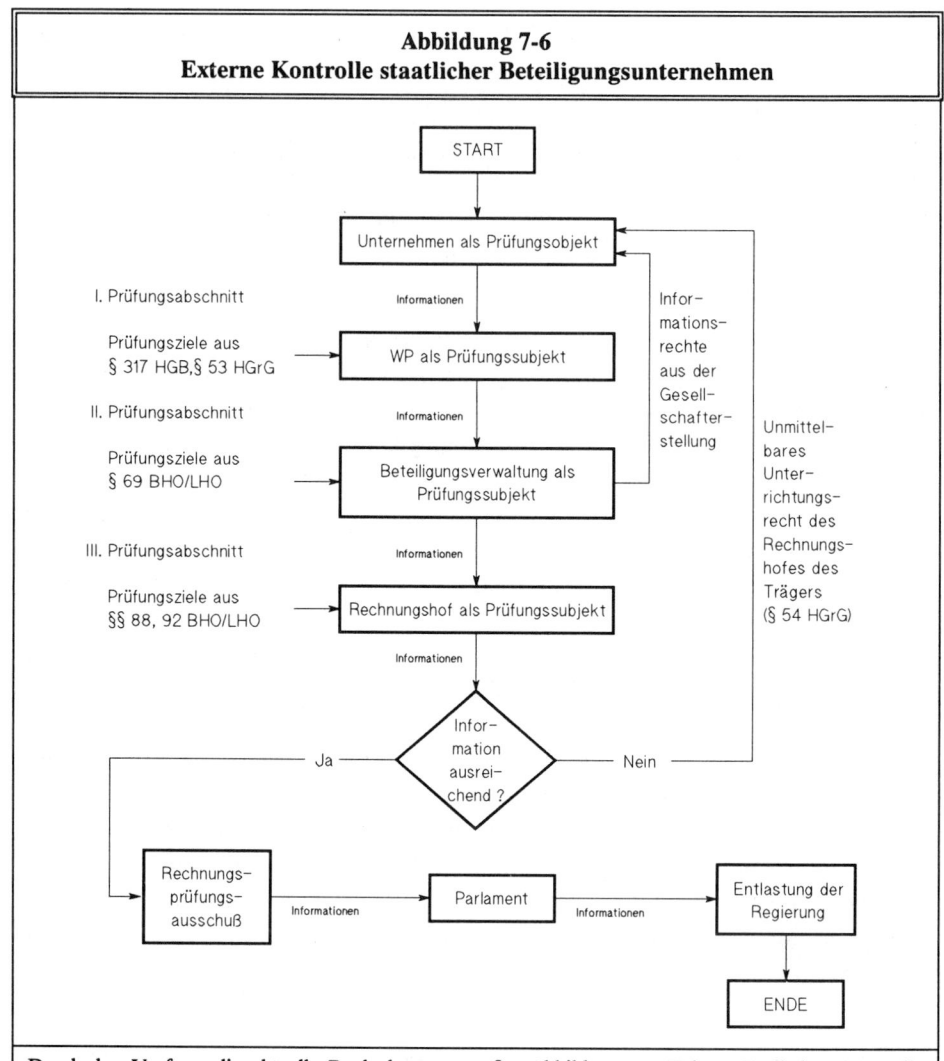

Abbildung 7-6
Externe Kontrolle staatlicher Beteiligungsunternehmen

```
                              ┌─────────┐
                              │  START  │
                              └────┬────┘
                                   ▼
                    ┌──────────────────────────────┐◄──────┐
                    │ Unternehmen als Prüfungsobjekt│       │
                    └──────────────┬───────────────┘       │
                                                            │
 I. Prüfungsabschnitt        Informationen      Infor-      │
                                   │            mations-    │
 Prüfungsziele aus                 ▼            rechte      │
 § 317 HGB, § 53 HGrG   ┌──────────────────┐   aus der      │
                    ───►│ WP als Prüfungs- │   Gesell-      │
                        │     subjekt      │   schafter-    │
                        └────────┬─────────┘   stellung     │
                                                            │  Unmittel-
 II. Prüfungsabschnitt       Informationen                  │  bares
                                   │                        │  Unter-
 Prüfungsziele aus                 ▼                        │  richtungs-
 § 69 BHO/LHO           ┌──────────────────────┐            │  recht des
                    ───►│ Beteiligungsverwaltung│           │  Rechnungs-
                        │   als Prüfungssubjekt │           │  hofes des
                        └──────────┬───────────┘            │  Trägers
                                                            │  (§ 54 HGrG)
 III. Prüfungsabschnitt      Informationen                  │
                                   │                        │
 Prüfungsziele aus                 ▼                        │
 §§ 88, 92 BHO/LHO      ┌──────────────────────┐            │
                    ───►│ Rechnungshof als     │            │
                        │   Prüfungssubjekt    │            │
                        └──────────┬───────────┘            │
                                                            │
                             Informationen                  │
                                   │                        │
                                   ▼                        │
                              ╱ Infor- ╲                    │
                             ╱ mation   ╲                   │
                 ◄──── Ja   ╱ ausrei-    ╲  Nein ───────────┘
                            ╲ chend ?   ╱
                             ╲         ╱
                              ╲       ╱
         ┌─────────────┐
         │ Rechnungs-  │
         │ prüfungs-   │──Informationen──►┌──────────┐──Informationen──►┌─────────────┐
         │  ausschuß   │                  │ Parlament│                  │ Entlastung der│
         └─────────────┘                  └──────────┘                  │  Regierung  │
                                                                        └──────┬──────┘
                                                                               ▼
                                                                         ┌─────────┐
                                                                         │  ENDE   │
                                                                         └─────────┘
```

Durch den Verf. an die aktuelle Rechtslage angepaßte Abbildung aus Eckert, Karlheinz: Kontrolle öffentlicher Unternehmen der Länder - Lösungsansätze, in: Gesellschaft für öffentliche Wirtschaft und Gemeinwirtschaft (Hrsg.): Kontrolle öffentlicher Unternehmen, Band 1, Baden-Baden 1980, S. 69-88, hier S. 76.

Den **Rechnungshöfen** obliegt auch die Prüfung der unmittelbaren oder mittelbaren staatlichen Betätigung "bei Unternehmen in einer Rechtsform des privaten Rechts" (§ 92 BHO) sowie "der bundesunmittelbaren juristischen Personen des öffentlichen Rechts" (§ 111 BHO). Im Normalfall bezieht sich die Prüfung jedoch nur auf die **von den Verwaltungen der Trägerkörperschaften überstellten Unterlagen** (hpts. Abschlüsse, Prüfungsberichte und Sitzungsprotokolle). Zusätzlich kommen ergänzende schriftliche Anfragen an die Beteiligungsunternehmen in Betracht.[132] Darüber hinaus

---

[132] Vgl. Knauss, Fritz: Zur Kontrolle der Beteiligungen der Bundesrepublik Deutschland und ihrer Sondervermögen, in: Gesellschaft für öffentliche Wirtschaft und Gemeinwirtschaft (Hrsg.): Kontrolle

besteht in Einzelfällen die Möglichkeit der "Selbstunterrichtung an Ort und Stelle aufgrund § 54 HGrG, soweit bedeutsame Fragen bei der Prüfung der verfügbaren Unterlagen auf andere Weise nicht aufgeklärt werden können."[133] Für den Normalfall gilt: "Der BRH prüft folglich nicht die Unternehmen (...), sondern die Bundesbetätigung bei diesen Unternehmen anhand der nach § 69 BHO übersandten Unterlagen"[134].[135]

Zusammenfassend läßt sich feststellen, daß auch der mehrstufige Aufbau der Kontrollen öffentlicher Beteiligungsunternehmen nichts an der Tatsache ändert, daß insgesamt von einer defizitäre Steuerung und Kontrolle der Wahrnehmung öffentlicher Aufgaben in verselbständigter Rechtsform auszugehen ist. Dies beginnt schon bei den ungenügenden oder ganz fehlenden operationalen Zielvorgaben als Kontrollnormen. Existieren brauchbare Ziele, so sind die vorhandenen Steuerungs- und Kontrollsysteme nicht in der Lage, deren Durchsetzung in hinreichender Weise zu gewährleisten. Zudem lassen es die Informationssysteme - oft nur bestehend aus dem handelsrechtlichen Jahresabschluß und dem an ihn angelehnten Wirtschaftsplan - nicht zu, ex post den Grad der Zielerreichung zu erfassen. Dies gilt insbesondere für den Sachzielbereich, da sich die vorhandenen Systeme stark auf kaufmännisch-monetäre Kriterien beziehen.

3. Grundansatz eines Beteiligungs-Controlling zur verbesserten Beteiligungsinstrumentalisierung

Als **Beteiligungs-Controlling** soll hier die ganzheitliche Steuerung von Beteiligungsunternehmen verstanden werden, die die Koordination von Zielsetzungen und Ergebnissen sowie die Schaffung der dazu notwendigen instrumentellen Grundlagen - hpts. organisatorischer und informatorischer Art - beinhaltet.

Eine solcherart abstrakt formulierte Definition läßt sich sowohl auf öffentliche als auch auf privatwirtschaftliche Träger verwenden. Tatsächlich liegen bei dieser allgemeinen Betrachtung im öffentlichen Bereich durchaus vergleichbare Aufgaben vor wie im Bereich des privatwirtschaftlichen Beteiligungs-Controlling. Dort heißt es etwa: "Dem Beteiligungscontrolling kommt (demnach) insgesamt die Funktion zu, die Aktivitäten der Tochterunternehmen im Hinblick auf die Verfolgung der Konzernstrategien zu lenken."[136]

öffentlicher Unternehmen, Band 1, Baden-Baden 1980, S. 56. Dazu auch Forster, Karl-Heinz: Staatliche Finanzkontrolle und private Wirtschaftsprüfung, in: Zavelberg, Heinz Günter (Hrsg.): Die Kontrolle der Staatsfinanzen - Geschichte und Gegenwart, Berlin 1989, S. 115-143, hier insbes. S. 137.

133 Piduch, Erwin Adolf: Bundeshaushaltsrecht, Kommentar, Loseblattsammlung, Stuttgart u.a. 1969ff, Teil V: Rechnungsprüfung, Anmerkung 2 zu § 92 BHO.

134 Ebenda.

135 Für die Landesbeteiligungen bestehen analoge Regelungen (vgl. ebenda, Anhang zu § 92 BHO). Zur kommunalen Rechnungsprüfung bei Beteiligungen der Kommunen vgl. KGSt: Kommunale Beteiligungen V, a.a.O., S. 37ff.

136 Schmidt, Andreas: Beteiligungscontrolling - Wie man seine Tochtergesellschaften organisatorisch in den Griff bekommt, in: Controlling, Heft 5/1989, S. 270-275, hier S. 271.

Auf den ersten Blick scheint diese Abstimmung auf die Strategien des Trägers in der Privatwirtschaft leichter zu fallen als im öffentlichen Bereich, wo es zuvorderst auf nur schwer operationalisierbare **Sachziele** ankommt. Zweifellos sind in der Privatwirtschaft die leichter handhabbaren finanziellen Ziele bedeutsamer. Aber auch in der Privatwirtschaft kann eine alleinige Steuerung über **Finanzziele** (etwa Umsatz-, Kosten- und Ergebnisziele) allenfalls in einer kurzfristigen Betrachtung und nur dort in Frage kommen, wo die Beteiligungen ausschließlich als echte Profit-Center angesehen werden. Sobald mit ihnen (Sach-)Ziele, wie etwa die Sicherung einer regelmäßigen Versorgung mit Rohstoffen oder Zwischenprodukten zur Stärkung der eigenen Unabhängigkeit oder die Beteiligung aus Gründen des Erwerbs von F&E-Kapazitäten verfolgt werden, so kann die Beteiligungssteuerung nicht mehr allein über monetäre Formalziele geschehen. Es liegt dann genau der Fall vor, der bei öffentlichen Beteiligungen regelmäßig gegeben ist: Zur Steuerung der Beteiligung sind zwar **auch finanzielle Zielvorgaben** notwendig, diese **ergänzen** aber lediglich **die im Vordergrund stehenden Sachzielvorgaben** bzw. geben einen **Rahmen für deren Realisierung** vor.

Als Ansatzpunkte eines öffentlichen Beteiligungs-Controlling bieten sich an:

- **Organisatorische Maßnahmen** im Rahmen der gesellschaftsrechtlichen Möglichkeiten einschließlich einer **personalen Steuerung**.[137]
- **Normative Zielvorgaben** als konkrete Vorgabe öffentlicher Zwecksetzungen für die Beteiligungsunternehmen.[138] Dabei muß es sich zuvorderst um Sachzielvorgaben handeln, die aber stets einer Ergänzung durch Finanzzielvorgaben bedürfen.
- Schaffung, Pflege und Auswertung geeigneter **Informationssysteme** zur zeitnahen Verfolgung der Zielerreichungsgrade der Beteiligungen durch eine Gegenüberstellung von Soll- und Ist-Größen.[139] Auch die Informationen müssen sich dabei sowohl auf die Sachzielebene als auch auf die Ebene monetärer Formalziele beziehen.

Entscheidend ist, daß im Rahmen des Beteiligungs-Controlling **alle drei** der genannten **Ansatzpunkte** zugleich aufgegriffen werden. Es hat sich gezeigt, daß die Verfolgung eines oder auch zweier Wege nicht ausreichen, um die Beteiligungsunternehmen in einen Steuer- und Regelkreis so einzubinden, daß auf der einen Seite die mit der Auslagerung aus der Kernverwaltung beabsichtigten Vorteile realisiert werden können und auf der anderen Seite die zentripedalen Tendenzen der verselbständigten Aufgabenwahrnehmung nicht so stark werden, daß die Erfüllung der gestellten öffentlichen Aufgabe zu einem Nebenaspekt der Tätigkeit des öffentlichen Unternehmens gerät.

Dazu sind durch das Beteiligungs-Controlling **koordinative Aufgaben** zu bewältigen, zu denen die Moderation der Formulierung beteiligungspolitischer Grundsätze und - für jede einzelne Beteiligung - die Abstimmung der Beteiligungsziele mit der übergeord-

---

137 Vgl. dazu Budäus, Dietrich: Controlling als Ansatz zur Operationalisierung der Instrumentalfunktion, a.a.O., S. 152-154.
138 Vgl. dazu Schuppert, Gunnar Folke: Zur Kontrollierbarkeit öffentlicher Unternehmen, a.a.O., S. 310-332.
139 Vgl. Budäus, Dietrich: Controlling als Ansatz zur Operationalisierung der Instrumentalfunktion, a.a.O., S. 143-162, hier S. 154f.

neten Beteiligungspolitik des Trägers zählt. Weiterhin müssen die Beteiligungsziele mit der mittelfristigen Investitions- und Finanzplanung der Trägerkörperschaft sowie auch mit den Zielvorgaben der anderen Beteiligungsunternehmen abgestimmt werden.

Als **organisatorisches Grundkonzept** zur Bewältigung der angedeuteten Aufgaben wird hier vorgeschlagen,[140] einen Beteiligungs-Controller als Zentralinstanz für die einheitliche Steuerung und formelle Koordination der Beteiligungsunternehmen einzurichten. Der Beteiligungs-Controller muß für jede einzelne Beteiligung (z.B. Landestheater GmbH oder Müllverbrennungs GmbH) die enge Zusammenarbeit mit dem/den zuständigen Fachressort/s innerhalb der Verwaltung (z.B. Kultusministerium, Stadtreinigungsamt) als auch mit der jeweiligen Unternehmensleitung suchen.

B Aufgabenfelder und Instrumente des Beteiligungs-Controlling

1. Schaffung controllinggerechter Strukturen der Beteiligungsverwaltung

Beteiligungspolitische Leitlinien als Grundlage des Beteiligungs-Controlling

Dem Beteiligungs-Controller kommt die Aufgabe zu, dafür zu sorgen, daß **Leitlinien der Beteiligungspolitik** der Trägerkörperschaft aufgestellt und periodisch auf ihre Aktualität überprüft werden. Dazu rechnen etwa **grundsätzliche Aussagen**[141]

- zu den **Beteiligungszielen** (z.B. dazu, ob der öffentliche Träger über seine Beteiligungsunternehmen auch eine aktive Beschäftigungspolitik betreiben möchte),
- zur **verwaltungsinternen Organisation der Beteiligungsverwaltung** (etwa Festschreibung des Konzepts des federführenden zentralen Beteiligungs-Controlling und Klarstellung seiner Aufgaben, Rechte und Pflichten gegenüber den Fachressorts, den Beteiligungsunternehmen und den politischen Instanzen),
- zur Eignung bzw. zum Ausschluß einzelner **Rechtsformen** (etwa eine Ablehnung des nicht rechtsfähigen Vereins wegen der fehlenden Haftungsbeschränkung),
- zur Position des Trägers bezüglich einer **ergebnisabhängigen Bezahlung** der Geschäftsführer/Vorstände der Beteiligungsunternehmen,
- zu den Anforderungen an die **Berichtspflichten** der Beteiligungsunternehmen gegenüber dem Träger,
- zur **Wahrnehmung der Gesellschafterrechte** (etwa Grundsätze zum Verfahren der Bestellung und Vergütung von Vertretern des Trägers in den Organen der Beteiligungsgesellschaft oder Aussagen über einen regelmäßigen Wechsel des Abschlußprüfers).

---

140 Vgl. eingehender die nachfolgenden Ausführungen sowie Kapitel 8 zu den Determinanten der aufbauorganisatorischen Einbindung des Verwaltungs-Controlling.
141 Vgl. zu einem ähnlichen Katalog KGSt: Kommunale Beteiligungen II, a.a.O., S. 11ff.

Gestaltungsaufgaben im Hinblick auf einzelne Beteiligungsunternehmen[142]

Die skizzierten Leitlinien der Beteiligungspolitik geben einen allgemeinen **Rahmen** für die Steuerung der Beteiligungsunternehmen ab. Innerhalb dieses Rahmens sind für die einzelnen Beteiligungsunternehmen die entsprechenden Konkretisierungen vorzunehmen. Abgesehen von den Aufgaben der Vorgabe von Zielbildern und der Schaffung und Auswertung controllinggerechter Informationssysteme, auf die unten noch ausführlicher eingegangen wird, sind die nachfolgend angesprochenen Aufgaben wahrzunehmen bzw. organisatorische Gestaltungen zu treffen.

Die besten Koordinationsergebnisse lassen sich realisieren, wenn der **Verwaltungs-Controller** die **zentrale Anlaufstelle** für sämtliche Kontakte bildet, die im Beziehungsgeflecht von politischen Instanzen, Verwaltung und Beteiligungsunternehmen zu knüpfen sind. So kann etwa der Verwaltungs-Controller im Falle der fachlichen Zuständigkeit mehrerer Ressorts die verwaltungsinternen Informationen mit den relevanten Informationen des Beteiligungsunternehmens bündeln und sie so aufbereiten, daß die Verwaltungsführung und die politischen Gremien über eine fundierte Grundlage für ihre beteiligungspolitischen Entscheidungen verfügen. Auf der anderen Seite vermittelt der Verwaltungs-Controller auch für die Beteiligungsunternehmen die geeigneten Ansprechpartner innerhalb der Verwaltung, so etwa, wenn sich einer in Anlehnung an den BAT vergütenden Beteiligungs-GmbH tarifrechtliche Fragen stellen oder wenn es gilt, raumplanerische oder umweltschutzrechtliche Fragen abzustimmen.

Der Verwaltungs-Controller ist auch zuständig für die Regelung der mit den einzelnen Beteiligungsunternehmen im Zusammenhang stehenden **Haushaltsangelegenheiten.**[143] Hierzu gehört etwa die Bearbeitung von Finanzierungsfragen der Beteiligungen (Angemessenheit der Eigenkapitalausstattung, Gewährung von Gesellschafterdarlehen oder Bürgschaften), die Abstimmung der mittelfristigen Investitionspolitik mit der des Trägers sowie die haushaltsmäßige Abwicklung (Haushaltsanmeldung bzw. Bewirtschaftung von Haushaltsansätzen im Fall von Gewinnabführungen, Verlustübernahmen, Konzessionsabgaben usw.).

"Die Praxis zeigt, daß die satzungsmäßige oder vertragliche **Festlegung regelmäßiger Berichtspflichten** der Beteiligungen gegenüber der Verwaltung auf Schwierigkeiten stößt - zumindest bei bestehenden, etablierten und "starken" Beteiligungsunternehmen."[144] Daraus folgt, daß die hierarchische Einbindung des Verwaltungs-Controllers ausreichend hoch sein muß. Zudem muß er über entsprechende Sanktionskompetenzen gegenüber dem Beteiligungsunternehmen verfügen. Durch eine Bestellung zum **Mitglied der Aufsichtsorgane** läßt sich die Stellung des **Verwaltungs-**

---

[142] Vgl. dazu auch die auf den kommunalen Bereich bezogenen Ausführungen bei KGSt, ebenda, S. 7ff.
[143] Vgl. zu den Haushaltsangelegenheiten im Rahmen der kommunalen Beteiligungsverwaltung KGSt, ebenda, S. 9.
[144] KGSt: Kommunale Beteiligungen I: Steuerung und Kontrolle der Beteiligungen, Bericht Nr. 8/1985, Köln 1985, S. 18 (Fettdruck des Verf.).

Controllers gegenüber den Beteiligungen deutlich stärken. Sollte dies nicht möglich oder gewollt sein, so ist in die Satzung oder den Gesellschaftsvertrag aufzunehmen, daß sämtliche Abschlüsse, Berichte und Vorlagen für die Organe sowie die Niederschriften über die Sitzungen der Organe innerhalb enger Fristen dem Verwaltungs-Controller als Repräsentant des Gesellschafters zugeleitet wird.[145]

Weniger geeignet erscheint dagegen die Gestaltungsvariante, den **Verwaltungs-Controller** in den **Vorstand** bzw. die **Geschäftsführung** der Beteiligungsgesellschaft zu wählen.[146] Zwar wäre auf diese Weise der höchste Grad an Informations- und Einwirkungsmöglichkeiten erreicht, jedoch bestehen Bedenken wegen der so entstehenden Verwischung von Zuständigkeiten und Verantwortlichkeiten. Entscheidet sich ein öffentlicher Träger für eine Betätigung in verselbständigter Form, so sollte damit gerade die - in vorgegebenen Grenzen - eigenverantwortliche Aufgabenerledigung bezweckt sein und nicht versucht werden, über eine direkte personale Einflußnahme die Verselbständigung zu unterlaufen.

Für jede einzelne Beteiligungsgesellschaft ist zu prüfen, inwieweit die **Vereinbarung erfolgsabhängiger Bezüge** für das Management[147] geeignet erscheint, die Beteiligungsziele zu fördern. Als Bezugsgrößen variabler Bezüge kommen je nach dem verfolgten Beteiligungsziel sehr verschiedene Erfolgsgrößen in Frage. Zu denken ist etwa an die Höhe der Gewinnabführung an den Träger (z.B. 1 Promille der Gewinnabführung oder 1 Prozent der Verbesserung der Gewinnabführung gegenüber dem Vorjahr) oder an den Zuschußbedarf (z.B. 1% des gegenüber dem Vorjahr reduzierten Zuschußbedarfs) oder auch an den Kostendeckungsgrad einer Beteiligung. Derartige Maßgrößen bedürfen stets einer **exakten Definition**, damit nicht etwa die Höhe der Gewinnabführung über bilanzpolitische Maßnahmen (Auflösung stiller Reserven usw.) oder der Kostendeckungsgrad durch unterschiedliche inhaltliche Ausfüllungen des Kostenbegriffes manipuliert werden können. Zudem muß für Beteiligungsunternehmen, die nicht aus rein fiskalischen Motiven gehalten werden - dies sollte der Regelfall sein[148] - stets mittels **flankierender Regelungen** (z.B. Leistungsmengenvorgaben, Qualitätsstandards) dafür Sorge getragen werden, daß nicht die Sachziele im Zuge der Optimierung der vergütungsrelevanten, formalzielbezogenen Größen vernachlässigt werden. Eine grundsätzlich zu bevorzugende unmittelbare Bezugnahme auf sachzielbezogene Bezugsgrößen zur Fixierung erfolgsabhängiger Vergütungen wird in der Regel schwer fallen.

---

145 Vgl. ebenda, S. 22.
146 Vgl. zu den Vor- und Nachteilen von Verwaltungsangehörigen als Geschäftsführungsmitglieder von kommunalen Beteiligungs-GmbHs KGSt, ebenda, S. 15.
147 Vgl. ebenda, S. 10; KGSt: Kommunale Beteiligungen III: Verselbständigung kommunaler Einrichtungen? (Entscheidungshilfen), Bericht Nr. 7/1986, Köln 1986, S. 16f und KGSt: Kommunale Beteiligungen IV: Verselbständigung kommunaler Einrichtungen? (Arbeitshilfen), Bericht Nr. 8/1986, Köln 1986, S. 131-134 (Anlage 13).
148 Vgl. kritisch zu fiskalischen Motiven für das Halten öffentlicher Beteiligungen Eckert, Karlheinz: Kontrolle öffentlicher Unternehmen der Länder - Lösungsansätze, in: Gesellschaft für öffentliche Wirtschaft und Gemeinwirtschaft (Hrsg.): Kontrolle öffentlicher Unternehmen, Band 1, Baden-Baden 1980, insbes. S. 77f.

Weiterhin ist an eine "zweckmäßige Gestaltung der **Kündigungsregelungen** in den Anstellungsverträgen"[149] und an eine **zeitliche Befristung der Anstellungsverträge** auch der GmbH-Geschäftsführer etwa nach dem Muster der vom Aktiengesetz für den Vorstand einer AG vorgesehenen Regelung zu denken.

Ebenfalls für jede einzelne Beteiligung ist zu regeln, welche Entscheidungen der Geschäftsführung/des Vorstandes der **Zustimmung des Aufsichtrates** bedürfen sollen. Dies ist insbesondere vorstellbar für[150]

- die Festsetzung oder eine Änderung der Leistungsentgelte/Tarife,
- die Bestellung und Abberufung von Handlungsbevollmächtigten und Prokuristen,
- den Erwerb, die Veräußerung oder die Belastung von Grundstücken,
- das Eingehen von Verpflichtungsgeschäften, die im Einzelfall einen bestimmten Betrag überschreiten.

2. Gewährleistung operationaler Zielvorgaben

Rahmenbedingungen und Aufgabenstellung des Verwaltungs-Controlling

Es steht außer Frage, daß die Instrumentalfunktion von den Beteiligungsunternehmen überhaupt erst dann realisiert werden kann, wenn ihnen operationale Ziele vorgegeben worden sind. Auch zur Beantwortung der Frage, inwieweit ein Beteiligungsunternehmen die ihr gestellten öffentlichen Aufgaben bewältigen konnte, ist es unabdingbar, daß diese öffentliche Aufgabenstellung zuvor explizit formuliert wurde.[151]

Nun trifft das Beteiligungs-Controlling hier keineswegs auf Unternehmen, die bar jeglicher Zielvorgaben agierten. Zumindest zum Betriebsgegenstand sind regelmäßig Festlegungen in Satzung oder Gesellschaftsvertrag vorhanden. Allerdings muß die **Steuerungskraft der vorhandenen Zielvorgaben** - teilweise von Anfang an, teils auch aufgrund von Entwicklungen im Laufe der Zeit - als **gering** angesehen werden. Die Berücksichtigung der Ursachen für diese Unzulänglichkeit ist für den Beteiligungs-Controller, der an der Formulierung operationaler Zielvorgaben mitarbeitet, von sehr hoher Bedeutung.

Schuppert hat diese Ursachen in seiner eingehenden Analyse zur praktischen Wirksamkeit normativer Zielvorgaben für die Steuerung öffentlicher Unternehmen vier Gruppen zugeordnet:[152]

---

149 KGSt: Kommunale Beteiligungen I, a.a.O., S. 17 (Fettdruck des Verf.).
150 Vgl. dazu den exemplarischen Katalog bei KGSt: Kommunale Beteiligungen IV: Verselbständigung kommunaler Einrichtungen? (Arbeitshilfen), Bericht Nr. 8/1986, Köln 1986, S. 139 (Anlage 16). Anlage 15 (ebenda, S. 137f) enthält zwei Beispiele für Zuständigkeitskataloge für den Aufsichtsrat einer kommunalen GmbH: Der erste Katalog ergibt eine weitestmögliche Bindung der Geschäftsführung im Innenverhältnis, der zweite Katalog führt dagegen zu einer vergleichsweise großen Entscheidungsfreiheit der Geschäftsführung und damit zu einer weitgehenden Unabhängigkeit der GmbH.
151 Vgl. Dieckmann, Rudolf: Steuerung der öffentlichen Unternehmen der Freien und Hansestadt Hamburg durch die Stadt, in: Braun, Günther E./Bozem, Karlheinz (Hrsg.): Controlling im kommunalen Bereich, München 1990, S. 286-304, hier S. 293.
152 Vgl. Schuppert, Gunnar Folke: Zur Kontrollierbarkeit öffentlicher Unternehmen, a.a.O., S. 314-326.

- **Leerformelcharakter allgemeiner Zielsetzungen**
  Die Steuerungskraft eines Zieles ist umso geringer, je vager es formuliert ist. Von daher ist es nicht zweckdienlich, eine Zielvorgabe an Begriffe wie das "öffentliche Interesse" oder das "Gemeinwohl" zu knüpfen.
- **Zielverwässerung durch mittelbare Beteiligungen**
  Es hat sich gezeigt, daß Beteiligungsunternehmen nicht selten dazu "tendieren, sich über ihre Beteiligungspolitik von den Zwängen einer öffentlichen Zielsetzung zu emanzipieren"[153], also die ihnen aufgegebenen Zielvorgaben durch die ihrerseitige Eingehung von Beteiligungen zu umgehen.
- **Prozesse der Zielveränderung**
  Es ist unzweifelhaft, daß Ziele einer ständigen Überprüfung und Anpassung an sich wandelnde Gegebenheiten bedürfen. In diesen Prozeß der Zielrevision ist auch das Beteiligungsunternehmen mit einzubeziehen, denn ihm sind Veränderungen zielbeeinflussender Determinanten - etwa die Bedürfnisstruktur der Nutzer - teilweise besser bekannt als der Trägerkörperschaft. Allerdings muß letztlich stets die Trägerkörperschaft über Zielveränderungen entscheiden. In der Praxis geschieht aber häufig eine autonome Zielvariation durch die Beteiligungsunternehmen.
- **Zielverdünnung durch ein privatwirtschaftliches Selbstverständnis der Führungskräfte** öffentlicher Beteiligungsunternehmen
  Organisationssoziologische Untersuchungen haben bestätigt, daß die Ziele, die das Handeln sozialer Systeme bestimmen, niemals vollständig von außen vorgegeben werden können. Vielmehr existieren stets auch zielbestimmende oder zielverändernde Kräfte innerhalb der Systeme. Eine bedeutende Rolle spielen für die Systeme "öffentliche Beteiligungsunternehmen" deren Manager. Hier zeichnet sich das "Bild eines privatwirtschaftlichen Selbstverständnisses des Managements öffentlicher Unternehmen"[154] ab. Einer dahingehenden Entwicklung wird noch Vorschub geleistet, wenn man den Erfolg der Beteiligungsunternehmen - und damit auch ihrer Manager - ausschließlich oder überwiegend nach privatwirtschaftlichen Maßstäben mißt. Der Vorstand einer öffentlichen Aktiengesellschaft, der in erster Linie nach der Höhe des von ihm erwirtschafteten Jahresüberschusses (oder -fehlbetrages) beurteilt wird, handelte irrational, wenn er seine Geschäftspolitik nicht privatwirtschaftlich ausrichten würde, also wenn er etwa auf gewinnerhöhende Absatzsteigerungen verzichten würde, weil sie nicht im "öffentlichen Interesse" sind.

An diesen Erkenntnissen über die Ursachen unzureichender Steuerungswirkungen von Zielvorgaben anknüpfend ist es **Aufgabe des Verwaltungs-Controlling**, Sorge dafür zu tragen, daß **Leitlinien einer Beteiligungspolitik und damit konforme Zielvorgaben für die einzelnen Beteiligungsunternehmen** existieren, daß diese Vorgaben **formellen und qualitativen Mindestanforderungen** genügen und daß sie einem vom Träger **gesteuerten Anpassungsprozeß** unterliegen. Dazu sind vom Verwaltungs-Controller geeignete

---

153 Ebenda, S. 316. Schuppert führt hier (S. 316-319) auch das authentische Beispiel einer Verkehrs-AG an, die etliche "betriebsfremde oder betriebsentfernte" Beteiligungen einging.
154 Ebenda, S. 324.

Verfahrensweisen auszuarbeiten und deren Anwendung zu initiieren und zu moderieren. Dagegen ist die Formulierung der materiellen Zielvorgaben selbst nicht Aufgabe des Verwaltungs-Controllers, er wirkt hier lediglich beratend und koordinierend mit.

Generell ist darauf zu achten, daß unter den Zielvorgaben diejenigen dominieren, die den Charakter von **Global- oder Ergebniszielen** aufweisen. Es ist weitmöglichst zu vermeiden, den Beteiligungsunternehmen detaillierte Prozeßvorgaben im Sinne einer Feinsteuerung vorzuschreiben.[155] Denn ein Hauptmotiv der verselbständigten Aufgabenwahrnehmung durch Beteiligungsunternehmen ist ja die Annahme, daß die Art und Weise der Aufgabenerfüllung effektiver und effizienter vom Management des Unternehmens bestimmt werden kann und dann auch von ihm verantwortet werden muß.

Zu einer operationalen Formulierung des öffentlichen Auftrages müssen stets Vorgaben aus dem Bereich der **Leistungsziele** mit **Finanzzielvorgaben** kombiniert werden. Die Leistungs- und Finanzzielkonzeption[156] ist periodisch zu überprüfen und gegebenenfalls an geänderte Anforderungen anzupassen. Für die an der Erarbeitung und Aktualisierung der Zielvorgaben Beteiligten besteht stets das **Dilemma**, die Vorgaben einerseits so detailliert zu gestalten, daß die Erfüllung des öffentlichen Auftrages gesichert ist und auch kontrolliert werden kann - andererseits aber den notwendigen Handlungsspielraum für ein flexibles, kreatives und eigenverantwortliches Agieren der Unternehmensleitung nicht einzuschränken.

Unternehmensbezogene Zielbilder aus Leistungs- und Finanzzielvorgaben

Eine Analyse von Satzungen und Gesellschaftsverträgen öffentlicher Beteiligungsunternehmen zeigt, daß zumeist lediglich der "Gegenstand des Unternehmens, nicht aber das dahinterstehende öffentliche Interesse"[157] benannt wird. "Die Benennung nur des Geschäftsgegenstandes erscheint als Flucht des Unternehmensträgers aus der Verantwortung, sich über die Ziele seiner öffentlichen Unternehmen Rechenschaft abzulegen."[158] Diese Flucht hat viele Ursachen, etwa die mangelnde Fähigkeit, sich im politischen Widerstreit einvernehmlich auf eine Zielkonzeption zu einigen; weiterhin auch fehlende Kapazitäten und Kompetenzen der Verwaltung, um die politische Führung bei der Wahrnehmung der genannten Verantwortung unterstützen zu können und schließlich spielt auch die Interessenlage der Beteiligungsunternehmen und deren Führungskräfte an möglichst vagen Vorgaben eine Rolle.

Um dieser unbefriedigen Situation abzuhelfen, wird vorgeschlagen, für alle Beteiligungsunternehmen sog. **Zielbilder**[159] zu erarbeiten. Die Federführung dieses Prozesses könnte der Verwaltungs-Controller übernehmen. **Abbildung 7-7**[160] zeigt das Beispiel

---
155 Vgl. ebenso KGSt: Kommunale Beteiligungen I, a.a.O., S. 8 und 13.
156 Vgl. Thiemeyer, Theo/Oettle, Karl: Thesen über die Unterschiede zwischen privat-unternehmerischen und öffentlich-wirtschaftlichen Zielsetzungen, in: Die öffentliche Wirtschaft, 18. Jg., 1969, S. 7 und Schuppert, Gunnar Folke: Zur Kontrollierbarkeit öffentlicher Unternehmen, a.a.O., S. 331.
157 Ebenda, S. 330.
158 Ebenda, S. 331.
159 Vgl. etwa Dieckmann, Rudolf: Steuerung der öffentlichen Unternehmen, a.a.O., S. 293-296.
160 In Abwandlung eines Beispiels zur Unterscheidung von Steuerungs- und Kontrollbereichen der kommunalen Beteiligungspolitik bei KGSt: Kommunale Beteiligungen I, a.a.O., S. 8.

eines solchen Zielbildes mit den Ebenen Beteiligungsziel, Betriebsgegenstand, Leistungsvorgaben und Finanzvorgaben.

Abbildung 7-7
Beispiel für das Zielbild eines öffentlichen Beteiligungsunternehmens

ZIELBILD DER STADTTEILBAU GMBH	
Beteiligungsziel	Schaffung ausreichender Nahversorgungseinrichtungen in neuen Stadtteilzentren
Betriebsgegenstand	Erwerb, Errichtung und Betrieb von gewerblichen Bauten
Leistungsvorgaben	
Leistungsprogramm	Errichtung eines Einkaufszentrums und eines Kulturladens im Neubaugebiet x gemäß MIP Verwaltung von gewerblichen und Wohnzwecken dienenden Objekten gemäß Wirtschaftsplan
Prozeßvorgaben	Keine Verwendung von Tropenhölzern Beachtung der VOB Personalentgeltung nach BAT
Finanzvorgaben	Erzielung einer Eigenkapitalverzinsung von 4 %

Das **Beteiligungsziel** stellt dabei die Transformation der allgemeinen Leitlinien der Beteiligungspolitik des Trägers auf die einzelne Beteiligung dar. Die Konkretisierung erfolgt zunächst über die Formulierung des **Betriebsgegenstandes** des Beteiligungsunternehmens. Negative Erfahrungen der Vergangenheit haben gezeigt, daß hier eher restriktive Formulierungen - und entsprechende Kontrollmaßnahmen - angezeigt sind.[161] Da auch eine noch so präzise Formulierung des Betriebsgegenstandes nicht ausreichen kann, das Beteiligungsunternehmen hinreichend eng an den öffentlichen Auftrag zu binden, wird es stets notwendig sein, weiter konkretisierende **Leistungs- und Finanzvorgaben**[162] zu machen.

---

[161] So hat die Geschäftsführung der Hamburger Stadtentwicklungsgesellschaft den § 2 des Gesellschaftsvertrages ("Gegenstand des Unternehmens ist die Vorbereitung und Durchführung von Stadtentwicklungsmaßnahmen sowie der Bau oder die Betreuung von nicht überwiegend zu Wohnzwecken bestimmten baulichen Anlagen") derart frei interpretiert, daß sie Schulen und 6.600 Offizierswohnungen im Iran baute. Befremden muß, daß die Reaktion auf die festgestellten Diskrepanzen eine Änderung des Gesellschaftsvertrages war, die auf eine Legitimierung des Status Quo anstatt auf die Beseitigung der Mißstände abzielte (§ 2 neu: "... Vorbereitung und Durchführung sowie Betreuung von Bauvorhaben aller Art, insbesondere von Maßnahmen der Stadterneuerung") (vgl. zu dem Vorgang Schuppert, Gunnar Folke: Zur Kontrollierbarkeit öffentlicher Unternehmen, a.a.O., S. 321-323).

[162] Vgl. dazu auch die allgemeinen Ausführungen zu den Zieldimensionen in ihrer Bedeutung für den öffentlichen Bereich in Kapitel 5, Teil II.

Für die **Leistungsziele** gilt dabei, daß sie grundsätzlich **ergebnisbezogen** und nur im Ausnahmefall prozeßbezogen (auf den Leistungserstellungsprozeß und die zum Einsatz kommenden Produktionsfaktoren ausgerichtet) sein sollen. Derartige Ausnahmen können etwa darin bestehen, daß das Beteiligungsunternehmen auf eine Vergütung seiner Mitarbeiter in Anlehnung an den BAT oder auf die Auftragsvergabe nach VOL/VOB verpflichtet werden soll. Des weiteren können sozial- oder umweltpolitisch motivierte Auflagen formuliert werden, etwa eine über das gesetzliche Maß hinausgehende Beschäftigung von Behinderten oder der Verzicht auf die Verwendung von Tropenhölzern durch das Beteiligungsunternehmen.

Auch für die **Finanzziele** kann es keine pauschalen Vorgaben geben. Für jedes einzelne Beteiligungsunternehmen muß Art und Ausmaß zumindest jährlich festgelegt werden. Als Beispiele seien genannt:

- Höhe der Gewinnabführung an den Träger (absolut oder in Relation zum Vorjahr),
- Höhe des zu übernehmenden Verlustes (absolut oder relativiert),
- reale Kapitalerhaltung,
- volle Deckung der Periodenkosten,
- Deckung der Kosten ohne Verzinsung des Eigenkapitals,
- Einhaltung bestimmter Zuschußbeträge (etwa Quote der Gesamtkosten oder einzelner Kostenarten, leistungsmengenabhängige Zuschüsse).

Wie schon grundsätzlich erwähnt, müssen derartige Finanzzielvorgaben unbedingt durch nähere Konkretisierungen ergänzt werden, damit sie nicht durch bilanzpolitische oder kostenrechnerische Manipulationen[163] unterlaufen werden können.[164]

Trotz aller Bemühungen zur Formulierung operationaler Zielvorgaben und deren laufende Aktualisierung kann es nicht gelingen, "ein öffentliches Unternehmen allein durch normative Vorgaben auf Gemeinwohlkurs zu halten."[165] Stets sind flankierende Maßnahmen[166] notwendig.

3. Schaffung und Auswertung controllinggerechter Informationsinstrumente

Essentiell für ein wirksames Beteiligungs-Controlling ist die Verfügbarkeit relevanter **Informationen**. Diese müssen sowohl die **Finanz- und Ertragslage** als auch die **Sach-**

---

[163] Genannt seien zu ersteren nur die vielfältigen Maßnahmen zur Bildung oder Auflösung stiller Reserven und zu letzteren nur die Variation des kalkulatorischen Zinssatzes oder der Abschreibungsmodalitäten.

[164] Vgl. zur Gefahr von Zielkonflikten aufgrund inkonsistenter Finanzzielvorgaben Männel, Wolfgang: Durch inkonsistente Zielvorgaben sowie durch Kosten- und Leistungsverbundenheiten bedingte Zielkonflikte in Mensabetrieben, in: Bohr, K./Drukarczyk, J./Scherrer, G. (Hrsg.): Unternehmensverfassung als Problem der Betriebswirtschaftslehre, Regensburg 1981, S. 371-403, hier insbes. 379-390 sowie Weber, Jürgen: Zielorientiertes Rechnungswesen öffentlicher Betriebe - dargestellt am Beispiel von Studentenwerken, Baden-Baden 1983, S. 268ff.

[165] Schuppert, Gunnar Folke: Zur Kontrollierbarkeit öffentlicher Unternehmen, a.a.O., S. 331. Vgl. ähnlich auch Budäus, Dietrich: Controlling als Ansatz zur Operationalisierung der Instrumentalfunktion, a.a.O., S. 152 und Püttner, Günter: Öffentliche Unternehmen als Instrumente staatlicher Politik, in: Die öffentliche Verwaltung, 36. Jg. (1983), Heft 17, S. 697-704, hier S. 703.

[166] Vgl. die Ausführungen im vorangehenden Abschnitt 1. und im nachfolgenden Abschnitt 3.

zielerreichung des Beteiligungsunternehmens erkennen lassen. Um von seiten der Trägerkörperschaft gegebenenfalls regelnd eingreifen zu können, müssen die Informationen aktuellen Charakter haben. Im folgenden sollen zunächst die in der Regel bereits vorhandenen Instrumente kritisch gewürdigt und sodann Ergänzungen vorgeschlagen werden.

a) Wirtschaftspläne, Jahresabschlüsse, Geschäftsberichte, Prüfungsberichte

Bei diesen, grundsätzlich vom Beteiligungsunternehmen - nur im Falle des Prüfungsberichts vom externen Abschlußprüfer - zu erstellenden Instrumenten kommt dem Verwaltungs-Controlling einerseits die Aufgabe zu, innerhalb des gesetzlichen Rahmens für eine zweckadäquate Ausgestaltung zu sorgen und andererseits Auswertungen vorzunehmen, die der Steuerung, Regelung und Koordination der Beteiligungen dienen.

Den unselbständigen, aber nettoetatisierten Wirtschaftsbetrieben der öffentlichen Hand ist die Erstellung eines **Wirtschaftsplanes aus Erfolgsplan, Finanzplan und Stellenübersicht** über die Haushaltsordnungen und das Haushaltsgrundsätzegesetz verbindlich vorgeschrieben.[167] Diese Vorschriften sind entsprechend auch auf die Beteiligungsunternehmen in privatrechtlicher Rechtsform zu übertragen. Dabei wird es zweckmäßig sein, den Erfolgsplan als **Plan-GuV** und den Finanzplan als **Plan-Bilanz** auszugestalten, um eine vergleichende Kontrolle mit den Elementen des Jahresabschlusses dieser Beteiligungsunternehmen zu erleichtern. Darüberhinaus sollte der Wirtschaftsplan auch **sachzielbezogene Plandaten**, wie etwa Leistungsprogramme und Planindikatoren enthalten.[168]

Die Wirtschaftspläne sind vom Beteiligungsunternehmen unbedingt so **frühzeitig aufzustellen**, daß sie vom Verwaltungs-Controller noch zur Koordinierung haushaltsrelevanter Sachverhalte im Haushaltsplanungsprozeß des Trägers herangezogen werden können.

Teilweise sind die Beteiligungsunternehmen noch nicht dazu verpflichtet, über den Zeitraum des einjährigen Wirtschaftsplans hinausreichende Planungen zu erstellen oder - soweit für interne Zwecke vorhanden - an die Trägerkörperschaft weiterzuleiten. Auf diese Weise kann der Fall eintreten, "daß mittelfristige Sparkonzepte für den öffentlichen Haushalt immer wieder durch überraschende Defizite öffentlicher Unternehmen in Frage gestellt werden."[169] Um solche Effekte zu vermeiden, ist es unbedingt erforderlich, **die Beteiligungen in die mittelfristige Finanz- und Investitionsplanung des Trägers einzubeziehen**. Dazu haben die Beteiligungsunternehmen

---

[167] Vgl. zum Geltungsbereich und zu den Elementen des Wirtschaftsplanes Hamel, Winfried: Wirtschaftspläne, in: Chmielewicz, Klaus/Eichhorn, Peter (Hrsg.): HWÖ, Sp. 1819-1824, hier insbes. Sp. 1819-1822.
[168] Vgl. KGSt: Kommunale Beteiligungen I, a.a.O., S. 21.
[169] Dieckmann, Rudolf: Steuerung der öffentlichen Unternehmen, a.a.O., S. 297.

einen zumindest in der Grobstruktur dem einjährigen Wirtschaftsplan entsprechenden Aufbau des mittelfristigen Wirtschaftsplanes zu wählen, um auch hier die Vergleich- und Kontrollierbarkeit zu verbessern.

Die Bedeutung der **Jahresabschlüsse und Geschäftsberichte** als Instrumente des Beteiligungs-Controlling darf nicht überschätzt werden. Wegen der Möglichkeiten einer bilanzpolitischen Beeinflussung dürfen die Daten nicht unkritisch aufgenommen werden. Wegen ihres sehr späten Vorliegens sind sie als Grundlage eines aktiven Eingreifens für den Fall von Abweichungen zum Wirtschaftsplan kaum geeignet. Die systematische Aufklärung von Abweichungsursachen kann dagegen dazu genutzt werden, das Planungssystem als solches zu optimieren. Wird z.B. über Jahre hinweg das im Wirtschaftsplan jeweils angesetzte Betriebsergebnis deutlich übertroffen, so liegt die Vermutung nahe, daß hier ein Planungsmangel vorliegt, der auch darin bestehen kann, daß vom Beteiligungsunternehmen aus taktischen Gründen eine zu vorsichtige Ergebnisplanung vorgenommen wird.

Die **Auswertung der Prüfungsberichte** des Jahresabschlußprüfers kann - wie schon oben angemerkt - ebenfalls keine zeitnahen Erkenntnisse liefern, die ein kurzfristiges Eingreifen des Trägers initiieren könnte. Angesichts des nach § 53 HGrG gegenüber der handelsrechtlichen Abschlußprüfung erweiterten Prüfungsumfangs[170] (zusätzliche Prüfung der Ordnungsmäßigkeit der Geschäftsführung) und der ebenfalls erweiterten Pflichtinhalte des Prüfungsberichtes (zusätzliche Aussagen zur Vermögens- und Ertragslage, zur Liquidität und Rentabilität; Darstellung von Verlustgeschäften und deren Ursachen; Darstellung der Ursachen eines Jahresfehlbetrages) kommt dem Prüfungsbericht in mittel- bis langfristiger Perspektive jedoch gleichwohl ein vergleichsweise **hoher Informationsgehalt** zu, den es über eine intensive Auswertung durch das Beteiligungs-Controlling zu nutzen gilt. So können sich etwa Hinweise darauf finden, daß der Stand der DV-Unterstützung des Rechnungswesens deutlich hinter den verfügbaren Möglichkeiten zurückbleibt oder auch, daß die Außenstände nicht im nötigen und möglichen Umfang angemahnt werden.[171] Gegebenenfalls empfiehlt sich eine Rücksprache mit dem externen Prüfer.

Allerdings muß bei der Analyse der Prüfungsberichte berücksichtigt werden, daß es sich auch bei der Erweiterten Jahresabschlußprüfung ausdrücklich um eine Ordnungsmäßigkeitsprüfung handelt,[172] so daß von daher nur in eingeschränktem Umfang

---

[170] Es ist zweckmäßig, in der Satzung bzw. im Gesellschaftsvertrag verbindlich zu regeln, daß der Vorstand bzw. die Geschäftsführung jährlich den Auftrag zur Erweiterten Jahresabschlußprüfung erteilen (vgl. auch KGSt: Kommunale Beteiligungen V, a.a.O., S. 29f).

[171] Vgl. zur Reichweite der Erweiterten Prüfung nach § 53 HGrG den einschlägigen Fragenkatalog des Fachausschuß' für kommunales Prüfungswesen des Instituts der Wirtschaftsprüfer e.V.: Fragenkatalog zur Prüfung der Ordnungsmäßigkeit, a.a.O., 1978 S. 64ff und 1982 S. 334ff (auszugsweise abgedruckt in KGSt: Kommunale Beteiligungen V, a.a.O., S. 56-64).

[172] Daran ändert auch die Tatsache nichts, daß die Prüfung im Detail auch Zweckmäßigkeitsfragen beinhaltet ("Ist das bestehende Rechnungswesen zweckmäßig?"). Vgl. dazu Fachausschuß für kommunales Prüfungswesen des Instituts der Wirtschaftsprüfer e.V.: Fragenkatalog zur Prüfung der Ordnungsmäßigkeit, a.a.O., 1978 S. 64ff und 1982 S. 334ff (hier zitiert aus dem auszugsweisen Abdruck in KGSt: Kommunale Beteiligungen V, a.a.O., S. 58).

Aussagen zur Übereinstimmung der Unternehmensführung mit den vorgegebenen Zielbildern zu erwarten sind.

Aus all dem folgt, daß sich der Controller keineswegs allein auf die Wirtschaftspläne, die Jahresabschlüsse und die Ergebnisse der Erweiterten Jahresabschlußprüfung stützen kann. Gerade im kurzfristigen und im sachzielbezogenen Bereich sind ergänzende Instrumentarien notwendig.

b) Unterjährige Kennziffern- und Indikatorenberichte

Insbesondere bei Beteiligungen, die in einem **dynamischen Umfeld** agieren (z.B. Verkehrs-, Versorgungs- oder Messegesellschaften) sind **unterjährige Berichte** dringend erforderlich. Dafür empfehlen sich Kennziffern- und Indikatorensysteme, die die wichtigsten steuerungsrelevanten Informationen enthalten. Um dem Verwaltungs-Controller die Auswertung dieser Berichte zu erleichtern, ist auf eine standardisierte, eingängige und formell konstante Berichterstattung zu drängen.

Die Möglichkeiten der konkreten Ausgestaltung solcher Zwischenberichte sind äußerst vielfältig. Wichtige Determinanten für ihre Detaillierung sind die wirtschaftliche und politische Bedeutung der Beteiligung, die Dynamik des Umfeldes, in dem sie agiert, das Vertrauensverhältnis zum Management der Beteiligungsgesellschaft sowie die Wirksamkeit der normativen Vorgaben und der personalen Steuerungselemente.

Die vierteilige **Abbildung 7-8** zeigt den **Vorschlag eines Berichtes für eine Stadttheater GmbH**. Der Bericht ist zur quartalsweisen oder halbjährlichen Vorlage beim Beteiligungs-Controlling und bei der Fachbehörde (hier beim Kulturdezernat) vorgesehen. Er besteht zunächst aus einer aggregierten Kostenübersicht (Teil a: BAB). Die Spaltengliederung kann in ihrer Ausführlichkeit den Bedürfnissen des Berichtsempfängers angepaßt werden. Für den Zweck der unterjährigen Information des Beteiligungs-Controllers kann es ausreichen, daß nur Abweichungen von den Planvorgaben und keine absoluten Kostenwerte geliefert werden (Teil ab).[173] Weiterhin vorgesehen ist eine Übersicht über die Platzausnutzung und die Erlöse nach Verkaufswegen bzw. Zielgruppen (Teil b) und eine Spartenübersicht, die die Platzausnutzung, Kosten, Erlöse und Deckungsbeiträge der einzelnen Sparten des Theaterbetriebes aufzeigt (Teil c). Schließlich gibt eine Tabelle mit sachzielbezogenen Indikatoren über die Sachzielerfüllung der Beteiligungs-GmbH Auskunft (Teil d).

---

[173] Teil aa) zeigt dagegen eine detaillierte Variante des Spaltenaufbaus mit Ist- und Plan-Werten in DM sowie der prozentualen Abweichung. Die Unterscheidung von laufender Rechnung und kumulierten Jahreswerten kommt erst ab einem zumindest vierteljährlichen oder noch kürzeren Berichtszeitraum in Betracht.

Abbildung 7-8
Vorschlag für den Controlling-Bericht einer Stadttheater GmbH
Teil a) BAB

Kostenarten \ Kostenstellen	Σ	Haupt KSt.		Hilfs KSt.					Allgem. KSt.	
		Musiktheater	Sprechtheater	Orchester Chor Ballett	Maske Kostüme Wäscherei	Dekoration	Beleuchtung, Bühnen- und Tontechnik	Spielstätten	Grundstück Gebäude Energie	Intendanz, Geschäftsführung
Σ Personalkosten										
Verwaltung										
Künstlerisches Personal										
Gagen für Gäste										
Arbeiter										
Sonstige										
Σ Sachkosten										
Reinigung, Energie, Wasser										
Hausinstandhaltung und -bewirtschaftung										
Bühnenbetriebsverbrauch										
Sonst. Betriebskosten										
Urheberanteile										
Sonstige										
Σ										

Gestaltungsmöglichkeiten für den Spaltenaufbau:

Kostenart \ Kostenstelle	Kostenstelle x					
	lfd. Abrechnung			kumuliert		
	Ist	Plan	Abw.	Ist	Plan	Abw.

aa) Detaillierte Variante

Kostenart \ Kostenstelle	Kostenstelle x
	Planabweichung der lfd. Periode in %

ab) Einfacher Spaltenaufbau

Abbildung 7-8
Vorschlag für den Controlling-Bericht einer Stadttheater GmbH
Teil b)   Übersicht über die Platzausnutzung und die Erlöse
nach Verkaufswegen und Zielgruppen

Verkaufsweg/ Zielgruppe \ Beurteilungskriterium	Verkaufte Plätze				Erlöse		
	Anzahl	In % der besetzten Plätze	In % zum Platzangebot	Σ		Spartenanteil am Gesamterlös	Durchschnittl. Einzelerlös
Abonnement							
Freier Verkauf							
Jugendliche							
Schulamt							
Sonst. Ermäßigte							
Freikarten						–	–	–
Dienstplätze						–	–	–
Σ		100 %				100 %	

Abbildung 7-8
Vorschlag für den Controlling-Bericht einer Stadttheater GmbH
Teil c)   Spartenübersicht

Sparte \ Beurteilungskriterium	Vorstellungen (Anzahl)	Platzausnutzung in %	Einzelkosten	Erlöse	Deckungsbeitrag
Oper					
Ballett					
Operette					
Musical					
Kinder-/Jugendtheater					
Schauspiel					
Konzerte					
Σ					

Abbildung 7-8
Vorschlag für den Controlling-Bericht einer Stadttheater GmbH
Teil d) Indikative Bestimmung der Sachzielerfüllung

Indikator \ Beurteilungskriterium	Anzahl				Platzauslastung in %			
	Ist	Plan	Abw.	Vorjahr	Ist	Plan	Abw.	Vorjahr
Neuinszenierung								
Vorstellungen								
Gastspiele in auswärtigen Häusern								
Gastspiele auswärtiger Ensembles								

Kritiken	Anzahl	Medien	Tenor (Note 1–6)	Verbale Differenzierung
Printpresse				
lokal				
regional				
überregional				
Rundfunk				
Fernsehen				

Besucherkommentare	Anzahl	Tenor			Verbale Kurzkommentierung
		Lob	Tadel	Nicht einzuordnen	
Meckerkasten					
Anrufe					
Briefe					

Besucherbefragung	☐ Im Auswertungszeitraum nicht durchgeführt	☐ (Aufbau der Befragung und Ergebnisse in den Anlagen)
Besonderheiten des Auswertungszeitraums		

c) Beteiligungsberichte

Im Gegensatz zu den vorgenannten Instrumentarien, die jeweils vom Beteiligungsunternehmen bzw. dessen Abschlußprüfer erstellt und vom Beteiligungs-Controller ausgewertet werden, handelt es sich bei einem Beteiligungsbericht um eine **aggregierte Dokumentation über die Beteiligungsunternehmen** eines öffentlichen Trägers. Adressaten sind in erster Linie Rat/Parlament und die interessierte Öffentlichkeit. Die federführende Erstellung ist Aufgabe des Beteiligungs-Controllers, der als einzige Instanz in die Verwaltung sämtlicher Beteiligungen involviert ist.

Die **Konzeption** des Beteiligungsberichtes als **Informationsinstrument gegenüber Verwaltungsexternen**, insbesondere der Detaillierungsgrad der enthaltenen Informationen muß aber vom Rat/Parlament bestimmt werden. Für die Detaillierung der aufzunehmenden Informationen ist zu bedenken, daß sich manche Sachfragen nur schlecht über eine **öffentliche Diskussion** einer zweckmäßigen Lösung zuführen lassen. Es sei hier daran erinnert, daß die Entpolitisierung von Sachentscheidungen[174] zuweilen ein Hauptmotiv für die Wahrnehmung bestimmter Aufgaben in verselbständigten Rechtsformen darstellt. Andererseits kann argumentiert werden, daß gerade angesichts der Tatsache, daß bisher von Rat/Parlament wahrgenommene Entscheidungen nun auf Organe einer Beteiligungsgesellschaft übertragen werden, ein ausführlicher Bericht über deren Agieren umso erforderlicher wird.

Von den (wenigen) bisher vorliegenden Beispielen[175] stellt der **Hamburger Beteiligungsbericht**[176] die ausführlichste Version dar. Er erläutert zunächst die Grundlagen der Beteiligungspolitik und die eingesetzten Instrumentarien, zeigt grundsätzliche sowie unternehmensbezogene Beteiligungsziele auf und enthält weiterhin neben aggregierten Informationen zu sämtlichen Beteiligungsunternehmen auch Einzelbeiträge zu jeder Beteiligung, wobei hier Angaben zur Aufgabenstellung und -erfüllung, zum Kostendeckungsgrad und zur zukünftigen Entwicklung des Beteiligungsunternehmens aufgeführt sind.[177]

Ein weniger detailliertes Bild seiner Beteiligungen zeichnet der **Bund** mit seinen jährlich erscheinenden Beteiligungsberichten.[178] Er beschränkt sich auf eine Wiedergabe objektiver Fakten im Sinne von Namen und Zahlen und weist damit einen **rein deskriptiven Charakter** auf. Aussagen dazu, inwieweit ein wichtiges Bundesinteresse zur Rechtfertigung der Beteiligungen vorliegt, welche öffentlichen Aufgaben jeweils wahrgenommen werden sollen und inwieweit dies realisiert wurde, sind nicht enthalten. Größeres Gewicht als beim Hamburger Beispiel wird auf das personale Element gelegt: Durch die namentliche Nennung der Vorstände/Geschäftsführer und Aufsichtsräte sollen "die personellen Verflechtungen deutlich werden, damit Rückschlüsse auf die Berufspolitik der Träger möglich sind."[179]

---

174 KGSt: Kommunale Beteiligungen III, a.a.O., S. 13f.
175 Vgl. den Überblick bei Knauss, Fritz: Berichterstattung über öffentliche Unternehmen, in: ZögU, Band 12, Heft 1/1989, S. 100-105.
176 Vgl. Bürgerschaft der Freien und Hansestadt Hamburg: 1. Beteiligungsbericht 1986, Bürgerschaftsdrucksache 13/967, Hamburg 1988.
177 Vgl. auch Dieckmann, Rudolf: Steuerung der öffentlichen Unternehmen, a.a.O., S. 300f.
178 Jeder Bericht enthält zunächst einen Gesamtüberblick über die unmittelbaren und mittelbaren Beteiligungen. Es folgt für die wichtigen Beteiligungsunternehmen die Angabe von Kapital und Gesellschafter, Unternehmensgegenstand, Kennzahlen aus dem Jahresabschluß, Beschäftigtenzahl sowie die Zusammensetzung der Organe und deren Vergütungen. Es schließt sich eine Übersicht über alle Beteiligungen an, an denen der Bund mindestens 25% des Nennkapitals hält und deren Nennkapital mindestens 100 TDM beträgt. Der Bericht schließt ab mit einem alphabetischen Verzeichnis der Mitglieder der Aufsichtsgremien der aufgeführten Beteiligungsunternehmen (vgl. die jährlich herausgegebenen Berichte des Bundesministers für Finanzen (Hrsg.): Beteiligungen des Bundes, a.a.O., sowie Bubinger, Hans: Unternehmen und Sondervermögen der öffentlichen Hand - Der Beteiligungsbericht des Bundes, Arbeitspapier des Schwerpunktes Finanzwissenschaft/Betriebswirtschaftliche Steuerlehre der Universität Trier, Trier 1989).
Die Struktur des Beteiligungsbericht des Landes Berlin lehnt sich an den Beteiligungsbericht des Bundes an (vgl. etwa Senat von Berlin: Siebenter Bericht über Beteiligungen des Landes Berlin an Wirtschaftsunternehmen, Abgeordnetenhaus von Berlin, Drucksache 10/2377, Berlin 1988).
179 Knauss, Fritz: Berichterstattung über öffentliche Unternehmen, a.a.O., S. 100.

Je nach den politischen Vorgaben wird das Beteiligungs-Controlling einen Beteiligungsbericht auszuarbeiten haben, der eher auf eine **ausreichend-knappe Information** oder auf eine **umfassende und offensive Information** der Adressaten ausgerichtet ist. Die dargestellten internen Informationssysteme des Beteiligungs-Controlling können beide Varianten untersützen.

8. KAPITEL: FUNKTIONEN, INSTRUMENTE UND OBJEKTBEREICHE DES VERWALTUNGS-CONTROLLING - ZUSAMMENFASSUNG UND AUSBLICK AUF MÖGLICHKEITEN EINER INTEGRATION IN DIE AUFBAUORGANISATION DER VERWALTUNG

Ziel dieses abschließenden Kapitels ist es, die Ausführungen zu den Funktionen, den Instrumenten und den Objektbereichen des Verwaltungs-Controlling zusammenzufassen und einen Ausblick auf Möglichkeiten und Gestaltungsdeterminanten der Integration einer Controlling-Instanz in die Aufbauorganisation öffentlicher Verwaltungen zu wagen.

I. Zusammenfassung: Funktionen, Instrumente und Objektbereiche des Verwaltungs-Controlling

Nach einer Bestandsaufnahme in der Form einer breiten Literaturanalyse (Kapitel 2) und der Befragung ausgewählter Verwaltungspraktiker (Kapitel 3) wurde das Untersuchungsfeld des Verwaltungs-Controlling unter funktionalem, instrumentellem und objektspezifischem Blickwinkel analysiert.

Kernfunktionen

Die im ersten Kapitel dargelegten Kernfunktionen des Controlling - mehrdimensionale Koordination, Schaffung und Auswertung ökonomischer Steuerungs- und Regelungssysteme und Informationsfunktion - wurden im vierten Kapitel **auf die öffentlichen Verwaltungen und ihre Spezifika bezogen**.

Für alle drei Kernfunktionen ist festzuhalten, daß sie in mehr oder weniger ausgeprägter und systematischer Form auch bisher schon in den öffentlichen Verwaltungen wahrgenommen werden. Insofern kann in einem funktionalen Sinne von bereits vorhandenen Controlling-Ansätzen oder -Inseln gesprochen werden. Gleichwohl ist für alle Funktionen ein **Optimierungsbedarf** festzustellen, an dem das Verwaltungs-Controlling anzusetzen hat.

Das in vielfacher Hinsicht funktional und institutionell ausdifferenzierte System der öffentlichen Verwaltungen weist zahlreiche Interdependenzen auf, die einen **hohen Koordinationsbedarf** auslösen. Auch Interdependenzen mit dem Umsystem der öffentlichen Verwaltung tragen Koordinationserfordernisse in das Verwaltungssystem hinein. Das Verwaltungs-Controlling wird hier nicht in der Lage sein, diese Koordinationserfordernisse auf eine völlig neue Weise oder in vollständigem Umfang zu bewältigen. Was allerdings gelingen kann ist eine **systematischere Erfassung des Koordinationsbedarfs**, eine **verbesserte Auswahl situationsadäquater Koordinationsformen** und eine **verstärkte und effizientere Verwendung der Koordinationsinstrumente**. Dabei liegen die Aufgaben des Verwaltungs-Controlling schwergewichtig im Bereich der **formellen verwaltungsinternen Koordination**; die Bewältigung materieller koordinativer Aufgaben wird weiterhin ganz überwiegend durch die Fachzuständigen erfolgen müssen. Von besonderer Bedeutung ist die **Übernahme einer Moderatorenrolle** des Verwaltungs-Controllers in koordinativen Prozessen und Gremien.

Als ein koordinatives "Meta-Aufgabenfeld" des Verwaltungs-Controlling wurde die **Abstimmung von Wirtschaftlichkeitsprinzip** auf der einen **und Rechtmäßigkeitsprinzip** auf der anderen Seite - also die Koordination zwischen zwei grundlegenden Rationalitätsebenen des Verwaltungshandelns - herausgestellt. Hier gilt es, dem bisher nur unzureichend zur Geltung kommenden Wirtschaftlichkeitspinzip zu seiner angemessenen Berücksichtigung zu verhelfen. Der rechtliche Rahmen bietet dafür bislang ungenutzte Spielräume. In diesem Zusammenhang wurde auch klargelegt, daß der für das Verwaltungs-Controlling zentrale und handlungsleitende Begriff der **Wirtschaftlichkeit** nicht auf enge betriebswirtschaftliche oder ausschließlich monetäre Kategorien reduziert werden darf. Die wirtschaftlichkeitssteigernden Anstrengungen des Verwaltungs-Controlling müssen sich vielmehr sowohl auf die Dimension der **Effizienz** i.e.S. (Maß für die Relation von Input und Output) als auch auf die der **Effektivität**, also auf die Wirksamkeit der Verwaltungsleistungen richten. Diese umfassende Betrachtung erfordert es auch, daß nicht nur die verwaltungsinternen Auswirkungen der Leistungserstellung und -abgabe, sondern auch die sog. Externen Effekte einzubeziehen sind.

Die Aufgabe, **ökonomische Regulierungssysteme** zu schaffen, zu optimieren und zur wirtschaftlicheren Aufgabenerfüllung einzusetzen, macht eine Erhebung des Status Quo erforderlich. Es zeigt sich, daß die Wirksamkeit der vorhandenen Systeme unter einer oft nur vagen, wenig operationalen Formulierung des Vorgabe-(Soll-)Elementes leidet. Weiterhin wird deutlich, daß in einigen Systemen Kontrollelemente fehlen, in anderen Fällen die Kontrollzyklen so lang sind bzw. die Kontrollinformationen so spät vorliegen, daß auf ihrer Grundlage keine korrigierenden Maßnahmen mehr getroffen werden können. An diesen Defiziten ansetzend wurden verschiedene Optimierungsansätze aufgezeigt. Insbesondere die bisher vernachlässigten **sachzielbezogenen Regelkreissysteme** wurden als Betätigungsfeld des Verwaltungs-Controlling dargestellt.

Untrennbar mit der Koordinationsfunktion und der Funktion, ökonomische Steuerungs- und Regelungssysteme zu schaffen, ist die **Informationsversorgungsfunktion** des Verwaltungs-Controlling verbunden: Informationen stellen das Medium der Koordination dar; Regulierungsprozesse sind Vorgänge der Aufnahme, Verarbeitung und Abgabe von Informationen. Hier ist unter Beachtung einerseits der bestehenden Defizite und andererseits der Potentiale des Controlling-Ansatzes ein sehr ergiebiges Arbeitsfeld des Verwaltungs-Controlling zu sehen. Bislang fehlt es an Informationssystemen, die es der Verwaltungsführung in ausreichendem Maße erlauben, das Verwaltungsgeschehen zeitnah in entscheidungsrelevanten Kategorien (etwa Leistungen, Kosten, Wirkungs-Indikatoren) zu verfolgen, um gegebenenfalls dispositiv in laufende Prozesse eingreifen zu können. Auch für die Fundierung mittel- oder langfristiger Entscheidungen besteht ein Informationsdefizit.

Als Aufgabe des Verwaltungs-Controlling wurde die Schaffung von **Datenbanken mit zweckplural auszuwertenden Daten** genannt. Darauf aufbauend müssen **periodische formal- und sachzielbezogene Rechenkreise** etabliert werden, die eine Überwachung von Effizienz und Effektivität der Leistungserstellung ermöglichen. Für aperiodisch anstehende Entscheidungssituationen müssen **einzelfallbezogene Instrumentarien** vorgehalten werden. Auch die Selektion, Aufbereitung und empfängeradäquate Präsentation der Informationen wurden als Aufgaben des Verwaltungs-Controlling thematisiert.

Aufgaben in den einzelnen Phasen des Führungsprozesses

Im 5. Kapitel wurden die Aufgaben - und auch die jeweils einzusetzenden Methoden - des Verwaltungs-Controlling in den einzelnen Phasen des Führungsprozesses untersucht. Es wurde dazu eine Differenzierung in die Teilphasen der Zielplanung, der Maßnahmenplanung, der Budgetierung (prozeßorientiert als Ressourcenplanung, ergebnisorientiert als Durchsetzungs-Instrument zu interpretieren) und der Kontrolle vorgenommen.

Es wurde betont, daß gerade in der **phasenübergreifenden Zugangsweise** ein Charakteristikum und zugleich ein Hauptvorteil des Controlling-Ansatzes zu sehen ist. Dem Verwaltungs-Controlling kommt die Aufgabe des **Planungsmanagement** (Erarbeitung von Planungsrichtlinien, Vorgabe und Überwachung von Planungsterminen usw.) zu. Im Bereich der Metaplanung wurde weiterhin die Planung im **Gegenstromverfahren** als eine Vorgehensweise dargestellt, die vom Verwaltungs-Controlling zu forcieren ist, da sie eine weitestmögliche Verbindung der Vorteile aus den entgegengesetzten Planungsparadigmen - ganzheitlich-synoptischer versus inkrementaler Ansatz - gestattet.

Für die Auseinandersetzung mit den Aufgaben des Verwaltungs-Controlling in der Phase der **Zielplanung** war es notwendig, die Spezifika der Zielbildung und der Zielstruktur darzulegen. In erster Linie ist hier die eingeschränkte Zielplanungsautonomie, die Zielbildung in einem komplexen mehrstufigen und mehrzentrigen Prozeß sowie die Sachzieldominanz zu nennen. Die Aufgaben des Verwaltungs-Controlling beziehen sich zunächst auf die Dokumentation der bestehenden Zielvorgaben, deren Analyse auf Operationalität und verwaltungsinterne Beeinflußbarkeit sowie die Festellung etwaiger Zielkonflikte. Es wurden Ansätze aufgezeigt, um das Verfahren der Zielplanung so zu modifizieren, daß sich nachhaltige Verbesserungen der bislang oft gerade im Sachzielbereich zu vagen und zu wenig operationalen Vorgaben erreichen lassen.

Innerhalb der **Maßnahmenplanung** wurde eine Differenzierung in die Problemfeststellung und -analyse, die Alternativensuche und -bewertung vorgenommen. Für die einzelnen Teilphasen wurde die Durchführung von umsystem- und systembezogenen

Analysen zur frühzeitigen Antizipation gesellschaftlicher Entwicklungen sowie die Erbringung instrumenteller und informatorischer Unterstützungsleistungen als Aufgabenfelder des Verwaltungs-Controlling genannt. Besonders herausgestellt wurde die Prognosefunktion, die sich sowohl auf Lage- als auch auf Wirkungsprognosen bezieht. Es wurde deutlich gemacht, daß durch die Controlling-Aktivitäten der Stellenwert einer eigenständigen Maßnahmenplanung gegenüber der bisher dominanten, primär nach institutionellen Gesichtspunkten vorgenommenen Haushaltsplanung gestärkt werden muß.

Die Ausführungen zur **Ressourcenplanung** beschränkten sich im fünften Kapitel auf die finanziellen Ressourcen. Zielrichtung des Verwaltungs-Controlling muß es sein, die **Budgetierung** zu einem wirksamen Führungsinstrument auszubauen. Hier wurden Wege aufgezeigt, innerhalb des gesetzlichen Rahmens eine größere Flexibilität des Budgets zu erreichen und seine Struktur stärker als bisher an den zu bewältigenden Aufgaben und weniger an der institutionellen Verwaltungsstruktur auszurichten: Es bestehen Möglichkeiten, verstärkt sachliche und zeitliche Deckungsfähigkeiten einzuräumen, begrenzte Globalhaushalte oder Programmbudgetierungsinseln einzuführen oder verwaltungsintern führungsorientierte Parallelbudgets zu bilden. Es wurde aber auch dargelegt, daß die Mehrzahl dieser Ansätze nicht autonom durch das Verwaltungs-Controlling zu gestalten sind, weil zumeist die Zustimmung der legislativen Instanzen erforderlich ist.

Von daher ergibt sich die Schwierigkeit, daß die Parlamente und ihre Ausschüsse - teilweise auch die mittelbewilligenden vorgesetzten Behörden - dazu bereit sein müssen, von einer weitreichenden Detaillierung der Haushaltspläne abzugehen. Somit hängt die Realisierbarkeit der bestehenden Potentiale zur Gestaltung einer controllingorientierten Budgetierung davon ab, inwieweit es gelingt, die Legislative davon zu überzeugen, daß weniger ins operative Detail gehende Budgetvorgaben nicht notwendigerweise einen Verzicht auf Steuerungs- und Kontrollmöglichkeiten bedeuten müssen. Diese Überzeugung wird aber nur gelingen, wenn parallel zu einer **Dezentralisierung von Budgetierungskompetenzen** und zu einer **Flexibilisierung der Budgetvorgaben** Instrumentarien bereitgestellt werden können, die aufzeigen, welche Leistungen erbracht und welche Wirkungen damit erzielt wurden, welche Abweichungen von den Vorgabewerten auftraten und wie diese zu begründen sind. Die Bereitstellung und Anwendung dieser Instrumente sowie die "Berichts- und Argumentationspflicht ist wiederum eine ureigene Controllingfunktion."[1] Es muß verdeutlicht werden, daß sich durch dahingehende Neuerungen gerade **auch für die Legislative verbesserte Steuerungs- und Kontrollperspektiven** ergeben, so etwa, wenn durch eine dominant maßnahmenbezogene Budgetierung erst die Chance eröffnet wird, Effizienz- und Effektivitätskontrollen durchzuführen, die auf der Grundlage der bisher existierenden institutionenbezogenen Input-Budgets kaum machbar sind.

---

1 Weber, Jürgen: Einführung in das Controlling, Stuttgart 1988, S. 252.

Die **Kontrollphase** schließt den Führungsprozeß ab. Hier wurden die Wirtschaftlichkeitskontrollen in ihrer Effizienz- und Effektivitätsdimension als Domäne des Verwaltungs-Controlling dargestellt. Während für Maßnahmen mit begrenztem zeitlichen Horizont und überwiegend internen Auswirkungen das einschlägige betriebs-wirtschaftliche Instrumentarium der Effizienzkontrolle heranzuziehen ist, müssen für komplexe Maßnahmen mit einem hohen Anteil externer Effekte und mit einem langen Zeithorizont die Verfahren verwendet werden, die unter dem Sammelbegriff der Nutzen-Kosten-Untersuchungen bekannt sind. Gerade angesichts der Dominanz schwer quantifizierbarer Sachziele stellen sich hier die aus der Evaluationsforschung bekannten Schwierigkeiten.

Es wurden Möglichkeiten einer Zusammenarbeit von Verwaltungs-Controlling und Rechnungshöfen bzw. Rechnungsprüfungsämtern aufgezeigt, die zu einer Erhöhung der Wirksamkeit der Verwaltungskontrollen beitragen können.

Rechnungswesen als Controlling-Instrument

Nach dieser führungsphasenorientierten Betrachtung wurde das Rechnungswesen als Instrument des Verwaltungs-Controlling thematisiert (Kapitel 6). Im einzelnen wurden die Leistungsrechnung, die Kostenrechnung und die Indikatorenrechnung als die bedeutendsten Rechenkreise eines controllingorientierten Rechnungswesens für öffentliche Verwaltungen herausgearbeitet. Bevor diese Rechenkreise als Controlling-Instrumente eingesetzt werden können muß in der Regel zunächst die Aufgabe der Systembildung bewältigt werden, da in den Verwaltungen bislang allenfalls Ansätze vorhanden sind.

Die vorgestellte **Leistungsrechnung** ist als eine sowohl kapazitäts- als auch outputorientierte Rechnung zu begreifen. Die Ausführungen bezogen sich zentral auf die Personalkapazitäten und die von ihnen im Verwaltungskernbereich erstellten (Dienst-)Leistungen. Hier ermöglicht die Leistungsrechnung eine eigenständige Steuerung und Überwachung der eingesetzten Personalkapazitäten und der erbrachten Ausbringungsmengen. Die Leistungsrechnung gestattet eine differenzierte Leistungsdokumentation - auch gegenüber der bisweilen verwaltungskritischen Öffentlichkeit. Weiterhin lassen sich auf der Basis der Rechenergebnisse der Leistungsrechnung differenzierte Verwaltungsvergleiche anstellen.

Weil die Leistungsrechnung sowohl die eingesetzten Kapazitäten als auch die von ihnen erbrachten Leistungen detailliert abbildet, stellt sie eine ausgezeichnete Grundlage für moderne Systeme der Kostenrechnung dar, die Kosten am Ort der Leistungsentstehung differenziert erfassen und unter Berücksichtigung der Leistungsströme und -verflechtungen verrechnen wollen. Als Zwecke einer **controllingorientierten Kostenrechnung** wurde insbesondere die Fundierung von Führungsentscheidungen mit Kosteninformationen und die stellenbezogene Überwachung einer effizienten Leistungserbringung aufgezeigt. Da die - nur vereinzelt - bestehenden Kostenrechnungen zweckmonistisch auf die Kalkulation derjenigen Leistungen abstellen, die gegen Entgelt abgegeben werden, und dafür grobe vollkostenrechnerische Umlageverfahren einsetzen, sind sie als Instrument des Verwaltungs-Controlling weitgehend ungeeignet.

Anknüpfend an die Darstellung der konzeptionellen Grundlagen einer controllingorientierten Kostenrechnung wurden zwei Varianten diskutiert, die die verwaltungsspezifischen Leistungs- und Kostenstrukturen in besonderer Weise berücksichtigen können: Die nach den Prinzipien der Grenzplankostenrechnung gestaltete **Vorgangskostenrechnung** und die **Prozeßkostenrechnung**, die zu den Vollkostenrechnungen zählt, aber auf grobe wertbezogene Umlagen verzichtet. Es wurde die Variante der Vorgangskostenrechnung präferiert, da sie nicht nur die stellenbezogene Überwachung der Leistungserstellung, sondern auch den Ausweis von Grenz- und Vollkosten in der Kostenträgerrechnung ermöglicht. Zudem liegt hier bewährte Standard-Software vor, deren Anpassung auf die Belange der öffentlichen Verwaltungen bereits angelaufen ist.

Für diejenigen Leistungen, die gegen unmittelbares Entgelt abgegeben werden, läßt sich als monetäre Ergebnisrechnung die Deckungsbeitragsrechnung einsetzen. Die Einbeziehung sozialer (volkswirtschaftlicher) Kosten in die periodische Kostenrechnung wurde aus pragmatischen Gründen abgelehnt. Dagegen sind monetär quantifizierte externe Effekte über Sonderrechnungen in einzelfallbezogene Kalküle aufzunehmen.

Die Leistungsrechnung und die Kostenrechnung ermöglichen - insbesondere wenn ihre Rechenergebnisse in eine Beziehung gesetzt werden - die Bildung zahlreicher Kennzahlen. Es bietet sich im Rahmen des Verwaltungs-Controlling an, die vielfältigen Kennzahlen zur Überwachung von Produktivität und Kostenwirtschaftlichkeit der Verwaltungstätigkeit zu nutzen und im Anschluß an Abweichungsanalysen gegebenfalls effizienzsteigernd Einfluß zu nehmen. Dagegen liefern die Leistungs- und die Kostenrechnung allenfalls am Rande sachzielbezogene Informationen zur Wirksamkeit (Effektivität) der Verwaltungsmaßnahmen. Da aber gerade die Sachziele als das dominierende Zielelement öffentlicher Verwaltungen anzusehen sind, wurde die Entwicklung einer **sachzielbezogenen Indikatorenrechnung**, die diese Lücke füllt, als eine sehr bedeutende Aufgabe des Verwaltungs-Controlling beschrieben. Das Indikatoren-Instrumentarium ist dabei sowohl ex ante zur Operationalisierung der oft nur schwer unmittelbar handhabbaren Sachziele als auch ex post zur Feststellung der Sachzielerreichung einzusetzen.

Bedeutende Objektbereiche

Nach diesen dominant funktionalen und instrumentellen Analysen wurden im 7. Kapitel drei bedeutende Objektbereiche des Verwaltungs-Controlling dargestellt. Ihre Bedeutung leitet sich aus den Erkenntnissen der Literaturanalyse und den Ergebnissen der Praktikerbefragung ab. Sie spiegeln Bereiche wider, die in der Vergangenheit Wirtschaftlichkeitsreserven haben erkennen lassen oder vereinzelt auch durch ausgesprochene Wirtschaftlichkeitsdefizite aufgefallen waren.

Das **Ressourcen-Controlling** stützt sich insbesondere auf das Analyse- und Beeinflussungspotential der Leistungsrechnung und versucht, die Ressourcennutzung so zu optimieren, daß sowohl Quantität als auch Qualität der ausgebrachten Leistungen gesteigert werden. Die Ausführungen beziehen sich in erster Linie auf die bedeutendste Ressource der öffentlichen Verwaltungen, auf die Mitarbeiter. Die besten Möglichkeiten eröffnet das vorgestellte Instrumentarium in den Bereichen mit standardisierbaren Leistungen; mit zunehmendem Anteil an kreativen und dispositiven Tätigkeiten erschöpfen sich die Einsatzmöglichkeiten.

Die Ausführungen zum **Projekt-Controlling** sind überwiegend auf die ganzheitliche Steuerung von Bauprojekten bezogen, können aber in ihrer grundsätzlichen Vorgehensweise auch auf andere Projekte übertragen werden. Im Kern geht es einerseits um eine alle Projektphasen umfassende und alle Projektbeteiligte - auch die demokratisch gewählten Entscheidungsträger - einbindende Koordination komplexer Projekte. Andererseits muß das Projekt-Controlling für eine durchgängig optimale informatorische Fundierung der Entscheidungen, die die materiell Projektverantwortlichen zu fällen haben, sorgen. Dabei sind jeweils sowohl die Leistungs- (Sach-)Dimension als auch die Termin-(Zeit-) und die Ressourcen-(Kosten-)Dimension zu berücksichtigen.

Das **Beteiligungs-Controlling** sieht sich vor dem Dilemma, daß die Vorteile der organisatorisch verselbständigten Aufgabenwahrnehmung durch öffentliche Unternehmen vollumfänglich realisiert werden sollen, gleichzeitig aber dafür Sorge getragen werden muß, daß die vorgegebenen öffentlichen Aufgaben nicht von den Interessen der öffentlichen Unternehmen - bzw. deren Mitarbeitern und Führungskräften - überlagert und in den Hintergrund gedrängt werden. Dazu hat das Beteiligungs-Controlling im Benehmen mit der Fachverwaltung, mit den zuständigen politischen Instanzen sowie auch mit dem Beteiligungsunternehmen selbst Zielbilder zu erarbeiten, die sich stets auf die Sachziel- wie auch die Formalzielebene beziehen müssen. Dabei sind ergebnisorientierte Zielvorgaben gegenüber detaillierten prozeßbezogenen Vorgaben vorzuziehen, um die eigenverantwortliche Aufgabenausführung nicht zu behindern.

Weiterhin wurden Möglichkeiten aufgezeigt, controllingadäquate Strukturen der Beteiligungsverwaltung zu schaffen. Über entsprechende Gestaltungen der Arbeitsverträge ist auf eine weitestgehende Kopplung der Interessen des Management der Beteiligungsunternehmen mit den Interessen des Trägers zu achten. Insbesondere ist hier an eine erfolgsabhängige Dotierung und an die Befristung der Verträge zu denken. Durch Varianten der personalen Steuerung, etwa durch die Berufung des Beteiligungs-Controllers in die Aufsichtsgremien der Beteiligungsunternehmen - kann die Durchsetzung des öffentlichen Auftrages verbessert werden.

Zusätzlich sind Informationsinstrumente zu schaffen, die - anders als der Wirtschaftsplan und der Jahresabschluß - auch unterjährig zu nutzen und mehrdimensional, also nicht nur auf monetäre formalzielbezogene Informationen beschränkt, ausgestaltet sein müssen. Dafür wurden exemplarisch Ansatzpunkte aufgezeigt.

Zugespitzt und verkürzt können die Ausführungen dahingehend interpretiert werden, daß es das **zentrale Anliegen des Verwaltungs-Controlling** sein muß, stärker als bisher das ökonomische Denken in zu optimierenden Zweck-Mittel-Relationen in die Verwaltung hineinzutragen. Darauf zielt letztlich auch die Schaffung, Verbreitung und Anwendung der dargestellten Instrumentarien ab. Auch die genannten koordinativen und informationswirtschaftlichen Aufgaben sollen zu einer effizienteren und effektiveren Mittelverwendung im öffentlichen Bereich beitragen.

II. Gestaltungsmöglichkeiten einer Integration des Verwaltungs-Controlling in die Aufbauorganisation der Verwaltung

Vorbemerkungen

Nach diesen resümierenden Ausführungen zu den Funktionen, den Instrumenten und ausgewählten Objektbereichen des Verwaltungs-Controlling ist es unmittelbar einsichtig, daß die **Frage nach der adäquaten Einbindung einer Controlling-Institution nicht knapp und eindeutig beantwortet werden kann.** Dies liegt einerseits begründet in der **Vielfalt möglicher konzeptioneller Ansätze und Aufgabenfelder**, die für das Verwaltungs-Controlling in Frage kommen, und andererseits in der - auch aufbauorganisatorischen - **Vielgestaltigkeit der öffentlichen Verwaltungen**, in die ein Controlling-System integriert werden soll.

Nachfolgend soll auch gar nicht versucht werden, eine Antwort auf diese Frage zu geben. Vielmehr sind die sich anschließenden Ausführungen lediglich so zu verstehen, daß **grundsätzliche Gestaltungsmöglichkeiten** und **bedeutsame Determinanten**, die mit hoher Wahrscheinlichkeit die aufbauorganisatorische Gestaltung im Einzelfall beinflussen werden, angedeutet werden sollen.[2]

Vor diesen Ausführungen soll anknüpfend an die grundsätzlichen Ausführungen zum Controlling in Kapitel 1, Teil III. klargestellt werden, daß es sich im folgenden um Erörterungen zur **Implementierung von Controllership-Konzeptionen**[3] handelt. Sofern man Controlling ausschließlich als Führungsphilosophie oder als integralen Bestandteil

---

[2] Selbstverständlich sind auch im Rahmen der Etablierung von Controller-Stellen die allgemeinen Organisationsgrundsätze der Organisations- und Verwaltungswissenschaft zu beachten. Auf Einzelheiten kann im Rahmen dieser Arbeit nicht näher eingegangen werden. Vgl. dazu - mit Verwaltungsbezug - etwa Eichhorn, Peter/Friedrich, Peter: Verwaltungsökonomie I - Methodologie und Management, Baden-Baden 1976, S. 240-251; Püttner, Günter: Verwaltungslehre, München 1982, S. 65ff; Steinebach, Nikolaus: Verwaltungsbetriebslehre, 2. Auflage, Regensburg 1983, S. 79ff; Siepmann, Heinrich/Siepmann, Ursula: Verwaltungsorganisation, 2. Auflage, Köln 1984; Thieme, Werner: Verwaltungslehre, 4. Auflage, Köln u.a. 1984, S. 139ff; Reichard, Christoph: Betriebswirtschaftslehre der öffentlichen Verwaltung, 2. Auflage, Berlin und New York 1987, S. 157-198; Lecheler, Helmut: Verwaltungslehre, Stuttgart, München, Hannover 1988, S. 79-165; Becker, Bernd: Öffentliche Verwaltung, Percha 1989, S. 160-411.

[3] Vgl. dazu die Ausführungen in Kapitel 1, Teil III.

der Führungstätigkeit ansieht, verbleibt kein Raum für eine eigenständige aufbauorganisatorische Integration in die Verwaltung, da sich Controlling in diesen Fällen in den Köpfen aller Verwaltungsmitarbeiter vollzieht (Philosophie) oder von den Führungskräften im Rahmen ihrer regulären Aufgabenerfüllung wahrzunehmen ist (Führungsfunktion).[4] Aber auch innerhalb der Controllership-Konzeption ist die Institutionalisierung einer Controller-Stelle nicht zwingend: "Die *Schaffung eigener Controllerstellen* folgt - wie andere Ausgliederungen - den Regeln der Arbeitsteilung und der Spezialisierung in Organisationen. ... Sie drängt sich auf, wenn wegen der zunehmenden Autonomie einer Teilaufgabe eine Aufgabenteilung notwendig erscheint."[5]

In den öffentlichen Verwaltungen wird - anders als in privatwirtschaftlichen und auch öffentlichen Unternehmen - intensiv diskutiert, ob eine **Controlling-Instanz** auch **als solche bezeichnet** werden sollte oder ob nicht die Assoziation von "Controlling" mit "Kontrolle" schädliche Auswirkungen für die Akzeptanz eines Verwaltungs-Controllers mit sich bringt.[6] Die aus derartigen Befürchtungen abgeleitete Schlußfolgerung, anstatt Controlling "**andere Begriffe** zu finden"[7], wird hier nicht geteilt. Vielmehr sollte die Institutionalisierung einer Controlling-Einheit als Anlaß genommen werden, die Verwaltungs-Mitarbeiter - und eventuell darüber hinaus auch die Bürger - **offen und umfassend über die** damit **bezweckten Veränderungen zu informieren**. Als Ziel derartiger flankierender Maßnahmen während der Einführungsphase ist es anzusehen, allen Beteiligten zu verdeutlichen, daß mit Controlling eben nicht zuvorderst die retrospektive Kontrolle, sondern - je nach dem verfolgten Ansatz oder den gewählten Schwerpunkten - die betriebswirtschaftliche Beratung, der Serviceleistungs-Aspekt, die entscheidungsunterstützende Ausrichtung, die Verbindung von Finanz- und Sachzielkategorien und allgemein die Verbesserung der informationswirtschaftlichen Situation zu assoziieren ist. Zudem muß die primär **zukunftsorientierte Perspektive** deutlich herausgearbeitet werden. Es wäre ein Anlaß, das verfolgte Controlling-Konzept kritisch zu hinterfragen, wenn es sich als nötig erwiese, eine verdeckte, gleichsam konspirative Etablierung zu realisieren.

---

[4] Zum Verzicht auf die Einrichtung gesonderter Controller-Stellen vgl. die skeptischen Anmerkungen von Weber, Jürgen: Einführung in das Controlling, a.a.O., S. 215 und 253f.
[5] Küpper, Hans-Ulrich/Weber, Jürgen/Zünd, André: Zum Verständnis und Selbstverständnis des Controlling, in: ZfB, 60. Jg. (1990), Heft 3, S. 281-293, hier S. 285.
[6] Vgl. etwa Weber, Jürgen: Controlling in öffentlichen Unternehmen und Verwaltungen - Chancen und Restriktionen, in: Weber, Jürgen/Tylkowski, Otto (Hrsg.): Controlling - Eine Chance für öffentliche Unternehmen und Verwaltungen, Stuttgart 1988, S. 35-48, hier S. 47 und Roller, Peter: Kommunalverwaltung und Controlling, in: BWVP, Heft 2/1992, S. 33-37, hier S. 34. In Osnabrück wurde auf die Bezeichnung "Amt für Controlling" verzichtet, weil befürchtet wurde, daß sich "für das Publikum einschließlich des größeren Teiles der Verwaltungsmitarbeiter und der Ratsmitglieder ... die geradezu kontraproduktive Verwechslung mit "Kontrolle" ergeben" könnte (Hoffmann, Siegfried: Zentrales und dezentrales Controlling in der Stadt Osnabrück, in: Braun, Günther E./Bozem, Karlheinz (Hrsg.): Controlling im kommunalen Bereich, München 1990, S. 30-43, hier S. 38).
[7] Roller, Peter: Kommunalverwaltung und Controlling, a.a.O., S. 34 (Fettdruck des Verf.). In Osnabrück wurde anstatt der verworfenen Bezeichnung "Amt für Controlling" der Begriff "Zentralamt" gewählt. Zu den hier auftretenden "Fehldeutungen" vgl. Hoffmann, Siegfried: Zentrales und dezentrales Controlling in der Stadt Osnabrück, a.a.O., S. 38f.

Gestaltungsmöglichkeiten

Abbildung 8-1 zeigt eine allgemeine Systematisierung möglicher aufbauorganisatorischer Einbindungen des Controlling in ein betriebliches System. Die Schematisierung läßt die Vielfalt der Gestaltungsmöglichkeiten erkennen.

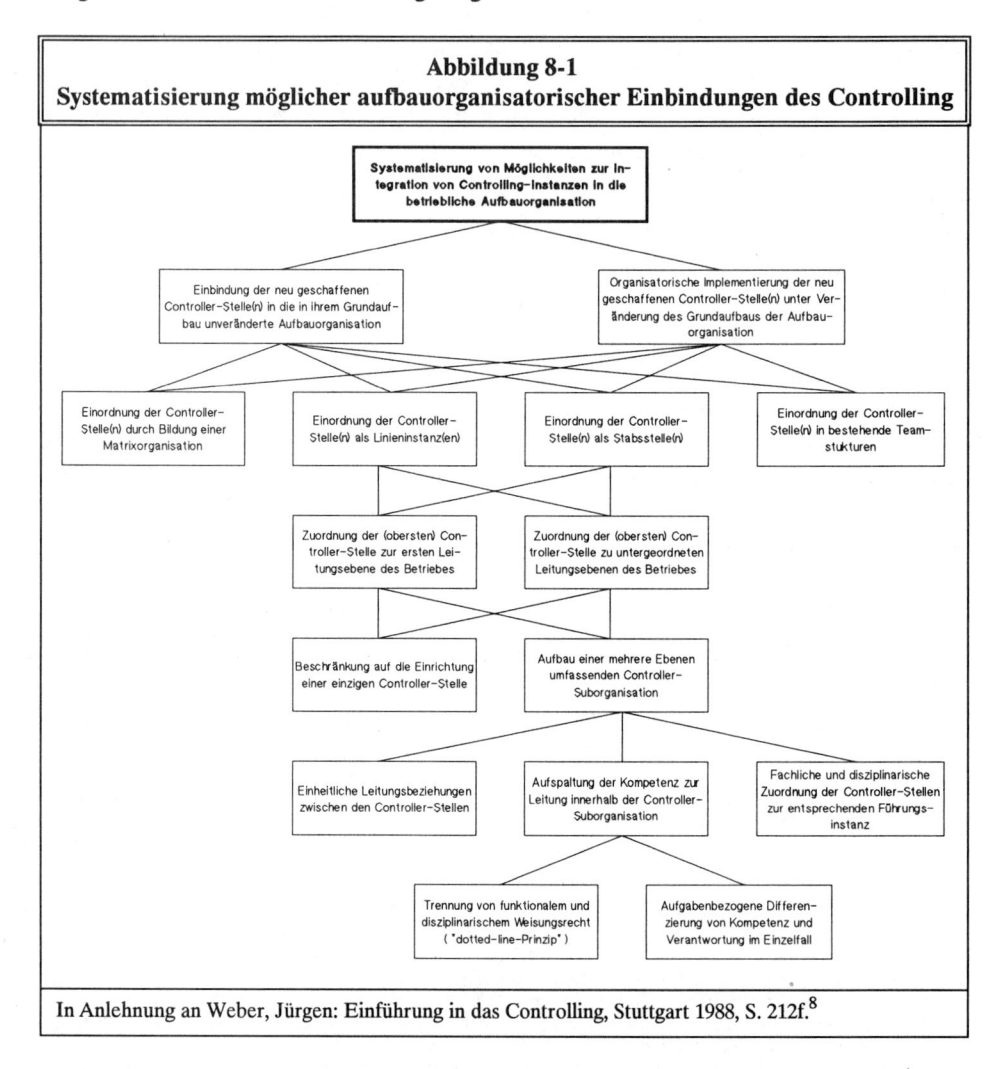

Abbildung 8-1
Systematisierung möglicher aufbauorganisatorischer Einbindungen des Controlling

```
                  Systematisierung von Möglichkeiten zur In-
                  tegration von Controlling-Instanzen in die
                       betriebliche Aufbauorganisation
                    /                              \
   Einbindung der neu geschaffenen        Organisatorische Implementierung der neu
   Controller-Stelle(n) in die in ihrem   geschaffenen Controller-Stelle(n) unter Ver-
   Grundaufbau unveränderte               änderung des Grundaufbaus der Aufbau-
   Aufbauorganisation                     organisation

   Einordnung der    Einordnung der    Einordnung der    Einordnung der
   Controller-       Controller-       Controller-       Controller-
   Stelle(n) durch   Stelle(n) als     Stelle(n) als     Stelle(n) in
   Bildung einer     Linieninstanz(en) Stabsstelle(n)    bestehende Team-
   Matrixorganisation                                    strukturen

         Zuordnung der (obersten) Con-   Zuordnung der (obersten) Con-
         troller-Stelle zur ersten Lei-  troller-Stelle zu untergeordneten
         tungsebene des Betriebes        Leitungsebenen des Betriebes

         Beschränkung auf die Einrichtung    Aufbau einer mehrere Ebenen
         einer einzigen Controller-Stelle    umfassenden Controller-
                                             Suborganisation

         Einheitliche Leitungsbeziehungen  Aufspaltung der Kompetenz zur   Fachliche und disziplinarische
         zwischen den Controller-Stellen   Leitung innerhalb der Controller- Zuordnung der Controller-Stellen
                                           Suborganisation                 zur entsprechenden Führungs-
                                                                           instanz

                          Trennung von funktionalem und   Aufgabenbezogene Differen-
                          disziplinarischem Weisungsrecht zierung von Kompetenz und
                          ("dotted-line-Prinzip")         Verantwortung im Einzelfall
```

In Anlehnung an Weber, Jürgen: Einführung in das Controlling, Stuttgart 1988, S. 212f.[8]

Im Hinblick auf die Etablierung eines **Verwaltungs-Controlling** sollen drei Gestaltungsalternativen kurz skizziert werden: Die zentrale bzw. dezentrale Variante, die Einrichtung als Stab- bzw. Linieninstanz sowie die Etablierung als (oder auch in)

---

[8] Weber unterscheidet in seiner Systematisierung noch Varianten der "(vollständigen) Zuordnung der Controlling-Aufgaben zu bereits bestehenden Stellen" (Weber, Jürgen: Einführung in das Controlling, a.a.O., S. 212f)

Querschnitts- bzw. Facheinheiten. Dabei lassen sich aus den einzelnen Formen wiederum vielfältige Kombinationen bilden.[9]

Zentrale und/oder dezentrale Institutionalisierung

Als erste Gestaltungsvariante steht der zentralen Einrichtung einer Controller-Stelle die dezentrale Lösungsmöglichkeit gegenüber. Dabei muß die **zentrale Variante** nicht notwendigerweise eine Anbindung an die Verwaltungsspitze - etwa den Minister oder den Oberbürgermeister/Oberstadtdirektor - bedeuten. Vielmehr ist dabei die Beschränkung auf die Einrichtung einer einzigen Controlling-Instanz ausschlaggebend. Ein Blick auf die Privatwirtschaft zeigt, daß auch dort im Falle einer zentralisierten Institutionalisierung ganz unterschiedliche Formen realisiert werden. Es existieren Gestaltungsvarianten, die von der Bildung eines Vorstandsressorts Controlling bis hin zur Etablierung einer hierarchisch sehr viel niedriger eingeordneten Controlling-Stelle reichen.[10]

Die **dezentrale Institutionalisierung** bedeutet eine Übertragung der Controlling-Aufgaben auf mehrere Instanzen (z.B. Referats-/Abteilungs-/Amts- oder Projekt-Controller), die sich i.d.R. auf mehrere hierarchische Ebenen erstrecken. Es ist aber auch denkbar, daß mehrere Controlling-Stellen auf derselben Ebene eingerichtet werden, so etwa jeweils als Stab der Dezernenten einer Kommunalverwaltung.

Organisation als Stab und/oder in der Linie

Nach dem Kriterium, inwieweit dem Controller **Weisungsbefugnisse gegenüber Linieninstanzen** eingeräumt werden sollen, ist zu beurteilen, ob die Controller-Stelle(n) als Stab und/oder als Linienfunktion etabliert werden soll(en). Die Entscheidung darüber wird zuvorderst davon bestimmt, ob der Controller in erster Linie unterstützend-beratende und entlastende Servicefunktionen wahrnehmen soll (Stabslösung) oder ob er vorwiegend selbständig durchzusetzende und zu verantwortende Tätigkeiten übernehmen soll, was eine Implementierung in der Linie nahelegt.[11]

Die Organisationsform des Stabes[12] für die Controlling-Instanz wird teilweise wegen der fehlenden Weisungsbefugnisse und den daraus resultierenden Autoritätsdefiziten kritisch beurteilt.[13] Zur Beseitigung oder Milderung der oft als **Nachteil der Stabs-**

---

9 Vgl. dazu etwa unten die Abbildungen 8-2 und 8-3.
10 Vgl. etwa die Beispiele einer auf der dritten hierarchischen Ebene angesiedelten Controlling-Abteilung bei Bramsemann, Rainer: Handbuch Controlling - Methoden und Techniken, München-Wien 1987, S. 91f.
11 Zur mitunter zu polarisierend geführten Diskussion um die Alternative Stab oder Linieninstanz bemerkt Horváth: "Die Unterscheidung von Linien- und Stabsaufgaben verliert u.E. ihre Bedeutung zunehmend mit dem Aufkommen mehrdimensionaler Organisationsstrukturen." (Horváth, Péter: Controlling, 3. Auflage, München 1990, S. 784.)
12 Zu den verschiedenen Stabsarten im öffentlichen Bereich vgl. Becker, Bernd: Öffentliche Verwaltung, a.a.O., S. 608-610 sowie 656-659.
13 Vgl. Welge, Martin K.: Organisation des Controlling, in: Controlling, Heft 3/1989, S. 140-149, hier S. 141; Horváth, Péter: Controlling, a.a.O., S. 782 und Mann, Rudolf: Die Praxis des Controlling, München, o.J., S. 177f.

lösung[14] beschriebenen **Machtlosigkeit** eines Controlling-Stabes wird eine Teilung des Weisungsrechts in disziplinarische und funktionale Weisungsbefugnisse vorgeschlagen.[15] Dabei sollen dem Controller spezifische **funktionale Weisungsbefugnisse** verliehen werden, die es ihm erlauben, Anordnungen, die mit der Durchführung seiner Aufgaben in unmittelbarem Zusammenhang stehen, direkt - ohne den Umweg über seinen Vorgesetzten - zu treffen. Die Trennung von funktionalen und disziplinarischen Weisungsbefugnissen wird in Organigrammen mittels zusätzlicher, gestrichelter Linien dargestellt und von daher als "**Dotted line-Prinzip**" bezeichnet.[16]

Ebenso bedeutsam wie solche formellen Kompetenzregelungen wird es in der Praxis für die Wirksamkeit eines Controlling-Stabes in die Linie hinein sein, inwieweit es den Stelleninhabern gelingt, ihre Anliegen mit Sachkompetenz und Einfühlungsvermögen an die Mitarbeiter in der Linie heranzutragen. Weiterhin ist von entscheidender Bedeutung die hierarchische Stellung und die faktische Unterstützung durch die Instanz, der der Controlling-Stab zugeordnet ist.

Institutionalisierung als neue bzw. in bestehende Querschnittseinheiten und/oder in Facheinheiten

Wie sich gezeigt hat, sind die Kernfunktionen des Controlling im Grunde fachübergreifender Art und entsprechen von daher typischerweise den Aufgaben von **Querschnittseinheiten**.[17] Auch eine Analyse der Gestaltungsmöglichkeiten von Controlling-Stäben hat ergeben, daß Stäbe mit großer Funktionsbreite und entsprechend umfangreicher Ausstattung mit Ressourcen und (partiellen) Weisungsbefugnissen schnell den Charakter von Querschnittseinrichtungen annehmen können. Gerade durch die eben erwähnte Verleihung funktionaler Weisungsbefugnisse an einen Fachstab ist streng genommen schon der Übergang zu einer Querschnittseinrichtung vollzogen. "Das Controlling wird demnach als **Querschnittsbereich** angesehen. Hierbei handelt es sich um eine Stelle, die nicht nur reine Beratungsaufgaben erfüllt, sondern, begrenzt auf die Controllingaufgaben, auch ausdrückliche Weisungsbefugnisse besitzt."[18]

Es kann aber auch in Betracht kommen, einen Controller innerhalb einer oder mehrerer **Facheinheit**(en) zu etablieren, der dann innerhalb dieser Einheiten - je nach seiner konzeptionellen Ausrichtung - als Stab koordinative oder informatorische Serviceleistungen für die (Fach-)Führungskraft wahrnimmt oder auch in der Linie ressortbe-

---

14 Zu Nachteilen einer Controlling-Stabslösung vgl. Mann, Rudolf: Die Praxis des Controlling, a.a.O., S. 177f.
15 Vgl. etwa Welge, Martin K.: Organisation des Controlling, a.a.O., S. 140-149, hier S. 142 und Peemöller, Volker H.: Controlling - Grundlagen und Einsatzgebiete, Herne/Berlin 1990, S. 84.
16 Vgl. etwa Welge, Martin K.: Organisation des Controlling, a.a.O., S. 140-149, hier S. 142.
17 Budäus hält vor dem Hintergrund seines Controlling-Ansatzes die Institutionalisierung des Verwaltungs-Controlling in der Form einer Querschnittseinheit für die einzig mögliche: "Für die Wahrnehmung der Controlling-Funktion kommt organisatorisch nur eine Einheit in Frage, die Querschnittsfunktionen wahrnimmt." (Budäus, Dietrich: Konzeptionelle Grundlagen und strukturelle Bedingungen für die organisatorische Institutionalisierung des Controlling im öffentlichen Bereich, in: Weber, Jürgen/Tylkowski, Otto: Controlling - Eine Chance für öffentliche Unternehmen und Verwaltungen, Stuttgart 1988, S. 101-117, hier S. 114). Budäus präzisiert sich dahingehend, daß "nur die organisatorische Ansiedlung im Hauptamt" in Frage komme (ebenda, S. 115).
18 Welge, Martin K.: Organisation des Controlling, a.a.O., S. 142.

zogene Aufgaben in eigener Verantwortung übernimmt, so z.B. die Schaffung und Auswertung eines Ressort-Informationssystems.

III. Bedeutende Determinanten der aufbauorganisatorischen Integration

A Zur Bedeutung von Kontextfaktoren als Bestimmungsgrößen der Controller-Organisation

Aus der zur Verfügung stehenden großen Anzahl von aufbauorganisatorischen Gestaltungsmöglichkeiten gilt es **im Einzelfall**, unter Berücksichtigung der jeweils gegebenen vielfältigen Einflußgrößen eine **adäquate Gestaltung** zu kreieren.

Schon im konkreten Einzelfall fällt es schwer, alle relevanten Einflußfaktoren zu bestimmen und in ihren Auswirkungen auf eine zu schaffende Controller-Organisation zu beurteilen. Zumindest im Rahmen dieser Arbeit ist es dagegen schlicht unmöglich, eine vollständige Nennung und umfassende Erörterung aller möglichen Einflußfaktoren zu leisten. Dementsprechend können hier nur die Auswirkungen **ausgewählter, bedeutsamer Determinanten** auf die Controller-Organisation untersucht werden, wobei auf ein typisierendes und exemplarisches Vorgehen zurückgegriffen werden muß.

Der Versuch, aus der Controlling-Literatur oder aus Controlling-Implementationen der Praxis **Gestaltungsregeln oder Organisationsmuster mit allgemeiner Geltung** zu entnehmen, um sie auf die Belange der öffentlichen Verwaltungen anzupassen, ist **wenig fruchtbar**. Horváth formuliert: "Kennzeichnend für die meisten Veröffentlichungen zu diesen Fragestellungen ist eine gewisse Ratlosigkeit: Man hat ein bestimmtes - durch die eigenen Erfahrungen geprägtes - "ideales" Controllerbild vor Augen und muß immer wieder feststellen, daß es in der Praxis Controller gibt, die diesem Bild nicht entsprechen. Die Kontextabhängigkeit der Controllerorganisation wird meist etwas undifferenziert angesprochen."[19] Das hier angesprochene uneinheitliche und nicht durch eindeutige Kausalbeziehungen geprägte Bild entsteht maßgeblich dadurch, daß es sich - wie im ersten Kapitel dargelegt - bei Controlling um einen von der Praxis entwickelten "Lösungsversuch von Anpassungs- und Koordinationsproblemen der Unternehmensführung"[20] handelt. Da diese Probleme aber erstens in stark variierender Form auftreten, zweitens auch dieselben Probleme verschieden wahrgenommen und bewertet werden können und sich drittens die Vorstellungen der Problembewältigung trotz des einheitlichen Etiketts "Controlling" oft ganz erheblich unterscheiden, ist es nur zu verständlich, daß in der Praxis stark voneinander abweichende aufbauorganisatorische Implementierungen gewählt wurden. Entsprechendes ist auch für das

---

19 Horváth, Péter: Controlling, a.a.O., S. 766. Vgl. dazu auch die 16 Organigramme mit aufbauorganisatorischen Einbindungsmöglichkeiten bei Bramsemann, Rainer: Handbuch Controlling, a.a.O., S. 82-96.
20 Serfling, Klaus: Controlling, Stuttgart u.a. 1983, S. 11.

Verwaltungs-Controlling zu erwarten: Auch hier wird es keine einheitliche aufbauorganisatorische Lösung geben (können).

Es gibt einige Versuche, **Kontextfaktoren** für die aufbauorganisatorische Gestaltung des Controlling zu ermitteln und zu systematisieren.[21] Sie sind aber allesamt interpretations- und ergänzungsbedürftig. "In der Literatur vorfindbare Aufstellungen controllingrelevanter Kontextfaktoren haben (folglich) derzeit lediglich Hypothesencharakter."[22] "Der Zusammenhang von *Kontextfaktoren und Controller-Organisation* ist empirisch noch nicht gesichert."[23] Trotz dieser Unsicherheiten besteht doch Übereinstimmung, daß von den Kontextfaktoren Einflüsse auf die aufbauorganisatorische Einbindung der Controlling-Instanz ausgehen. Über die Art dieser Einflüsse erscheinen zumindest Tendenzaussagen möglich.

Die folgenden Ausführungen gehen von der Annahme aus, daß die Controller-Organisation auf der einen Seite von den Spezifika des Verwaltungssystems, in das sie als Subsystem integriert werden soll, bestimmt wird, auf der anderen Seite aber auch von den Eigenschaften des Controllingsystems selbst. Von letzteren soll hier nur auf die Determinanten des **Controlling-Ansatzes** und des gewählten **Schwerpunktes** (Funktionsbreite und -tiefe) sowie auf den **Entwicklungsstand** des Verwaltungs-Controlling in der einzelnen Verwaltung eingegangen werden. Von den Eigenschaften des Verwaltungssystems wird nachfolgend lediglich die **Verwaltungsgröße** und der **Verwaltungstyp** angesprochen, wobei hier nur eine sehr grobe Unterscheidung von Ministerial- und Kommunalverwaltungen getroffen werden wird.

B Einflüsse ausgewählter Kontextfaktoren auf die Integration des Controlling in die Aufbauorganisation der Vewaltung

1. Controlling-Ansatz und -Schwerpunkte

Obgleich es schwerfällt, die Bedeutung der einzelnen Determinanten zu gewichten, so ist doch davon auszugehen, daß der gewählte konzeptionelle Controlling-Ansatz und die sich daraus ergebenden Aufgabenschwerpunkte die Ausgestaltung und Einbindung der Controlling-Institution entscheidend beeinflußt. Küpper, Weber und Zünd stellen dazu fest: "Die Gestaltung des Controller-Bereiches ist konzeptabhängig."[24]

---

21 Mann nennt etwa den Innovationsbedarf, die Unternehmensgröße, die Problemkomplexität und "Essentials" wie etwa Unternehmungsgrundsätze (vgl. Mann, Rudolf: Die Praxis des Controlling, a.a.O., S. 167ff). Weber ergänzt diese Faktoren um die strategische Grundposition des Unternehmens, die Controlling-Tradition, den Stand der Informationstechnologie und die Gestaltung des externen Rechnungswesens (vgl. Weber, Jürgen: Einführung in das Controlling, a.a.O., S. 222f). Welge führt als die wichtigsten drei Faktoren die Unternehmensgröße, die Umwelt und die Organisationsstruktur an (vgl. Welge, Martin K.: Unternehmungsführung, Band 3: Controlling, Stuttgart 1988, S. 61ff). Vgl. dazu auch Horváth, Péter: Controlling, a.a.O., S. 768ff.
22 Weber, Jürgen: Einführung in das Controlling, a.a.O., S. 221.
23 Küpper, Hans-Ulrich/Weber, Jürgen/Zünd, André: Zum Verständnis und Selbstverständnis des Controlling, a.a.O., S. 286.
24 Ebenda, S. 285.

Steht der **Unterstützungs- und Entlastungsaspekt** im Vordergrund der Controlling-Implementierung, so bietet sich die Wahl einer **Stabslösung** an. Der Controlling-Stab wird der zu unterstützenden oder zu entlastenden Instanz direkt zugeordnet. Damit ergeben sich die mit dem Organisationsmodell des Stab-Linien-Systems allgemein verbundenen Vorteile, aber auch deren Schwierigkeiten.[25]

Zu berücksichtigen ist, daß Stäbe ganz unterschiedliche Ausprägungen erfahren können. Auch in den öffentlichen Verwaltungen existieren neben den ursprünglichen **Hilfsstäben**, die ausschließlich der reinen Beratung und quantitiven Entlastung der Chefinstanz dienen (Prototyp: der persönliche Referent) schon weitere Arten von Stäben. Zu nennen sind die vergleichsweise seltenen "**Koordinationsstäbe**, die für die Leitungsinstanz Koordinationsprobleme der Behördenorganisation lösen sollen."[26] Hinzu kommen **qualitative Fachstäbe**, die etwa als Planungsstäbe, Informationsstäbe oder Methodenstäbe eingeführt sind.[27] Bei entsprechender Ausstattung mit Ressourcen und Kompetenzen können solche Einheiten - wie oben ausgeführt - den Charakter von Querschnittseinrichtungen bekommen.

An derartige Organisationsformen der "qualitativ wirksamen Assistenzeinheiten"[28] ist zu denken, wenn einem Controlling-Stab Aufgaben übertragen werden sollen, die über im engen Sinne unterstützende und beratende Tätigkeiten hinausgehen, wie etwa das Vorhalten und Anwenden von Methoden oder die Koordination von Planungsarbeiten. Nimmt ein solcher Fachstab mehrere dieser Aufgaben wahr, so daß eine stattliche Funktionsbreite erreicht wird und wird damit auch eine breitere personelle Ausstattung erforderlich, so ist der - auch formelle - **Übergang zu einer Controlling-Querschnittseinheit** als reguläre Linieninstanz (z.B. als städtisches Dezernat) zu überlegen. Damit ließen sich auch die Probleme, die oben unter dem Stichwort der (formellen) Machtlosigkeit eines Controlling-Stabes angesprochen wurden, weitgehend beheben.

Zielt der Controlling-Ansatz primär auf die **koordinative und/oder informatorische Systembildung** (z.B. mit der Aufgabenstellung der Schaffung eines integrativen Planungs- und Kontrollsystems oder eines Kosten- und Leistungsrechnungssystems) ab, so bietet sich einerseits eine Installierung innerhalb der schon bestehenden Querschnittseinrichtungen (etwa Zentralabteilung, Hauptamt) an. Andererseits ist bei einem großen avisierten Aufgabenvolumen auch zu überlegen, ob nicht die Schaffung einer zentralen, eigenständigen Controlling-Einheit Zentralisierungsvorteile erwarten läßt. Diesen Vorteilen gegenüberzustellen sind aber wiederum die Schwierigkeiten, die dadurch entstehen, daß bestehende Organisationseinheiten um die Komponenten beschnitten werden müssen, die bei einer funktionalen Betrachtung schon von jeher als

---

25 Da es ganz allgemein die Aufgabe von Stäben darstellt, die Linieninstanzen entscheidungsvorbereitend zu unterstützen, fällt bei einer ausschließlichen Etablierung führungsunterstützender Controlling-Stäbe eine Abgrenzung zu schon vorhandenen Stabseinheiten, die zumindest in Teilbereichen vergleichbare Aufgaben wahrnehmen, nicht leicht. Vgl. dazu die controlling-kritischen Anmerkungen bei Becker, Bernd: Öffentliche Verwaltung, a.a.O., S. 676.
26 Ebenda, S. 609 (Fettdruck im Original kursiv).
27 Vgl. problematisierend ebenda, S. 609f.
28 Ebenda, S. 609.

Controlling-Funktionen anzusehen waren und jetzt zentralisiert wahrgenommen werden sollen. Hier sind - wie bei allen derartigen Reorganisationsmaßnahmen - Widerstände der auf Besitzstandswahrung bedachten Dezernats-, Abteilungs- oder Amtsleiter zu erwarten.

Unter dem Blickwinkel der laufenden **Koordinationseffizienz** kommt eine Analyse von A. Schmidt zum Ergebnis, daß "die Lösungen mit teilweiser Dezentralisation ... in der Tendenz günstiger als ein weitgehend zentralisiertes oder dezentralisiertes Controlling zu beurteilen sind."[29] Demzufolge sollte ein Controlling-Ansatz, der hauptsächlich koordinative Aufgaben in den Vordergrund stellt, zentrale wie auch dezentrale Elemente aufweisen. In der Konsequenz führt dies zu einer **mehrstufigen Controller-Organisation**, die sich etwa aus einem hierarchisch hoch angesiedelten zentralen Controlling-Stab und mehreren dezentralen Controlling-Einheiten in den zu koordinierenden Fachbereichen zusammensetzen könnte.

Die Möglichkeiten der organisatorischen Einbindung einer zuvorderst auf die **Koordinierung und Steuerung von Projekten** abstellenden Controller-Einheit wurden bereits oben dargestellt.[30] Es wurde die Etablierung einer **Projektkonferenz** empfohlen, die unter Federführung des Projekt-Controllers projektspezifische Grundsatzentscheidungen trifft. Der **Projekt-Controller** selbst sollte - für bedeutendere Projekte - als Stab der Verwaltungsspitze oder innerhalb einer Querschnittseinheit (Hauptamt, Kämmerei) angesiedelt sein, um seiner Aufgabenstellung (hpts. Wahrnehmung formeller Koordinationsaufgaben und Durchsetzung einer steten Beachtung von Wirtschaftlichkeitsaspekten) wirkungsvoll nachkommen zu können.

Für das **Beteiligungs-Controlling** bietet es sich an, den Beteiligungs-Controller als Abteilung bzw. Referat innerhalb einer Querschnittsinstanz (vorzugsweise in der Kämmerei oder im Finanzministerium) zu installieren.[31]

2. Entwicklungsstand des Controlling

"Betrachtet man die Unternehmungen der Realität, so wird man feststellen, daß bestimmte fragmentarische Subsysteme des Controlling überall existieren."[32] Diese Charakterisierung hat auch für die öffentlichen Verwaltungen Geltung. Der Arbeitskreis "Controlling in der Kommunalverwaltung" spricht von "Insellösungen", die "zum Ausbau eines systematischen flächendeckenden Controlling"[33] einer institutionellen Verankerung der bislang isoliert wahrgenommenen Aufgaben bedürfen.[34]

---

29 Schmidt, Andreas: Das Controlling als Instrument zur Koordination der Unternehmungsführung, Frankfurt, Bern, New York 1986, S. 145.
30 Vgl. die Ausführungen in Kapitel 7, Teil II. B 1. und C 1.
31 Dieser Vorschlag bezieht sich auf das Beteiligungs-Controlling, wie es oben (Kapitel 7, Teil III.) entwickelt wurde.
32 Horváth, Péter: Controlling, a.a.O., S. 813.
33 Arbeitskreis "Controlling in der Kommunalverwaltung" der Schmalenbach-Gesellschaft - Deutsche Gesellschaft für Betriebswirtschaft e.V.: Controlling in der Kommunalverwaltung - Ein Instrument zur

Als '**Entwicklungsstand** des Controlling' soll hier das **Stadium** bezeichnet werden, das **innerhalb dieses Prozesses** der Zusammenführung fragmentarischer Controlling-Elemente und deren Ergänzung zu einem als abgestimmte Einheit funktionierenden Controlling-System erreicht ist. Es liegt nahe, daß davon Einflüsse auf die Form der (Aufbau-)Organisation des Controlling ausgehen müssen.[35]

Angesichts des bisher allgemein geringen Entwicklungsstandes und Verbreitungsgrades des Verwaltungs-Controlling kann noch nicht auf breitere empirische Erfahrungen aus dem Verwaltungsbereich zurückgegriffen werden. Weber nimmt hier eine analoge Betrachtung zu "einigen Standards" vor, die sich für die Implementierung des Controlling in erwerbswirtschaftlichen Unternehmen herausgebildet haben.[36] Danach hält er die reine **Stabslösung** nur **in der Einführungsphase** für sinnvoll, um die Mitarbeiter mit dem Gedankengut des Controlling vertraut zu machen und den Boden für eine sich anschließende Ausbildung von Controlling-Linieninstanzen zu bereiten. Als Endversion sollte eine "eigene mehrstufige Controller-Organisation"[37] angestrebt werden.

In dieselbe Richtung argumentiert auch A. Schmidt, wenn er feststellt, daß der **autonome Kompetenzbereich** des Controllers **mit zunehmendem Ausreifungsgrad des Controlling wächst**, so daß "sich in der Tendenz seine Linienfunktionen im Vergleich zu den Stabs- bzw. Unterstützungsfunktionen"[38] erhöhen. Dies kann für das Verwaltungs-Controlling auch in der oben angedeuteten Form interpretiert werden, daß zunächst an der Verwaltungsspitze ein Controlling-Stab etabliert wird, der sich durch Aufgabenausweitung (Erarbeitung und Zurverfügungstellung von Informations- und Koordinationsinstrumenten) und unter Eingliederung von bislang über die Verwaltung verstreuten Controlling-Inseln zu einer Zentralinstanz "mit begrenzten funktionalen Entscheidungs- und Anordnungsbefugnissen"[39] und fließenden Übergängen zu einer Querschnittseinrichtung (etwa als Dezernat einer Kommunalverwaltung) umgestaltet wird.

In der Konzeptualisierungs- und Einführungsphase kann auch die Bildung einer **Arbeitsgruppe** oder die Bestellung eines **Controlling-Beauftragten** zweckdienlich sein.[40]

Verbesserung der Verwaltungsführung bei der Entscheidungsfindung, in: Der Controlling-Berater (1987), Loseblatt-Handbuch, Nachlieferung 5/1987, Gruppe 10, S. 219-258, hier S. 250.

34 Die über isolierte Controlling-Inseln hinausgehende Einführung von Controlling kann als eine Maßnahme der Organisationsentwicklung angesehen werden. Vgl. zu diesem Aspekt Weber, Jürgen: Einführung von Controlling in öffentlichen Institutionen als Problem der Organisationsentwicklung, in: Weber, Jürgen/Tylkowski, Otto (Hrsg.): Controlling in öffentlichen Institutionen - Konzepte, Instrumente, Entwicklungen, Stuttgart 1989, hier S. 279-293. Allgemein zur Organisationsentwicklung in öffentlichen Verwaltungen vgl. Glasl, Friedrich (Hrsg.): Verwaltungsreform durch Organisationsentwicklung, Bern und Stuttgart 1983, hier insbesondere die Beiträge in Teil I: Gesamtbetrachtungen (S. 17-190).

35 Vgl. allgemein zur Organisation des Controlling in Abhängigkeit davon, ob es sich um eine Neueinführung oder um eine Weiterentwicklung (Reorganisation) handelt Horváth, Péter: Controlling, a.a.O., S. 812ff.

36 Vgl. Weber, Jürgen: Einführung in das Controlling, a.a.O., S. 254-256.

37 Vgl. ebenda, S. 255.

38 Schmidt, Andreas: Das Controlling als Instrument zur Koordination, a.a.O., S. 140.

39 Ebenda, S. 140.

40 Vgl. Schmalenbach-Gesellschaft: Controlling in der Kommunalverwaltung, a.a.O., S. 250.

3. Verwaltungsgröße

In der allgemeinen Controlling-Literatur wird die Unternehmensgröße allenthalben als ein **wesentlicher Einflußfaktor** auf die Controller-Organisation bezeichnet.[41] Dies erscheint angesichts des Zustandekommens des Controlling im Zuge der Entstehung komplexer Großunternehmen mit den hier verstärkt aufgetretenen koordinativen und informatorischen Erfordernissen auch plausibel. Horváth[42] spricht von der Unternehmensgröße als einem empirisch nachgewiesenen Einflußfaktor für die Controller-Organisation, die "sich zunächst durch die stärkere Systemdifferenzierung erklären" ließe. "Hinzu kommt, daß in Großunternehmungen die Heterogenität der Umwelt in der Regel größer ist als bei kleinen Betrieben."[43] Eindeutige Kausalbeziehungen konnten jedoch auch hier nicht nachgewiesen werden.

Auch für ein Verwaltungs-Controlling gilt, daß die Verwaltungsgröße als eine wichtige Determinante für die Form der Einbindung einer Controller-Instanz anzusehen ist. Aufgrund der bisher recht geringen empirischen Erfahrungen und der nicht immer deckungsgleichen Ausführungen der Fachliteratur können diesbezügliche Aussagen allerdings lediglich als **Tendenzaussagen mit Plausibilitätscharakter** gewertet werden. Auf jeden Fall müssen die Einflüsse der anderen hier besprochenen sowie weiterer situationsspezifischer Kontextfaktoren mit in die Überlegungen einbezogen werden.

In **kleinen öffentlichen Verwaltungen** (etwa Kommunalverwaltungen in Gemeinden mit weniger als 30.000 Einwohnern) ist die Einrichtung von Controller-Stellen nicht zu empfehlen, da hier die Kontextsituation nicht die Problemlagen (z.B. hohe Binnen- und Außenkomplexität mit vielfältigem Koordinationsbedarf) aufweist, zu deren Behebung das institutionalisierte Controlling beitragen soll.[44] Zu erwägen ist für Gemeinden dieser Größenklasse die Bestellung eines Controlling-Beauftragten.[45]

In **mittelgroßen Verwaltungen** (etwa Kommunalverwaltungen in Städten mit 30.000 - 100.000 Einwohnern) erscheint die Etablierung einer Controlling-Institution angezeigt, um die Controlling-Funktionen in hinreichender Breite und Tiefe wahrnehmen zu können. Angesichts der noch überschaubaren Strukturen kann dabei - je nach der konzeptionellen Ausrichtung - an eine Stabslösung oder die Etablierung einer Controlling-Linieninstanz (z.B. Controlling-Amt) gedacht werden.

Sofern in **größeren Verwaltungen** nicht nur eine punktuelle Aufgabenwahrnehmung,[46] sondern die Etablierung eines umfassenden Controlling-Systems vorgesehen ist, so

---

41 Vgl. Welge, Martin K.: Organisation des Controlling, a.a.O., S. 148 mit weiteren Literaturhinweisen.
42 Vgl. Horváth, Péter: Controlling, a.a.O., S. 769.
43 Ebenda, S. 770.
44 Unterhalb dieser Größenordnung hält auch der Arbeitskreis "Controlling in der Kommunalverwaltung" der Schmalenbach-Gesellschaft eine Etablierung von Controller-Stellen nicht für sinnvoll (vgl. Schmalenbach-Gesellschaft: Controlling in der Kommunalverwaltung, a.a.O., S. 250).
45 Vgl. Roller, Peter: Kommunalverwaltung und Controlling, a.a.O., S. 36.
46 So etwa, wenn eine Controlling-Instanz ausschließlich für Zwecke des Bauinvestitions-Controlling eingerichtet werden soll.

sollte im Endausbaustadium eine **mehrgliedrige Lösung** angestrebt werden.[47] Ohne eine derartige Differenzierung der Controller-Organisation wird es nicht gelingen, die Breite und Tiefe des Aufgabenspektrums mit hinreichender Qualifikation und Intensität problemnah zu bearbeiten. Dies ist aber schon wegen der für eine erfolgreiche Controller-Arbeit notwendigen Akzeptanz bei den Verwaltungsmitarbeitern erforderlich. Auch in den gößeren privatwirtschaftlichen Betrieben "findet man in der Regel ein **Nebeneinander eines Controlling-Zentralbereichs und diverser dezentraler Controller.**"[48] Während erstere eher die grundsätzlichen, übergreifend-koordinierenden und konzeptionell-innovativen Aufgaben bewältigen, kommt den in einzelnen Funktionsbereichen, Werken oder Sparten agierenden dezentralen Controllern stärker der Charakter eines "'frontnahen' Anwendungsberaters"[49] zu.[50]

Exemplarische Varianten einer derartigen mehrstufigen Organisation des Verwaltungs-Controlling werden im nächsten Abschnitt aufgezeigt.

4. Verwaltungstyp

Von den vielfältigen Verwaltungstypen soll hier stark vergröbernd nur auf die **Ministerialverwaltung** auf der einen und die **Kommunalverwaltung** auf der anderen Seite eingegangen werden - wohl wissend, daß auch innerhalb dieser beiden Grundtypen starke Abweichungen vorkommen. Die Unterscheidung von Ministerial- und Kommunalverwaltung stellt insbesondere auf die abweichenden Aufgaben- und Leistungsstrukturen ("Ministerialarbeit"[51] gegenüber der vielfältigeren, Selbstverwaltungs- und Auftragsangelegenheiten einschließende Ordnungs- und Leistungsverwaltung der Kommunen) und die verschiedene aufbauorganisatorischen Ausgestaltung ab.[52]

Ministerialverwaltung

Sollen nicht einzelne Ministerien, sondern die **einer Regierung nachgeordneten Verwaltungen als Ganzes** Gegenstand einer Controlling-Konzeption sein, so kommt

---

47 So auch Weber, Jürgen: Einführung in das Controlling, a.a.O., S. 255 sowie Weber, Jürgen: Controlling - Möglichkeiten und Grenzen der Übertragbarkeit eines erwerbswirtschaftlichen Führungsinstruments auf öffentliche Institutionen, in: DBW, Nr. 2/1988, S. 171-194, hier S. 190.
48 Weber, Jürgen: Einführung in das Controlling, a.a.O., S. 219.
49 Deyhle, Albrecht: Tendenzen im Controlling, in: Mayer, E./v. Landsberg, G./Thiede, W. (Hrsg.): Controlling-Konzepte im internationalen Vergleich, Freiburg 1986, S. 61-76, hier S. 71.
50 Vgl. Weber, Jürgen: Einführung in das Controlling, a.a.O., S. 219.
51 "Ministerialarbeit" beinhaltet hpts. die Befassung mit Grundsatzfragen, die Erledigung von Planungsaufgaben, die Vorbereitung der Gesetzgebung sowie die Ausübung von Fach- und Rechtsaufsicht (vgl. Vögele, Karl Erhard: Ministerien: in: Chmielewicz, Klaus/Eichhorn, Peter (Hrsg.): HWÖ, Sp. 957-965, hier Sp. 958).
52 Zwar liegt in beiden Fällen der Stab-Linien-Grundtypus vor, doch ergeben sich im einzelnen doch deutliche Unterschiede (vgl. zur Ministerialverwaltung die §§ 3ff der GGO I, in: Bundesministerium des Innern (Hrsg.): GGO, GOBReg, GOBTag, GOBRat und des Vermittlungsausschusses, Loseblattsammlung, Stuttgart 1974ff sowie Becker, Bernd: Öffentliche Verwaltung, a.a.O., S. 642-647; vgl. zur Kommunalverwaltung KGSt: Grundlagen der Verwaltungsorganisation, Gutachten, Köln 1978 sowie Mutius, Albert von: Gemeindeverwaltungen, in: Chmielewicz, Klaus/Eichhorn, Peter (Hrsg.): HWÖ, Sp. 452-464, hier Sp. 455-458).
In einer eingehenden Analyse müßte an diesen Aspekten ansetzend ihre jeweilige sowie ihre kombinierte Auswirkung auf die zu wählende Organisationsform geprüft werden.

grundsätzlich eine gebündelte Wahrnehmung der Controlling-Aufgaben durch eine zentrale Einheit, eine dezentrale Etablierung in den Ministerien oder aber die Kombination zentraler und dezentraler Komponenten in Frage. **Abbildung 8-2** gibt einen Überblick über die je nach Ausprägung der organisationsrelevanten Determinanten zu realisierenden Möglichkeiten der Implementation der Controlling-Institution in eine Ministerialverwaltung.

Abbildung 8-2
Möglichkeiten der Institutionalisierung des Controlling in Ministerialverwaltungen

Ausschließlich zentrale Institutionalisierung des Controlling	
in der Staatskanzlei	
im Finanzministerium	als Stab des Ministers, als neue Abteilung oder als angereicherte Zentralabteilung
im Innenministerium	
als Controlling-Ministerium	
Ausschließlich dezentrale Institutionalisierung des Controlling	
in den "Querschnittsministerien" (Finanz- und Innenministerium	als Stab des Ministers, als neue Abteilung oder als angereicherte Zentralabteilung
in anderen/weiteren ausgewählten Ministerien	
in allen Ministerien	
zeitlich begrenzt für einzelne Projekte	
Mehrstufige Institutionalisierung des Controlling (Kombination zentraler und dezentraler Elemente, s.o.)	

Für die (ausschließliche) Etablierung **beim Regierungschef** spricht die dann starke Stellung des Zentral-Controllers, was der Durchsetzung koordinativer und innovativer Maßnahmen zugute kommen kann. Aufgrund der ernüchternden Erfahrungen aus den Versuchen der Vergangenheit, über das Kanzleramt oder die Staatskanzleien[53] die interministerielle Koordination zu optimieren,[54] muß aber bezweifelt werden, ob eine auf dieser Ebene mit doch sehr ähnlicher Zielsetzung eingesetzte zentrale Controlling-Instanz hier größere Erfolge erzielen könnte.[55]

---

53 Hier stellvertretend für die Staatsministerien/Staatskanzleien/Senatskanzleien genannt.
54 Vgl. dazu etwa die Beiträge in König, Klaus (Hrsg.): Koordination und integrierte Planung in den Staatskanzleien - Vorträge und Diskussionsbeiträge der verwaltungswissenschaftlichen Arbeitstagung 1975 der Hochschule für Verwaltungswissenschaft Speyer, Berlin 1976 und die Ausführungen in Kapitel 4, Teil I. dieser Arbeit. Vgl. insbesondere zum "Versuch, der Bundesregierungen von 1969 an (bis etwa 1976), das Bundeskanzleramt zu einer Planungs- und Koordinationsinstanz aufzuwerten" Becker, Bernd: a.a.O., Percha 1989, S. 657f.
55 Gleichwohl empfiehlt H. König, der das koordinative und strategische Element des Verwaltungs-Controlling als "überhöhter Planungsorganisation" betont, "eine Anbindung an den Minister selbst etwa in Form einer Stabsstelle für "politische Programmsteuerung" " als zentrales institutionalisiertes

Neben der Etablierung des Zentral-Controllers in den Staatskanzleien bzw. im Bundeskanzleramt kommt auch eine Einrichtung in den "Querschnittsministerien" (Finanzministerium, Innenministerium) in Betracht. Eine ausschließliche Verankerung des Zentral-Controllers im **Finanzministerium** läßt Bedenken wegen einer möglicherweise zu starken Betonung finanzieller Gesichtspunkte (Effizienzbetrachtung i.e.S.) bei Vernachlässigung sachzielbezogener Effektivitätsaspekte aufkommen. Ein Zentral-Controller im **Innenministerium** wäre prädestiniert für organisatorische Aufgabenstellungen und die Einführung eines auf die Personalressourcen bezogenen Leistungs-Controlling, das den verbesserten Einsatz der Verwaltungsmitarbeiter als der bedeutendsten Ressource öffentlicher Verwaltungen zum Ziel hätte.

Besonders erfolgsträchtige, aber auch anspruchsvolle koordinative Aufgaben stellen sich für einen Zentral-Controller auf Regierungs-Ebene durch die in aller Regel starken **Autonomiebestrebungen der Ressorts**. Unter einem pragmatisch-realistischen Blickwinkel sollte aber die "Ausformung einer Regierungszentrale unter dem Aspekt des Controlling ... kaum der erste Schritt zur Einführung eines solchen Konzeptes sein. Schon der Erprobung halber bieten sich Vorabentwicklungen in einem oder mehreren Fachressorts an."[56]

Die Ausführungen legen den Schluß nahe, daß der ausschließlichen Etablierung einer zentralen Controller-Instanz - einerlei ob als Stab beim Regierungschef, in der Linie einer Querschnittseinheit oder als separate Controlling-Querschnittseinheit - gewichtige Argumente entgegenstehen. Auch die ausschließliche Einrichtung dezentraler Controller-Stellen - etwa als Stäbe der Fachminister - erscheint schon wegen der auf diese Weise nicht hinreichend sicherzustellenden koordinierten Vorgehensweise nicht optimal. Dagegen spricht einiges für die Einrichtung einer **mehrstufigen Controlling-Organisation**, die etwa einen Zentral-Controller als Stab des Regierungschefs und mehrere dezentrale Ministeriums-Controller umfassen könnte. Mit einer solchen Organisation wären gute institutionelle Voraussetzungen dafür gegeben, ein Controlling-System zu realisieren, das in der Lage wäre, alle oben beschriebenen Kernfunktionen zu bewältigen. Die Aufgaben des Zentral-Controllers lägen hier in erster Linie im koordinativen Bereich und im Bereich des Planungsmanagement, umfaßten aber auch die ressortübergreifende Entwicklung und Vorhaltung von Informationssystemen bis hin zur Versorgung der Verwaltungsführung mit periodischen und einzelfallorientierten Informationen.

Als **dezentrale Komponenten** sollte der **Beauftragte für den Haushalt** bzw. die **Zentralabteilung** durch eine Aufgabenanreicherung **zur Controlling-Instanz weiterentwickelt** werden. Diese Lösung bietet sich aus Zweckmäßigkeitsgründen an, da in einer funktionalen Betrachtung von den genannten Instanzen auch bisher schon

---

Controlling-Element (König, Herbert: Von der Finanzkontrolle zum Controlling in der öffentlichen Verwaltung?, in: Verwaltungspraxis, Nr. 6/1983, S. 21-24, hier S. 23).
56 König, Herbert: Von der Finanzkontrolle zum Controlling in der öffentlichen Verwaltung, in: Pfohl, Hans-Christian/Braun, Günther E. (Hrsg.): Beiträge zur Controllingpraxis Nr. 4, Essen 1982, S. 77-92, hier S. 89f.

Controlling-Aufgaben wahrgenommen werden, so daß auf Bestehendem aufgebaut werden könnte. Allerdings gibt es auch **kritische Stimmen**, die eine Übertragung der Controlling-Aufgaben auf den Haushaltsreferenten wegen seiner bislang nur schwach ausgeprägten Sachzielorientierung, wegen seiner Befassung mit controlling-fremden Tätigkeiten (z.B. Haushaltsabwicklung) und wegen der entstehenden Machtkonzentration in der so geschaffenen Stelle ablehnen.[57] Unter Controlling-Gesichtspunkten müßten zweifellos die controlling-spezifischen Aktivitäten, wie sie oben geschildert wurden,[58] gegenüber den Aufgaben der formalzielorientierten Haushaltsabwicklung in den Vordergrund treten. Gestärkt werden müßte im Vergleich zu der bislang praktizierten Aufgabenwahrnehmung insbesondere die Zuständigkeit für das Planungsmanagement (formelle Planung) sowie für verwaltungsinterne Effizienz- und Effektivitätsüberwachungen. Insgesamt müßte die Sachzieldimension stärker gewichtet werden.

Kommunalverwaltung

Abbildung 8-3 zeigt zunächst einen Überblick über die in Betracht kommenden Institutionalisierungsformen eines Verwaltungs-Controlling im kommunalen Bereich.

Abbildung 8-3
Möglichkeiten der Institutionalisierung des Controlling in Kommunalverwaltungen

Ausschließlich zentrale Institutionalisierung des Controlling
- beim Oberbürgermeister/Oberstadtdirektor (Stab)
- in Dezernat 1 (Allgemeine Verwaltung), als Stab des Dezernenten oder als Amt
- in Dezernat 2 (Finanzverwaltung)
- als (neues) Controlling-Dezernat

Ausschließlich dezentrale Institutionalisierung des Controlling
- in Dezernat 1 und 2
- in anderen/weiteren ausgewählten Dezernaten, als Stab des Dezernenten oder als Amt
- in allen Dezernaten
- zeitlich begrenzt für einzelne Projekte

Mehrstufige Institutionalisierung des Controlling (Kombination zentraler und dezentraler Elemente, s.o.)

Im Vergleich zur staatlichen Ministerialverwaltung ist die Kommunalverwaltung trotz ihrer ebenfalls sehr weit entwickelten Binnendifferenzierung doch noch als homogeneres und nicht so sehr durch den Ressortpartikularismus geprägtes System anzusehen.

---
57 Vgl. ebenda, S. 85f.

Dies legt die Vermutung nahe, daß hier auch mittels weniger weitverzweigter Controlling-Lösungen eine umfassende Durchdringung der Verwaltung zu erreichen ist.[59]

Hier sollen **zwei Möglichkeiten** skizziert werden, wie man sich die Integration von Controlling-Konzeptionen, die über bloße Controlling-Inseln hinausgehen, in die Aufbauorganisation des Typs der Kommunalverwaltung vorstellen kann. Für die exemplarischen Darstellungen müssen **Annahmen** hinsichtlich der oben unter 1. bis 3. genannten Determinanten getroffen werden.

- Als **Controlling-Konzeption** wird ein **umfassender Ansatz** zugrundegelegt, der alle drei Kernfunktionen abdecken soll.
- Als **Verwaltungsgröße** wird die **Größenklasse 1** (Großstadt mit über 400.000 Einwohnern) gewählt und das entsprechende Organisationsmodell der KGSt als Rahmen herangezogen.
- Es wird für die Darstellung das **End- oder Ausbaustadium der Controlling-Implementierung** unterstellt, das wohl erst über mehrere Entwicklungsstufen zu erreichen ist.

Variante 1

Abbildung 8-4 zeigt eine Gestaltungsvariante, die sowohl Unterstützungs- und Entlastungsaufgaben für die Verwaltungsführung als auch die eigenständige Wahrnehmung koordinativer und informationssystembildender Controlling-Aufgaben vorsieht. Die Aufgabenverteilung innerhalb dieses Controlling-Systems könnte zum Beispiel wie folgt aussehen:

Zentral-Controller (Stab der Verwaltungsführung)
- Etablierung und Pflege eines sach- und formalzielbezogenen Führungsinformationssystems,
- Aufbereitung und Auswertung von Informationen auf hochaggregierter Basis,
- Koordination von Rats- und Verwaltungsangelegenheiten,
- Koordination der Gesamtplanung,
- Übergreifende formelle Planungs- und Kontrollaufgaben,
    - Formulierung von Planungs- und Kontrollstandards,
    - Vorgabe und Überwachung von Fristen und Terminen,
    - Moderation von Planungsrunden o.ä.

Dezernats-Controller (Controlling-Ämter)
- Dezernatsbezogene formelle Planungs- und Kontrollaufgaben
    - Formulierung von Planungs- und Kontrollstandards
    - Vorgabe und Überwachung von Fristen und Terminen
    - Moderation von Planungsrunden o.ä.,
- Dezernatsbezogene Auswertung von Planungs- und Kontrollrechnungen (insbes. Erfolgsanalyse),
- Einzelfallbezogene Informationsaufarbeitung und -bereitstellung zur Fundierung von Entscheidungen des Dezernatsleiters.

---

58 Vgl. insbes. die Ausführungen in den Kapiteln 4 und 5.
59 Vgl. insbesondere die nachfolgend dargestellte Variante 2.

Zu diesen allgemeinen Aufgaben des Dezernats-Controllers kommen in den einzelnen Dezernaten noch spezifische Schwerpunktlegungen, so etwa

- Aufgaben des auf die personellen Ressourcen bezogenen Leistungs-Controlling (Dezernat 1: Allgemeine Verwaltung),
- Aufgaben des Kosten-/Effizienz-Controlling (Dezernat 2: Finanzverwaltung),
- Bauinvestitions-Controlling (Dezernat 6: Bauverwaltung, evtl. Dezernat 2),
- Beteiligungs-Controlling (Dezernat 7/8 (Öffentliche Einrichtungen/Wirtschaft und Verkehr), evtl. Dezernat 2).

Daneben kann es sich anbieten, auf Fachamtsebene jeweils einen Ansprechpartner für die Controlling-Stellen zu benennen.

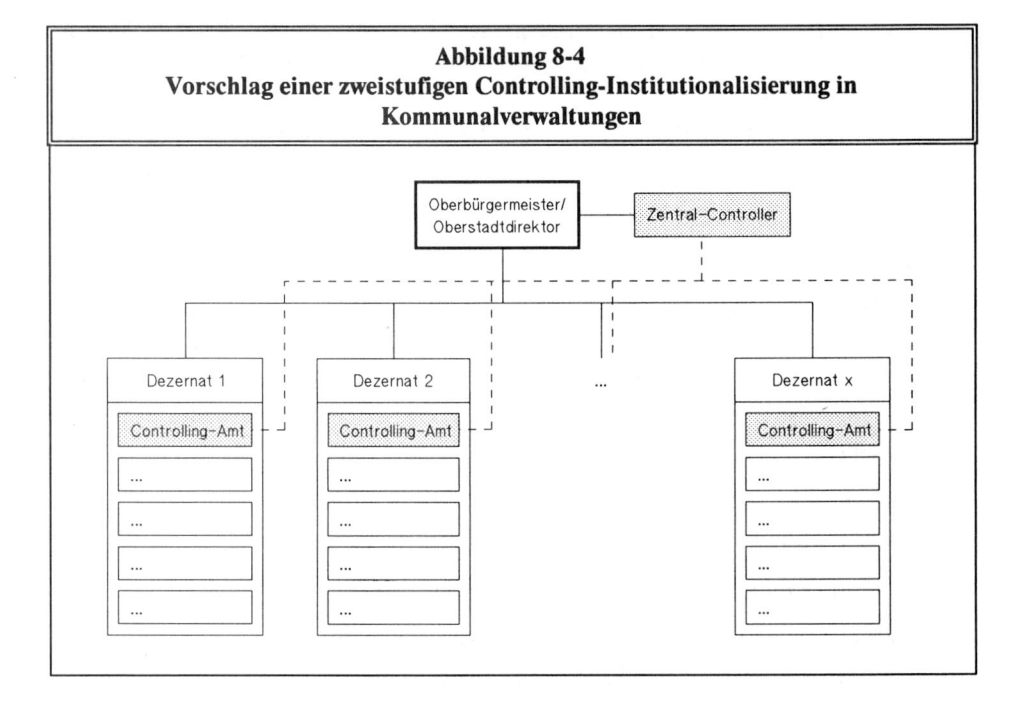

Abbildung 8-4
Vorschlag einer zweistufigen Controlling-Institutionalisierung in Kommunalverwaltungen

Variante 2

Variante 2 (Abbildung 8-5) sieht die Errichtung eines eigenen Controlling-Referates vor. Hier könnten die neu einzurichtenden sowie die bislang von verschiedenen Referaten wahrgenommenen Controlling-Funktionen institutionalisiert werden, soweit eine zentralisierte Aufgabenwahrnehmung eine wirksamere Durchführung verspricht.

Dem **Controlling-Dezernat** könnten etwa die folgenden **Funktionen** übertragen werden:

- Zentrale Beschaffung der Informations- und Kommunikationstechnologie (Hardware und Systemsoftware)
- Zentrale Informationssystementwicklung/-beschaffung/-pflege (Anwendungssoftware)
- Formelles Planungsmanagement und zentrale Planungskoordination

- Analyse der Abweichungen der dezentral erstellten Planungs- und Kontrollrechnungen
- Erstellung komplexer nicht-periodischer Wirtschaftlichkeitsanalysen
- Projektmanagement für Vorhaben von dezernatübergreifender Bedeutung
- Federführung in Fragen des Beteiligungs-Controlling
- Beratung der Facheinheiten in Wirtschaftlichkeitsfragen.

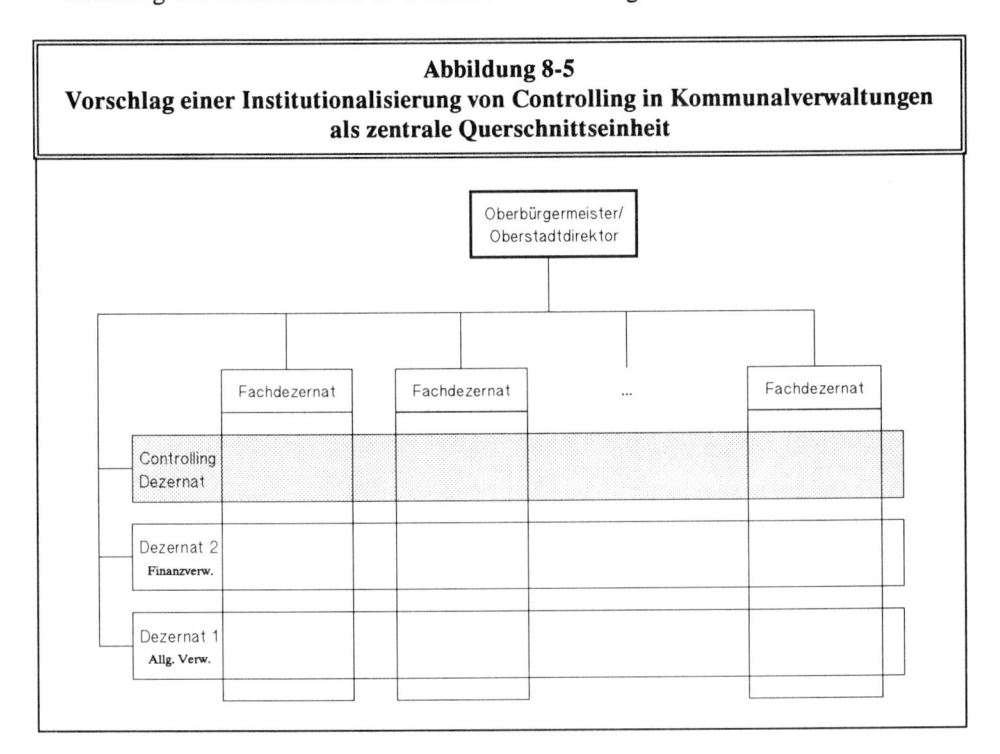

**Abbildung 8-5
Vorschlag einer Institutionalisierung von Controlling in Kommunalverwaltungen als zentrale Querschnittseinheit**

Es sind auch **Kombinationen** von Elementen aus beiden Varianten denkbar. So könnte etwa die Variante 2 ergänzt werden um einen Zentral-Controller beim Oberbürgermeister/Oberstadtdirektor und um Referats-Controller in Stabsform, so daß der unmittelbar führungsunterstützende Charakter des Controlling stärker betont würde.

Literaturverzeichnis

(Fettdruck entspricht der Kurzzitierweise)

Aghte, Klaus: Controller, in: Grochla, E. (Hrsg.): Handwörterbuch der Organisation, Stuttgart 1969, Sp. 351-362;

Ahearn, C.M.: Die Controller-Tätigkeit in amerikanischen Aktiengesellschaften, in: Die Wirtschaftsprüfung, Nr. 1/1954, S. 8-11;

Altrogge, Günther: Flexibilität der Produktion, in: Kern, Werner (Hrsg.): Handwörterbuch der Produktionswirtschaft, Stuttgart 1979, Sp. 604-618;

Amery, L.S.: Thoughts on the Constitution, Oxford Paperbacks, 1964;

Arnim, Hans Herbert von (Hrsg.): Finanzkontrolle im Wandel, Berlin 1989;

Arnim, Hans Herbert von: Wirtschaftlichkeit als Kontrollmaßstab des Rechnungshofs - Zugleich ein Beitrag zur Frage der demokratischen Legitimation der Rechnungshöfe, in: Arnim, Hans Herbert von (Hrsg.): Finanzkontrolle im Wandel, Berlin 1989, S. 259-278;

Arnim, Hans Herbert von: Wirtschaftlichkeit als Rechtsprinzip, Berlin 1988, S. 100;

Asser, G.: Der Controller, in: Bobsin, R.: Handbuch der Kostenrechnung, München 1971, S. 623-652;

Back-Hock, Andrea: Executive Information Systeme (EIS), in: krp, Heft 1/1991, S. 48-50;

Back-Hock, Andrea: Executive-Informations-Systems - Ein neuer Anlauf zur Realisierung von computergestützten Managementinformationssystemen, in: Wirtschaftswissenschaftliches Studium, Heft 3/1990, S. 137-149;

Baetge, Jörg: Betriebswirtschaftliche Systemtheorie, Opladen 1974;

Ball, R.: Planung und Kontrolle in der Bundeswehr - Möglichkeiten und Grenzen des Controlling, in: Blum, Jürgen/Hórvath, Péter (Hrsg.): Planung und Kontrolle in der öffentlichen Verwaltung und in öffentlichen Unternehmen, Stuttgart 1983, S. 157-190;

Bals, Hansjürgen: Kostenrechnung öffentlicher Verwaltungen, in: Chmielewicz, Klaus/Eichhorn, Peter (Hrsg.): Handwörterbuch der öffentlichen Betriebswirtschaft, Stuttgart 1989, Sp. 825-837;

Banner, Gerhard: Controlling für kommunale Unternehmen aus der Sicht des kommunalen Trägers, in: Braun, Günther E./Bozem, Karlheinz (Hrsg.): Controlling im kommunalen Bereich, München 1990, S. 278-285;

Banner, Gerhard: Personal- und Organisationspolitik - Was geschieht ohne Dienstrechtsreform? in: Zukunftsaspekte der Verwaltung, Berlin 1980, S. 111-139;

Banner, Gerhard: Von der Behörde zum Dienstleistungsunternehmen - Die Kommunen brauchen ein neues Steuerungsmodell, in: VOP, Nr. 1/1991, S. 6-11;

Bartholomäi, Reinhart: Planung in der (sozial-)politischen Praxis, in: Die neue Gesellschaft, 21. Jg. 1974, S. 183-186;

Bartke, Rolf: Bestimmung des quantitativen und qualitativen Personalbedarfs für Verwaltungen unter Berücksichtigung der Aufgabenzuordnung zu Stellen, Diss. Karlsruhe 1976;

Bartlomiej, Jürgen: Informationstechnik contra Verwaltungsstrukturen, in: online - övd, Nr. 6/1989, S. 64-70 (Teil 1) und Nr. 7/1989, S. 62-65 (Teil 2);

Basslsperger, Maximilian: Personalbedarfsberechnungen in der Verwaltungspraxis, in: VOP, 9. Jg. (1987), Heft 5, S. 194-202;

Baumgartner, Beat: Die Controller-Konzeption - Theoretische Darstellung und praktische Anwendung, Bern, Stuttgart 1980;

Bea, Franz Xaver/Dichtl, Erwin/Schweitzer, Marcell (Hrsg.): Allgemeine Betriebswirtschaftslehre, Band 2 (Führung), 4. Auflage, Stuttgart und New York 1989;

Bea, Franz Xaver/Kötzle, Alfred/Barth, Maria: Ansätze für eine zielorientierte **Unternehmensführung in öffentlich-rechtlichen Rundfunkanstalten**, in: ZögU, Heft 2/1985, S. 137-153;

Bebermeyer, Hartmut: Idee und Wirklichkeit einer politischen Planung des Staates, in: VOP, Heft 2/1984, S. 51-59;

Bebermeyer, Hartmut: Regieren ohne Management? **Planung als Führungsinstrument moderner Regierungsarbeit**, Stuttgart 1974;

Becker, Bernd: Öffentliche Verwaltung, Percha 1989;

Becker, Ulrich: Hoheitsverwaltungen, in: Chmielewicz, Klaus/Eichhorn, Peter (Hrsg.): Handwörterbuch der öffentlichen Betriebswirtschaft, Stuttgart 1989, Sp. 595-602;

Becker, Ulrich: Stabilität und Neuerung - Zur Disposition der öffentlichen Verwaltung für organisatorische Entwicklungen, in: Die Verwaltung, 1980, S. 21-35;

Becker, Wolfgang: Funktionsprinzipien des Controlling, in: ZfB 60. Jg. (1990), Heft 3, S. 295-318;

Becker, Wolfgang: Funktionen und Aufgaben des Controlling, in: krp, Heft 6/1988, S. 273-275;

Beeckmann, Hartmuth: Gestaltungspotentiale durch die Informationstechnik, in: online - övd Nr. 2/1989, S. 58-63;

Beer, S.: Kybernetik und Management, Hamburg 1962;

Bendixen, Peter: Der theoretische und pragmatische **Anspruch der Organisationsentwicklung**, in: DBW Nr. 2/1980, S. 187-203;

Bensch, D.: Indikatoren für die Beobachtung nicht kostenrechnender Einrichtungen - Ansätze für ein Expertensystem, in: KGSt (Hrsg.): Betriebswirtschaftliche Instrumente zur Haushaltssteuerung, Betriebswirtschaftliche Tagung für Kommunen in Berlin, Köln 1989;

Benz, Winfried: Öffentlicher Dienst, in: Chmielewicz, Klaus/Eichhorn, Peter (Hrsg.): Handwörterbuch der öffentlichen Betriebswirtschaft, Stuttgart 1989, Sp. 1202 - 1213;

Berekoven, Ludwig: Charakteristika und Erfolgsfaktoren des Dienstleistungsgeschäfts, in: Deutsche Marketingvereinigung e.V. (Hrsg.): Lotsendienst für Service-Märkte, Düsseldorf 1979, S. 75-102;

Berger, Karl-Heinz: Kostenplatzrechnung, in: Kosiol, Erich/Chmielewicz, Klaus/Schweitzer, Marcell (Hrsg.): Handwörterbuch des Rechnungswesens, 2. Auflage, Stuttgart 1981, Sp. 1061-1067;

Bergmann, Rolf: Projektmanagement und Projekt-Controlling von Großprojekten, in: Archiv PF 2/1985, S. 118-124;

Bertalanffy, Ludwig von: General System Theory, in: Yearbook of the Society for General System Research, No. 1/1956, S. 1ff;

Berthel, Jürgen: Betriebliche Informationssysteme, Stuttgart 1975;

Berthel, Jürgen: Informationen und Vorgänge ihrer Bearbeitung in der Unternehmung, Berlin 1967;

Besier, Klaus: Kostenrechnung für kommunale Einrichtungen, in: Männel, Wolfgang (Hrsg.): Handbuch Kostenrechnung, Wiesbaden 1992, S. 1171-1180;

Beutling, Lutz: **Controlling für öffentliche Theater** - Grundmodell und Teilsysteme, in: Braun, Günther E./Bozem, Karlheinz (Hrsg.): Controlling im kommunalen Bereich, München 1990, S. 118-132;

Biethahn, Jörg: **Kostenstellen und Leistungsstellen**, in: Kosiol, Erich/Chmielewicz, Klaus/Schweitzer, Marcell (Hrsg.): Handwörterbuch des Rechnungswesens, 2. Auflage, Stuttgart 1981, Sp. 1090-1097;

Bleicher, Knut/Meyer, Erik: **Führung in der Unternehmung** - Formen und Modelle, Reinbek 1976;

Bleicher, Knut: **Organisation**, in: Bea, Franz Xaver/Dichtl, Erwin/Schweitzer, Marcell (Hrsg.): Allgemeine Betriebswirtschaftslehre, Band 2: Führung, 4. Auflage, Stuttgart und New York 1989;

Blohm, Hans/Lüder, Klaus: **Investition** - Schwachstellen im Investitionsbereich des Industriebetriebes und Wege zu ihrer Beseitigung, 6. Auflage, München 1988;

Blümle, Ernst-Bernd: **Rechnungswesen in Non-Profit-Organisationen**, in: krp, Heft 3/1991, S. 149-151;

Bohne, Eberhard/König, Herbert: **Probleme der politischen Erfolgskontrolle**, in: Die Verwaltung, 9. Jahrgang, 1976, S. 19-38;

Bohner, Helmut/Dragmanli, Lars-Erhan: **Sparsamkeit und Wirtschaftlichkeit bei kommunalen Investitionsvorhaben durch verwaltungsinternes Controlling**, in: VOP Nr. 2/1985, S. 68-71;

Böhret, Carl (Hrsg.): **Verwaltungsreformen und Politische Wissenschaft** - Zur Zusammenarbeit von Praxis und Wissenschaft bei der Durchsetzung und Evaluierung von Neuerungen, Baden-Baden 1978;

Böhret, Carl/Junkers, Marie Therese: **Führungskonzepte für die öffentliche Verwaltung**, Stuttgart u.a. 1976;

Bolsenkötter, Heinz: **Überwachung bei kommunalen Unternehmen**, in: Gesellschaft für öffentliche Wirtschaft und Gemeinwirtschaft (Hrsg.): Kontrolle öffentlicher Unternehmen, Band 1, Baden-Baden 1980, S. 89-115;

Boos, Franz/Krönes, Gerhard: **Die Instrumentalfunktion öffentlicher Unternehmen** - Hauptprobleme und Lösungsansätze, in: ZögU, Band 13, Heft 2/1990, S. 141-157;

Bortz, Jürgen: **Statistik für Sozialwissenschaftler**, 3. Auflage, Berlin u.a. 1989;

Botta, Volkmar: **Qualität und Qualitätsüberwachung**, in: Kern, Werner (Hrsg.): Handwörterbuch der Produktionswirtschaft, Stuttgart 1979, Sp. 1747-1756;

Bramsemann, Rainer: **Controlling**, 2. Auflage, Wiesbaden 1980;

Bramsemann, Rainer: **Handbuch Controlling** - Methoden und Techniken, München-Wien 1987;

Brankamp, Klaus: **Kapazitätsbelegung**, in: Kern, Werner (Hrsg.): Handwörterbuch der Produktionswirtschaft, Stuttgart 1979, Sp. 882-903;

Braun, Günter E./Töpfer, Armin (Hrsg.): **Marketing im kommunalen Bereich**, München 1989;

Braun, Günter E./Töpfer, Armin (Hrsg.): **Marketing im staatlichen Bereich**, München 1989;

Braun, Günther E./Bozem, Karlheinz (Hrsg.): **Controlling im kommunalen Bereich**, München 1990;

Braun, Günther E./Bozem, Karlheinz: **Ansatzpunkte für Controlling im kommunalen Bereich**, in: Braun, Günther E./Bozem, Karlheinz (Hrsg.): Controlling im kommunalen Bereich, München 1990, S. 8-27;

Braun, Günther E.: **Betriebswirtschaftliche Kennzahlen und Indikatoren** zur Verbesserung der Wirtschaftlichkeit des staatlichen Verwaltungshandelns, in: Eichhorn, Peter (Hrsg.): Doppik und Kameralistik, Baden-Baden 1987, S. 183-200;

Braun, Günther E.: Einsatz des Controlling in kommunalen Versorgungsunternehmen, in: VOP, Nr. 3/1990, S. 185-187;

Braun, Günther E.: Schwerpunkte, Stand und Entwicklungslinien des kommunalen Controlling, in: Weber, Jürgen/Tylkowski, Otto (Hrsg.): Perspektiven der Controlling-Entwicklung in öffentlichen Institutionen, Stuttgart 1991, S. 55-80;

Braun, Günther E.: Ziele in öffentlicher Verwaltung und privatem Betrieb - Vergleich zwischen öffentlicher Verwaltung und privatem Betrieb sowie eine Analye der Einsatzbedingungen betriebswirtschaftlicher Planungsmethoden in der öffentlichen Verwaltung, Baden-Baden 1988;

Braybrooke, D./Lindblom, C.E.: A Strategy of Decision: Policy Evolution as a Social Process, New York 1963;

Brede, Helmut: Kontrolle, betriebliche, in: Grochla, Erwin/Wittmann, Waldemar (Hrsg.): Handwörterbuch der Betriebswirtschaft, Band 2, 4. Auflage, Stuttgart 1975, Sp. 2218ff;

Brede, Helmut: o.T., in: VOP, Heft 5/1990, S. 296;

Brede, Helmut: Ziele öffentlicher Verwaltungen, in: Chmielewicz, Klaus/Eichhorn, Peter (Hrsg.): Handwörterbuch der Öffentlichen Betriebswirtschaft, Stuttgart 1989, Sp. 1867-1877;

Brinckmann, Hans/Kuhlmann, Stefan: Computerbürokratie - Ergebnisse von 30 Jahren öffentlicher Verwaltung mit Informationstechnik, Opladen 1990;

Brink, Hans-Josef/Fabry, Peter: Die Planung von Arbeitszeiten unter besonderer Berücksichtigung der Systeme vorbestimmter Zeiten, Wiesbaden 1974;

Brockhoff, Klaus: Prognosen, in: Bea, Franz Xaver/Dichtl, Erwin/Schweitzer, Marcell (Hrsg.): Allgemeine Betriebswirtschaftslehre, Band 2 (Führung), 4. Auflage, Stuttgart und New York 1989;

Brosius, Gerhard: SPSS/PC+ - Basics und Graphics - Einführung und praktische Beispiele, Hamburg u.a. 1988;

Bruchhäuser, Klaus: Controlling, in: DBW, 41. Jg. (1981), Heft 3, S. 483f;

Bruhn, Manfred: Der Informationswert von Beschwerden für Marketingentscheidungen, in: Hansen, Ursula/ Schoenheit, Ingo (Hrsg.): Verbraucherzufriedenheit und Beschwerdeverhalten, Frankfurt a.M./New York 1987, S. 123-140;

Brüning, Dirk P.: Teilzeitbeschäftigung und Leistungsfähigkeit des öffentlichen Dienstes, Köln u.a. 1983;

Bubinger, Hans: Unternehmen und Sondervermögen der öffentlichen Hand - **Der Beteiligungsbericht des Bundes**, Arbeitspapier des Schwerpunktes Finanzwissenschaft/Betriebswirtschaftliche Steuerlehre der Universität Trier, Trier 1989;

Bublitz, Jörg: Über die Vorprüfung in Deutschland - Ein Beitrag zu ihrer Entstehungsgeschichte, ihrer Entwicklung und ihren Problemen, in: Zavelberg, Heinz Günter (Hrsg.): Die Kontrolle der Staatsfinanzen - Geschichte und Gegenwart, Berlin 1989, S. 343-378;

Buchholz, Werner: Entscheidungsorientierte Kosten- und Leistungsrechnungskonzeption für öffentliche Verwaltungen, in: Das öffentliche Haushaltswesen in Österreich, 24. Jg.(1984), S. 81-103;

Buchner, Manfred: Controlling - ein Schlagwort? Eine kritische Analyse der betriebswirtschaftlichen Diskussion um die Controlling-Konzeption, Frankfurt und Bern 1981;

Budäus, Dietrich/Oechsler, Walter A.: Die Steuerung von Verwaltungseinheiten, in: Lüder, Klaus (Hrsg.): Betriebswirtschaftliche Organisationstheorie und öffentliche Verwaltung, Speyer 1985, S. 165-200;

Budäus, Dietrich: Baukastensystem und stufenweise Einführung - **Controlling-Einstieg in der öffentlichen Verwaltung**, in: Mann, R./Mayer, E. (Hrsg.): Der Controlling-Berater, Loseblattsammlung, Nachlieferung 5/1984, Gruppe 10, S. 75-88;

Budäus, Dietrich: Betriebswirtschaftliche Instrumente zur **Entlastung kommunaler Haushalte** - Analyse der Leistungsfähigkeit ausgewählter Steuerungs- und Finanzierungsinstrumente für eine effizientere Erfüllung öffentlicher Aufgaben, Baden-Baden 1982;

Budäus, Dietrich: Betriebswirtschaftslehre - Controlling - **öffentliche Verwaltung**, Tendenzen einer empirisch relevanten Annäherung, in: Koch, Rainer (Hrsg.): Verwaltungsforschung in Perspektive, Baden-Baden 1987, S. 105-120;

Budäus, Dietrich: Controlling als Ansatz zur Operationalisierung der **Instrumentalfunktion** öffentlicher Unternehmen, in: ZögU, Heft 2/1984, S. 143-162;

Budäus, Dietrich: Controlling als Instrument eines effizienten Managements **öffentlicher Verwaltungen**, in: krp, Heft 1/1986, S. 13-18;

Budäus, Dietrich: Controlling in der Kommunalverwaltung - Konzeptionen, Grundlagen und praktische Entwicklungstendenzen, in: Eichhorn, Peter (Hrsg.): Doppik und Kameralistik, Baden-Baden 1987, S. 231-244;

Budäus, Dietrich: Controlling in der öffentlichen Verwaltung - Ein konzeptioneller Ansatz effizienten Verwaltungshandelns? in: Ballwieser, Wolfgang/Berger, Karl-Heinz: Information und Wirtschaftlichkeit, Wiesbaden 1985, S. 569-596;

Budäus, Dietrich: Controlling in öffentlichen Verwaltungen: Funktionen, Leistungsfähigkeit und Entwicklungsperspektiven, in: Mayer, Elmar/Weber, Jürgen (Hrsg.): Handbuch Controlling, Stuttgart 1990, S. 609-619;

Budäus, Dietrich: Konzeptionelle Grundlagen und strukturelle Bedingungen für die organisatorische **Institutionalisierung des Controlling im öffentlichen Bereich**, in: Weber, Jürgen/Tylkowski, Otto: Controlling - Eine Chance für öffentliche Unternehmen und Verwaltungen, Stuttgart 1988, S. 101-117;

Budäus, Dietrich: Kostenrechnung in öffentlichen Unternehmen - Bedingungen und Probleme der Kostenerfassung und Kostenbewertung, in: Männel, Wolfgang (Hrsg.): Handbuch Kostenrechnung, Wiesbaden 1992, S. 1160-1170;

Budäus, Dietrich: Probleme der **Beteiligungsverwaltung** der öffentlichen Hand bei der Durchsetzung von Eigentümerinteressen unter besonderer Berücksichtigung der Aktiengesellschaft, Diskussionsbeiträge zur Führung privater und öffentlicher Organisationen Nr. 13, Hamburg 1988;

Buggert, Willi: Dysfunktionale Verhaltenswirkungen von Budgetierungssystemen, in: controller magazin, Nr. 1/1991, S. 28-38;

Bull, Peter: Wandel und Wachsen der Verwaltungsaufgaben, in: Becker, Ulrich und Werner Thieme (Hrsg.): Handbuch der Verwaltung, Köln, Berlin, Bonn, München 1976, Heft 2.1;

Bundesakademie für öffentliche Verwaltung im Bundesministerium des Innern (Hrsg.): Planungsmethoden in Verwaltung und Wirtschaft, Bonn 1981;

Bundesminister für Forschung und Technologie (Hrsg.): Kommunales Projektmanagement - Ein Handbuch zur Planung und Durchführung von Projekten, Köln u.a. 1977;

Bundesministerium der Finanzen: Liste der Nutzen-Kosten-Untersuchungen der Bundesministerien, Stand Juli 1979, Bonn o.J.;

Bundesminister des Innern (Hrsg.): Aktionsprogramm zur Dienstrechtsreform, Bonn 1976;

Bundesministerium der Verteidigung: Dienstanweisung "**Einrichtung der Vorhabenüberwachung**", Bonn 1989;

Bundesministerium des Innern (Hrsg.): GGO, GOBReg, GOBT, GOBR und des Vermittlungsausschusses, Loseblattsammlung, Stuttgart u.a. 1974ff;

Bundesministerium des Innern (Hrsg.): Unabhängigen Kommission für **Rechts- und Verwaltungsvereinfachung** des Bundes 1983-1987 - Eine Zwischenbilanz, Bonn 1987;

Bundesregierung: Bulletin vom 10. 1. 1979, Bonn 1979, S. 21;

Bundesverband Druck e.V. (Abteilung Betriebswirtschaft): **Kosten- und Leistungsrechnungs-Richtlinien** - Druckindustrie, 4. Aufl., Wiesbaden 1984;

Bürgerschaft der Freien und Hansestadt Hamburg (Hrsg.): 1. Beteiligungsbericht 1986, Bürgerschaftsdrucksache 13/967, Hamburg 1988;

Buschor, Ernst: Erfahrungen aus Gestaltungs- und Einführungsprojekten in Österreich und der Schweiz, in: Weber, Jürgen/Tylkowski, Otto (Hrsg.): Perspektiven der Controlling-Entwicklung in öffentlichen Institutionen, Stuttgart 1991, S. 215-248;

Busse von Colbe, Walther: Budgetierung und Planung, in: Szyperski, Norbert (Hrsg.): Handwörterbuch der Planung, Stuttgart 1989, Sp. 176-182;

Buttler, Günter: Sozialindikatoren, Beiträge zur Wirtschafts- und Sozialpolitik, hrsg. vom Institut der deutschen Wirtschaft, Nr. 28, Köln 1976;

Chmielewicz, Klaus/Eichhorn, Peter (Hrsg.): Handwörterbuch der Öffentlichen Betriebswirtschaft (**HWÖ**), Stuttgart 1989;

Chmielewicz, Klaus: Öffentliche Unternehmen, in: Chmielewicz, Klaus/Eichhorn, Peter (Hrsg.): Handwörterbuch der Öffentlichen Betriebswirtschaft, Stuttgart 1989, Sp. 1093-1105;

Chmielewicz, Klaus: Rechnungswesen, in: Grochla, Erwin/Wittmann, Waldemar (Hrsg.): Handwörterbuch der Betriebswirtschaft, Band 2, 4. Auflage, Stuttgart 1975, Sp. 3343-3361, hier Sp. 3360;

Chmielewicz, Klaus: Überlegungen zu einer **Betriebswirtschaftslehre der öffentlichen Verwaltung**, in: ZfB, 41. Jg. (1971), S. 583-610;

Christmann, Alfred: Kommunales Informationsmanagement - Ein Weg aus dem Dilemma? in: online - övd, Nr. 10/1988, S. 68-77 (Teil 1), Nr. 11/1988, S. 72-77 (Teil 2) und Nr. 12/1988, S. 48-51 (Teil 3);

Cooper, Robin/Kaplan, Robert S.: How Cost Accounting Distorts Product Costs, in: Management Accounting, April 1988, S. 20-27;

Corsten, Hans: Betriebswirtschaftslehre der Dienstleistungsunternehmungen - Einführung, München, Wien 1988;

Corsten, Hans: Die Produktion von Dienstleistungen - Grundzüge einer Produktionswirtschaftslehre des tertiären Sektors, Berlin 1985;

Damkowski, Wulf: Die Entstehung des Verwaltungsbegriffs - Eine Wortstudie, Köln u.a. 1969;

Damman, Klaus/Faltin, Günter/Hopf, Christa: Weiterbildung für den öffentlichen Dienst, Göttingen 1976;

Dathe, Hans Martin: Operations Research in der öffentlichen Verwaltung, in: Becker, Ulrich / Thieme, Werner (Hrsg.): Handbuch der Verwaltung, Heft 4.4, Köln u.a. 1974;

Decker, Franz: Einführung in die Dienstleistungsökonomie, Paderborn 1975;

Deimling, Lothar: Controlling in der Landeshauptstadt Saarbrücken, in: Braun, Günther E./Bozem, Karlheinz (Hrsg.): Controlling im kommunalen Bereich, München 1990, S. 44-61;

Delion, André G.: Die Rolle und Effektivität der interministeriellen Ausschüsse für Koordination und Regierungspolitik - Länderbericht Frankreich, in: Siedentopf, Heinrich (Hrsg.): Regierungspolitik und Koordination - Vorträge und Diskussionsbeiträge der Internationalen Arbeitstagung 1974 der Hochschule für Verwaltungswissenschaften Speyer, Berlin 1976, S. 411-431;

Der Bundesfinanzminister: Erläuterungen zur Durchführung von Nutzen-Kosten-Untersuchungen, Rundschreiben vom 21. Mai 1973, Anlage zu den Vorläufigen Verwaltungsvorschriften - BHO § 7, MinBlFin1973, S. 293ff;

Derlien, Hans-Ulrich: Die Effizienz von Entscheidungsinstrumenten für die staatliche Ressourcenallokation - Versuch einer Evaluation von Entscheidungstechniken, in: Pfohl, Hans-Christian/Rürup, Bert (Hrsg.): Anwendungsprobleme moderner Planungs- und Entscheidungstechniken, Königstein 1978, S. 311-326;

Derlien, Hans-Ulrich: Stichwort "Dienstrechtsreform", in: Eichhorn, Peter u.a. (Hrsg.): Verwaltungslexikon, Baden-Baden 1985, S. 247f;

Derlien, Hans-Ulrich: Stichwort "Evaluation", in: Eichhorn, Peter u.a. (Hrsg.): Verwaltungslexikon, Baden-Baden 1985, S. 302f;

Deters, Matthias: Controlling im Krankenhaus, Vortragsmanuskript, Nürnberg 1990;

Deutsches Institut für Normung e.V. (Hrsg.): Projektmanagement - Begriffe - DIN 69 901, Berlin, Köln 1980;

Deyhle, Albrecht: Controller-Funktion und Interne Revision, in: ZIR, Heft 2/1975, S. 73-84;

Deyhle, Albrecht: Der Controller in europäischer Sicht, in: Industrielle Organisation, Jg. 37 (1968), S. 73-84;

Deyhle, Albrecht: Kommentar der 12 Thesen im Beitrag Küpper/Weber/Zünd zum "Verständnis und Selbstverständnis des Controlling", in: ZfB, Ergänzungsheft 3/91 "Controlling Selbstverständnis - Instrumente - Perspektiven", S. 1-8;

Deyhle, Albrecht: Tendenzen im Controlling, in: Mayer, E. / v. Landsberg, G. / Thiede, W. (Hrsg.): Controlling-Konzepte im internationalen Vergleich, Freiburg 1986, S. 61-76;

Dieckmann, Rudolf: Steuerung der öffentlichen Unternehmen der Freien und Hansestadt Hamburg durch die Stadt, in: Braun, Günther E./Bozem, Karlheinz (Hrsg.): Controlling im kommunalen Bereich, München 1990, S. 286-304;

Diederich, Helmut: Ziele öffentlicher Unternehmen, in: Chmielewicz, Klaus/Eichhorn, Peter (Hrsg.): Handwörterbuch der Öffentlichen Betriebswirtschaft, Stuttgart 1989, Sp. 1856-1867;

Dinkelbach, Werner: Flexible Planung, in: Szyperski, Norbert (Hrsg.): Handwörterbuch der Planung, Stuttgart 1989, Sp. 507-512;

Dötsch, Ewald/Eversberg, Horst/Jost, Werner F./Witt, Georg (Hrsg.): Die Körperschaftsteuer - Kommentar zum Körperschaftsteuergesetz und zu den einkommensteuerlichen Vorschriften des Anrechnungsverfahrens, Loseblattsammlung, Stuttgart 1981ff;

DOGRO-Partner Unternehmensberatung: Die integrierte Software-Lösung - Branchenlösung für Bundes- und Landesbehörden, Verwaltungen, Kommunen und alle öffentlich-rechtlichen Haushalte, Remshalden 1989;

Dommer, Winfried/Dromowicz, Thomas: Methoden der Stellenbemessung (II), in: VOP, 7. Jg.(1985), S. 90ff;

Dommer, Winfried/Dromowicz, Thomas: Möglichkeiten der Stellenbemessung und Stellenbedarfsermittlung im öffentlichen Dienst (II), in: VOP, 5. Jg.(1983), Heft 5, S. 302-304;

Donhauser, H.: Ablauforganisation des Controlling, in: Haberland, G. / Preissler, P.R./ Meyer, C.W. (Hrsg.): Handbuch Revision, Controlling, Consulting, München 1979, Abschnitt 4, S. 19f;

Dragmanli, Lars Erhan: Investitionskontrolle der Stadt Karlsruhe, in: Weber, Jürgen/ Tylkowski, Otto (Hrsg.): Controlling in öffentlichen Institutionen: Konzepte - Instrumente - Entwicklungen, Stuttgart 1989, S. 123-156;

Dror, Y.: Muddling through - 'science' or inertia, in Public Administration Review (PAR) 1964, 24, S. 153-157;

Eckert, Karlheinz: **Kontrolle öffentlicher Unternehmen** der Länder - Lösungsansätze, in: Gesellschaft für öffentliche Wirtschaft und Gemeinwirtschaft (Hrsg.): Kontrolle öffentlicher Unternehmen, Band 1, Baden-Baden 1980, S. 69-88;

Eekhoff, Johann/Muthmann, Rainer/Sievert, Olaf/Werth, Gerhard/Zahl, Jost: Methoden und Möglichkeiten der **Erfolgskontrolle städtischer Entwicklungsmaßnahmen**, Schriftenreihe "Städtebauliche Forschung" des Bundesministers für Raumordnung, Bauwesen und Städtebau, Wermelskirchen 1977;

Eekhoff, Johann: Ansatzpunkte für die **Beurteilung öffentlicher Maßnahmen** - Erfolgskontrolle von Strukturprogrammen, in: Eichhorn, Peter/Kortzfleisch, Gert von (Hrsg.): Erfolgskontrolle bei der Verausgabung öffentlicher Mittel, Baden-Baden 1986, S. 59-80;

Eichhorn, Peter u.a. (Hrsg.): **Verwaltungslexikon**, Baden-Baden 1985;

Eichhorn, Peter/Friedrich, Peter: **Verwaltungsökonomie I** - Methodologie und Management, Baden-Baden 1976;

Eichhorn, Peter/Kortzfleisch, Gert von (Hrsg.): **Erfolgskontrolle** bei der Verausgabung öffentlicher Mittel, Baden-Baden 1986;

Eichhorn, Peter/Siedentopf, Heinrich: **Effizienzeffekte der Verwaltungsreform**, Baden-Baden 1976;

Eichhorn, Peter: **Die öffentliche Verwaltung als Dienstleistungsbetrieb** - Motive einer betriebswirtschaftlichen Betrachtungsweise der öffentlichen Verwaltung und Konsequenzen für Methode und System der Verwaltungswissenschaft, in: Rehkopp, Alfons (Hrsg.): Dienstleistungsbetrieb öffentliche Verwaltung, Stuttgart, Berlin, Köln, Mainz 1976, S. 11-29;

Eichhorn, Peter: **Erfolgskontrolle** bei der Verausgabung öffentlicher Mittel, in: Eichhorn, Peter/Kortzfleisch, Gert von (Hrsg.): Erfolgskontrolle bei der Verausgabung öffentlicher Mittel, Baden-Baden 1986, S. 13-17;

Eichhorn, Peter: **Gesellschaftsbezogene Unternehmensrechnung** und betriebswirtschaftliche Sozialindikatoren, in: ZfbF, 28. Jg. (1976), Sonderheft Nr. 5, S. 159-169;

Eichhorn, Peter: **Kostendenken im öffentlichen Dienst**, in: König, Klaus u.a. (Hrsg.): Öffentlicher Dienst, Festschrift für Carl H. Ule zum 70. Geburtstag, Köln u.a. 1977, S. 133-151;

Eichhorn, Peter: **Liquiditätsplanung und Gelddisposition** in öffentlichen Haushalten - Ein Beitrag zum Einsatz betriebswirtschaftlicher Instrumente in der Finanzwirtschaft staatlicher und insbesondere kommunaler Verwaltung, 2. Auflage, Baden-Baden 1974;

Eichhorn, Peter: **Öffentliche Verwaltung, Rechnungswesen der**, in: Kosiol, Erich/ Chmielewicz, Klaus/Schweitzer, Marcell (Hrsg.): Handwörterbuch des Rechnungswesens, 2. Auflage, Stuttgart 1981, Sp. 1223-1236;

Eichhorn, Peter: **Verwaltungshandeln und Verwaltungskosten**, Möglichkeiten zur Verbesserung der Wirtschaftlichkeit in der Verwaltung, Baden-Baden 1979;

Eichhorn, Peter: **Wirtschaftlichkeit der Verwaltung**, in: Chmielewicz, Klaus/Eichhorn, Peter (Hrsg.): Handwörterbuch der Öffentlichen Betriebswirtschaft, Stuttgart 1989, Sp. 1795-1803;

Eickhoff, Karl H./Krüger, Ralf/Stachowiak, Hans-Hagen: **Multimoment-Studien** im Sparkassenbetrieb, Einführung in die theoretischen Grundlagen mathematisch-statistischer Stichproben und ihre Nutzanwendung in der Sparkassenpraxis, Der Sparkassenbetrieb - Beiträge zur Betriebswirtschaft der Sparkassen, hrsg. vom Deutschen Sparkassen- und Giroverband e.V., Bd.5, Stuttgart 1971;

Ellwein, Thomas: **Gesetzes- und Verwaltungsvereinfachung** in Nordrhein-Westfalen: Bericht und Vorschläge der Kommission, Köln 1983;

Engelhardt, Gunther: **Programmbudgetierung als Antwort auf die Haushaltskrise**, in: Mäding, Heinrich (Hrsg.): Haushaltsplanung - Haushaltsvollzug - Haushaltskontrolle, Baden-Baden 1987, S. 132-167;

Engelhardt, Gunther: **Programmbudgetierung**, in: Chmielewicz, Klaus/Eichhorn, Peter (Hrsg.): Handwörterbuch der öffentlichen Betriebswirtschaft, Stuttgart 1989, Sp. 1320-1327;

Enquete-Kommission zur Verwaltungsreform des Abgeordnetenhauses von Berlin: 2. Bericht **(Schlußbericht)**, Berlin 1984, in Auszügen abgedruckt in: in: Weber, Jürgen/Tylkowski, Otto (Hrsg.): Controlling in öffentlichen Institutionen, Stuttgart 1989, S. 1-34;

Erichson, Bernd/Hammann, Peter: **Grundlagen der Informationsbeschaffung und -aufbereitung**, in Bea, Xaver/Dichtl, Erwin/Schweitzer, Marcell (Hrsg.): Allgemeine Betriebswirtschaftslehre, Band 2, 4. Auflage, Stuttgart und New York 1989, S. 153-188;

Eschenbach, Rolf: **Controlling** - State of the Art, in: JfB 1988, S. 206f;

Etzioni, Amitai/Lehmann, Edward W.: **Zur "gültigen" Messung gesellschaftlicher Tatbestände**, in: Fehl, Gerhard/Fest, Mark/Kuhnert, Nikolaus (Hrsg.): Planung und Information, Gütersloh 1972, S. 224-245;

Europäischer Zentralverband der öffentlichen Wirtschaft (CEEP) (Hrsg.): **Die öffentliche Wirtschaft in der Europäischen Gemeinschaft**, CEEP-Jahrbuch 1987, Brüssel und Berlin 1987;

Fachausschuß für kommunales Prüfungswesen des Instituts der Wirtschaftsprüfer e.V.: Fragenkatalog zur Prüfung der Ordnungsmäßigkeit der Geschäftsführung und wirtschaftlich bedeutsamer Sachverhalte im Rahmen der Jahresabschlußprüfung bei kommunalen Wirtschaftsbetrieben, in: Fachnachrichten des Instituts der Wirtschaftsprüfer e.V., Düsseldorf 1978 S. 64ff;

Ferner, W.: **Unternehmensplaner und Controller**, in: Fuchs, J./Schwantag, K. (Hrsg.): AGPLAN-Handbuch der Unternehmensplanung, Nr. 1115, Berlin 1972;

Fiedler, Rudolf/Mertens, Peter/Sinzig, Werner: **Wissensbasiertes Controlling** des Betriebsergebnisses, in: Scheer, August Wilhelm (Hrsg.): Rechnungswesen und EDV - 10. Saarbrücker Arbeitstagung, Heidelberg 1989, S. 153-181;

Fischer-Winckelmann, Wolf: **Gesellschaftsorientierte Unternehmensrechnung**, München 1980;

Flechtner, Hans-Joachim: **Grundbegriffe der Kybernetik** - Eine Einführung, 3. Auflage, Stuttgart 1968;

Forster, Karl-Heinz: **Staatliche Finanzkontrolle** und private Wirtschaftsprüfung, in: Zavelberg, Heinz Günter (Hrsg.): Die Kontrolle der Staatsfinanzen - Geschichte und Gegenwart, Berlin 1989, S. 115-143;

Franken, Rolf/Frese, Erich: **Kontrolle und Planung**, in: Szyperski, Norbert (Hrsg.): Handwörterbuch der Planung, Stuttgart 1989, Sp. 888-898;

Franz, Klaus-Peter: **Die Prozeßkostenrechnung** - Darstellung und Vergleich mit der Plankosten- und Deckungsbeitragsrechnung, in: Ahlert, Dieter u.a. (Hrsg.): Finanz- und Rechnungswesen als Führungsinstrument, Herbert Vormbaum zum 65. Geburtstag, Wiesbaden 1990, S. 109-136;

Franz, Klaus-Peter: **Die Prozeßkostenrechnung im Vergleich** mit der Grenzplankosten- und Deckungsbeitragsrechnung, in: Horváth, Péter (Hrsg.): Strategieunterstützung durch das Controlling: Revolution im Berichtswesen?, Stuttgart 1990, S. 195-210;

Frese, Erich: **Koordination**, in: Grochla, Erwin/Wittmann, Waldemar (Hrsg.): Handwörterbuch der Betriebswirtschaft, Band 2, 4. Auflage, Stuttgart 1975, Sp. 2263-2273;

Frey, Peter: **Leistungsrechnung** und Leistungscontrolling für die öffentliche Verwaltung, unveröffentl. Diplomarbeit, Nürnberg 1991;

Friedrichs, Jürgen: Methoden empirischer Sozialforschung, 10. Auflage, Opladen 1982;

Fuchs, Herbert: Stichwort "**Systemtheorie**", in: Grochla, Erwin/Wittmann, Waldemar (Hrsg.): Handwörterbuch der Betriebswirtschaft, 4. Auflage, Stuttgart 1976, Band III, Sp. 3820-3832;

Fuchs, Manfred/Zentgraf, Helmut: Betriebsabrechnung in öffentlichen Einrichtungen, 4. Auflage, Göttingen 1981;

Fuhlrott, Otto: Die Projektprüfungsgruppe in Hannover: **Konzeption und Ablauf des Bauinvestitionscontrolling**, in: Braun, Günther E./Bozem, Karlheinz (Hrsg.): Controlling im kommunalen Bereich, München 1990, S. 162-172;

Fürst, Dietrich: **Kommunale Entscheidungsprozesse** - Ein Beitrag zur Selektivität politisch-administrativer Prozesse, Baden-Baden 1975;

Ganter, Ralph L.: Stichwort "**Nutzen-Kosten-Untersuchungen**", in: Eichhorn, Peter u.a. (Hrsg.): Verwaltungslexikon, Baden-Baden 1985, S. 650-652;

Garbe, Helmut: **Informationsbedarf**, in: Grochla, Erwin/Wittmann, Waldemar (Hrsg.): Handwörterbuch der Betriebswirtschaft, Band 2, 4. Auflage, Stuttgart 1975, Sp. 1873-1882;

Gauhl, Karl: **Arbeitsorganisation und Zeitwirtschaft mit MTM** im administrativen Dienstleistungsbereich, in: REFA-Nachrichten, 30. Jg. (1977), Heft 1, S. 17-24;

Gerum, Elmar/Steinmann, Horst: **Unternehmensordnung** und tarifvertragliche Mitbestimmung, Berlin 1984;

Geschka, Horst: **Alternativengenerierungstechniken**, in: Szyperski, Norbert (Hrsg.): Handwörterbuch der Planung, Stuttgart 1989, Sp. 27-33;

Gesellschaft für öffentliche Wirtschaft und Gemeinwirtschaft (Hrsg.): Kontrolle öffentlicher Unternehmen, Band 1, Baden-Baden 1980 und **Band 2**, Baden-Baden 1982;

Geyer, Michael: **Messung und Bewertung individueller Leistungen in der Verwaltung**, in: Rau, Johannes (Hrsg.): o.T., Schriftenreihe der Arbeitsgemeinschaft für Rationalisierung des Landes Nordrhein-Westfalen, Bd.175, Dortmund 1977, S. 5-12;

Giesen, Karl: **Kostenrechnung in der kommunalen Haushaltswirtschaft**, Handbuch für Praxis und Studium, 4. Auflage, Köln 1980;

Gläser, Martin: **Controlling im öffentlich-rechtlichen Rundfunk** - Ein Wolf im Schafspelz?, in: Weber, Jürgen/Tylkowski, Otto (Hrsg.): Konzepte und Instrumente von Controlling-Systemen in öffentlichen Institutionen, Stuttgart 1990, S. 317-342;

Glasl, Friedrich (Hrsg.): Verwaltungsreform durch Organisationsentwicklung, Bern und Stuttgart 1983;

Goeth, Franz: **Die Einführung der Informationstechnik** als Organisationsprozeß, in: Goller, Jost/Maack, Heinrich/Müller-Hedrich, Bernd (Hrsg.): Verwaltungsmanagement, Loseblattsammlung, Stuttgart 1989ff, Teil E, Kapitel 1.1;

Goeth, Franz: **Informationsmanagement** als Führungs- und Organisationsaufgabe, in: Goller, Jost/Maack, Heinrich/Müller-Hedrich, Bernd (Hrsg.): Verwaltungsmanagement, Loseblattsammlung, Stuttgart 1989ff, Teil E, Kapitel 1.2;

Goldbach, Arnim: **Die Kontrolle des Erfolges öffentlicher Einzelwirtschaften**, Frankfurt u.a. 1985;

Goossens, F.: **Der "Controller"** - Chef des Unternehmens ohne Gesamtverantwortung, in: Mensch und Arbeit Nr. 3/1959, S. 75f;

Gornas, Jürgen/Beyer, Werner: **Betriebswirtschaft in der öffentlichen Verwaltung**, Köln 1991;

Gornas, Jürgen: Der Stand der elektronischen Datenverarbeitung im **Haushalts-, Kassen- und Rechungswesen** öffentlicher Verwaltungen, in: Eichhorn, Peter (Hrsg.): Doppik und Kameralistik, Baden-Baden 1987, S. 71-82;

Gornas, Jürgen: **Grundzüge einer Verwaltungskostenrechnung** - Die Kostenrechnung als Instrument zur Planung und Kontrolle der Wirtschaftlichkeit in der öffentlichen Verwaltung, Baden-Baden 1976;

Gornas, Jürgen: **Kostenrechnung für die öffentliche Verwaltung**, in: Männel, Wolfgang (Hrsg.): Handbuch Kostenrechnung, Wiesbaden 1992, S. 1143-1159;

Gottschalk, Ingrid: Verbraucherpräferenzen und öffentliche Güter, Diss. Hohenheim 1978;

Gottschalk, Wolf: Betriebsvergleiche, in: Chmielewicz, Klaus/Eichhorn, Peter (Hrsg.): Handwörterbuch der öffentlichen Betriebswirtschaft, Stuttgart 1989, Sp. 151-156;

Götzelmann, Frank: Rationalität in betriebswirtschaftlichen Ansätzen, in: WISU, Nr. 8-9/1991, S. 573-575;

Greissler, Erich: Personalbemessung mit Arbeitsablaufplanung und detaillierter Zeitschätzung, in: Fortschrittliche Betriebsführung und Industrial Engineering, 29. Jg. (1980), Heft 2, S. 111-121;

Grochla, Erwin (Hrsg.): Handwörterbuch der Organisation (**HWO**), 2. Auflage, Stuttgart 1980;

Grochla, Erwin/Wittmann, Waldemar (Hrsg.): Handwörterbuch der Betriebswirtschaft (**HWB**), 3 Bände, 4. Auflage, Stuttgart 1974-1976;

Groh, Helmut/Gutsch, Roland W.: Netzplantechnik - Eine Anleitung zum Projektmanagement für Studium und Praxis, 3. Auflage, Düsseldorf 1982;

Groth, Eberhard: Personalbemessung, Stellenbeschreibung und -bewertung in öffentlichen Betrieben, in: Timmermann, Manfred (Hrsg.): Management in der öffentlichen Verwaltung, Steigerung der Leistungsfähigkeit durch Management-Know-How und Beratungserfahrung, Teil D: Strategien öffentlicher Betriebe, München 1977;

Gruenagel, Hans-Helmut: Leistungsplanung und Kostenbudgets aus der Sicht der Krankenhausärzte, in: Sieben, Günter (Hrsg.): Interne Budgetierung im Krankenhaus, Köln 1988, S. 53-69;

Grüske, Karl-Dieter: Personale Verteilung und Effizienz der Umverteilung - Analyse und Synthese, Göttingen 1986;

Gührs, Eckard: Controlling im Krankenhauswesen - Zustand, Maßnahmen, Notwendigkeiten und Ziele, in: Weber, Jürgen/Tylkowski, Otto (Hrsg.): Controlling in öffentlichen Institutionen: Konzepte - Instrumente - Entwicklungen, Stuttgart 1989, S. 231-250;

Gutenberg, Erich: Grundlagen der Betriebswirtschaftslehre, Band I: Die Produktion, 22. Auflage, Berlin u.a. 1976;

Guthoff, Jens: Bewertungsmöglichkeiten von **Planungsmethoden des Projektmanagements** im Hochbau und die Ableitung des adaptiven Projektmanagements, Diss., Kassel 1986;

Gzuk, Roland: Messung der Effizienz von Entscheidungen, Tübingen 1975;

Haberfellner, R.: Die Unternehmung als dynamisches System - Der Prozeßcharakter der Unternehmensaktivitäten, 2. Auflage, Zürich 1975;

Haberland, Günther: Der Controller - Seine Aufgaben und Stellung in den USA, in: DB, Jg. 1970, S. 2181-2185;

Haberstock, Lothar: **Kostenrechnung II**, (Grenz-)Plankostenrechnung, 7. Auflage, Hamburg 1986;

Hack, Hans: **Personalwirtschaftliche Fragen** bei der Haushaltskonsolidierung, in: KGSt-Bericht Nr. 15, Köln 1982, S. 7;

Haeseler, Herbert R.: **Gemischtwirtschaftliche Unternehmen**, in: Chmielewicz, Klaus/Eichhorn, Peter (Hrsg.): Handwörterbuch der Öffentlichen Betriebswirtschaft, Stuttgart 1989, Sp. 479-485;

Hahn, Dietger: **Planungs- und Kontrollrechnung - PUK**, 3. Auflage, Wiesbaden 1985;

Hahn, Dietger: **Strategische Führung und strategisches Controlling**, in: ZfB Ergänzungsheft 3/91 "Controlling Selbstverständnis - Instrumente - Perspektiven", S. 121-146;

Haidekker, A.: **Die kybernetische System-, Informations- und Regelungstheorie** als Grundlage des Controlling, in: Haberland, Günther (Hrsg.): Handbuch des Controlling und Finanzmanagement, München 1975, S. 125-146;

Hamel, Winfried: **Wirtschaftspläne**, in: Chmielewicz, Klaus/Eichhorn, Peter (Hrsg.): Handwörterbuch der Öffentlichen Betriebswirtschaft, Stuttgart 1989, Sp. 1819-1824;

Hartfiel, Günter/Hilmann, Karl-Heinz: **Wörterbuch der Soziologie**, 3. Aufl., Stuttgart 1982;

Hanusch, Horst: **Nutzen-Kosten-Analyse**, München 1987;

Haun, Peter: **Datenbanken, Methodenbanken und Planungssprachen** als Hilfsmittel für das interne Rechnungwesen, in: krp, Sonderheft 1/1988, S. 83-92;

Hauptausschuß des Landtages Nordrhein-Westfalen (Berichterstatter Burger): **Effizienzsteigerung der Landesverwaltung** - Beschlußempfehlung und Bericht, Drucksache 10/2787, Düsseldorf 1988;

Hauschildt, Christoph: **Die Modernisierung des öffentlichen Dienstes** im internationalen Vergleich, in: Verwaltungs-Archiv, Nr. 1/1991, S. 81-109;

Hauschildt, Jürgen: **Entscheidungsziele** - Zielbildung in innovativen Entscheidungsprozessen: Theoretische Ansätze und empirische Prüfung, Tübingen 1977;

Hauschildt, Jürgen: **Zielsysteme**, in: Grochla, Erwin (Hrsg.): Handwörterbuch der Organisation, 2. Auflage, Stuttgart 1980, Sp. 2419-2430;

Heigl, Anton: **Controlling - Interne Revision**, Stuttgart und New York 1978;

Hein, Andreas: **Aufgabenkritik als Methode des politischen Controlling**, in: Weber, Jürgen/Tylkowski, Otto (Hrsg.): Controlling - Eine Chance für öffentliche Unternehmen und Verwaltungen, Stuttgart 1988, S. 119-138;

Heinen, Edmund: **Grundlagen betriebswirtschaftlicher Entscheidungen** - Das Zielsystem der Unternehmung, 2. Auflage, Wiesbaden 1971;

Heinen, Edmund: **Industriebetriebslehre als Entscheidungslehre**, in: Heinen, Edmund (Hrsg.): Entscheidungen im Industriebetrieb, 2. Auflage, Wiesbaden 1972, S. 21-70;

Heinen, Edmund: **Zum Wissenschaftsprogramm der entscheidungsorientierten Betriebswirtschaftslehre**, in: ZfB, 39. Jg. (1969), S. 208;

Heinisch, Ingo/Sämann, Werner: **Planzeitwerte im Büro**, Möglichkeiten des Aufbaus und der Anwendung, Berlin u.a. 1973;

Heinrich, Lutz I./Pils, Manfred: **Auslastungskontrolle**, in: Kern, Werner (Hrsg.): Handwörterbuch der Produktionswirtschaft, Stuttgart 1979, Sp. 230-239;

Hellstern, Gerd-Michael/Wollmann, Hellmut (Hrsg.): **Handbuch zur Evaluierungsforschung**, Opladen 1984;

Hellstern, Gerd-Michael/Wollmann, Hellmut: **Evaluierung und Erfolgskontrolle** auf der kommunalen Ebene - Ein Überblick, in: Hellstern, Gerd-Michael/

Wollmann, Hellmut (Hrsg.): Evaluierung und Erfolgskontrolle in Kommunalpolitik und -verwaltung, Basel 1984, S. 10-57;

Hellstern, Gerd-Michael/Wollmann, Hellmut: Evaluierung und Evaluierungsforschung - ein Entwicklungsbericht, in: Hellstern, Gerd-Michael/Wollmann, Hellmut (Hrsg.): Handbuch zur Evaluierungsforschung, Band 1, Opladen 1984, S. 17-93;

Helm, Claus: Nutzen-Kosten-Untersuchungen im staatlichen Entscheidungsprozeß, in: Hellstern, Gerd-Michael/Wollmann, Hellmut (Hrsg.): Handbuch zur Evaluierungsforschung, Opladen 1984, S. 366-380;

Hemmers, Karlheinz/Konrad, Kurt-Georg/Rollmann, Michael: Personalbedarfsplanung in indirekten Bereichen, Düsseldorf 1985;

Hentze, Joachim/Brose, Peter: Unternehmensplanung - Eine Einführung, Bern und Stuttgart 1985;

Henzler, Herbert: Der Januskopf muß weg !, in: Wirtschaftswoche Nr. 38 / 1974, S. 60-63;

Herzog, Ernst: Anmerkungen zum Workshop von Prof. Robert G. Kaplan zum Thema "Activity Based Cost Accounting" am 15.4.1991 in Stuttgart, in: krp, Heft 4/1991, S. 205-207;

Hesse, Joachim Jens: Organisation kommunaler Entwicklungsplanung - Anspruch, Inhalt und Reichweite von Reorganisationsvorstellungen für das kommunale politisch-administrative System, Stuttgart u.a. 1976;

Hill, Wilhelm: Unternehmensplanung, 2. Auflage, Stuttgart 1971;

Hirsch, Hans: Öffentliche Güter, in: Chmielewicz, Klaus/Eichhorn, Peter (Hrsg.): Handwörterbuch der öffentlichen Betriebswirtschaft, Stuttgart 1989, Sp. 1077-1084;

Hodel, Andreas: Ein zielbezogenes Konzept zur **Erfolgsermittlung bei gemeinwirtschaftlichen Unternehmungen**, in: ZögU, 3. Jg. (1980), Nr. 2, S. 194-207;

Hodel, Andreas: Zielorientierte Erfolgsermittlung für öffentlich-gemeinwirtschaftliche Unternehmen, Diss. Bochum 1976;

Hoffmann, Friedrich: Merkmale der Führungsorganisation amerikanischer Unternehmen - Auszüge aus den Ergebnissen einer Forschungsreise 1970, (3 Teile), in: ZfO 1972, S. 3-8, 85-89, S. 145-148;

Hoffmann, Siegfried: Zentrales und dezentrales Controlling in der Stadt Osnabrück, in: Braun, Günther E./Bozem, Karlheinz (Hrsg.): Controlling im kommunalen Bereich, München 1990, S. 30-43;

Höhn, Reinhard (Hrsg.): Der Wandel im Führungsstil der Wirtschaft, Festschrift zum zehnjährigen Bestehen der Akademie der Führungskräfte der Wirtschaft, Bad Harzburg 1966;

Höhn, Reinhard: Moderne Führungsprinzipien in der Kommunalverwaltung, Bad Harzburg 1972;

Höhn, Reinhard: Verwaltung heute - Autoritäre Führung oder modernes Management, Bad Harzburg 1970;

Hopfenbeck, Waldemar: Allgemeine Betriebswirtschafts- und Managementlehre, Landsberg 1989;

Horngren, Charles T.: Accounting for Management Control, 3. Auflage, London 1975;

Horváth, Péter/Dambrowski, J./Jung, H./Posselt, S.: Die Budgetierung im Planungs- und Kontrollsystem der Unternehmung, in: DBW, Nr. 2/1985, S. 138-155;

Horváth, Péter/Dambrowski, Jürgen/Hennig, Barbara: Budgetierungssysteme als Controlling-Instrumente in Mittelbetrieben - Ausbaustand, Schwachstellenanalyse und Gestaltungshinweise, in: BW, Nr. 2/1986, S. 20-27;

Horváth, Péter/Mayer, Reinhold: Prozeßkostenrechnung - Der neue Weg zu mehr Kostentransparenz und wirkungsvolleren Unternehmensstrategien, in: Controlling, 1. Jg. (1989), Heft 4, S. 214-219;

Horváth, Péter: Controlling in der "organisierten Anarchie" - Zur Gestaltung von Budgetierungssystemen, in: ZfB, 52. Jg. (1982), Heft 3, S. 250-260;

Horváth, Péter: Controlling, 3. Auflage, München 1990;

Horváth, Péter: Die Methode der Kritischen Tätigkeitselemente als Führungsinstrument für die öffentliche Verwaltung - Bericht über ein Praxisprojekt, in: Weber, Jürgen/Tylkowski, Otto (Hrsg.): Controlling - Eine Chance für öffentliche Unternehmen und Verwaltungen, Stuttgart 1988, S. 139-159;

Hucke, Jochen: Erfolgskontrolle kommunaler Umweltpolitik, in: Hellstern, Gerd-Michael/Wollmann, Hellmut (Hrsg.): Evaluierung und Erfolgskontrolle in Kommunalpolitik und -verwaltung, Basel 1984, S. 391-403;

Huckert, Klaus: Entwurf und Realisierung von PC-gestützten Decision Support-Systemen, in: Angewandte Informatik, Heft 10/1988, S. 425-433;

Hummel, Siegfried/Männel, Wolfgang: Kostenrechnung 1 - Grundlagen, Aufbau und Anwendung, 4. Aufl., Wiesbaden 1986;

Hummel, Siegfried/Männel, Wolfgang: Kostenrechnung 2 - Moderne Verfahren und Systeme, 3.Aufl., Wiesbaden 1983;

Hummel, Siegfried: Die Forderung nach entscheidungsrelevanten Kosteninformationen, in: Männel, Wolfgang (Hrsg.): Handbuch Kostenrechnung, Wiesbaden 1992, S. 76-83;

Ihring, Hans Christoph: Einführung in das Controlling für Mittelstandsunternehmen, Wien 1986;

Ilgmann, Gottfried: Die zielkongruente Gestaltung des Leistungsangebotes im öffentlichen Personennahverkehr, Berlin 1980;

Institut der Wirtschaftsprüfer (Hrsg.): WP-Handbuch, Düsseldorf 1990;

Jackson, J. Hugh: The Comptroller: His Functions and Organization, 2nd Printing, Cambridge, Mass. 1949;

Jackson, J. Hugh: The Growth of the Controllership Function, in: Bradshaw, Thornton F./Hull, Charles C. (Hrsg.): Controllership in Modern Management, Chicago 1950, S. 11-27;

Janson, Bernd: Landesverwaltungen, in: Chmielewicz, Klaus/Eichhorn, Peter (Hrsg.): Handwörterbuch der Öffentlichen Betriebswirtschaft, Stuttgart 1989, Sp. 873-884;

Janson, Bernd: Rechtsformen öffentlicher Unternehmen in der Europäischen Gemeinschaft, Baden-Baden 1980;

Joerger, Gernot/Geppert, Manfred: Grundzüge der Verwaltungslehre, Band 2, 3. Auflage, Stuttgart u.a. 1983;

Junker, Horst: Kommunale Informationssysteme, in: Datenverarbeitung und Recht, 1977, S. 307-343;

Kagermann, Henning: Mittelbedarfsplanung und Mittelbedarfskontrolle in einem integrierten Software-System, in: Weber, Jürgen/Tylkowski, Otto (Hrsg.): Controlling in öffentlichen Institutionen, Stuttgart 1989, S. 59-76;

Kaplan, Abraham: The Conduct of Inquir, San Francisco 1964;

Kassner, Uwe: Informationstechnische Infrastruktur in Kommunalverwaltungen, in: online - övd, Nr. 6/1989, S. 54-58 (Teil 1) und Nr. 7/1989, S. 54-55 (Teil 2);

Kemmler, Walter: Controlling für Hochschulen - dargestellt am Beispiel der Universität Zürich, Bern und Stuttgart 1990;

Kern, Werner (Hrsg.): Handwörterbuch der Produktionswirtschaft (**HWProd**), Stuttgart 1979;

Kern, Werner: Aufgaben und Dimensionen von **Kapazitätsrechnungen**, in: Ahlert, Klaus-Peter Franz/Göppl, Hermann (Hrsg.): Finanz- und Rechnungswesen als Führungsinstrument, Festschrift für Herbert Vorbaum zum 65. Geburtstag, Wiesbaden 1990, S. 221-235;

Kern, Werner: Industrielle Produktionswirtschaft, 4. Aufl., Stuttgart 1990;

Kern, Werner: Kapazität und Beschäftigung, in: Grochla, Erwin/Wittmann, Waldemar (Hrsg.): Handwörterbuch der Betriebswirtschaft, Band I/2, 4. Auflage, Stuttgart 1975, Sp. 2083-2090;

KGSt: AKD-Bericht Technikunterstützte Informationsverarbeitung - Entwicklungsplan TUIV, Bericht Nr. 4/1988, Köln 1988;

KGSt: Aufgabenkritik, Bericht Nr. 21/**1974**, Köln 1974;

KGSt: Aufgabenkritik, Bericht Nr. 9/**1989**, Köln 1989;

KGSt: Bauinvestitionscontrolling zur Vermeidung von Baukostenüberschreitungen und unwirtschaftlichem Bauen, Teil 1: Entscheidungsorganisation und begleitende Wirtschaftlichkeitsprüfung, Bericht Nr. 12/1985, Köln 1985;

KGSt: Funktionelle Organisation; Delegation von Entscheidungsbefugnissen, Bericht Nr. 3/1971;

KGSt: Grundlagen der Verwaltungsorganisation, Gutachten, Köln 1978;

KGSt: Kommunale Beteiligungen I: Steuerung und Kontrolle der Beteiligungen, Bericht Nr. 8/1985, Köln 1985;

KGSt: Kommunale Beteiligungen II: Organisation der Beteiligungsverwaltung, Bericht Nr. 9/1985, Köln 1985;

KGSt: Kommunale Beteiligungen III: Verselbständigung kommunaler Einrichtungen? (Entscheidungshilfen), Bericht Nr. 7/1986, Köln 1986;

KGSt: Kommunale Beteiligungen IV: Verselbständigung kommunaler Einrichtungen? (Arbeitshilfen), Bericht Nr. 8/1986, Köln 1986;

KGSt: Kommunale Beteiligungen V: Prüfung der Beteiligungen, Bericht Nr. 15/1988, Köln 1988;

KGSt: Kommunale Datenverarbeitungszentralen im Vergleich: 1978-1982, Köln 1983;

KGSt: Kostenrechnung in der Kommunalverwaltung, Gutachten, Teil 1.3, Köln 1981;

KGSt: Neue Perspektiven für die Organisation der Kostenrechnung, Bericht Nr. 1/1989, Teil I.11 des Gutachtens "Kostenrechnung in der Kommunalverwaltung", Köln 1989;

KGSt: Organisationsuntersuchungen in der Kommunalverwaltung, Gutachten, 5. Auflage, Köln 1977;

KGSt: Probleme der Zielsuche, Bericht 18/1975, Köln 1975;

KGSt: Technikunterstützte Informationsverarbeitung: Eine Herausforderung für den Verwaltungschef, Bericht Nr. 17/1985, Köln 1985;

KGSt: Verfahren zur Aufgabenkritik, Bericht Nr. 25/1976, Köln 1976;

KGSt: Wertanalyse nach DIN 69 910 - Hinweise zur Anwendung in der Kommunalverwaltung, Bericht Nr. 12/1986, Köln 1986;

Kieser, Alfred/Kubicek, Herbert: Organisationsstruktur und individuelles Verhalten als Einflußfaktoren der Gestaltung von Management-Informationssystemen, in: ZfB, 44. Jg. (1974), S. 449-474;

Kilger, Wolfgang: Flexible Plankostenrechnung und Deckungsbeitragsrechnung, 9. Auflage, Wiesbaden 1988;

Kind, Hero/Koch, Rainer/Schimanke, Dieter: Bewertungssysteme für den öffentlichen Dienst - Kommentar zur Diskussion, in: Siedentopf, Heinrich (Hrsg.): Bewertungssysteme für den öffentlichen Dienst, Baden-Baden 1978, S. 159-179;

Kirsch, Werner/Klein, H.K.: Management-Informationssystem, 2 Bände, Stuttgart 1977;

Kirsch, Werner: Die Koordination von Entscheidungen in Organisationen, in: ZfbF, 23. Jg. (1971), S. 61-82;

Kirsch, Werner: Einführung in die Theorie der Entscheidungsprozesse, Band III: Entscheidungen in Organisationen, 2. Auflage, Wiesbaden 1973;

Kitterer, Wolfgang: Die Finanzkontrolle aus der Sicht der Haushalts- und Finanzplanung, in: Zavelberg, Heinz Günter (Hrsg.): Die Kontrolle der Staatsfinanzen - Geschichte und Gegenwart, Berlin 1989, S. 221-239;

Klaus, Hans: Leistungsbeurteilung bei Beamten, in: Goller, Jost/Maack, Heinrich/Müller-Hedrich, Bernd (Hrsg.): Verwaltungsmanagement, Loseblattsammlung, Stuttgart 1989ff, Teil C, Kapitel 7.2.;

Klaus, Peter G.: Auf dem Weg zu einer Betriebswirtschaftslehre der Dienstleistungen: Der Interaktions-Ansatz, in: DBW, 44. Jg. (1984), Heft 3, S. 467-475;

Kloock, Josef/Sieben, Günter/Schildbach, Thomas: Kosten- und Leistungsrechnung, 4. Aufl., Düsseldorf 1987;

Knäpper, Peter: Organisationsanleitung zur **Terminsteuerung von Bauvorhaben**, in: VOP Nr. 2/1990, S. 114ff (Teil 1) und VOP Nr. 3/1990, S. 204ff (Teil 2);

Knauss, Fritz: Berichterstattung über öffentliche Unternehmen, in: ZögU, Band 12, Heft 1/1989, S. 100-105;

Knauss, Fritz: Bundesunternehmen, in: Chmielewicz, Klaus/Eichhorn, Peter (Hrsg.): Handwörterbuch der Öffentlichen Betriebswirtschaft, Stuttgart 1989, Sp. 209-224;

Knauss, Fritz: Unternehmen und Sondervermögen der öffentlichen Hand: Zum "wichtigen Bundesinteresse" und zur **Privatisierung von Bundesbeteiligungen**, Arbeitspapier des Schwerpunktes Finanzwissenschaft/Betriebswirtschaftliche Steuerlehre der Universität Trier, Trier 1989;

Knauss, Fritz: Zur Kontrolle der Beteiligungen der Bundesrepublik Deutschland und ihrer Sondervermögen, in: Gesellschaft für öffentliche Wirtschaft und Gemeinwirtschaft (Hrsg.): Kontrolle öffentlicher Unternehmen, Band 1, Baden-Baden 1980, S. 33-67;

Koch, Rainer: Management von Organisationsänderungen in der öffentlichen Verwaltung, Berlin 1982;

Kolibius, Günter: DV-Realisierung von Konzepten der Grenzplankosten- und Deckungsbeitragsrechnung, in: Männel, Wolfgang (Hrsg.): Handbuch Kostenrechnung, Wiesbaden 1992, S. 1308-1317;

Kommission "Neue Führungsstruktur Baden-Württemberg": Bericht der Kommission, Band I-III, Stuttgart 1985;

König, Herbert (Berichterstatter): **Kritische Analyse** des Managements finanzieller, personeller und materieller Ressourcen in der öffentlichen Verwaltung; Länderbericht für die Bundesrepublik Deutschland zu Thema 1 des XVII. Internationalen Kongresses für Verwaltungswissenschaften, in: Deutsche Sektion des Internationalen Instituts für Verwaltungswissenschaften (Hrsg.): Verwaltungswissenschaftliche Informationen, Sonderheft Nr. 3, o.O. 1977;

König, Herbert: Beiträge der Betriebswirtschaftslehre zur Verwaltungsinnovation, in: DBW, Heft 2/1984, S. 271-286;

König, Herbert: Führung und Controlling in der öffentlichen Verwaltung, in: VOP, Nr. 4/1990, S. 244-246;

König, Herbert: Informationstechnik als neue Chance für die Verwaltungsführung, in: Reinermann, Heinrich u.a. (Hrsg.): Neue Informationstechniken - neue Verwaltungsstrukturen?, Heidelberg 1988, S. 159-182;

König, Herbert: Managementkonzeptionen für Regierung und Verwaltung, in: Verwaltungsarchiv, Nr. 4/1976, S. 335-368;

König, Herbert: Problemfindung als Ausgangspunkt für öffentliches Handeln, in: Bundesakademie für öffentliche Verwaltung (Hrsg.): Ziel- und ergebnisorientiertes Verwaltungshandeln - Entwicklung und Perspektiven in Regierung und Verwaltung, Bonn 1979, S. 19-45;

König, Herbert: Rahmenbedingungen wirksamer Finanzkontrolle, erweiterte Fassung des Vortrages vor der Fachtagung der Rechnungshöfe des Bundes und der Länder, Aachen 1985, in: Beiträge zur Verwaltungswissenschaft, Nr. 4, Hamburg 1985;

König, Herbert: Verwaltungsreformen, in: Chmielewicz, Klaus/Eichhorn, Peter (Hrsg.): Handwörterbuch der öffentlichen Betriebswirtschaft, Stuttgart 1989, Sp. 1738-1744;

König, Herbert: Von der Finanzkontrolle zum Controlling in der öffentlichen Verwaltung, in: Pfohl, Hans-Christian/Braun, Günther E. (Hrsg.): Beiträge zur Controllingpraxis Nr. 4, Essen 1982, S. 77-92;

König, Herbert: Von der Finanzkontrolle zum Controlling in der öffentlichen Verwaltung?, in: Verwaltungspraxis, Nr. 6/1983, S. 21-24;

König, Herbert: Ziel-Programm-Ressourcen-Dynamik, in: Institut für Kommunalwissenschaften der Konrad-Adenauer-Stiftung (Hrsg.): Reform kommunaler Aufgaben, Bonn 1978, S. 234;

König, Herbert: Zur Neuorientierung von Zielgruppierungen in der öffentlichen Verwaltung, in: Verwaltung und Fortbildung, Heft 2/1977, S. 84;

König, Klaus (Hrsg.): Koordination und integrierte Planung in den Staatskanzleien - Vorträge und Diskussionsbeiträge der verwaltungswissenschaftlichen Arbeitstagung 1975 der Hochschule für Verwaltungswissenschaft Speyer, Berlin 1976;

König, Klaus: Die Rolle zentraler oder ressorteigener Einheiten für Planung im Bereich der Politikentscheidung und Prioritätensetzung, in: Siedentopf, Heinrich (Hrsg.): Regierungspolitik und Koordination - Vorträge und Diskussionsbeiträge der Internationalen Arbeitstagung 1974 der Hochschule für Verwaltungswissenschaften Speyer, Berlin 1976, S. 227-257;

König, Klaus: Zur Evaluation staatlicher Programme, in: Eichhorn, Peter/Kortzfleisch, Gert von (Hrsg.): Erfolgskontrolle bei der Verausgabung öffentlicher Mittel, Baden-Baden 1986, S. 19-34;

Koontz, Harold/Weihrich, Heinz: Management, 9. Auflage, New York u.a. 1988;

Koreimann, D.S.: Methoden der Informationsbedarfsanalyse, Berlin und New York 1976;

Kosiol, Erich/Chmielewicz, Klaus/Schweitzer, Marcell (Hrsg.): Handwörterbuch des Rechnungswesens (HWR), 2. Auflage, Stuttgart 1981;

Kosiol, Erich: Einführung in die Betriebswirtschaftslehre, Wiesbaden 1968;

Kosiol, Erich: Erkenntnisgegenstand und methodologischer Standort der Betriebswirtschaftslehre, in: ZfB, 31. Jg. (1961), S. 129-136;

Kosiol, Erich: Organisation der Unternehmung, Wiesbaden 1962;

Kosiol, Erich: Zur Problematik der Planung in der Unternehmung, in: ZfB, 37. Jg. (1967), S. 77-96;

Kracht, Peter/Weigel, Wolfgang: Entscheidungshilfen und Lösungen für die Einrichtung einer **Controlling-Funktion im Krankenhaus**, in: Krankenhaus Umschau, Nr. 5/1989, S. 366-371;

Krautter, Horst: Zielgerichtetes Verwaltungshandeln, in: Joerger, Gernot/Geppert, Manfred: Grundzüge der Verwaltungslehre, Band 2, 3. Auflage, Stuttgart 1983, S. 38-47;

Krebs, Walter: Rechtmäßigkeit und Wirtschaftlichkeit als Kontrollmaßstäbe des Rechnungshofs, in: Arnim, Hans Herbert von (Hrsg.): Finanzkontrolle im Wandel, Berlin 1989, S. 65-81;

Kreuder, Klaus-Peter/Deniz, Kuranel: Controlling im Krankenhaus, in: Krankenhaus Umschau, Nr. 2/1990, S. 89-94;

Krieg, Walter: Kybernetische Grundlagen der Unternehmensgestaltung, Bern und Stuttgart 1971;

Kromrey, Helmut: Empirische Sozialforschung, 3. Auflage, Opladen 1986;

Krüger, Wilfried: Organisation der Unternehmung, Stuttgart 1984;

Kruse, Hans-Joachim: Allgemeine Aufgabenplanung, in: Becker, Ulrich und Werner Thieme (Hrsg.): Handbuch der Verwaltung, Köln, Berlin, Bonn, München 1976, Heft 2.2;

Kübel, Rolf: Unerschöpfliche Ressource Mensch, Vordruck, o.O. 1989;

Kübler, Hartmut: Organisation und Führung in Behörden, Bd. 1, Organisatorische Grundlagen, 3. Aufl., Stuttgart 1978;

Küchler, Manfred: Stichwort "**Indikator**", in: Endruweit, Günther/Trommsdorf, Gisela (Hrsg.): Wörterbuch der Soziologie, Band 2, Stuttgart 1989, S. 284f;

Küller, Hans-Detlef: Sozialbilanzen - Kritische Anmerkungen aus gewerkschaftlicher Sicht, in: Pieroth, Elmar (Hrsg.): Sozialbilanzen in der Bundesrepublik Deutschland, Düsseldorf/Wien 1978, S. 245-262;

Küpper, Hans-Ulrich/Weber, Jürgen/Zünd, André: Zum Verständnis und Selbstverständnis des Controlling - Thesen zur Konsensbildung, in: ZfB, 60. Jg. (1990), Heft 3, S. 281-293;

Küpper, Hans-Ulrich: Koordination und Interdependenz als Bausteine einer konzeptionellen und theoretischen **Fundierung des Controlling**, in: Lücke, Wolfgang (Hrsg.): Betriebswirtschaftliche Steuerungs- und Kontrollprobleme, Wiesbaden 1987, S. 163-183;

Kupper, Hubert: Zur Kunst der Projektsteuerung, 4. Auflage, München, Wien 1986;

Landesrechnungshof Rheinland-Pfalz: Gutachtliche Äußerung über das Integrierte Planungs-, Entscheidungs- und Kontrollsystem **IPEKS**, G 100 7c, Speyer 1977;

Lange, Klaus: Staatliche Steuerung durch offene Zielvorgabe im Lichte der Verfassung, in: Verwaltungs-Archiv, Heft 1/1991, S. 1-24;

Lange, Oskar: Einführung in die ökonomische Kybernetik, Tübingen 1970;

Langrod, Georges: Der Nutzen der allgemeinen **Systemtheorie in der Verwaltungswissenschaft**, in: Die Verwaltung, Heft 2/1972, S. 127-140;

Langrod, Georges: Diskussionsbeitrag zum Thema I: Der Regierungschef und sein Apparat in der **Regierungskoordination** und in der Prioritätensetzung, in: Siedentopf, Heinrich (Hrsg.): Regierungspolitik und Koordination - Vorträge und Diskussionsbeiträge der Internationalen Arbeitstagung 1974 der Hochschule für Verwaltungswissenschaften Speyer, Berlin 1976, S. 139-148;

Laux, Eberhard: Kommunale Planung, in: Szyperski, Norbert (Hrsg.): Handwörterbuch der Planung, Stuttgart 1989, Sp. 834-842;

Laux, Eberhard: Öffentliche Verwaltung, betriebswirtschaftliche Aspekte, in: Grochla, Erwin/Wittmann, Waldemar (Hrsg.): Handwörterbuch der Betriebswirtschaft, Band I/2, 4. Auflage, Stuttgart 1975, Sp. 2806-2816;

Laux, Eberhard: Verwaltungsmanagement, in: Chmielewicz, Klaus/Eichhorn, Peter (Hrsg.): Handwörterbuch der öffentlichen Betriebswirtschaft, Stuttgart 1989, Sp. 1677-1689;

Layer, Manfred: Kapazität: Begriff, Arten und Messung, in: Kern, Werner (Hrsg.): Handwörterbuch der Produktionswirtschaft, Stuttgart 1979, Sp. 871-882;

Lecheler, Helmut: Verwaltungslehre, Stuttgart, München, Hannover 1988;

Leffson, Ulrich: Wirtschaftsprüfung, 2. Auflage, Wiesbaden 1980;

Leipert, Christian: Unzulänglichkeiten des Sozialprodukts in seiner Eigenschaft als Wohlstandsmaß, Tübingen 1975;

Lempert, Wolfgang: Das Leistungsprinzip in der Industriegesellschaft - Anspruch und Wirklichkeit, Möglichkeiten und Grenzen, in: Siedentopf, Heinrich (Hrsg.): Bewertungssysteme für den öffentlichen Dienst, Baden-Baden 1978, S. 51-68;

Lepper, Manfred u.a.: Die Struktur der Ministerialorganisation, Teil II, Leitfaden zur Gestaltung der ergänzenden Projektorganisation, Bonn 1976;

Lepper, Manfred: Die Rolle und Effektivität der interministeriellen Ausschüsse für Koordination und Regierungspolitik - Länderbericht: Bundesrepublik Deutschland, in: Siedentopf, Heinrich (Hrsg.): Regierungspolitik und Koordination - Vorträge und Diskussionsbeiträge der Internationalen Arbeitstagung 1974 der Hochschule für Verwaltungswissenschaften Speyer, Berlin 1976, S. 433-449;

Liebel, Hermann J.: Personalführung durch Verhaltensbewertung, Aktuelle Probleme mit langer Tradition, in: Liebel, Hermann J./Oechsler, Walter A. (Hrsg.): Personalbeurteilung - Neue Wege der Leistungs- und Verhaltensbewertung, Erfolgreiche Führung in Wirtschaft und Verwaltung, Schriftenreihe des Arbeitskreises für Wirtschaft und Verwaltung an der Universität Bamberg e.V., Bd.7, Bamberg 1987, S. 89-162;

Liessmann, Konrad: Entwicklungsstand des Controlling in Beteiligungsunternehmen der Bundesrepublik Deutschland - Ergebnisse einer Befragung, in: Mann, R. / Mayer, E. (Hrsg.): Der Controlling-Berater, Loseblattsammlung, Nachlieferung 2/1983, Gruppe 10, S. 31-53;

Lindblom, C.E.: The intelligence of democracy, New York-London 1965;

Lindblom, C.E.: The science of "muddling through", in: Ansoff, H.Igor (ed.): Business Strategy, Harmondsworth 1969 (reprinted 1983), S. 41-60 (zuerst in Public Administration Review (PAR) 1959, vol. 19, S. 79-88);

Lindner, Klaus: Quantitative Aspekte des Personalbedarfs, in: Becker, Ulrich/Thieme, Werner (Hrsg.): Handbuch der Verwaltung, Heft 5.5, Köln u.a. 1976;

Link, Jörg: Die methodologischen, informationswirtschaftlichen und führungspolitischen **Aspekte des Controlling**, in ZfB, 52. Jg. (1982), Heft 3, S. 261-280;

Lüder, Klaus/Budäus, Dietrich: Effizienzorientierte Haushaltsplanung und Mittelbewirtschaftung - Studie zum Problem der Erzeugung von Anreizen für die wirtschaftliche Verwendung öffentlicher Mittel durch die Titelverwalter, Göttingen 1976;

Lüder, Klaus: Betriebswirtschaftslehre und öffentliche Verwaltung - Bestandsaufnahme und Entwicklungsperspektiven, in: ZfB, 52. Jg. (1982), Heft 6, S. 538-545;

Luhmann, Niklas: Soziale Systeme - Grundriß einer allgemeinen Theorie, 2. Auflage, Frankfurt 1985;

Luhmann, Niklas: Theorie der Verwaltungswissenschaft - Bestandsaufnahme und Entwurf, Köln und Berlin 1966;

Luhmann, Niklas: Zweckbegriff und Systemrationalität, Taschenbuchausgabe, Frankfurt 1973 (Ersterscheinung 1968);

Macharzina, Klaus: Reduktion von Ungewißheit und Komplexität durch Prognose und Planung, in: MIR, Vol. 15 (1975), Nr. 6, S. 29-42;

Madauss, Bernd J.: Projektmanagement - Ein Handbuch für Industriebetriebe, Unternehmensberater und Behörden, Stuttgart 1984;

Mäding, Erhard: Aufgaben der öffentlichen Verwaltung, in: Die Verwaltung, Band 6/1973, S. 258;

Mäding, Heinrich (Hrsg.): Haushaltsplanung - Haushaltsvollzug - Haushaltskontrolle, Baden-Baden 1987;

Mäding, Heinrich: Öffentlicher Haushalt und Verwaltungswissenschaft: ein Überblick, in: Mäding, Heinrich (Hrsg.): Haushaltsplanung - Haushaltsvollzug - Haushaltskontrolle, Baden-Baden 1987, S. 29-49;

Mag, Wolfgang: Entscheidung und Information, München 1977;

Mahnke, Hans: Projektmanagement mit dem PC, Würzburg 1987;

Mahnkopf, Rudolf: Die Rolle der Finanzplanung und Fachplanung im kommunalen Haushaltsplanungsprozeß - am Beispiel der Stadt München, in: Mäding, Heinrich (Hrsg.): Haushaltsplanung - Haushaltsvollzug - Haushaltskontrolle, Baden-Baden 1987;

Maleri, Rudolf: Grundzüge der Dienstleistungsproduktion, Berlin, Heidelberg, New York 1973;

Malik, Fredmund (Hrsg.): Praxis des systemorientierten Managements, Bern und Stuttgart 1979;

Mann, Rudolf: Die Praxis des Controlling, München, o.J.;

Mann, Rudolf: Vom operativen zum strategischen Controlling - Die Anpassung des Controlling an eine sich schneller verändernde Umwelt, in: CM Heft 1/1978;

Männel, Wolfgang (Hrsg.): Controlling-Konzepte für Industrieunternehmen, Dienstleistungsbetriebe und öffentliche Verwaltungen, Nürnberg 1987;

Männel, Wolfgang (Hrsg.): Handbuch Kostenrechnung, Wiesbaden 1992;

Männel, Wolfgang (Hrsg.): Konzepte, Schwerpunkte und Aufgabenfelder des Controlling, Nürnberg 1988;

Männel, Wolfgang: Anlagencontrolling, 2. Auflage, Lauf an der Pegnitz **1990**;

Männel, Wolfgang: Anlagencontrolling, in: ZfB, Ergänzungsheft 3/**91**, "Controlling Selbstverständnis - Instrumente - Perspektiven", S. 193-216;

Männel, Wolfgang: Anpassung der Kostenrechnung an moderne Unternehmensstrukturen, in: Männel, Wolfgang (Hrsg.): Handbuch Kostenrechnung, Wiesbaden 1992, S. 105-137;

Männel, Wolfgang: Aufgaben und Schwerpunkte des Controlling für anlagenintensive Produktionsstrukturen, in: Männel, Wolfgang (Hrsg.): Integrierte Anlagenwirtschaft, Köln 1988, S. 311-334;

Männel, Wolfgang: Ausrichtung des Controlling auf Zukunftssicherungsprogramme zur bestmöglichen **Nutzung der Ressource Mensch**, als solches unveröffentlichtes Manuskript, Lauf 1989;

Männel, Wolfgang: Besonderheiten der internen **Rechnungslegung öffentlicher Verwaltungen und Unternehmen**, in: ZfB, 58. Jg. (1988), Heft 8, S. 839-857;

Männel, Wolfgang: Durch inkonsistente Zielvorgaben sowie durch Kosten- und Leistungsverbundenheiten bedingte **Zielkonflikte in Mensabetrieben**, in: Bohr, K. / Drukarczyk, J. / Scherrer, G. (Hrsg.): Unternehmensverfassung als Problem der Betriebswirtschaftslehre, Regensburg 1981, S. 371-403;

Männel, Wolfgang: Grundlegende **Texte zur Kosten-, Leistungs-, Erlös- und Ergebnisrechnung**, in: Männel, Wolfgang (Hrsg.): Kongreß Kostenrechnung '89, Lauf a.d.P. 1989, S. 1-39;

Männel, Wolfgang: Internes Rechnungswesen öffentlicher Unternehmen und Verwaltungen - Ein zentrales Controlling-Instrument, in: Weber, Jürgen/Tylkowski, Otto (Hrsg.): Controlling in öffentlichen Institutionen - Konzepte, Instrumente, Entwicklungen, Stuttgart 1989, S. 137-156;

Männel, Wolfgang: Internes Rechnungswesen öffentlicher Verwaltungen und Unternehmen als zentrales Controlling-Instrument, in: krp, Heft 6/1990, S. 361-367;

Männel, Wolfgang: Kosten-, Leistungs-, Erlös- und Ergebnisrechnung, 5. Auflage, Lauf a.d.P. 1989;

Männel, Wolfgang: Kostenrechnung als Führungsinstrument, Lauf a.d.P. 1991;

Männel, Wolfgang: Leistungs- und Erlösplanung, in: Szyperski, Norbert (Hrsg.): Handwörterbuch der Planung, Stuttgart 1989, Sp. 953-960;

Männel, Wolfgang: Leistungs- und Erlösrechnung, 2. Auflage, Lauf a.d.P. 1990;

Männel, Wolfgang: Modernisierung von Kostenrechnungskonzepten für die zukunftsorientierte Unternehmensführung, in: Männel, Wolfgang (Hrsg.): Kongreß Kostenrechnung '89, Lauf a.d.P. 1989, S. 40-67;

Männel, Wolfgang: Möglichkeiten und Grenzen des **Rechnens mit Opportunitätserlösen**, in: Riebel, Paul (Hrsg.): Beiträge zur betriebswirtschaftlichen Ertragslehre, Festschrift für Erich Schäfer zum 70. Geburtstag, Köln und Opladen 1970, S. 201-245;

Männel, Wolfgang: Schwerpunkte und Erfolgsfaktoren mittelstandsspezifischer Kostenrechnungslösungen, in: Männel, Wolfgang (Hrsg.): Fachtagung Kostenrechnung für mittelständische Unternehmen 1992, Lauf a.d.P. 1992, S. 63-98;

Männel, Wolfgang: Stichwort **Leistungsrechnung**, in: krp, Heft 3/1990, S. 194-195;

Männel, Wolfgang: Zukunftsweisende Lösungen für die **Kostenrechnung mittelständischer Unternehmen**, in: Männel, Wolfgang (Hrsg.): Fachtagung Kostenrechnung für mittelständische Unternehmen, Lauf a.d.P. 1990, S. 2-39;

Männel, Wolfgang/Warnick, Bernd: Entscheidungsorientiertes Rechnungswesen, in: Mayer, Elmar/Weber, Jürgen (Hrsg.): Handbuch Controlling, Stuttgart 1990, S. 395-418;

Mannheim, Karl: Mensch und Gesellschaft im Zeitalter des Umbaus, Darmstadt 1958;

Marettek, Alexander: Budgetierung, in: Grochla, Erwin/Wittmann, Waldemar (Hrsg.): Handwörterbuch der Betriebswirtschaft, Band 2, 4. Auflage, Stuttgart 1974, Sp. 1031-1038;

Matschke, M.J./Kolf, J.: Historische Entwicklung, Begriff und organisatorische Probleme des **Controlling**, in: DB, Heft 13/1980, S. 601-607;

Mattern, Karl-Heinz (Hrsg.): Allgemeine Verwaltungslehre, Regensburg 1982;

Mattern, Karl-Heinz: Ziel- und ergebnisorientiertes Verwaltungshandeln, in: VuF 1977, S. 3-10;

Mayer, Elmar/Weber, Jürgen (Hrsg.): Handbuch Controlling, Stuttgart 1990;

Mayer, Elmar: Überwindung der Kontrolle durch das **Controlling-Führungskonzept**, in: Weber, Jürgen/Tylkowski, Otto (Hrsg.): Controlling - Eine Chance für öffentliche Unternehmen und Verwaltungen, Stuttgart 1988, S. 21-34;

Mayer, Franz: Allgemeines Verwaltungsrecht - Eine Einführung, 3. Auflage, Stuttgart, München, Hannover 1972;

Mayer, Otto: Deutsches Verwaltungsrecht, Band 1, 3. Auflage, Leipzig 1924;

Mayer, Reinhold: Stichwort **Prozeßkostenrechnung**, in: krp, Heft 1/1990, S. 74f und Heft 5, S. 307f;

Mayntz, Renate/Endler, Klaus/Feick, Jürgen u.a.: Informations- und Kommunikationstechnologien in der öffentlichen Verwaltung, 4 Bände, St. Augustin 1983-1984;

Mayntz, Renate/Holm, Kurt/Hübner, Peter: Einführung in die Methoden der empirischen Soziologie, 3. Auflage, Opladen 1972;

Mayntz, Renate: Soziologie der öffentlichen Verwaltung, Heidelberg und Karlsruhe 1978;

Mc Kinsey (Hrsg.): Verbesserung der Kostentransparenz und Wirtschaftlichkeit der Bundeswehr durch ein leistungsfähiges Controlling, unveröffentlichtes Gutachten, Bonn 1982;

Mennen, August: Besoldung und Versorgung, in: Chmielewicz, Klaus/Eichhorn, Peter (Hrsg.): Handwörterbuch der Öffentlichen Betriebswirtschaft, Stuttgart 1989, Sp. 111-121;

Mertens, Peter: Aufbauorganisation der Datenverarbeitung - Zentralisierung - Dezentralisierung - Informationszentrum, Wiesbaden 1985;

Meyer zu Selhausen, Hermann: Inkrementale Planung, in: Szyperski, Norbert (Hrsg.): Handwörterbuch der Planung, Stuttgart 1989, Sp. 746-753;

Meyer, Arnold: Die Arbeitsplanung im Dienstleistungsbereich - wichtige Rationalisierungsreserve!, in: Management-Zeitschrift IO, 45. Jg. (1976), Nr. 2, S. 75-78;

Meyer-Pries, Dierk: Controlling als Führungsinstrument für die öffentliche Verwaltung - Notwendigkeiten, Chancen, Restriktionen, in: Goller, Jost / Maack, Heinrich / Müller-Hedrich, Bernd (Hrsg.): Verwaltungsmanagement, Loseblattsammlung, Stuttgart 1989ff, Teil B, Kapitel 2.1, S. 1-24;

Miller, J.G.: Living Systems, New York/St. Louis (McGraw Hill) 1978;

Ministerialblatt des Bundesministers der Finanzen, 1985

Mintzberg, H.: The Myths of MIS, CMR 15, 1972, 1, 97-110;

Mitchell, Jeremy: Consumer Performance Indicators and Targets for Nationalised Industries in the United Kingdom, in: Journal of Consumer Policy, 6. Jg. (1983), S. 177-193;

Moews, Dieter: Kosten und Leistung, in: Kosiol, Erich/Chmielewicz, Klaus/Schweitzer, Marcell (Hrsg.): Handwörterbuch des Rechnungswesens, 2. Auflage, Stuttgart 1981, Sp. 1114-1125;

Moews, Dieter: Kosten- und Leistungsrechnung, 2. Aufl., München, Wien 1987;

Mögel, Rolf: Datensicherung, in: Goller, Jost/Maack, Heinrich/Müller-Hedrich, Bernd (Hrsg.): Verwaltungsmanagement, Loseblattsammlung, Stuttgart 1989ff, Teil E, Kapitel 2.1.;

Moppmann, Erich (Hrsg.): Konzertierte Aktion - Kritische Beiträge zu einem Experiment, Frankfurt 1971;

Morstein Marx, Fritz (Hrsg.): Verwaltung - Eine einführende Darstellung, Berlin 1965;

Mülhaupt, Ludwig/Gornas, Jürgen: Betriebswirtschaftliche Grundsätze in der Kameralistik, in: Kommunale Kassen-Zeitschrift (KKZ), 24.Jahrgang 1973, S. 104-110 und S. 121-128;

Mülhaupt, Ludwig: Kameralistik, in: Eichhorn, Peter u.a. (Hrsg.): Verwaltungslexikon, Baden-Baden 1985, S. 484-487;

Mülhaupt, Ludwig: Theorie und Praxis des öffentlichen Rechnungswesens in der Bundesrepublik Deutschland, Baden-Baden 1987;

Müller, Heinrich: **Was ist neu am Prozeßkostenansatz?** Erläuterung und Einordnung des Activity-based Costing, in: Männel, Wolfgang (Hrsg.): Kongress Kostenrechnung '91, Lauf a.d.P. 1991, S. 165-187;

Müller, Matthias: **Arbeits- und Zeitstudien** als Mittel der Rationalisierung und Kalkulation im Bankbetrieb, Frankfurt und München 1976;

Müller, Wolfgang: **Die Koordination von Informationsbedarf und Informationsbeschaffung** als zentrale Aufgabe des Controlling, in: ZfbF, 26. Jg. (1974), Heft 10, S. 683-693;

Munzel, Dieter: **Die Funktionsfähigkeit von Planungs- und Kontrollsystemen** auf der Ebene von Bundesregierung und Bundesverwaltung, Diss., Hamburg 1976;

Musto, Stefan A.: **Analyse der Zielerreichung**, in: Deutsches Institut der Entwicklungspolitik (Hrsg.): Ausgewählte Aufsätze zum Problem der Evaluierung sozialer Entwicklungsprojekte IV, Berlin 1971, S. 1-37;

Mutius, Albert von: **Gemeindeverwaltungen**, in: Chmielewicz, Klaus/Eichhorn, Peter (Hrsg.): Handwörterbuch der öffentlichen Betriebswirtschaft, Stuttgart 1989, Sp. 452-464;

Myrdal, Gunnar: **Das Wertproblem** in der Sozialwissenschaft, Hannover 1958;

Neumark, Fritz: **Der Reichshaushaltsplan**, Jena 1929;

Norusis, Marija J.: **SPSS / PC+ - Advanced Statistics**, Illinois/USA 1990;

Novick, David: **Das Programmbudget**: Grundlage einer langfristigen Planung, in: Recktenwald, Horst Claus (Hrsg.): Nutzen-Kosten-Analyse und Programmbudget, Tübingen 1970, S. 155-167;

o.V.: **Effizienzsteigerung der Landesverwaltung**, Landtagsdrucksache 10/2787, Düsseldorf 1988;

Obermeyer, Klaus: **Grundzüge des Verwaltungsrechts** und Verwaltungsprozeßrechts, Stuttgart u.a. 1964;

Oechsler, Walter A./Steinebach, Nikolaus: **Leistung und Leistungsbegriff** im höheren Dienst, in: Verantwortung und Leistung, Heft 8/1983, S. 8;

Oechsler, Walter A.: **Personalwirtschaft** öffentlicher Verwaltungen, in: Chmielewicz, Klaus/Eichhorn, Peter (Hrsg.): Handwörterbuch der öffentlichen Betriebswirtschaft, Stuttgart 1989, Sp. 1263-1274;

Oechsler, Walter A.: **Zweckbestimmung und Ressourceneinsatz** öffentlicher Betriebe, Baden-Baden 1982;

Opp, Karl-Dieter: **Methodologie der Sozialwissenschaften** - Einführung in Probleme ihrer Theoriebildung, 2. Auflage, Reinbek 1976;

Ossadnik, Wolfgang: **Theatermanagement mittels Controlling**, in: ZögU, Heft 2/1987, S. 145-157;

Ossadnik, Wolfgang: **Zur Spezifizierung des Handlungsauftrages** öffentlicher Unternehmen, in: JfB, 41. Jg. (1991), Heft 1, S. 2-13;

Pällmann, Wilhelm/Münchschwander, Peter: **Controlling von Neubau-Großprojekten** am Beispiel der Deutschen Bundesbahn, in: Weber, Jürgen/Tylkowski, Otto (Hrsg.): Konzepte und Instrumente von Controlling-Systemen in öffentlichen Institutionen, Stuttgart 1990, S. 157-176;

Parlamentarischer Untersuchungsausschuß zum Persien-Engagement der Hamburger Stadtentwicklungsgesellschaft: **Bericht** vom 3.5.1982, in: Bürgerschaftsdrucksache 9/4545, Anlage 1;

Parsons, Talcott: **The Social System**, New York 1964;

Pawlowski, T.: **Indicators in Comparitive Research**, Unveröffentlichtes Manuskript, Berlin 1975;

Peemöller, Volker H.: **Controlling** - Grundlagen und Einsatzgebiete, Herne / Berlin 1990;

Peppmeier, Erwin: **Die Rolle des Bundesrechnungshofes** und des Bundesbeauftragten für Wirtschaftlichkeit in der Verwaltung bei der Entwicklung von Controlling in öffentlichen Institutionen, in: Weber, Jürgen/Tylkowski, Otto (Hrsg.): Perspektiven der Controlling-Entwicklung in öffentlichen Institutionen, Stuttgart 1991, S. 81-100;

Petersen, Hans-Georg: **Finanzwissenschaft**, Band 1: Grundlegung - Haushalt - Aufgaben und Ausgaben, Stuttgart u.a. 1988;

Petersen, Volker: **Landwirtschaftskammer Schleswig-Holstein** - Strategische Planung durch Portfolio-Analyse, in: Weber, Jürgen/Tylkowski, Otto (Hrsg.): Perspektiven der Controlling-Entwicklung in öffentlichen Institutionen, Stuttgart 1991, S. 177-200;

Petersen, Volker: **Landwirtschaftskammer Schleswig-Holstein - Von der öffentlichen Institution zum modernen Dienstleistungsunternehmen**, in: Weber, Jürgen/Tylkowski, Otto (Hrsg.): Konzepte und Instrumente von Controlling-Systemen in öffentlichen Institutionen, Stuttgart 1990, S. 71-80;

Pfohl, Hans-Christian/Zettelmeyer, Bernd: **Strategisches Controlling?** in: ZfB, 57. Jg. (1987), Heft 2, S. 145-175;

Philippi, Michael: **Motivations- und Anreizmechanismen** im Rahmen der internen Budgetierung im Krankenhaus, in: Sieben, Günter (Hrsg.): Interne Budgetierung im Krankenhaus, Köln 1988, S. 105-111;

Picot, Arnold/Lange, Bernd: **Synoptische versus inkrementale Gestaltung des strategischen Planungsprozesses** - Theoretische Grundlagen und Ergebnisse einer Laborstudie, in: ZfbF, 31. Jg. (1979), S. 569-596;

Picot, Arnold/Reichwald, Ralf: **Zur Wirtschaftlichkeit von Schreibdienstorganisationen** Teil I, in: VOP, 2. Jg. (1980), Nr. 5, S. 308-315 und Teil II, in: VOP, 3. Jg. (1981), Nr. 1, S. 34-41;

Picot, Arnold: **Betriebswirtschaftliche Umweltbeziehungen** und Umweltinformationen, Berlin 1977;

Picot, Arnold: **Zur Berücksichtigung von Konsumenteninteressen** in einem gesellschaftsbezogenen betriebswirtschaftlichen Rechnungswesen, in: Fischer-Winkelmann, Wolf F./Rock, Reinhard (Hrsg.): Marketing und Gesellschaft, Wiesbaden 1977, S. 153-171;

Piduch, Erwin Adolf: **Bundeshaushaltsrecht**, Kommentar, Loseblattsammlung, Stuttgart u.a. 1969ff;

Plaut, Hans Georg: **Essentials eines modernen innerbetrieblichen Rechnungswesens**, in: controller magazin, Nr. 5/1989, S. 233-240;

Plaut, Hans Georg: **Grenzplankostenrechnung und Deckungsbeitragsrechnung als modernes Kostenrechnungssystem**, in: Männel, Wolfgang (Hrsg.): Handbuch Kostenrechnung, Wiesbaden 1992, S. 203-225;

Plaut, Hans-Georg: **Die Grenz-Plan-Kostenrechnung**, in: ZfB, 23. Jg. (1953), Heft 6, S. 347-363 und Heft 7, S. 402-413;

Plaut, Hans-Georg: **Grenzplankostenrechnung und Deckungsbeitragsrechnung** als modernes Kostenrechnungssystem, In: krp, Heft 1/1984, S. 20-26 und Heft 2/1984, S. 67-72;

Popper, Karl R.: **Die offene Gesellschaft und ihre Feinde**, Band 1: Der Zauber Platons, 6. Auflage, München 1980;

Preissler, P.R.: Checklist: Controlling einsetzen und gewinnbringend durchführen, München 1977;

Preissler, P.R.: Controlling, München, Wien 1985;

Prest, Alan R./Turvey, Ralph: Kosten-Nutzen-Analyse: Ein Überblick, in: Recktenwald, Horst Claus (Hrsg.): Nutzen-Kosten-Analyse und Programmbudget, Tübingen 1970, S. 103-125;

Prim, Rolf/Tilmann, Heribert: Grundlagen einer kritisch-rationalen Sozialwissenschaft, 3. Auflage, Heidelberg 1977;

Promberger, Kurt: Steuerung von Organisationen des öffentlichen Sektors mit Hilfe eines zielorientierten und integrierten Rechnungswesens, Wien 1987;

Püttner, Günter: Öffentliche Unternehmen als Instrumente staatlicher Politik, in: Die öffentliche Verwaltung, 36. Jg. (1983), Heft 17, S. 697-704;

Püttner, Günter: Verwaltungslehre, München 1982;

Quade, Edward S.: Kosten-Wirksamkeits-Analyse, in: Recktenwald, Horst Claus (Hrsg.): Nutzen - Kosten - Analyse und Programmbudget, Tübingen 1970, S. 235-242;

Rackelmann, Günter: Projekt-Controlling für die Bundesbahn-Neubaustrecke Hannover-Würzburg, unveröffentl. Vortragsmanuskript, Nürnberg 1990;

Randolph, Rainer: Pragmatische Theorie der Indikatoren, Göttingen 1979;

Recktenwald, Horst Claus (Hrsg.): Nutzen-Kosten-Analyse und Programmbudget - Grundlage staatlicher Entscheidung und Planung, Tübingen 1970;

Recktenwald, Horst Claus: Die Nutzen-Kosten-Analyse: Hilfe für rationale Entscheidungen in der Staatswirtschaft, in: Recktenwald, Horst Claus: Markt und Staat - Fundamente einer freiheitlichen Ordnung, (hrsg. von Karl-Dieter Grüske), Göttingen 1980, S. 134-156;

Recktenwald, Horst Claus: Die ökonomische Analyse: Hilfe für rationale Entscheidung in der Staatswirtschaft, in: Recktenwald, Horst Claus (Hrsg.): Nutzen-Kosten-Analyse und Programmbudget, Tübingen 1970, S. 1-21;

Recktenwald, Horst Claus: Lexikon der Staats- und Geldwirtschaft - Ein Lehr- und Nachschlagewerk, München 1983;

Recktenwald, Horst Claus: Markt und Staat - Fundamente einer freiheitlichen Ordnung, Göttingen 1980;

Recktenwald, Horst Claus: Stichwort "Budget- oder Haushaltskonzepte", in: derselbe: Lexikon der Staats- und Geldwirtschaft - Ein Lehr- und Nachschlagewerk, München 1983, S. 88-90

Reding, Kurt: Die Effizienz staatlicher Aktivitäten - Probleme ihrer Messung und Kontrolle, Baden-Baden 1981;

Reding, Kurt: Effizienz, in: Chmielewicz, Klaus/Eichhorn, Peter (Hrsg.): Handwörterbuch der öffentlichen Betriebswirtschaft, Stuttgart 1989, Sp. 277-282;

REFA: Methodenlehre des Arbeitsstudiums, Teil 2: Datenermittlung, 6. Aufl., München 1978;

Regan, D.E.: Rationality in policy making: Two concepts not one, in: LRP 1978, 11, Nr. 5, S. 83-88;

Rehkopp, Alfons (Hrsg.): Dienstleistungsbetrieb Öffentliche Verwaltung, Stuttgart u.a. 1976;

Reichard, Christoph/Wißler, Ulrike: Handreichung zur Bildung von Indikatoren im Bereich der Trägerförderung, Studie im Auftrag der GTZ, Eschborn 1989;

Reichard, Christoph: **Betriebswirtschaftslehre** der öffentlichen Verwaltung, 2. Auflage, Berlin und New York 1987;

Reichard, Christoph: **Managementkonzeption des Öffentlichen Verwaltungsbetriebes**, Berlin 1973;

Reichard, Christoph: **Personalplanung** in der öffentlichen Verwaltung, in: Goller, Jost/Maack, Heinrich/Müller-Hedrich, Bernd (Hrsg.): Verwaltungsmanagement, Loseblattsammlung, Stuttgart 1989ff, Teil C, Kapitel 2.1.;

Reichmann, Thomas: **Controlling mit Kennzahlen**, München 1985;

Reinermann, Heinrich/Reichmann, Gerhard: **Verwaltung und Führungskonzepte**, Berlin 1978;

Reinermann, Heinrich: **Controlling** in mittleren und kleineren Kommunalverwaltungen, in: DBW, Nr. 1/1984, S. 85-97;

Reinermann, Heinrich: **Informatik**, in: Chmielewicz, Klaus/Eichhorn, Peter (Hrsg.): Handwörterbuch der öffentlichen Betriebswirtschaft, Stuttgart 1989, Sp. 614-625;

Reinermann, Heinrich: **Programmbudgets** in Regierung und Verwaltung - Möglichkeiten und Grenzen von Planungs- und Entscheidungssystemen, Baden-Baden 1975;

Reinermann, Heinrich: Stichwort "**Datenschutz (Grundlagen und Rechtslage)**", in: Eichhorn, Peter u.a. (Hrsg.): Verwaltungslexikon, Baden-Baden 1985, S. 207-212;

Reinermann, Heinrich: Stichwort "**Entwicklungslinien der Informationstechnik**", in: Eichhorn, Peter u.a. (Hrsg.): Verwaltungslexikon, Baden-Baden 1985, S. 283-289;

Reinermann, Heinrich: Stichwort "**Netzplantechnik**", in: Eichhorn, Peter u.a. (Hrsg.): Verwaltungslexikon, Baden-Baden 1985, S. 637-640;

Reinermann, Heinrich: Stichwort "**Programmbudgetierung**", in: Eichhorn, Peter u.a. (Hrsg.): Verwaltungslexikon, Baden-Baden 1985, S. 746f;

Reiss, Christoph/Weber, Jürgen: **Strategisches Controlling** in der Freien Wohlfahrtspflege - Konzepte, Instrumente, Beispiele, in: Weber, Jürgen/Tylkowski, Otto (Hrsg.): Konzepte und Instrumente von Controlling-Systemen in öffentlichen Institutionen, Stuttgart 1990, S. 213-242;

Rensing, Otger: **Zahlungsorientierte Projektzeitplanung**, Münster 1984;

Reschke, Hasso/Svoboda, M.: **Projektmanagement** - Konzeptionelle Grundlagen, 2. Auflage, München 1984;

Reschke, Hasso: **Projektmanagement für die öffentliche Verwaltung**, in: Goller, Jost/Maack, Heinrich/Müller-Hedrich, Bernd (Hrsg.): Verwaltungsmanagement, Loseblattsammlung, Stuttgart 1989ff, Teil B, Kapitel 3.1.;

Rexrodt, Günter: **Controlling in öffentlichen Verwaltungen im Spannungsfeld** zwischen privatwirtschaftlicher Erfahrung, politischen Einflüssen und bürokratischer Tradition, in: Weber, Jürgen/Tylkowski, Otto (Hrsg.): Perspektiven der Controlling-Entwicklung in öffentlichen Institutionen, Stuttgart 1991, S. 1-14;

Richard, Hans: **Projektmanagement mit Systemdenken**, Frankfurt u.a. 1988;

Richter, Hermann J.: **Theoretische Grundlagen des Controlling** - Strukturkriterien für die Entwicklung von Controlling-Konzeptionen, in: Reichmann, Thomas (Hrsg.): Schriften zum Controlling, Band 4, Frankfurt am Main u.a., 1987;

Richter, Lieselotte: **Kosteninformationssystem** - ein notwendiges Instrumentarium des modernen Verwaltungsmanagements, in: Weber, Jürgen/Tylkowski, Otto (Hrsg.): Controlling - Eine Chance für öffentliche Unternehmen und Verwaltungen, Stuttgart 1988, S. 161-186;

Riebel, Paul: **Die Bereitschaftskosten** in der entscheidungsorientierten Unternehmensrechnung, in: ZfbF, 22. Jg. (1970), S. 372-386;

Riebel, Paul: **Die Elastizität des Betriebes** - Eine produktions- und marktwirtschaftliche Untersuchung, Köln und Opladen 1954;

Riebel, Paul: Einzelerlös-, Einzelkosten- und Deckungsbeitragsrechnung als Kern einer ganzheitlichen Führungsrechnung, in: Männel, Wolfgang (Hrsg.): Handbuch Kostenrechnung, Wiesbaden 1992, S. 247-299;

Riebel, Paul: Einzelkosten- und Deckungsbeitragsrechnung, 5. Auflage, Wiesbaden 1985;

Riebel, Paul: Zum Konzept einer zweckneutralen Grundrechnung, in: ZfbF, 31. Jg. (1979), S. 785-798;

Riegel, Reinhard: Einfluß von Informationsverarbeitung und Datenschutz auf die öffentliche Verwaltung, in: VOP Nr. 3/1989, S. 156-165;

Rieger, Franz Herbert: Unternehmen und öffentliche Verwaltungsbetriebe - Ein betriebswirtschaftlicher Vergleich zum Aufbau einer Betriebswirtschaftslehre der öffentlichen Verwaltung, Berlin 1983;

Rischke, Michael/Reiss, Christoph: Controlling-Konzept für ein Wohlfahrtsunternehmen, in: Weber, Jürgen/Tylkowski, Otto (Hrsg.): Controlling in öffentlichen Institutionen: Konzepte - Instrumente - Entwicklungen, Stuttgart 1989, S. 101-124;

Röhrig, Richard: Die Entwicklung eines Controllingsystems für ein Krankenhaus, Darmstadt 1983;

Röhrig, Richard: Krankenhaus-Controlling, in: Weber, Jürgen/Tylkowski, Otto (Hrsg.): Perspektiven der Controlling-Entwicklung in öffentlichen Institutionen, Stuttgart 1991, S.131-156;

Roller, Peter: Kommunalverwaltung und Controlling, in: BWVP, Heft 2/1992, S. 33 - 37;

Rondorf, Dieter: Die Bewertung öffentlicher Leistungen durch die Bürger, Frankfurt a.M./Bern/New York 1985;

Rückwardt, Bernd: Koordination des Verwaltungshandelns, Berlin 1978;

Rühl, Günter: Zur Verbindung von **Arbeitsbewertung und Dienstpostenbewertung**, in: Siedentopf, Heinrich (Hrsg.): Bewertungssysteme für den öffentlichen Dienst, Baden-Baden 1978, S. 112-139;

Rürup, Bert/Färber, Gisela: Programmhaushalte der "zweiten Generation", in: DÖV, Heft 18/1980, S. 661-672;

Rürup, Bert/Grünewald, K.H.: Zero-Base-Budgeting - Ein "neues" staatswirtschaftliches Budgetierungskonzept - Konzeption und bisherige Erfahrungen, in: Verwaltung und Fortbildung (VuF), 6. Jg., Nr. 4/1978, S. 145-170;

Rürup, Bert/Hansmeyer, Karl-Heinrich: Staatswirtschaftliche Planungsinstrumente, 3. Auflage, Düsseldorf 1984;

Sack, Erwin/Rembold, Gerhard: Bauinvestitionscontrolling in Karlsruhe: Systematik und Praxis, in: Braun, Günther E./Bozem, Karlheinz (Hrsg.): Controlling im kommunalen Bereich, München 1990, S. 150-161;

Schäfer, Jürgen: Marxistisch-leninistische Analyse und Kritik der **Stellung und Funktion des "Controllers"** in kapitalistischen Industrieunternehmen, Diss., Leipzig 1982;

Schäfer, Wolfgang: Vernetzte Verwaltung - Neue Anforderungen der computergestützten Entscheidungsfindung, Darmstadt 1989;

Schaich, Eberhard: Schätz- und Testmethoden für Sozialwissenschaftler, München 1977;

Scharpf, Fritz W.: Probleme der politischen Aufgabenplanung, in: Becker, Ulrich / Thieme, Werner (Hrsg.): Handbuch der Verwaltung, Heft 2.3, Köln u.a. 1974;

Schatz, Heribert: Diskussionsbeitrag zum Thema I: **Der Regierungschef und sein Apparat** in der Regierungskoordination und in der Prioritätensetzung, in: Siedentopf, Heinrich (Hrsg.): Regierungspolitik und Koordination - Vorträge und Diskussionsbeiträge der Internationalen Arbeitstagung 1974 der Hochschule für Verwaltungswissenschaften Speyer, Berlin 1976, S. 185-189;

Schauer, Reinbert: **Controlling** - Eine Herausforderung für Kammern und Verbände? in: Weber, Jürgen/Tylkowski, Otto (Hrsg.): Konzepte und Instrumente von Controlling-Systemen in öffentlichen Institutionen, Stuttgart 1990, S. 45-69;

Schauer, Reinbert: **Kosten- und Leistungsrechnung** für öffentliche Verwaltungen - Ein Überblick über die Literatur eines Jahrzehnts, in: DBW, Nr. 4/1988, S. 509-524;

Schelle, Heinz: **Projektkostenschätzung** - Methoden zur Schätzung der Kosten komplexer Vorhaben und Ratschläge für die Praxis der Kostenschätzung, in: Goller, Jost/Maack, Heinrich/Müller-Hedrich, Bernd (Hrsg.): Verwaltungsmanagement, Loseblattsammlung, Stuttgart 1989ff, Teil B, Kapitel 3.2;

Schildbach, Thomas: **Zum Erfordernis kaufmännischer Rechnungslegung in öffentlichen Betrieben**, in: Zeitschrift für öffentliche und gemeinwirtschaftliche Unternehmen, Band 12, Heft 4/1989, S. 472-486;

Schimanke, Dieter: **Evaluierung von Verwaltungsprogrammen** - Dargestellt am Beispiel der Verwaltungsreform Baden-Württemberg, in: Böhret, Carl (Hrsg.): Verwaltungsreformen und Politische Wissenschaft - Zur Zusammenarbeit von Praxis und Wissenschaft bei der Durchsetzung und Evaluierung von Neuerungen, Baden-Baden 1978, S. 89-116;

Schleberger, Erwin/Reinelt, Iris: **Verwaltungsleistungen**, in: Chmielewicz, Klaus/Eichhorn, Peter (Hrsg.): Handwörterbuch der öffentlichen Betriebswirtschaft, Stuttgart 1989, Sp. 1670-1677;

Schleert, Dirk: **Erfassung und Bewertung der Sachzielerreichung** öffentlicher Verwaltungen durch Indikatoren und Indikatorensysteme, unveröffentl. Diplomarbeit, Nürnberg 1991;

Schlotter, Brigitte: **PC-gestützte Betriebsabrechnung kommunaler Einrichtungen**, unveröffentlichte Diplomarbeit, Nürnberg 1988;

Schmalenbach, Eugen: **Kostenrechnung und Preispolitik**, 8. Auflage, Köln und Opladen 1963;

Schmalenbach, Eugen: **Pretiale Wirtschaftslenkung**, Band 2: Pretiale Lenkung des Betriebes, Bremen-Horn 1948;

Schmalenbach-Gesellschaft/Deutsche Gesellschaft für Betriebswirtschaft, Arbeitskreis "Controlling in der Kommunalverwaltung": **Controlling in der Kommunalverwaltung** - Ein Instrument zur Verbesserung der Verwaltungsführung bei der Entscheidungsfindung, in: Mann, Rudolf/Mayer, Elmar (Hrsg.): Der Controlling-Berater, Loseblattsammlung, Nachlieferung 5/1987, Gruppe 10, S. 219-258;

Schmid, Karl-Rolf: **Kommunale Verwaltungsleistungen** und ihre interne Verrechnung, Baden-Baden 1981;

Schmidberger, Jürgen: **Controlling in der öffentlichen Verwaltung** - Ergebnisse einer Befragung, in: krp, Heft 2/1990, S. 115-121;

Schmidberger, Jürgen: **Soziale und volkswirtschaftliche Kosten**, in: Männel, Wolfgang (Hrsg.): Handbuch der Kostenrechnung, Wiesbaden 1992, S. 436-445;

Schmidberger, Jürgen: **Stand und Entwicklungsperspektiven von Controlling** in der öffentlichen Verwaltung - Ergebnisse einer Befragung, in: Goller, Jost/Maack, Heinrich/Müller-Hedrich, Bernd (Hrsg.): Verwaltungsmanagement - Handbuch für öffentliche Verwaltungen und öffentliche Betriebe, Loseblattsammlung, Ergänzungslieferung November 1990, Stuttgart 1990, Teil B 2.4, S. 1-18;

Schmidhäusler, Fritz J.: **EIS** - Executive Information System - Zur Computerunterstützung des Topmanagements, in: Zeitschrift für Organisation, Heft 2/1990, S. 118-127;

Schmidt, Andreas: **Beteiligungscontrolling** - Wie man seine Tochtergesellschaften organisatorisch in den Griff bekommt, in: Controlling, Heft 5/1989, S. 270-275;

Schmidt, Andreas: Das **Controlling als Instrument zur Koordination** der Unternehmungsführung, Frankfurt, Bern, New York 1986;

Schmidt, Götz: **Personalbemessung** - Praktische Verfahren zur Bestimmung des quantitativen Personalbedarfs, Gießen 1980;

Schmidt, Günther: **Kritische Bemerkungen zur "Indikatorbewegung"**, in: Zapf, Wolfgang (Hrsg.): Soziale Indikatoren II, Frankfurt und New York 1974, S. 243-261;

Schmidt, Ralf-Bodo: **Die Instrumentalfunktion** der Unternehmung - Methodische Perspektiven zur betriebswirtschaftlichen Forschung, in: ZfbF, 19. Jg. (1967), S. 233-245;

Schmidt, Ralf-Bodo: **Wirtschaftslehre** der Unternehmung, Band 2: Zielerreichung, Stuttgart 1975;

Schmidt, Rudolf: **Controlling-Grundauffassungen**, in: krp, Heft 2/1991, S. 108f;

Schmitz, Bernd: **Gesellschaftsbezogene Rechnungslegung** für Altenpflegeheime - Probleme und Möglichkeiten der Verbuchung sozialer Nutzen und Kosten im Kontenrahmen, Baden-Baden 1980;

Schmutz, Hans-Ulrich/Eichsteller, Harald: Überlegungen zur einer **Controlling-Konzeption im Fernsehen** der deutschen und der rätoromanischen Schweiz (DRS), in: Weber, Jürgen/Tylkowski, Otto (Hrsg.): Controlling in öffentlichen Institutionen: Konzepte - Instrumente - Entwicklungen, Stuttgart 1989, S. 185-201, hier insbes. S. 193-199;

Schneider, Siegfried: **Die Planung von Bereichszielen bei öffentlichen Verwaltungen** unter spezieller Berücksichtigung der Kommunalverwaltungen, in: ZfbF, 30. Jg. (1978), S. 561-585;

Schnettler, Albert/Ahrens, Heinz: **Verwaltung** im Bereich des Unternehmens, in: Morstein Marx, Fritz (Hrsg.): Verwaltung - Eine einführende Darstellung, Berlin 1965, S. 18-33;

Scholz, Hans-Günther: **Personalbedarfsermittlung für die Ministerialverwaltung** - Theorie und Praxis, Baden-Baden 1987;

Scholz, Konrad/Schäfer, Willfried: **Richt-, Ziel- und Standardzeiten** bei Angestelltentätigkeiten, Köln 1972;

Schreyögg, Georg: **Unternehmensstrategie** - Grundfragen einer Theorie strategischer Unternehmensführung, Berlin, New York 1984;

Schröder, Ernst F.: **Modernes Unternehmens-Controlling**, 4. Auflage, Ludwigshafen 1989;

Schub, Adolf/Stark, Karlhans: **Life Cycle Cost** von Bauobjekten, Köln 1985;

Schuhmacher, Bernd: **Die Anwendung von Zeitstandards**, in: "Büro und Verwaltung" (II), 67. Jg.(1972), Heft 12, S. 678-681;

Schuhmacher, Bernd: **Grundlagen zur Personalplanung** - Eine Arbeitshilfe für den Praktiker, Heidelberg 1984;

Schüler, Hans: **Probleme der Erfolgsmessung** bei bedarfswirtschaftlichen Unternehmen, Göttingen 1959;

Schulz, Hans-Rudolph: **Integrierte Planungs- und Budgetierungssysteme** in der öffentlichen Verwaltung - Einführungsprobleme dargestellt am Beispiel des Polizeidepartement Baselstadt, Frankfurt und München 1976;

Schuppert, Gunnar Folke: **Zur Kontrollierbarkeit öffentlicher Unternehmen** - Normative Zielvorgaben und ihre praktische Erfüllung, in: ZögU, Band 8, Heft 3/1985, S. 310-332;

Schuppert, Gunnar Folke: Zur Kontrollierbarkeit öffentlicher Unternehmen, Verwaltungswissenschaftliches **Gutachten** für die Bürgerschaft der Freien und Hansestadt Hamburg, in: Bürgerschaftsdrucksache 9/4545, Anlage 1;

Schwebbach, Werner: Kontrollen des Verwaltungshandelns, in: Mattern, Karl-Heinz (Hrsg.): Allgemeine Verwaltungslehre, Regensburg 1982, S. 278-294;

Schweitzer, Marcell: Planung und Kontrolle, in: Bea, Franz Xaver/Dichtl, Erwin/Schweitzer, Marcell (Hrsg.): Allgemeine Betriebswirtschaftslehre, Band 2: Führung, 4. Auflage, Stuttgart und New York 1989, S. 9-72;

Seelbach, Horst: Ablaufplanung bei Einzel- und Serienfertigung, in: Kern, Werner (Hrsg.): Handwörterbuch der Produktionswirtschaft, Stuttgart 1979, Sp. 11-28;

Seibt, Dietrich: Projektplanung, in: Szyperski, Norbert (Hrsg.): Handwörterbuch der Planung, Stuttgart 1989, Sp. 1665-1678;

Seicht, Gerhard: Controlling und Wirtschaftlichkeitsrechnung, in: krp, Heft 2/1984, S. 60-63;

Seidel, Norbert: Controlling in öffentlich-rechtlichen Rundfunkanstalten - Ein Beitrag zum Themenbereich Managementsysteme in öffentlichen Unternehmen, in: Die Wirtschaftsprüfung, Heft 2/1992, S. 33-43;

Seidel-Kwem, Brunhilde: Strategische Planung in öffentlichen Verwaltungen, Berlin 1983;

Semper, Lothar: Produktivitätsanalysen für kommunale Dienstleistungen - Theoretische Grundlagen und empirische Ergebnisse, Diss. Augsburg 1982;

Senat von Berlin: Siebenter **Bericht über Beteiligungen** des Landes Berlin an Wirtschaftsunternehmen, Abgeordnetenhaus von Berlin, Drucksache 10/2377, Berlin 1988;

Serfling, Klaus: Controlling, Stuttgart u.a. 1983;

Sheldon, Eldeanor B./Freeman, Howard E.: Soziale Indikatoren - Illusion oder Möglichkeit, in: Fehl, Gerhard/Fest, Mark/Kuhnert, Nikolaus (Hrsg.): Planung und Information, Gütersloh 1972, S. 245-264;

Sidler, Fredy: Grundlagen zu einem **Management-Modell für Regierung und Verwaltung,** Zürich 1974;

Sieben, Günter (Hrsg.): Controlling - Ein Instrument zur Steuerung von Leistungen und Kosten im Krankenhaus, Köln 1987;

Sieben, Günter (Hrsg.): Interne Budgetierung im Krankenhaus, Köln 1988;

Sieben, Günter/Ossadnik, Wolfgang/Wachter, Anette: Planung für öffentlich-rechtliche Rundfunkanstalten, Baden-Baden 1985;

Sieben, Günter/Schneider, Willi: Überlegungen zu einem **Controlling-Konzept für Rundfunkanstalten,** in: BFuP, 34. Jg. (1982), Heft 3, S. 236-251;

Sieben, Günter: Rechnungswesen bei mehrfacher Zielsetzung, in: ZfbF, 26. Jg. (1974), S. 694-702;

Siedentopf, Heinrich (Hrsg.): Bewertungssysteme für den öffentlichen Dienst, Baden-Baden 1978;

Siedentopf, Heinrich/Koch, Rainer: Zweckrationalität und Opportunismus bei der Dienstpostenbewertung, in: Siedentopf, Heinrich (Hrsg.): Bewertungssysteme für den öffentlichen Dienst, Baden-Baden 1978, S. 15-37;

Siedentopf, Heinrich/Schmid, Karl-Rolf: Personalbemessung in der Ministerialverwaltung - eine Vorstudie, Speyerer Forschungsberichte 6, Speyer 1979;

Siegwart, Hans/Menzl, I.: Kontrolle als Führungsaufgabe, Bern und Stuttgart 1978;

Siegwart, Hans: Controlling-Konzepte und Controller-Funktionen in der Schweiz, in: Mayer, E./v. Landsberg, G./Thiede, W. (Hrsg.): Controlling-Konzepte im internationalen Vergleich, Freiburg 1986, S. 105-131;

Siepmann, Heinrich/Siepmann, Ursula: Arbeits- und Stellenbewertung im öffentlichen Dienst, in: Wiese, Walter (Hrsg.): Handbuch des öffentlichen Dienstes, Bd.III, Teil 3, Köln u.a. 1984;

Siepmann, Heinrich/Siepmann, Ursula: Verwaltungsorganisation, 2. Auflage, Köln 1984;

Siepmann, Heinrich: Bedarfsdeckung, in: Becker, Ulrich/Thieme, Werner (Hrsg.): Handbuch der Verwaltung, Heft 5.5, Köln u.a. 1974;

Sievers, Burkhard (Hrsg.): Organisationsentwicklung als Problem, Stuttgart 1977;

Singbartl, Hans: Anmerkungen zu § 4, Tz 19-68, in: Doetsch Ewald/Eversberg, Horst/Jost, Werner F./Witt, Georg (Hrsg.): Die Körperschaftsteuer - Kommentar zum Körperschaftsteuergesetz und zu den einkommensteuerlichen Vorschriften des Anrechnungsverfahrens, Loseblattsammlung, Stuttgart 1981ff;

Sinzig, Werner: Datenbankorientiertes Rechnungswesen - Grundzüge einer EDV-gestützten Realisierung der Einzelkosten- und Deckungsbeitragsrechnung, Berlin u.a. 1983;

Spies, Werner: Das Budget als Führungsinstrument öffentlicher Wirtschaftseinheiten - Ein betriebswirtschaftlich orientierter Beitrag zur Übernahme neuer Budgetverfahren für öffentliche Betriebe und Verwaltungen, Diss., Augsburg 1979;

Spiller, Kurt: Interne Revision und Controlling, in: ZIR, Heft 2/1975, S. 65-72;

Stadt Duisburg, Abt. Stadtforschung des Amtes Statistik und Stadtforschung **(Hrsg.): Das Duisburger Infrastrukturkataster**, das Infrastrukturkataster des Landes Nordrhein-Westfalen, Duisburg 1982;

Stadt Nürnberg, Arbeitsgruppe Nürnberg-Plan (Hrsg.): Beiträge zum Nürnberg-Plan, Reihe A, Heft 17: Mittelfristiger Investitionsplan 1989-1992, Entwurf, Nürnberg 1988;

Stadt Osnabrück, Zentralamt: Kostenrechnungs-Report '86/'87, Osnabrück 1989;

Staehle, W.H.: Management - Eine verhaltenswissenschaftliche Einführung, München 1980;

Stauss, Bernd: Beschwerdemanagement in öffentlichen Unternehmen, in: ZögU, 10. Jg. (1987), Nr. 3, S. 306-318.

Stauss, Bernd: Ein bedarfswirtschaftliches Marketingkonzept für öffentliche Unternehmen, Baden-Baden 1987;

Steinberg, Claus: Projektmanagement in der Praxis - Organisation, Formularmuster, Textbausteine, Düsseldorf, Stuttgart 1990;

Steinberg, Thomas/Radlof, Dirk: Kosten- und Leistungsrechnung beim Hamburger Strom- und Hafenbau, in: Weber, Jürgen/Tylkowski, Otto (Hrsg.): Controlling in öffentlichen Institutionen: Konzepte - Instrumente - Entwicklungen, Stuttgart 1989, S. 203-230;

Steincke, Heinz: Zentraler Einkauf in der öffentlichen Verwaltung - Ein Controlling-Bereich 1. Ranges! -, in: Mann, R./Mayer, E. (Hrsg.): Der Controlling-Berater, Loseblattsammlung, Nachlieferung 1/1985, Gruppe 10, S. 99-109;

Steinebach, Nikolaus: Verwaltungsbetriebslehre, 2. Auflage, Regensburg 1983;

Steinmann, Horst/Schreyögg, Georg: Management - Grundlagen der Unternehmensführung, Wiesbaden 1990;

Steinmann, Horst/Schreyögg, Georg: Strategische Kontrolle - empirische Ergebnisse und theoretische Konzeption, Diskussionsbeiträge des Lehrstuhls für Allgemeine Betriebswirtschaftslehre und Unternehmensführung der Universität Erlangen-Nürnberg, Heft 25, Nürnberg 1984;

Stephan, Günter: Aspekte eines Controlling in der Stadt Köln, in: Braun, Günther E./Bozem, Karlheinz (Hrsg.): Controlling im kommunalen Bereich, München 1990, S. 62-78;

Stern, Klaus: Die staatsrechtliche Stellung des Bundesrechnungshofes und seine Bedeutung im System der Finanzkontrolle, in: Zavelberg, Heinz Günter (Hrsg.): Die Kontrolle der Staatsfinanzen - Geschichte und Gegenwart, Berlin 1989, S. 11-42;

Stobbe, Alfred: Volkswirtschaftslehre I - **Volkswirtschaftliches Rechnungswesen**, 5. Auflage, Berlin u.a. 1980;

Strebel, Heinz: Überlegungen zu einer entscheidungsorientierten Betriebswirtschaftslehre öffentlicher Betriebe, in: BFuP, Nr. 1/1978, S. 64-76;

Strohbach, Winfried: Die Einführung einer dezentralen Leistungs- und Kostenrechnung (**DELKOS**) bei den Unternehmen der Deutschen Bundespost, in: Weber, Jürgen/Tylkowski, Otto (Hrsg.): Konzepte und Instrumente von Controlling-Systemen in öffentlichen Institutionen, Stuttgart 1990, S. 103-129;

Strößenreuther, Martin: Die behördeninterne Kontrolle, Berlin 1991;

Strutz, Harald: Langfristige Personalplanung auf der Grundlage von Investitionsmodellen, Wiesbaden 1976;

Studienkommission für die Reform des öffentlichen Dienstes: Bericht der Kommission (einschließlich 11 Ergänzungsbände), Baden-Baden 1973;

Szyperski, Norbert (Hrsg.): Handwörterbuch der Planung (**HWPlan**), Stuttgart 1989;

Szyperski, Norbert/Müller-Böling, D.: Gestaltungsparameter der **Planungsorganisation**, in: DBW 1980, S. 357-373;

Szyperski, Norbert: Informationsbedarf, in: Grochla, Erwin (Hrsg.): Handwörterbuch der Planung, 2. Auflage, Stuttgart 1980, Sp. 904-913;

Szyperski, Norbert: Zur Problematik der quantitativen Terminologie in der Betriebswirtschaftslehre, Berlin 1962;

Tauch, Jürgen G.: Entwicklung und Realisierung des Gütersloher Controlling-Modells - Anwendungserfahrungen einer Krankenausverwaltung, in: Weber, Jürgen/Tylkowski, Otto (Hrsg.): Controlling in öffentlichen Institutionen: Konzepte - Instrumente - Entwicklungen, Stuttgart 1989, S. 251-264;

Tauch, Jürgen G.: Kosten- und Leistungsrechnung im Krankenhaus - Vom Kosten- und Leistungsnachweis zur patientenbezogenen Kosten- und Leistungsrechnung, Gütersloh 1987;

Thieme, Werner: Entscheidungen in der öffentlichen Verwaltung, Köln u.a. 1981;

Thieme, Werner: Verwaltungslehre, 4. Auflage, Köln, Berlin, Bonn, München 1984;

Thiemeyer, Theo/Oettle, Karl: Thesen über die **Unterschiede zwischen privat-unternehmerischen und öffentlich-wirtschaftlichen Zielsetzungen**, in: Die öffentliche Wirtschaft, 18. Jg., 1969, S. 7;

Thiemeyer, Theo: Gemeinwirtschaftlichkeit als Ordnungsprinzip, Berlin 1970;

Thiemeyer, Theo: Instrumentalfunktion öffentlicher Unternehmen, in: Chmielewicz, Klaus/Eichhorn, Peter (Hrsg.): Handwörterbuch der Öffentlichen Betriebswirtschaft, Stuttgart 1989, Sp. 672-683;

Thiemeyer, Theo: Wirtschaftslehre öffentlicher Betriebe, Reinbek bei Hamburg 1975;

Tiedemann, Bernd/Scheunert, Klaus: Ein Controlling-Konzept für die öffentliche Verwaltung am Beispiel Hamburgs, in: Goller, Jost/Maack, Heinrich/Müller-Hedrich, Bernd (Hrsg.): Verwaltungsmanagement, Loseblattsammlung, Stuttgart 1989ff, Teil B, Kapitel 2.1, S. 1-16;

Tiedemann, Bernd: Controlling als Instrument zur Steuerung von Großunternehmen im öffentlichen Bereich, in: Budäus, Dietrich (Hrsg.): Controlling-Konzepte aus Sicht der Praxis, Diskussionsbeiträge zur Führung privater und öffentlicher Organisationen Nr. 4, Hamburg 1987, S. 31-45;

Tiemann, Susanne: Die staatsrechtliche Stellung der Finanzkontrolle des Bundes, Berlin 1974;

Timmermann, Manfred: Vorhabenüberwachung, Vortragsmanuskript zum Kolloquium "Management und Controlling der öffentlichen Verwaltung" an der Universität Stuttgart, Bonn 1988;

Töpfer, Armin: Planungs- und Kontrollsysteme industrieller Unternehmungen - Eine theoretische, technologische und empirische Analyse, Berlin 1976;

Troßmann, Ernst: Flexible Plankostenrechnung nach Kilger, in: Männel, Wolfgang (Hrsg.): Handbuch Kostenrechnung, Wiesbaden 1992, S. 226-246;

Tuominen, R.: Die Koordination in den Unternehmungen, in: Kloidt, H. (Hrsg.): Betriebswirtschaftliche Forschung in internationaler Sicht, Berlin 1969, S. 207-223;

Tworeck, Klaus: Gedanken zur **Verbesserung der Haushaltsplanung**, in: VOP, Nr. 4/1991, S. 213-222;

Tylkowski, Otto: Moderne Controlling-Konzepte für öffentliche Verwaltungen, in: Männel, Wolfgang (Hrsg.): Controlling-Konzepte für Industrieunternehmen, Dienstleistungsbetriebe und öffentliche Verwaltungen, Nürnberg 1987, S. 128-153;

Tylkowski, Otto: Verknüpfung von Kameralistik und Kostenrechnung mit privatwirtschaftlicher Standard-Software, in: Weber, Jürgen/Tylkowski, Otto (Hrsg.): Controlling - Eine Chance für öffentliche Unternehmen und Verwaltungen, Stuttgart 1988, S. 187-223;

Ulrich, Hans/Sidler, Fredy: Ein Management-Modell für die öffentliche Hand, Bern und Stuttgart 1977;

Ulrich, Hans: Die Unternehmung als produktives soziales System, 2. Auflage, Bern und Stuttgart 1970;

Uphus, P.: Möglichkeiten zur Koordination von Teilplanungen des Untenehmens unter besonderer Berücksichtigung kybernetischer Aspekte, Diss., Aachen 1972;

Verein Deutscher Ingenieure, VDI-Gesellschaft Produktionstechnik (ADB) und VDI-Gemeinschaftsausschuß Wertanalyse (Hrsg.): **Wertanalyse in Verwaltungen** nach DIN 66 910, Führungs-, Planungs- und Arbeitskriterien, Düsseldorf 1978;

Vikas, Kurt: Controlling im Dienstleistungsbereich mit Grenzplankostenrechnung, Wiesbaden 1988;

Vikas, Kurt: Controlling, Dienstleistungsbereich; neues Einsatzgebiet?, in: Gablers Magazin, Betriebswirtschaft für Manager, o. Jg.(1988), Heft 1, S. 27-29;

Vikas, Kurt: Controllingorientierte Systeme der Leistungs- und Kostenrechnung für den Dienstleistungsbereich, in: krp, Heft 5/1990, S. 265-268;

Vikas, Kurt: Neue Konzepte für das Kostenmanagement - controllingorientierte Modelle für Industrie- und Dienstleistungsunternehmen, Wiesbaden 1991;

Vögele, Karl Erhard: Ministerien, in: Chmielewicz, Klaus/Eichhorn, Peter (Hrsg.): Handwörterbuch der Öffentlichen Betriebswirtschaft, Stuttgart 1989, Sp. 957-965;

Volz, Jürgen: Erfolgskontrolle kommunaler Planung - Eine Untersuchung über Möglichkeiten und Grenzen der Erfolgskontrolle kommunaler Planungen, Köln u.a. 1980;

Wagener, Frido: Öffentliche Planung in Bund und Ländern, in: Szyperski, Norbert (Hrsg.): Handwörterbuch der Planung, Stuttgart 1989, Sp. 1277-1283 ;

Wagener, Frido: Zur Praxis der **Aufstellung von Entwicklungsplanungen**, in: Archiv für Kommunalwissenschaften, 1970, S. 47-63;

Wagner, Fritjof: Personalbedarfsbemessung in der öffentlichen Verwaltung, Diss., Hamburg 1967;

Wagner, Helmut: Personalplanung - zugleich ein Überblick über die nachfolgenden Referate, in: Baetge, Jörg/Wagner, Helmut (Hrsg.): Personalbedarfsplanung in Wirtschaft und Verwaltung, S. 1-8;

Walb, Ernst: Kaufmännische Betriebswirtschaftslehre, in: Eckert, Christian (Hrsg.): Rothschilds Taschenbuch für Kaufleute, 2. Buch: Kaufmännische Betriebswirtschaftslehre, 60. Auflage, Leipzig 1927, S. 26f;

Walther, Harald: Konzepte der **Führungskräfteentwicklung in der öffentlichen Verwaltung**, in: Verwaltungs-Archiv, Nr. 1/1991, S. 54-80;

Walther, Klaus: Inhalt und Bedeutung der **Grundsätze der Wirtschaftlichkeit und Sparsamkeit** in der öffentlichen Verwaltung, in: Bayerisches Verwaltungsblatt, Heft 8/1990, S. 231-238;

Warnick, Bernd: Dezentrale Datenverarbeitung für Kostenrechnung und Controlling, Wiesbaden 1991;

Weber, Helmut Karl: Grundbegriffe der Kostenrechnung, in: Männel, Wolfgang (Hrsg.): Handbuch Kostenrechnung, Wiesbaden 1992, S. 5-18;

Weber, Jürgen/Tylkowski, Otto (Hrsg.): Controlling - Eine Chance für öffentliche Unternehmen und Verwaltungen, Stuttgart 1988;

Weber, Jürgen/Tylkowski, Otto (Hrsg.): Controlling in öffentlichen Institutionen - Konzepte, Instrumente, Entwicklungen, Stuttgart 1989;

Weber, Jürgen/Tylkowski, Otto (Hrsg.): Konzepte und Instrumente von Controlling-Systemen in öffentlichen Institutionen, Stuttgart 1990;

Weber, Jürgen/Tylkowski, Otto (Hrsg.): Perspektiven der Controlling-Entwicklung in öffentlichen Institutionen, Stuttgart 1991;

Weber, Jürgen: 1. Kongreß für Controlling in öffentlichen Institutionen, in: controller magazin, Nr. 4/1988, S. 221-223;

Weber, Jürgen: Ausgewählte Aspekte des Controlling in öffentlichen Institutionen, in: ZögU, Nr. 4/1983, S. 438-461;

Weber, Jürgen: Besonderheiten des Controlling in öffentlichen Institutionen, in: Männel, Wolfgang (Hrsg.): Controlling-Konzepte für Industrieunternehmen, Dienstleistungsbetriebe und öffentliche Verwaltungen, Nürnberg 1987, S. 118-127;

Weber, Jürgen: Controlling - Möglichkeiten und Grenzen der **Übertragbarkeit eines erwerbswirtschaftlichen Führungsinstruments auf öffentliche Institutionen**, in: DBW, Nr. 2/1988, S. 171-194;

Weber, Jürgen: Controlling als Koordinationsfunktion innerhalb der Verwaltungs- bzw. Unternehmensführung - Ein Beitrag zur Lösung des Definitionsproblems des Begriffs Controlling, in: Weber, Jürgen/Tylkowski, Otto (Hrsg.): Perspektiven der Controlling-Entwicklung in öffentlichen Institutionen, Stuttgart 1991, S. 15-54;

Weber, Jürgen: Controlling in öffentlichen Betrieben und Verwaltungen, in: Loseblattwerk Controlling, 4. Ergänzungslieferung (November 1983), Teil 15, Kapitel 3;

Weber, Jürgen: Controlling in öffentlichen Institutionen - Trugbild oder Chance zur Erhöhung der Leistungsfähigkeit öffentlicher Unternehmen und Verwaltungen? in: Der Controlling-Berater, Loseblattsammlung, Ergänzungslieferung 2/1988, Gruppe 10, S. 259-301;

Weber, Jürgen: Controlling in öffentlichen Unternehmen und Verwaltungen - **Chancen und Restriktionen**, in: Weber, Jürgen/Tylkowski, Otto (Hrsg.): Controlling - Eine Chance für öffentliche Unternehmen und Verwaltungen, Stuttgart 1988, S. 35-48;

Weber, Jürgen: Controlling in öffentlichen Unternehmen und Verwaltungen, in: controller magazin, Nr. 6/1987, S. 265-270;

Weber, Jürgen: Controlling-Konzepte für öffentliche Verwaltungen und Unternehmen, in: Männel, Wolfgang (Hrsg.): Konzepte, Schwerpunkte und Aufgabenfelder des Controlling, Nürnberg 1988, S. 49-86;

Weber, Jürgen: Einführung in das Controlling, Stuttgart 1988;

Weber, Jürgen: Einführung von Controlling in öffentlichen Institutionen als Problem der Organisationsentwicklung, in: Weber, Jürgen/Tylkowski, Otto (Hrsg.): Controlling in öffentlichen Institutionen - Konzepte, Instrumente, Entwicklungen, Stuttgart 1989, hier S. 279-293;

Weber, Jürgen: Kostenrechnung - mehr als nur eine Pflichtübung, in: Blick durch die Wirtschaft, Nr. 175 vom 11.9.1991, S. 7;

Weber, Jürgen: Überblick über die spezifischen Rahmenbedingungen des Controlling in öffentlichen Institutionen, in: Mayer, Elmar/Weber, Jürgen (Hrsg.): Handbuch Controlling, Stuttgart 1990, S. 581-608;

Weber, Jürgen: Ursprünge, Begriff und Ausprägungen des Controlling, in: Mayer, Elmar/Weber, Jürgen (Hrsg.): Handbuch Controlling, Stuttgart 1990, S. 3-32;

Weber, Jürgen: Zielorientiertes Rechnungswesen öffentlicher Betriebe - dargestellt am Beispiel von Studentenwerken, Baden-Baden 1983;

Weber, Max: Wirtschaft und Gesellschaft - Grundriß der verstehenden Soziologie, 5. Auflage, Tübingen 1972;

Weber, Max: Wirtschaft und Gesellschaft, Köln und Berlin 1964;

Weis, Dieter: Die Statistik im Dienste der Planungs- und Investitionstätigkeit der öffentlichen Hand, in: Rehkopp, Alfons (Hrsg.): Dienstleistungsbetrieb öffentliche Verwaltung, Köln 1976, S. 201-228;

Welge, Martin K.: Organisation des Controlling, in: Controlling, Heft 3/1989, S. 140-149;

Welge, Martin K.: Unternehmungsführung, Band 3: Controlling, Stuttgart 1988;

Werner, Rudolf: Soziale Indikatoren und politische Planung, Reinbek 1975;

Westphal, Eckhardt: Möglichkeiten der Durchsetzung interner Budgets im Krankenhaus, in: Sieben, Günter (Hrsg.): Interne Budgetierung im Krankenhaus, Köln 1988, S. 71-80;

Wickenhäuser, Fritz: EDV - Instrument des Controllers, Diss. München 1970;

Wild, Jürgen/Schmid, Peter: Managementsysteme für die Verwaltung: PPBS und MbO, Teil 1, in: Die Verwaltung, Nr. 2/1973, S. 145-166;

Wild, Jürgen: Grundlagen der Unternehmensplanung, Reinbek bei Hamburg 1974;

Wild, Jürgen: MbO als Führungsmodell für die öffentliche Verwaltung, in: Die Verwaltung, Nr. 3/1973, S. 283-316;

Wildemann, Horst: Kostenprognosen bei Großprojekten, Stuttgart 1982;

Wilke, Helmut: Systemtheorie, 2. Auflage, Stuttgart und New York 1987;

Windisch, Rupert/Oberdieck, Ernst: Haushaltsplanung, in: Chmielewicz, Klaus/Eichhorn, Peter (Hrsg.): Handwörterbuch der Öffentlichen Betriebswirtschaft, Stuttgart 1989, Sp. 559-571;

Wissenschaftliche Kommission "Öffentliche Unternehmen und Verwaltungen" im Verband der Hochschullehrer für Betriebswirtschaft: Leitlinien für die **Reform des öffentlichen Rechnungswesens**, in: Verwaltung + Organisation, Heft 6/1988, S. 148-149;

Witte, Eberhard unter Mitwirkung von Jürgen Hauschildt: Die öffentliche Unternehmung im Interessenkonflikt, Berlin 1966;

Witte, Eberhard: **Phasen-Theorem** und Organisation komplexer Entscheidungsverläufe, in: ZfB, 38. Jg. (1968), Heft 10, S. 625-647;

Wittmann, Waldemar: Unternehmung und unvollkommene Information, Köln und Opladen 1969;

Wöhe, Günter: Entwicklungstendenzen der Allgemeinen Betriebswirtschaftslehre im letzten Drittel unseres Jahrhunderts - Rückblick und Ausblick, in: DBW 50. Jg. (1990), S. 223-235;

Wolff, Hans J./Bachof, Otto: Verwaltungsrecht I, 9. Auflage, München 1974;

Wolff, Hans J./Bachof, Otto: Verwaltungsrecht III, 4. Auflage, München 1978;

Wollmann, Helmut/Hellstern, Gerd-Michael: Sanierungsmaßnahmen - Städtebauliche und stadtstrukturelle Wirkungen, Schriftenreihe Stadtentwicklung des Bundesministers für Raumordnung, Bauwesen und Städtebau, Band 02.012, Bonn-Bad Godesberg 1978;

Wysocki, Klaus von: Kameralistisches Rechnungswesen, Stuttgart 1965;

Wysocki, Klaus von: Sozialbilanzen, Stuttgart/New York 1981;

Zangemeister, Christof: Nutzwertanalyse in der Systemtechnik - Eine Methodik zur multidimensionalen Bewertung von Projektalternativen, 4. Auflage, München 1976;

Zavelberg, Heinz Günter (Hrsg.): Die Kontrolle der Staatsfinanzen - Geschichte und Gegenwart, Berlin 1989;

Zavelberg, Heinz Günter: 275 Jahre staatliche Rechnungsprüfung in Deutschland - Etappen der Entwicklung, in: Zavelberg, Heinz Günter (Hrsg.): Die Kontrolle der Staatsfinanzen - Geschichte und Gegenwart, Berlin 1989, S. 43-64;

Zavelberg, Heinz Günter: Staatliche Rechnungsprüfung und Erfolgskontrolle - Möglichkeiten und Grenzen, in: Eichhorn, Peter/Kortzfleisch, Gert von (Hrsg.): Erfolgskontrolle bei der Verausgabung öffentlicher Mittel, Baden-Baden 1986, S. 103-119;

Zavelberg, Heinz Günter: Von der Rechnungsprüfung zur Finanzkontrolle, in: Arnim, Hans Herbert von (Hrsg.): Finanzkontrolle im Wandel, Berlin 1989, S. 17-37;

Ziegenbein, K.: Controlling, Ludwigshafen 1984;

Zimmermann, Gebhard: Ergiebigkeitsmaße für die Produktion, in: Kern, Werner (Hrsg.): Handwörterbuch der Produktionswirtschaft, Stuttgart 1979, Sp. 520-527;

Zünd, André: Begriffsinhalte Controller - Controlling, in: Haberland, G./Preissler, P.R./Meyer, C.W. (Hrsg.): Handbuch Revision, Controlling, Consulting, Band II, Nr. 1, München 1978, S. 1-22;

Zünd, André: Controlling in nicht-erwerbswirtschaftlich orientierten Organisationen, insbesondere Verbänden, in: Verbandsmanagement, Nr. 3/1983, S. 14-21;

Zünd, André: Das Controlling als Hilfsmittel zur Steuerung in Unternehmen und Verwaltung, in: Verwaltungspraxis, Nr. 8/1977, S. 22-26;

Zünd, André: Der Controller im Controlling-Konzept - Anforderungsprofile und Verhaltensaspekte, in: Weber, Jürgen/Tylkowski, Otto (Hrsg.): Konzepte und Instrumente von Controlling-Systemen in öffentlichen Institutionen, Stuttgart 1990, S. 31-44;

Zünd, André: Der Controller-Bereich (Controllership), in: Probst, G.J.B./Schmitz-Dräger, R. (Hrsg.): Controlling und Unternehmensführung, Bern, Stuttgart 1985, S. 28-40.